北京东城年鉴

2013

（总第十七卷）

北京市东城区地方志编纂委员会

中华书局

图书在版编目(CIP)数据

北京东城年鉴. 2013/北京市东城区地方志编纂委员会编. —北京:中华书局,2013. 12
ISBN 978-7-101-09868-6

Ⅰ. 北... Ⅱ. 北... Ⅲ. 东城区—2013—年鉴Ⅳ. Z521. 3

中国版本图书馆 CIP 数据核字(2013)第 277714 号

责任编辑:朱 慧

北京东城年鉴 2013

编　　者:北京市东城区地方志编纂委员会编

出版发行:中华书局出版
地　　址:北京市丰台区太平桥西里 38 号
邮　　编:100073
http:// www. zhbc. com. cn
E-mail:zhbc@ zhbc. com. cn
排　　版:北京和平印刷有限公司
印　　刷:北京和平印刷有限公司

开　　本:889 × 1194mm　1/16
印　　张:24. 25
插　　页:3. 25　印张
字　　数:887. 8 千字
版　　次:2013 年 12 月第 1 版　2013 年 12 月第 1 次印刷
印　　数:0001 - 2000 册

ISBN 978-7-101-09868-6　定价:180. 00 元

东城区地方志编纂委员会

《北京东城年鉴》编辑部

编辑说明

一、《北京东城年鉴》是一部综合性资料性工具书，在中共北京市东城区委和北京市东城区人民政府的领导下，由区地方志编纂委员会主持编纂。自1996年开始，逐年编辑出版，2013年为总第十七卷。

二、《北京东城年鉴》以马克思列宁主义、毛泽东思想、邓小平理论和“三个代表”重要思想为指导，落实科学发展观，坚持实事求是的原则，与时俱进，开拓创新，科学地反映客观情况。

三、《北京东城年鉴》(2013)全面、系统地记载上一年度(2012年度)东城区在政治、经济、文化、社会等各个领域、各项事业发展变化的基本情况和发生的大事、要事、新事与有影响的事，记载取得的新成就、新进展、新经验，为各行各业、各方面人士了解东城、研究东城、建设东城提供信息和资料。

四、《北京东城年鉴》(2013)设有综述、大事记、特载、政党·团体、政权·政协、政法·军事、综合经济管理、工商·旅游·对外经济、财税·金融、城市建设、城市管理、科学·教育·文化、医药·卫生·体育、社会生活、街道、人物、统计资料、附录共18个一级栏目。一级栏目下设二级栏目，二级栏目下设分目，分目下设条目。采用文章、条目、表格等体裁，以条目体为主。

五、《北京东城年鉴》(2013)收有东城区党、政、军、各民主党派、团体、街道和部分企业负责人名录，以及部分区域单位负责人名录。所列均以2012年内任职为限。还收有获得国家、国务院部委和市、区奖励与荣誉称号的单位和个人名单，获得高级职称的人员名单。

六、《北京东城年鉴》所选文章、条目，均由各部门、单位确定专人撰写或提供，并经主管负责人审核。统计资料由区统计局提供。照片由各有关单位提供。

中央领导活动

1月22日，中共中央总书记、国家主席胡锦涛视察前门大街

5月31日，胡锦涛到区少年宫考察，与小朋友交谈

6月1日，中共中央政治局常委、国务院副总理李克强视察京交会同仁堂展位

7月1日，中共中央政治局委员、北京市市委书记刘淇为本区参加市第十一次党代会代表题词

7月26日，中央政治局委员、国务委员刘延东视察故宫文物地库

5月24日，全国人大副委员长路甬祥考察天脉聚源和光线传媒公司

6月27日，第十一届全国政协副主席罗富和调研玉河工作

3月22日，民建中央主席陈昌智到民建东城区委调研座谈

1月20日，文化部部长蔡武到智化寺检查消防安全

市级领导活动

10月27日，市委书记郭金龙检查北京站“十八大”安保工作

2月7日，市人大常委会主任杜德印到百货大楼考察

3月22日，市委副书记王安顺到东城区调研

1月18日，副市长刘敬民在北京南站慰问一线城管执法人员

1月23日，市委副书记、政法委书记吉林慰问东城交警

5月15日，副市长丁向阳视察北新桥街道小菊社区选举

12月26日，副市长程红为鲜鱼口老字号美食街授牌

3月10日，市委常委、市公安局局长傅政华慰问“两会”执勤民警和志愿者

5月24日，副市长夏占义检查春季绿化工作

区级领导活动

5月3日，区委书记杨柳荫调研东城区园林绿化工作

10月11日，区长牛青山检查东城区环境建设工作

1月9日，区人大主任冯熙到安定门街道走访慰问困难单身母亲

12月3日，区政协主席徐鸿达慰问特教师生

全区重要活动

5月16日，区爱国主义教育基地联盟成立仪式

8月7～19日，第三届前门历史文化节

9月15日，第三届北京王府井国际品牌节开幕

10月11日，第四届北京红桥国际珍珠文化节启动仪式

11月27日，第三届勤廉文艺演出——廉政主题名家朗诵会

9月14日，首届世界旅游城市博览会开幕

9月11日，孔庙国子监国学文化节开幕

2月29日，东二环商务区新兴产业园规划咨询签约仪式

7月17日，第二届中国儿童戏剧节开幕

6月29日，皇城国际旅游节开幕式

12月20～23日，参展第七届中国北京国际文化创意产业博览会

6月11日，举办东城区首届青少年社团文化节——社团风采汇活动

第二十九届
龙潭庙会

第二十七届
地坛文化庙会

2月3～6日，区第二届新春非遗庙会暨第二届非遗代表性传承人技艺交流大展

学习宣传“十八大”精神

12月，领导干部学习贯彻“十八大”精神轮训班

11月26日，举办区统一战线人士学习贯彻“十八大”精神专题报告会

11月26日，非公有制经济人士学习贯彻“十八大”精神专题报告会

12月18日，区老干部局举办离退休干部党支部书记、理论骨干学习贯彻“十八大”精神学习班

11月8日，龙潭街道组织居民收看“十八大”实况直播

11月23日，区总工会学习贯彻“十八大”精神劳模座谈会

践行北京精神 推动工作创新

7月24日，和平里街道居民展示父辈在延安文艺座谈会照片，进行革命传统教育

5月29日，区“十佳”百姓宣讲团和“十佳”百姓宣讲员评选产生

9月4日，青年湖公园举办道德讲堂活动

7月6日，永外街道道德讲堂暨永外人品质表述语征集活动启动仪式

3月2日，在王府井步行街举办“弘扬北京精神·传承雷锋旗帜”志愿服务高潮日活动

3月2日，人大代表和劳动模范现场解答求职者疑问

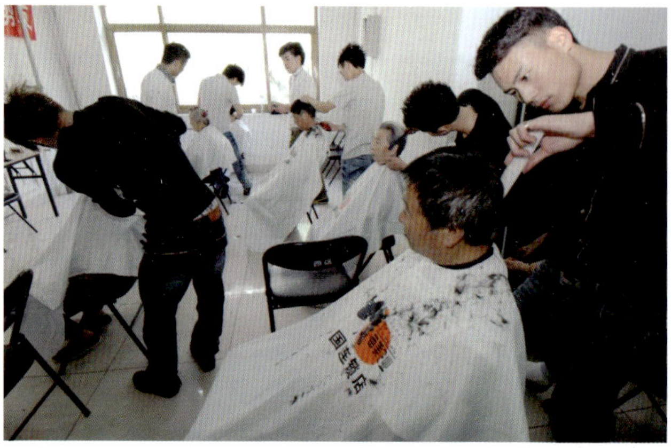

5月6日，崇外街道西花市美容美发学雷锋小组义务为老年人理发

3月2日，老干部志愿者服务队活跃东城街道公交站台

3月2日，空军后勤部队战士为民义务修车

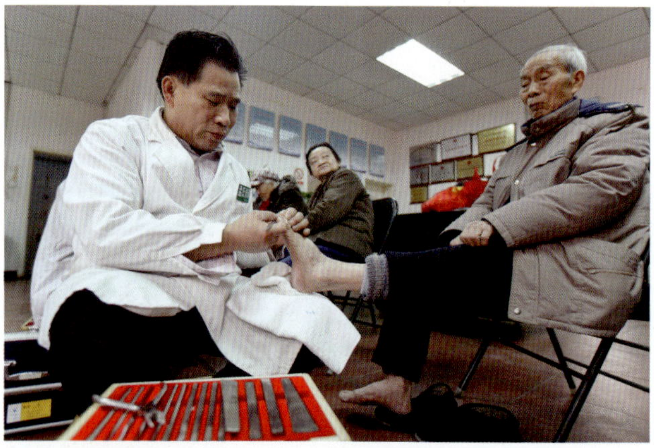

重阳节，和平里地区孟氏义务修脚服务队进社区为老人提供免费服务

3月24日，区城管大队举办广招志愿者参与城市管理活动

经济发展 城市建设 园林绿化

三季度经济社会发展形势分析会

鲜鱼口小吃餐饮一条街

金街王府井

弘善家园项目住宅部分全部竣工，提供房源10804套，8356户居民入住

建国门内大街

东直门交通枢纽道路绿地建设工程

大雨无情 人间有爱

7月21日，广渠门桥下干部群众合力救轿车

7月21日，东花市南里地下市场干部群众全力抢救商户物品

7月26日，前门街道组织干部和民警帮助受灾居民远离危房，周转安置

7月21日，崇外街道消防支队抢险

7月24日，民营企业家时念洋为灾区捐款50万元

7月26日，全区各界干部群众为灾区捐款

创建国家“全民健身示范城区”

3月14日，创建国家全民健身示范城区工作推进会

5月8日，全民健身示范城市（区）试点工作第二次会议

7月26日，东城区社会体育指导员培训班开班

5月16日，奥运冠军与居民一起环湖跑

6月12日，永外街道第一届全民健身运动会开幕

7月3日，区全民健身月启动仪式在地坛体育馆举行

群众文化活动

5月20日，区群众文化展演季开幕式

6月10日，社区居民参加文化展演季活动

10月10日，喜迎十八大·颂歌献祖国第三届温馨家园杯合唱比赛

9月5日，区老干部书画、摄影、手工展开幕

7月26日，童心向党歌咏活动

6月27日，天坛街道开展文化展演活动

6月12日，建国门街道举办首届彩虹文化节开幕式暨社区大联欢活动

4月27日，区开展迎五一·送欢乐进基层曲艺专场慰问演出活动

2月29日，前门街道举办庆三八家庭才艺展风采活动

9月24日，天坛街道龙须沟群众艺术社话剧班演员排演话剧《龙须沟》

4月30日，消费者参加吴裕泰在大观园举办的春季斗茶品鉴会

7月22日，中国民间艺术之夜，百工坊民间工艺大师现场表演

5月13日，体育馆路街道第三届社区体育文化节开幕式

9月5日，龙潭街道举办畅响旋律·和谐龙潭群众文化展演季暨社区文化节活动

2月5日，参加全国非物质文化遗产生产性保护成果大展

7月，东安市场举办非物质遗产展，顾客免费品尝大碗茶

12月10日，东方奥天公司召开企业文化发布会

春节前夕，金漆镶嵌公司在艺俱轩展厅举办第四届金漆镶嵌非遗文化庙会活动

区情面面观

4月1日，组织部召开基层组织建设年会议

5月24日，创建诚信经营示范街暨文明餐桌行动启动活动

7月10日，区台办举办两岸教育交流活动

8月7～8日，举办民主党派、无党派人士学习班

12月13日，宁波市委考察区人口发展工作

8月28日，保密法宣传月动员部署会

12月28日，召开区社会组织建设工作研讨总结会

6月19日，区直机关举行纪念建党91周年暨创先争优表彰会

3月26日，区一把手素质培训工程主题研修班

3月31日，召开廉政风险防控管理工作大会

4月16日，越共中央检查委员会参观区廉政风险防控管理工作

7月12日，民革东城区委提案专委会工作会议

7月6～8日，民盟东城区委赴内蒙多伦县义诊

4月，民建会员参加植树活动

4月13日，民进会员调研街道文化建设工作

6月16日，农工党区委参加中国环境与健康宣传周活动

7月22日，致公党东城区委召开参政议政工作会议

5月18日，九三主委何厚夫赴河北邯郸调研

9月8日，台盟盟员参观郑成功纪念馆

12月25日，区总工会职工创新工作室授牌

11月4日，组织青年志愿者参加北京冰雪应急志愿服务工作

5月29日，区妇联主席慰问交道口街道品学兼优的贫困儿童

6月9日，区工商联四海商道走进北京金宝街活动

11月2日，区侨联召开参政议政工作会议

12月21日，区红十字会召开年度工作总结表彰会

11月19日，区人大召开第二次全体会议

11月1日，区政府聘请法律顾问

9月17日，基督教崇文门堂开展慈善周活动

11月26日，区行政服务中心召开服务对象座谈会

9月4日，区档案局举办曹国平家庭档案展

12月26日，区委书记杨柳荫接待信访群众

8月22日，区年鉴编辑部召开工作研讨会

7月18日，同仁堂二级集团扬帆起航

5月10日，召开财务工作培训会议

5月9日，区政协召开反映社情民意信息工作会

8月26日，全市首家律师公益热线开通

6月26日，东城公安分局在王府井南口举办国际禁毒日宣传活动

11月14日，天安门地区公安分局民警为失散老人找到家人

2月22日，区交通支队召开“两会”交通保卫动员会

4月18日，区检察院深入金鱼池社区文化街开展法律服务活动

3月2日，武警部队司令员王建平到北京总队第六支队八中队检查工作

9月28日，区审计局到天坛东里北区危楼腾退现场实地检查居民搬迁情况

8月8日，区法院、司法局举行司法调解与人民调解对接工作签字仪式

6月10日，区发改委开展区节能宣传周活动

1月5日，区人力社保局开展就业援助月活动

5月31日，区民防局开展人防工程应急救援防汛抢险演练

1月22日，正阳恒瑞获区百强企业称号

1月17日，区质监局检查雍和宫周边商亭销售的燃香类产品

10月23日，重阳节期间团区委组织京剧演员和小学生志愿者为老人献上自己制作的寿桃

1月4日，全聚德前门店开展龙年年夜饭推介活动

12月4日，故宫博物院院长单霁翔考察剧装厂

6月，北京华江文化发展有限公司参加世界体育大会，拜会罗格主席

7月5日，区国税局开展对纳税人“营改增”政策培训

7月18日，副区长徐熙到区财政局进行调研

3月31日，区地税局被中央精神文明建设委员会授予全国文明单位称号

6月19日，工商银行王府井支行召开行长讲党课暨党员重温入党誓词大会

6月1日，建设银行东四支行与学校共度六一，举行爱心捐赠活动

9月1日，中国银行崇文支行在花市枣园小区举办普及金融知识万里行宣传活动

11月3日，东二环建管办举行青年联谊会

8月21日，区旧城保护定向安置房——朝阳区豆各庄项目奠基仪式

6月25日，市国土局东城分局开展第22个全国“土地日”主题宣传活动

2月28日，北京东兴建设有限责任公司召开年度专业工作会

区环卫二中心多次获全国、市、区先进荣誉的“三八班”合影

10月25日，周四垃圾减量日宣传活动在东四奥林匹克公园举行

2月，城管监察中心首次应用3G城管视频监控烟花燃放

6月27日，公安、城管等部门联合拆除五道营胡同内私装地锁

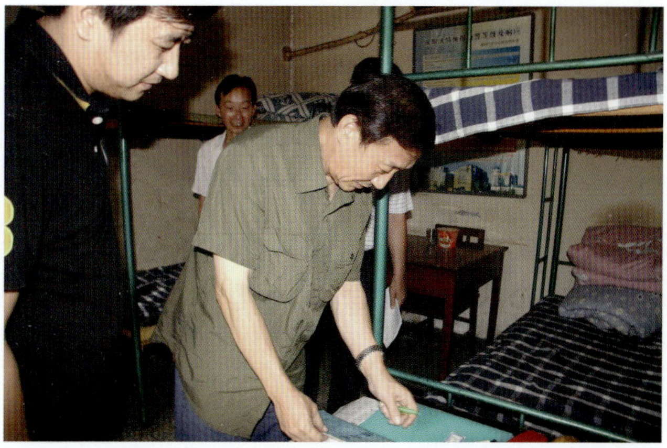

7月28日，区房地一中心检查下属单位防汛工作

12月27日，区科学技术奖励大会召开

7月，区长牛青山到区房地二中心检查防汛工作

8月16日，区园林绿化管理中心举行挂牌仪式

8月15日，雍和园人民美术文化园开园

12月28日，区举办新春音乐会

10月11日，区教委召开精品特色·校校精彩年度教育工作会

5月25日，市督导室副主任考察区学前教育

12月18日，市药品安全示范街道评审组评审东四、景山、崇外街道开展药品安全示范街道情况

5月18日，区残联举办残疾人应届毕业生专场招聘会

11月23日，市中医药大学与和平里医院举行共建教学医院协议书签字仪式

10月25日，喜迎十八大·孝行在东城“孝星”命名暨事迹宣讲大会

街 道 拾 萃

1月16日，东华门街道感动东华人物颁奖

3月22日，东华门街道社区党员选举

11月8日，景山街道“十八大”安保志愿者在守望岗值守

11月27日，景山街道钟鼓社区“家和万事兴”群众调解之家接受北京电视台等12家媒体记者采访

9月26日，交道口街道南锣鼓巷胡同节开幕

4月15日，德国总理默克尔参观交道口街道南锣鼓巷

6月12日，杨柳荫考察安定门街道五道营社区

6月18日，牛青山考察安定门街道五道营社区

10月26日，北新桥街道开展道德讲堂活动

6月25日，北新桥社区消防演练

2月3日，立春时节，东四街道举办第四届“报春”活动

6月13日，布隆迪共和国总统夫人一行参观东四奥林匹克社区体育文化中心

1月11日，朝阳门街道第三届和谐邻里文化节颁奖

4月20日，区委副书记、政法委书记常卫调研朝阳门街道竹杆社区网格化管理

2月4日，建国门街道举办鞭打春牛·风车迎春活动

11月20日，斯洛伐克家庭部部长考察建国门街道服务中心

2月16日，中央综治办领导考察东直门街道社会服务管理工作

2月27日，东直门街道清水苑社区举办公推直选大会，选举新一届社区党委班子

5月6日，区民族团结日活动启动仪式暨和平里街道第五届5·6民族团结日活动成功举办

10月24日，和平里街道成立社区工作者之家

5月29日，前门街道举办庆六一电力科普亲子活动

3月5日，前门小学“小小雷锋队”为值勤民警送热水

2月3日，崇外街道第十二届元宵灯会

2月3日，崇外街道第十二届元宵灯会演出小车会

8月2日，东花市街道工委学习型党组织建设考评指标体系（试行）试点工作启动仪式

3月22日，东花市街道蟠桃宫庙会

7月20日，龙潭街道干部队伍建设月活动总结暨工作经验交流会

5月10日，龙潭街道举办第一届综合运动会

6月19日，体育馆路街道为居民配发灭火器

1月9日，区领导走访慰问天坛地区困难群众

3月20日，永外街道永铁苑社区党员大会选举产生新一届社区党委

6月19日，体育馆路街道社区心理健康服务站揭牌仪式

6月26日，天坛街道开展消防安全应急演练

2月1日，永外街道百户家庭送温暖活动

政权·政协

北京市东城区人民代表大会常务委员会

东城区人民政府

·法制工作·

·对外事务·

·行政服务中心工作·

·安全生产监督管理·

·民族·宗教·侨务·

·信息化管理·

·信访工作·

·调查研究·

政法·军事

综合经济管理

工商·旅游·对外经济

城市建设

医药卫生·体育

卫生

药品监督管理

体育

社会生活

民政

居民生活

计划生育

街　道

人　　物

统计资料

附　　录

主题索引

CONTNENTS

OVERVIEW

CHRONICLE

SPECIAL ISSUE

PARTIES MASS ORGANIZATIONS

POLITICAL POWER · CONSULTATIVE CONFERENCE

JUDICIAL AND LEGAL AFFAIRS · MILITARY AFFAIRS

COMPREHENSIVE MANAGEMENT OF ECONOMIES

COMMERCE · TOURISM FOREIGN ECONOMY

TAXATION REVENUES FINANCE

CITY CONSTRUCTION

CITY MANAGEMENT

SCIENCE · CULTURE EDUCATION

MEDICINE AND HEALTH SPORTS

SOCIAL LIFE

SUBDISTRICTS

CREATURES

STATISTICS

APPENDIX

SUBJECT INDEX

综　述

区情综述

概　况

东城区位于北京市中心城区东部,面积41.84平方公里。设东华门、景山、交道口、安定门、北新桥、东四、朝阳门、建国门、东直门、和平里、前门、崇文门外、东花市、天坛、体育馆路、龙潭、永定门外17个街道办事处,187个社区居民委员会。另外设有北京站地区管理处、王府井建设管理办公室和东二环建管办3个重点街区管理机构。截至2012年底,全区常住人口31.3万户90.8万人,户籍人口96.77万人,户籍人口中,男性47.88万人,女性48.89万人。人口出生率为8.69‰,人口自然增长率为3.43‰,计划生育率为98.7%。全区常住人口密度为2.2万人/平方公里。全区有少数民族48个4.4万人,占全区总人口的4.8%。

经济总量

全年实现地区生产总值1447.9亿元,比上年增长8.1%。其中,第二产业实现增加值60.8亿元,比上年增长4.9%,占全区GDP的4.2%;第三产业实现增加值1387.2亿元,比上年增长8.2%,占全区GDP的95.8%。

金融业、批发和零售业、信息传输、计算机服务和软件业、租赁和商务服务业增加值占全区GDP的比重超过10%,这四大行业合计实现增加值851.4亿元,占全区GDP的58.8%,是拉动全区经济增长的重要动力。

重点产业主导地位进一步增强,文化创意产业、旅游业、金融业、商务服务业和信息服务业合计实现增加值952亿元,比上年增长16.5%,占全区GDP的比重65.7%。

财政收支

全区公共财政预算收入(不含基金预算收入)134.8亿元,比上年增长10.3%。从主要税种来看,营业税、企业所得税、增值税和印花税是拉动全区财政收入增长的主要力量。其中,实现营业税57亿元,比上年增长7.8%;实现企业所得税26亿元,比上年增长7.2%;实现增值税10亿元,比上年增长45.2%;实现印花税6亿元,比上年增长43.6%,这四大税种拉动全区财政收入增长8.9个百分点。

全区公共财政预算支出(不含基金预算支出)完成154.7亿元,比上年增长13.9%。教育、社会保障和就业、城乡社区事务是公共财政预算支出的主要方向,分别支出32.7亿元、30.3亿元、28.2亿元。

固定资产投资

全年完成全社会固定资产投资额(项目建设地)182.5亿元,比上年增长4.2%。其中,城镇固定资产投资完成额119.9亿元,比上年增长6.8%,占全区固定资产投资额的65.7%;房地产开发投资完成额62.7亿元,比上年下降0.5%,占全区固定资产投资额34.3%。

全区固定资产投资施工面积342.7万平方米,其中,城镇固定资产投资施工面积101.8万平方米,房地产开发施工面积240.9万平方米;全区固定资产投资竣工面积82.8万平方米,其中,城镇固定资产投资竣工面积32.7万平方米,房地产开发竣工面积50.1万平方米。

消　费

全年实现社会消费品零售额(产业在地)794.6亿元,比上年增长15%。

限额以上单位实现零售额749.5亿元,比上年增长13.8%,占全区零售额的94.3%。其中,限额以上零售业实现零售额482.8亿元,比上年增长15.3%,拉动全区零售额增长9.3个百分点;限额以上批发业实现零售额183.5亿元,比上年增长13.1%,拉动全区零售额增长3.1个百分点;限额以上餐饮业实现零售额59.7亿元,比上年增长9.8%;限额以上住宿业实现零售额23.4亿元,比上年增长1%。

对外经贸

全年新审批外商投资企业100家,其中,中外合资16家,中外合作1家,外商独资83家。全年实现合同外资金额13.5亿美元,同比增长46.1%;实际利用外资金额6.4亿美元,同比增长15.2%。全年实现进出口额167.9亿美元,同比增长8.1%;其中,进口额133.3亿美元,同比增长9.3%;出口额34.6亿美元,同比增长3.9%。

旅　　游

全年旅游业接待总人数7487.6万人次,比上年增长0.2%;实现旅游业综合收入582.3亿元,比上年增长13.2%。

从旅游综合收入的构成来看,旅游商业、旅行社和住宿业分别实现收入207.8亿元、173.5亿元和83亿元,旅游商业、旅行社和住宿业收入占全区旅游综合收入的79.8%,是全区旅游业发展的重要支撑。

居民生活

全区城镇居民人均可支配收入达到38559元,比上年增长11.4%;居民人均消费性支出25887元,比上年增长8.7%;恩格尔系数为34.3%。

居民人均消费性支出中,食品支出8891元,比上年增长14.5%;衣着支出2702元,比上年增长17.5%;居住支出1916元,比上年下降9.2%;家庭设备用品及服务支出1669元,比上年下降4.4%;医疗保健支出1722元,比上年下降0.5%;交通和通信支出3648元,比上年增长3.1%;教育文化娱乐服务支出4002元,比上年增长12.8%;其他商品和服务支出1336元,比上年增长24.7%。

2012年国民经济和社会发展

经济建设

产业结构　六大重点产业实现增加值723.9亿元,占全区经济总量的65.2%,比去年提高1.2个百分点,抵御经济风险能力增强。金融业发展迅速,成为东城区第一大产业。文化创意产业占GDP比重12%。旅游产业平稳增长,全年累计接待旅游人数7400万人次,收入540亿元。新兴产业全面进入成长期。引入新兴产业企业90家,推出发行规模1000万元的第一期东城区低碳产业集合信托产品,建立龙潭湖体育投资基金,组建"北京中医药健康产业投资基金",推动设立东城区中医药产业联盟。

功能区建设　王府井品牌提升战略取得新进展,苹果亚洲最大旗舰店正式入驻,北京饭店二期1.6万平方米回迁商业完成竣工验收,大明眼镜店等知名企业实现回归,王府井国际品牌节影响力和知名度进一步提升。东二环新兴产业金融区特征更加明显,金融业实现区级收入增加43.9%,成为园区第一大支柱产业。城市综合体银河SOHO建成亮相,成为东二环新的地标性商业建筑。中关村雍和园成为首批国家级科技和文化融合示范基地,园区高新技术产业用地产出强度32.8亿元/公顷,位居中关村各分园第一;前门地区完成8万多平方米的地下空间工程建设,地下停车场一期投入使用。举办前门历史文化节,天乐园剧场重张开台,全聚德、都一处、月盛斋等13家原生地老字号全部回归,京味商业氛围更加浓郁。与港中旅集团签订战略合作框架协议,天坛演艺区项目扎实推进。龙潭湖北京国际体育交流中心一期完成主体建设。和平里商务新区、永外现代商贸区规划建设稳步推进。

发展环境　招大选强取得新进展,成功引进五矿集团、中国移动政企客户分公司、中化建工程财务集团有限公司等一批优质大企业。利用首届京交会等平台加强对外合作,签约项目金额超过50亿美元。加大中小企业和非公经济服务体系建设,拓宽融资渠道,加强银企对接,全年累计为137家中小企业融资2.78亿元。落实新兴产业政策,扶持中小企业100家,奖励金额3263万元。

节能减排　扶持、培育资源节约型、环境友好型产业发展,开展合同能源管理等市场化节能机制试点,建成10处再生资源网点。全区二氧化硫、二氧化氮、可吸入颗粒物年均浓度下降率分别为3.3%、11.9%、-0.4%;降尘量平均值为每月每平方公里7吨;建成区区域噪声平均值为53.8分贝;工业废水排放达标率、工业废气排放达标率、锅炉烟气排放达标率、工业固体废物处置利用率均达到100%。

人民生活　民政工作

住房保障工作　天坛东里1-8号简易楼腾退启动居民搬迁,上龙西里29、30号楼抗震加固试点工程进展顺利,完成42.68万平方米直管公房的节能改造,实施29个老旧小区和31条街巷胡同的环境整治提升。审核通过各类保障性住房申请家庭3017户,累计发放廉租补贴2861万元,207户家庭完成廉租房实物配租选房。弘善家园小区住宅组团全面竣工。朝阳豆各庄项目进入施工阶段,通州"两站一街"项目完成开工准备。

就业和社会保障　全区城镇登记失业率0.79%,城镇登记失业人员就业率75.64%,年末实有城镇登记失业人员4296人,失业人员再就业17126人,城镇新增就业人员39256人。城镇登记失业率0.95%,城镇登记失业人员就业率68.67%,实现"零就业家庭"动态为零。全区五险基金累计收缴148.49亿元,同比增长20.5%;累计支付142.89亿元,同比增长19.5%。其中,养老保险基金收缴84.88亿元,同比增长15%;支付75.37亿元,同比增长14.46%。失业保险基金收缴4.09亿元,同比增长21%;支付2.35亿元,同比增长6.59%。工伤保险基金收缴1.66亿元,同比增长34%;支付0.64亿元,同比增长53.95%。生育保险基金收缴2.86亿元,同比增长109%;支付2.27亿元,同比增长96.57%。基本医疗保险基金收缴54.99亿元,同比增长33%;支付62.25亿元,同比增长24.63%。

成立东城区就业服务联盟,成功推荐11268人次实现就业。进一步发挥"创业者俱乐部"作用,建立创业带动就业工作联席会制度,实现创业2030人,带动就业3823人。社会保险基金收缴率达到98%。在应保尽保基础上,加大对特别困难群体帮扶力度,累计支出低保及生活困难补助资金6382.56万元。"九养"政策得到全面落实,在营养老机构11家,拥有床位1363张,初步形成区、街道、社区三级居家养老服务中心体系。完成246名复员退伍军人安置工作。

社会服务管理创新　网格化社会服务管理体系建设进

一步深化，建立健全网格化社会服务管理标准体系，完成“三级平台、四级管理”体系的实体建设。城市管理综合执法向社会管理领域全面延伸。网格化社会管理云服务平台建设扎实推进，社会面防控子系统投入使用。网格化社会服务管理模式在全市推广。“六型社区”创建工作全面推进，培育41个市级示范社区。完成社区居委会换届选举工作，社区志愿者注册人数率先完成“十二五”规划目标。“一刻钟社区服务圈”覆盖率达84%。探索建立“7+1”社区商业综合服务平台，为居民提供菜店、早餐、家政等一揽子连锁便民服务设施，打造一站式社区商业服务。全面推进“场地对接”蔬菜流通模式，新建11个崇远万家邻里中心便民菜店网点，建成17家天镇蔬菜直营店，实现“一街一店”，全区蔬菜零售网点达237个。打造街道“零距离政民互动”交流平台。广外南里社区建成全市首家居民自主决策规划、社区独立使用的综合性邻里服务中心。家政服务业试点工作成效显著。成立全市首家老年人消费维权指导中心。

教育　卫生　科技　文化　体育

教育优质均衡发展战略　坚持教育优先发展战略，国家级基础教育综合改革实验区工作稳步推进，完成义务教育均衡发展验收评估。基础教育课程改革引向深入，素质教育水平进一步提升，探索推动高中特色发展和创新人才培养模式。学前教育三年行动计划有效落实。新建、改扩建幼儿园2所，增加学位1000个。推进0～3岁婴幼儿家庭早期教育项目，开展社区公益性早教服务。完善市民终身学习体系，新增3个市民学习基地。学区化管理实现全覆盖，通过开展名校办分校、课程联排等工作，优化教育资源配置，促进教育公平。完善教育人才队伍建设机制，启动“教育家成长工程”，深入推进“十百千万”计划，培养“教育家式”的名师、名校长，鼓励优秀人才扎根东城。府学胡同小学、金台书院小学等11所学校入选北京市首批百年老校。编制完成东城区教育空间布局发展规划，基本完成校安工程加固翻建项目。

公共卫生服务体系建设　不断提升基本公共卫生服务供给质量，加强网格化社区卫生服务体系建设，家庭医生式服务居民签约率和社区卫生服务满意度全市排名第一。国家中医药发展综合改革试验区建设成果显著，设立全国首家中医儿童医院北京惠民中医儿童医院，京城名医馆开馆，和平里医院中西医结合医院建设稳步推进，完成50个中医药特色健康管理社区建设，探索中医养生保健服务机构准入试点工作。推进医疗卫生体制改革，三年整体考核全市第一。年末，全区有卫生机构540个，其中，医院61个，实有床位10440张，卫生技术人员23719人；其中，执业（助理）医师8993人，注册护士9228人。全年诊疗人次数2165.2万人次，其中，门诊人次数2058.3万人次。平均寿命85.16岁。

科技和信息化工作　高新技术企业数量持续增长，总数达148家。技术交易稳步提升，输出和吸纳技术交易额达160亿元。专利申请量授权量等指标位居全市前列。南锣鼓巷成为全市知识产权保护示范街区。科普工作实现在基层百姓中的普遍化、深入化和常态化。“数字东城行动计划”一期15个项目全部完成验收。建设“光速东城”，实现市区街居四级网络全覆盖。全区技术合同交易成交项目1862项，合同成交总金额161.4亿元，其中，技术交易额156.2亿元。全年专利申请量6100件，专利授权量3989件。

历史文化保护　鲜鱼口美食街修缮整治、玉河北区风貌保护及南锣鼓巷市政改造工程完成。钟鼓楼环境整治工程启动，天坛周边修缮整治项目开始居民搬迁。外城东南角楼复建工程完成设计方案。欧美同学会会址、明城墙遗址西段等“十项文物保护修缮工程”全部完工。“十项会馆抢修和保护利用工程”继续推进，晋翼会馆、贵州会馆、吉州会馆已修缮完成，其余工程有序推进。探索风貌保护与环境整治新模式，完成五道营街区风貌品质提升一期工程。与北控集团合作成立基金管理以及项目建设公司，着力解决历史文化名城保护资金瓶颈问题。

文化与创意产业　加大戏剧产业扶持力度，深化“戏剧东城”品牌，全年上演908个剧目，举办6100场演出，观众达300万人次，实现营业收入2.51亿元。引导企业投入7亿元，改造17处胡同里的旧厂房院落，打造10个“胡同里的创意工厂”。成立北京天坛文化发展有限公司，推动“北京礼物”品牌经营及示范店建设。“创意点亮北京”文化艺术节、南锣鼓巷戏剧节、中华民族艺术珍品文化节等文化活动精彩纷呈。

公共文化服务　推进公共文化设施建设标准化工作，继续深化“一街道一品牌、一社区一特色”文化活动格局。举办群众文化展演季和百姓周末大舞台等活动，吸引群众近50万人次参与。落实“三馆一站”免费开放。非物质文化遗产保护工作继续保持位居全市前列。“全民健身示范城区”试点工作效果显著，创建40个“奥林匹克·体育生活化社区”，65%的学校及具备条件的社会单位对外开放体育、文化设施。区培养输送的运动员在伦敦奥运会上取得两金两银的优异成绩。

年末，全区有公共图书馆2个，建筑面积1.36万平方米，总藏书数114.46万册（件），阅览座席732个，全年外借人次272.29万人次，外借册次651.9万册次。

体育事业　年末，全区有体育场馆85个，其中，体育场3个，体育馆8个，游泳场馆74个；体育设施518件。全年举办体育活动296次，参加体育活动人次41.9万人次。全区有裁判80人，教练员63人，输送运动员获奖牌总数409块，其中，国际级比赛奖牌8块，国内级比赛奖牌6块，省市级比赛奖牌395块。

其他事业　民族团结进步品牌活动不断深化，雍和宫被评为全国先进宗教活动场所，南池子社区被评为全国侨务工作示范社区。“六五”普法扎实推进。妇女儿童、残疾人、史志和档案工作取得新进步。《北京东城年鉴》（2011卷）在第一届北京市年鉴编校质量评比中获一等奖。

城市建设和城市管理

环境整治工程　围绕“九横八纵”主干路网实施“8个明显提升”工程，全面提升城市环境品质。实施环境秩序整治提升工程,推进崇雍大街、台基厂大街环境整治,打造精品示范大街。加大长安街、王府井、北京南站等重点地区的环境建设、整治和管控力度。实施城市景观综合提升工程,规划整治15条重点大街和二环路的广告牌匾,更新完善南北河沿等10条大街城市家具,完成前三门大街绿地照明、平安大街二期、三期、明城墙遗址公园夜景照明工程。完成中共十八大环境景观布置任务。落实清洁空气行动计划,以降低PM2.5为重点,强化扬尘污染控制及餐饮业油烟治理。完成煤改电工程1万户。新建垃圾分类达标小区32个,达标小区总数达59%。

交通疏堵工程 东西四块玉路竣工通车,全市首个胡同停车试点项目车辇店胡同立体停车设施投入运行,开发利用人防工程增加529个社会停车位,施行机动车“单行单停”的胡同达46条,全年新增停车位5000个。王府井地区建成全市首个全方位智慧停车诱导系统。探索实施占道停车管理“物联网”建设。推进公共自行车服务系统建设,完成107个站点建设,投入运营自行车5000辆。

绿化美化工程 实施二环路、前三门大街、东直门内大街、南北河沿大街、幸福大街,以及铁路沿线等绿化改造提升工程。完成建国门大绿地景观提升工程,以及广渠秋韵等新增绿地的建设工作。完成广渠门中学、口腔医院等屋顶立体绿化建设,在全区23条街道各打造一条有绿化景观亮点的“最美胡同”。全年完成绿化面积29.2万平方米,其中,新增绿地4.45万平方米,屋顶绿化2.25万平方米。全区绿地覆盖面积1318.6公顷,绿化面积1084.17公顷,其中,公园绿地576公顷,城市绿地覆盖率31.5%,人均绿地面积11.2平方米,人均公园绿地面积5.95平方米。

公共安全工作 以构建消防工作社会化格局为方向,由重救火向重预防转变,深化火灾隐患排查整治,提升抗御火灾能力。探索建立“互检联防”火灾防控工作模式,推进消防管理进网格,形成无缝隙、无死角的社区火灾隐患排查整治体系。积极应对“7·21”特大自然灾害,组建66支抢险队、3支医疗救护队,开辟17个应急避难场所,修缮危旧房屋1.3万间,转移群众550人。

年末,全区实有道路1133条,道路总里程525公里,道路总面积580万平方米。其中,快速路17条,长度18公里,面积49万平方米。全区实有步道长度713公里、面积194万平方米。

党的建设　民主法制建设

创先争优 围绕学习贯彻中国共产党第十八次全国代表大会(简称“十八大”)和市、区十一次党代会精神,开展理论宣讲、干部培训活动,制定学习型党组织建设考核评价指标体系,干部队伍的能力素质不断提高。落实人才发展战略规划,推进“文化人才管理改革实验区”建设,获“全国知识产权人才工作先进集体”称号。以“基层组织建设年”为抓手,深化创先争优活动,健全结对共建、服务群众等长效机制,实施非公党建提升工程,区委被评为“全国创先争优活动先进区委”。

民主建设 完成“十八”大代表推荐提名,市党代会、市人大代表选举和市政协委员推荐协商以及社区党组织、居委会换届选举,推动落实党代表任期制,不断扩大党内民主。

廉政风险防范 扎实推进权力结构科学化配置、权力运行规范化监督和廉政风险信息化防控“三个体系”建设,加大党务公开力度,区被国家预防腐败局确定为廉政风险防控工作联系点。创作推广话剧《金超杰》,打造具有东城特色的廉政文化品牌。严肃查处违纪违法案件,惩治和预防腐败体系进一步完善。落实中央关于改进工作作风、密切联系群众的八项规定,大兴求真务实、调查研究之风,加强对市、区重大决策部署的监督检查,着力解决群众反映强烈的突出问题。

体制机制建设 区委区政府出台新一届区委全委会、常委会工作规则和常委会会议回避等制度,不断提升科学、民主、依法决策水平。支持区人大及其常委会依法行使重大事项决定权、人事任免权、监督权等各项职权,发挥代表主体作用。支持区政协积极建言献策、深入调研,履行政治协商、民主监督、参政议政职能。制定党外代表人士队伍建设实施意见,成立党外知识分子联谊会,统一战线和多党合作事业健康发展,党管武装、工青妇等工作取得新成果。　(胡澄)

大 事 记

2012年大事记

1 月

1日 雍和宫、通教寺分别举行宗教活动(腊月初八,即释迦牟尼成道之日)。市民委主任池维生等到雍和宫走访慰问宗教界人士。常务副区长徐熙,区委常委、统战部部长周永明,区人大副主任王佩立,副区长颜华等到通教寺、雍和宫向宗教界人士祝贺节日。

4日 副区长汤钦飞主持召开街道环卫职工危害岗位补助协调会。

5日 迎新春新闻媒体领导联谊会举行。

9日 政协第十一届全国委员会提案委员会副主任阳安江走访慰问东城区低收入家庭心脏病患儿并送去慰问品和慰问金。

☆ 区委书记杨柳荫、区长牛青山、常务副区长徐熙、区委常委毛炯等与中国移动通信集团北京有限公司、中国海洋石油总公司等14家驻区大型重点企业负责人座谈。

☆ 区领导杨柳荫走访慰问困难群众和离休老干部。

☆ 第一次政府常务会召开,区领导牛青山就安全生产工作提出要求。

☆ 驻区单位新春团拜会举行。

10日 区委书记杨柳荫,区委副书记常卫,区委常委、宣传部部长金晖,区委常委、东城公安分局局长谢世龙,区委常委、区委办公室主任毛炯等先后走访中央政法委、公安部、文化部、国家文物局等驻区中央机关。

☆ 区级领导与四套班子老领导新春联谊会举行。

☆ “名家对话——论文化与经济发展”活动在皇家粮仓举行。

☆ 东城志愿者年会暨东城青年志愿者标识发布仪式举行。

11日 区委书记杨柳荫、区人大主任冯熙、区政协主席徐鸿达及区委常委、武装部长左海星等走访慰问北京军区空军司令部等驻区部队。

☆ “中医药特色健康管理社区”建设座谈会召开。

12日 区妇联十二届二次执委(扩大)会议召开。

☆ 区科协一届二次常委会召开。

13日 春节军政座谈会举行。

☆ 区委常委、统战部部长周永明看望中国伊斯兰教协会会长、全国政协常委陈广元大阿訇。

16日 区领导牛青山带队检查安定门街道、东直门街道贯彻落实党风廉政建设责任制、推进惩防体系建设工作情况。

☆ 区领导徐鸿达、常卫等与区天主教爱国会主席高阳等宗教界代表人士座谈。

17日 市委书记刘淇到区检查节日市场供应和烟花爆竹储运销售情况。

☆ 区政法维稳工作会召开。

☆ “东城区小企业创业基地”授牌仪式举行。

18日 副市长刘敬民到北京南站北广场慰问一线城管队员。

☆ 区优秀人才慰问暨杰出人才表彰会举行。

☆ 区委常委、宣传部部长金晖,副区长汤钦飞分别走访慰问区全国道德模范孙茂芳、谢亮和首都道德模范车亚华。

19日 副市长丁向阳带队检查普仁医院节日医疗保障工作。

☆ 区委常委、组织部部长吴松元到北新桥街道九道湾社区慰问北京市优秀共产党员、社区党委书记、居委会主任曹建军。

20日 文化部党组书记、部长蔡武率队检查东城区全国重点文物保护单位智化寺节日安全工作。

☆ 市委常委、市公安局局长傅政华到新世界商城、龙潭公园庙会现场等检查节前安全保障工作。

☆ 区领导杨柳荫、常卫等到北京稻香村食品集团有限责任公司慰问留京过年流动党员。

21日 市领导刘敬民率队检查东城区节前人防工程安全管理工作落实情况。

☆ 副市长程红慰问东城工商分局基层干部。

☆ 杨柳荫、牛青山、冯熙、徐鸿达等区四套班子领导慰问区交通支队、巡特首都政治中心区支队、环卫二中心、城管大队王府井南口执法岗亭等一线工作人员。

22日 中共中央总书记、国家主席、中央军委主席胡锦涛到前门商业街与基层干部群众共迎新春佳节。

☆ 市领导刘敬民除夕夜到东城区慰问环卫职工。

☆ 除夕区领导杨柳荫、牛青山以值守指挥、检查和包街道方式与干部职工一起确保区烟花爆竹燃放安全。

☆　第二十七届地坛、第二十九届龙潭春节文化庙会举行。

23日　常务副市长吉林检查雍和宫周边环境秩序。

30日　区领导周永明调研党派工作。

2　月

2日　常务副区长徐熙、副区长许汇与与诺基亚西门子(中国)有限公司大中国地区总裁张志强等座谈。

3日　区第二十五次老干部座谈会召开。

☆　区第二届新春非遗庙会暨第二届非遗代表性传承人技艺交流展在京城百工坊开幕。

6日　副市长苟仲文到北京站检查春运返京旅客接续运输高峰工作情况。

7日　区委书记杨柳荫,区委常委、纪委书记夏树军等与鲁能集团总经理徐鹏等研讨红墙饭店建设项目工作。

☆　团市委副书记常宇率队到区调研共青团工作。

8日　区委第十一届委员会第二次全体会议召开。

☆　区领导杨柳荫、牛青山分别会见怡和(中国)有限公司主席、香港置地集团公司总裁彭耀佳。

☆　对学校和医院周边环境秩序问题进行整治的"双护工程"专项行动启动仪式举行。

9日　区领导徐鸿达走访政协委员。

☆　市纪委副书记隋秀梅,区领导杨柳荫、吴松元、夏树军参加区党务公开工作经验交流会。

9~10日　区委统战部年度工作研讨会召开。

10日　中国海洋石油总公司成立30周年庆祝大会举行。

11日　市领导刘淇到区调研老旧小区综合整治工作。

13日　区纪委十一届二次全会暨区党风廉政建设工作会议召开。

☆　区控制扬尘污染暨责任书签订工作会召开。

☆　街道党政负责人会议召开。

☆　许汇主持召开东二环交通商务区重点项目建设工作专题会。

☆　区卫生工作会召开。

14日　区网格化社会服务管理标准体系通过专家评审。

15日　区委、区政府工作部署会召开。

☆　区领导杨柳荫走访中国人民外交学会。

☆　团区委十届二次全体(扩大)会议召开。

☆　区残联第一届主席团第二次全体会议暨东城区政府残工委会议召开。

☆　区早餐工程表彰会召开。

16日　区领导杨柳荫、牛青山走访北京市人民对外友好协会。

☆　区民政工作会议召开。

☆　"新东城首届人口发展论坛——历史文化名城保护与中心城区人口疏解"举行。

17日　区处理信访突出问题及群体性事件第一次联席会议召开。

18日　在北京会议中心召开的首都社会管理综合治理委员会第一次全体(扩大)会议上,东城区连续14年被授予"首都社会治安综合治理先进区县"称号。

20日　中央社会管理综合治理委员会调研组组长,全国妇联党组书记、副主席、书记处第一书记宋秀岩率队到区调研社会服务管理创新综合试点工作。

20~21日　区政府全体(扩大)会议召开。

21日　市委副书记、市政协主席、市委政法委书记王安顺率市委市政府督查组到区检查全国"两会"维稳安保工作。

22日　纪念金鱼池社区居民回迁十周年、话剧《龙须沟》公演60周年,部分作家赴金鱼池社区开展采风创作活动。

☆　市审计局到区开展社会保障资金审计。

23日　区出席市第十一次党代会代表选举工作部署会召开。

☆　区廉政风险防控机制建设研讨会召开。

☆　区社区党组织和社区居委会换届选举工作会召开。

23~24日　区组织工作会议召开。

24日　区综治委、流管委第一次全体(扩大)会议召开。

27日　区荣获"全国双拥模范城六连冠"称号。

☆　东直门街道清水苑社区召开社区党组织领导班子"深度公推直选模式"试点选举大会。

28日　区委党建工作领导小组(扩大)会议召开。

29日　副市长陈刚调研天坛周边简易楼情况。

☆　区旅游发展委员会揭牌仪式举行。

☆　市预防腐败局副局长宋兰刚率队到东城区调研依托电子政务平台加强政务公开和政务服务工作。

☆　东二环交通商务区新兴产业园规划咨询工作签约仪式举行。

3　月

2日　"做文明有礼的北京人——弘扬北京精神　传承雷锋旗帜"区成立学雷锋活动联盟暨学雷锋志愿服务高潮日活动举办。

5日　区干部教育培训班春季开学典礼举行。

☆　区信访代理工作部署会召开。

6日　区安委会第一次全体会议召开。

☆　区庆祝三八国际劳动妇女节102周年暨和谐家庭双合格好家长标兵颁奖典礼举行。

☆　区深化廉政风险防控管理试点工作部署会召开。

7日　王府井国际品牌中心奠基典礼举行。

☆　区公务用车问题专项治理工作领导小组会召开。

8日　市人大常委会常务副主任马振川到东城区调研文物保护和宗教活动场所问题。

9日　区网格化社会服务管理移动智能终端应用启动仪式举行。

10日　市领导傅政华到"两会"代表驻地北京饭店慰问正在值勤的东华门派出所干警和韶九社区治安志愿者。

☆　区"学雷锋做文明有礼的北京人——清洁城市集中行动"开幕仪式举行。

12日　市领导刘敬民检查慰问在雅宝路地下通道和路口南过街天桥担负全国"两会"安保任务的执勤守桥民兵。

14日　东城区政府、中国医药卫生事业发展基金会支援青海省社会公益项目启动仪式举行。

16日　向街道派驻"巡回法官"开展"一驻两进"工作启动仪式举行。

☆　区应急救护培训工作部署会召开。

19日　王府井地区重点项目工程进展情况汇报会召开。

20日　市委常委、市人大常委会副主任梁伟到东城区调研社区"两委"换届选举工作。

21日　区国防教育宣讲团成立暨国防教育报告会举行。

☆　第四届全国体育进社区优秀健身项目进社区交流活动在东四街道奥林匹克社区公园举行。

22日　全国人大副委员长、民建中央主席陈昌智到区调研。

☆　市委副书记、市政协主席王安顺到区调研旅游工作。

26日　区"一把手"素质培训工程主题研修班开班。

29日　区委、区政府理论中心组举办《新媒体的应用与应对》专题报告会。

☆　区领导吴松元主持召开区首次"非定向"预推正处级领导干部会议。

31日　区精神文明建设委员会全会和精神文明建设工作大会召开。

☆　区深化廉政风险防控管理工作大会召开。

4　月

1日　区第28个首都全民义务植树日活动开展。市领导刘淇、李士祥，区领导杨柳荫、牛青山等及驻区部队、驻区单位、市有关部门领导与各界群众代表参加。

☆　区深化创先争优活动暨开展基层组织建设年工作部署大会召开。

5日　区机构编制委员会第一次会议召开。

6日　区城市综合管理工作总结表彰大会召开。

☆　区文化市场管理工作会议召开。

☆　区建设工程大会召开。

9日　区社会领域党建工作会召开。

10日　区心理健康科普大讲堂启动仪式举行。

11日　全国文明办主任培训班成员到区考察公共文明引导工作。

☆　区人口和计划生育领导小组会议召开。

☆　区领导周永明主持召开区党派团体通报协商会。

12日　全国人大常委会副委员长韩启德带领全国人大常委会文物保护法执法检查组到孔庙、国子监检查。

☆　区领导牛青山与中国移动北京公司总经理董昕共同签订《"智慧东城，无线城市"建设战略合作协议》。

☆　区经济社会形势通报会暨优化经济发展环境领导小组工作会召开。

☆　区行政调解工作指导委员会第一次全体会议召开。

13日　市领导吉林率队到雍和科技园区调研座谈。

☆　国家审计署社保司与东城共同开展"携手献爱心　温暖一家亲"主题助残活动。

☆　区委第十一届委员会第三次全体会议召开。

18日　区第九届金鱼池社区节开幕。

23日　区"读一本好书·做一个好人"职工读书活动启动仪式举办。

25日　"驻京中外知名企业投资东城行"活动在台湾会馆举办。

☆　区保障性住房建设专题会召开。

26日　区处级以上干部健身系列活动启动仪式暨第一届健步行比赛在国家奥林匹克公园举办。

☆　副区长陈之常主持召开落实"菜篮子"工程责任制第一次工作联席会。

27日　区庆祝五一国际劳动节暨表彰先进大会召开。

☆　庆祝建团90周年青少年主题实践寻访活动启动仪式举行。

28日　第二届北京国际电影节电影嘉年华"文化强区，魅力东城"主题日活动在国家奥林匹克公园举行。

5　月

3日　市领导刘淇到区调研地铁8号线建设情况。

4日　区中学生五四表彰大会召开。

6日　区"践行北京精神，促进民族团结"民族团结日活动启动仪式举行。

7日　区第一期宣传文化干部轮训班开班。

8日　北京市首家中医特色儿童专科医院——北京惠民中医儿童医院在珠市口东大街开业。

8～10日　第25届全国友好城区公安分局协作会议在区举行。

9日　市委常委、市委教工委书记赵凤桐到区调研中小学改扩建及新建情况。

☆　东城区被市委市政府授予"2010—2011年度全市调查研究工作先进单位"。

11日　北京市政府与中国港中旅集团公司天坛演艺区项目签约仪式举行。

☆　区"防灾减灾日"启动仪式举行。

12日　鼓楼中医医院"京城名医馆"落成典礼举行。

☆　第五届北京中医药文化宣传周暨第四届地坛中医药健康文化节开幕。

13日　"齐白石旧居纪念馆"开馆暨齐白石塑像揭幕仪式举行。

14日　第三届北京·南锣鼓巷戏剧节开幕。

15日　市领导丁向阳到北新桥街道调研社区居委会换届选举工作。

☆　区新残保法宣讲团成立暨残疾人法律援助服务月活动启动仪式举行。

16日　"吃在北京"（前门）美食文化节开幕。

☆　区爱国主义教育基地联盟成立仪式暨"5·18"国际

博物馆日纪念活动举行。

17 日　区领导杨柳荫会见香港置地集团公司总裁彭耀佳。

☆　区社区国防教育网格化管理试点工作启动大会在东直门街道召开。

18 日　区就业服务联盟启动仪式举行。

☆　区“青春船长”青少年普法志愿者团队暨青少年法制教育基地成立发布会在北京师范大学举行。

20 日　中共中央政治局委员、国务院副总理、国务院残疾人工作委员会主任回良玉等到地坛公园参加北京市“共享文化、促进融合“第 22 次全国助残日主题活动。

☆　北京市群众纪念《在延安文艺座谈会上的讲话》发表 70 周年演唱会暨东城区群众文化展演季开幕式举行。

22 日　区领导杨柳荫到分司厅小学、总政幼儿园慰问师生。

23 日　市长郭金龙等到区检查地铁在施工程防汛工作准备情况。

☆　副市长夏占义带队到区检查春季绿化美化工作。

24 日　全国人大常委会副委员长路甬祥率队到区进行专题调研。

☆　市人大常委会副主任马振川、李昭玲等到区检查《北京市少数民族权益保障条例》贯彻实施情况。

☆　区领导杨柳荫调研第五广场、东方文化歌舞剧场等重点工程建设情况。

☆　区领导牛青山等到崇文小学、北京市第一幼儿园慰问师生。

☆　簋街“诚信经营示范街”暨“文明餐桌行动”正式启动。

25 日　“厚德北京　文化东城”——东城区 2012 年书法美术摄影精品展开幕。

26 日　“智慧东城、城市旅游”旅游信息自助公共服务系统启动仪式举行。

29 日　区百姓宣讲“双十佳”评选活动举行。

30 日　首届京交会东城区购物专场及招待酒会在红桥市场举办。

31 日　总书记胡锦涛考察东城区少年宫并亲切看望参加活动的小朋友。

☆　“阳光下我们共同成长”——区庆祝六一国际儿童节主题活动在史家胡同小学举行。

☆　区综治委特殊人群专项组第一次全体(扩大)会议暨“暖心”专项行动动员部署会召开。

6　月

1 日　“保护儿童,告别流浪”救助保护流浪未成年人宣传日活动举行。

5 日　区党外知识分子联谊会成立大会举行。

6 日　区领导杨柳荫、牛青山就隆福寺项目合作事宜与市国有资产经营有限责任公司负责人座谈。

☆　上年度医改考核评估迎检工作暨本年度医改主要任务责任分解专题会召开。

☆　区纪委与北京大学廉政风险防控管理课题研究签约仪式举行。

7 日　市委书记郭金龙检查北京宏志中学高考情况。

☆　区委、区政府理论中心组与文化部开展联学活动。

☆　市文化执法总队总队长、市文化市场管理(“扫黄打非”)工作领导小组办公室主任王英偶到东城区调研文化市场管理工作。

9 日　“文化遗产日”主会场专题宣传活动在永定门广场举行。

11 日　迎接全国城市文明程度指数测评工作动员大会召开。

☆　市领导程红到区视察第四届全国少数民族文艺会演代表团接待工作。

☆　区党员干部深入老旧小区综合整治工程项目现场工作启动大会召开。

☆　团区委举办首届青少年社团文化节——社团风采汇活动。

12 日　“2012・感动东城道德模范”颁奖典礼举行。

13 日　市领导陈刚到东直门当代大厦商务酒店和地铁 8 号线南锣鼓巷站工地检查文明施工工作。

☆　区网络发言工作培训会举办。

14 日　区直机关纪念建党 91 周年“唱响主旋律”歌咏比赛举行。

15 日　中国玉(石)器“百花奖”开幕、天坛工美大厦“北京礼物”示范店开业、京津收藏艺术精品联展开幕仪式举行。

☆　北京南新仓・东四街道第六届文化节开幕式举行。

16 日　市公共自行车服务系统试运营启动仪式举行。

18 日　区环境整治工作会议召开。

19 日　区领导杨柳荫走访慰问广渠门中学党总支。

☆　市质监局副局长张巨明到区调研市电梯物联网示范工程建设。

20 日　区庆祝中国共产党成立 91 周年暨创先争优表彰大会召开。

21 日　第三届“崇外商圈”购物季活动在国瑞购物中心开幕。

☆　“中国劳动关系学院・时传祥纪念馆劳模精神教育基地”揭牌仪式举行。

23 日　第五届龙潭端午文化节在龙潭公园举行。

26 日　“2012 皇城国际旅游节”开幕。

☆　区领导杨柳荫在全市创先争优表彰大会上作经验交流发言。

27 日　全国政协副主席罗富和带队调研“大运河(北京段)保护与申遗”工作。

☆　区领导吴松元出席北京中文在线数字出版股份有限公司党支部成立揭牌仪式。

☆　希腊著名时尚品牌 Folli Follie 全球最大旗舰店入驻东方新天地。

29 日　“皇城文化旅游发展论坛”举行。

☆　区创建国家慢性病综合防控示范区领导小组工作

会召开。

7 月

3日 全民健身万里行全国首发暨东城区全民健身月启动仪式举行。

☆ “架沟通桥梁·促东城发展”部分驻区企业政协委员联谊会召开。

4日 市领导苟仲文视察安定门街道车辇店胡同立体停车设施，并召开全市居住区机动车停车设施工作现场会。

☆ 区领导干部大会召开。传达贯彻落实市第十一次党代会精神。

☆ 区创建“六型社区”工作会召开。

5日 “政协委员共话东城”第十次沙龙系列活动举行。

6日 区竞争性选拔干部工作动员部署会召开。

☆ 老干部区情通报会召开。

10日 话剧《金超杰》在全国政协礼堂首演。

12日 市领导赵凤桐到北京一师附小和特殊教育学校调研。

☆ 区领导牛青山主持召开区政府全体会议贯彻落实市政府第六次全会精神。

☆ 区预防青少年违法犯罪和未成年人保护工作会召开。

13日 区新一届行政复议委员会成立大会召开。

16日 区国有企业公开招聘管理人才工作总结会议召开。

☆ 韬奋图书馆开馆仪式举行。

☆ 区再生资源回收体系建设领导小组会议召开。

17日 区学习型党组织建设工作推进会召开。

☆ 区建设工程防汛安全工作会召开。

18日 城管大队统一管理体制动员大会召开。

21日 61年最大暴雨袭击北京，下午1时至22日8时，平均降雨222毫米，最大点和平里北区246毫米，最小点前门地区199毫米。晚8:00全区多处房屋漏雨，道路积水，出现14处积水点，(主干路主干道下凹式立交桥下，主干道低片路7处)，四合院进水，河水倒灌，树木倒伏。全区进入四级抢险机制。出动3000余名抢险队员投入抢险，苫盖漏屋200余间，清除院落积水70余处，清理倒伏树木10余株，5处塌险路面设置警戒线，转移受灾群众7人，中国科技出版传媒股份有限公司职工丁志健，驾小骄车行至广渠门立交桥下被洪水淹没死亡。灾后，出动抢险人员9480人次，查房1.97万间1.31万户68.8万平方米，维修平房3556间2376万户5万余平方米。楼房171栋4700户27.9万平方米。投入抽水泵30台，工程抢险车6辆，消防车3辆，临时供电车4辆，120急救车1辆，经80余小时灾后救险，第三天接通居民用电，第四天恢复电梯使用，第五天恢复中水使用，第七天恢复饮用水供应，接通有线电视信号，居民生活恢复正常。

24日 全国人大常委会副委员长路甬祥到雍和园区开展文化专题调研。

☆ 区领导杨柳荫、牛青山、徐熙等与港中旅负责人就合作推进天坛演艺区项目建设进行会谈。

☆ 区领导牛青山主持召开关于“7·21”特大暴雨应对情况全区防汛工作专题会。

26日 区八一军政座谈会举行。

☆ 区人口和家庭健康服务中心揭牌仪式举行。

27日 区领导杨柳荫、牛青山到市公安局警卫局走访慰问。

30日 区楼宇监测系统管理和文化创意产业发展工作交接仪式举行。

☆ “促进城市管理网格与社会管理网格融合”专题工作会召开。

31日 区领导牛青山走访慰问“7·21”特大暴雨遇难者家属。

8 月

1日 区委常委会扩大会议传达贯彻市上半年经济形势分析会精神。

☆ 区领导汤钦飞主持召开贯彻中央、市信访维稳工作会议精神部署会。

☆ 区“一府两院”半年工作通报会召开。

☆ 区委、区政府理论中心组举办社会服务管理创新工作专题报告会。

1~3日 区宗教专项治理工作培训班举办。

3日 北京新隆福文化投资有限公司揭牌仪式举行。

6日 市领导程红到区调研“工商进网络”工作并出席市工商局与东城区合作签约仪式。

7日 第三届前门历史文化节开幕。

☆ 中央信访工作北京督导组到东城区督导检查工作。

7~8日 民主党派、无党派人士学习班举办。

8~10日 日本东京都目黑区友好代表团到区访问。

9日 中华老字号发展前门论坛在人民大会堂举行。

10日 第三届“创意点亮北京”文化艺术节举办。

11日 市领导郭金龙到区调研老旧小区改造工作。

14日 区房屋征收事务中心揭牌仪式举行。

15日 区领导杨柳荫考察和平里商务新区建设情况。

☆ 区社区商业工作会召开。

16日 区园林绿化管理中心揭牌仪式举行。

☆ 中国五矿集团在东二环高端服务业发展带的核心地带举办入驻五矿广场仪式。

17日 区海外联谊会工作研讨会召开。

☆ 区食品安全半年工作暨“十八大”食品安全专项整治和保障行动动员部署工作会召开。

19日 市委常委、统战部部长牛有成，市人大副主任马振川，市政协副主席赵文芝到东四清真寺向穆斯林群众祝贺开斋节。

20日 全区流动人口服务管理专项行动部署会召开。

20~21日 区领导牛青山带队到青海省黄南、玉树藏族自治州考察交流。

21日 区领导杨柳荫调研永外现代商贸区规划建设

情况。

22 日 区深化廉政风险防控管理工作交流推进会召开。

23 日 区领导杨柳荫调研社区商业网点布局及社会消费品零售情况。

24 日 区领导杨柳荫带队检查全国文明城市文明程度指数测评工作。

25 日 第四届红桥国际珍珠文化节暨分会场活动举行。

28 日 区党外代表人士队伍建设工作大会召开。

☆ 武警北京市总队总队长魏哲、政委张瑞清率总队机关干部到区考察网格化社会服务管理创新工作。

30 日 市委常委、副市长陈刚到区调研轨道交通和老旧小区综合整治工作。

31 日 副市长洪峰出席北京五中开学典礼暨“林忠平实验室”揭牌仪式。

☆ 江西农副产品进京配送服务平台开通仪式暨 181 项目推介会举行。

9 月

1 日 以“碳市场与低碳发展”为主题的第三届“地坛论坛”开幕式举行。

☆ 市人大主任杜德印参加史家胡同小学、东四七条小学秋季联合开学典礼暨《中医药文化与我们的健康(少儿版)》首发式。

☆ 区领导牛青山参加北京二中、广渠门中学开学典礼。

3 日 市绩效管理工作调研组到区调研政府绩效管理工作。

☆ 区干部教育培训班秋季开学典礼举行。

4 日 东城“金秋购物季”启动仪式举行。

5 日 “文化传播 精彩有我”区老干部书画摄影手工展开幕式举行。

☆ 区第四届“档案馆日”活动举办。

6 日 区庆祝第二十八个教师节表彰大会举行。

☆ 区迎接全国城市文明程度指数测评工作总结会召开。

☆ 区综治委实有人口专项组第一次全体会议暨公共安全隐患排查、社会治安重点地区整治、特殊人群服务管理工作部署会召开。

7 日 区城市环境建设半年工作总结暨“十八大”环境保障部署大会召开。

8 日 “故宫讲坛”合作签约仪式举行。

9 日 第三届北京孔庙国子监国学文化节开幕。

11 日 区领导杨柳荫主持召开区人才工作专题汇报会。

13 日 区深入开展创先争优活动总结大会召开。

14 日 首届世界旅游城市博览会在王府井开幕。

15 日 第三届北京王府井国际品牌节开幕。

☆ 东城民间艺术家作品观摩展开幕。

16 日 国际友好区区长论坛召开。

17 日 区领导牛青山与罗马尼亚布加勒斯特市二区区长尼古拉·翁察努一行座谈。

☆ 区政府与意大利弗利－切塞纳省政府交换友好交流与合作备忘录。

☆ 区政府与乌克兰基辅市舍甫琴科区签署友好交流备忘录。

☆ “品牌发展与时尚文化”高端论坛举行。

18 日 区政协举办“实有人口服务管理全覆盖”论坛。

19 日 区领导杨柳荫听取东二环商务区新型产业园规划方案汇报。

20 日 第二届国子监儒商文化论坛在彝伦堂举办。

21 日 区级领导班子成员到解放军三军仪仗队营区开展“军事日”活动。

22 日 中国北京国际体育舞蹈公开赛在地坛体育馆开幕。

25 日 区领导杨柳荫率队检查全区国庆节及“十八大”环境布置工作。

☆ 第四届北京红桥国际珍珠文化节开幕。

☆ 区社区服务综合标准化工作交流会召开。

26 日 市领导吉林到区检查国庆及中秋节期间安全保障工作。

☆ 市领导程红带队检查区安全稳定及市场供应情况。

☆ 杨柳荫、牛青山、冯熙、徐鸿达等区领导到区环卫二中心、城管大队王府井城管分队等单位慰问一线干部职工。

☆ 第七届南锣鼓巷胡同节开幕。

27 日 市领导郭金龙、王安顺等到天安门广场、前门地区检查国庆及中秋节期间公共安全工作。

☆ 市领导鲁炜到雍和宫检查文物安全。

☆ 区各界人士中秋联谊会举行。

☆ 区青年联合会五届一次全会召开。

☆ 区公立医院改革工作专题研讨会召开。

28 日 区级领导班子与四套班子老领导“欢聚金秋喜迎‘十八大’畅谈发展共抒敬老情”联谊会举行。

29 日 区部署中秋国庆期间安全保障工作。

☆ 国家旅游局局长邵琪伟到区检查中秋、国庆假日旅游安全和接待工作。

10 月

3 日 市委副书记、代市长王安顺检查节日市场供应和食品安全。

9 日 前门台湾文化商务区经营管理签约仪式在金台夕照会馆举行。

10 日 北京市玉器厂有限责任公司暨北京工美珠宝投资管理有限公司成立庆典举行。

11 日 市领导陈刚率队到区调研社区青年汇工作。

☆ 区领导杨柳荫到区法院调研诚信工程和“一驻两进”工作。

☆ 区领导牛青山检查区环境建设工作并到区城管委调研。

11～12 日 区年度教育工作会召开。

12 日 区流管委社区流管站和流管员队伍交接工作部署会召开。

☆ 北京金钱豹餐饮有限公司劳动争议调解中心在金钱豹王府井店挂牌成立。

☆ “卓行教育 立新和谐——史家胡同小学和谐教育实施20年暨卓立校长从教50年庆典活动”举行。

13 日 全市公开选拔年轻处级领导干部东城区职位面试工作开展。

15 日 区第三季度经济社会发展形势分析会召开。

16 日 北京市迎接“十八大”“党在百姓心中”百姓宣讲东城分团区直机关报告会举行。

17 日 区领导吴松元接受“共产党员网”高端访谈栏目专访。

18 日 区创建充分就业城区论坛举行。

19 日 中央信访工作督导组组长、人力资源社会保障部副部长杨志明率队到区检查指导工作。

20 日 区非公有制企业党建工作推进会召开。

22 日 区领导干部大会召开。传达贯彻落实市领导干部大会精神。

☆ “展辉煌成就 建魅力东城”喜迎“十八大”爱国主义教育基地主题参观活动在中国美术馆启动。

23 日 市领导王安顺到区调研经济社会发展情况。

☆ “喜迎‘十八大’,孝行在东城”——东城区“孝星”命名暨事迹宣讲大会举行。

24 日 常务副市长李士祥到东城区督导“十八大”代表驻地卫生保障工作。

☆ 区领导杨柳荫会见北京华联集团总裁畅丁杰。

25 日 区迎接“十八大”政治环境布置及城市环境保障工作会议召开。

26 日 区领导杨柳荫走访慰问中国海洋石油总公司和中诚信托有限责任公司等驻区企业。

27 日 国家新闻出版总署反非法和违禁出版物司副司长毛小茂带队检查区出版物市场。

29 日 市领导郭金龙、王安顺到区检查“十八大”安全服务保障工作。

29～30 日 区精神文明建设工作推进会召开。

30 日 区领导杨柳荫、牛青山率队检查区“十八大”安全服务保障工作。

31 日 区领导杨柳荫主持召开区党政代表团考察总结会。

☆ 区宗教团体自管房产解危排险工作调度会召开。

11 月

1 日 区领导杨柳荫考察朝阳门银河 SOHO 项目。

2 日 东城消防支队揭牌仪式举行。

5 日 市委书记郭金龙到区检查“十八大”安全服务保障工作。

☆ 市委常委、北京卫戍区司令员郑传福率队到区视察征兵体检工作。

6 日 区领导杨柳荫与内蒙古乌兰察布市委书记王学峰共同出席东城－集宁对口支援与区域合作工作座谈会。

☆ 市司法局党委书记、局长于泓源到建国门司法所慰问“十八大”安全服务保障工作一线司法行政干警。

7 日 区推进“两网(城市管理体系与社会服务管理体系)融合”工作研讨会召开。

11 日 “科学发展 辉煌成就”北京市特色项目参观采访活动走进东城。

☆ 市委政法委副书记、首都综治办主任滕盛萍带队慰问区治安志愿者。

14 日 市纪委副书记王荣军带队到区调研纪检监察信访举报和案件管理工作。

16 日 区委召开党派团体协商会。

18 日 区领导干部大会召开。部署学习贯彻“十八大”精神。

18～25 日 第五届中华民族艺术珍品文化节举行。

19 日 全国工商联宣教部部长、中华工商时报社社长高庆林到区调研工商联工作。

19～21 日 区人大十五届二次会议召开。

22 日 学习宣传贯彻“十八大”精神专题报告会举办。

23 日 区委、区政府理论中心组参加市委、市政府理论中心组学习(扩大)会议。

☆ 和平里医院与北京中医药大学共建教学医院协议书签字仪式暨名老中医工作室揭牌仪式举行。

25 日 中组部、人力社保部领导到区巡视中央机关及直属机构下年公务员录用笔试工作。

26 日 区统战系统联席会举行。

27 日 区廉政主题名家朗诵会暨廉政文化书籍启动仪式举行。

☆ 区推进功能区建设专题会召开。

☆ 区社会工作者联合会会员大会及社会工作者联合会成立大会召开。

28 日 市中医管理局副局长屠志涛到区调研“国家中医药发展综合改革试验区”建设工作。

12 月

1 日 市领导王安顺参观第八届北京国际金融博览会东城区展馆。

2 日 区“法治文化你我他”法制文艺展演活动举办。

3 日 贯彻落实党风廉政建设责任制、推进惩防体系建设情况重点检查汇报会展开。

☆ 区“阳光爱心八进门”助残行动启动。

4 日 区领导干部学习贯彻“十八大”精神轮训班开班。

☆ 市商务委主任卢彦率检查组检查区再生资源回收体系建设工作。

☆ 区再生资源回收网点建设和天镇蔬菜直营店建设工作调度会召开。

☆ 养老服务机构建设工作部署会召开。

5 日 慰问伦敦奥运会中国代表团东城区输送运动员座

谈会举行。

☆ 区领导牛青山主持召开钟鼓楼广场整治项目专题会。

☆ 区志愿者信息管理系统启动。

☆ 区社区社会组织孵化培育工程总结暨发展大会召开。

5~6日 区民族工作培训班举办。

6日 市委常委、市纪委书记叶青纯到区调研党风廉政建设和反腐败工作。

7日 钟鼓楼广场恢复整治项目启动大会召开。

☆ 第六届全国亿万学生阳光体育冬季长跑暨北京市学生冬季长跑活动启动仪式举行。

8日 市领导郭金龙、王安顺到区调研车辇店胡同立体停车场建设、南馆低碳生活示范园建设及史家胡同整治改造情况。

10日 区领导杨柳荫带队检查崇外街道、景山街道和东花市街道贯彻落实党风廉政建设责任制推进惩防体系建设工作情况。

12日 区党建工作领导小组(扩大)会议召开。

☆ 区领导牛青山参加"海湾阿拉伯国家与中国的稳定和发展对话会"。

13日 区党派团体协商会召开。

☆ 区低碳城区建设和节能工作领导小组召开第一次全体会议。

17日 市委巡视组到区开展巡视工作。

19日 区教育品牌保护办公室揭牌仪式举行。

19~20日 市领导郭金龙率检查组到区检查贯彻落实党风廉政建设责任制、推进惩防体系建设情况。

20日 区政法工作座谈会召开。

21日 贯彻落实"十八大"会议精神推进国家中医药发展综合改革试验区建设可持续发展大会召开。

☆ 区委常委朴学东、周永明等到钟鼓楼广场恢复整治项目总指挥部现场办公。

☆ 北京市全民健身示范试点工作交流会在区召开。

☆ "东城区2012·岁末购物周"活动开幕。

24日 国家宗教事务局、市宗教事务局及区领导平安夜视察区宗教场所及主要商业区。

25日 区党派团体协商通报会召开。

26日 区委主要领导学习宣讲"十八大"精神基层调研活动举行。

☆ 市政府绩效办对区政府年度绩效管理工作开展和绩效任务完成情况进行集中检查。

27日 区领导杨柳荫率队调研弘善家园定向安置建设项目。

☆ 区2009—2011年度科学技术奖励大会召开。

28日 区深入学习宣传贯彻"十八大"精神工作推进会召开。

31日 区领导牛青山调研综合经济部门工作。

特　载

文　件　（节选）

全面贯彻党的十八大精神 加快推进“国际化现代化新东城”建设

2012年12月31日在中共东城区委十一届四次全会上的报告

中共东城区委书记　杨柳荫

一、本年工作回顾

在市委坚强领导下，常委会团结带领广大党员干部群众，以迎接党的十八大胜利召开和学习贯彻党的十八大精神为主线，牢牢把握稳中求进的总基调，认真落实市、区十一次党代会部署，全力推动“总规”和“十二五”规划的实施，开拓创新、攻坚克难、争创一流，圆满完成年初确定的各项任务，“国际化现代化新东城”建设全面推进，人民生活水平稳步提高，实现了本届区委的良好开局。

坚持特色发展，“文化强区”战略稳步实施。统筹推进全区文化改革发展工作，研究制定《关于坚持“文化强区”战略、加快“首都文化中心区”建设的实施意见》，成立了文化发展领导小组和文化发展促进中心，设立8亿元文化发展专项资金，着力构建“大文化”的发展格局。名城保护工作取得新进展，“十大保护项目”初见成效，“十项文物保护修缮工程”、“十项会馆保护利用工程”推进有力，豆各庄等人口疏解对接安置房建设加紧推进。与北控集团共同成立基金管理以及项目建设公司，拓宽了旧城保护融资渠道。坚持物质遗产和非物质文化遗产同步保护利用，非遗保护传承工作继续走在全市前列。加快文化经济融合发展，文化创意产业增加值占GDP比重达12%。全面启动“天坛演艺区”建设，与港中旅集团签订合作框架协议，成立前期筹备处，概念性规划正抓紧编制。加大对小剧场改造扶持力度，为“戏剧东城”建设注入了活力。与工美集团合作成立北京天坛文化发展有限公司，与市国资公司签署复兴隆福寺传统文化商业区战略合作协议。公共文化服务体系示范项目取得阶段性成果，文化惠民力度不断加大，“前门历史文化节”、“创意点亮北京”文化艺术节、“南锣鼓巷戏剧节”等品牌文化活动精彩纷呈。圆满完成全国城市文明程度指数测评任务，深入开展践行“北京精神”、“感动东城”道德模范评选等活动，“全国文明城区”建设成果更加巩固，荣获全国双拥模范城“六连冠”称号。

坚持高端引领，区域经济平稳运行、稳中趋好。积极应对宏观经济下行影响，强化创新驱动，加快转型升级步伐，保持了经济平稳较快发展。预计区级财政收入完成134.52亿元，同比增长10%，地均财政收入位列全市第二；社会消费品零售额同比增长15%；六大重点产业增加值占GDP比重达到65%，中医药、体育、低碳服务等新兴产业培育初显成效。以“王府井国际品牌节”、“京交会”、“京港洽谈会”等为平台，积极引进项目、提升区域国际影响力。通过举办“皇城国际旅游节”、“金秋购物季”等特色活动，着力拓展消费空间。积极推进五道营、簋街、南新仓等特色商业街区建设。“十大重点工程”进展顺利，银河SOHO中心正式竣工，王府井国际品牌中心等项目正在办理前期手续。统筹推进“两带五区”功能区建设和发展，王府井商业发展带品牌特色更加凸显，东二环高端服务业发展带实现区级税收占全区财政收入近1/4，雍和园成为首批“国家级文化和科技融合示范基地”，土地效能位居中关村各分园之首。“智慧东城”、科技创新工作成效显著。对外开放交流实现新突破，国际友城增至20个，跨国公司地区总部数量达到15家。

坚持服务管理并重，为群众创造了整洁优美、和谐稳定的良好环境。以迎接市党代会和十八大胜利召开为契机，深入推进环境综合整治、交通疏堵、增绿添彩等工作，29个老旧小区和31条街巷胡同环境得到整治提升，完成了台基厂大街、建国门大绿地、车辇店立体停车场等建设,前门地下停车场一期投入运行,完成100余个站点、5000辆规模公共自行车系统建设,顺利通过“国家卫生区”复审,群众生活品质不断提高。坚持包容性发展理念,全力实施老旧小区综合整治、“煤改电”等民生工程,上龙西里改造试点工程顺利竣工,完成109万平方米建筑抗震节能综合改造任务,天坛东里1-8号简易楼腾退、西革新里等危改项目有序推进。人均可支配收入预计增长11%。“零就业家庭”动态保持为零,社会救助基本实现无盲点,“九养”政策得到全面落实。着力促进优质教育资源共享,加强“名师远程授课”等教育信息化建设,学区化管理和学校联盟建设实现全覆盖。以深化“国家中医药发展综合改革试验区”、争创国家“全民健身示范城区”为契机,着力打造高品质“健康城区”,京城名医馆正式开诊,建成50个“中医药特色健康管理社区”、40个“奥林匹克·体育生活化社区”。深入推进“六型社区”建设,推广“一刻钟社区服务圈”、直营菜店等社区商业新模式,群众生活更加便利。继续完善网格化社会服务管理新模式,规范机构机制,升级信息系统,完成标准编制工作,促进了服务管理重心下移,新模式被国家行政学院、人民网评为“全国社会管理创新最佳案例”,并在全市和全国推广。以十八大安保“十大专项行动”为抓手,专群结合、群防群治,能动司法、公正执法,扎实推进“平安东城”建设。注重矛盾源头预防、动态排查,通过深化“信访代理制”有效化解了一批社会矛盾,妥善处理“7·21”特大暴雨灾害善后和涉日维稳工作,实现了“大事不出、小事也不出”的目标,为市党代会和十八大顺利召开营造了和谐稳定的社会环境,群众安全感始终位居全市前列。

坚持创先争优,党的执政能力日益增强。围绕学习贯彻十八大和市、区十一次党代会精神,广泛开展理论宣讲、干部培训活动,制定了学习型党组织建设考核评价指标体系,干部队伍的能力素质不断提高。认真落实人才发展战略规划,积极推进“文化人才管理改革实验区”建设,获“全国知识产权人才工作先进集体”称号。以“基层组织建设年”为抓手,深化创先争优活动,健全结对共建、服务群众等长效机制,实施非公党建提升工程,区委被评为“全国创先争优活动先进区委”。圆满完成十八大代表推荐提名,市党代会、市人大代表选举和市政协委员推荐协商以及社区党组织、居委会换届选举,推动落实党代表任期制,不断扩大党内民主。扎实推进权力结构科学化配置、权力运行规范化监督和廉政风险信息化防控“三个体系”建设,加大党务公开力度,东城区被国家预防腐败局确定为廉政风险防控工作联系点。创作推广话剧《金超杰》,打造具有东城特色的廉政文化品牌。严肃查处违纪违法案件,惩治和预防腐败体系进一步完善。严格落实中央关于改进工作作风、密切联系群众的八项规定,大兴求真务实、调查研究之风,加强对市、区重大决策部署的监督检查,着力解决群众反映强烈的突出问题,密切了党群关系。工作中,常委会充分发挥核心领导作用,出台了新一届区委全委会、常委会工作规则和常委会会议回避等制度,不断提升科学、民主、依法决策水平。支持区人大及其常委会依法行使重大事项决定权、人事任免权、监督权等各项职权,充分发挥代表主体作用。支持区政协积极建言献策、深入调研,有效履行政治协商、民主监督、参政议政职能。制定党外代表人士队伍建设实施意见,成立党外知识分子联谊会,统一战线和多党合作事业健康发展,党管武装、工青妇等工作取得新成果。

根据市委要求,下面把本年度干部选拔任用工作情况向全委会作简要报告。本年,常委会严格执行《党政领导干部选拔任用工作条例》等各项政策法规,不断深化干部人事制度改革,扎实推进干部选拔任用各项工作,特别是在一些重点领域和关键环节进行了深入探索。进一步加大竞争性选拔干部力度,确定66个职位以处科级联动的形式,面向社会和全区开展竞争性选拔干部工作,实现了“发现一批、选拔一批、储备一批”的目标。进一步完善了干部任用提名制度,首次在全区范围内开展了“非定向提名推荐”近期可提拔担任正处级领导干部人选工作,有效扩大了选人用人视野。进一步扩大干部工作的民主,加大干部信息公开力度,完善干部选拔任用全程实录制度,坚持通过《新东城报》等媒体进行任前公示,推动实行业绩公示,让干部选拔任用始终在阳光下操作。进一步健全干部选拔任用监督机制,有效整治了用人上的不正之风。做好干部关爱工作,干部队伍整体活力不断增强。区委全年共有15次常委会涉及研究干部任免事宜,共任免干部437人次,全年没有出现任何违规提拔、违规用人问题。具体情况请参阅已下发的书面报告。

二、下年工作总体要求

下年全区工作的总体要求是:以邓小平理论、“三个代表”重要思想和科学发展观为指导,全面贯彻十八大和市委十一届二次全会精神,继续把握好稳中求进的总基调,立足“首都文化中心区、世界城市窗口区”总体定位,深入实施“两新四化”发展战略,以北京建都860周年和我区“精细化管理年”为契机,着力推动文化创新,着力提升发展质量,着力增进群众福祉,着力深化改革开放,着力提高党建科学化水平,加快推进“国际化现代化新东城”建设,努力在首都建设中国特色世界城市的进程中走在前列。

三、继续深入学习宣传贯彻党的十八大精神,进一步武装头脑、指导实践、推动工作

在理论武装、把握精髓上下功夫。

在面向群众、广泛宣传上下功夫。

在学以致用、争创一流上下功夫。

四、以北京建都860周年为契机,进一步聚焦“首都文化中心区”建设

着力构建保护与发展“双赢”的新模式,充分彰显历史文化名城魅力。

瞄准文化产业高端环节,着力打造文化经济新引擎。

突出以文化人、文化惠民,积极争创“国家公共文化服务体系示范区”。

五、以提高经济增长质量和效益为中心,进一步促进经济平稳可持续发展

着力促进产业高端化、低碳化发展。

狠抓项目攻坚,统筹推进“两带五区”建设和发展。

六、以“精细化管理年”活动为抓手,进一步提高人民群

众生活品质

加强精细化管理，努力打造“美丽东城”。

着力保障和改善民生，促进社会和谐稳定。

七、以加强执政能力建设和先进性、纯洁性建设为主线，进一步提高党的建设科学化水平

大力加强领导班子和干部队伍建设，不断提高推动科学发展的能力。

深入推进基层党建创新，充分发挥基层党组织的战斗堡垒作用。

强化作风转变，进一步加强党风廉政建设。

充分发挥常委会“总揽全局、协调各方”作用，形成推动全区科学发展的整体合力。

努力开创党风廉政建设和反腐败工作新局面 为全面建设“国际化现代化新东城”提供有力保证

2012年2月13日在中共东城区纪律检查委员会全体会议暨全区党风廉政建设工作会议上的报告

中共东城区委常委、纪委书记　夏树军

上年工作回顾

一、监督检查各项工作有效加强

重点对政府投资21亿余元的校安工程进行检查，及时发现并纠正了个别项目中施工用料、工程验收等环节出现的问题，促使工程质量明显提高；对全区2008—2010年政府投资的1493项小型工程进行全面清理，查找出项目决策、工程质量和资金使用等不规范问题，研究提出防范建议，促进我区小型工程建设的规范化；对全国文明城区复查迎检工作进行督查，及时督促整治商户经营、交通秩序等方面问题，确保迎检工作顺利完成；对换届工作加强监督，认真审核1216名“两委委员”和党代表、人大代表、政协委员候选人人选廉洁情况，确保换届选举风清气正；严格督查违章建筑整治工作，协调督促有关部门对违法建设进行拆除，督促建立查处违法建设联动工作机制和巡查控制机制；对全区元旦、春节期间烟花爆竹安全监管工作开展行政监察，在全市火情火警明显上升的情况下，我区因燃放烟花爆竹引起的火警数、火灾数、致伤人数同比分别下降62%、84%、56.7%，实现了“三下降50%”的目标，较好地保障了全区居民两节安全祥和。

积极推进行政审批、政务公开、公共安全和政府折子工程四大重点事项的网上监察系统建设，一年来共实施网上监察14万余项，监察出个别部门预警业务98项、违规业务80项，及时查处了发现的问题；对全区保障性住房、社会保障、社会管理和中关村国家自主创新示范区等重点工作进行立项效能监察；组织区民政局、文化委、行政服务中心、朝阳门街道和崇外街道5家单位开展绩效管理先期试点，修改完善全区政府绩效管理实施办法和评价指标体系，促进政府效能提高。

二、以廉政风险防控管理为重点的惩防体系建设深入推进

着力深化廉政风险防控管理，继续推进廉政风险防控管理“向上向下”延伸；进一步完善廉政风险防控管理相关制度和工作手册，开展好“回头看”活动；建立区、处级重点防控项目库，明确区级风险防控项目20项、处级单位重点防控项目328项，对小型工程、社保基金、保障性住房建设与管理等重点领域进行专项风险防控，取得了良好效果；去年8月30日中央纪委监察部在北京召开全国加强廉政风险防控规范权力运行现场会，贺国强、刘淇、何勇等中央领导和与会同志一行220多人到我区现场观摩，参观了我区廉政风险防范管理工作展览，对我区廉政风险防控管理工作为全国作出的良好示范给予了充分肯定。

全面加强反腐倡廉制度建设。认真落实《关于加强反腐倡廉制度建设的意见》，重点建立了局、处两级党政领导班子执行“三重一大”事项集体决策制度实施办法，完善了群众参与、专家咨询和集体决策相结合的决策机制，全区各单位梳理完善了反腐倡廉制度2000余项，我区重点权力运行的监督和制约机制初步形成；研究建立全区财政资金使用和管理制度，逐步构建预算执行动态监控机制，健全政府投资项目监管制度，探索实行初始提名等干部选拔任用制度，我区反腐倡廉制度建设的科学化、规范化水平不断提高。

认真落实党风廉政建设责任制，在自查基础上，组织区纪委委员、区级“两员”以及服务对象对全区各单位履行党风廉政建设责任情况进行综合评议，区委、区政府领导听取落实党风廉政建设责任制推进惩防体系建设牵头单位工作汇报，并带队对部分单位进行重点检查，有效促进了党风廉政建设责任制的落实。

三、惩治腐败力度进一步加大

全年共受理信访举报310件次，接待来访群众414人；初核案件线索22件，立案15件，结案12件；给予党纪政纪处分16人，挽回直接经济损失200余万元，严肃查处了一批违纪违法案件，坚决维护党纪国法的严肃性。

坚持定期信访排查、案件线索移送和重点领域深挖等案件线索挖掘机制，有效拓宽了案源渠道。实行“责任到人、包案到组”的办案工作责任制，案件查办效率明显提高。在线索排查、案件查办、法律法规适用和案因分析等方面，加强与司法机关、行政执法机关的沟通与配合，实现全区办案工作整体联动。加强对基层办案工作的指导，协调解决基层在调查取证中遇到的困难和问题，对重大、复杂案件进行直查。坚持依纪依法审理案件，积极开展案件质量检查。坚持“一案双报告一建议”制度，深入分析案发原因，查找管理制度、内控机制等方面漏洞，帮助发案单位改进工作，推进办案成果的转化。

四、党风政风行风持续好转

积极开展民主评议政风行风，组织全区17个街道办事处和18个行业主管单位，对辖区及所属391个基层站所开展综合评议，委托社会第三方机构对基层站所进行调查测评，群众满意度不断提高；加强“政风行风热线”办理，坚持直查快办、督查督办、定期考核和分析通报制度，受理“热线”来信335件，有效解决了群众反映的问题；加强行政投诉办理，严肃查处了74件反映行政不作为、乱作为、态度恶劣和推诿扯皮的问题，促进行政行为进一步规范。

扎实推进党的作风建设，坚持领导干部基层联系点制度，切实为群众排忧解难；组织召开以“坚持以人为本执政为民理念，发扬密切联系群众优良作风”为主题的民主生活会，大力强化广大领导干部的为民意识。重点对教育收费、医药卫生服务价格以及食品安全等涉及群众切身利益的重点领域开展专项检查，有力维护群众权益；认真清理和规范庆典研讨会论坛活动，对瞒报、漏报的情况及时督促纠正，有效减轻群众负担。

五、党员干部廉洁从政意识不断增强

以纪念建党90周年为契机，大力宣传中央和北京市关于反腐倡廉建设的决策部署，重点宣传我区惩防体系建设特别是廉政风险防控机制建设的经验、做法和成效，为全区经济社会发展营造积极的社会氛围。以专题学习和警示参观等形式，在全区各级党组织和广大党员干部中，深入开展“以人为本，执政为民”主题教育活动，有效强化了党员干部的廉洁从政意识。印发了《关于进一步深化廉政文化建设的实施意见》，深入推进廉政文化进机关、进社区、进学校、进企业、进家庭活动，组织开展群众性勤廉文艺演出、文明家庭创建和廉洁教育进校园等活动，拓展廉政文化教育基地，开展廉政文化建设经验交流与研讨，为推进党风廉政建设和反腐败工作提供深厚的文化支撑。

切实加强党员干部管理和监督。认真开展厉行节约工作，严格控制出国（境）、公务接待、会议、车辆购置及运行等支出，压缩公用经费预算10%；对全区2261辆公务用车情况进行清理，对查出的违规问题进行了纠正；对757家单位开展了“小金库”专项治理复查；对领导干部元旦春节期间落实廉洁自律要求和厉行节约情况进行了专项检查。全区3854名处科级干部进行述职述廉述德，1072名处级干部报告了个人有关事项，对16名领导干部进行经济责任审计，对169名拟提拔干部进行廉政考察，对133名新任处级干部进行廉政谈话，对14名干部实施信访谈话，对1名干部实施诫勉谈话。对交道口、景山街道等6家单位开展了巡视监督。

六、加强自身建设，纪检监察队伍的整体工作水平得到提高

加强纪检监察组织建设，认真落实《关于加强区属处级党政群机关事业单位纪检监察组织建设的实施意见》，协调健全纪检监察组织机构，加大干部交流、选拔和招录力度，干部队伍结构不断优化；扎实开展“学习型、服务型、廉洁型”纪检监察组织建设，组织学习党的重要理论，学习金超杰同志先进事迹，培训新时期反腐倡廉建设必备的执纪执法知识和技能，全年414人次参加了培训，干部队伍的业务素质和能力不断提高；加强作风建设，坚持民主决策原则，信访排查、案件查处、重大事项安排、干部任免和大额资金使用等均由集体讨论决定；严格执行办案工作纪律和保密纪律，模范遵守党纪国法和廉洁自律各项规定，自觉履行“做党的忠诚卫士，当群众的贴心人”的神圣职责。

一年来，全区各级党组织、各单位和各级纪检监察组织共同努力，以扎实的工作作风和良好的执纪执法能力，推进党风廉政建设和反腐败工作取得明显成效，为全区经济社会发展提供了坚强保证。在看到成绩的同时，我们也清醒地看到，当前我区反腐倡廉建设还面临一些突出问题：主要是少数党员领导干部宗旨意识不强，法纪观念淡薄，廉洁自律问题仍然存在；一些损害群众切身利益甚至贪污贿赂、失职渎职案件还时有发生；廉政风险防控管理工作还需进一步深化等。对于这些问题，我们必须下大力气，采取切实有效的措施认真加以解决。

本年主要任务

一、严明党的纪律，加强对“两新四化”发展战略实施情况的监督检查

加强对区委区政府重大决策部署落实情况的监督检查。对党的政治纪律执行情况进行监督检查，围绕社区党委、居委会换届选举工作加强监督检查。

二、坚持改革创新，继续提升以廉政风险防控管理为重点的预防腐败工作水平

深入推进惩防体系建设。深入推进党风廉政建设责任制向社区、学校、医院、国有企业以及机关事业单位的科队站所延伸。

着力深化廉政风险防控管理。围绕权力结构科学化配置、权力运行规范化监督、廉政风险信息化防控三个体系建设，进一步加强理论研究和实践探索，不断完善廉政风险防控管理领导体制和工作机制。

继续推进制度机制改革。全面推进权力公开透明运行。

三、加大查办案件力度，继续保持惩治腐败的高压态势

坚持办案工作责任制，加大直查工作力度，努力提升查办大案要案能力。

加大信访监督力度，完善信访案源统一管理和排查制度，把查办案件与廉政风险防控结合起来，有效发挥查办案件的治本作用。做好案件审理、申诉复查、处分决定的执行，提高依纪依法、安全文明办案水平。

四、大力加强作风建设，坚决纠正损害群众利益的不正之风

加强领导机关和领导干部作风建设。

坚决纠正损害群众利益的不正之风，促进政风行风切实好转。

五、集中力量进行专项治理，切实解决反腐倡廉建设中人民群众反映强烈的突出问题

加大专项治理力度。

深入治理党员领导干部廉洁自律方面的突出问题，开展对《廉政准则》落实情况的专项检查。

着力解决发生在群众身边的腐败问题。

六、深化教育和监督，进一步增强党员干部廉洁从政意识

大力加强反腐倡廉宣传教育。深化廉政文化建设，努力营造崇尚廉洁的良好社会氛围。

严格执行各项监督制度。

七、注重自身建设，切实提高纪检监察干部队伍的素质和能力

全区纪检监察干部要全面履行党章赋予的职责，努力建设一支忠诚可靠、服务人民、刚正不阿、秉公执纪的纪检监察干部队伍。

专　文

关于加快东城区文化经济发展的研究

中共东城区委书记　杨柳荫

大力发展文化产业并使其成为国民经济支柱性产业，是党的十八大从建设社会主义文化强国的高度出发，提出的一项重大战略任务，也为我们促进文化与经济的融合、打造文化经济新引擎带来了重大机遇。作为首都功能核心区，东城区最大的特色和优势就是文化。如何充分整合利用区域丰富的文化资源，加快由文化资源大区向文化经济强区转变，是未来实现差异化、可持续发展和提升区域核心竞争力的关键所在。为了深入分析研究东城区文化经济建设所面临的机遇与挑战，进一步明确加快文化经济发展的总体思路和工作重点，区委组成课题组，通过专题调查、统计分析、座谈研讨、查阅资料等方式，形成如下调研报告。

一、文化经济的内涵与特征

目前政府和学术界对"文化产业"的概念和分类已经较为清晰，但"文化经济"目前还没有一个权威的概念界定和科学分类。较早提到这一概念的是张德江同志。他在2002年5月发表的题为《深化文化体制改革，加快文化发展，进一步推进文化大省建设》的讲话中，首先精辟概括了新世纪经济的显著特征："随着知识经济的兴起和信息技术的发展，文化和经济出现加快融合乃至一体化的趋势。经济活动中注入的文化内涵越多，物质生产中产品的档次和附加值就越高，竞争力就越强，效益就越好；文化发展中吸收的经济成分越多，科技含量越高，文化的覆盖面就越广，影响力就越大，渗透力就越强"，然后指出："从某种意义上讲，新世纪的经济，就是'文化经济'"。在这之后，国内一些学者陆续就"文化经济"进行了深入研究。

总结目前学术界研究成果，我们认为，"文化经济"是以文化为基础的经济，是文化与经济不断融合发展所形成的一种新型经济形态。它包含文化产业，但不仅仅是文化产业，是由文化事业、文化产业和文化消费共同组建的一个新兴经济门类和领域，兼具公益性和商品性双重特征。

作为一种新型经济，文化经济具备其他产业经济的共同特征，体现为：(1)融合性。文化经济的发展壮大离不开产业链上其他环节的作用，其融合性大体可以概述为"上下联动、左右衔接、一次投入多次产出、此处投入彼处产出"；(2)可持续性。文化经济所依赖的禀赋并非传统意义上有形的资源和能源，文化资源不需要固定载体，传承时间长，而且还会随着时代发展融入新元素焕发新活力；(3)市场性。尽管文化经济提供的产品服务不同于传统制造业和服务业，但其商品性特征也注定要遵守市场化定价的原则，文化经济的各类产品和服务也应以满足市场需求为目标，发挥市场机制价格发现和形成的功能。

与此同时，文化经济也有不同于传统经济形式的独特性，具体体现为：(1)不依赖有形资源。文化经济所依赖的文化资源可以通过口述、记忆等方式传承，而且更多的时候需要依靠当事人的意会，因此中华儒家文化即使经过了上千年的历史，至今仍然流传并被不断开发；(2)创意是文化经济的核心。文化经济的崛起离不开新世纪以来文化创意产业的蓬勃发展，创意产业以其推崇创新、鼓励发挥个人创造力等特点很快席卷各国，成为全球经济新的增长点。作为文化经济的核心，创意来源于人类的智慧，它能无中生有，而且永远不会枯竭；(3)后发优势明显。文化经济发展程度与地区经济水平的高低没有绝对的联系，因此经济欠发达地区可以借助这个新增长点发挥后发优势，完成弯道超车。国内典型的例子莫过于湖南成功打造"文化湘军"品牌。虽然身处经济欠发达的中部地区，但湖南结合当地文化底蕴深厚的特点，因势利导，通过创造宽松的文化环境，推动文化体制机制改革，完成了从出版湘军、演艺湘军、广电湘军、动漫湘军向文化湘军的升级，实现了文化产业增加值占GDP比重仅次于北京、上海、广州的佳绩。

二、东城区发展文化经济的时代视野

*(一)发展文化经济是落实党的十八大、市十一次党代会精神的必然要求。*十八大报告指出："文化实力和竞争力是国家富强、民族振兴的重要标志"。当今世界正处在大发展大变革大调整时期，文化在综合国力竞争中的地位和作用更加凸显。当代中国进入了全面建成小康社会的关键时期和全面深化改革开放、加快转变经济发展方式的攻坚时期，文化越来越成为民族凝聚力和创造力的重要源泉、综合国力竞争的重要因素和经济社会发展的重要支撑。建设"社会主义文化强国"的目标是十七届六中全会第一次提出来的，党的十八大再次强调要"扎实推进社会主义文化强国建设"，"深化文化体制改革，解放和发展文化生产力"，"促进文化和科技融合，发展新型文化业态，提高文化产业规模化、集约化、专业化水平"。文化经济作为转方式、调结构、扩内需不可或缺的重要组成部分，正面临着千载难逢的发展机遇。作为国

家的政治、文化中心，北京自当成为发展文化经济的策源地与引领者。中央在关于深化文化体制改革的《决定》中，要求北京要发挥首都作为全国文化中心的示范作用。市第十一次党代会明确提出要努力建设“社会主义先进文化之都”，提升文化的软实力和国际影响力，进一步提升文化创意产业在首都经济中的支柱地位，推动文化与科技、金融、旅游等融合发展。作为首都功能核心区，东城区既有深厚的历史文化积淀，又集聚了丰富的各类文化资源。大力发展文化经济对于东城区落实区县功能定位、促进产业优化升级、提高区域综合竞争力和文化软实力具有重要战略意义。

（二）*发展文化经济是落实东城区20年总体发展战略规划、实现区域差异化发展的强大引擎。*新区成立后，东城区在全市率先编制实施20年总体发展战略规划，明确了“首都文化中心区、世界城市窗口区”总体定位和“两新四化”发展战略。战略之首就是“打造文化新引擎”，全方位探索文化资源开发利用，加快文化经济融合发展，确立文化经济在经济发展中的重要地位。未来东城区产业高端化升级进程中，也将文化创意产业、旅游业、中医药产业、体育产业作为主攻方向，着力构建以服务经济为主导、以文化经济为特色、以总部经济为支撑的高端发展格局。这些发展战略、产业布局和定位都是基于东城区得天独厚的文化资源优势而量身打造的，也是克服区域面积太小这一“短板”的必然选择。当前，首都各区县之间文化经济竞争正呈现百舸争流的新格局，东城区正处于由“国内一流中心城区”向“国际知名中心城区”迈进的新阶段。如何发挥我区独有的文化资源禀赋优势和“寸土寸金”的区位优势，大力发展占用空间少、附加值高、产业张力强的文化经济并将其做优做强、做出特色，是我们今后面临的重大课题，也是实现区域差异化发展的必然要求。

（三）*发展文化经济是传承文化、改善民生的迫切需要。*作为首都功能核心区，东城区是北京3000多年建城史和860年建都史的重要见证和集中缩影，历史底蕴深厚，文化资源丰富，文化市场历来繁荣。在保护文物和古都风貌的同时，深入挖掘历史文化遗产的文化内涵和价值，将皇城文化、民俗文化等元素有机融入文化产业、商贸旅游、城市发展等各个领域，不仅有助于保护历史名城、传承古都文脉，推动历史文化街区有机更新，也有助于改善旧城居民民生状况。文化经济具有产业链条长、就业容量大、就业形式灵活多样等特点，并能带动其他领域、其他产业的创新发展，是典型的民生产业。正如郊区发展“农家乐”旅游、沟域经济能够推动农民致富增收一样，在核心区因地制宜发展文化演艺、民俗旅游等适合旧城发展的产业业态，同样能扩大就业门路，提供更多就业岗位，真正实现传承文化、发展产业与改善民生的有机结合。我区近年来南锣鼓巷、簋街、五道营、南新仓、鲜鱼口等历史文化街区的复兴，就是很好的例子，不仅再现了古都城市中心的繁荣景象，而且改善了群众居住条件、增加了就业，让名城保护的成果更多地惠及人民群众。同时，文化经济也是幸福产业。当前我区人均GDP已经突破2.3万美元，位居全市第二。随着人民物质生活水平不断提高，对文化需求也越来越旺盛，文化消费进入了快速增长期。文化能温润心灵、舒缓压力、涵养人生，能更好地丰富人们的精神世界，满足人们多样化、多方面的需求。文化造就融洽的人际环境、诚信友好的社会环境、可持续发展的长远环境。因此，发展文化经济，可以进一步提升群众的幸福感，促进社会和谐。

三、东城区文化经济发展现状

（一）*文化资源品级高、数量多、种类全，但整合利用力度仍需加大。*作为700多年皇城所在地、“五四”新文化运动发源地、新中国开国大典的举办地，我区集中体现了首都文化古今交融的特质，文化资源具有品级高、数量多、密度大、种类全等特点。许多历史文化资源具有唯一性、不可复制性，历史久远度高，最早始建于元代，并在明、清、民国等历史时期均有遗存。如纵贯全区的7.8公里长的旧城中轴线，是古都城市格局和历史风貌、北京文化遗产丰富性的集中体现，被梁思成先生誉为“全世界最长，也是最伟大的南北中轴线”；故宫、天坛是城区仅有的两处世界文化遗产；南锣鼓巷是全国唯一完整保存着元代“棋盘式”格局的胡同；国子监街是北京首批十大“中国历史文化名街”。区内现有三级文保单位165项，其中国家级28项、市级78项，均占全市的1/3；挂牌保护院落413处，占全市的62.7%；名人故居128处；历史文化保护区18.5片，占全市的43%、旧城的56%。非物质文化遗产名录数量居全市第一，老北京传统手工艺“四大名旦”和同仁堂、吴裕泰、便宜坊等众多知名老字号云集于此，被文化部命名为“中国民间文化艺术之乡”。以故宫、天坛为代表的皇家文化、以雍和宫为代表的佛学密宗文化、以国子监为代表的国学文化、以孔庙为代表的儒家文化、以王府井、前门大街为代表的商贾文化、民俗文化、会馆文化，以智化寺为代表的音乐文化，以东交民巷为代表的使馆文化在这里完美融合。此外还聚集了国家博物馆、中国美术馆、中央戏剧学院、北京人艺、长安大剧院、人民出版社等众多知名文化机构。可以说，漫步东城区，到处都是历史，到处都有文化，即使是一条不起眼的胡同，也有着厚重的历史文化积淀。总体来看，东城区丰富多元的文化资源为发展文化经济提供了得天独厚的优势条件。

但另一方面，区域文化资源挖掘、整合、利用力度仍不够充分，特别是许多历史文化资源整体开放度偏低，价值挖掘不足。以孚王府为例，作为北京级别最高、保存最完整的王府，至今没有对外开放且存在严重的安全隐患，没有充分发挥其应有价值。很多文物保护单位、名人故居因为权属等原因只是挂牌保护起来，资源整体利用效率较低，尚未成为重要旅游项目。由于涉及文物腾退、修缮和人口疏解等费用巨大，旧城人口密度每平方公里高达3～4万人，使得文物腾退和开放难度极大。

（二）*文化经济持续较快发展，但对区域经济贡献度仍需提升。*近年来，东城区三产比重达到96%，居全市第一，特别是文化创意产业已成为最具增长潜力的支柱产业，涌现出歌华集团、北京移动、央视动画、光线传媒、中青旅等一批骨干企业，产业规模和效益不断提升。2011年，全区规模以上文化创意企业达到725家，文化创意产业增加值由2008年的85.4亿增长到2011年的166.3亿元，占地区生产总值的12.6%，同比增长25.8%，增速居六大重点产业之首，对全区经济的贡献度居第二位，并在艺术品交易、戏剧演艺、全媒体出版、旅游四个领域居全市领先地位。在艺术品交易方面，吸纳了全市艺术品拍卖行业近一半的领军企业入驻东城，其中仅保利、嘉德两家企业的艺术品拍卖成交额就达到了约170亿元，占全市的60%，占全国的50%以上。在戏剧演艺方面，东城区有着丰富的戏剧演出资源，区内共有艺术表演团体51个，有首都剧场、保利剧场、长安大戏院、红剧场、刘老根大舞台等各类剧场28个，电影院13家，占全市艺术剧场总数的40%。2011年，上演剧目869个，演出5629场次、观众260万余人次、演出收入2.41亿元，均占全市演出市场的30%，形成了“看戏剧，到东城”的戏剧品牌。在全媒体出版领域，中文在线、国际版权交易中心等拥有大量版权资源，歌华有线、光线传媒、优视网等拥有新媒体发布资源，当当网等拥有渠道终端资源，这些沿产业链分布的出版资源形成了全媒体出版产业链。在文化旅游方面，2011年累计接待游客7471万人次，接待人数居全市第一，占全市比重达22%；全年实现旅游综合收入514.5亿元，居全市第二。此外，与文化经济密切相关的中医药产业、体育产业也得到迅速发展，2011年分别增长19.1%、34%，高于全区平均增速。通过每年高水平举办“王府井国际品牌节”、“前门历史文化节”、“皇城国际旅游节”、“南锣鼓巷戏剧节”、“创意点亮北京”文化艺术节等品牌文化活动，参与“京交会”、“文博会”、“京港洽谈会”等高端会展活动，积极引进项目，搭建文化交流合作平台，提升了东城区的文化影响力。

但是，与国内外先进地区相比，与区域文化资源众多的优势相比，我区文化经济的规模、效益、品牌影响力仍有待提高，特别是缺乏具有较强国际影响力的文化旗舰企业和“文化航母”。目前我区文化创意企业多以单体企业为主，产业链条的打造并不充分，存在发展不平衡、特色不明显、产业同质化等问题。中医药、体育等新兴产业尚在培育之中。未来在提高文化经济对区域经济的贡献度，在做强优势产业、培育潜力产业、打造品牌企业等方面还需继续加大力度。

（三）产业布局初步形成，但产业集聚效应、协调联动发展仍有待增强。产业集群集聚发展是世界产业发展的普遍趋势，也是打造产业链条的有效载体。近年来，东城区依托“一轴两带五区”的总体空间格局（“一轴”指历史文化传承发展轴，“两带”指王府井商业发展带、东二环高端服务业发展带，“五区”指和平里商务新区、雍和文化创意集聚区、前门历史文化展示区、龙潭湖体育产业园区、永外现代商贸区），坚持文化、科技双轮驱动，积极推动文化经济高端化、集聚化发展，形成了与古都风貌和人文环境相适应的文化经济集群。目前，全区拥有分别以科技创意、历史传承、新兴业态为特色的雍和文化创意集聚区、前门历史文化展示区、龙潭湖体育产业园区三个文化产业园区；以街区文化、胡同文化、漕运文化为特色的前门大街、南锣鼓巷、南新仓三个休闲文化街区；以文化演艺为特色的王府井、东二环、交道口、银街、龙潭湖等剧场集群；以胡同文化和工业遗迹融合为特色的方家胡同46号、天海创意园、后街美术与设计园、东雍创业谷等17家“胡同创意工厂”，其中10家被认定为东城区文化创意产业示范基地。雍和文化创意集聚区作为中关村国家自主创新示范区旧城内唯一一个分园区，正启动扩园计划，总面积将由290.3公顷达到647.5公顷。园区目前有186家高新技术企业，高新技术产业用地产出强度为32.83亿元/公顷，位居中关村各分园之首，先后荣获“国家版权贸易基地”、“中国最佳创意产业园区奖”、首批“国家级文化和科技融合示范基地”。龙潭湖园区是全市唯一的“国家级体育产业基地”，目前正积极推动与“天坛演艺区”融合发展。但与此同时，各个集聚区受地域空间狭小和古都风貌保护、规划审批等限制，重点项目推进起来难度极大，同时相互间缺乏协调联动，功能互补和产业集聚效应还不突出，尚未形成较强辐射带动作用、具备较高知名度和影响力的集聚区。

（四）政策扶持力度逐步加大，但政策环境和服务质量有待进一步改善。近年来特别是新区成立后，区委、区政府先后出台了《关于坚持“文化强区”战略，加快“首都文化中心区”建设的实施意见》《关于促进文化创意产业发展的办法》及《实施细则》和《戏剧产业发展引导资金管理暂行管理办法》等政策文件，每年设立8亿元文化发展专项资金（其中1亿元历史文化名城保护专项资金、5000万元文化创意产业发展资金），支持了国际版权交易中心等100多个项目的建设。2011年至2013年间，还将投入8000万元专项资金用于戏剧产业发展特别是小剧场改造和原创剧目创作。在加大政府投入的同时，积极拓展文化产业投融资渠道，依托国际版权交易中心，设立了国内第一支项目权益类基金“中关村新媒体版权基金”。启动了“北京文化金融中介服务平台”，通过引进评估、担保、信托、保险等服务机构，为文化企业提供一揽子金融解决方案和配套服务。加强与北控集团、港中旅集团、市国资公司等大型企业的战略合作，吸引社会资本参与文化经济建设。着力构建“大文化”的发展格局，成立了区文化发展领导小组和文化发展促进中心，建立了职能部门、功能区、街道三位一体服务文化经济发展的长效机制和“绿卡企业”制度，着力招大引强，对重点企业、小微型企业和文化项目建设提供全方位服务。制定了20年人才发展战略规划，每年投入不低于5000万元的人才发展专项基金，重点用于培养、引进高端文化人才。启动了“中关村雍和人才特区”和“东城国际人才金港”建设，积极推进“文化人才管理改革实验区”建设。搭建创业孵化平台，创建“中关村雍和航星留学人员创业园”，对留学人员创业给予全方位支持。开展“知识产权雍和行”系列活动，不断完善法律维权公共服务平台。

虽然我区在文化经济人才引进、投资引导、融资担保等方面建立了多层面、多领域的政策扶持体系，但企业发展环境和政策服务水平仍有待进一步改善。一是对企业的精细化、个性化服务尚不到位，有的企业反映政府与企业之间缺乏有效的沟通机制，部分企业对我区的优惠政策知之甚少。二是高端创意、运营管理、国际营销等核心人才匮乏，成为制约文化经济发展的一大瓶颈。三是民营经济在文化经济发展中尚需发挥更大作用。文化经济的创意特征决定了经营灵活的民营企业在其中扮演重要作用，但我区文化企业主体结构中国有资本占比超过70%，民营经济相对薄弱。四是产业扶持政策的吸引力、针对性有待进一步提高。五是管理体制仍需进一步理顺，尤其是要发挥行业协会、产业联盟等专业组织的作用。

四、加快东城区文化经济发展的建议

（一）积极抢抓机遇，明确战略目标，着力打造文化经济新引擎。当前，在全国建设社会主义文化强国、首都建设具有重大国际影响力的国家文化中心的大背景下，各地、各区县都在加快发展文化经济，推动文化改革发展。作为首都功能核心区，我区要深入贯彻十八大和十七届六中全会、市十一次党代会精神，紧紧抓住首都"双轮驱动"的契机，用足用好中关村示范区扩园、北京旅游示范区、"国家中医药发展综合改革试验区"、"国家体育产业基地"等各项先行先试政策，提高文化自觉，增强文化自信，深入实施东城区20年总体发展战略规划和"文化强区"战略，充分发挥区位环境优越、文化资源独一无二等优势，进一步巩固文化经济的支柱地位。要将政府引导与市场机制、社会效益与经济效益紧密结合起来，坚持文化产业与文化事业、文化消费同步繁荣，文化市场主体与文化经济品牌同步壮大，文化经济发展与文化继承弘扬同步推进，力争到"十二五"末期全区文化创意产业增加值比2010年翻一番，年均增速达到15%；旅游业收入年均增长10%，中医药、体育产业总量得到壮大，使东城区成为文化经济发达、文化市场活跃、文化软实力强劲的"首都文化中心区"，成为展示中国文化和古都风貌的"世界城市窗口区"。

（二）优化产业布局，促进产业集聚，着力推动文化经济融合发展。文化经济就其性质来说，就是按照工业标准，生产、再生产、储存以及分配文化产品和服务的一系列活动，这就离不开要素集群和产业链的延伸。文化产业园区是文化经济发展的平台和强大动力。要坚持以市场为主体，发挥重大项目、功能区的带动辐射作用，整合区域各种文化资源，通过招大选强、腾笼换鸟、二次开发等途径，拓展文化经济的发展空间，培育产业发展生态链，着力打造以"文化＋科技"为特色的雍和文化创意集聚区、以"文化＋旅游"为特色的前门历史文化展示区、以"文化＋体育"为特色的龙潭湖体育产业园区三个重点文化产业园区，形成各具特色、功能互补、差异化发展的产业发展格局。雍和文化创意集聚区要利用好"中关村国家自主创新示范区"政策优势，以扩园为契机，合理规划布局，聚集高端企业，大力发展版权交易、数字内容、创意设计、文化传媒等文化创意产业，力争将该区域打造成为创意创智活跃、科技含量丰富、文化特色鲜明的文化科技融合发展创新示范区。前门历史文化展示区要充分挖掘前门地区建筑文化、商贾文化、梨园文化、会馆文化、民俗文化等传统文化资源，大力发展文化旅游、民俗体验、文化展示等产业，加快前门西区剩余地块开发，完成广和剧场、前门历史文化博物馆以及台湾文化商务区二期项目，以古三里河遗址公园项目为突破口，全面启动前门东区修缮整治工程，打造成为古都特色鲜明、商贸文化繁荣、配套服务完善的历史文化展示区。龙潭湖体育产业园区要利用"国家体育产业基地"政策优势，统筹"天坛演艺区"和体育产业园规划建设，突出国际和现代特色，促进体育与演艺产业融合发展。同时要以功能区为依托，辐射带动一批特色文化街区、"胡同创意工厂"和剧场群的发展，促进文化与科技、旅游、商业、金融、园区的高端融合。

（三）彰显产业特色，建设"三个中心"，着力推动文化经济高端发展。找准区域文化经济的主要增长点和特色优势产业，盘活存量、激活增量、做大总量，瞄准研发设计、版权服务、要素交易、企业总部等产业价值链高端环节，重点发展文化演艺、艺术品交易、文化旅游等优势文化产业。建设首都高端演艺中心。高标准规划、高起点建设"天坛演艺区"，统筹规划剧场周边餐饮、购物、娱乐等配套设施，展现中国气派和首都特色，努力建设东方文化艺术的原创中心和传播中心、世界高端园林式演艺中心。同时，进一步提升以首都剧场为中心的王府井演艺聚集区、以刘老根大舞台为中心的前门演艺聚集区、以保利剧院为中心的东二环演艺聚集区、以中戏实验剧场为中心的南锣鼓巷演艺聚集区、以红剧场和龙潭湖中心岛剧场为中心的龙潭演艺聚集区等五大剧场群的品质，提升"功夫传奇"、"幻境极光"等品牌的国际影响力，创作生产一批本土原创、雅俗共赏、常演不衰的精品力作。利用"北京国际青年戏剧节"、"南锣鼓巷戏剧节"等品牌演艺活动，积极吸引国内外演出团体、演出剧目，活跃演出市场，打造演出内容丰富、演出场所集聚、产业链条完整、支撑配套服务体系完善的首都高端演艺中心。建设首都高端艺术品交易中心。围绕美术馆－隆福寺地区建设首都艺术品交易核心服务平台；举办具有国际影响力的"北京国际艺术品博览会"，并发起成立收藏家论坛，使东城成为艺术品活动集聚之都；引导保利拍卖、嘉德拍卖等重点艺术品交易企业实现全球化品牌发展；建设包括评估、鉴定、交易、融资、信息共享等内容在内的艺术品交易公共服务平台，努力打造首都高端艺术品交易集聚区。建设首都高端文化旅游中心。以创建"旅游产业示范区"为契机，以故宫、天坛两大世界文化遗产为核心，以中轴路、前门、南锣鼓巷三个旅游功能区为重点，促进"国学、国医（中医药）、国际会议"等高端业态发展，推动旅游资源整合，开发一批文化旅游主题项目，形成以文化体验为核心的文化旅游发展格局。创新旅游产业发展方式，从产业单一开发向复合开发和创意开发转变，加强旅游与不同产业的融合，构筑文化、商贸、旅游一体化发展的"大旅游"格局，打造高端旅游体验区和国际一流旅游目的地。

（四）挖掘历史文化内涵，释放文化消费潜力，为文化经济发展注入活力。坚持"保护风貌、疏解人口、发展产业、改善民生"总体思路，注重物质遗产和非物质文化遗产同步保护和利用，着力构建保护与发展"双赢"的新模式。围绕北京建都860周年，以旧城中轴线申遗为契机，全面完成钟鼓楼、玉河、天坛周边修缮整治等"十大保护项目"，启动一批新的保护项目，切实将区域历史文化资源优势转化为发展优势。在推进一批重点文保单位的修缮整治、加大文物腾退力度的基础上，以名人故居、会馆资源、优秀近现代建筑、有价值的四合院、历史遗存等为重点，因地制宜发展文化旅游、特色餐饮、文化会所、文化演艺、商务办公等"四合院文化经济"。以区内旅游景点和"北京礼物"旗舰店等为依托，积极开展工艺品、非遗作品的设计、创作、展示、销售活动，推动非遗生产性保护、产业化发展，支持老字号企业做强做精、做出特色。健全扩大文化消费的长效机制，以争创"国家公共文化服务体系示范区"为契机,提升公共文化服务水平,刺激文化消费需求。推进南新仓"北延南扩"、簋街环境整治、五道营提升改造等工作,提升特色商业街区的文化品质,深度开发"胡同创意工厂游"、晚间休闲娱乐等文化消费市场,努力建设"首都不夜城",有效推动文化经济的发展。

(五)搭建服务平台,优化文化经济发展环境。搭建融资平台,深度开发多种文化金融产品,探索成立版权银行,改善中小企业特别是小微型企业、民营企业融资环境,打造无缝式文化金融服务平台。搭建科技平台,整合研发、设计、通讯、信息、软件等科技产业,做好高新技术认证、交易、推广等科技成果应用示范项目。搭建内容平台,积极推动"北京市文化创意产业资源服务平台"、中国北京文化产权交易所、中国体育产业产权交易中心落户东城。搭建销售平台,培育各类演出经纪机构,支持区属票务企业健全服务网络,完善营销体系。搭建人才平台,建立适应文化产业发展环境的人才评价体系,建设集孵化创业、国际化交流、人力资源服务等为一体的创意人才特区。搭建政策平台,加大对自主创新等文化产业核心环节的扶持力度,发挥财税政策的杠杆作用,积极争取体制创新、税收优惠、补贴奖励等文化产业先行先试政策,吸引央企和骨干企业集聚

(六)深化文化体制机制改革,解放和发展文化生产力。创新文化管理体制,积极探索公益性文化事业单位通过转换内部机制增强活力、改善服务的有效途径,建立专项治理与长期管理相结合的文化市场管理机制,完善管人管事管资产管导向相结合的国有文化资产管理体制。充分发挥市场在文化资源配置中的积极作用,在集合优势要素、形成规模效应上下功夫,进一步完善以公有制为主体、多种所有制共同发展的文化产业格局。稳妥推进区属文化企业的重组以及与中央、市属及民营文化企业的强强合作,打造有竞争力的"文化航母"。创新文化"引进来"与"走出去"相结合的模式,提高"王府井国际品牌节"、"前门历史文化节"、"皇城国际旅游节"、"创意点亮北京"文化艺术节等品牌文化活动的影响力,搭建国内外文化交流合作的平台,使东城区成为国际文化资源交互的枢纽和中华文化国际传播的窗口。

东城平房区居民住房困难问题研究

东城区区委副书记、区长　牛青山

由于历史和现实等多方面的原因,东城区分布在平房区的大量胡同四合院许多成了大杂院,已经成为北京城市居民住房最困难、市政设施最差、居住环境最脏乱的地区。党的十八大提出到2020年全面建成小康社会的宏伟目标。如何在保护好独特的胡同四合院传统风貌和历史文化的同时,尽快改善平房区居民的居住条件和生活环境,让首善之区的人民群众生活得更美好,是我们面临的一项紧迫而又重大的课题。

东城区平房区主要位于旧城,主要集中于18.5片历史文保区内。同时,非文保区的平房区绝大多数已经列入城市危旧房改造或房地产开发项目,有的处于项目前期规划设计阶段,有的处于居民搬迁的实施阶段(见附表)。居住在这些区域的居民可通过回迁、货币补偿、购买定向安置房等多种方式,解决自身居住困难问题。因此,我们将课题研究重点投向解决东城历史文化保护区平房居民的住房问题。

一、平房区住房现状

1. 总体情况

东城区现有居民住宅中,老旧平房总计17.2万间,其中,直管公房8.78万间,占51.05%,单位自管房2.72万间,占15.81%,私房5.7万间,占33.14%。目前这些平房中,大体居住着10万户30万居民。如图1所示。

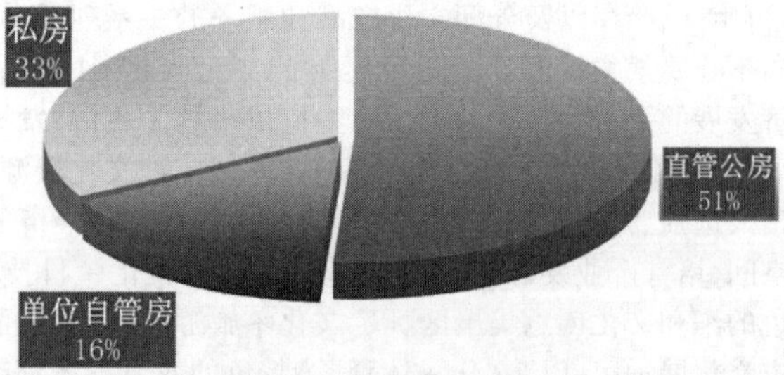

图1

2. 房屋质量

按照房管部门的质量评定标准,一、二类房指房屋完好和基本完好,三类房指结构一般性损坏,有一定安全隐患,四类房指结构严重损坏,安全隐患严重。按照房屋产权性质划分,目前房屋质量状况,如表1所示。

表1　直管公房中三、四类房屋分布情况

类别	间数(万间)	户数	三类房间数(万间)	户数	间数占比%	四类房间数(万间)	户数	间数占比%
总数	8.78	47656	2.31	13814	26.31	2.78	14838	31.66

表2　单位自管房和私房中三、四类房屋分布情况

类别	总数(万间)	三类间数(间)	占比%	四类间数(万间)	占比%
单位自管房	2.72	8153	29.97	2718	9.99
私房	5.7	3.99	70	0.57	10

由上表看出,我区平房中,单位自管房质量尚可,但三、四类房屋比重也已接近40%。直管公房平房中,三、四类房屋比例已经超过50%,达到57.97%。私房三、四类房屋比重最高,达到80%,其中70%为三类房屋。由此可见,东城区平

房区房屋质量总体堪忧。

3. 分布情况

东城区平房区主要分布在旧城，主体在18.5片历史文化保护区中。直管公房中的老旧平房主要集中在安定门、北新桥和景山街道，其建筑面积占到总面积的40%以上；单位自管房中的老旧平房主要集中在北新桥、建国门和交道口街道，占比达到50%以上；纯自住私房主要集中在北新桥、安定门、交道口、景山街道，占比也超过50%。综合统计，全区平房区约2/3分布在历史文保区。

4. 居住状况

目前，东城区辖区人口密度已经高达2.21万人/平方公里，而文保区内人口密度更高，几个文保区聚焦的街道人口密度均大大高于全区平均水平，其数据也远远高于其他国际性大都市核心区水平。如表3所示。

表3　平房区主要街道人口密度

街道名称	平房（间）	非成套楼房（套）	成套楼房（套）	承载人口（人）	辖区面积（平方公里）	辖区人口密度（万人/平方公里）	住宅用地面积（平方公里）	居住用地人口密度（万人/平方公里）
交道口	20958	561	5610	47746	1.41	3.39	0.93	5.13
东四	15577	620	7995	45703	1.5	3.05	0.68	6.72
安定门	27622	744	4008	54373	1.89	2.88	0.88	6.18
北新桥	24679	785	13168	73154	2.65	2.76	1.1	6.65
景山	20453	676	2602	39667	1.74	2.28	0.8	4.96
全区总计	**197197**	**15816**	**229886**	**925235**	**41.81**	**2.21**	**13.77**	**6.72**

人口的高度聚焦，加上房屋修缮等多种因素叠加影响，导致了平房区特别是历史文保区居民住房状况的恶劣，可以用几个字概括：

一是挤。2011年北京城镇居民家庭人均住房建筑面积已达到29.4平方米，而目前我区平房区居民人均居住建筑面积不足15平方米，仅为全市平均水平的一半。

二是乱。由于居住面积有限，很多平房院没有独立的厨房、卫生间，私搭乱建现象普遍存在，平房区大多数四合院已经蜕变成大杂院。

三是陋。由于历史形成的原因，平房区市政设施设计和配套标准低，设施普遍简陋且日益老化，有的排水设施还是清朝时期的管道，无法满足居民现代生活需要。

四是贫。平房区经过多年变迁、分化、沉淀，房屋长期失修，住房拥挤，市政设施落后，居住环境恶劣等等，导致目前居住在这一区域内的老年人多，无业、失业人员多，低保户多，残疾人多，其比例远高于城市其他地区，实际上已成了北京弱势群体的聚居区。

2012年夏，北京发生"7·21"特大自然灾害，共造成全区1.3万间公房漏雨，私房倒塌15间，转移居民52户136人，有的群众刚刚转移出房屋就倒塌。可以说，平房区已经成为安全隐患最突出的地区。

二、原因分析

旧城危旧房改造，特别是历史文化名城危旧房改造，是国内外大城市发展中普遍遇到的一个历史性难题。从历史和宏观的维度分析，造成目前这种状况的原因有：一是清末以来，中国社会长期动乱，客观上造成北京旧城没有得到一个休养生息、持续保护与更新的社会大环境。二是新中国成立后，由于国家的精力和财力主要放在维护新生的人民政权和发展生产上，一段时期"重生产、轻消费"主导着整个经济建设。这一时期对城市居民住房问题关注不够，投入不足，旧城平房区一直处于简单维持状态，造成住房质量每况愈下。改革开放初期，随着居民数量的不断增加，住房紧张和大量危房同时出现，居民住房困难的情况急剧加剧。三是上世纪90年代开始，伴随着经济的快速发展和城市改造的不断推进，启动了城市危旧房改造，动迁数十万居民，改善了一大批居民的住房条件和居住环境。但是，一些过度的房地产开发破坏了古都风貌，以房地产开发项目带动旧城危旧房改造的方式被叫停。四是2005年特别是2008年奥运会以来，实施以政府主导的微循环、渐进式的旧城文保区房屋修缮模式，共修缮民居约2万户。由于平房区危旧房数量巨大且还在不断上升，尽管政府采取了许多办法改善居民的住房条件，但危旧房的状况并没有从根本上改变。因此，客观上讲，我们已经进入了一个旧城改造更新的历史周期。

从更微观的角度分析，造成当前平房区居民住房问题的主要原因还具体表现在以下几个方面：

1. 历史欠账太多，房屋修缮资金严重不足。平房区平房目前仍以各类公房为主，其比例占到总体的2/3。老旧平房的建筑特点决定了其需要经常性的修缮，才能保证其功能的使用。而目前现行公房住宅租金标准制定执行于2000年，12年未做调整，而各项成本支出却是成倍增长，收取的少量房租只能进行小修小补，根本不能满足大量公房的实际维修需求。据区房地一中心统计，2007年至2011年，其房屋修缮费虽然一直保持在房租收入的70%以上，但累计投入仅为9252.9万元。虽然近年来加大了政府性投入，但面对历史欠账，仍是杯水车薪。另一方面，私房修缮的费用主要由业主承担，但由于相当一部分业主属于中低收入群体，无力承担修缮费用；还有一部分业主等着拆迁，不愿再做大的修缮投入。

2. 统筹协调不畅，规划落实不到位。2002年颁布的《北京旧城25片历史文化保护区保护规划》，对保护区的历史风貌和房屋修缮改造做了明确规定，是文化名城保护的重要指南。但由于保护区内的房屋修缮涉及文物保护、规划、财政、城建、宗教、文化、市政市容、消防、城管等多家部门，以及自管公房的诸多企事业单位，区房管部门根本无力统筹协调。

加上缺乏具体的实施方案和有力的组织和资金保障,致使保护规划很难落实。一方面,许多房屋得不到定期修缮,危房数量不断扩大;另一方面,不遵守规划要求随意改建扩建的房屋不断涌现,严重破坏了传统街巷肌理和古都建筑风貌,并造成消防、排水、用电等安全隐患。

3. *合适安置房源少,人口疏解困难*。为解决保护区内人口密度过高的问题,同时改善居民住房条件,东城区制定了五年疏解10万人的目标。由于旧城区从规划上已经不再批住宅用地,外迁安置房源安排在朝阳区的定福庄、豆各庄、北苑及通州区台湖等地。这些对接安置房用地远在四环、甚至六环周边,且处于项目前期阶段。近年来核心区房价高涨,外迁生活成本高,加之居民对外迁后能否享受同等公共服务的顾虑等因素,外迁吸引力严重不足。从过去已经实施的危改项目来看,只有10% ~20%的人口外迁,通过外迁疏解人口的实际效果并不理想。

三、意义及原则

城市改造更新伴随一个城市成长的长期历史过程。对于北京这样一座世界历史文化名城来讲,必须协调好保护与更新的关系,持续不断地给城市注入新的生命力。当前,北京旧城已经进入了新一轮保护、改造与提升的历史周期。聚焦旧城,聚焦文保区,从居民住房改善这个最迫切的问题突破,实施改造更新,改善城市环境,才能实施真正的城市管理,才能提升世界城市的文化品质,才能体现世界城市的中国特色,才能把老旧平房区居民带入现代生活。住宅的面貌决定了城市的面貌,住房水平反映了城市的整体发展水平。因此,努力改善平房区居民住房条件具有重大历史与现实意义:

1. *是最大的民生工程*

"居者有其屋"是中国百姓自古有之的良好愿望,"住有所居"是我们全面建成小康社会的重要目标。多年来,为改善老旧城区居民居住环境,解决困难群体住房难问题,区委、区政府将解决住房问题作为第一大民生实事,不断加大危改力度。只有安居才能乐业。在以往基础上,彻底改善平房区居民住房条件,已经成为东城区当前一项最大最紧迫的民生工程。

2. *是最大的历史文化保护工程*

东城区是北京古都历史风貌主要的承载区和展示区,是北京历史文化遗存和胡同四合院最集中的区域。分布于18.5片历史文化区的传统居住区,其建筑格局虽然不及故宫、天坛等皇家建筑庄严显赫,也不及王府家园精美靓丽,但正是这些中国历史上许多名人和北京普通老百姓生活和居住的胡同四合院,不仅烘托出皇家建筑的富丽堂皇和恢弘大气,而且展现出北京的市井生活、民俗民风和传统文化,体现了北京古都历史风貌的和谐与完美。应该讲,平房胡同四合院才是北京古都风貌的主体。因此,解决好这一区域内的居民住房问题,不仅是最大的民生工程,同时也是最大的历史文化保护工程。

东城区作为首都文化高度聚集的城区,集中体现了首都文化的特色和品级。文化是东城最大的特色、最大的优势和最大的希望所在。因此,我们确立了"文化强区"战略和建设"首都文化中心区、世界城市窗口区"的总体发展目标。发挥优势,落实战略,实现目标,当前的最大难点在于历史文保区的保护与发展,最大风险在于这一区域的人口与社会结构固化停滞。因此,解决好这一区域的居民住房问题,关乎民生改善,关乎文化保护,也关系到首都功能核心区的和谐稳定。正是由于解决好平房区居民的住房问题,事关民生,事关保护,事关发展,具有多重特殊重要意义,因此,必须确立并坚持几条原则:

1. *与历史文化保护与发展相统一的原则*。保护历史文化名城是东城区实施"文化立区"和"文化强区"战略的根本基础,是政府和全社会的一项重要任务。文保区内房屋的修缮和改造,包括居民住房的改善,也要始终坚持把保护古都历史风貌放在首位,充分挖掘历史街区、胡同、四合院落的文化内涵,严格按照保护规划确定的规格和标准,实行原翻原建,让具有历史文化内涵的老房子尽可能多地保留下来,尽最大可能保留原建筑的历史风貌。因此,对不同类型的文化街区、四合院要区别情况,加强针对性的分类指导,推动有机更新,通过对危旧房的改造使历史文化名城得到整体保护。

2. *与改善民生相结合的原则*。改善民生是我们党一切政策的出发点和落脚点。在建设国际化现代化新东城的历史进程中,必须始终坚持以人为本,牢牢把握改善民生这一根本目标。因此,在改善居民住房条件过程中,要始终坚持文物保护、市政基础设施建设和居民住房改造同步进行。通过拆除违章建筑,加强基础设施建设,开展危旧房修缮,提高人均住房面积,改善水、电、气、热等生活设施和公共设施,消除各种安全隐患,为居民居住和生活创造良好的环境,不断提高核心区的综合竞争力和发展质量。

3. *与人口疏解相结合的原则*。保持人口规模与资源、环境相协调,是实现区域经济社会科学发展的根本要求。东城区文保区内人口密度过大,由此带来了一系列严重的民生问题和社会问题,这和处在聚光灯与放大镜下的首都功能核心区形象极不相称。只有想方设法采取多条途径,疏解一定数量的人口,才能腾出空间,为改善市政基础设施、增加居民住房面积、绿化美化居住环境创造必要的条件,向世界展现改革开放后首都功能核心区的新形象。

4. *与结构调整相适应的原则*。改善文保区平房居民的住房条件,对推动文化、旅游、服务等东城支柱和重点产业的发展和结构调整具有十分重要的意义。文保区危旧房改造要从功能核心区独特的区位优势和土地资源的稀缺性出发,紧密结合不同历史文化街区的特点,加快产业结构调整。坚持低碳环保绿色发展,淘汰与旧城风貌保护不相符的低端产业,着力推动文化创意、旅游业、金融、商务服务等高端产业的集约发展。只有不断优化产业结构,使文保区内的文化产业和高端服务业成为东城区新的经济增长点,才能实现居住条件改善与产业发展的统一。

5. *与多渠道筹资共建的原则*。历史文化街区的传统民居不同于普通住宅,是古都风貌的重要组成部分,承载着大量的历史、文化、艺术信息,具有较高的历史价值和文化价值。因而,作为具有公益性和社会性的古民居建筑,其定期的保护性修缮和有机更新改造就不能完全靠市场来解决,也不能完全由政府单方面包办，而是社会、政府、房屋产权单位、业主共同的责任和义务。文保区危旧房的改造资金，在坚持政府主导，产权单位、业主共同承担的原则下，必须制定新的政策，运用市场机制，积极引入社会资金和民间资本，构建多条渠道资金筹措的长效机制，才能履行好保护历史文化名城的光荣使命和神圣责任。

四、以“项目”带动，综合运用多种手段解决居民住房问题

回顾东城区以往在前门地区修缮整治等重大历史文化保护工程和危旧房改造中所创造形成“菜单式搬迁”等有益经验，解决平房区居民住房困难也必须借鉴以往的理念与做法：坚持政府主导，保护风貌和改善民生并重，以“项目”带动突破，“综合”运用多种手段，改善居民的居住条件和居住环境。

“项目”，是一个广义的概念，绝非房地产开发的狭义范围，可以是地铁站点等市政工程，可以是街道文化活动中心等公益性工程，可以是文物腾退修缮工程，等等。其要义就是在这些项目规划实施前，统筹考虑其周边平房区，“以点带面”，适度扩大范围，一体同步实施，带动居民住房条件和居住环境改善。

“综合”，包括两重涵义，一是类似“菜单式搬迁”政策，让居民有多重途径选择改善自身住房条件；二是结合项目实施和居民住房条件改善，对某一区域综合规划，综合实施，以达到“整体保护、合理并存、适度更新、延续文脉、整治环境、调整功能、改善市政、梳理交通”的综合目的。

1. *人口疏解改善法*。历史文化保护的特殊要求，决定了人口疏解不仅是保护更新的前提，也是居民改善住房条件的主要渠道。东城区已经确定了“十二五”时期疏解10万人的目标，并已确定朝阳区的豆各庄和通州区“两站一街”地块，作为人口外迁的保障房和对接安置房建设用地，预计建成后将提供2.6万套外迁房源。目前来看，不仅房源数量有限，关键是对于旧城区人口的吸引力不足。为此，必须认真研究各种类型的历史文保区平房区居民的实际需求，积极争取市政府支持，一方面加快外迁居民安置区的教育、医疗、文化、商业等公共设施的配套建设和周边地区的交通建设，另一方面争取更优质对接安置房地块，制定更加优惠的外迁安置补贴政策，增强外迁地区的吸引力，使外迁居民从搬迁中得到实惠，不仅改善居住条件，生活质量也上一个台阶。

2. *文物与名人故居修缮带动法*。目前，东城文保区的文物保护单位常常和居民的住房交织在一起，并且有些居民住房本身就是文物。东城区现有165处三级文物保护单位、205处文物普查登记项目、402处挂牌保护院落。其中，居民住宅共有375处，承载的人口规模为1.37万人（见表4）。因此，文物保护和修缮，不能就修缮文物而单纯修缮文物，而应把文物的保护和修缮与周边地区的危旧房改造结合起来，通过对文物的修缮带动周边地区的危旧房改造。目前伴随着欧美同学会、方家胡同15号院等修缮工程的完工，以及前鼓楼苑7号、9号院修缮工程、钟鼓楼的环境整治工程、雍和宫柏林寺周边及孔庙、国子监周边整治修缮等修缮工程项目的推进，将推动相关平房区的人口疏解和部分危旧平房的改造，在一定程度上改善了周边平房区居民的居住条件和居住环境。

表4　具有文保价值的住宅及承载人口规模一览表

分类	总数量（处）	用于居住的数量（处）	平房（间）			非成套楼房（套）	承载人口数量（人）
			私房	公房	自建房		
国家级、市级、区级文物	165	6	57	130	6	0	295
文物普查登记项目	205	68	166	2046	233	106	4981
挂牌保护院落	402（413－11）	301	1328	3747	342	37	8386
合计	**772**	**375**	**1551**	**5923**	**581**	**143**	**13662**

另一方面，通过推进名人故居和挂牌院落修缮整治，既可带动人口疏解，也可以改善居民住房条件。目前统计在册的名人故居超过100处，其中不少名人旧居已成为民居或单位办公地。由于产权混乱，保护无章可循，许多名人故居院落破落，房屋结构和风貌损毁严重，有的甚至被无端拆除，引起社会的强烈不满。因此，借助名人效应，通过吸引有社会责任的企业和个人，将名人故居修缮改造成纪念馆、博物馆、会馆等文化服务场所，从而带动周边平房区房屋的修缮，可作为打破当前文保区保护与改造僵局的一个突破口。做好名人旧居的修缮不但可以发挥名人的教育意义，恢复和提高旧城的文化品味，而且可以拆除名人故居中和周边的违章建筑，保护传统四合院的风貌。同时，还可以通过腾退名人故居中的单位和住户，降低旧城人口密度，最终达到改善居民的住房条件和生活环境的目的。

3. *区域就近异地安置法*。《北京市“十二五”时期历史文化名城保护建设规划》强调，要重点保护文保区及成片平房区，并留住一部分老北京“原住民”来延续北京传统文化与“人气儿”。从过去旧城危改项目未达到人口疏解的实际效果，以及对居民的调查和访谈中可以看出，一部分居民特别是一些年纪较大或孤寡老人，出于多种原因不愿迁出文保区，但又有改善住房条件和生活环境的强烈愿望。区域就近异地安置法主要是针对传统居住型和首都职能型文保区划定的修缮区域，在上述文物与名人故居修缮实施过程中，将不同院落不愿外迁的住户，集中异地安置到本区域内已经修缮好的院落内。采用这种修缮方式，应按照保护规划的标准和要求，制定修缮计划，分区域、小规模的多区域依次实施，并严格控制安置人口，为留住居民改善住房条件和居住环境。对于这类院落的修缮费用，公房由政府全部承担，私房原则上由业主承担。对确实有困难的私房主，政府可适当补贴修缮费用。为保证这种方法顺利实施，可先由房管局牵头，政府出资，将一些已腾空的院落，建成“中转站”，用于临时安置待迁居民。原承租人愿意到“中转站”之外租住其他房屋的可由政府给予房租补贴。这种类似“微循环”式的有机更新，既可实现历史风貌的保护，留住人气和老北京的文化，又可改善居民的居住条件，比其他方式更容易为居民接受。

4. *市政建设带动修缮法*。依托市政项目,改造文保区相关区域内居民的危旧房,是当前改善居民的居住环境和住房条件行之有效的一条途径。譬如,2012 年建成的玉河修缮整治工程,恢复古河道 480 多米,两侧修缮重建了以四合院为主题的北京传统建筑群,再现水穿街巷的历史景观。再如,现已基本完成的南锣鼓巷市政改造项目,完整保护了这一地区的整体风貌,被联合国环境规划署评为第 14 届"国际花园城市与社区"环境可持续项目金奖。此外,结合中轴沿线环境整治工程,带动了毗邻文保区的危旧平房改造工作。今后,政府应积极通过旧城市政设施和道路交通的改造,将周边地区的危旧房改造纳入计划,以此推动文保区房屋的修缮和改造。

5. *危改项目带动法*。文保区的危改项目已调整为将旧城人口外迁,提供定向安置房、货币补偿,以保护历史风貌的改造方式。根据去年初出台的征收条例,东城区现有的危改项目半数以上难以列入征收范围,只能采取协议安置,从而导致改造成本居高不下,项目难以推进。随着新的征收补偿条例的出台,原有的旧城改造政策均需做出相应改变,已纳入旧城改造的 108 个项目中,目前尚未启动的 29 个项目和已启动但进展困难的 7 个项目,均需重新评估和调整。根据《北京市抗震节能综合改造实施意见》,"十二五"期间要对全市 882 栋简易住宅楼进行改造,除将其中的极少数作为历史遗迹保留外,其余由属地区政府采用拆除、申请翻建等方式消除安全隐患。我区共有简易楼 187 栋,这些筒子楼多建在上世纪 60 年代,现大部分已属危楼。其中处于文保区的简易楼,已经严重破损,按规划予以拆除。因此,要抓住简易楼拆除改造的有利时机,充分利用原住居民可以优先定向安置的有利政策,抓紧实施简易楼住宅整治工程,为文保区人口外迁和居民住房条件改善创造有利条件。

6. *产业结构升级带动法*。人口疏解本质上是城市产业结构调整,过程是城市功能疏解,表现为人口疏解。因此,产业结构升级对带动人口和功能疏解,进而改善居民居住条件和环境具有突出作用。优化产业结构,要按照传统居住型、首都职能型和综合发展型的旧城功能定位,突出历史文化街区的不同特点,通过引进商务服务、政务服务等高端服务业,发展休闲旅游、特色商业、文化创意等新兴产业,淘汰初级服务业、手工业、"五小"行业等低端产业。通过优化产业结构,发展新型业态,既可吸引高端人群和高端产业进住,减少就业总人数,引导中心城区人口外迁,促进区域人口疏解,又可保持地区活力和综合竞争力,增加区域经济实力,为危旧房的修缮和整治提供坚实的物质基础。

五、政策建议

1. *推动设立历史文化保护"文化生态"补偿机制*。北京历史文化名城的主要资源虽然在旧城,工作责任在东城、西城,但做好历史文化保护与发展,是建设文化强国,提升国家文化软实力的必然要求和必然选择。因此,主体责任是全市。改善这一地区居民居住条件和居住环境的是前提,也是突破口。由于涉及人口及功能疏解,涉及各级单位的腾退安置,涉及巨额资金投入,必须在全市层面、市域空间统筹考虑才能解决。建议积极推动在市级层面建立北京历史文化保护的"文化生态"补偿机制,当前具体来讲,就是由市政府加强全市统筹,尽快解决对接安置房用地及配套建设问题,集中力量加快对口安置地区开发建设。要从核心区外迁居民的实际需求出发,制定更加优惠的人口疏解政策,鼓励居民外迁,可考虑在中心区三四环之间或轨道交通沿线,划定政策用地,用于文保区的人口疏解对接安置房建设。同时,对于全市经济适用房、限价房和公租房的配置,积极争取市政府及相关部门支持,对于位于历史文保区的保障房申请家庭,能够优先配置。

2. *整合各类专项资金集中使用*。近年来,市政府为改善平房区居住条件和环境质量,组织开展了诸如文物腾退修缮、解危排险、煤改电、架空线入地等一系列政府重点工程。虽然投入巨大,但由于资金下达往往根据职能部门分工,采取由条条专项下达,按照分工分散实施,缺乏资金的统筹使用,不能形成集聚效应。建议区政府继续积极争取市级专项资金,争取涉及平房区、文保区和文物腾退修缮的各类资金在区级层面,由区政府根据工作安排,统筹安排资金,形成资金聚合效应,集中用于某个文保区内从市政设施升级、环境提升、文物腾退修缮和居民住房条件改善等综合目标,以此尽快形成新的示范效应,探索新的模式。

3. *鼓励支持社会力量参与*。通过减免税费、提供贷款等方式鼓励文化传播、文化旅游、教育培训等企业、组织、个人购买旧城四合院或平房住宅,在保护旧城整体风貌的前提下,对住宅进行修缮,发展文化产业。建立文物保护基金,与银行等金融机构合作,对参与历史文化街区风貌保护及文化开发的单位给予一定的信托额度,缓解历史文化街区开发利用和人口疏解资金紧张的局面。对于私房主,可按照规划及文物部门认定的住房修缮标准和街区统一规划,政府给予居民一定补贴,指导沿街居民开展房屋修缮改造,然后进行商业化运作,充分发挥街区自律和商会作用,运用市场机制发展特色产业和沿街商业,提高居民收入,改善住房条件。

政党·团体

中国共产党北京市东城区委员会

概　　述

年内，中国共产党北京市东城区委员会（简称区委）以迎接“十八大”召开和学习贯彻“十八大”精神为主线，把握稳中求进的总基调，落实市、区十一次党代会部署，推动“总规”和“十二五”规划的实施，开拓创新、攻坚克难、争创一流，推进“国际化现代化新东城”建设，人民生活水平稳步提高，实现本届区委工作良好开局。

“文化强区”战略。制定《关于坚持“文化强区”战略、加快“首都文化中心区”建设的实施意见》，设立文化发展专项资金，构建“大文化”发展格局。名城保护工作取得新进展，十大保护项目初见成效，十项文物保护修缮工程、十项会馆保护利用工程得到推进。坚持物质遗产和非物质文化遗产同步保护利用，非遗保护传承工作继续走在全市前列。加快文化经济融合发展，与工美集团合作成立北京天坛文化发展有限公司，与市国资公司签署复兴隆福寺传统文化商业区战略合作协议，启动天坛演艺区建设并与港中旅集团签订合作框架协议。公共文化服务体系示范项目取得阶段性成果，前门历史文化节、南锣鼓巷戏剧节等品牌文化活动精彩纷呈。完成全国城市文明程度指数测评任务，获全国双拥模范城“六连冠”称号。

高端引领，区域经济平稳运行。强化创新驱动，加快转型升级步伐，中医药、体育、低碳服务等新兴产业培育初显成效。以王府井国际品牌节等为平台，引进项目、提升区域国际影响力。通过举办皇城国际旅游节等特色活动，进一步拓展消费空间。推进五道营、簋街、南新仓等特色商业街区建设。“十大重点工程”进展顺利，银河 SOHO 中心正式竣工。统筹推进“两带五区”功能区建设和发展，王府井商业发展带品牌特色更加凸显，雍和园成为首批国家级文化和科技融合示范基地，土地效能位居中关村各分园之首。对外开放交流实现新突破，国际友城增至 20 个，跨国公司地区总部数量达到 15 家。

服务管理与环境整治。推进环境综合整治、交通疏堵、增绿添彩等工作，29 个老旧小区和 31 条街巷胡同环境得到整治提升，完成台基厂大街、建国门大绿地、车辇店立体停车场等建设，通过“国家卫生区”复审。实施老旧小区综合整治、“煤改电”等民生工程，上龙西里改造试点工程顺利竣工，天坛东里1－8号简易楼腾退等危改项目有序推进。“零就业家庭”动态保持为零，社会救助基本实现无盲点，“九养”政策得到全面落实。促进优质教育资源共享，学区化管理和学校联盟建设实现全覆盖。以深化“国家中医药发展综合改革试验区”、争创国家“全民健身示范城区”为契机，打造高品质“健康城区”。推广一刻钟社区服务圈等社区商业新模式，群众生活更加便利。完善网格化社会服务管理新模式，新模式被国家行政学院、人民网评为全国社会管理创新最佳案例，并在全市和全国推广。以“十八大”安保“十大专项行动”为抓手，扎实推进“平安东城”建设。深化“信访代理制”，妥善处理“7·21”特大暴雨灾害善后和涉日维稳工作，为市党代会和“十八大”召开营造和谐稳定的社会环境，群众安全感始终位居全市前列。

创先争优，增强党的执政能力。围绕学习贯彻“十八大”和市、区十一次党代会精神，开展理论宣讲、干部培训活动，制定学习型党组织建设考核评价指标体系，干部队伍能力素质不断提高。推进“文化人才管理改革实验区”建设，获全国知识产权人才工作先进集体称号。以“基层组织建设年”为抓手，实施非公党建提升工程，区委被评为全国创先争优活动先进区委。完成“十八大”代表推荐提名，市党代会、市人大代表选举和市政协委员推荐协商以及社区党组织、居委会换届选举，不断扩大党内民主。推进“三个体系”建设，东城区被国家预防腐败局确定为廉政风险防控工作联系点。创作推广话剧《金超杰》，打造具有东城特色的廉政文化品牌。落实中央关于改进工作作风、密切联系群众的八项规定，解决群众反映强烈的突出问题，密切党群关系。发挥常委会核心领导作用，出台新一届区委全委会、常委会工作规则和常委会会议回避等制度。支持区人大及其常委会依法行使重大事项决定权、人事任免权、监督权等各项职权，发挥代表主体作用。支持区政协建言献策、深入调研，有效履行政治协商、民主监督、参政议政职能。制定党外代表人士队伍建设实施意见，统一战线和多党合作事业健康发展。

单位地址：东城区钱粮胡同 1 号

联系电话：64002596　邮政编码：100010

（王家岩）

主要工作和重大活动

【区委全会】 2月8日,区委十一届二次全会召开。区委常委会主持会议。会议审议通过区委十一届委员会全委会工作规则,确定东城区推荐提名北京市出席"十八大"代表人选。3月30日,区委十一届三次全会召开。区委常委会主持会议。会议审议通过关于召开东城区代表会议的决议,确定东城区出席北京市第十一次党代表大会代表候选人预备人选名单,审议通过东城区代表会议日程安排。12月31日,区委十一届四次全会召开。区委常委会主持会议。会议传达市委十一届二次全会精神,区委书记杨柳荫代表区委常委会作题为《全面贯彻"十八大"精神,加快推进"国际化现代化新东城"建设》工作报告;会议对区委常委会干部选拔任用工作进行民主评议,对新提拔的党政主要领导干部进行民主测评;会议审议通过《中共东城区第十一届委员会第四次全体会议决议》;就如何做好下年工作提出要求。 (王家岩)

【区委常委会】 全年区委召开常委会24次,研究决定议题183个。常委会贯彻落实科学发展观,把握稳中求进总基调,践行"北京精神",立足"首都文化中心区、世界城市窗口区"总体定位,实施"两新四化"发展战略,加快转变经济发展方式,保障和改善民生,在更高起点上,以更高标准推进国际化现代化新东城建设。在实施文化强区战略、推进首都文化中心区建设方面,研究东城文化创意产业发展情况、关于坚持文化强区战略加快首都文化中心区建设的实施意见等议题;在把握稳中求进总基调、保持经济平稳较快发展方面,研究国民经济和社会发展计划执行情况、财政预算安排情况等议题;在提升城市环境品质、为"十八大"召开营造整洁优美环境方面,研究环境整治工作情况、绿地系统规划情况等议题;在注重包容性发展、加强和谐社会首善之区建设方面,研究在直接关系群众生活方面拟办的重要实事、防汛工作等议题;在加强民主法制建设、发展社会主义民主政治方面,研究区人大常委会年度工作报告、部分区领导与党外代表人士交朋友方案等议题;在以迎接"十八大"和学习贯彻"十八大"精神为主线、提高党的建设科学化水平方面,研究"十八大"精神学习宣传贯彻工作、区委全委会工作规则和区委常委会工作规则等议题。 (王家岩)

【区代表会议】 4月21日,东城区代表会议召开。区委常委会主持会议。区领导杨柳荫对如何切实做好代表选举工作作重要讲话。会议选举产生东城区出席市第十一次党代会代表。 (王家岩)

【全区领导干部大会】 11月18日,全区领导干部大会召开。常卫主持会议。会议传达市委常委会(扩大)会议精神。杨柳荫就结合区实际作学习贯彻"十八大"精神重要讲话。牛青山、冯熙、徐鸿达等区级领导班子成员参加。 (王家岩)

【街道党政负责人会议】 2月13日,区第一次街道党政负责人会议召开。区领导杨柳荫、牛青山、常卫、徐熙、宋甘澍、毛炯、汤钦飞参加。常卫主持会议。会议听取各街道关于上年工作情况和本年工作计划汇报,研究部署下一阶段各项重点任务;杨柳荫就做好本年工作作重要讲话。8月17日,区第二次街道党政负责人会议召开。区领导杨柳荫、牛青山等参加。徐熙主持会议。会议听取各街道关于上半年工作情况和下半年工作计划汇报,研究部署下一阶段各项重点任务;杨柳荫就街道工作作重要讲话。 (王家岩)

【领导重要活动】 1月17日,区政法维稳工作会召开。区领导杨柳荫、牛青山等参加。谢世龙主持会议。会议传达全国、北京市政法工作会议精神;总结上年全区政法维稳工作情况,对本年政法维稳工作进行部署。4月1日,东城区首都全民义务植树日活动举行。市领导刘淇、李士祥、马振川、刘敬民、沈宝昌,区委领导杨柳荫、牛青山、冯熙、徐鸿达、常卫参加。植树日活动以"弘扬生态文明,共建绿色东城"为主题,在建国门植树点种植油松、银杏等树木200余株。全区当日植树1.7万株,养护树木13万株。5月20日,以"加强残疾人文化服务,保障残疾人文化权益"为主题的第22个全国助残日活动在地坛公园举办。国务院副总理、国务院残疾人工作委员会主任回良玉,北京市委书记刘淇,全国政协副主席、中国残联名誉主席邓朴方到地坛公园观看北京市残疾人优秀文化成果展示。国务院副秘书长丁学东、中国残联主席张海迪及市、区领导郭金龙、李士祥、杨柳荫等参加。6月26日,皇城国际旅游节开幕。牛青山致辞。与会领导在开幕式上为6名皇城旅游金牌志愿者颁发聘书。国家旅游局副局长祝善忠,市领导郭金龙、鲁炜、丁向阳,区领导杨柳荫、冯熙、徐鸿达等参加。9月1日,以"碳市场与低碳发展"为主题的第三届"地坛论坛"开幕。牛青山主持。全国人大常委会原副委员长成思危、国家发改委副主任解振华、市领导洪峰分别致辞。国家气候变化专家委员会副主任何建坤,国家发改委气候司副司长孙翠华及中国证监会、北京绿色金融协会、市金融局有关领导,区领导杨柳荫、牛青山、冯熙、徐鸿达等参加。11月22日,东城区学习宣传贯彻"十八大"精神专题报告会召开。会议邀请中国社科院学部委员、经济学部教授作专题报告。区委区政府理论中心组成员参加。

(王家岩)

【市委巡视组赴东城巡视】 12月17日,市委巡视组赴东城区巡视工作动员大会召开。杨柳荫主持会议。市委巡视机构领导小组办公室主任杨林就开展巡视工作作说明,并提出工作要求。杨柳荫就如何配合做好巡视工作作重要讲话。巡视组副组长张鸿果、巡视专员许樾真,区级领导班子成员及全区各委办、局、处、室党政主要负责人等参加。巡视工作为期2个月。 (王家岩)

【市领导调研】 1月17日,市领导刘淇、郭金龙到东城区检查节日市场供应和烟花爆竹储运销售情况。在建国门地区天镇蔬菜直营店第六分店察看蔬菜供应和食品安全情况。在工人体育馆烟花爆竹销售点检查烟花爆竹销售和安全管理工作。市领导苟仲文、程红,区领导杨柳荫、牛青山等参加。5月3日,市领导刘淇到东城区调研地铁8号线相关工作情况。在地铁8号线南锣鼓巷站,察看地铁建设中的地下四层、单柱双跨侧式施工特色,听取全市轨道交通在施工程及地铁8号线二期建设进展情况汇报;在地铁8号线鼓楼大街站,察看2号换乘厅明挖施工作业情况和地下三层岛式车站土建工程、设备安装作业进展情况、鼓楼大街站总体建设情况和通车运营计划。市领导王安顺、吉林、李士祥,区领导杨柳荫、牛青山等参加。5月23日,市领导郭金龙到东城区检查防汛工作落实情况。在南吉祥胡同13号院,察看民居大修工程进展情况;在地铁8号线南锣鼓巷站施工现场,察看防汛措施和应急物资储备情况。市领导夏占义,区领导杨柳荫、牛青山等参加。6月7日,市领导郭金龙到东城区检查高考准备情况。在北京宏志中学察看考生服务站、考务办公室、监控室、医务室,巡查各考场。市领导赵凤桐、洪峰,区领导杨柳荫、牛青山参加。8月11日,市领导郭金龙、王安顺到东城区调研老旧小区改造工作。察看前门街道草厂三条胡同31号和东华门街道南河沿大街103号院。市领导赵凤桐、陈刚、夏占义,区领导杨柳荫、牛青山等参加。9月27日,市领导郭金龙、王安顺到天安门广场、前门地区检查"两节"期间公共安全工作。市领导李士祥、赵凤桐、傅政华等,区领导杨柳荫、牛青山等参加。10月29日,市领导郭金龙、王安顺到东城区检查"十八大"安全服务保障工作。实地察看北京国际饭店和北京饭店,详细了解驻地安全保卫、会议服务、供应保障、用餐服务、食品卫生监控、住宿和生活服务、代表出行及社会交通运输服务保障等工作落实情况。市领导吉林、赵凤桐、傅政华,区领导杨柳荫、牛青山参加。11月5日,市领导郭金龙到东城区检查"十八大"安全服务保障工作。在崇雍大街金宝街西口,听取崇雍大街整治改造及环境保障工作情况汇报;实地察看东直门桥宣传标语悬挂、花坛花钵布置等环境保障工作;察看北京火车站站前广场环境整治、氛围营造情况;察看前门步行街环境布置、氛围营造情况。市领导吉林、赵凤桐等,区领导杨柳荫等参加。12月8日,市领导郭金龙、王安顺到东城区调研。实地察看车辇店胡同立体停车场建设、南馆低碳生活示范园建设和史家胡同整治改造情况。市领导赵凤桐、洪峰,区领导杨柳荫、牛青山等参加。12月19日,市领导郭金龙到东城区检查贯彻落实党风廉政建设责任制、推进惩防体系建设情况。听取关于贯彻落实党风廉政建设责任制、推进惩防体系建设情况的汇报,对东城区贯彻落实党风廉政建设责任制、推进惩防体系建设完成情况及环境整治和老旧小区精细化管理等工作给予肯定。市领导叶青纯、赵凤桐,区领导杨柳荫、冯熙、徐鸿达参加。

(王家岩)

【领导走访慰问】 1月9日,区领导杨柳荫走访慰问困难群众和离休老干部。先后走访慰问低保对象、困难劳模、困难党员和老领导盛绳武、林挺,送去慰问品和慰问金,表达区委、区政府的关怀和祝福。1月10日,区领导杨柳荫走访慰问驻区中央机关。先后走访慰问中央政法委、公安部、文化部、国家文物局等驻区中央机关。区领导常卫、金晖等参加。1月11日,区领导杨柳荫、冯熙、徐鸿达走访慰问驻区部队。先后走访慰问北京军区空军司令部、公安部边防管理局、北京卫戍区、空军后勤部、总政直工部管理保障局、总后军需装备研究所、总参军训部老段府管理处、北京军区总医院、总参二部等驻区部队,向各部队送去慰问品及慰问金。区领导左海星、宋甘澍等参加。1月13日,区领导杨柳荫走访慰问国药集团药业股份有限公司。了解国药集团药业股份有限公司发展历程和经营情况,对该公司为东城区经济社会发展做出的突出贡献表示感谢。区领导许汇参加。1月16日,区领导杨柳荫、牛青山慰问纪检监察干部。对全体纪检监察干部的辛勤工作表示感谢。区领导常卫、夏树军、毛炯参加。同日,区领导杨柳荫、牛青山慰问信访干部。询问全区信访情况和重点矛盾纠纷化解情况,对上年信访工作取得的成绩给予肯定。区领导常卫、毛炯、汤钦飞参加。1月20日,区领导杨柳荫到北京稻香村食品集团有限责任公司慰问留京过年流动党员。送去图书、吉祥物等慰问品,并参加"党心连民心亲情进万家——亲情陪伴过大年东城是我们温暖的家"活动。区领导常卫、吴松元、宋甘澍、毛炯参加。1月21日,区领导杨柳荫、牛青山、冯熙、徐鸿达慰问一线工作人员。先后慰问区交通支队、巡特首都政治中心区支队干警,区消防二支队龙潭湖中队、区消防一支队金宝街中队官兵,环卫二中心干部职工,城管大队王府井南口执法岗亭、环卫一中心王府井北口值班岗执法队员,以及山西省天镇县蔬菜直营店东直门店工作人员。区领导常卫等参加。5月22日,区领导杨柳荫到分司厅小学、总政幼儿园慰问师生。在分司厅小学,观看学校师生文艺表演,向孩子们致以节日祝贺;在总政幼儿园,了解孩子们学习、生活情况,观看小朋友们的舞蹈表演。区领导宋甘澍等参加。6月19日,区领导杨柳荫走访慰问广渠门中学党总支。慰问学校优秀党员和宏志班师生,并向学校赠送图书100册。区领导吴松元、毛炯参加。7月26日,区领导杨柳荫、牛青山、冯熙、徐熙走访慰问驻区部队。先后走访慰问北京军区空军、北京卫戍区、总参二部、解放军电视宣传中心、空军后勤部、公安部边防管理局、北京军区空军后勤部、总参陆航部军事代表局、总政直工部管理保障局、武警十四支队等驻区部队单位。区领导宋甘澍等参加。7月27日,区领导杨柳荫、牛青山到市公安局警卫局走访慰问。向警卫局官兵致以节日问候。市领导傅政华,区领导谢世龙、毛炯、汤钦飞参加。9月26日,区领导杨柳荫、牛青山、冯熙、徐鸿达慰问一线干部职工。先后到区环卫二中心职工休息点、区城管大队王府井城管分队、区环卫一中心王府井所、区消防支队故宫消防中队、区公安分局东华门派出所、区交通支队帅府园交通大队慰问节日期间坚守在一线的干部职工,并送去慰问品。区领导常卫、徐熙等参加。10月26日,区领导杨柳荫走访慰问驻区企业。先后走访中国海洋石油总公司和中诚信托有限责任公司,向企业发放奖励金、绿卡证书和百强企业牌匾。区领导毛炯、许汇参加。 (王家岩)

【军政座谈会】 1月13日,东城区春节军政座谈会召开。全国双拥工作领导小组成员兼双拥办副主任、总政群工办主任汤奋,全国双拥办副主任、总政群工办副主任李辉,首都军

(警)民共建指导小组副组长曹卫平、戚玉桥,区领导杨柳荫等参加。7月26日,东城区八一军政座谈会召开。李辉、戚玉桥及全国双拥办秘书组组长顾磊、总政直工部副部长谌腊宗、北京卫戍区副政委郭志刚、空军后勤部副部长楚军、北京军区空军副政委张超金、解放军电视宣传中心季桂金、公安部边防管理局政委傅宏裕、北京军区空军政治部副主任武鹏、公安部边防管理局副局长朱启明、公安部边防管理局参谋长倪荣等,区委、区人大、区政府、区政协四套班子领导参加。 (王家岩)

【公文制发工作】 全年印发《中国共产党北京市东城区第十一届委员会全委会工作规则》《中国共产党北京市东城区第十一届委员会常委会工作规则》《关于坚持"文化强区"战略加快"首都文化中心区"建设的实施意见》等各类文件90期,其中东发12期、东文42期、东办发23期、东办通报13期。 (王家岩)

【服务与保障工作】 全年完成领导干部大会、工作部署会等全区性重要会议及区委全委会、常委会、专题会、东城区街道党政负责人会等会议的组织协调服务130次。服务保障区委主要领导调研、走访、考察、交流、接待等各类活动220次,服务保障区委其他领导出席各类活动500余次。 (王家岩)

【督查工作】 全年办理领导批示件633件,编发《东城督查》16期、《督查专报》17期。办理区委副书记批示件249件,报送并流转上级批示件37件。服务区委副书记出席各类调研活动24次,协调安排各类会议137次。 (王家岩)

【信息工作】 全年编发信息普刊247期,专报22期,增刊254期,专刊74期,业务通讯13期,提供各类信息4053条。 (王家岩)

组织工作

【概况】 中共东城区委组织部(简称区委组织部)是负责本区组织工作、干部工作与人才工作的区委工作机构。内设办公室、调研信息组、干部调配组、干部一组、干部二组、干部监督组、干部教育培训组、人才工作协调组、组织组、组织指导组、党员教育管理组、党员电化教育组。有编制53人。

年内,立足"首都文化中心区、世界城市窗口区"总体定位,围绕迎接"十八大"和市第十一次党代会召开这条主线,以科学发展观为统领,开展创先争优活动,深化干部人事制度改革,开展基层组织建设年工作,落实区人才发展战略规划,提高组织工作满意度。东城区被中组部评为全国创先争优活动先进。被市委组织部评为公务员统计全优报表和优秀统计分析单位、全市党员教育电视片观摩交流活动最佳组织奖。"东城组工微博"被新华网评为新华微博上年度最佳创新集体奖。《东城区文化人才队伍建设的实践探索与思考》调研课题获市党建研究会优秀调研课题二等奖。

单位地址:东城区钱粮胡同3号

联系电话:64040940 邮政编码:100010 (林静)

【处级干部基本情况】 东城区党政机关、事业单位有处级干部958名,其中领导职务686名(正处职193名,副处职493名);非领导职务272名。有处级女干部264名,占处级干部总数的27.6%,其中女领导干部200名(正处40名,副处160名),占领导干部总数的29.2%;处级少数民族干部55名,占处级干部总数的5.74%;党外干部36名,占处级干部总数的3.8%。处级干部年龄结构:35岁以下43名,36-40岁96名,41-45岁173名,46-50岁327名,51-55岁207名,56岁以上112名,平均年龄47.8岁。处级干部学历结构:研究生学历225名,大学学历667名,大专学历66名。全年任免干部437人次。提拔任用处级干部90人,其中领导干部68人,非领导干部22人;交流领导干部73人(另有交流提拔23人),其中正处级25人,副处级48人;达到最高任职年限改为非领导职务23人;试用期满正式任职干部79人;兼职任免、到龄退休等任免干部172人次。 (林静)

【竞争性选拔干部】 7月至12月,区委组织部拿出66个职位面向社会和全区开展竞争性选拔干部工作,实现东城区历史上的"三个首次",即:首次由区独立组织实施包含公开选拔、竞争上岗、公开招聘在内的竞争性选拔工作;首次开展处科级联合竞争性选拔;首次推出科级领导干部岗位选拔"80后"优秀年轻干部。此次竞争性选拔干部工作吸引社会和全区干部群众1977人报名,158人进入组织考察,最终选拔处级干部28人和"80后"科级干部28人,并有72人进入全区后备干部和储备人才名单,实现"发现一批、选拔一批、储备一批"的目标。选择4个职位参加全市"80后"优秀年轻处级干部公开选拔,面向社会选拔4名处级领导干部(含1名正处级领导干部),为区干部队伍注入新活力。 (林静)

【非定向提名推荐处级干部】 3月29日,首次在全区正处级以上领导干部范围内开展"非定向提名推荐"提拔担任正处级领导干部人选工作,突出范围不局限、职位不定向、使用不明确、考察不定期的工作特点,将推荐和使用适当分离,形成可提拔干部动态储备库,并在部分单位进行延伸推广,扩大选人用人视野。全年通过"非定向提名推荐"方式提拔处级领导干部9名,其中正处级干部7名,副处级干部2名。 (林静)

【处级领导干部年度考核】 1月至3月,成立11个考核组,按照考核准备、组织考核、统计汇总、下达指标、确定等次等5个阶段,完成上年度全区97家单位968名干部的考核奖励。12月,全面启动处级领导班子和领导干部年度考核工作,探索运用"德"的反向测评和领导干部形象的民意调查等形式全面了解干部。 (林静)

【规范干部任免管理体制】 研究如何规范部分学校和医院正职、副处级审判员、副处级检察员等干部管理方式。推进

普仁医院院级领导班子管理权限下放，完成普仁医院院级领导干部管理权限划转。（林静）

【干部教育培训】 2月14日，召开东城区干部教育培训工作领导小组第一次会议。会议审议通过《东城区干部教育培训工作领导小组成员名单》（调整），总结上年干部教育培训工作，部署本年干部教育培训工作。区干部教育培训工作领导小组组长吴松元出席会议并作重要讲话。全年举办东城区"一把手"素质培训工程主题研修班、第一期副处级领导干部进修班、学习贯彻"十八大"精神轮训班、赴美国人力资源开发与管理专题培训班、赴澳大利亚城市建设与社会环境管理专题培训班等220班次，8.41万人次接受培训。（林静）

【干部挂职锻炼】 全年组织72名骨干青年干部参与区迎接全国城市文明程度指数测评指挥部、钟鼓楼广场环境整治项目指挥部及各分指、人大十五届二次会议等区内重点任务和重点工程挂职。落实全市干部"三个一百"工程，安排6名处级干部到外省市、市级机关和中央金融机构挂职锻炼，13名基层年轻干部到市级机关挂职锻炼。接收中央、市级机关处级干部、高校青年教师、金融机构人员和甘肃、内蒙古、江苏、安徽、新疆等地挂职干部21名。根据需求确定挂职岗位，做好挂职干部工作、生活各项服务保障工作，利用党校优质培训资源，使挂职干部根据需求自选学习。（林静）

【一报告两评议】 12月31日，区领导杨柳荫在区委全委（扩大）会上，代表区委常委会作年度干部选拔任用工作专题报告，区委委员、候补委员、区级领导、纪委常委及各单位主要领导，对区干部选拔任用工作和新选拔任用的52名正处级领导干部进行现场评议。12月，结合年度考核工作派出11个工作组，在全区70家处级单位开展干部选拔任用"一报告两评议"准备工作。（林静）

【干部选拔任用条例检查】 10月10～17日，成立6个检查组，检查29个处级单位执行《干部任用条例》情况，同时检查8名离任的党（工）委（党组）书记在任职期间履行干部选拔任用工作职责情况，并向被检查单位和离任书记书面反馈检查情况和结果。（林静）

【上报两项法规落实情况】 2月10日，向市委组织部上报全区上年度《领导干部报告个人有关事项》情况。全区局级干部应报61人，实报61人；处级干部应报974人，实报974人。新任处级干部进行首次报告。《配偶子女均已移居国（境）外的国家工作人员有关情况》全区无上报人员。（林静）

【组织工作满意度调查】 3月30日至4月20日，开展组织工作满意度入户调查，调查单位119家，调查人数3497名。5月10日，召开组织工作满意度讲评分析会。会议由常卫主持。杨柳荫出席并讲话。区领导吴松元、赵中原、乔世怀，全区各党政机关、街道及企事业单位的党委（组）书记参加。5月23～25日，召开提高组织工作满意度专题研讨会，吴松元出席并讲话，区委组织部领导班子成员和全区100余名党（工）委（党组）书记分2批参加。（林静）

【干部关爱】 3月至12月，以科学健身、奉献东城为主题开展处级以上干部健身系列比赛活动，先后举办健步行、乒乓球、羽毛球、保龄球等赛事，参加人数超过1000人。4月16～24日，组织全区党政机关、企事业及双管单位处级干部874人分别在普仁医院、北京市第六医院进行健康体检。全年为处级干部321人办理第六医院优诊卡的更换工作，为干部就医提供方便。7月，组织未参加上年集中休假及新提拔任职的20名正处级干部赴大连集中休假。（林静）

【公务员统计年报】 12月中旬，全面启动区委群团系统37家单位1355名公务员及参公人员统计年报工作。由各单位自行维护组工业务综合应用平台中每个人员的34个信息集，自动生成公务员、参照公务员管理的群团机关工作人员、参照公务员管理的事业单位工作人员等3套统计表，由组织部负责维护处级干部及后备干部信息，生成地方各级领导班子成员，各级机关、事业单位处级干部，地方党政领导班子后备干部情况等3套报表。（林静）

【区人才工作领导小组会议】 1月5日，召开年度第一次会议。会议对首届东城杰出人才和第六届东城有突出贡献优秀人才、东城优秀青年人才候选人的基本情况进行审议并进行现场投票。区领导吴松元、朴学东出席会议。3月21日，吴松元主持召开区人才工作领导小组年度第二次会议。会议系统总结上年全区的各项人才工作，审议通过东城区人才工作领导小组本年重点工作安排，并讨论各支部人才队伍发展子规划。（林静）

【人才评选表彰】 1月18日，举行东城区优秀人才慰问暨杰出人才表彰大会。会议对3名首届东城杰出人才、20名第六届东城有突出贡献优秀人才和18名第六届东城优秀青年人才进行表彰，为获奖者颁发奖金，其中，首届东城杰出人才每人获奖励50万元。区领导杨柳荫致辞，市委组织部、市人力社保局、中关村管委会相关领导，牛青山、冯熙、徐鸿达、金晖、吴松元等区领导出席，区人才工作领导小组全体成员、全区各单位党政主要领导和组织人事部门负责人、人才工作著名专家、人才工作友好单位代表、区专家学者名人协会会员及全区优秀人才代表400人参加。（林静）

【社会工作人才管理研究】 5月，区委组织部牵头成立由区委社会工委、区民政局、区人力社保局和区财政局为成员的社会工作人才管理研究课题组，对社会工作队伍建设现状、问题与对策进行系统分析和研究。5月8日至6月11日，经过全面政策梳理、开展问卷调查、召开座谈会、征求相关单位意见、修改完善等环节，正式形成《东城区社会工作人才管理研究报告》。8月14日，完成《北京市东城区社区工作者职数管理办法》《北京市东城区社区工作者招考办法》等10个文件起草工作。12月26日,召开社会工作人才管理研究课题汇报会,区领导常卫、吴松元、宋甘澍出席,课题组成员单位参加。 (林静)

【政工职评工作】 5月,年度政工职评工作正式启动。区直机关工委、区社会工委、教工委、卫生局和国资委5个初评委向区职评办上报申报材料59份,其中高级9份、中级31份、初级19份。经过前期各项评审程序,5人获得高级政工师职称,向市职评办备案中级职称31人,初级职称19人。 (林静)

【区优秀人才培养资助工作】 11月1日,区人才工作领导小组办公室向全区下发《关于开展2012年度北京市东城区优秀人才培养资助工作的通知》。截至12月7日,采取个人自荐、归口推荐的形式,个人项目申报99个,集体项目申报13个。 (林静)

【建设文化人才管理改革试验区】 8月30日,市委组织部、市委宣传部、市文化局到区联合召开文化人才管理改革试验区调研座谈会,就文化人才管理改革试验区建设相关问题进行交流研讨。区委组织部、宣传部、区发改委、文化委、产促局、雍和园管委会等单位主管领导参加。9月至11月,经过全面政策梳理、调研、问卷调查等环节,完成《关于北京市建设文化人才管理改革试验区的研究报告》。12月14日,起草完成《北京市关于在中关村东城园建设文化人才管理改革试验区的实施意见》初稿。 (林静)

【赴美人才恳谈会】 9月22日,吴松元率区委组织部、区教工委等相关单位负责人组成人才工作代表团,赴美国洛杉矶召开"北京市东城区赴美人才恳谈会",与当地教育科研机构、地方华人组织协会负责人、中国留学生联合会负责人、海外文化创意产业人才、高科技人才代表等40余人就国内人才评价体系、归国创业支持和优惠政策及东城区重点产业发展情况等方面进行交流,增加海外人才对东城区的了解,增强回国创业信心。 (林静)

【基层组织建设年】 4月1日,召开深化创先争优活动暨开展基层组织建设年工作部署大会,总结创先争优活动经验,部署基层党组织整改提高、晋位升级工作。全区2299个基层党组织按照"五个好"和《党组织分类定级参考标准》,开展分类定级工作。对评定为"好"的党组织实施"示范工程",对"较好"的党组织实施"提升工程",对"一般"和"较差"的党组织实施"转化工程",带动基层党建整体水平提升,推动基层党建均衡发展。 (林静)

【党组织发展状况】 全年发展党员837人,其中35岁及以下491人,占58.67%。截至年底,全区基层党组织3299个,其中党委262个,党总支161个,党支部2876个。全区党员总数为78269人,比上年增加1999人。其中女党员36639人,占党员总数46.81%;35岁及以下党员10563人,占党员总数13.5%;60岁及以上党员34239人,占党员总数43.75%。具有高中、中技及以上学历60041,占党员总数76.71%,其中大学专科学历16139人,占党员总数20.62%;大学本科及以上学历25275人,占党员总数32.29%。 (林静)

【基层党建工作】 3月21日,推荐安利(中国)北京分公司党委参加全国非公有制企业党的建设工作会议并作交流发言。5月6日,全国律师事务所党组织书记培训班到天同律师事务所参观学习。9月初,会同区国资委党委对全区国资系统党建工作考评办法和考评细则进行修订,9月29日,下发《东城区国有企业党建工作考评办法》(试行)。9月27日,区领导吴松元参加全市非公有制企业党的建设工作现场推进会并作交流发言。10月19日,召开全区非公有制企业党的建设工作推进会,会议就贯彻落实中央和市委会议精神,推进区非公企业党建工作进行部署。10月26日,市委组织部、市委社工委举办的全市律师行业党组织示范培训班到天同律师事务所学习观摩。12月14日,建立2个区级党群活动服务中心,向全区非公企业党组织和党员免费开放。 (林静)

【党组织负责人队伍建设】 4月11~14日,选派1名街道工委书记参加中组部举办的农村和城市基层党组织书记示范培训班。4月17~19日,举办社区党建工作培训班。5月28日至6月1日,组织17名街道工委书记和17名社区党组织书记参加全市基层党组织书记示范培训班。11月12~14日,选派2名社区党组织负责人参加全市社会组织党组织负责人示范培训班。12月3~4日,与区委社会工委举办全区社会领域党组织学习贯彻"十八大"精神培训班。12月3~7日,组织区17名街道工委书记参加全市街道党工委书记集中培训班。12月13日,举办全区基层党组织书记学习贯彻"十八大"精神培训班,区委直属30个党(工)委所属近1000名基层党组织书记参加。 (林静)

【"十八大"代表推荐提名】 做好出席"十八大"代表推荐提名工作。全区有3118个基层党组织和7.52万名党员参与推荐提名,基层党组织参与率达100%,党员参与率和受教育率均达到100%,最终确定杨柳荫、王欢、刘永泉为东城区推荐提名的北京市出席"十八大"代表人选。7月3日,在市第十一次党代会上,杨柳荫和王欢被正式选举为北京市出席"十八大"代表。 (林静)

【市第十四届人大代表选举】 9月至11月,做好市十四届人大代表提名酝酿、组织考察、协商推荐、会议选举等阶段工作。11月19~21日,东城区第十五届人民代表大会第二次会议,选举产生69名北京市第十四届人民代表大会代表。 (林静)

【创先争优活动】 6月20日,召开庆祝中国共产党成立91周年暨创先争优表彰大会,区领导吴松元宣读区委《关于表彰东城区2010—2012年创先争优先进基层党组织、优秀共产党员的决定》,对100个区创先争优先进基层党组织和100名区创先争优优秀共产党员进行表彰。区创先争优先进基层党组织、优秀共产党员代表发言,区领导杨柳荫作重要讲话。全区各单位党政主要领导,主管书记及相关部门负责人,受表彰的区创先争优先进基层党组织、优秀共产党员以及各单位党员代表参加。部分离退休老领导、老干部,各民主党派、工商联主要负责人参加。9月13日,召开深入开展创先争优活动总结大会,吴松元作区创先争优活动总结报告,杨柳荫作重要讲话。9月,总结2010—2012年度区深入开展创先争优活动情况,形成《东城区深入开展创先争优活动长效机制汇编》《东城区深入开展创先争优活动文件及总结汇编》《东城区深入开展创先争优活动简报汇编》。各级基层党组织健全完善在活动中建立的工作制度,形成长效机制,创先争优活动转入常态化。 (林静)

【引领老旧小区整治工作】 6月11日,召开区党员干部深入老旧小区综合整治工程项目现场工作启动大会,110名市、区选派干部组建18个联合党支部(第一批)进驻各项目现场开展工作。9月6日,参加全市老旧小区选派工作经验交流会,交流区选派工作经验。11月14日,下发《关于成立东城区老旧小区综合整治工程第二批项目联合党支部的通知》,指导17个街道成立20个联合党支部(第二批),推动新一批老旧小区综合整治工程建设。 (林静)

【开展三级联创活动】 6月至7月,研究制定东城区"三级联创"活动实施意见。12月7日,正式下发《中共东城区委关于开展社区党的建设"三级联创"活动的实施意见》。12月17日,下发《关于做好2011—2012年度"五星级"社区党组织考评工作的通知》,会同区委社会工委部署"五星级"社区党组织考评工作。12月19～28日,区委组织部牵头成立4个考核评价组,分别进驻17个街道开展"五个好"街道工委考评工作。 (林静)

【党建工作专项述职】 11月5日,下发《中共东城区委组织部关于开展下级党组织向上级党组织进行党建工作专项述职的通知》,对区委直属30个党(工)委党建专项述职工作进行部署。12月15日,收集区委直属30个党(工)委年度党建专项述职报告并汇编成册。 (林静)

【基层党组织引领发展】 年初,全市启动基层党组织引领发展试点工作,东城区南锣鼓巷地区被确定为试点地区。12月20日,区领导吴松元参加全市组织工作科学化研讨会,并就东城区基层党组织引领发展试点工作情况作交流发言。 (林静)

【党员干部现代远程教育】 4月,规范终端站点建设,完善区党员干部现代远程教育网建设,完成北京市党员干部现代远程教育教学资源建设任务。组织全区500名社区党组织书记、副书记和专职党务工作者参加培训,北京市农林科学院信息研究所远程教育工程中心负责人专题授课,并发放现代远程教育网使用手册。11月,组织20名基层骨干参加全市党员干部现代远程教育终端站点管理员示范培训班。 (林静)

【党员电化教育】 组织开展以迎接"十八大",展示基层党建新成果、展示共产党员新形象为主题的东城区第二届党员教育电视片观摩交流活动。收到参评作品38部,经过初评、复审,评选出30部获奖电教片和6个组织奖。制作下发640套《东城区第二届党员教育电视片观摩交流活动获奖作品集锦》。在全区开展争创东城区党员电化教育示范站点、优秀站点管理员、优秀学用个人"三争创"活动。12月14日,召开东城区第二届党员教育电视片观摩交流暨党员电化教育先进典型"三争创"活动总结表彰会,对获奖电教片以及40个示范站点、50名优秀站点管理员和50名优秀学用个人进行集中表彰。 (林静)

【党员关怀帮扶】 6月,区领导牛青山慰问朝阳门街道竹杆社区北京市优秀共产党员。常卫慰问东花市街道南里社区困难党员。吴松元慰问安定门街道宝钞南社区困难党员。7月11～21日,区各级党组织集中开展"共产党员献爱心"捐款活动,捐款169万余元。全年下拨生活困难党员帮扶资金150万元,市级生活困难党员帮扶专项资金22万元,老党员补贴3万余元。 (林静)

【党建研究会工作】 4月5日,召开区党建研究会五届一次理事大会,总结上年工作,部署本年工作,对16篇优秀调研报告进行集中表彰奖励。举办喜迎"十八大"修养系列谈征文活动,征集文章116篇。完善财务制度和工作制度,出版《东城党建研究》12期。做好全区77家会员单位重点课题的研究督导工作。 (林静)

【新闻宣传和舆情应对】 4月10日,创办组织系统内部报刊《东城组工报》,每月面向全区机关、企事业单位发放两期各1万份,全年刊发18期并开通《东城组工报》电子报。4月,在全市组织系统新闻宣传工作会上东城区组织部作新闻宣传工作经验交流。 (林静)

【建立信息化工作机制】 区委组织部信息化平台包括:组工专网系统、部内OA办公系统、外宣网站、处级干部库、科级干部库、党员数据库等六类。为保障各套系统顺利运转,与有关部门建立有效联动机制,形成从发现问题到处理问题一系列快速反应机制,实现各类系统微小故障即时解决,中度故障当天解决,疑难故障隔天解决的工作目标。 (林静)

【调研信息工作】 围绕全区中心工作开展调研,与区委各党(工)委研究撰写重点调研报告42篇。全年完成《东城组工动态》正刊130期,《一周要情》50期,《互联网舆情参与》46期,《领导参阅》37期,《组织工作手机报》27期,《业务通讯》5期。 (林静)

【组工干部队伍建设】　年初,以迎接"十八大"为主题,制定《东城区关于以"一迎双争"为主题深化组织系统讲党性、重品行、作表率活动的实施方案》。举办组工干部党性强化季活动,系统全面提升组工干部党性修养、政治素质和工作能力。年内,举办4次组织部长文化日活动,推进组织部长队伍建设;7月,创办每季度一次的组工干部沙龙活动,全年组织活动2次。12月,举办全区组织系统学习贯彻"十八大"精神培训班,全区组工干部260余人参加。　(林静)

宣传工作

【概况】　中共北京市东城区委宣传部(简称区委宣传部)是主管宣传思想文化工作的区委工作部门。负责组织宣传党的中心任务和方针、政策;贯彻执行市委宣传部和区委有关部署。负责组织指导理论学习、理论研究和理论宣传工作。负责管理新闻宣传工作,引导社会舆论,组织和协调工作;协调管理区属各单位的互联网宣传工作。负责管理东城区新闻报道中心。负责汇集分析社会舆情工作。负责编辑出版宣传思想政治工作的理论刊物、信息简报等工作。指导、部署、协调本区群众性精神文明创建活动。负责统筹本辖区内文化发展工作,协调区政府有关部门落实文化经济政策,指导、协调宣传文化系统的事业建设和文化产业发展。负责管理文化发展促进中心。完成市委宣传部和区委交办的其他工作。下设办公室、理论科、宣传科、舆情科、文化科,有干部18人。北京市东城区新闻报道中心(简称新闻中心)是全额拨款事业单位。负责区各系统、各单位的新闻采访,向市各新闻单位提供新闻、专题、通讯等稿件,协助区各系统、各单位筹备召开新闻发布会,接受新闻单位布置的任务,参与突发新闻事件应急处置工作,承担电视资料片、专题片、广告片的制作和新闻图片的拍摄任务,负责北京电视台等相关栏目的拍摄、制作工作,负责《新东城报》采访、编辑、出版、发行等工作,负责区网络信息发布工作,负责东城区政府官方微博运营维护工作。下设办公室、总编室、新闻科、网络宣传科、新东城报采访科、新东城报编辑科、电视编辑科、电视摄像科、摄影科,有干部42人。北京市东城区文化发展促进中心是全额拨款事业单位。负责为东城区文化事业及文化产业发展提供决策咨询,组织项目论证,提供信息服务,开展专题调研,组织文化活动。

年内,以"十八大"精神为指导,贯彻落实市、区十一次党代会精神,宣传践行北京精神,努力构建理论武装、社会宣传、文化发展、舆论引导、宣传队伍新格局,统一思想、凝心聚力,全面完成年度各项工作任务,为"国际化、现代化新东城"建设提供思想保证、舆论支持和良好的文化条件。

单位地址:东城区钱粮胡同3号

联系电话:64031118－2530　邮政编码:100010　(冯红梅)

【区委区政府理论中心组学习】　年内,举办9场专题报告会。参加4次市委理论中心组扩大学习,开展与文化部有关司局联组学习、4次东城演艺文化体验等活动,发放《论文化建设论述摘编》《辩证看务实办——2012理论热点面对面》《"北京精神"通论》等10余种学习书籍,通过学习提升科学决策水平。　(冯红梅)

【学习宣传"十八大"精神】　起草《中共东城区委关于深入学习宣传贯彻"十八大"精神的通知》,采取发放学习材料、研读原文、专家辅导、培训交流、理论宣讲、新闻宣传等多种形式做好"十八大"精神的学习宣传贯彻。协同举办东城区领导干部学习贯彻"十八大"精神轮训班,分三批对全区1100名处级干部进行轮训。举办东城区宣传文化干部学习宣传贯彻"十八大"精神培训班。成立由专家学者、领导干部、百姓宣讲员组成的"十八大"精神理论宣讲团,深入机关、社区、学校、企业、工地、楼宇开展宣讲200余场,受众3万余人次。策划开展领导干部"行动学习走基层"专题活动,将学习"十八大"精神引向深入,指导实践。《新东城报》陆续开设系列专栏宣传贯彻落实"十八大"精神。　(冯红梅)

【理论宣传】　开展以学理论、坚信念、促发展为主题的"红色讲坛"系列理论宣讲活动。围绕"十八大",市、区第十一次党代会精神等专题,开展专家与群众面对面理论宣讲300余场,受众4万余人次。部署安排覆盖全区"十八大"精神宣讲工作,小型、分众、互动式的宣讲。区委宣传部获中宣部理论宣讲先进集体、北京市理论宣讲先进集体、学习宣传贯彻北京市第十一次党代会精神理论宣讲优秀组织单位、全国党建知识竞赛北京市优秀组织奖、"宣讲家杯"优秀报告(党课)评选活动优秀组织单位、北京周末社区大讲堂组织工作先进单位、"红色讲坛"理论宣讲活动获东城区市民学习品牌等称号。和平里街道被评为北京市优秀理论宣讲示范基地。全年编发与《前线》杂志合作的《理论学习手机报》70期、《学习月报》12期。　(冯红梅)

【学习型党组织建设】　制定印发《东城区学习型党组织建设考核评价指标体系》(试行),完成机关、社区和"两新"组织三类10个有特色的基层学习型党组织建设试点工作。健全完善全区处级单位理论学习中心组"巡听"(对处级党委理论中心组学习进行旁听、督促,指导)制度,"巡听"单位11家。征集处级理论文章、调研报告500余篇,文化建设征文750篇,推荐优秀学习成果参评市"丹柯杯"评选活动,全区获奖文章10篇,获奖文章总数在全市16区县中排名第二。推荐参评市"宣讲家杯"优秀报告(党课)评选,获奖总数在全市各区县中排名第一。　(冯红梅)

【宣传干部队伍建设】　研究制定《关于加强东城区宣传文化队伍建设的实施意见》,举办2期宣传文化干部轮训班、1期初任培训班、5期新闻通讯员培训班,对全区100余名基层宣传文化干部进行系统培训。举办东城区宣传文化系统新春团拜会,开展3期宣传部长论坛活动,全区宣传思想文化队伍凝聚力和战斗力得到提升。　(冯红梅)

【爱国主义教育】　成立东城区爱国主义教育基地联盟,整合资源优势,提高服务水平。加强爱国主义教育基地管理,考核命名中国美术馆、蔡元培故居为新一批东城区爱国主义教育基地，编印《东城区爱国主义教育基地寻访指南》，举办5·18国际博物馆日主题论坛活动。孔庙和国子监博物馆、天坛公园、中国美术馆、中国铁路博物馆被命名为北京市爱国主义教育基地，北京市新文化运动纪念馆、天安门广场被评为北京市爱国主义教育基地示范单位，北京自然博物馆《生物课开在博物馆》、北京古观象台《我给太空种子一个家》等4项活动被评为北京市爱国主义教育基地示范活动。推出爱国主义教育基地联盟网站（http://aiguo.bjdch.gov.cn），介绍东城区各级教育基地基本情况、工作动态以及教育活动。组织爱国主义教育基地参观活动，推出红色之旅、成就之旅、文化之旅3条参观线路，展示东城区发展成果。

（冯红梅）

【百姓宣讲】 建立完善东城区宣讲员人才数据库和宣讲稿精品数据库，推动百姓宣讲工作常态化建设。以科学发展成就辉煌为主题，组织全区200余名百姓宣讲员深入机关、社区、学校、企业以及远郊区县和市属机关开展宣讲活动500余场，开展学习宣传区“三会”精神、学习贯彻市十一次党代会精神、“党在百姓心中”百姓宣讲“双十佳”评选、北京市迎接“十八大”“党在百姓心中”巡回宣讲活动以及学习宣传贯彻“十八大”精神百姓宣讲，覆盖听众10万余人。东城区委宣传部获北京市百姓宣讲“双十佳”评选优秀组织奖，朝阳门“身边的感动”宣讲团获北京市优秀百姓宣讲团称号，1名宣讲员获北京市“十佳”宣讲员称号，1名宣讲员获北京市理论宣讲之星称号。

（冯红梅）

【“北京精神”宣传】 组织全区践行“北京精神”主题宣传教育活动。通过理论中心组学习、政治环境布置、配发市民学习教材、编印学习专刊和宣传台历、引导新闻媒体宣传报道等，宣传“北京精神”核心理念。组织开展“北京精神”大家谈、“北京精神”我践行等主题征文、演讲比赛、文艺汇演、座谈交流、节庆活动、百姓宣讲等区街级重点活动200场，10万余人次参加。

（冯红梅）

【思想政治工作品牌活动推介】 10月，与区委组织部、区思想政治工作研究会联合在全区范围内开展东城区思想政治工作品牌活动的申报评选活动，各单位报送教育活动100项，重点推荐品牌活动58项。举办东城区党的思想政治工作品牌活动交流展示会，展示和表彰红色讲坛等30个思想政治工作品牌，从学习型党组织建设、市民教育活动、工作经验模式等不同角度，展示思想政治工作新特点、新创造、新成果。在《北京支部生活》发表署名文章，编印《东城区党的思想政治工作品牌活动专刊》，搭建起东城区党的思想政治工作交流平台。

（冯红梅）

【传统节庆群众文化活动】 春节、元宵节期间，全区开展第27届地坛春节文化庙会、第29届龙潭春节文化庙会、鞭打春牛等区街级文化专题活动和各类文艺贺岁演出近200场，200余万人次参加。清明节重点开展永定门广场龙筝放飞、纪念文天祥诞辰776周年、柳荫公园第二届柳文化节、东直门街道第三届清明文化节、东四街道忆家训谈家风活动等区街级文化活动多场。端午节重点开展龙潭公园端午文化节及各类社区文化活动。中秋节期间，以弘扬传统文化欢庆团圆中秋为主题，开展东城区中秋诗会，北新桥街道海运仓历史文化节、百工坊手工艺大集等文化活动100场，直接参与人数超过2万人次。重阳节期间，以弘扬敬老风尚彰显民俗文化为主题，举行东城区“孝星”命名暨事迹宣讲大会、老年书画展、景山街道金婚庆典等文化活动，深受群众欢迎。

（冯红梅）

【形势政策教育】 围绕学习宣传区“三会”精神，通过宣传口号、宣讲提纲、宣讲活动等，全面开展区情教育，增强知东城、爱东城、建东城的归属感和自豪感。学习宣传“北京精神”，组织干部群众参观《科学发展成就辉煌》主题展览，参加首都弘扬雷锋精神主题晚会、河北青县思想道德建设先进经验报告会以及第七届北京文博会等教育活动，参观人数达1万余人次。

（冯红梅）

【宣传教育阵地建设】 发挥部门刊物阵地作用，编发《东城宣传信息》91期、《东城宣传》杂志12期。依托市民学校、文化馆（站）、图书馆（室）、社区文化广场等各种阵地，推进宣传思想文化建设。结合全国文明城区创建、道德模范、身边好人等宣传内容，加强对全区各街道范围内的社区公益宣传栏、宣传橱窗的管理，开展宣传教育，加强宣传阵地建设。截至年底，全区各街道公益宣传橱窗、宣传栏1170块，社区精神文明建设宣传栏196处。

（冯红梅）

【区文化发展领导小组成立】 4月25日，成立东城区文化发展领导小组，统筹协调全区文化发展工作。区委、区政府、区人大、区政协主要领导任组长，主管领导任副组长，区内相关职能部门、各街道57家单位为成员单位。领导小组下设办公室，区委宣传部长任办公室主任，主管副区长任办公室副主任，区文明办、文联、文化委、历史风貌办、产促局、雍和园管委会、前门大街管委会等单位主要领导为成员。区委宣传部作为领导小组办公室的日常办事机构，统筹协调全区文化发展的工作职能。成立东城区文化发展促进中心，负责全区文化资源的调查工作，落实文化发展的相关政策，搭建文化产业促进平台，推动文化交流，开展文化传承与传播研究及文化发展相关的技术性、辅助性、事务性工作。代区委制定《关于坚持“文化强区”战略加快“首都文化中心区”建设的实施意见》，推动东城区文化发展和繁荣。

（冯红梅）

【文化产业】 启动“天坛演艺区”建设，与港中旅集团签署战略合作框架协议。与工美集团合作成立北京天坛文化发展有限公司。与市国资公司签署复兴隆福寺传统文化商业区战略合作协议。完成市、区两级文创专项资金支持项目征集评审，区级资金支持59家企业86个项目，金额2020万元；市级资金支持东城区33家企业33个项目，金额5219万元。第七届文博会、首届京交会及京港洽谈会实现签约交易额

311.45亿元。1月至9月,文化创意产业实现增加值129.49亿元,占全区地区生产总值的11.7%,在重点产业增加值中的比重达17.8%。 (冯红梅)

【舆情信息】 加强舆情信息管理,建立舆情信息汇集分析联席会议制度,定期召开舆情汇集分析联席会议,分析研讨当月重点舆情,向区委常委会汇报全区社会舆情形势,服务区委、区政府决策。针对全国"两会"召开、北京市第十一次党代会、"7·21"特大暴雨、涉日钓鱼岛事件、全国文明城区复查迎检、钟鼓楼广场恢复整治项目等重点、难点、焦点问题开展专项舆情调研。先后刊发《"7·21"特大暴雨舆情动态专报》《涉日钓鱼岛事件舆情动态专报》等专题舆情调研报告。全年编发《舆情动态》59期。组织协调政法、公安等部门开展"十八大"安保信息网络管理专项行动。 (冯红梅)

【新闻报道】 全年在《人民日报》、新华社、中央电视台及市属新闻媒体发稿3800余篇,其中中央级媒体发稿117篇,中央及市属重要位置重要篇幅发稿646篇,整版宣传45版。在中央电视台、北京电视台等主要新闻栏目发稿112篇。在《人民日报》刊发专版《古韵前门焕发青春》《东城区:精细服务,让城市更贴心》。在《北京日报》发表整版、专版《文明创建释放东城魅力》《东城:打造人才之都集聚区》《差额直选社区领头人》《垃圾分类,细节决定"到位"》《打造国际化、现代化新东城》《六百年古韵天街　焕新姿辉煌前门》《本市首批33所"百年学校"挂牌》《第三届北京王府井国际品牌节隆重举行》《东城区深化"大城管"模式　加快提升城市管理精细化水平》《东城:打造首都文化中心区》《东城:努力提高基层党建科学化水平》《走文化发展道路　谱写辉煌新篇章》《东城:打造文化经济新引擎》等大篇幅文章。 (冯红梅)

【重大活动宣传】 6月26日至7月9日,皇城国际旅游节举办期间,配合主办方举办以旅游——引领皇城文化的传承与创新为主题的主论坛、精品酒店——酒店业新风尚专题论坛。8月7日,第三届前门历史文化节开幕,以古韵前门焕发青春为主题,举办中华老字号发展前门论坛、中轴诗会、天街亮宝会等系列活动。9月15~25日,第三届王府井国际品牌节举行,围绕品牌发展与时尚文化主题,通过论坛、展示展览等形式,提升王府井的知名度和国际影响力。围绕重大活动,策划、举办新闻发布会20余场,在中央、市属主流媒体重要版面和重要时段发稿1400余篇,其中中央媒体发稿达190篇。 (冯红梅)

【互联网宣传】 10月24日,出台《东城区关于加强和改进互联网宣传管理工作的意见》,成立东城区互联网宣传管理工作领导小组,统筹宣传内容,强化流程管理,指导制定配套制度和实施方案,协调推进网络文化建设,提升互联网宣传管理工作整体水平。 (冯红梅)

【东城区政务微博群上线】 9月26日,北京市首家区级政务微博群平台——东城区政务微博群"北京东城发布"在新浪网正式上线,开始对外发布政务信息并试运行。这是一家区级综合性微博发布平台,设委办局和街道社区两大板块。区内50家单位的政务微博进入平台,包括18个委办局、2个公园、10个街道、10个社区和10个社会管理服务网格。"北京东城发布"由东城区委宣传部统筹协调管理,上线后组织区内各委办局、街道等利用本单位政务微博发布政务新闻内容,开展微博活动,实现各单位互动,提高信息传播速度和问题处理效率。 (冯红梅)

【东城区政务微博举办"随手拍"微活动】 东城区政务微博"北京市东城"在全市区县微博中率先举办"随手拍"系列微活动,结合区内重大活动进行多场次微直播,在突发事件中发挥舆论引导作用。东城区政务微博"北京市东城"的微博发布量及粉丝量在全市各区县中居于前列,成为全市政务微博中活跃度较高的微博之一,受到北京市外宣办等上级单位的肯定。"北京市东城"微博管理员获年度政务微博小蜜蜂称号。"北京市东城"获新浪网评选华北地区政务微博十佳应用奖。 (冯红梅)

【合办《都市阳光·魅力东城》栏目】 继续与北京电视台合办《都市阳光·魅力东城》电视栏目,并开始在"数字东城"网站每周同步更新。全年完成53期节目的拍摄、采访、编辑工作;推出东城上下学习贯彻"北京精神""雷锋精神"代代传科学发展在东城——喜迎中国共产党第十八次全国代表大会等系列报道;制作第三届王府井国际品牌节、第三届孔庙国子监国学文化节、第三届前门历史文化节等区内重大活动专题片。 (冯红梅)

精神文明

【概况】 北京市东城区精神文明建设委员会办公室(简称区文明办)是区委负责协调、指导精神文明建设的工作部门,挂靠区委宣传部。内设综合科、创建科、未成年人工作科、宣教科。区文明办机关行政编制13名,其中主任1名,副主任2名;正科级领导职数4名。

年内,贯彻落实"十八大"精神,以社会主义核心价值体系建设为根本,以弘扬北京精神——做文明有礼的北京人为主线,以完成全国城市文明程度指数测评任务为目标,以道德领域突出问题专项教育和治理为重点,推进文明城区长效机制建设,深化群众性精神文明创建活动,推进未成年人思想道德建设工作,加强公共文明引导,开展各类志愿服务活动,促进市民文明素质和城区文明程度的不断提升。

单位地址:东城区东四十一条83号

联系电话:64075483　邮政编码:100007 (王伟巍)

【公共文明引导行动】 1月12日,在总参第一招待所召开上年东城区公共文明引导工作年会。会议宣读《关于2011年度公共文明引导工作先进集体和先进个人的表彰决定》,市协调办副主任王树智、区领导金晖及全区引导员500余人参加会议。1月8日至2月16日,公共文明引导员80人完成北京站周边公交站台春运工作。3月6日，举办岗位学雷锋、当好八大员主题演讲会，引导员4人宣讲在站台工作中爱岗敬业、助人为乐、真诚为乘客服务，以实际行动践行雷锋精神的事迹和体会。引导员代表8人朗诵学雷锋服务心语。4月11日、5月14日，接待全国文明办主任第一、二期培训班到东城区考察公共文明引导服务技能竞赛活动。两次活动中，评委对赛前动员和站台服务进行评审。按照文明礼仪形象、精神文明宣传、引导排队规范、服务技能技巧、组织调度配合、特色服务6个方面评分，并进行现场提问和知识竞赛。6月25日，举办颂歌献给党文艺汇演，引导员们用多种形式表演文艺节目。8月11日，开展学雷锋志愿服务集中行动，在东四街道奥林匹克社区公园开展文艺演出、有奖问答、义务服务等活动。全体公共文明引导员分别到交通路口、公交站台、社区、景区周边、北京站等地区开展学雷锋志愿服务活动。9月11日，举办畅通北京行-岗位学雷锋暨第18个公共文明引导日主题社会宣传活动。引导员们表演自编的宣传北京精神的快板等文艺节目，现场进行站台旗语表演。引导员代表宣读给市民的倡议书。会后全体引导员和社会志愿者一起向过往群众和自觉排队乘客发放《畅通北京，绿色出行—做文明有礼北京人倡议书》。全区社会各界代表、社会志愿者、社会知名人士，100余人参加活动。9月22日，开展畅通北京绿色出行月、文明出行推动日及周六学雷锋志愿服务日社会宣传实践活动。引导员与共建单位和社区志愿者在各个宣传站点向过往市民宣传绿色出行小常识，发放绿色出行，争做文明有礼的北京人倡议书。发动社会志愿者30余人，在全区30个公交站台、15个交通路口、13个学校、7个社区、2个公园中发放各类宣传材料8000余份、提供各类咨询问路服务3786人次、劝阻不文明行为494人次。10月16日，与地铁运营公司在地铁一号线王府井站区联合举办"十八大"公共文明引导员地铁站台安全培训。地铁一号线东单站班长就区域防控、乘车安全、突发事件应急处理、消防知识安全等方面给引导员们进行培训。（王伟巍　韩笑然）

【市民教育】 1月至10月，开展"弘扬北京精神，做文明有礼的北京人——市民高雅艺术殿堂文明行"主题活动，先后组织5000余名干部群众走进国家大剧院，观看各类主题展览。6月12日，举行"践行北京精神　德润文明东城——'2012·感动东城'"道德模范颁奖典礼。首都文明办副主任韩龙彬及区领导杨柳荫、冯熙、徐鸿达等参加。活动为获奖者10人颁发证书和奖杯。6月至9月，开展道德讲堂活动（作为《全国城市文明程度指数测评体系》的重要指标）。其间，7月6日，区文明办组织召开道德讲堂建设工作部署会。187个社区、239个文明单位全部建立道德讲堂，开课1000余堂。11月，开展学习时代楷模，宣传树立身边雷锋——最美北京人活动。收集整理候选人31人及30个候选团队事迹材料，并择优选出6个团队（其中2个为标兵团队）、28名个人（其中3名为标兵个人），推荐至首都文明办。11月，完成东城区市民文明学校工作调研报告。11月至12月，开展道德与民生——学习"十八大"精神，全面提高公民道德素质大家谈活动，动员道德模范、身边好人等先进典型和各级精神文明建设工作先进单位、学雷锋志愿服务组织等相关人员参与首都文明办道德与民生——学习"十八大"精神，全面提高公民道德素质大家谈话题讨论。12月7日，举办做文明有礼的北京人主题活动成果展示观摩活动，观摩各街道、各系统展示做文明有礼的北京人特色活动。（王伟巍　韩笑然）

【讲文明树新风】 1月至12月，开展我们的节日主题活动。元宵节期间，举办四合院里闹花灯活动，立春日开展风车迎春鞭春牛活动，开展"牛童"和"春姑娘"海选，比比谁家春饼香等活动。5月至9月，开展道德领域突出问题专项教育和治理活动（作为《全国城市文明程度指数测评体系》的重要指标）。重点开展食品行业道德领域突出问题专项教育和治理活动。7月25日，区召开诚信做食品第一次工作会议。区文明办主任介绍食品行业突出问题专项教育和治理工作的背景、开展情况及学习常州"双桂坊"的实践经验。参会各单位领导汇报治理工作进展情况，梳理在食品行业存在的问题及下一步工作打算。区领导徐熙、金晖出席。8月7日，召开诚信做食品第二次工作会议。区文明办主任汇报《东城区关于在食品行业开展道德领域突出问题专项教育和治理活动方案》（修改稿），前门大街管委会、王府井建管办、北新桥街道分别汇报对鲜鱼口老字号美食街、东华门美食坊夜市和簋街3条餐饮街开展诚信做食品工作方案，与会各单位作工作发言。区领导金晖、陈之常出席。9月，开展畅通北京绿色出行月缓解交通拥堵社会宣传实践活动。组织驾驶人参加争当文明出行达人网上承诺签名活动。10月26日，举行诚信做食品活动现场推进会。首都文明办主任陈冬、副主任卜秀均，区领导金晖出席。观摩簋街在北新桥街道海运仓社区服务中心举办的以诚信经营为主题的"道德讲堂"，参观东华门美食坊夜市，观看以老字号为主的鲜鱼口老字号美食街环境布置，参观"炸糕辛"、"天兴居"、"天乐园"3个门店，观摩鲜鱼口老字号美食街在便宜坊举办的以优质服务为主题的"道德讲堂"，商户在诚信鲜鱼口、放心美食街诚信公约上签名承诺。首都文明办领导听取3条特色餐饮街诚信做食品工作情况汇报。11月，向首都文明委推荐首都精神文明建设奖候选人7名。12月27日，组织参加"圆梦中国·文明北京"春节楹联征集活动。（王伟巍　韩笑然）

【未成年人思想道德建设】 2月8日，参加全国未成年人思想道德建设工作视讯会议。3月30日，召开红领巾读书活动工作会，对上年红领巾读书活动取得成绩进行总结，宣读《关于开展2012年东城区红领巾读书活动通知》，区少工委负责人布置红领巾读书活动方案。3月至9月，开展学雷锋践行北京精神——做文明有礼的北京人新童谣征集推广活动，征集新童谣作品465首。4月，开展未成年人网上祭英烈活动，各街道各学校参与人数达6万余人次，开展各项主题活动近300余次。5月、6月，开展"学习雷锋　做美德少年"网上签名寄语活动，各街道、各学校7万余人次参与，开展各项主题活动近300余次。5月至12月,开展做一个有道德的人主题实践活动,并获得全国未成年人思想道德建设工作先进城市称号。6月7日,举行童心向党歌咏活动。6月至12月,开展美德少年星级评选活动。7月27日,举行学道德模范　诵中华经典做有德之人主题教育实践活动。7月、8月,开展暑期道德实践月活动。寒暑假期间,开展"践行北京精神——争当学雷锋社区文明小使者"活动,评选文明小使者1599人。十一前做好向国旗敬礼、做有道德的人网上签名寄语活动。10月,开展征集评选上年度首都未成年人思想道德建设创新案例活动。完成心理健康教育工作开展情况报告。11月7日,调整东城区未成年人思想道德建设协调委员会成员。11月30日,召开中国文明网联盟·北京东城网站信息工作培训会。12月17日,召开未成年人思想道德建设调研工作座谈会。完成学校、家庭、社会、网络教育工作体系调研报告。12月21日,举办"学习雷锋精神　践行北京精神"红领巾读书活动汇报展演。12月25日,调整东城区净化社会文化环境工作协调小组成员。（王伟巍　韩笑然）

【军(警)民共建活动】　年初,下发《东城区军(警)民共建工作安排》。4月18日,首都军(警)民共建工作指导小组副组长曹卫平、戚玉桥考察府学社区和武警六支队共建活动。听取府学社区和武警六支队自双方结对共建以来活动开展情况、收获及具体作法措施等,查阅多年来共建工作安排、组织领导、活动照片和共建协议等相关文字材料。7月,交道口街道府学社区、北京武警总队第六支队被中共中央宣传部、中央文明办、总政治部授予全国军民共建社会主义精神文明先进单位称号。（王伟巍　韩笑然）

【志愿服务】　3月2日,开展"做文明有礼的北京人——弘扬北京精神　传承雷锋旗帜",区成立学雷锋活动联盟暨学雷锋志愿服务高潮日活动。首都文明办副巡视员汪建国,区领导金晖、蔡福全、陈之常、王红等领导出席活动,并为10个学雷锋教育实践基地授牌,为20支学雷锋品牌团队代表授旗,向中小学生代表赠送雷锋的故事、雷锋日记等书籍。全国优秀志愿者、首都优秀文明引导员代表宣读题为《向雷锋同志学习　做道德传承使者》的倡议书。20家单位在活动现场设置展台,为市民开展法律援助、健康咨询、急救知识培训等40余项学雷锋现场宣传、志愿服务活动。区学雷锋教育实践基地代表,学雷锋品牌团队代表,各相关单位现场志愿服务队以及社区居民、机关干部、学生、部队官兵、文明引导员代表等600余人参加。3月5日至7月12日,编写学雷锋活动时讯25期。3月10日,开展学雷锋做文明有礼的北京人,清洁城市志愿行动活动。下发《东城区关爱农民工志愿服务活动安排》《关于物业服务企业推进社区志愿服务活动的通知》。5月22日,下发《开展学雷锋做文明有礼的北京人志愿服务系列活动安排》。5月28日,举行学习雷锋　做美德少年网上签名寄语活动启动仪式。下发《东城区关爱他人、关爱社会、关爱自然志愿服务活动方案》。6月13日,中央文明办,中国志愿服务基金会,首都文明办、东城区文明办、景山街道工委举行学习雷锋、奉献他人、提升自己——关爱他人、关爱社会、关爱自然志愿服务活动启动仪式。会上,宣读《东城区关爱他人、关爱社会、关爱自然志愿服务活动实施方案》,中央文明办志愿服务工作组副组长崔海教讲话;首都道德模范、全国道德模范提名、景山街道志愿者代表宣读《开展关爱他人、关爱社会、关爱自然志愿服务活动倡议书》。求是杂志社、科学出版社、北京中医医院、北京隆福医院、驻区部队志愿者服务队,景山街道文化志愿者、景山街道普法志愿者、景山街道爱绿护绿志愿者,社区亲情服务队、社区为老服务队,中小学生志愿者约200人参加。6月29日,举行关爱农民工共建新东城——法律文化、卫生科普、心理健康咨询进工地志愿服务活动,副区长汤钦飞及活动主办单位负责人、10支志愿者工作队以及农民工代表300余人参加。11月16日,第六医院体检中心为区国资委、住建委、园林绿化局、环卫一中心等单位农民工近100人体检。11月22日,区举办网络文明传播志愿者培训,200余个单位的网络文明传播志愿者240人参加。（王伟巍　韩笑然）

【群众性创建活动】　3月8日,下发《东城区社区精神文明建设宣传栏管理办法》。每季度设计社区精神文明建设宣传栏宣传展板小样。4个季度分别检查17个街道177个社区精神文明建设宣传栏。4月,下发《东城区文明餐桌行动实施方案》。4月至12月,组织开展文明餐桌示范街、文明餐桌示范店试点等系列活动。开展文明餐桌你我行,小行动显大文明、创建诚信经营示范街暨文明餐桌行动启动仪式等活动。上报东华门街道南池子社区、天坛街道金鱼池中区社区、广渠门中学等8个全国文明单位先进事迹材料。5月,下发《东城区2012年群众性精神文明创建工作安排》。9月10日,下发《东城区关于评选推荐首都文明示范街工作安排》,推荐前门大街、东华门大街、龙潭东路等9条大街为首都文明示范街候选街区。12月26日,区文明办组织召开文明社区创建工作座谈会。形成《加强文明社区创建活动、夯实文明城区建设基础》调研报告。年内,开展城乡统筹文明先行活动。完成171个全国文明单位、首都文明单位城乡统筹文明先行主题社会实践活动结对情况统计,开展活动2100余次,参与活动9.03万人次,结对村镇受益13.72万余人次,资金支持958.27万元。（王伟巍　韩笑然）

【精神文明建设委员会全会】　3月31日召开。会议由区精神文明建设委员会主任牛青山主持。牛青山通报区精神文明建设委员会成员调整情况。区精神文明建设委员会常务副主任金晖汇报上年精神文明建设工作,通报本年精神文明建设工作要点。会议审议通过《2012年东城区精神文明建设工作要点》。区精神文明建设委员会主任杨柳荫讲话。区精神文明建设委员会副主任及全体委员参加。（王伟巍）

【精神文明建设工作大会】　3月31日召开。大会由牛青山主持。会上,播放东城区上年精神文明建设工作回顾电视片《借得春风绘锦绣,皇城脚下写文明——北京市东城区2011年精神文明建设纪实》。金晖宣读《关于表彰2011年度"建设人文东城,共享和谐生活——做文明有礼的北京人"主题观摩展示活动、和谐家庭的决定》，通报上年度中央文明委、首都文明委表彰情况和区精神文明建设委员会成员调整情况。区精神文明建设委员会第一副主任常卫作《巩固成果　明确任务　再创佳绩　进一步推动东城区精神文明建设迈上新台阶》报告，对本年度精神文明建设工作进行动员部署。人力资源和社会保障部机关服务局、区城市综合管理委员会、建国门街道和"京城活雷锋"孙茂芳分别作典型发言。首都文明办副主任卜秀均、区领导杨柳荫出席并讲话。区精神文明建设委员会副主任及全体委员，各街道、地区、委、办、局、处、公司主管领导，驻区中央、市属单位、驻区部队代表，各社区、科、队、所、站及各学校、医院领导和群众600余人参加。（王伟巍）

【文明城区建设】　6月7日，下发《2012年东城区迎接全国城市文明程度指数测评工作方案》。6月11日，召开区迎接全国城市文明程度指数测评工作动员大会。6月15日，区全国城市文明程度指数测评指挥部办公室召开迎检材料专题培训会。7月9~11日，区领导常卫、金晖、颜华、汤钦飞带队对《全国城市文明程度指数测评体系》和《未成年人思想道德建设工作测评体系》实地指标检查。8月22日，迎检指挥部现场办公场所正式启用。7月23日，中国文明网·北京东城分站（网址 http://bj.wenming.cn/dc）正式开通。8月23日，召开迎接全国城市文明程度指数测评工作部署会。8月24日，区领导杨柳荫带队检查全国城市文明程度指数测评实地检查指标和全国未成年人思想道德建设工作测评实地检查指标落实情况。8月23~30日，区领导常卫、金晖、汤钦飞先后召开8次工作调度会，指挥调度迎检指挥部10个工作组、民政局、城管监督中心做好迎检各项工作。8月25~27日，区领导常卫、金晖、王中华、颜华、汤钦飞带队检查街道、社区及重点场所周边宣传环境布置、交通秩序、环境卫生、机关公务员志愿者上岗情况等。8月28~30日，中央文明办测评组对东城区城市文明程度指数进行测评。9月6日，召开区迎接全国城市文明程度指数测评工作总结会。（王伟巍）

统一战线

【概况】　中共北京市东城区委统一战线工作部（简称区委统战部）是负责区统一战线工作的区委工作机构。下设办公室、党派组、民族宗教组、联络组、调研室，区台办与统战部合署办公。行政编制19名。

年内，统战部以"十八大"、全国和全市统战部长会议精神为指导，做好各项统战工作。开展党外代表人士队伍建设工作，发挥统一战线优势和作用，服务区域经济发展，促进社会和谐稳定。获得本年度首都统一战线理论研究和调查研究优秀组织单位、北京市统一战线理论研究和调查研究优秀成果一等奖、北京市统战系统信息工作优秀单位一等奖。

单位地址：东城区钱粮胡同3号

联系电话：64027838　邮政编码：100010　（王蕊）

【走访慰问】　1月1日，区领导徐熙、周永明、王佩立、颜华、王红到通教寺、雍和宫走访慰问，代表区四套领导班子向宗教界人士致以"腊八节"的节日问候。春节前夕，区领导周永明、统战部常务副部长分别看望中国伊斯兰教协会会长陈广元阿訇，北京市天主教爱国会主席、天主教教务委员会主席、主教李山，北京市基督教三自爱国运动委员会主席蔡葵，向他们表示衷心感谢，并致以新春问候。6月12日，区领导周永明到雍和宫看望胡雪峰住持，并就改善宗教场所周边环境、解决宗教房产等问题进行交流探讨。8月19日，区领导周永明、王佩立、颜华、王红到东四清真寺看望陈广元阿訇，随后到东外清真寺、安外清真寺、南豆芽清真寺、沙子口清真寺、花市清真寺看望全体阿訇和穆斯林群众，并致以"开斋节"祝贺。11月2日，区委统战部主管部长看望病故黄埔老人及凤山家属并表达问候。（王蕊）

【团拜联谊】　1月5日，召开东城区民族宗教界新年团拜会，区领导周永明、王佩立、颜华、王红，民族宗教界代表人士约150人参加。1月13日，举办统一战线各界人士新春电影招待会，区领导周永明代表区四套领导班子向与会人员致以新春祝福，全区统一战线各界人士300余人参加。1月13日，举办统一战线老一代党外代表人士新春团拜会，各界老一代党外代表人士40余人参加。9月27日，与区政协共同举办统战各界人士喜迎国庆欢度中秋联欢会，杨柳荫、牛青山、冯熙、徐鸿达、夏树军、周永明等区领导出席，杨柳荫向各界朋友致以节日问候，希望各界朋友群策群力，共同推进首都文化中心区、世界城市窗口区建设，各民主党派区委、区工商联、侨联、知联会、海联会、宗教团体班子成员、工会、团区委、妇联、科协、民宗侨办、社会主义学院负责人220余人参加。（王蕊）

【座谈交流】　1月16日，召开区领导与宗教团体负责人及代表人士座谈会，区领导徐鸿达、常卫、周永明、毛炯、颜华，宗教界代表人士高阳、李永红、杨冠军、胡雪峰、宗玄等参加。2月16日，与区委组织部共同召开东城区党外处级干部新春座谈会，区领导吴松元、周永明，全区处级以上党外干部参加。3月1~2日，召开民主党派工作研讨会，就全年工作进行座谈，市、区有关领导，各民主党派区委负责人16人参加。3月14日，召开各民主党派与相关委办局对口联系工作会议，就开展对口联系工作情况进行介绍和交流，各民主党派区委、区教委、卫生局等相关单位负责人参加。5月16日至6月8日，分10批召开民主党派骨干成员座谈会，各民主党派后备骨干成员120人参加。6月28日，召开党外校长座谈会，就工作、学习和生活情况进行座谈。7月3日，召开民主党派基层组织工作研讨会，就开展基层组织工作进行研讨，各民主党派区委和基层支部负责人、党派专职干部等90余人参加。12月27~28日，召开民主党派专职干部年度工作总结研讨会，统战部常务副部长，各民主党派区委专职副主委、秘书长及专职干部参加。（王蕊）

【学习培训】　3月16~17日，与区纪委监察局举办东城区"两员"工作会议暨特约工作人员培训班，就特约工作进行培训和交流,区领导夏树军、第七届特邀监察员和党风廉政监督员50余人参加。3月22~23日,举办东城区基层统战干部培训班暨基层统战信息员培训班,区领导周永明,各街道、有关职能局、事业单位、团体主管统战工作的领导和统战干部100余人参加。3月29日,举办中央统战部信息直报点信息员培训班,对信息员15人进行信息撰写工作培训。7月5~6日,举办民族宗教界代表人士培训班,就北京宗教工作形势、党的宗教工作方针作报告,区领导周永明、王佩立、颜华,各宗教团体代表人士80余人参加。8月7~8日,举办民主党派、无党派人士学习班,区领导徐熙、周永明,民主党派区委委员、骨干,知联会部分理事170余人参加。9月7日,区委统战部举办东城区各民主党派新成员培训报告会,就多党合作历史、地位和作用作专题报告,各民主党派新成员120余人参加。(王蕊)

【领导调研】 1月至6月,区领导周永明分别到各民主党派区委、区工商联、南豆芽清真寺、东直门街道办事处、基督教堂、天主教堂调研,听取各单位统战工作相关情况并提出意见。3月22日,全国人大副委员长、民建中央主席陈昌智到区调研,听取了统一战线工作开展情况、民建东城区委专题工作汇报,并给予充分肯定。4月26日,民建中央副主席宋海一行15人到助人社工事务所和菊儿社区调研社区管理与社会组织建设工作。5月17日,市领导牛有成,市有关部门领导赵玉金、马玉萍、张洋等到区调研,听取统一战线各项工作开展情况,重点调研党外代表人士队伍建设和党派事务管理信息系统,并实地考察了珠市口教堂和前门台湾商务区。(王蕊)

【承办现场教学活动】 4月19日、5月10日、5月24日,承办3次中央统战部组织的全国新任统战部长培训班现场教学活动,中央统战部四局领导刘玉江,市委统战部领导闵克、张洋,区领导杨柳荫、周永明、毛炯先后参加。周永明介绍东城区开展社会领域统战工作网格化新模式情况,东花市街道工委书记汇报街道网格化统战工作具体应用情况,朝阳区委统战部和叶青大厦主要负责人分别汇报商务楼宇开展统战工作情况。中央统战部各部门有关负责人、全国新任统战部长培训班学员300余人参加。(王蕊)

【党外代表人士队伍建设】 3月至10月,开展党外代表人士队伍建设调研工作,调研区党外代表人士思想状况等基本情况,总结经验做法,提出工作建议,建立558人的党外代表人士队伍。8月28日,召开区加强新形势下党外代表人士队伍建设工作会,统战部常务副部长就《中共东城区委关于加强新形势下党外代表人士队伍建设的实施意见》作说明,周永明就党外代表人士队伍建设作工作报告,牛有成、杨柳荫肯定东城区党外代表人士队伍建设工作,并分别提出要求和希望,市委统战部领导张洋,区领导牛青山、冯熙、徐鸿达等及全区相关单位主要负责人近300人参加。(王蕊)

【协商通报会】 4月11日,召开党派团体协商通报会,就区出席市第十一次党代会代表选举工作进展情况和代表人选情况向区各民主党派、工商联负责人及无党派代表人士通报,并征求意见建议,区领导周永明出席。10月25日,召开党派团体区情通报会,各民主党派成员及知联会、海联会部分理事90余人参加,就区东二环经济商务区发展情况和前门地区发展建设情况进行通报。11月16日,召开党派团体协商会,就区出席北京市第十四届人民代表大会代表候选人建议人选名单进行协商,区领导杨柳荫、吴松元、周永明,各民主党派、人民团体负责人及无党派代表人士参加。12月13日,召开党派团体协商会,就政协东城区第十三届委员会有关人士安排进行协商,区领导杨柳荫、周永明,各民主党派、人民团体负责人及无党派代表人士参加。12月25日,召开党派团体协商通报会,就《中共东城区委十一届四次全会上的报告》(征求意见稿)和《2012年东城区政府工作报告》(征求意见稿)进行协商通报,区领导杨柳荫、牛青山、周永明,各民主党派、无党派及工商联负责人参加。(王蕊)

【民族团结日活动】 5月6日,举办东城区民族团结日暨和平里第五届5.6民族团结日活动。活动主题为践行北京精神弘扬民族文化促进民族团结,活动展示各民族的特色文艺节目和自制的民族特色美食,区有关领导,民族出版社、民族团结杂志社、《中国民族报》编辑记者,区民宗侨办、和平里街道相关领导及地区群众参加。(王蕊)

【网格化统战工作】 5月至10月,天津、湖北、河南等10省市260人到东直门、东花市街道观摩网格化统战工作。10月30~31日,召开东城区网格化统战工作推进会,就深入推进网格化统战工作进行研讨,街道主要负责人参加。年内,成功研发"区级网格化统战工作展示平台"和"网格化统战业务信息系统",在589个网格中建立16583名社会领域统战人士数据库,实现网上存储和网络办公。(王蕊)

【党外知识分子联谊会成立】 6月5日,召开北京东城党外知识分子联谊会第一届理事会第一次会议暨成立大会。会议审议通过《东城知联会章程》《选举办法》,选举产生会长、常务副会长、副会长、秘书长、常务理事,颜华当选为会长,聘请金毓嶂为名誉会长。市有关部门领导闵克、金毓嶂,区领导杨柳荫、牛青山、冯熙等及108名理事参加。(王蕊)

【海外联谊会成立】 6月19日,召开北京东城海外联谊会第一届理事会第一次会议暨成立大会。会议审议通过《北京东城海外联谊会章程》《北京东城海外联谊会第一届理事会选举办法》,选举产生会长、常务副会长、副会长、秘书长、副秘书长。周永明当选为会长。区委、区政府、区政协各相关处室负责人及85名理事参加。(王蕊)

【"7·21"特大暴雨捐款活动】 7月26日,组织民主党派成员、无党派代表人士为"7·21"特大暴雨灾害捐款,现场捐款5.6万元人民币,截至7月底,区统一战线各界人士捐款57.5万元。(王蕊)

【统战系统联席会】 9月6日,召开统战系统座谈会,讨论统战系统各单位工作完成情况及下一步设想。区领导周永明,区委统战部、区工商联、侨联、民宗侨办、社会主义学院主要负责人参加。11月26日,召开统战系统联席会,听取区工商联、侨联、民宗侨办、社会主义学院本年工作完成情况和下年工作思路,区领导周永明及区相关单位主要负责人参加。

(王蕊)

【推荐市政协委员】 9月20日,与组织部共同召开关于做好市政协委员推荐提名工作会。10月至11月,经与有关单位党组织协商沟通,在听取各方面意见的基础上,形成东城区推荐22名北京市第十二届政协委员人选名单,经区委常委会审议通过后,报市政协换届工作领导小组。 (王蕊)

【解决宗教场所困难】 9月29日,召开珠市口教堂迁建工作协调通报会,区领导周永明,市基督教三自爱国会、区住建委、轨道交通公司等单位主要负责人参加,提出新堂建设初步设想。年内,区领导周永明协调区民宗侨办、文化委、住建委、教委、风貌保护办、供暖办等多家单位,解决花市清真寺大殿漏雨、南岗子天主教堂供暖困难问题。 (王蕊)

【学习"十八大"精神】 11月8日,统战部组织全体领导干部和民主党派驻会干部39人观看"十八大"开幕式。并召开党外人士学习"十八大"精神座谈会,区领导周永明,各民主党派区委、区工商联、知联会、宗教团体主要负责人参加,畅谈对"十八大"报告的感想。11月15日,召开民主党派、无党派人士学习"十八大"精神座谈会,各民主党派区委专职干部、东城知联会部分理事参加。11月26日,举办东城区统一战线学习贯彻"十八大"精神专题报告会,全区统一战线各界人士、区属重点单位主管统战工作的领导,区教育系统、卫生系统基层党组织书记以及统战系统全体干部400余人参加。

(王蕊)

【民主党派事务管理信息系统】 11月20日,民主党派事务管理信息系统在8个党派区委全面推广使用,系统主要功能有:人事档案管理、文档资料管理、财务收支管理、通讯录管理、事务管理、短信通知、查询统计、生成报告。提高党派日常工作信息化水平,为系统、客观评价民主党派代表人士和后备人才打下基础。 (王蕊)

【增补区政协委员】 11月,统战部成立增补区政协委员工作领导小组,制定《关于2012年增补政协东城区第十三届委员会委员的工作方案》,报市委统战部同意后,召开有关单位负责人会议,部署推荐工作。12月,汇总各单位意见,提出增补区政协委员的建议名单,开展综合评价并进行公示,建议名单(草案)在征求区政协党组意见后,经区委常委会、民主协商会、政协第十三届主席会、政协第十三届常委会审议通过,增补委员31人。 (王蕊)

对台工作

【概况】 中共东城区委台湾工作办公室、东城区人民政府台湾事务办公室(简称区台办)是区委、区政府主管对台工作的职能部门,与区委统战部合署办公,承担组织、指导、管理、协调有关对台工作职能。

年内,对台工作以邓小平理论和"三个代表"重要思想为指导,学习贯彻落实科学发展观,贯彻胡锦涛总书记关于推动两岸关系和平发展的六点意见和中央对台工作大政方针,把握两岸和平发展主题,着力对台交往交流和台湾文化商务区专项工作,依据把争取台湾民心工作真正贯穿到各项对台政策和举措之中的工作精神,发挥对台工作资源优势,扩大区对台工作成效。

单位地址:东城区钱粮胡同3号

联系电话:64069079 邮政编码:100010 (周薇)

【制定区对台工作规划纲要】 年内,贯彻落实新形势下中央对台工作决策部署,推动区对台工作,制定适合区实际的《北京市东城区对台工作规划纲要(2013—2016年)》。(以下简称"纲要")区委常委会讨论并通过"纲要"。"纲要"得到区领导肯定。 (周薇)

【与台湾南投县学校交流】 7月10~12日,由台湾南投县教育会理事长戴国华率22名台湾南投县中小学校长到区参加教育论坛、参观访问特色中小学,并与府学小学、新鲜小学签署结对协议。该活动得到区政府支持及区教委协助,副区长颜华出席活动开幕式并致辞,表示欢迎更多台湾师生代表到东城参访和交流,逐步扩大与岛内青少年间交流的规模与层次,丰富交流内容。 (周薇)

【涉台宣传教育】 年内,结合两岸关系形势和岛内动态,在全区范围召开形势报告会;在区党校处级干部学习培训班上开设有关台海形势讲座;在全区理论中心组学习中安排涉台宣传教育内容,向领导干部宣传党的对台方针政策。加强与教委的联系沟通,通过对19所涉台教育基地校检查、评比和推优,选出最具特色的基地校,将其经验进行推广,起到示范作用。涉台教育进校园工作得到市台办领导肯定,区台办被推荐在全市涉台教育大会上作汇报发言,交流经验。开展涉台刊物征订工作,全区各单位、各街道订阅《两岸关系》《台湾工作通讯》300本。编辑《东城·台办之声》电子季刊,全年成稿4期,每期按时挂入"数字东城"首页专栏供网络下载,宣传区对台工作开展情况。与区政协共同组织举办台海形势报告会,与台盟区委、民革区委主要负责人座谈,进行台情研讨及外出调研等活动。 (周薇)

【台商及台湾文化商务区专项工作】 开展商务区经营现状调研,向前门大街管委会、天和公司等多方了解、研究解决制约商务区发展的各种问题,提出《关于给予台湾文化商务区发展政策与相关工作支持》《关于前门台湾文化商务区运营现状的情况报告》，上报区政府，就资金、管理理念、基础设施配套建设等内容，提出扶持发展政策的意见和建议，促成上年10月前门台湾文化商务区管理体制转变。 （周薇）

【台湾映像魅力展主题活动】 春节期间，在26届地坛庙会上首次以台湾映像魅力展主题活动的形式在指定区域内由台湾经营者集中展销台湾货品。活动在参展方案、安全措施、假货处罚等筹备工作中，组织严密有序，活动效果超过预期设想。台湾文化商务区知名度得到提升，拉动商务区当季客流与营业额，多家媒体对该活动进行报道。给北京春节庙会增加新元素，丰富市民春节文化活动。 （周薇）

【对台交往交流】 全年办理赴台团组26个，审核赴台人员164批，公职人员468人次，非公职人员310余人次赴台交流。与岛内业界开展社区、文教、环境保护、财务税收等方面交流座谈活动。年度公务赴台团组数量和质量均有不同程度突破。对台交流工作主要侧重在文化交流，围绕社区建设和教育领域开展，进一步拓宽工作渠道，结交岛内朋友，宣传东城形象和东城特色。 （周薇）

【对台联络】 年内，利用网格化工作平台，在街道系统开展新一轮调查摸底，依托社区、依托网格，对台胞台属实行信息化管理，更新和完善数据资料，动态掌握各地区对台工作情况，做到底数清、情况明。巩固现有工作对象，坚持传统节日看望、慰问、联谊、座谈等活动，加强联系。走访重点台胞、台属、台资企业和台商50余户，送去慰问品1万余元，各街道台胞台属联谊会分会走访台属200余人，送去慰问品4万余元。关爱台生，在学年期末、毕业欢送予以问候。发挥东城区台商联谊会作用，举办驻区台胞台商迎中秋联谊活动，组织驻区台商、台胞赴新疆考察投资环境，增进相互了解。 （周薇）

【完成调研报告】 年内，完成《新形势下对台交流工作的思考与举措》调研报告，该报告综合区2010—2012年以来对台交流工作经验，分析区开展赴台交流活动的资源基础和面临问题，提炼与岛内各行业、各领域互动的成绩与不足，从完善赴台制度、严密审批程序、赴台团组行前、行中和归后的服务与管理等方面，探索出一整套适合东城区实际且行之有效的赴台交流工作模式。 （周薇）

政策研究

【概况】 中共东城区委研究室（简称区委研究室）是区委综合性研究部门。主要职责为：围绕区工作大局和工作部署，按照区委指示和确定的重点课题，开展前瞻性、战略性调查研究，为区委的重大决策提供依据和建议；组织撰写区委重要文件、文稿，参与区委、区政府重要会议讲话等文稿的起草、修改工作；组织协调和参与完成市委关注课题和区委重点调研课题；收集和提供具有重要参考价值的政治、经济、文化和社会发展等方面的信息，为区委领导提供参考建议；组织、协调、指导区调查研究工作，负责相关部门调研网络的联系和专、兼职调研人员培训；完成市委研究室和区委领导交办的其他任务。内设办公室、调研科、文稿科，机关行政编制13名，其中主任1名、副主任2名。

年内，区委研究室学习贯彻“十八大”和市、区第十一次党代会及市调查研究工作会议精神，开展调研工作，推进重点课题调研，促进调研工作开展，提升文稿写作质量和水平，抓好部门自身建设，创先争优，打造学习型党组织、文明和谐机关，完成全年各项任务和领导交办的重要工作。组织召开或参加多项专题调研会、座谈会、协调会、论证会及其他形式的调研活动，完成各类文稿的撰写及修改150余篇约55余万字；编发《东城调研》12期、《调研工作动态》46期；加强与国务院发展研究中心、中国社会科学院、党建研究会、《前线》杂志社以及市委研究室、北京市社科院、首都社会经济发展研究所等相关单位的业务交往，为区委区政府科学决策和推动工作提供参谋服务和智力支持。

单位地址：东城区钱粮胡同3号
联系电话：64031118－3201 邮政编码：100010 （闫喆）

【举办调研干部培训班】 3月9日，在东城区委党校举办调研干部培训班，邀请北京市委研究室副主任作关于首都发展的几个问题的报告；邀请北京市委研究室政治处处长围绕起草重要文稿和深入开展调查研究作辅导。区委研究室部署年内东城区调查研究工作，明确全区调研工作坚持高标准选题、高质量解题、高效率转化的目标。各单位负责调研工作的主管领导和专、兼职干部130余人参加。 （闫喆）

【调研获奖】 5月9日，在市调查研究工作会上，东城区被市委市政府授予2010—2011年度全市调查研究工作先进单位；并作题为大兴调查研究之风，促进区域科学发展的典型发言。杨柳荫的调研课题《关于创新网格化社会服务管理模式研究》获2010—2011年度全市优秀调查研究成果评比一等奖。 （闫喆）

【兄弟单位调研交流】 6月11日，成都市金牛区委政研室到区学习考察。8月20日，市委研究室到区调研“四个服务”，区领导毛炯参加。12月13日，宁波市委考察团到区考察交流，毛炯参加。 （闫喆）

【市委研究室调研】 8月31日，市委研究室城市处到区调研城市管理创新情况，区城管委、城管监督中心、城管大队和东直门街道负责人参加。 （闫喆）

【入户问卷调查】 12月，联络安定门街道国子监社区、五道营社区，东华门街道银闸社区，和平里街道和平里社区、安德路社区，交道口街道大兴社区、菊儿胡同社区，协助市委研究室在居民中开展关于“十八大”召开以后市民对北京工作的新期待、新要求和相关建议入户问卷调查。 （闫喆）

【起草区委重要文稿】 完成中共东城区委十一届四次全会报告、区委领导班子工作总结、区委常委会工作要点等重要文稿。起草东城区向市委书记郭金龙汇报党风廉政建设、中央信访督导组调研座谈、市委巡视组汇报经济社会发展工作情况等文稿。围绕学习贯彻"十八大"、市十一次党代会精神和廉政风险防控、信访代理制、网格化社会管理新模式、城市管理精细化等中心工作起草工作汇报及典型发言。（闫喆）

【调研课题统筹】 制定并经区委常委会审议通过《2012年东城区调查研究工作要点》，确定33个区级重点课题、171个区委关注课题。其中区领导杨柳荫的《关于加快东城区文化经济发展的研究》、牛青山的《东城区历史文化名城保护与发展的实践与思考》被列为市委重点关注课题。编印下发《东城区调查研究系统通讯录》，编辑印刷《2011年东城区调查研究重点课题汇编》，收录杨柳荫、牛青山等撰写的30篇区级重点课题调研报告，供各单位学习参考。改版《东城调研》为月刊，整合领导重要讲话和各专项调研课题，全年编发12期。（闫喆）

【调研报告及理论文章发表】 杨柳荫上年调研课题《关于创新网格化社会服务管理模式的研究》在《北京调研》年度第3期、《工作研究》特刊年度第1期、《中国城乡一体化发展报告北京卷（2011—2012）》上刊登。杨柳荫撰写的《加强廉政风险防控规范权力运行》在《求是》年度第4期上刊登。牛青山上年调研课题《东城区历史文化名城保护与发展的实践与思考》在《北京调研》第4期上刊发。冯熙的调研课题《关于加强民主法治建设，优化区域发展环境的研究》在《工作研究》特刊第2期上刊发。徐鸿达的调研课题《关于加快推进东城区文化创意产业发展》在《工作研究》特刊第1期上刊发。常卫的调研报告《"一委三会一站、多元参与共建"：东城区构建现代社区治理新模式》在《工作研究》特刊第5期上刊登。周永明的调研报告《东城区人口疏解分析与思考》在《决策参考》第20期上刊登。徐熙的调研报告《加快推进东二环高端服务业发展带建设的战略思考》在《工作研究》特刊第3期上刊登。毛炯的调研报告《关于进一步完善东城模式，深化综合执法的几点思考》和于静的调研报告《关于推进东城区历史文化名城保护工作的思考》在《工作研究》第4期上刊登。区委研究室撰写的《用网格党建引领群众工作的有关思考》调研报告获东城区党建研究会上年度党建工作调研报告一等奖。（闫喆）

老干部工作

【概况】 中共东城区委老干部局（简称区委老干部局）是负责指导管理本区离休干部、处级（含以上）退休干部工作的职能部门。内设办公室、调研科、政治待遇科、生活待遇科、宣传科、企管科，下设东城区老干部活动一中心和活动二中心（正科级参公事业单位）。实有公务员14人，参照公务员身份28人，工勤人员6人。全区有离退休干部3246人，其中离休干部1362人，易地安置离休干部100人，副处级以上退休干部1784人。

年内，以迎接"十八大"和学习贯彻"十八大"精神为主线，落实老干部政治、生活待遇，加强离退休干部思想政治建设和党支部建设，发挥老干部在新东城建设中的作用，老干部工作取得新成效。

单位地址：东城区府学胡同37号

联系电话：64040221　邮政编码：100007（岳平）

【区级领导联谊活动】 1月10日，举办区级四套班子领导与四套班子老领导龙腾盛世夕阳美文化东城展新姿新春联谊会。杨柳荫致辞。常卫主持会议。区级四套班子领导与老领导80余人参加。9月28日，区级领导班子与四套班子老领导欢聚金秋喜迎"十八大"畅谈发展共抒敬老情联谊会举行。杨柳荫致辞。牛青山主持会议。冯熙、徐鸿达等区级领导班子成员与四套班子老领导90余人参加。（岳平）

【老干部座谈会】 2月3日，第二十五次老干部座谈会召开。牛青山主持。杨柳荫向老干部通报区经济和社会发展情况及换届选举工作情况，介绍新一届领导班子成员，并就做好新形势下老干部工作提出具体要求。会议传达市第二十五次老干部座谈会精神，回顾总结上年区老干部工作，安排部署本年工作任务，强调老干部工作要践行北京精神，打造老年文化活动品牌，开展系列活动。市老干部局副局长宋永健出席会议并讲话。区领导冯熙，徐鸿达、徐熙、金晖、左海星、朴学东、周永明、宋甘澍、毛炯、汤钦飞等，区委老干部工作领导小组成员、离退休干部党支部书记、各单位主管老干部工作领导及老干部工作人员450余人参加。（岳平）

【老干部党支部建设】 3月1日，召开离退休干部党支部工作会，全区离退休干部党支部书记近130人参加。对推进创先争优活动、开展五好支部和四好老干部推荐工作进行安排部署。12月18日、19日，举办全区离退休干部党支部书记、理论骨干学习贯彻"十八大"精神学习班。市委党校曾宪植教授作《加快转变经济发展方式，形成创新驱动发展格局》专题辅导。市老干部局副巡视员刘冰，副区长汤钦飞参加。全区离退休干部党支部书记、理论骨干220余人参加。评选表彰离退休干部五好支部24个和四好老干部49人。区人大、建国门街道、永外街道离退休干部党支部被评为北京市五好支部，退休干部8人被评为北京市四好老干部。年内，组织全区离退休干部重点学习十七届六中全会和"十八大"精神，制定下发年度东城区离退休干部学习意见、开展创先争优活动、学习贯彻"十八大"精神安排等文件。（岳平）

【创先争优】 3月1日，召开离退休干部党支部工作会，传达中组部老干部局《关于认真学习贯彻李源潮同志重要批示精神推进离退休干部创先争优活动深入开展的通知》，部署推进创先争优活动安排。6月26日，举办老干部党校学习班暨创先争优活动表彰交流会，120余名离退休干部党支部书记及部分理论骨干参加。9月19日，东城区老干部思政研讨会召开，就发挥离退休干部作用，践行北京精神进行重点讨论。14名思政会成员、特邀代表参加。（岳平）

【队伍建设】 3月22~23日,召开老干部工作培训会。全区各单位老干部工作主管领导、工作人员近230人参加。6月19日,召开老干部工作人员第二季度例会,107个单位的老干部工作人员参加。10月26日,邀请北京社科专家科普报告团成员作题为"塑造美好个性创造美丽人生"专题讲座。12月20~21日,召开老干部工作会议。市老干部局刘冰,全区各单位老干部工作主管领导、工作人员近200人参加。

(岳平)

【形势报告会】 4月10日,邀请北京大学教授在青蓝大厦作学习践行北京精神报告,350余名老干部参加。7月6日,老干部区情通报会在东图剧场举行。常卫向离退休干部传达市第十一次党代会精神和区有关党建工作,徐熙通报上半年区经济社会发展情况。吴松元主持通报会。全区300余名离退休干部和老干部工作人员参加。11月27日,邀请北京大学教授在康铭大厦举办老干部学习宣传贯彻"十八大"精神专题报告会,400余名老干部参加。 (岳平)

【健康体检】 5月15日至9月20日,东城区老干部体检工作完成。全区119个单位1960名离退休干部参加体检。体检分南、北两片,分别在北京博惠体检中心和北京众爱朗生体检中心进行。 (岳平)

【主题实践活动】 9月5日,围绕北京精神我践行、创先争优乐晚年活动主题,系列实践活动展开。文化传播精彩有我东城区老干部书画、摄影、手工展在区图书馆开幕。市、区有关领导出席。9月8日,东城区离退休干部60人及老干部工作人员在中组部等单位联合举办的首都老干部迎"十八大"文艺演出上表演舞蹈《八月桂花遍地开》。9月12日,在东城区图书馆举办老干部系统迎"十八大"文艺演出。市老干部局副局长杨玉巧出席活动。区级四套班子老领导、区委老干部工作领导小组成员、区各单位离退休干部代表及老干部工作人员、街道干部群众400余人观看演出。9月18日,区老干部活动中心与区机关工委联合举办迎"十八大"老少同堂文艺演出。10月18日,在孔庙举办迎"十八大"翰墨丹青献给党北京八城区老干部书画笔会。东城、西城、丰台、石景山、大兴、房山、通州、平谷及门头沟区老干部书画爱好者近90人参加。 (岳平)

【思想政治建设】 10月16日,组织读书会老干部50余人收看中央党校研究室教授解读胡锦涛总书记"7.23"重要讲话精神录像。11月16日,召开离退休干部党支部书记联席会,围绕学习贯彻"十八大"精神,加强党支部建设等方面展开交流座谈。11月24、25日,组织参加科学发展成就辉煌大型图片展。局职离退休干部、离退休干部党支部书记及理论骨干代表60余人参加。12月5日,东城区老干部读书会召开学习"十八大"精神座谈会。年内,定期组织老干部理论小组、老干部思政研究会以学习实践科学发展观和十七届六中全会精神为重点,开展学习活动。组织老干部和工作人员收看北京电视台《晚晴》节目。按期将《北京老干部》《新东城报》《东城老干部》报刊邮寄至老干部家中。 (岳平)

【举办健康知识讲座】 11月19日、20日,分别在康铭大厦、区老干部活动二中心举办两场健康知识讲座,邀请北京军区总医院原外科主任就老年人常见疾病的预防及保健作专题讲座。全区离退休干部200余人参加。 (岳平)

【领导小组会】 12月26日,常卫主持召开区委老干部工作领导小组会议。会议调整区委老干部工作领导小组成员,审议通过本年东城区老干部工作总结、下年工作思路、区委老干部工作领导小组成员单位为老干部办实事项目及区第二十六次老干部座谈会有关安排。徐熙、吴松元等区委老干部工作领导小组成员参加。 (岳平)

【责任制检查】 12月,组织开展《东城区离退休干部工作领导责任制》检查活动,在各单位自查基础上,12月11~13日,区委组织部与区委老干部局组成3个检查组,抽查区教委、卫生局、房管局等9个单位的贯彻落实《东城区离退休干部工作领导责任制》情况。 (岳平)

【困难帮扶】 年内,为80岁以上、配偶无工作和易地安置离休干部发放送温暖经费32.82万元,为40名有特殊困难离休干部发放困难补助人均500元。针对部分无上级主管的困难企业无力支付离休干部医疗统筹和去世后一次性补贴的情况,协调区财政局,解决离休干部经费问题,为老干部生活待遇落实提供保障。 (岳平)

保密工作

【概况】 中共东城区委保密委员会办公室(简称区委保密办),挂东城区国家保密局(简称区保密局)牌子,由东城区委办公室管理。区委保密办(区保密局)是中共东城区委保密委员会的办事机构,同时又是东城区负责本行政区域内保守国家秘密工作的职能部门。内设宣传法规科和技术检查科。现有干部3人。

年内,按照有关保密工作要求,坚持积极防范、突出重点、依法管理的方针,以抓规划、抓培训、抓检查、抓规范、抓创新为主线,构建适应新形势的全区保密工作体系,加强保密工作规范化管理,创新保密宣传教育方式方法,严格保密检查,完善保密防护系统建设,促进全区保密工作科学化、规范化水平提升。

单位地址:东城区东四北大街育群胡同1号

联系电话:64031118-8522 邮政编码:100010 (刘方)

【保密宣传教育】 年初,全区征订《保密工作》杂志195套。3月,全区征订《保密知识简明读本》4065本,发送到领导干部、涉密人员手中。全年编辑印发《东城保密工作》刊物4期,在保密局网站刊登有关保密法律法规和保密知识,进行保密宣传教育,提高干部保密意识和保密技能。

(刘方)

【创作演出小品】 2月，自编、自导原创小品《保密就在身边》，并在区委办公室进行首演。该小品以保密警示教育为主线，对加强保密法律法规教育，创新宣传工作方式，丰富干部群众文化生活起到较好效果。 （刘方）

【区委保密委会议】 3月31日召开。毛炯主持。会上，传达中央保密委员会全体会议和市委保密委员会全体会议主要精神，审议并原则通过《东城区"十二五"时期保密事业发展规划》（征求意见稿），总结上年保密工作，审议通过本年保密工作要点；徐熙提出做好本年保密工作的要求。区委保密委成员参加。 （刘方）

【审议通过区保密事业发展规划】 5月16日，区委常委会研究审议通过《东城区"十二五"时期保密事业发展规划》，杨柳荫作重要讲话。 （刘方）

【保密监督检查】 5月，组建专项检查小组，全面检查地坛书市书刊。6月，指导、监督、检查高考、中考保密工作。高考期间，对试卷保密室、试卷领取、运送等各环节全程监督，并指定专人到区高考指挥中心全天值守。中考期间，重点检查中考试卷保密室、阅卷工作区等安全保密工作情况。8月，采取各单位自查和重点抽查相结合方式开展专项保密检查。重点抽查全区20余家单位，检查50余台计算机。9月，开展"十八大"前信息安全保密检查，细化工作标准，抽查区重点涉密单位。10月下旬，根据北京市国家保密局的统一部署，组织开展全区范围网络清理检查。 （刘方）

【保密干部培训班】 5月31日至6月1日，举办全区党委系统保密干部培训班，对全区各单位151名保密干部就保密宣传教育、行政管理等内容进行培训。 （刘方）

【刊物保密审查】 7月，组织相关单位对有关区属党政机关编辑出版内部书籍刊物的内容进行保密审查。就相关内容的涉密属性进行确定，对书籍编印、发放、管理提出严格的保密工作要求，确保书籍在发挥业务工作指导作用同时，强化保密制度落实。 （刘方）

【政务网开通保密提醒】 8月16日，开通公务员门户网"保密提醒"，使登录使用政务网的用户能够看到保密提醒，提高上网不涉密，涉密不上网的保密意识。 （刘方）

【保密法宣传月】 9月1～30日，全区开展保密法宣传月系列活动。编辑印发《新东城报（保密宣传教育特刊）》1.8万余份，组织各单位及社区张贴保密宣传挂图367套，组织各单位观看保密技术防范光盘。邀请市保密局有关负责人到区委党校新提处级班和中青班进行保密专题讲座。组织全区1.5万余人进行保密知识答题并结合答题情况抽奖。 （刘方）

【保密安全管理】 9月，按照北京市国家保密局关于发放使用信息设备保密警示标识的通知要求，组织全区各单位做好信息设备保密警示标识粘贴工作。11月，制定"十八大"期间保密工作应急预案，成立组织机构，细化应急反应工作流程，加大保密工作力度。12月，组织开展全区范围内涉密计算机统一安装保密技术专用防护系统工作，推进全区涉密计算机违规连接互联网监控平台建设。年内，组织区各单位集中清理销毁涉密载体2次，销毁涉密文件2.5吨，内部文件材料20余吨，确保涉密载体销毁安全。建立"数字东城网站"每月巡查工作机制，每月平均检查单位132个次，网页300余页。做好区政务外网用户接入、政务信息系统用户变更、数字证书开通及废止等各项工作的保密审核，全年审核涉及单位200个，涉及人员6000余人次。 （刘方）

社会建设

【概况】 中共北京市东城区委社会工作委员会（简称区委社会工委）和北京市东城区社会建设工作办公室（简称区社会办），区委社会工委与区社会办一个机构两块牌子。区委社会工委是负责本区社会建设工作的区委派出机构，列入区委机构序列。区社会办是负责本区社会建设工作的区政府工作部门。内设办公室（纪检监察科）、党建工作科、社区建设科、社会工作队伍管理科和社会组织工作科，在编人员22人。

年内，贯彻落实科学发展观，围绕全区中心工作，发挥区社会建设工作领导小组办公室作用，坚持一流标准，深化网格化社会服务管理模式，以创新精神引领推进全区社会建设各项重点工作。组织开展共产党员献爱心捐献活动，187名党员、49名群众捐助善款49990元。完成《以网格化志愿服务推动社会公共服务均等化的研究与思考》《关于我区志愿服务工作的调研报告》《东城区社会组织发展现状调查与思考》等调研报告。在社区建设、社会工作队伍建设、社会组织工作以及社会领域党建等方面取得新进展。

单位地址：东城区什锦花园胡同23号

联系电话：64031118－8748 邮政编码：100007 （曹俊仙）

【街道工作会议】 2月13日，召开第一次街道党政负责人会议。会上，全区街道负责人汇报年度工作计划。8月17日，召开第二次街道党政负责人会议，会上，全区街道负责人汇报下半年工作安排。杨柳荫、牛青山等区领导分别出席两次工作会议。 （曹俊仙）

【社区建设】 2月7日，市审计局专项审计检查区第一、第二批社区用房规范化建设项目。4月11日，社区建设工作会议召开，总结上年社区建设、社会工作队伍建设、社会组织工作，部署本年工作任务。9月13日，东城区社会服务工作推进会在东直门街道召开，出台《东城区关于推进"一刻钟社区服务圈"建设工作的意见》。9月24日，社区建设工作会议召开。9月，配合区民政局开展"六型社区"创建工作，与财政局、人保局、房管局联合制定下发《东城区创建规范社区实施细则》及《东城区规范社区创建工作指导标准》。11月22日，召开社区建设工作座谈会。全区创建市级社区规范化建设示范点17个、老旧小区精细化管理试点2个、一刻钟社区服务圈示范点13个,已建成一刻钟社区服务圈覆盖社区总数的84%。年内,上海市社会工委、闽行区,安徽省政协,广东省肇庆市先后到区学习、考察社区规范化、社区服务一条街、网格化社会服务管理体系建设等工作。 (曹俊仙)

【社会服务管理创新】 2月14日,由区社会办牵头组织完成的涉及区教委、卫生局、人保局、体育局、文化委、社会办、商务委、民政局、残联9个单位的11项社会服务标准化体系,通过区网格化社会服务管理标准评审会的专家评审。3月13日,出台《区委社会工委(区社会办)关于落实<2012年东城区网格化社会服务管理创新工作要点>的工作计划及安排》。4月19日,下发《关于对街道、社区开展依托电子政务平台加强政务公开和政务服务试点工作调研的通知》,将建国门街道(含一个试点社区)、东花市街道作为试点单位,启动依托电子政务平台加强街道(社区)政务公开和政务服务工作。12月19日,市社会建设工作领导小组检查验收区推进社会服务管理创新情况。年内,广州市海珠区、荔湾区,重庆市万州区考察团到区学习考察网格化社会服务管理创新工作。 (曹俊仙)

【社会建设信息化】 4月5日,下发《关于进一步加强全区社区、商务楼宇信息化和联络员队伍建设的通知》。5月7日,完成北京社会建设地图网东城区新增一刻钟社区服务圈数据核对工作。11月,制定《关于在全区推进智慧社区建设的实施方案》,在17个街道选择49个试点社区,全面启动智慧社区建设工作。年内,17个街道均建立起门户网站,182个社区(正常运转)全部建立网站(含博客、微博),成功实现100%全覆盖。全区62个商务楼宇工作站建立33个网络工作信息平台,超额完成商务楼宇网站(含博客、微博)建设率达到20%的目标。 (曹俊仙)

【社会领域党建】 4月9日,召开东城区社会领域党建工作会。9月12日,区落实"十八大"安保专项行动暨商务楼宇工作站考评体系建设工作会召开。会上,下发《东城区商务楼宇工作站考评办法(试行)》。9月19日区委社会工委召开本系统深入开展创先争优活动总结大会。10月19日,召开区非公有制企业党的建设工作推进会。加大非公企业党组织组建力度,年底前完成党组织组建率提升20%的目标。开展好非公示范点创建活动。年内,实现商务楼宇网站建设率达到20%;开展商务楼宇工作站示范点创建工作,制定创建标准,推进商务楼宇工作站建设标准化,打造20个商务楼宇工作站示范站;完成拍摄制作《商务楼宇党旗红》宣传片,完成编辑《商务楼宇党建工作汇编》。全年下拨社会领域党建专项资金197.5万元,用于招录党建工作指导员、扶持非公企业党组织建设和商务楼宇工作站建设。 (曹俊仙)

【培训工作】 4月17~19日,与区委组织部共同举办社区党建工作培训班,近500名社区党组织书记、副书记和专职党务工作者参加。5月28日至6月1日,17名社区党组织书记参加全市基层党组织书记示范培训班。8月30~31日,组织全区社会领域党组织负责人参加北京市社会领域统战教育二级培训。10月13~17日,举办入党积极分子培训班,入党积极分子45人参加,其中律师40人,非公企业员工5人。12月3~4日,与区委党校联合举办社会领域党组织学习贯彻"十八大"精神培训班。全区非公企业、社会组织、商务楼宇等社会领域党组织负责人160余人参加。12月21日,举办志愿者信息管理系统管理员培训班,区综治办、文明办、民政局、团区委和相关街道、社区20人参加。 (曹俊仙)

【队伍建设】 5月3日,举行购买专业社会工作岗位启动仪式。5月3日至6月11日,开展社会工作人才管理课题研究,形成推动全区社会工作人才队伍建设的总体思路。5月25日,由东城区助人社会工作事务所和北京青年政治学院共同主办的专业社工服务组织建设研讨会暨首都社会工作事务所发展论坛举行,市、区有关单位领导及有关院校专家学者参加,全市19家社工事务所参加研讨。7月3日至8月16日,组织公开招考社区工作者,招聘144名社区工作者从事网格助理员和商务楼宇工作站工作。10月19日,部署规范调整社区工作者待遇工作,涉及2979人,其中专职人员人均增资800元,离退休人员人均增资200元。11月27日,举行区社会工作者联合会会员大会、成立大会、首届理事会第一次会议,市委社会工委、市社会办,市民政局相关部门负责人,区领导宋甘澍、王佩立、汤钦飞、费文勇参加。12月11日,《东城区社会工作人才发展战略规划(2011—2030年)》正式印发。 (曹俊仙)

【志愿者工作】 7月5日,区领导宋甘澍主持召开志愿者信息系统建设协调会,区委社会工委(区社会办)、区综治办、文明办、信息办、民政局、团区委等部门相关负责人参加。9月14日,世界旅游城市博览会开幕式在王府井步行街举行,组织500名志愿者参与。12月5日,举行东城区志愿者信息管理系统启动仪式,市社会办领导刘占山,区领导宋甘澍、汤钦飞参加。 (曹俊仙)

【创先争优活动获奖】 6月19日,在北京市社会领域创先争优活动总结表彰暨基层组织建设年工作推进会上,东城区和平里街道和平里社区党委、光华长安大厦党支部、北京市天同律师事务所党支部等7个基层党组织被评为北京市社会领域创先争优先进党组织;14人被评为北京市社会领域创先争优优秀共产党员;东花市街道"阳光随行"党员义工站、商务楼宇工作站规范化建设考评体系被评为北京市社会领域创先争优优秀基层党建工作创新项目。 (曹俊仙)

【社会组织工作】 8月15日,召开东城区"十八大"安保社会组织服务管理专项行动动员部署会。8月21日,召开"十八大"安保社会组织服务管理专项行动暨枢纽型社会组织联席会议。9月29日,召开社会组织工作座谈会,与会单位就调研报告《东城区社会组织发展现状调查与思考》进行讨论,区领导汤钦飞参加。12月28日,召开东城区社会组织建设工作调研总结会,会议总结关于对东城区社会组织现状的调研工作和调研报告撰写工作,并对调研成果转化暨政府购买社会组织服务相关工作进行介绍,区领导汤钦飞参加。年内,完成"十八大"安保社会组织服务管理专项行动任务;15个社会组织活动项目入选"北京公益行——2012北京社会组织公益系列活动";利用市社会建设专项资金在区购买服务的12个项目全部通过验收,3个项目被市里评为优秀项目并获得资金奖励;利用区社会建设专项资金购买社会组织服务工作正式启动,完成项目申报、审批和经费拨付工作,项目周期为1年。 (曹俊仙)

【社会文明提示语设置】 11月23日,召开全区在公共场所搞好社会文明提示语设置工作视频部署会。会上,下发《关于在全区公共场所进一步搞好社会文明提示语设置的实施方案》,区领导宋甘澍出席。 (曹俊仙)

直属机关工委工作

【概况】 中共北京市东城区委区直属机关工作委员会(简称区直机关工委)是负责区直机关党的建设和党员管理、监督、教育与思想政治工作的区委派出机构。区直机关工委内设办公室、组织部(纪工委)、宣传部(团工委、工会),有机关行政编制13人。机关工委下设(所属)78个党组织,有党员1.39万人,其中,在职党员6077人,离退休党员3792人,流动党员4093人。

年内,机关工委以科学发展观为统领,以深入开展创先争优活动为载体,以贯彻落实"十八大"、十七届六中全会、北京市第十一次党代会和区"三会"精神为抓手,以推动发展、服务群众、凝聚人心、促进和谐为目标,围绕全区中心工作,发挥机关党组织战斗堡垒作用和党员先锋模范作用,不断开创机关党建工作新局面。

单位地址:东城区钱粮胡同3号

联系电话:64031118-2604 邮政编码:100010 (陈燕燕)

【精神文明建设】 1月22日(农历除夕),组织以机关干部为主体的300个家庭900人,在前门大街与胡锦涛总书记共度新春佳节。在全国城市文明程度指数测评迎检工作中,区直机关承担全区重点大街文明交通志愿者工作。克服任务重、时间紧、要求高、可调人员少等困难,妥善安排工作,在62个党组织中挑选8000余人参与志愿者工作,圆满完成工作任务。"十八大"召开期间,区直机关支援前门、东华门、建国门3个街道社会面防控工作。10余天内,27个党组织的党员2000余人参与此项活动,实现"大事不出、小事也不出"的工作目标,受到区有关领导肯定和表扬。"7·21"特大暴雨发生后,区直机关各级党组织利用多种途径宣传抢险救灾和灾后重建工作中涌现出的先进事迹。组织区直机关党员干部第一时间捐款72.08万元,通过区慈善协会将善款捐赠给受灾最重的房山区。 (陈燕燕)

【扶贫济困】 春节、七一做好生活困难党员、建国前入党老党员、党务干部、离退休老干部走访慰问。七一前夕,深化以生活上扶贫、身体上扶康、精神上扶志、智力上扶学、就业上扶技为主要内容的"党心连民心、亲情进万家"活动。开展共产党员献爱心等捐款活动,扩大对生活困难党员帮扶面和服务范围,推进党内关怀机制建设。在共产党员献爱心活动中捐款25.16万元。博爱在京城捐款活动中捐款23.17万元。通过区红十字会等多种渠道,为因病致困的机关干部,争取到每人5000元以上救助金。 (陈燕燕)

【创先争优】 年初,各单位结合自身岗位实际作出承诺,提升窗口单位服务行业创先争优活动水平召开座谈会,总结交流经验,编辑《东城区直属机关窗口单位和服务行业创先争优经验交流材料》。机关工委召开会议,部署、动员创先争优总结工作,要求各党组织在总结工作中提炼创新举措,提升实践成果,使之制度化、规范化,形成长效机制。按照推动科学发展、促进社会和谐、服务人民群众、加强基层组织的总体要求,各党组织建立健全1180余项创先争优长效机制。机关工委编辑《东城区区委直属机关工委创先争优长效机制汇编》,发放到各党组织。9月中旬,召开区直机关系统创先争优活动总结大会,对巩固创先争优成果提出新要求。 (陈燕燕)

【群团工作】 3月5日,机关团工委带领团员青年到织染局农民工子弟小学,开展情系未来关爱成长学雷锋主题活动,向学校捐赠文体用品,机关青年志愿者为小学生表演文艺节目。5月4日,举办纪念建团90周年团旗飘扬在东城主题寻访活动,组织机关团员参观北大红楼、五四运动纪念馆等爱国主义教育基地。组织机关团员开展我的青春我的团电子团刊设计大赛、开展绿色环保志愿宣传活动、召开座谈会学习贯彻共青团北京市第十一次代表大会精神。组织开展迎新春党务干部联欢会、健康杯拔河比赛、跳绳比赛、飞镖比赛;组织机关女干部开展走新东城、看新东城、爱新东城庆三八活动;组织机关干部参加保龄球比赛、全民健身节启动仪式暨在职健康健步走活动、健康伴我行第十五届综合运动会开幕式;在景山街道第26届文化艺术节汇演中获优秀组织奖;参加区工会第三届五月的鲜花专场演出,组织机关干部观看反映劳模事迹的话剧《因为有你》,为机关干部进行体能测试;做好会员信息采集和京卡·服务卡、职工互助保障办理工作。结合建党91周年,机关工委申请专项经费,6月至7月,先后组织300余名机关工会会员前往山西爱国主义教育基地参观学习。 (陈燕燕)

【思想政治建设】 贯彻落实"十八大"精神,开展迎接"十八大"党在百姓心中宣讲活动启动仪式暨首场宣讲。与区委宣传部联合举办"十八大"精神理论宣讲进机关互动式宣讲活动,30余名党务工作者聆听专家讲座,进行互动式问答。组建区直机关宣讲队伍并宣讲区"三会"精神100余场次。各机关党组织通过讲党课、自学、讨论等多种形式,领会市第十一次党代会精神实质。以纪念向雷锋学习49周年为契机,下发《弘扬北京精神深入开展学雷锋志愿服务活动的实施意见》,号召区直机关各党组织开展"做文明有礼北京人——弘

扬北京精神,传承雷锋旗帜”志愿服务主题活动,开展北京精神和雷锋精神学习宣传。 (陈燕燕)

【组织建设】 开展基层组织建设年活动,制定工作方案,抓基层党建工作,要求各党组织选好配齐基层党支部书记,培训基层党务干部。各党组织结合实际,通过基层党组织自评、党员群众测评、上级党组织评定,确定区直机关575个基层党支部分类定级结果,均在90分以上,全部为优秀等级。按照控制总量、优化结构、提高质量、发挥作用要求,做好党员发展工作。继续深化机关、社区党组织结对共建活动,调整机关党组织与社区结对共建现状,召开座谈会总结、交流各党组织开展结对共建工作情况。召开区直机关纪念建党91周年暨创先争优表彰会,表彰先进基层党组织20个、优秀党务工作者100名和优秀共产党员100名。参加北京市推选“我身边的先锋”网络投票活动。组织收看全国优秀共产党员电视系列片——《人民的好儿女》。举办唱响主旋律区直机关纪念建党91周年歌咏比赛,54个机关党组织2000余名党员干部参加。继续巩固完善《中共东城区直属机关党建联组工作制度》,调整党建联组组长,修改完善联组活动制度,为每个联组拨付活动经费,适时召开联组工作研讨会,促进机关系统党组织之间互动沟通,为区直机关党建工作科学化发展提供交流平台。年内,上海市青浦区机关工委、市石景山区机关工委相继到区学习党建联组工作机制。 (陈燕燕)

【党风廉政建设】 坚持从教育、防范、监督入手,落实党风廉政建设责任制。抓学习,抓制度,抓创新,在东城《机关党建》上开设专栏,宣传廉政文化理论,交流各机关党组织开展机关廉政文化经验、体会和做法。组织党员干部参观中国电影博物馆“风清气正扬宗旨——北京市反腐倡廉教育影像展览”。重温党史中重大廉政事件,正确认识反腐败形势,感受党风廉政建设取得的成就,树立全心全意为人民服务宗旨,坚定以人为本、执政为民理念,筑牢思想道德防线。

(陈燕燕)

【思想状况动态调研】 通过定期召开机关党组织负责人和机关干部座谈会、发放调查问卷等形式,多渠道掌握机关干部思想状况,动态把握机关干部思想上存在的普遍性问题,及时向区委主管领导汇报。加大舆情监控力度,掌握机关干部对社会热点、难点问题的思想反映。关注互联网舆情动态,围绕市第十一次党代会、钓鱼岛事件、“7·21”特大暴雨等重要敏感时期,做好舆情收集、汇总工作,形成舆情报告30余篇。 (陈燕燕)

党校工作

【概况】 中共北京市东城区委党校(简称区委党校)同时挂东城区行政学院、东城区社会主义学院牌子,实行三块牌子、一套机构。区委党校是在区委直接领导下培养全区党员领导干部和理论干部的学校,是区委的重要部门,是培训轮训党员领导干部的主渠道,是培养党的理论队伍和学习、研究、宣传马克思列宁主义、毛泽东思想、邓小平理论、“三个代表”重要思想以及科学发展观等重大战略思想的重要阵地,是干部加强党性锻炼的熔炉,同时也是区委的哲学社会科学研究机构。区委党校内设15个科室,有教职工71人,其中列入参照《中华人民共和国公务员法》管理范围人员46人,事业编制人员25人。在事业编制人员中,具有专业技术职务的教师17人(其中高级职称6人、中级职称8人、初级职称3人)。

年内,完成包括东城区“一把手”素质工程培训班在内的各项干部教育培训任务。开展党员培训、对外培训和教辅教务等工作,建立教学科研管理体制和激励机制,行政管理和服务工作规范化水平提高,校园文化建设加强。校机关党委被区委评为东城区创先争优先进基层党组织,区委党校被评为北京市敬老、爱老、为老服务示范单位、北京市区县机关档案工作市级优秀单位。

单位地址:东城区东单北大街干面胡同10号

联系电话:65258768 邮政编码:100010 (谢殿军)

【“一把手”研修班】 3月26日,东城区“一把手”素质培训工程主题研修班在区委党校开班。区委常委、区委党校校长吴松元作开班动员。区四套班子部分领导、全区各党政机关、事业单位、群团组织正处职领导200余人参加。该培训班在培训资源利用上突出统筹性,既注重拓宽视野吸纳社会资源,又努力内部挖潜,最大限度地盘活区内优质资源;在培训内容设计上突出针对性,结合区域发展重点、岗位工作难点和干部关注热点,确定体现高质高端,贴近区情实际的培训内容;在培训形式安排上突出实效性,采取专家报告和研讨交流相结合的方式,安排不同培训方式的比重,缓解工学矛盾,提升培训效果。 (谢殿军)

【校际交流】 7月28日,甘肃省委党校组织市县党校40余名常务副校长组成的代表团到区委党校考察,双方领导及相关人员就办学体制改革问题进行座谈交流。区委党校领导向来宾介绍本校立足区域实际情况和党校办学能力,用好用足上级政策,拓展办学业务空间,发挥优势,主动参与培训市场竞争,兼顾社会和经济效益,谋求单位更好更快发展的一些做法。甘肃省委党校市县党校工作处领导对东城区委党校的“规定+自选”培训模式给予评价,认为东城区委党校的“优势学科、精品课程、名师名家”三大教学建设和“主体班培训、基层党员培训、对外培训”三大培训板块布局的“3+3”发展战略具有借鉴和启迪意义。8月1日,东城区委党校组织教职工赴广西柳州市委党校学习考察。柳州市委党校有关领导向东城区委党校教职工介绍“硬件+工作思路+探索与创新=出路”的办学经验,以社会需求为导向,科学设置培训专题,做好详细具体的培训产品是社会培训工作的生命力所在的办学理念,以及在学员管理方面,要做到管理对象数据化、管理内容模块化、管理操作流程化的办学模式。双方就如何开展对外办学进行探讨。 (谢殿军)

【干部培训】 全年举办各类培训班49期,培训学员3600人,其中,主体班21期,培训学员2064人,主要有:东城区“一把手”素质培训工程主题研修班1期188人、新任处级领导干部培训班1期34人、副处级领导干部进修班2期81人、社区治理模式(行动学习法)专题班1期20人、处级领导干部政府职能提升与区域发展专题研究班1期40人、处级领导干部中轴线的文化价值与资源利用专题研究班1期51人、中青年干部培训班2期62人、公务员初任培训班3期248人、公务员科级任职培训班2期90人、科级干部创新能力专题研修班2期124人、军队转业干部培训班1期48人、“十八大”轮训班4期1078人。基层党员教育培训班17期,培训党员1171人,主要有:入党积极分子班10期679人、北京中建华通建设发展有限公司职工培训班1期63人、宣传部年度宣传文化干部轮训班1期37人、东直门街道基层党组织负责人培训班1期20人、东四街道中层以上干部培训班1期140人、宣传部宣传干部初任培训班1期22人、宣传部宣传文化干部轮训班1期50人、国资委企业领导干部1期160人。对外培训班11期,培训学员365人,主要有:新疆和田地委党校县处级领导干部赴京进修班2期87人、新疆和田地区财政系统干部赴京培训班1期28人、新疆和田县处级干部城市规划建设与管理专题研修班1期29人、新疆建设兵团农十四师农业现代化领导干部培训班1期20人、新疆建设兵团农十四师党政干部培训班1期30人、新疆建设兵团农十四师社会管理培训班1期30人、新疆建设兵团农十四师宣传文化培训班1期30人、内蒙古乌兰察布市集宁区部门主要负责人培训班1期31人、内蒙古乌兰察布市集宁区党务工作者培训班1期56人、湖北巴东县党政干部培训班1期19人。 (谢殿军)

【科研工作】 建立健全科研管理制度,加强科研管理,完成年初立项的7个科研课题,全年在公开出版的学术刊物上发表文章10篇,入选市委党校系统思想文化建设研究会《新视野》增刊6篇。在北京市党校(行政学院)系统2010—2011年度优秀科研成果奖评比中,区委党校教师的科研文章获1个一等奖、2个二等奖;一篇文章入选北京市党校系统学习贯彻“十八大”精神理论研讨会征文目录,区委党校获优秀科研工作组织奖。 (谢殿军)

【校刊编印】 全年编印校刊《培训主阵地》4期,校刊内设经典导读、理论研究、东城视窗、教师专栏、经验交流、史海撷英、环球风采、视野等10余个栏目,刊登文章149篇,22万余字,向区内各部门及区外相关部门发送校刊4000余册。校刊《培训主阵地》成为展示党校工作、宣传党校风貌的窗口。 (谢殿军)

【教务保障】 围绕全校教育培训中心工作,构建和完善党校“管理服务平台”和“知识服务平台”;完成各主体班课程的录制、全校重大活动的照相、摄像及视频素材的编辑、剪辑和制作;建立资源共享服务器,搭建资源共享软件系统;稳步推进优秀师资和优秀课程交流系统、数字图书馆系统、模拟教学系统、协同办公系统等电子平台。 (谢殿军)

【职工队伍建设】 开展以挂职锻炼、课程评议、学术思想交流、兄弟区县党校走访、专业技能讲座等内容的教师职业技能培训;加强中层干部队伍建设,通过竞争上岗和推荐选拔,任命2名正科级领导干部、2名主任科员,调整6名科级实职干部轮岗;采取集体学、跟班学、支部学、网上学等方式,提高全体员工的理论水平、工作能力,增强教职员工的学习自觉性;坚持落实校领导班子成员与教职工谈心制度,全年领导班子与教职员工谈心100余人次,了解员工事业发展需求,把握思想工作动态,提升教职工对党校事业的认同感和责任心。 (谢殿军)

党史工作

【概况】 6月,中共东城区委党史资料征集办公室更名为中共北京市东城区委党史工作办公室(简称区党史办),负责贯彻落实区委有关党史工作精神,制定区党史工作规划并组织实施;负责区党史工作资料的征集、编纂、研究工作;负责区党史宣传学习教育工作、咨询开发利用工作;承办区委和上级党史部门交办的其他工作。与区地方志编纂委员会办公室合署办公。内设综合科、党研科、方志科、编辑科;编制16名,其中主任1名、副主任2名、科长副科长5名。

年内,收集区委主要工作和重大举措等有关资料、政府折子工程、政府关系群众生活方面的重要实事进展与落实情况等资料,以为存史。起草《东城区委关于加强新时期党史工作的实施意见》文件。续修《中共东城区历史大事记(1919—2010年)》《中共崇文区历史大事记(1919—2010年)》。开展采访、整理口述史。开展党史“四进”(进机关、进社区、进学校、进企业)工作。编辑出版《东城史志》季刊总第72－75期。完成《北平军事调处执行部亲历记》资料收集、整理和编辑工作。开通东城史志网站。开展党史学术交流。

单位地址:东城区东四十一条83号

联系电话:84037892　邮政编码:100007 (杨帅)

【合作交流】 1月31日,区党史办就史志编研与中国社会科学院当代中国研究所进行座谈。当代国史编修吸收史志编修成果并建立长期交流合作机制。 (杨帅)

【区委常委会研究党史工作】 5月30日,区委第12次常委会议研究区党史工作。会上,听取并通过《关于进一步加强和改进新形势下党史工作的实施意见》(以下简称《实施意见》)的汇报及区党史工作领导小组成员名单。区领导杨柳荫肯定《实施意见》,并强调党史工作是党的事业的重要组成部分,把党史工作纳入全区总体工作格局中,使之成为全区总体工作一个重要组成部分。 (杨帅)

【宣传教育】 年内,向东直门党员服务中心赠送党史书籍100册。为社区党员群众讲党课2次。编辑《纪念中国共产党成立九十一周年专刊》。为区委宣传部刊物《学习月报》党史博览提供4篇文章。 (杨帅)

【学术研讨】 年内,《“文革”前十年党领导社会主义文化建设的理论与实践》《陈云与中共八大选举》《中共十二大与改革开放新时期党的建设》《彭真干部队伍建设若干重要思想述论》分别入选全国首届党史文化论坛、第十二届国史学术年会、第六届陈云与当代中国学术研讨会、北京市纪念彭真诞辰110周年学术研讨会,并与会研讨。（杨帅）

【史志季刊】 编辑出版《东城史志》4期,约36万字。每期向域内各单位发放1000册,向市委党史研究室、市地方志编纂委员会、北京党史学会、各区县史志等部门赠送100余册。被国家图书馆、国家博物馆、首都图书馆等文博单位列为馆藏刊物。（杨帅）

【编研工作】 收集北平军事调处执行部资料100万字、珍贵照片100幅,编辑北平军事调处执行部大事记5万字、《北平军事调处执行部亲历记》书籍40万字。收集《中共东城区历史大事记》《中共崇文区历史大事记》资料20万字,形成初稿10万字。收集、整理北平地下党、军调部等口述或回忆资料20万字。（杨帅）

纪检监察

【概况】 东城区纪律检查委员会、东城区监察局(简称区纪委监察局),实行一套工作机构,两个机关名称体制。履行党的纪律检查和行政监察职能,对市纪委和区委全面负责。监察局属政府序列,接受区政府领导。内设办公室、干部室、研究室、宣传教育室、信访室、案件审理室、案件检查室、执法监察室、纠正部门和行业不正之风工作室、党风廉政建设室、绩效管理监察室、区行政投诉中心。行政编制58名,代管区委巡视机构科级及以下编制4名,机关工勤事业编制5名。11月,区编委批复同意成立正科级全额拨款事业单位东城区电子监察中心,人员编制6名;成立区纪委监察局第一联合派驻纪检组(监察室)、第二联合派驻纪检组(监察室),行政人员编制各3名。

年内,全区各单位及纪检监察组织贯彻“十八大”和市区党代会精神,推进惩防体系建设,查处一批大案要案,纠正损害群众利益的不正之风,全区党风廉政建设和反腐败工作取得新成效,区纪委监察局被国务院确定为全国政务公开和政务服务试点、被中央纪委确定为社区党风廉政建设联系点、被国家预防腐败局确定为廉政风险防控工作联系点、被中国纪检监察学院确定为廉政风险防控工作现场教学点。区监察局获北京市环境秩序整治突出贡献奖。

单位地址:东城区钱粮胡同3号

联系电话:64013321　邮政编码:100010（彭军荣）

【纪委全会】 2月13日,区纪委第二次全会暨全区党风廉政建设工作会议召开。总结上年工作,部署本年党风廉政建设和反腐败工作任务,听取并审议通过区委常委、区纪委书记夏树军代表区纪委常委会作的《努力开创党风廉政建设和反腐败工作新局面,为全面建设“国际化现代化新东城”提供有力保证》工作报告。牛青山主持会议。区委书记杨柳荫,市纪委常委张才雄出席并讲话。冯熙、徐鸿达出席。（彭军荣）

【纪检监察半年工作会】 7月11～12日召开。传达市党代会、市纪委全会和全区领导干部大会精神,总结上半年全区党风廉政建设和反腐败工作,部署下半年工作。区领导夏树军,区纪委委员,区属各单位纪(工)委书记、纪检组长、监察科长等210余人参加。（彭军荣）

【领导调研】 2月29日,市预防腐败局副局长宋兰刚率队到区调研依托电子政务平台加强政务公开和政务服务工作,实地察看东城区和建国门街道行政服务大厅并听取相关工作情况汇报,对区依托电子政务平台加强政务公开和政务服务工作予以肯定,希望在现有良好工作基础上再接再厉,充分整合资源,发挥整体优势,有序推进全国试点工作。区领导夏树军参加。6月7日,市纪委副书记隋秀梅到东四街道调研党务公开工作,听取区开展党务公开工作总体情况和街道以党务公开促进政务公开、带动居务公开工作向纵深发展的汇报,并实地考察东四街道六条社区党务公开工作情况,隋秀梅对东四街道在党务公开工作方面做出的示范引领作用给予较高评价,并提出工作要求。区领导杨柳荫、夏树军参加。6月8日,市纪委书记叶青纯到区调研廉政文化建设工作,实地参观孔庙和国子监博物馆,听取区廉政文化建设工作汇报,在肯定区廉政文化建设工作同时,指出要深刻提炼中国古代廉政文化的要义并赋予时代精神加以弘扬,在当前社会主义文化大繁荣大发展时期更要强调对文化建设和文化活动的监督。市纪委副书记王海平,常委、秘书长李振奇,常委张才雄,市文物局党组副书记、副局长崔国民,区领导杨柳荫、夏树军,孔庙和国子监博物馆馆长吴志友参加。9月3日,市编办副主任滕安英、市绩效办主任续栋到区调研政府绩效管理工作,听取区贯彻落实《关于“十二五”期间区县政府绩效管理工作的实施意见》的情况汇报,并对工作提出要求。区领导徐熙、夏树军参加。11月14日,市纪委副书记王荣军带队到区调研纪检监察信访举报和案件管理工作,听取区纪检监察信访举报和案件管理工作情况汇报,王荣军对东城区党风廉政建设和反腐败工作给予肯定。市纪委常委钱华杰、区领导夏树军参加。12月6日,市纪委书记叶青纯到区调研党风廉政建设和反腐工作,先后参观皇城艺术馆、保利艺术博物馆，慰问区纪委监察局机关全体干部，听取区党风廉政建设和反腐败工作情况汇报。叶青纯认为东城区党风廉政建设和反腐败各项工作取得明显成效，特别是廉政风险防控"三个体系"建设和纪检监察组织、干部队伍建设方面的探索和创新，走在全市前列。同时提出工作要求。市纪委副书记杨逸铮，常委、秘书长王贵平，区领导杨柳荫、牛青山、常卫、夏树军参加。2月至11月，夏树军到区住建委、行政服务中心、工商联、教委、崇外街道、建国门街道等28家区属单位，北京金隅股份有限公司、中华联合财产保险股份有限公司北京分公司和北京天街控股集团有限公司等部分驻区企业以及朝阳区、西城区、大兴区"京交会"现场调研。（彭军荣）

【惩治和预防腐败体系建设】 1月中旬，区领导杨柳荫、牛青山、常卫、徐熙、金晖、吴松元、夏树军、毛炯带队重点抽查14个单位上年贯彻落实党风廉政建设责任制、推进惩防体系建设工作情况。2月，在全区下发《关于2011年东城区贯彻落实党风廉政建设责任制情况的通报》。依照中央新修订的《关于实行党风廉政建设责任制的规定》和《北京市实施＜关于实行党风廉政建设责任制的规定＞的办法》，调整责任制领导小组和办公室成员。组织区级领导班子成员签订《党风廉政建设责任书》。5月，制定《2012年东城区贯彻落实党风廉政建设责任制，推进惩治和预防腐败体系建设主要任务分工》，明确32项任务，117项具体牵头工作，35个牵头单位，19名主管区领导，建立牵头任务工作台账，做好责任分解、考核、追究工作。6月5日，联合区委宣传部召开加强宣传文化单位惩防体系基本制度建设座谈会。7月，中纪委下发《关于建立城市社区党风廉政建设工作联系点的通知》，确立区委城市社区党风廉政建设工作联系点。7月31日，区纪委常委会专题听取部分基层单位党风廉政建设工作情况汇报。12月5日，全区落实党风廉政建设责任制推进惩防体系建设主要任务牵头单位汇报会召开，区委、区政府领导听取牵头单位落实党风廉政建设和惩防体系各项工作完成情况汇报。12月中旬，区领导杨柳荫、牛青山、常卫、徐熙等带队重点抽查21个单位贯彻落实党风廉政建设责任制、推进惩防体系建设工作情况。12月19～20日，市委书记郭金龙率检查组到区检查贯彻落实党风廉政建设责任制、推进惩防体系建设情况，市委常委、市纪委书记叶青纯主持汇报会，市委常委、市委秘书长赵凤桐陪同检查。市检查组组长崔述强、副组长张岚等检查组成员及区领导杨柳荫、冯熙、徐鸿达等参加。（彭军荣）

【廉政风险防控管理】 2月23日，邀请中央纪委副部级巡视专员吴振钧，中国纪检监察学院副院长李永忠，市预防腐败局副局长张岚和相关专家学者围绕规范权力结构和权力运行等核心问题座谈研讨。3月31日，深化廉政风险防控管理工作大会召开。区领导牛青山主持会议，夏树军宣读《中共东城区委、东城区人民政府关于深化廉政风险防控管理工作的实施意见》，下发《2012年廉政风险防控管理工作要点》，对全区深化廉政风险防控管理工作进行部署。市预防腐败局领导张岚，区领导杨柳荫、牛青山、徐鸿达、常卫、徐熙等参加。5月31日，深化廉政风险防控管理试点工作汇报会召开，区领导常卫、夏树军参加。6月，与北京大学共同成立"基层党政机关权力结构和权力运行规范化标准化研究"课题组；领导小组办公室及审核组统一审核并规范街道权力结构和运行流程。7月31日，区纪委监察局机关深化廉政风险防控管理工作部署会召开。8月22日，深化廉政风险防控交流推进会召开，市预腐局局长李振奇，区领导杨柳荫、徐鸿达、徐熙、夏树军、毛炯和各级党政主要领导参加。9月1日，在中国纪检监察学院开学典礼上，东城区被确定为第一批廉政风险防控管理工作现场教学点。9月、10月，区街道系统与委办局系统廉政风险防控"三个体系"建设交流培训会分别召开。年底，初步形成街道权力结构和权力运行规范化标准化体系，明确街道涉权事项49项、集体决策事项40项、处级领导班子成员涉权事项200项、科室涉权事项291项、权力运行流程图263项、岗位说明书84个。建立健全区、处两级重点防控项目库，对小工程建设、房屋征收、财务管理开展重点防控。10月26日，国家预防腐败局下发《关于设立廉政风险防控工作联系点的通知》，确立东城区为廉政风险防控工作联系点。11月6日，市委常委、市纪委书记叶青纯对此作出书面批示：按中纪委要求，试点单位要勇于创新，特别是在科学有效上下工夫。（彭军荣）

【廉洁自律】 3月14日，经济责任审计联席会议召开。会议审议确定全区经济责任审计工作联席会议领导及成员、职责和制度，通报上年度经济责任审计工作及本年度工作思路。夏树军主持会议，徐熙参加。11月18日，印发《关于加强对处级党政正职领导干部监督管理的暂行规定》，强化对处级党政正职的监督制约。12月，组织全区各单位召开民主生活会，区委、区政府主要领导参加部分单位民主生活会。12月31日，下发《关于加强元旦春节期间廉洁自律和厉行节约工作的通知》。年内，区纪委书记、副书记和信访室有关人员对被反映的领导干部或被反映单位的主要领导17人进行信访谈话，并在谈话之后向其发函询。先后为区委组织部、宣传部、统战部、区卫生局、民宗侨办等单位提供相关干部廉洁自律情况38次556人。全区处、科级干部4227人进行述职述廉，处级干部996人报告个人有关事项，对领导干部16人进行经济责任审计，对拟提拔干部134人进行廉政考察。全年无党政领导干部问责案件发生。（彭军荣）

【监督检查】 围绕重大节日、重大事件、重点工程、政务服务公开、政府绩效管理、效能监察等加强监督检查。6月，成立监督检查工作领导小组，制定《东城区关于开展早餐车清理整顿监督检查工作方案》，全面开展早餐车清理整顿监督检查工作。"7·21"特大暴雨后，加大监督检查力度，确保防汛救灾和善后维稳各项政策措施有效落实。8月27日，夏树军带队检查崇外街道全国城市文明程度实地指标落实情况。11月1日，区监察局召开老旧小区综合整治监督工作会。（彭军荣）

【绩效管理监察】 4月8日，制发《2012年东城区行政效能监察工作方案》。7月23日,制发《东城区监察局关于对"十八大"环境保障工作开展联合检查的通知》,部署涉及全区17各街道、14个相关部门的联合检查工作。8月28日,制发《关于"十八大"环境保障工作联合检查情况的通报》,发现9类环境秩序和环境建设问题,提出5条工作建议,并对存在问题进行督办整改。成立区委常委、常务副区长任组长的区政府绩效管理领导小组,修改完善《东城区政府绩效管理实施办法》(试行)《东城区政府绩效管理指标体系》(试行)和《东城区绩效考评综合评定表》(试行)等一系列文件。全年东城区立项71项,监察局机关及各部门监察科开展监督检查115次,向39个区属监察对象送达《东城区监察局监察通知书》,发现问题34个,督促整改34个,提出建议33条,建立健全规章制度30项。编制完成《东城区推进廉政风险防控电子监察体系建设实施方案》。确定政府投资项目监察系统与11家单位对接327项数据,保障房工作监督系统与3家单位对接51项数据。监察6.15万笔业务数据,监察出预警业务154笔,黄牌业务56笔,红牌业务167笔。 (彭军荣)

【网上监察】 6月4日,区纪委常委会审议通过《2012年东城区推进廉政风险防控电子监察体系》。11月14日,区纪委监察局廉政风险防控电子监察体系建设工程项目通过区信息化项目专家评审会。信息化防控体系建设完成行政处罚、行政审批、行政许可等重要权力事项梳理,成立电子监察中心,开发建设行政权力公开透明运行平台和政府投资项目、保障性住房、政府采购三大监察系统,313项行政许可、行政审批事项首次实现网上运行。 (彭军荣)

【廉政宣教】 2月2日,下发《关于组织参观〈光辉典范——抗战时期中国共产党党风廉政建设〉展览的通知》,85个单位约7200人参观。5月,以践行北京精神,树立良好作风为主题,在党员领导干部中开展教育活动。7月10~11日,在全国政协礼堂首演话剧《金超杰》,9月18日开始在全市巡演6场,观众4600余人。10月24日,中央纪委在东城区召开北京市党风廉政建设宣传教育工作座谈会。10月,确立钟鼓楼官德大讲堂、从政心理疏导、家庭廉耻礼仪等10个区级廉政文化建设示范点。11月27日,联合区文委举办廉政主题名家朗诵会暨廉政文化书箱启动仪式,中央纪委宣教室副主任彭克诚,北京市纪委常委张才雄,区领导杨柳荫、冯熙、徐鸿达、夏树军、毛炯参加。与会领导为单位代表和社区代表颁发"廉政文化书箱"标牌。形成覆盖全区158个处级单位及社区的廉政文化书箱。12月24日,举办第四届群众性勤廉书画展览,90个单位4500人参观。12月,编制《廉政台历》3000册发至全区处级以上领导干部及纪检监察干部。

(彭军荣)

【纠风检查】 5月3日,全区政风行风热线工作培训会召开,市政风行风热线督导组组长方志远就热线办理进行培训,"首都之窗"技术人员就网上操作具体问题进行详细讲解,全区84家上线单位主管领导及监察科长参加。6月7~8日,监察局对6个考点及教育考试院进行高考巡视检查。6月15日,东城区民主评议基层站所(服务窗口)工作动员部署会召开。会议通报上年度评议发现的112处问题,下发《东城区2012年民主评议基层站所(服务窗口)工作实施方案》。全区321个基层站所开展民主评议。12月24日,召开民主评议基层站所(服务窗口)工作总结会。年内,与有关部门开展联合检查15次,加大力度治理食品药品安全方面的突出问题。严肃办理教育乱收费各类举报信件,完成全区义务教育学校落实绩效工资政策情况调研,开展医药卫生领域专项整治工作,深化庆典、研讨会、论坛过多过滥问题的专项治理。

(彭军荣)

【巡视检查】 1月9~19日,第一、二巡视组分别对区城市综合管理委员会、城管监察大队开展回查巡视。2月17日,召开区委巡视工作领导小组第一次会议。夏树军主持,听取审议巡视组对东花市、天坛街道巡视情况及对区城管委、城管监察大队回巡情况汇报,总结上年巡视工作,研究确定本年巡视计划。3月19日、5月7日、9月3日、11月5日,第一巡视组进驻区民防局、北京站地区管理处、永定门外街道、区民政局开展巡视;3月19日、5月3日、9月3日、11月2日,第二巡视组进驻区残疾人联合会、区园林绿化局、东华门街道、王府井建设管理办公室开展巡视。8月3日,召开领导小组第二次会议,夏树军主持,吴松元参加,通报区委巡视组组长及巡视办人员调整情况,听取上半年对区民防局、北京站地区管理处、区残联、园林绿化局巡视情况汇报。 (彭军荣)

【公务用车专项治理】 3月,召开公车治理领导小组会和工作协调会。按照《北京市公务用车违规车辆处理实施细则》和《北京市关于加强和规范党政机关公务用车配备使用管理的规定》清理违规车辆101辆,其中违规借占用车3辆,超标车95辆,豪华装饰车3辆,对在巡视和信访中发现的问题,进行纠正处理。按规定重新核定党政机关公务用车编制。

(彭军荣)

【小型工程建设专项治理】 5月,以区政府办公室名义制发《东城区政府投资小型工程管理暂行规定》(试行)和《东城区政府投资小型工程承包商名册库管理实施办法》(试行),成立小型工程监督管理联席会。6月27日,区领导夏树军听取全区治理工程建设领域突出问题工作汇报。7月13日,全区治理工程建设领域突出问题领导小组工作会议召开,区领导夏树军、朴学东及领导小组21个成员单位负责人参加。10月,区住建委通过公开招投标建立小型工程承包商名册库,40家施工单位入库。11月,开发建立全区政府投资小型工程管理系统和摇号系统。 (彭军荣)

【查办案件】 6月25日,东城区党员领导干部违纪违法案件查办工作联席会更名为东城区反腐败协调小组,组长由区纪委书记担任,成员包括区纪委、区委政法委、区监察局、审计局、地税局、法院、检察院、东城公安分局、工商分局主要领导。8月8日,全区反腐败协调小组第一次会议召开,区领导夏树军及区检察院检察长参加。年内,东城区纪委监察局新立案查处违纪案件16件，结案11件，给予11人党政纪处分（处级1人），其中3人受到开除党籍处分，4人受到行政开除处分。（彭军荣）

【投诉热线办理】　11月，制发《东城区纪检监察系统信访举报和案件查办工作目标管理考核评价办法》（试行）。全年受理群众来信、来访、来电和网上举报等各类信访举报331件次，其中纪检监察业务范围内信访举报302件次，反映内容主要有违反廉洁自律有关规定、贪污贿赂问题等。行政投诉中心受理34起投诉案件，主要涉及行政不作为、乱作为，态度恶劣、效率低下等，对14起投诉案件进行直查快办。办理“政风行风热线”信件314件，全部按时签收、回复，按要求办结，办结率100%；群众满意度100%。（彭军荣）

【“两员”建设】　1月17日，全区第六届“两员”（区特邀监察员、党风廉政监督员）工作总结表彰会召开，会议总结第六届“两员”工作，表彰“两员”先进小组和优秀“两员”。周永明主持，徐熙、夏树军、高桂强、乔世怀参加。1月，在区纪委二次全会暨全区党风廉政建设工作会上聘请区第七届“两员”50人，其中党风廉政监督员18人，特邀监察员32人。3月16～17日，全区“两员”工作会议召开，会议对上年“两员”工作进行总结，对本年工作进行部署。区领导夏树军参加。年内，定期组织召开“两员”组长工作例会。组织“两员”参加政风行风热线监督、民主评议基层站所、“十八大”保障效能监察等工作。下发“两员”工作规定及实施细则及《“两员”工作组活动经费使用管理办法》。（彭军荣）

【党务公开】　1月，对党务公开的目录进行细化，在全市提出7类224项公开目录基础上，制定区党务公开目录9类329项，增加区委和区属医疗卫生机构公开目录。2月9日，全区党务公开工作经验交流会召开，区领导杨柳荫、市纪委副书记隋秀梅出席并讲话，区领导吴松元、夏树军参加。10月，根据北京市《关于开展党的基层组织党务公开工作专项检查的通知》精神，在全区开展党务公开工作专项检查，107个区处级党委（党工委、党组），182个街道社区党委，733个基层科队站所、直属事业单位党支部（总支）及61个国有企业党委（总支、支部）开展党务公开工作，公开具体事项2601项。（彭军荣）

【政务公开和政务服务试点】　4月，全区确定为依托电子政务平台加强政务公开和政务服务全国试点。成立组织保障机构，投入资金195万元升级改造全区电子政务平台，开发建设政府信息公开专网、权力公开运行专网和政务服务专网。全区43家委办局梳理区级目录11类6342项（其中行政职权6260项，便民服务82项），17个街道梳理街级目录1507项，187个社区共梳理目录1.10万项，全区1.89万个事项录入工作全部完成，建成行政权力库。（彭军荣）

【干部队伍建设】　11月，联合区委组织部等6家单位制定《关于加强纪检监察组织设置和实行派驻统一管理的意见》（以下简称《意见》），并经区委常委会研究通过，对全区20个纪工委、33个纪检组、60个监察科实行派驻统一管理。《意见》从纪检监察组织设置和领导体制、派驻统一管理范围、工作职责、人员编制及干部管理、工作要求等5个方面进行明确。12月3日，与区委组织部召开加强纪检监察组织设置和实行派驻统一管理工作部署会。全年对全区专兼职干部230人进行培训，选派34人次（其中委局机关干部20人次）参加各类调训，25人赴境外考察培训。（彭军荣）

【调研工作】　对全区加强权力结构科学化配置、权力运行规范化监督、廉政风险信息化防控“三个体系”建设工作实践进行分析，形成《关于廉政风险防控“三个体系”建设的实践与思考》的调研报告。联合区检察院，开展工程建设领域职务犯罪预防与廉政风险防控专项调研，形成《东城区职务犯罪预防工作与廉政风险防控机制对接现状及建议》和《工程建设领域廉政风险评估及职务犯罪预防建议》调研报告。围绕全区依托电子政务平台加强政务公开和政务服务工作、深化廉政风险防控管理、加强廉政文化建设开展调研，形成《加强电子政务资源融合创新，提升政务公开和政务服务》《推进街道权力结构和权力运行，规范化标准化建设的实践与思考》《北京地区廉政文化资源开发与利用》的调研报告。全年全区各单位纪检监察组织完成调研报告70篇。上年完成《关于我区行政审批权下放后续监管情况的调研》《影响廉政风险防范管理工作实效性的主要因素及对策》《关于小型工程监督管理的调研》《行政监察现代化问题研究》4篇调研报告分获市纪委2个二等奖、1个三等奖和1个优秀奖。（彭军荣）

【信息工作】　编辑印发《东城纪检监察信息》43期400余条。向市纪委监察局报送信息105余条（篇），采用22条（篇）；向区委办、政府办分别报送140余（篇）信息，《东城信息》采用59条（篇），《昨日区情》及《东城政务手机报》采用55条，被市政府编发的《昨日市情》采用1条。信息工作在市纪委、区信息工作考核中均排在前列。（彭军荣）

中国共产党北京市东城区委员会组成人员

书记、副书记、常务委员

书　　记　杨柳荫
副 书 记　牛青山　常　卫
常务委员　杨柳荫　牛青山
常　卫　徐　熙
金　晖(女)　吴松元
左海星(11 月免)　谢世龙
夏树军　朴学东
周永明　宋甘澍
毛　炯　展　辉(11 月任)

工作机构负责人

办公室主任　毛　炯
区委保密委员会办公室主任　暴　剑
组织部部长　吴松元
老干部局局长　张智敏(女,5 月免)
李长华(5 月任)
宣传部部长　金　晖(女)
新闻中心主任　李卫华(1 月免)
吴　笛(满族,2 月任)
统战部部长　周永明
台湾工作办公室主任　王宝祥
政法委员会书记　常　卫(兼)
综合治理委员会办公室主任　刘宗琦
研究室主任　石利生
直属机关工委书记　毛　炯(兼)
精神文明建设委员会办公室　周桂芳(女)
社会工作委员会书记　朱占勋(11 月免)
党校校长　吴松元(兼)
社会主义学院院长　吴松元(兼,8 月免)
周永明(兼,8 月任)
党史工作办公室主任　彭积冬

中国共产党北京市东城区纪律检查委员会

书　　记　夏树军
副 书 记　杨春发(1 月免)
李连喜
陈　岗
章奕奕(女)

区政府、人民团体党政分设工作机构党委(组)书记

侨联党组书记　谭　菲(女,3 月任)
团区委党组书记　韩新星
妇女联合会党组书记　杨立萍(女)
残疾人联合会党组书记　晋　鹏
工商业联合会党组书记　侯文渊
文学艺术界联合会党组书记　周晓沪
科学技术协会党组书记　李小康
红十字会党组书记　刘京生
政府办公室党组书记　牟玉宪
发展和改革委员会党组书记　陈军义
区委教工委书记　蔡福全(1 月免)
张京明(1 月任)
科学技术委员会党组书记　邱少军
住房和城市建设委员会党组书记　刘景地
城市综合管理委员会党组书记　赵鹏锦(回族,6 月免)
张恩东(6 月任)
商务委员会党组书记　杨春发(1 月任)
文化委员会党委书记　杨　新
人口和计划生育委员会党组书记　王建华
国有资产监督管理委员会党委书记　乔世怀(1 月免)
张长有(1 月任)
民族宗教侨务办公室党组书记　陈孝康(回族,6 月免)
曹兴成(6 月任)
外事办公室党组书记　王贵忠
法制办公室党组书记　李凌波(1 月任)
信访办公室党组书记　周秋来
信息化工作办公室党组书记　谢霄鹏
危旧房改造办公室党组书记　杨金魁
产业和投资促进局党组书记　戴开宏
民政局党组书记　王　健
司法局党组书记　郭树楠
财政局党组书记　王兆康(1 月免)
陈　虹(女,2 月任)
人力资源和社会保障局党组书记　王志亮
环境保护局党组书记　张维和
卫生局党委书记　赵茂杰
审计局党组书记　许　健
安全生产监督管理局党组书记　刘建平
体育局党委书记　李　丽(女)
统计局党组书记　张智敏(女,5 月任)
园林绿化局党委书记　陈晓梅(女)

旅游委党组书记	尹广枢
民防局(地震局)党组书记	刘　方
房屋管理局党组书记	刘海军
行政服务中心党组书记	刘　健(女)
雍和园管理委员会党组书记	贾红梅(女)
前门大街管理委员会党组书记	隗冬燕(女,2011年9月免)
北京站地区管理处党组书记	姜长林(满族)
城市管理监察大队党组书记	郭立峰(6月免)
	徐金孝(6月任)
城市管理监督中心党组书记	李光升(6月任)
东二环交通商务区建设管理办公室党组书记	李　强(12月免)
	连占国(12月任)
档案局(馆)党组书记	陈国安(6月任)
环境卫生服务一中心党委书记	锡梓荣(满族,12月免)
	肖淑凤(女,12月任)
环境卫生服务二中心党委书记	李庆君(女)
房屋土地经营管理二中心党委书记	陈时雨(12月免)
王府井地区商业管理委员会党组书记	陈之常(兼)

民 主 党 派

民革东城区委

【概况】 中国国民党革命委员会北京市东城区委员会(简称民革东城区委)成立于上年7月2日,主委姚卫海、常务副主委1名、副主委4名、秘书长1名、委员14名。设专项委员会8个:提案、信息、祖国统一、学习宣传、社会服务与文教卫体、青年与妇女、老龄文史、组织。基层支部16个,民革党员700人,其中全国政协委员2人、市政协委员3人,市人大代表1人,民革市委委员9人(其中常委2人),民革中央专项委员会委员4人,区政协委员22人(其中政协副主席1人、政协常委4人),区人大代表3人,担任各级特约监察员、监督员6人,各级人民法院人民陪审员3人,本年度新发展党员35人。党员中具有台胞、港澳同胞和海外侨胞(简称三胞)关系的党员400余人。

年内,以邓小平理论和"三个代表"重要思想为指导,以科学发展观为统领,学习贯彻"十八大"会议精神,践行"北京精神",围绕全区中心工作和发展大局,发挥优势,突出特色,履行参政党各项职能,为构建社会主义和谐社会首善之区,为推动国际化现代化新东城建设做出成绩。

单位地址:东城区幸福大街32号405室、407室

联系电话:64015225　邮政编码:100061　(张妍)

【支部建设】 年初,制定《民革东城区委关于支部换届的意见和实施办法》,根据区划调整原则,将原有19个(北片14个,南片5个)支部调整为16个。支部换届工作3月开始,6月26日结束,各支部经民主选举,产生新一届支部委员会,选举支部委员94人。7月3日,组织各支部主委参加区民主党派基层组织工作研讨会,会上作题为《凝心聚力扎实做好支部工作》的发言。8月22日,召开支部工作研讨会,就支部活动开展情况、经验做法、存在问题、面临困难等方面进行探讨和交流,并就《东城民革先进支部、优秀党员评优表彰办法(草案)》,听取意见、建议。12月20日,召开支部总结评优大会,各支部以图文并茂的形式汇报工作活动开展情况,经过考核,8个支部被评为先进支部,7个支部被评为优秀活动支部,81名党员被评为优秀党员。　(张妍)

【信息工作】 年初,召开信息专委会工作部署会、信息工作培训会,部署信息报送内容、稿件要求、报送网络、报送指标和奖励办法等方面工作,提出具体要求。4月27日,民革东城区委常务副主委为党员作题为《做厚积薄发的有心人》的社情民意信息工作辅导报告。党员围绕国际、国内热点问题、"十八大"精神、科学发展、加强海峡两岸交流合作、新东城区建设与发展等方面工作,全年报送社情民意信息100余条,近90%信息被各级部门采纳,有的信息还得到有关领导批示。　(张妍)

【社会服务】 春节前夕,民革东城区委到东四街道奥林匹克社区体育文化中心开展迎新春医疗义诊活动。3月5日,第五支部继续发挥学习、树立和践行社会主义核心价值体系活动示范点作用,到吉安护老院慰问,为老人量血压、测血糖,指导老人用药,对工作人员进行专业医护指导。3月23日,民革东城区委组织部分党员医生到运河苑度假村为度假村600多名员工提供义务体检服务。5月12日,第四支部到密云县头道沟村开展帮扶工调研活动。5月27日,第十、第十一支部联合到365晨光宝贝之家,开展以"服务社会,奉献爱心"为主题的支部活动,捐款捐物近2万元。7月21日,本市特大暴雨发生后,党员2天内捐款1.5万元、捐物价值1.5万余元。9月12日,同仁医院支部到通州区马驹桥社区卫生服务中心开展调研活动,为社区医院发展建言献策。10月13日,教育支部到房山区石楼乡吉羊小学,举行文化下乡暨慰问"7·21"受灾地区小学赠书、献墨、座谈交流活动,为学生送去学习用品并捐赠200余册各类图书及5幅书法作品。10月27日,第五支部到东华门街道韶九社区,为社区居民进行

义诊。 （张妍）

【老龄文史活动】 春节期间,看望80岁以上老党员并送去慰问品。6月13日,为1名老党员召开入党60周年座谈会并为其90岁生日祝寿。10月22日,召开重阳节联谊会,市政协副秘书长、民革市委专职副主委于雪鹰、民革中央联络部副部长李霭君、民革市委秘书长蒋耘晨及东城区委统战部有关领导应邀出席,领导纷纷向老党员表示节日祝贺,并肯定老党员为民革工作做出的贡献。 （张妍）

【参政议政】 2月28日,在东城区民主党派调研评比中,民革东城区委撰写的调研报告《加大节能降耗力度,推进东城绿色增长——东城区节能降耗工作调研报告》获一等奖,《关于东城区小剧场建设发展的调研报告》和《关于加强人民陪审员在司法审判中实现民主监督的调研报告》获二等奖。召开部署参政议政工作、选择课题、开展调研、推进调研、审议课题报告、定稿、工作总结、工作思路研讨等参政议政工作会议6次。协助民革中央、市委开展相关调研2次。参加区政协召开的党派团体提案工作座谈会1次,政协主席督办案集中办理会2次。围绕东城区中心工作、重点工作成立专项课题组,分别到区文化委、区域内各职校、区教委、宏恩观、文保所、区城管大队等单位调研,形成《繁荣新东城演艺振强区——关于进一步推进东城天坛文化演艺核心区建设的调研报告》《关于构建我区现代职业教育体系的调研报告》《传统中轴线整治与保护——宏恩观保护与合理使用的调研报告》以及《关于东城区城市管理执法队伍现状分析与思考的调研报告》。 （张妍）

【妇女节联谊会】 3月6日,召开庆祝三八妇女节联谊会,向全体女党员赠送专委会组织医务界党员编写的《女性养生小百科手册》,进行税务知识讲座和食品安全知识讲座。（张妍）

【促进祖国统一专项活动】 3月14日,参加区台办与党派区委联席会议,就贯彻中共中央加强新形势下党外代表人士队伍建设的工作精神共同探讨落实措施,并提出意见建议。3月20日,参加区台办召开的台情研讨会,就台湾商务区发展等问题进行探讨,交换意见。9月24日,召开"三胞"联谊会,民革中央联络部处长就大陆对台经济政策、台湾经济现状、中美关系等方面作台情分析报告;区台办主任介绍东城区对台工作情况;民革老党员、国博研究员讲解钓鱼岛问题由来。9月26日,参加民革中央举办的中华花艺之美讲座活动。11月2日,召开祖统专委会工作会,总结工作并从台商、台情、台湾街(尤其是台湾会馆)、对台文化交流、对台民间交流、保钓、组织台情报告会等方面讨论酝酿下年专委会工作思路。4名书画艺术家党员参加民革市委组织的台湾书画交流代表团座谈会并现场挥毫与台湾书画家进行交流。受民革市委选派,3名书画艺术家党员随市政协文化艺术交流团赴台进行为期7天的书画交流活动。 （张妍）

【配合民革中央及市委换届】 7月5日,民革北京市第十二次代表大会召开,民革东城区委积极配合民革市委完成新一届市委委员人选推荐工作并派专职干部协助市委换届工作,姚卫海等39名党员作为代表参加民革北京市第十二次代表大会。12月12日,姚卫海等3名党员作为代表参加民革第十二次全国代表大会。 （张妍）

【学习宣传】 9月14日,召开学习宣传委员会工作会议,研讨工作并部署《民革东城通讯》征稿、编印等相关工作。自10月起,恢复《东城民革简讯》,每月一期,登载民革东城区委、支部动态,信息报送采纳情况等。 （张妍）

【学习活动】 组织民革党员参加民革中央、民革市委报告会、区委统战部党派干部骨干培训班、新党员培训班、学习贯彻"十八大"精神报告会、座谈会、传达全国两会精神报告会等学习教育活动,加强对统一战线政治理论的学习,坚定走中国特色社会主义政治发展道路的信心和决心。为区委委员和各支部购买"十八大"精神学习读本,召开班子学习会、区委扩大会,编印《东城民革通讯——学习"十八大"专刊》,刊载党员学习心得体会及活动报道,各支部也相继召开座谈会。"十八大"开幕当天,主委姚卫海参加区委统战部党外人士学习"十八大"精神座谈会并作题为《科学发展天地宽成就辉煌更向前》的主题发言。 （张妍）

【民主监督】 围绕东城区出席北京市第十四届人民代表大会代表候选人建议人选名单、政协东城区第十三届委员会有关人士安排、区政府工作报告等大事,在中共东城区委召开的政治协商会议前,召集有关协商工作小组成员对所协商内容学习讨论研究,提出的意见建议得到区委、区政府领导重视并被采纳。民革东城区委选派各级监察员、监督员等特邀人员参加各种形式民主监督活动近100次。 （张妍）

【组织建设】 修订完善《民革东城区委信息工作条例》和《民革东城区委先进支部和优秀党员评选表彰暂行办法》,印发《民革市委基层组织相关工作制度》。 （张妍）

民盟东城区委

【概况】 中国民主同盟北京市东城区委员会(简称民盟东城区委)成立于上年6月19日。主委王钢、副主委6人、委员14人。民盟东城区委下设组织部、参政议政部、宣传部、社会服务部、专委会工作部。有民盟基层委员会2个,基层总支1个,基层支部55个(区属单位支部22个,市属单位支部4个,中央单位支部29个),盟员1458人(全年发展新盟员52人,其中女性26人,平均年龄37岁。本科以上51人,中高级职称26人)。盟员中任全国政协委员5人,市人大代表2人,市政协委员4人,区人大代表2人,区政协委员33人(其中政协副主席1人、政协常委9人),任区委、区政府特约监察员5人。

年内,民盟东城区委学习"十八大"会议精神和统一战线理论知识,参加民盟中央、市委和中共东城区委统战部的各种理论学习班、专题研修班和党派骨干培训班,围绕区内大事、要事开展调查研究,了解和反映群众的要求,参政议政,履行参政责职能,组织盟员开展社会服务、联谊、慰问等活动,全年向区委统战部报送信息99条,采用28条。涉及经济发展、城市管理、文化医疗改革等方面。调研报告《挖掘北京城中轴线历史文化价值的调研报告》获区统战系统党派调研一等奖,《关于东城区文化创意产业专业集群化发展的调研报告》《以资源分类回收及推广再生产品为切入点,建设生态文明城区打造低碳东城的调研报告》分别获区统战系统党派调研二等奖。

单位地址:东城区幸福大街32号409室
联系电话:64023777　邮政编码:100007　(翟洋)

【组织学习培训】 1月9日,民盟东城区委组织信息员暨新盟员骨干培训班,东城区委统战部、民盟市委参政议政部有关领导参加,全区62名信息员、新盟员骨干参加。10月12日,民盟东城区委召开骨干盟员学习座谈会。区委统战部、民盟市委、民盟东城区委有关领导,骨干盟员30余人参加。11月29~30日,民盟东城区委在北京雁栖华审度假村举办贯彻"十八大"精神学习班。民盟北京市委专职副主委刘玉芳、民盟东城区委主委王钢出席,各支部主委、部分骨干盟员50人参加。　(翟洋)

【举办研讨会】 2月23日,民盟东城区委召开年度专委会工作研讨会。妇女委员会、教育委员会和科技委员会部分骨干成员出席参加。9月12日,民盟东城区委召开统战理论研究工作研讨会。统战理论研究会骨干成员参加。　(翟洋)

【召开调研会】 3月,民盟东城区委相继召开各调研组开题会。4月25日,民盟东城区委召开年度调研、信息总结表彰会,民盟东城区委领导及受表彰盟员、骨干30余人参加。9月21日,民盟东城区委召开调研中期推动会。民盟东城区委主要领导及各调研组成员和部分调研骨干20余人参加。　(翟洋)

【重阳节活动】 10月23日,民盟东城区委老龄委组织部分离退休老盟员参观前门台湾映像文化商务区,开展"九九重阳节,浓浓敬老情"为主题的重阳节活动。民盟东城区委专职副主委、区委老龄委主任以及15个基层支部的60余名离退休盟员参加。　(翟洋)

【支部活动】 1月10日,北京二十五中民盟支部举行迎春团拜会。1月12日,民盟五中支部成立。2月18日,民盟冶金一支部举行新春联谊会。4月20日,民盟东城区新闻出版总署支部组织盟员,到民盟北京市民主党派人民团体大楼参观《中国民主同盟盟史图片展》。6月6~7日,民盟国家体育总局支部与民盟河北廊坊市委在河北霸州举行经验交流活动,参观荣高棠纪念馆缅怀体育老前辈。7月7日,东城法律支部盟员一行14人前往怀柔举行支部活动。7月24日,民盟东城经济支部和原崇文经济支部在温莎KTV举办联谊交流活动。8月16日,民盟东城科技支部组织盟员参观意大利设计展。10月,民盟东城六十五中支部盟员开赴延庆野鸭湖开展支部活动。11月21日,民盟东城区中国医学科学院支部举行畅谈"十八大"精神座谈会。11月21日,民盟东城法律支部探望慰问老艺术家老盟员。12月4日,民盟东城区委旅游支部在民盟北京市委会议室召开学习"十八大"精神座谈会。12月14日,民盟东城教育一支部盟员参观天坛公园神乐署,欣赏古乐《中和韶乐》。12月15日,民盟东城区委盟员参加迎新敬老慈善笔会,民盟北京市委秘书长赵雅君出席。12月25日,民盟东城区委教育委员会举办书法鉴赏社区公益活动。12月27日,民盟东城工业支部在东城区社区学院召开支委会。　(翟洋)

【主委会议】 4月5日,民盟东城区委召开一届四次主委会议。专职副主委主持会议。会议讨论通过关于增设机构和人员调整的决定。主委、副主委全部出席。9月21日,民盟东城区委召开一届五次主委会议。会议通报民盟市委第十一次代表大会及民盟市委十一届二次全委(扩大)会议暨暑期学习班会议精神并研究讨论民盟东城区委下阶段工作安排。　(翟洋)

【全委会活动】 4月5日,民盟东城区委召开一届四次全委会议。会议通报工作情况及年度工作要点,副主委结合分管工作介绍全年工作思路。会议宣布民盟东城区委组织机构及人事变动调整决定并布置区委委员联系支部工作安排。12月17日,民盟东城区委召开一届五次全委(扩大)会暨调研、提案评审会。民盟北京市委专职副主委、区委副主委宋慰祖主持会议,区委主委王钢,专职副主委、副主委、区委委员、调研课题组成员以及部分盟员骨干30人参加。　(翟洋)

【社会服务】 7月6~8日,民盟东城区委、上海增爱基金会、北京雍和宫管理处联合组织医疗专家小组,赴内蒙古自治区多伦县,开展增爱有情奉献社会的义诊送药活动。7月25日,民盟东城区委及下属15个基层支部参与为灾区募捐活动,募集善款10390元。　(翟洋)

民建东城区委

【概况】 中国民主建国会北京市东城区委员会(简称民建东城区委)成立于上年6月18日。民建东城区委由24名委员组成,主委孙占军,副主委及秘书长8名。8月,区委主委进行接种调整,原主委孙占军提出辞职,选举张树华为主委。设专委会9个,即组织建设、经济、参政议政、宣传、信息、学习、社会服务、会员活动、老龄关爱等。有会员1509名,支部39个。民建东城区委中有东城区人大常委3名、代表5名,区政协副主席1名、常委3名、委员24名,海淀区政协委员1名。

年内,民建东城区委重点进行区委主要负责人接种调整、部分支部改选。结合新时期特点,加强基层组织建设;提高认识,履行职能;扩大参与面,为各项建设建言献策;把握舆论导向,做好党派宣传工作;群策群力,开创社服工作新局面;认真学习,开展多样化活动;活跃会员生活,彰显支部活力。

单位地址:东城区幸福大街32号

联系电话:64023933 87556406 邮政编码:100061 (王林洪)

【参政议政报告与提案】 年初,在东城区委统战部召开的民主党派调研报告总结评比表彰会上,民建东城区委5篇调研报告获奖,《实施国家知识产权战略,促进经济发展方式转变》《关于目前东城区食品安全工作现状和建议》获二等奖;《沿北京中轴线建设北京民谷文化休闲体验带的建议》《关于进一步开发保护东城区名人故居的建议》《建设"文化中关村"可在局部先试先行》获三等奖。全年上报民建中央调研报告3篇:《深化社会组织改革创新,开创社会管理格局新局面》《留学潮问题思考与对策建议》《运用供应链可视化技术保证产品安全的提案》。上报东城区委提案6件:《打造以隆福大厦为龙头的"新型文化艺术商业中心区"——对北京艺术品市场现状的调查与项目计划》《关于进一步促进东城区文化产业创新发展的建议》《关于东城区加大环境污染治理的建议》《关于东城区上市公司投资者保护的调研》《关于加强东城区传统文化产业信息化建设的提案》《关爱民营企业,保障经济可持续发展》。上报东城区委调研报告6篇:《北京市水资源循环利用现状及建议》《北京市职业教育发展的调研报告》《合理利用轨道交通地上线空间,开发建设社区多功能服务圈——关于北京轨道交通地上线桥下空间现状的调研报告》《关于北京市汽车尾气排放治理的建议》《关于创建"中医药服务贸易(北京)中心"的建议》《增强文化企业服务专业力促进首都文化产业发展的建议》。 (王林洪)

【社会服务】 4月6日,在永外街道办事处举办"专家百姓零距离民建真情在社区"主题活动启动仪式及健康讲座,全年举办讲座4次。扶危济困,开展慈善公益活动。"7·21"特大暴雨后,民建东城区委组织全体会员捐款54.92万元;帮扶中华思源工程扶贫基金会·爱的分贝——人工耳蜗植入术聋儿救助;帮扶北京SOS儿童村10个家庭、泸州市纳溪区上马镇小学,捐助石景山区黄庄学校、北京太阳城银龄老年公寓、颐和老年公寓等项目和活动,捐款、捐物100万元。

(王林洪)

【组织建设】 专委会把握标准,按照程序,并经区委主委会研究讨论,发展新会员68人;完成优秀会员、优秀支部评选工作;完成区委统战部对民建东城区委会员基本情况的调研工作。做好市委组织的支部主任学习班、新会员学习班的组织工作。 (王林洪)

【宣传信息】 全年上报各渠道信息170余篇,信息报送采用率排在东城区政协(综合排名第一)、民建市委(综合排名第3)前列。建立民建东城区委QQ群、信息员飞信群等,通过先进实时沟通手段布置信息热点,组织讨论,提高转化效率。推广典型支部经验。截至11月底,《新东城民建报》出刊11期,刊登民建东城区委信息近110篇(条),各专委会活动信息20篇,各支部活动60篇,综合类信息30篇(条)。《新东城民建报》改版后,推广报纸电子版,运用科技手段,增加报纸传播面。 (王林洪)

【多样化活动】 年初,由民建东城区委多个支部联合演出的节目《少年中国说》受邀参加民建市委元宵团拜会演出,演出受到民建中央、民建市委领导赞扬和鼓励。春节前夕,民建东城区委领导和社服委主要成员、各支部负责人分别看望离任的民建东城区委领导、行动不便的老会员,并送去慰问品。金秋时节,在奥林匹克森林公园举行"东城民建会员金秋有氧健步走"活动。11月17日,组织民建东城区委会员在民建中央会议室举办学习"十八大"报告辅导讲座。民建东城东四支部参加东四街道工委举办的"社区一家亲——第二届东四奥林匹克社区新春游乐会",并携手东城故宫支部、工商支部、综合支部正式参加东四街道社区共建活动;科技支部部分会员参与在马哥孛罗大酒店举行的"知乐行动"启动仪式;民建东城区委各相关支部及会员、会友为贵州贫困山区小学捐献一批体育用品,将作为送给孩子们的新年礼物;永外支部到北京SOS儿童村,与儿童村签订赞助组建儿童村自行车队、儿童村少年艺术合唱团合约。安定门支部联合北京、四川等地民建会员,出资近10万元为泸州市纳溪区上马镇小学捐助一间计算机教室和18名贫困生;民建东城直属一支部、科技支部共同举行"为石景山区黄庄学校捐资助学"的联合活动。捐助全新电脑主机10台;科技支部的会员捐助一批文体用品。 (王林洪)

民进东城区委

【概况】 中国民主促进会北京市东城区委员会(简称民进东城区委)成立于上年6月11日,罗强任主委,副主委和秘书长7人,委员13人。基层支部62个,会员1294人。设有参政议政工作领导小组、调研委员会、信息委员会、文化委员会、教育委员会、青年委员会、宣传委员会、组织发展委员会和社会服务委员会。会员中全国人大代表1人,全国政协委员1人,市人大代表2人(其中常委1人),市政协委员3人(其中常委1人),区人大代表7人,区政协委员28人(其中政协副主席1人,常委5人)。担任中共东城区委、区政府特约监察员4人。

年内,以中国特色社会主义理论体系为指导,学习贯彻"十八大"精神和全国两会精神,落实民进北京市委和中共东城区委统战部各项工作部署,围绕东城区中心工作,以参政议政为重点,以基层组织建设为依托,加强理论学习,创设融合共事的组织氛围,提高党派的凝聚力,促进组织自身建设,履行参政议政职能,为区各项事业发展做出贡献。

单位地址:东城区幸福大街32号

联系电话:64008408 邮政编码:100061 (崔立新)

【参政议政】 1月13日,在区委统战部召开的区各民主党派工作座谈会上,主委罗强代表民进区委发言,介绍民进东城区委基本情况、上年工作情况及本年工作计划。2月28日，在区委统战部召开的东城区民主党派调研总结表彰会上，民进东城区委上年提交统战部的3篇调研报告中《关于建设公共阅读网络平台，进一步完善东城区公共文化服务体系的调研报告》获二等奖，《关于进一步加强东城区社区教育工作的建议》和《关于加快永外地区文化建设、努力践行文化民生的建议》获三等奖。7月3日，在东城区委统战部召开的区民主党派基层组织工作研讨会上，北京景山学校民进支部代表民进东城区委作题为《团结　求实　奋进》发言，全面介绍景山学校支部发展历程、组织建设、制度建设、参政议政、人才培养以及与学校党政各方面团结合作取得的成绩。（崔立新）

【专题活动】 1月17日，民进东城区委组织全区老会员新春联欢会，100余名老会员参加联欢活动。罗强代表民进东城区委致辞，汇报新一届区委成立以来工作情况，并感谢老会员对区民进事业发展做出的贡献，同时祝福大家新春快乐，区委统战部有关领导代表统战部向民进老会员祝贺新春。1月18日，民进东城区委举行老主委新春团拜会。罗强介绍民进区委情况，并代表民进区委向老主委送上新春祝福。3月8日，民进东城区委组织会员参观中国妇女儿童博物馆纪念国际劳动妇女节。5月2日，民进东城区委就有关教育方面调研课题召开首次校长座谈会，在区担任中小学校长、副校长的民进会员，东城区教工委统战部部长及部分民进区委班子成员参加。10月24日，民进东城区委在天坛公园组织退休会员重阳节健步行活动。专职副主委向老会员们致以节日问候。60余名老会员参加。（崔立新）

【学习培训】 2月23日，民进东城区委举办支部委员培训会，培训会上罗强介绍上年6月民进东城区委换届后的工作，并对民进东城区委本年工作重点进行说明。正式宣布开通“东城民进之窗”网站。宣布各专委会组成人员名单。3月29日，民进东城区委组织信息专委会培训。聘请党派专家讲授就做好社情民意信息工作、履行参政议政党派职能谈心得体会。8月7～8日，民进东城区委委员、骨干会员17人参加区委统战部举办的东城区民主党派、无党派人士学习班，听取常务副区长徐熙作区情报告，九三学社北京市委原常务副主委王琳作提高参政党能力、做好党派参政议政工作报告。8月20～22日，民进东城区委以加强基层组织建设，促进民进组织发展为主题组织年度暑期培训。区委委员、支部主任、支部委员、骨干会员86人参加。培训班上，基层支部作经验交流，民进五中分校等支部分别介绍支部组织建设、参政议政、社会服务、组织生活等情况。罗强就加强基层组织建设作重点发言。区委统战部有关领导出席并讲话。（崔立新）

【社会服务】 5月，民进政协委员发起慰问敬老院倡议，得到朝阳门街道政协活动小组响应，民进东城区委为敬老院购买2000余元慰问品。5月，民进东城区委关注区失独家庭，购买1000余元慰问品，组织召开失独家庭人员座谈会，了解失独家庭的困难和需求，撰写调研报告，呼吁政府和社会关注失独家庭。7月21日，北京发生特大暴雨后，民进东城区委组织捐款活动，向民进市委和东城区委统战部捐款5800元。（崔立新）

【组织建设】 7月16日，民进东城区委组织上年发展的新会员和本年递交入会申请书的民进之友，到民进中央参观《民进会史展览》，20余人参加。7月18日，民进东城区经济综合支部成立大会举行。罗强代表民进区委致贺词，鼓励经济综合支部会员们要以成立大会为契机，为东城区经济建设发展多建睿智之言，多献务实之策。区委统战部领导对成立大会表示祝贺。会后，经济综合支部召开第一次会员恳谈会和支部班子工作会。（崔立新）

农工党东城区委

【概况】 中国农工民主党北京市东城区委员会（简称农工党东城区委）于上年6月成立。主任委员危天倪，副主任委员4人，委员12人，下辖支部21个，党员715人（年内发展党员27人）。党员中有市人大代表1人、区人大代表5人，全国政协委员1人，市政协委员2人，区政协常委2人、委员19人，农工中央委员1人，农工党市委常委2人、委员5人，担任区各级特约监察员及监督员4人。

年内，组织学习培训，定期召开农工党东城区委会议，加强自身建设；开展调研，撰写提案，积极建言献策；组织义诊咨询，走访慰问，服务社会；参加政治协商会议，履行参政党职责。

单位地址：东城区幸福大街32号
联系电话：87556402　邮政编码：100061（陈芃　杨凯）

【新春联欢会】 1月18日，农工党东城区委举办新春联欢会，农工党市委、区委统战部、区卫生局领导到会并致新春贺词。党员表演歌舞、相声等节目。240名农工党员参加。（陈芃　杨凯）

【区委会议】 2月4日，农工党东城区委召开区委（扩大）会。会上，宣读《农工党东城区委调研工作的暂行规定》。组织党员学习区政府工作报告、政协北京市第十一届委员会工作报告以及市领导刘淇在政协会议闭幕式上的讲话。传达农工党市委调研课题选题论证会精神。发放市政府相关委办局选题建议汇总表。5月30日，农工党东城区委召开区委（扩大）会议，主委危天倪主持会议。会议通报农工党东城区委已完成工作。对第五届中国环境与健康宣传周活动、农工党东城区委与农工党中央、市委共同组织的慢性病防治宣传和义诊活动、调研等工作进行部署。征求下半年开展培训工作意见。确定下半年工作任务。9月28日，农工党东城区委召开区委（扩大）会议。会上，讨论党员信息表内容构成和农工党市委《关于加强和改进参政议政工作的意见》（征求意见稿）。调研课题组长介绍调研报告相关情况。通报关于农工党市委同意增选3名农工党东城区委新区委委员的决定。讨论党员培训安排情况。12月13日，农工党东城区委召开全委会。会上,宣读农工党中央关于学习宣传贯彻“十八大”精神通知,并按照市委统战部下发的《“十八大”精神学习材料》进行导读。讨论并通过农工党东城区委《2011—2012 年先进支部、优秀党员、单项先进个人评选办法》及下年农工党东城区委工作要点。（陈芃　杨凯）

【主委会议】 4 月 25 日,农工党东城区委召开主委会。会上,审核农工党北京市第十二次代表大会代表人选。讨论后备干部人选及增补农工党东城区委委员人选。8 月 30 日,农工党东城区委召开主委会。会议宣布农工党市委关于同意增补农工党东城区委委员决定。听取调研工作进度汇报,研究调研经费使用、培训和参观活动的安排。（陈芃　杨凯）

【组织参观】 6 月 6 日,组织部分党员参观北京象牙雕刻厂,了解雕刻厂 50 年发展历程。7 月 20 日,组织农工党东城区委委员、支部主任到通州参观考察。观看通州新城规划沙盘、新城规划宣传片,游览大运河森林公园。11 月 12 日,组织获表彰的上年优秀调研题目的课题组成员,在主委危天倪带领下到怀柔区圣泉山参观。（陈芃　杨凯）

【社会服务】 6 月 16 日,农工党东城区委与农工党中央、农工党市委、中国初级卫生保健基金会、白求恩基金管理委员会在交道口街道交东社区联合举办慢性病防治知识咨询义诊活动,同仁医院、北京医院和第六医院支部党员参加义诊。11 月 7 日,农工党东城区委组织党员中的医务工作人员贯彻落实农工党中央《关于开展第二十四届中国“国际科学与和平周”的通知》精神,到南苑社会福利院为 200 余名老人进行健康知识讲座和义诊咨询。危天倪作“冬季预防呼吸道感染”的健康知识讲座。天坛医院、第六医院、朝阳医院等支部党员为老年人进行眼科、神经内科、口腔科等不同专业的咨询,并为 100 余名老人测量血压。（陈芃　杨凯）

【配合农工党市委完成换届】 6 月 30 日至7 月 2 日,农工党北京市委召开第十二次代表大会。农工党东城区委制定“中国农工民主党北京市东城区委产生农工党北京市第十二次代表大会代表的办法”,按照民主程序,推选出 33 名代表,配合市委完成大会所有议程。（陈芃　杨凯）

【学习“十八大”精神】 11 月 8 日,参加区委统战部组织的东城区各民主党派、无党派人士学习“十八大”精神座谈会,危天倪代表农工党东城区委发言。11 月 26 日,参加区委统战部组织的东城区统一战线学习“十八大”精神专题报告会,听取罗援少将关于钓鱼岛问题的报告。12 月 13 日,农工党东城区委召开学习“十八大”精神座谈会。会上,宣读《农工党中央关于学习宣传贯彻“十八大”精神的通知》,并按照市委统战部下发的《“十八大”精神学习材料》进行导读。农工党东城区委委员及支部主任参加。（陈芃　杨凯）

【学习培训】 11 月 19 日,农工党东城区委举办加强党派自身建设,提高党员参政议政能力,党员学习班。危天倪作开班动员,农工党市委副主委张新建作“参政议政的艺术”讲座,区委统战部副部长传达《中共中央关于加强新形势下党外代表人士队伍建设的意见》的文件精神。（陈芃　杨凯）

【参政议政】 年内,农工党东城区委领导参加协商通报会 4 次,就区政协有关人事安排及委员增补情况以及对东城区委、区政府工作报告提出建议和意见。完成《关于东城区疾病预防控制中心两址办公存在问题的调研》《加强公共建设工程前期设计保护传统街区风貌》《关于建立东城区学校国际化发展模式的调研报告》《关于探索建立老年长期护理保险的建议》4 篇调研报告并转化为区政协提案。向农工党市委宣传处、东城区委统战部调研组报送信息 20 条。

（陈芃　杨凯）

致公党东城区委

【概况】 中国致公党北京市东城区委员会(简称致公党东城区委)成立于上年 6 月 25 日。主委刘超英,副主委 5 名(其中专职 1 名)、秘书长 1 名、委员 10 名。有 4 个专委会:参政议政、文化工作、妇女工作、乐龄工作。基层支部 10 个,党员 348 名。党员中有全国人大代表 1 名、北京市人大副主任 1 名、代表 3 名,区人大常委 1 名;全国政协委员 1 名,北京市政协常委 1 名、委员 4 名,区政协常委 6 名、委员 13 名;区侨联副主席 4 名、委员 5 名;致公党中央常委 1 名、委员 1 名,市委主委 1 名、副主委 1 名、常委 1 名、委员 6 名;市委各专委会主任 2 名、副主任 15 名、秘书长 4 名及委员 67 名。担任东城区委、区政府各部门聘请的各类特邀监察员、信息员等 8 名。

年内,认真学习贯彻中共中央和致公中央、市委有关文件精神,围绕东城区中心工作和主要任务,开展多项活动,加强自身建设,提高履职水平。1 名党员获得民政部颁发的第七届中华慈善奖最具影响力慈善项目奖。1 名党员获得第八届中国可持续能源记者之行焦点报道奖,在中国环境保护领域最高的社会性奖项——第七届颁奖典礼上,获得中华环境优秀奖。2 名党员被评为中国致公党中央委员会社会服务工作先进个人。1 名党员荣获中国科协有突出贡献科学家称号。1 名党员获得华夏建设科学技术进步一等奖和地理信息科技一等奖。1 名党员被授予北京工艺美术大师称号,获得本年度中国设计业十大杰出青年称号,获得中国创新设计红星奖。

单位地址:东城区幸福大街 32 号 403 室

联系电话:87556403　邮政编码:100061　（李辉）

【参政议政】 2 月 28 日,在区委统战部召开的东城区民主党派调研工作总结表彰会上,致公党东城区委提交的调研报告《关于加强东城区历史文化保护区管理的建议》《健全社会矛盾纠纷行政调解机制的研究与分析》获二等奖,《文化北京之人行道问题调研》《关于东城区完善行政决策的研究与分析》获三等奖。3 月 1 ~2 日,区委统战部组织召开东城区民主党派研讨会,致公党东城区委主委刘超英及副主委 1 人参加。5 月 9 日,区政协召开反映社情民意信息工作会议,信息员 4

人参加。7月3日,区委统战部组织召开东城区民主党派基层组织研讨会,第六支部代表作《立足基层,着眼未来,扎实推进基层组织科学发展》经验介绍。致公党东城区委委员、支部委员等10人参加。10月15日,政协东城区第十三届委员会常务委员会第五次会议召开。致公党东城区委中的政协常委5人参加。在区政协第十三届一次全会上提交党派提案4件,其中《关于加强东城区历史文化保护区管理的建议》被评为党派优秀提案;提交委员提案14件,其中《关于打造文化东城,在胡同设立历史标牌的建议》《关于推进"国家中医药发展综合改革试验区"建设的建议》被评为个人优秀提案。致公党东城区委被评为区政协社情民意信息工作先进单位、委员4人被评为区政协优秀社情民意信息工作者、副主委1人被评为区优秀政协委员。全年报送工作信息、社情民意信息等147条,被中央、市、区各部门采用和得到市、区领导批示105条次,采用率达71%。 (李辉)

【慰问联谊活动】 1月9日,致公党东城区委举行上年度总结表彰暨迎新春团拜会。会议表彰47名优秀党员,12名优秀信息员。党员演出自编的文艺节目。致公市委主委李昭玲、专职副主委孙津,致公市委组织处及区委统战部有关领导,致公党东城区委150余名党员参加。春节前夕,致公党东城区委委员分别慰问部分老党员,送去慰问品及组织的关心和温暖。重阳节,举办致公党东城区乐龄党员联谊会,为60岁以上逢五逢十的老党员集体过生日,50名老党员参加。致公党市委领导李昭玲、刘学增,致公党市委办公室及区委统战部有关领导参加。 (李辉)

【参加有关活动】 3月3日,致公党市委举办庆三八联谊会,致公党东城区委组织30名女党员参加。4月6日,致公党市委在房山区举行践行北京精神,共建绿色家园主题植树活动,致公党东城区委组织部分委员和党员参加。5月10日,龙潭街道工委、办事处举办龙潭街道全民健身运动会,刘超英及2名副主委参加。7月10日,区委统战部举办东城区统一战线各界人士皇城文化游览活动。致公党东城区委组织党员参加。9月27日,区委统战部、区政协举行东城区统战各界人士喜迎国庆欢度中秋联欢会。致公党东城区委中的政协委员参加。 (李辉)

【专委会活动】 3月21日,乐龄组邀请全国政协委员、致公党东城区委副主委向老党员传达全国"两会"主要精神。4月1日,参政议政专委会召开题为《完善社区文化体系,加强社会主义先进文化之都的建设》专题调研讨论会。7月22日,在首都博物馆会议室召开参政议政工作会议。致公党东城区委班子成员、区委委员和参政议政专委会成员及部分区级政协委员20余人参加。8月6日,召开文化工作会议,研究《东城致公》创刊号的出版工作,11人参加。刊物于9月28日出版。11月1日,乐龄组组织老党员到天坛公园"神乐署"内观赏菊花,30余人参加。12月20日,调整后的乐龄专委会召开第一次全体会议,传达"十八大"精神,通报致公党东城区委近期工作重点,老党员近40人参加。 (李辉)

【区委会议】 3月24日,召开第一届委员会第五次全体委员会议。传达全国"两会"精神,刘超英结合市、区工作重点和致公党东城区委工作要点布置相关工作。3月28日,召开专题会议,研究部署致公党市委"八大"党代表推选工作。致公党东城区委委员、支部负责人20余人参加。4月12日,召开选举会议,以投票选举方式产生出席致公党北京市第八次代表大会代表19人。7月3日,召开支部负责人会议,传达致公党市委第八次代表大会精神。11月16日,召开座谈会,组织致公党东城区委委员、支部委员、骨干党员学习领会"十八大"精神,致公党市委专职副主委谢朝华等参加。12月1日,召开干部工作会议。会上,区委统战部副部长作学习"十八大"精神专题辅导,并解读中央4号文件内容精髓,致公党市委领导谢朝华等及致公党东城区委委员、支部委员、专委会委员42人参加。12月24日,召开致公党东城主委办公会及参政议政工作会,班子成员和参政议政专委会委员参加。

(李辉)

【民主协商】 4月11日,区委统战部召开东城区党派团体协商会1名副主委参加。10月25日,东城区召开党派团体区情通报会6名党员参加。11月16日,东城区委召开党派团体协商会,就东城区出席北京市第十四届人民代表大会代表候选人建议人选名单进行协商,刘超英及1名副主委参加。12月13日,东城区委召开党派团体协商会,就政协东城区第十三届委员会有关人士安排进行协商,致公党东城区委委员参加。12月25日,东城区委召开党派团体协商通报会,分别就《中共东城区委十一届四次全会上的报告》(征求意见稿)和《2012年东城区政府工作报告》(征求意见稿)进行协商通报,致公党东城区委委员参加。 (李辉)

【理论学习】 4月12日,召开委员(扩大)会议,学习贯彻中共中央决定精神,致公党东城区委委员、各支部委员及部分党员30余人参加。4月18日,区政协举办台海形势报告会,致公党东城区委中的区政协委员参加。5月30日,区委统战部召开党派骨干成员座谈会,致公党东城区委10名党员参加。6月19日,致公中央举办社会主义民主制度——中国的政治体制报告会,10名致公党东城区委委员参加。8月3日,致公市委召开的八届二次会议,学习传达中共北京市第十一次党代会精神,6名党员参加。8月7~8日,东城区委统战部在北京富来宫会议中心举办东城区各民主党派、无党派人士学习班,致公党东城区委委员及骨干党员12人参加。9月7日,区委统战部举办的东城区民主党派新成员报告会,10名新党员参加。10月26~27日,致公党市委举办提高中青年党员的思想政治素质和党务工作水平,树立和践行社会主义核心价值体系学习班,9名中青年党员参加。11月5日,中国致公党中央委员会举办"同心"思想理论与实践讲座,8名党员参加。11月8日,区委统战部组织民主党派专职干部集体收看中国共产党第十八次全国代表大会开幕式。同日,还召开党外人士学习中国共产党第十八次代表大会精神座谈会,主委刘超英代表致公党东城区委作题为《同心同向,共铸辉煌,为实现中华民族的伟大复兴而努力》的主题发言。11月

26日,区委统战部举办的东城区统一战线学习贯彻“十八大”精神专题报告会,13名党员参加。 (李辉)

【代表参加会议】 6月21~24日,中国致公党北京市第八次代表大会召开致公党东城区委19名代表参加。12月3~6日,中国致公党第十四次全国代表大会在北京召开,致公党东城区委李昭玲、杨杰孚、刘超英作为北京选举的代表出席,1名副主委作为特邀代表参加,致公党中央提名的5名代表也参加大会。 (李辉)

【参加中医文化欧洲行活动】 6月22日至7月5日,致公党东城区委1名党员参加由国务院侨办主办、欧洲时报社承办的“文化中国·名家讲坛”——中医文化和养生保健欧洲行活动。先后赴法国、匈牙利、奥地利等国进行中医文化和养生保健专题讲座4场,并进行健康咨询义诊。 (李辉)

【支部活动】 7月15日,第一、四支部联合活动,组织参观张秉贵纪念馆。聆听新一代全国劳动模范、北京奥运会火炬手王涛火炬传递经历,近距离感受火炬实物带来的震撼。学习贯彻市党代会精神和致公市委第八次代表大会精神,20余名党员参加。7月28日,第八、九支部联合活动,组织参观中华民族艺术珍品博物馆,学习贯彻市党代会精神和致公市委第八次代表大会精神,20余名党员参加。11月23日,第五支部开展以学习贯彻“十八大”精神为主题的支部活动。12月21日,调整后的第一、二、四、九支部联合组织活动,传达致公党东城区委干部工作会议精神,并学习“十八大”精神的主要内容,近40名党员参加。 (李辉)

【爱心奉献】 7月21日,北京特大暴雨发生后,致公党东城区委党员捐款3.75万余元。年内,刘超英等6名党员为贵州省大方县星宿乡中心小学10名小学生捐款6000元。1名党员捐赠东城区政协12万元教育培训经费,用于提高政协机关干部英语能力培训,并免费对20名公务员进行为期3个月的英语培训。1名党员出资20万元在甘肃省舟曲县建立15所红领巾书屋。1名党员在绥棱治理白色垃圾保护美好家园的环境保护项目中,先后为绥棱10个农村乡镇、唐山军区、敬老院等地捐款1890万元。1名党员为贵州省长顺县筹划捐建名为“诚信文化驿站”的图书室,筹集资金4万元。1名党员在本职工作中发挥自身优势,组织和参与有关保健食品安全、质量的社会活动,通过调研、讲座、接受媒体采访等形式进行健康科普教育,传播科学健康生活方式。1名党员与他的团队,举办薪火相传——全球华人汉字书写普及工程,先后在北京、河北、河南等地举办多场汉字书写活动,激发人们热爱汉字热情,提高汉字书写水平。 (李辉)

【组织建设】 年内,发展新党员11人,本科学历7人、硕士研究生4人、平均年龄39岁,其中美国、德国留学归国人员2人,侨属、侨眷3人。外区转入3人,转出6人,去世党员1人。9月28日,致公党东城区委一届七次全委会研究讨论,经与区委统战部协商,报请致公党市委批准,对支部和专委会进行调整,重新组建10个支部、4个专委会。12月1日,召开专题会议,宣布支部和专委会干部任命通知。 (李辉)

九三学社东城区委

【概况】 九三学社北京市东城区委员会(简称九三学社东城区委)成立于上年7月3日。主委何厚夫,副主委6人、委员12人、秘书长1人(兼)。有支社18个,社员697人。社员中有全国政协委员4人,北京市政协委员1人,东城区政协常委4人,委员11人。北京市人大代表1人、东城区人大代表2人。

年内,九三学社东城区委以邓小平理论和“三个代表”重要思想为指导,学习贯彻“十八大”精神,组织委员和骨干社员参加区委统战部举办的报告会、座谈会。在九三学社第十二届中央委员会第六次全体会议上,九三学社东城区委1名委员被九三学社中央评为学习践行社会主义核心价值体系全国优秀社员。

单位地址:东城区幸福大街32号319房间

单位电话:64023773 邮政编码:100061 (高文杰)

【组织建设】 5月18~20日,九三学社东城区委各支社社员一行19人,由主委何厚夫带队赴邯郸考察。期间与九三学社邯郸市委副主委、秘书长及市委工作人员进行工作交流。6月20~23日,九三学社东城区委推荐代表24人参加九三学社北京市第十二次代表大会。何厚夫等5人当选为第十二届委员会委员,何厚夫当选为第十二届委员会常委。1名副主委当选为出席九三学社第十次全国代表大会代表。1名副主委当选为九三学社北京市委监督委员会委员。7月3日,在东城区委统战部组织召开的东城区民主党派基层组织工作研讨会上,九三学社东城区委中研支社代表作主题为《发挥人才优势,建言区域建设》的发言。10月举办离退休老龄社员东城区区情半日游活动。全年九三学社东城区委发展社员23人。 (高文杰)

【思想建设】 8月7~8日,九三学社东城区委委员8人和骨干社员7人,参加东城区委统战部组织的区民主党派、无党派人士学习班。9月7日,东城区委统战部在区社会主义学院三层报告厅,举办东城区民主党派新成员报告会,九三学社东城区委组织新成员15人参加。11月8日,九三学社东城区委专职干部集中观看“十八大”开幕式。主委何厚夫及专职副主委参加东城区委统战部召开的东城区党外人士学习“十八大”精神座谈会。会上,何厚夫作题为学习“十八大”及胡锦涛总书记讲话体会的发言。11月24日,九三学社东城区委界别政协委员召开学习“十八大”精神座谈会,九三学社东城区委界别政协委员15人全部参加。东城区人大副主任、九三学社东城区委主委何厚夫出席座谈会。11月26日,九三学社东城区委社员15人参加区委统战部举办的东城区统一战线学习贯彻“十八大”精神专题报告会。 (高文杰)

【信息工作】 9月20日,主管信息工作的副主委参加东城区政协举办的中国共产党第十八次全国代表大会召开前社情民意热点问题座谈会，代表九三学社东城区委作重要发言。全年报送各类社情民意37篇、信息59篇，其中多篇（条）得到市、区有关领导批示。《关于在学生群体中开展脊柱侧弯疾病监测的建议》在市政协采用，并得到杨柳荫批示。《关于恢复中医药文化园中药苗圃植物名称标识的建议》《关于改进家庭垃圾分类工作的建议》《关于加强小区文化活动站建设的建议》均得到杨柳荫批示。九三学社东城区委被评为东城政协党派团体优秀提案和优秀社情民意先进单位。2名信息员被评为东城区政协年度优秀社情民意信息工作者。

（高文杰）

【社会服务】 12月14日，主管社会服务工作的副主委参加九三学社市委组织的年度社会服务工作联席会议。九三学社东城区委被评为市2011—2012年度社会服务工作先进集体，7人被评为先进个人。在建国门街道社区服务中心和龙潭街道龙潭北里社区分别举办大型义诊活动。北京、同仁、天坛、北京中医医院、北京口腔医院等8所医院的外科、内科、眼科、口腔等10余个科别专家、主任医师近50人，为社区居民提供400余人次健康咨询、免费义诊服务。聘请天坛医院专家为培智学校师生就癫痫病的预防与救护开展专题讲座。

（高文杰）

【参政议政】 参加东城区委召开的党派团体负责人协商会、情况通报会和座谈会，就中共东城区委工作报告和政府工作报告、人士任免等相关事宜进行协商。年内，九三学社东城区委撰写提交调研报告4篇。分别是《关于东城区社区老年居民安全用药现状调研报告》《关于进一步加强东城区网格化社会管理的调研报告》《关于恢复清太医院文保古迹的调研报告》《培育东城区体育新兴产业带动区域经济全面协调发展》。

（高文杰）

台盟东城区委

【概况】 台湾民主自治同盟北京市东城区委员会（简称台盟东城区委）有盟员90人，设台盟中央、全国台联、在职、乐龄4个支部。主委肖焱，副主委3人（其中专职副主委1人）、委员9人，盟员中有全国政协委员8人、市政协委员6人、区政协委员7人，区人大代表1人，担任区各级特约监察员及监督员2人。

年内，台盟东城区委召开会议2次，召开区委主委会会议4次。台盟东城区委发挥团队力量，做到信息沟通，集体决策，充分协商。台盟东城区委重视组织建设、制度建设，强化中青年骨干和基层盟员的思想建设工作，推荐盟员参加中共东城区委、台盟市委、北京社院组织的各种学习培训班，尽量安排盟员参加学习活动。全年组织56人次参加“十八大”会议精神学习、骨干成员培训、盟史教育等多项活动。

单位地址：东城区幸福大街32号413室

联系电话：87556413　64023833　邮政编码：100061

（王玉燕）

【参政议政】 2月28日，在东城区委统战部召开的民主党派调研工作总结表彰会上，台盟东城区委《加强交流与合作，促进东城区文化创意产业发展》一文获得调研成果二等奖，《关于探索“非营利机构”体制模式推进科技创新体系建设》的调研与《关于台湾文化商务区运营情况的调研》获得调研成果三等奖。3月1～2日，东城区委统战部召开东城区民主党派工作研讨会，台盟东城区委主委作发言。4月11日，东城区委统战部组织召开东城区党派团体协商会，通报东城区出席中共北京市第十一次代表大会代表人选情况并征求意见，台盟东城区委主委参加。5月31日，台盟东城区委召开参政议政专门委员会成立大会暨调研开题会。11月16日，东城区委统战部召开东城区党派团体协商会，就区出席北京市第十四届人大代表候选人建议人选情况听取意见建议，台盟东城区委专职副主委参加。11月21日，8名台盟东城区委参政议政专委会委员在东城区文物局文保所所长带领下，深入胡同调研，全程步行2个半小时，从完整的故居、有效利用的样板院落到破落民居，进行考察和分析，台盟东城区委根据此次调研成果向东城区政协提交调研报告《东城区文物建筑保护与传承》。12月25日，中共东城区委统战部召开东城区民主党派团体协商通报会，就《中共东城区委十一届四次全会上的报告》（征求意见稿）和《2012年东城区政府工作报告》（征求意见稿）进行通报协商，并听取意见建议，台盟东城区委专职副主委参加。

（王玉燕）

【组织建设】 2月28日，召开支部工作会会议，各支部主任说明支部工作计划，各支部推荐台盟东城区委信息员、参政议政委员会人选。4月23日，召开台盟东城区第一届委员会第五次主委会会议，会议通过台盟东城区委参政议政专委会主任、副主任、委员名单。年内，通过《台盟北京市东城区委员会专门委员会工作条例》和《台盟北京市东城区委员会社会组织工作条例》。推荐3名盟员为东城区青年联合会第五届委员会委员。

（王玉燕）

【支部活动】 4月20日，乐龄支部以缅怀革命先烈，传承辛亥革命精神为主题，参观中山公园中山堂。8月14日，全国台联支部组织盟员前往台湾会馆，参观台湾工艺精品展，活动邀请老盟员参加，新老盟员围绕两岸文化、做好台湾人民工作进行交流。9月8日，在职支部组织盟员参观在台湾会馆举办的成功在两岸——郑成功收复台湾350周年纪念展，参观后盟员围绕台湾历史与在职支部工作进行座谈。

（王玉燕）

【社会服务】 4月21日，组织盟员赴房山区大石窝镇后石门村参加绿色捐资植树公益活动，盟员20人参加。“7·21”特大自然灾害发生后，组织盟员开展捐款活动，捐款5800元，将收到的捐款以购买食品饮用水的方式捐赠给房山区南窖乡。7月29日，台盟北京市委原常务副主委郭理、台盟东城区委主委、副主委，将两车方便面和矿泉水送到房山区南窖乡，受到房山区政协、区委统战部、南窖乡党委欢迎，捐赠后到南窖乡中窖村、水峪村现场考察，了解受灾情况。

（王玉燕）

【对台工作】 7月,北京房山区特大暴雨发生后,台盟东城区委联系东城区台商联谊会共同开展捐助活动。9月5~6日,台盟北京市委举办交流与共享研讨会,台盟东城区委组织13名盟员参加。9月22日,台盟东城区委开展相聚在中秋,探访在京台资企业活动,台盟东城区委主委等25名盟员到台商经营的密云县云峰山景区实地学习参观,与台商进行交流。 (王玉燕)

【理论学习】 8月7~8日,区委统战部举办东城区民主党派、无党派人士学习班,台盟东城区委主委及区委班子成员参加。9月7日,中共东城区委举办年度东城区民主党派新成员报告会,台盟东城区委组织3名年轻盟员参加。11月8日,区委统战部召开东城区各民主党派、无党派人士学习"十八大"精神座谈会,台盟东城区委主委、专职副主委出席座谈会,主委代表台盟东城区委发言。11月26日,区委统战部举办东城区统一战线学习贯彻"十八大"精神专题报告会,台盟东城区委8名盟员参加。11月28日,台盟东城区委召开学习"十八大"会议精神座谈会,台盟北京市委副主委蔡勉等出席会议。12月7~8日,组织9名盟员参加台盟北京市委举办的市委委员及中青年骨干盟员培训班。 (王玉燕)

【宣传工作】 12月4日,台盟北京市委召开宣传思想工作会,评选出纪念台盟成立65周年优秀征文,台盟东城区委1名盟员《台盟早期刊物<新台湾丛刊>创办经过》一文获得个人一等奖,1名盟员获得个人三等奖,2名盟员分别获得个人鼓励奖。台盟东城区委提交的信息建议被区委统战部采用70条,被市委统战部及东城区委办、区政府办采用9条,被台盟北京市委采用7条。 (王玉燕)

东城区民主党派负责人

中国国民党革命委员会北京市东城区委员会主委	姚卫海
中国民主同盟北京市东城区委员会主委	王　钢
中国民主建国会北京市东城区委员会主委	张树华
中国民主促进会北京市东城区委员会主委	罗　强
中国农工民主党北京市委员会东城区委员会主委	危天倪(女)
中国致公党北京市委员会东城区委员会主委	刘超英(女)
九三学社北京市委员会东城区委员会主委	何厚夫
台湾民主自治同盟北京市委员会东城区委员会主委	肖　燚

团　体

东城区总工会

【概况】 东城区总工会(简称区总工会)是区委领导下的人民团体,是党联系职工群众的桥梁和纽带。内设人事部、财务部、基层组织建设部、经审办公室、办公室、宣教部、劳动生产和劳模工作部、权益部、法律部。行政在编人员33人,工勤编制3人。有下属事业单位8个,编制255人。全区职工23.93万人,工会会员22.91万人,基层工会2046个(涵盖单位1.26万个)。

年内,以建会、入会服务全覆盖为基础,以促进发展、稳定、和谐为目标,以职工、企业、社会满意为出发点和落脚点,谋划工会工作,探索新的工作思路和方式方法,各项工作均取得进展。区总工会被评为全国帮扶工作先进集体、全国经审工作先进集体、全国职工互助保险先进单位、全国职工职业安全卫生知识普及教育及安康杯活动优秀组织单位,被市总工会推荐为全国工会先进集体。全国总工会书记处第一书记王玉普、全国总工会书记处书记张鸣起等领导先后到区总工会调研指导工作,并对工作给予肯定。

单位地址:东城区后永康胡同17号

联系电话:67111821　邮政编码:100007 (赵丽娟)

【工会联络员会议】 1月11日,召开各街道工会联络员会议,传达市总工会关于进一步完善劳动争议调解联动机制业务推进会会议精神。学习《关于劳动争议调解案件的质量管理标准》和《关于规范劳动争议调解案件补贴办法》。要求各级劳动争议调解组织严格贯彻执行。 (赵丽娟)

【困难帮扶】 1月16日,区总工会主席张晓林到体育馆路街道困难单亲女职工家中看望慰问,并送上慰问金和米、面、油等慰问品。元宵佳节前夕,区总工会支出近3万元为454名困难职工购买元宵,送去节日问候。"两节"期间,筹集50余万元为困难职工送去温暖。3月16日,区总工会领导班子成员慰问1名患重大疾病困难职工送上1万元救助金。高考前区总工会提高助学标准,由原来的每人1000元提高至2000元,并对20名参加高考的困难职工子女开展助学帮扶活动。(区总工会于2009年建立困难职工子女高考前助学机制,2009至2011年3年间,补助困难职工子女35人,其中31人顺利考入大学)。5月24日,举行庆六一慰问困难职工子女活动。为全区14周岁以下困难职工子女105人分别送上400元购书卡和100元儿童食品。6月11~14日,组织全区228名困难职工进行健康体检。6月14日,张晓林代表所有捐款的工会干部,将3.05万元捐款送到病困职工家中,鼓励患者战胜疾病,点燃病困职工家庭希望。8月3日,区总工会领导班子成员带着慰问金和慰问品分别到天街置业项目工地,卫生、环卫、公安、交管、交通等部门,慰问在高温中坚守一线工作的职工。出资12万元用于暑期送清凉活动。8月21日,开展受助在校大学生暑期教育活动。组织大学生参观时传祥纪念馆,观看话剧《因为有你》,与大学生座谈进行交流,并为大学生发放助学金。开展"金秋助学"活动对困难职工子女中在托、在读的学生给予不同标准的经济补助,减轻家庭负担。中秋节前夕,支出9万余元为在册困难职工购买月饼,并将节日帮扶与日常帮扶相结合,对困难职工中的特殊群体,形成全年所有节日均前去慰问的工作模式。

(赵丽娟)

【劳模团拜会】 1月20日召开。张晓林主持,吴松元代表区四套班子向全区劳模致以敬意和新春问候。希望全区劳模珍视荣誉,负起使命,继续传承和发扬劳模精神,立足"首都文化中心区、世界城市窗口区"总体定位,带动和激励全区职工群众,为现实既定目标任务贡献智慧和力量。吴松元表示区委、区政府继续加大对劳模关爱力度,探索为劳模办实事的新举措,提高为劳模服务水平。区领导牛青山、徐鸿达等出席,劳动模范、先进工作者150余名参加。(赵丽娟)

【帮扶就业】 1月至6月,发挥工会三级服务体系作用,为求职者搭建劳务对接平台,举办招聘会22场,提供就业信息2.4万条,推荐岗位1.5万个,其中1643人实现就业。

(赵丽娟)

【重点工作部署会】 2月2~4日,召开年度工作部署会。与会人员围绕总体思路,结合工作职责,汇报本部门(单位)年度重点工作项目、推进工作的主要措施、以及争取达到的目标和效果,并研究开展工作所需的经费安排。会议确定150余项为职工服务项目。各部门、所属企事业单位负责人参加。3月8日,召开各街道总工会和教育、卫生系统工会年度工作部署会。区总工会领导分别结合分管工作和市总对口部门的工作部署,将工作任务进行细化和分解,并就与会单位关注的问题进行说明。各街道总工会和教育、卫生系统工会主席、副主席参加会议。张晓林提出要求。3月20日,召开宣教工作部署会,部署全年重点工作。区各直属工会主席、工会宣传干部参加。7月16~17日,召开年度上半年工作会议,对半年工作进行全面总结并针对下半年工作提出要求,区总工会领导分别就分管工作进行总结部署,120余人参加。11月26~27日,召开下年工作务虚会,各主管主席、部室负责人分别总结年度主要工作得失、有效做法,围绕贯彻落实"十八大"精神谋划下年工作思路,针对工作中重点难点问题进行交流研讨。张晓林肯定工作成绩,结合学习解读"十八大"精神提出具体要求。12月7~8日,召开下年街道工会系统工作务虚会,17个街道工会主席分别总结年度主要工作成绩、工作亮点及下年工作思路,并就工作难点问题进行交流研讨。张晓林对工作成绩予以肯定,结合学习解读"十八大"精神提出具体要求。(赵丽娟)

【经费审查】 2月6日,区总工会第一届经费审查委员会第六次会议召开。会议审议并通过区总工会本级上年财务收支决算和本年财务收支预算。4月17~18日,区总工会经审办公室分别举办特邀经审员培训会和全区直属基层工会经审干部培训会。贯彻《中国工会审计条例》和北京市总工会制定的《关于加强和改进北京市工会经审工作的意见》。特邀经审员培训会就开展年度工会审计工作有关事项进行研究部署。全区直属基层工会经审干部80余人参加。8月1日,召开一届七次经审会。会议审议通过区总工会上半年预算执行情况,研究审议新修订的《东城区工会经费审查工作规范化建设标准》(试行)。会上,组织经审委员学习北京市总工会《关于进一步加强工会财务管理和经审监督工作的意见》等文件。(赵丽娟)

【职工互助保险】 2月16日,职工互助保险进非公企业启动培训会召开,区总工会主管领导着重从职工互助保险性质、特点、意义、宏观发展形势、基层代办处管理制度等方面进行培训。17个街道及多个非公企业负责互助保障工作经办员60余人参加。2月22日,举办迎三八爱心奉献温暖互助保险现场赔付会。出险职工5人及部分基层单位工会主席参加,现场赔付2万余元。中国职工保险互助会北京办事处主任到会并讲话。全区参加各项职工互助保险的单位327个,会员人数达11.30万人,投保金额1593.70万元,有职工8000人从中受益,受益金额达1140.20万元。区总工会支出8.50万元为全区困难职工454人免费投保2份重大疾病保险,为困难女职工154人免费投保2份女职工特殊疾病保险。

(赵丽娟)

【关怀女职工】 2月27~29日,开展庆三八街道女保洁员体检活动,为全区77名已婚女保洁员进行免费妇科检查,并增加宫颈TCT防癌筛查项目。8月14日,第四次女职工大讲堂法律知识与女性形象篇在首都女职工素质教育基地——东城区工人文化宫举行。邀请中华女子学院法学院教授讲授女职工劳动保护特别规定和女性形象管理,200余名女职工干部参加。(赵丽娟)

【税务代收】 2月29日,召开东城区街道工会会计核算中心研讨会。会议旨在促进街道工会会计核算中心安全有序发展。负责街道核算的会计、出纳、街道工会主席会计核算软件公司和中国银行北京分行、东城支行、崇文支行的相关人员参加。全区有3147家企业进入街道报销系统,录入票据企业3098家,签订协议企业857家,发放报销卡693个,17个街道全部制定报销制度,10个街道开始报销。 (赵丽娟)

【职业技能大赛】 3月7日,市第三届职业技能大赛东城赛区动员暨培训大会召开。会议正式下发赛区实施方案、组织工作手册及相关宣传材料,通报赛区工作进展情况。组委会成员单位代表、初赛主办单位代表、评判委员会代表和参赛选手代表分别表态发言。市职业技能鉴定管理中心、区总工会、人力社保局有关领导到会并讲话。全区34家大赛组委会成员单位主管领导及责任人、24家企事业单位、32名赛务管理人员及20名竞赛办公室工作人员参加。11月初,经过选拔,选派由东直门街道推荐的2名育婴员和由区民政局推荐的2名养老员组成的区家政服务参赛队,代表北京市参加11月10日在广州举行的全国女职工岗位创新技能大赛家政服务类(育婴、养老护理项目)决赛。12月12日,举办市第三届职业技能大赛东城赛区总结表彰大会,35名选手通过竞赛直接获得国家三级(高级)以上职业资格证书,4名选手在市级决赛中取得名次(包括水质分析工决赛第一名)。市职业技能鉴定管理中心主任到会作重要讲话。市人力社保局、市职业技能鉴定管理中心、区人力社保局、区总工会有关领导参加并为获奖代表颁奖。 (赵丽娟)

【信息采集和京卡办理】 3月14日,推进工会会员信息采集和京卡办理工作部署会召开。会上部署该项工作,明确目标任务。张晓林提出要求。市总工会副主席王玉英出席并对工作提出要求。全区直属机关、企事业单位工会主席及街道工会干部120余人参加。11月15日,举办万张海报促京卡服务宣传活动,制作和发放1万张宣传海报,展示京卡的使用功能、服务内容、办卡快捷通道,提升京卡知晓率,有助于职工卡享受到工会组织提供的医保、救助、购物、健身等免费或特惠服务。12月26日,出资3.5万元为17个街道总工会全部配备第二代身份证读卡器和京卡·互助服务卡读卡器,简化会员信息采集流程,为持卡会员参加各项京卡优惠服务项目提供便利。 (赵丽娟)

【工资集体协商】 3月19日,召开推进工资集体协商工作领导小组第一次会议暨工作研讨会,主管领导对工资集体协商工作要点进行说明,张晓林提出要求。区总工会、人力社保局、国资委、商务委、工商联、商联会等成员单位主要领导、主管领导、相关部室负责人和区工资集体协商指导员参加。8月9日,区深入推进工资集体协商工作领导小组召开第二次会议,通报上半年工资协商工作进展情况,研究部署下半年工作重点。会议研究决定在8月至9月期间,联合区协调劳动关系三方,对全区企业开展工资集体协商工作情况进行检查和抽查,以发现先进典型,督促未建制企业建立协商机制。12月初,开展街道工资集体协商交流互查。17个街道分4个组,以各街道工作汇报、查阅档案及文字交流为主要方式,就集体合同工作进展情况,监督检查、职工代表履职、职工满意度测评3项制度的建立及落实情况,辖区企业履约情况,街道、社区指导员队伍作用发挥情况,以及街道确立的试点单位先进经验等做详细汇报,对在互相翻阅工资协议备案材料中发现合同文本不严谨的地方提出修正意见,并就实际工作中遇到的重点、难点问题进行讨论,提出下步工作打算。区总工会副主席对下年工作提出具体要求。 (赵丽娟)

【大讲堂活动】 3月28日,区总工会法律大讲堂以案说法活动首次开课。200余个企业工会主席和人力资源部负责人及部分街道工会工作人员400余人参加。同日,举办劳模大讲堂首场宣讲课暨女职工大讲堂之女性健康篇。宣讲团成员全国先进工作者、北京鼓楼医院院长康佳结合实际工作经验,围绕女性生理、保健、中医四季养生等方面内容,为女职工100余人讲授养生课。8月8日,举办职工公益大讲堂活动,邀请地质学博士、中国地震应急搜救中心工程师为职工讲授自救互救课。街道总工会主席、企业工会主席和工作在一线的职工450余人参加。9月26日,举办以案说法法律大讲堂活动。邀请中银律师事务所律师结合《劳动法》《劳动合同法》《社会保险法》等相关法律法规,围绕事实劳动关系认定、未签合同双倍工资补偿、劳动合同约定条款、工伤保险待遇支付等涉及企业和职工关注的热点问题进行解析。187家企业的工会主席和人力资源部门负责人及部分街道工会工作人员284人参加。11月29日,举办法律大讲堂以案说法活动。工会劳动争议调解员以区总工会编选的案例材料为基础,结合企业实际多发的劳动纠纷,对《劳动法》《劳动合同法》《社会保险法》等相关法律法规进行解析。56家企业工会主席和人力资源部门负责人及部分街道工会工作人员89人参加。 (赵丽娟)

【教育基地落户时传祥纪念馆】 6月21日,中国劳动关系学院·时传祥纪念馆劳模精神教育基地正式成立,并举行揭牌仪式。中国劳动关系学院院长李德齐,市总工会副主席潘建新,区领导吴松元、汤钦飞、张晓林等出席仪式。中国劳动关系学院学生代表,东城区劳模代表,区环卫二中心等职工代表100余人参加。10月26日,由北京市总工会、北京市市政市容管理委员会、东城区区委区政府联合主办的弘扬时传祥精神主题座谈会在龙潭公园时传祥纪念馆举行。参会人员集体向时传祥铜像敬献花篮,跟随讲解员参观纪念馆,随后召开座谈会。会上,市市政市容委主任陈永、副主席王北平和张晓林分别讲话。市总工会副主席时纯利宣读全国总工会和国家住建部发出的《致全国环卫工人的慰问信》。全国劳模北京环卫集团四清分公司李春国和西城区环卫中心代表围绕传承时传祥精神发言。时传祥生前工作单位全国五一劳动奖章获得者东城区环卫二中心三所李学玲宣读倡议书。会上,向6名环卫系统职工和家属发放由市总工会、市市政市容委和东城区政府首先发起,爱心企业捐资的时传祥环卫工人专项温暖基金救助金。环卫集团、各区县环卫系统劳模和职工代表50余人参加。 (赵丽娟)

【单身交友会】 4月15日，与区直属机关工委、教委、人力社保局、卫生局和东城公安分局共同主办情缘东城幸福一生——东城区单身职工·公务员专场交友联谊活动。区总工会、区直属机关工委、东城公安分局政治处有关领导及300余名机关干部参加。7月21日，区总工会举办情缘东城幸福一生——东城区军地单身青年交友联谊会。为军地单身青年搭建平等、安全、健康、高效的交友平台。区总工会、武装部、民政局有关领导到场助兴。300余名单身职工参加。

（赵丽娟）

【文体活动】 4月19～20日，东城区工会系统第二届干部职工羽毛球比赛举行。全区49个机关、企事业单位80支代表队700名干部职工参加。副区长汤钦飞出席开幕式，并与张晓林共同为比赛开球。4月23日，举办"读一本好书，做一个好人"职工读书活动启动仪式。与会领导为楼宇工会服务站代表赠送图书并参观安定门街道职工书屋。区领导吴松元出席并讲话。各基层直属工会主席、部分职工代表参加。5月22日，东城区工会系统第二届职工"三对三"篮球比赛在广渠门中学正式开赛。市总工会副主席潘建新，区领导吴松元、张晓林等出席开幕式，并为比赛开球。本次比赛在基层单位进行选拔基础上，有30个单位49支代表队300余名职工参加。6月19日，在东环广场保龄球馆举行工会干部保龄球赛。全区33个单位100名专兼职工会干部参赛。东直门街道、东二环建管办、区城管大队分别获前三名，区财政局、东华门街道、区环卫一中心、东方文化和东方奥天获优秀奖。区总工会领导参加活动并为获奖单位代表颁奖。11月1日，举办第三届非公企业职工趣味运动会。市、区总工会领导潘建新、张晓林等参加，并为比赛开球。600余名职工参加。11月29日，举办读一本好书 做一个好人读后感展示暨楼宇职工书屋赠书仪式。全区各单位上报读后感300余篇，评选出一等奖1名、二等奖3名、三等奖5名、优秀奖15名。市、区总工会有关领导出席活动，并为读后感获奖职工颁发荣誉证书和奖品，同时为辖区内23个楼宇职工书屋赠送职工书屋建设款。区总工会出资20万元支持新建的市级职工书屋及楼宇职工书屋建设。12月18日，在地坛体育馆举办东城区工会系统扑克牌双升比赛，全区32个单位112名职参加。

（赵丽娟）

【庆五一表彰先进大会】 4月27日，区庆祝五一国际劳动节暨表彰先进大会举行。张晓林宣读获得全国五一劳动奖状等先进集体和先进单位名单，与会领导为先进集体和先进个人代表颁奖。东城区环境卫生服务二中心三八女子抽粪班班长代表劳模发言。牛青山作重要讲话。区领导冯熙、徐鸿达、金晖、吴松元、毛炯、汤钦飞等出席。先进集体和先进个人代表，有关单位党政负责人、基层工会主席等近400人参加。会后，与会人员共同观看根据劳模事迹创编的话剧——《因为有你》。

（赵丽娟）

【上级机关考评检查】 7月5日，市总工会党组成员陆晓光带领市总工会区县党建工作第八考评小组到东城区就党委、政府推动工会工作情况进行检查指导。吴松元介绍区委、区政府加强工会工作有关情况，张晓林结合考评指标，对东城区工会领导机制和工作机制、工会干部和职工队伍建设以及如何发挥工会组织作用作介绍，参会人员结合自身实际就加强工会干部队伍建设以及推进工会重点、难点工作进行座谈。市、区总工会机关干部、街道总工会主席代表和专职工会社会工作者代表参加。

（赵丽娟）

【开展多项培训】 7月至12月，东城区总工会结合自身工作，分别举办新任社区工会主席培训班、区职工素质教育通识课程培训班、职工安全生产培训班、财务培训班、新闻写作及摄影培训班。召开街道工会系统经费收支、决算培训会和工会会计核算中心交流培训会等31个班次（会），受训人数达1.08万余人。

（赵丽娟）

【开展五月的鲜花活动】 7月12～16日，区第三届五月的鲜花群众歌咏活动专场演出举行。演出分为舞蹈、歌唱、语言、器乐、综合以及大合唱6个专场进行。全区各街道，教育、卫生、区直机关工会等系统及直属企事业单位组织综合类汇演50余场，演出节目600余个，83个节目参加专场演出。参演人数1000余人，其中非公企业职工人数超过60%。区总工会还依托比赛，选出全区职工文艺骨干，并在汇演时正式成立东城区职工艺术团。9月14日，区总工会喜迎"十八大"，第三届五月的鲜花群众歌咏活动颁奖典礼暨东城区职工艺术团成立仪式举行。颁奖典礼以"感动、幸福"为主题，将颁奖典礼与节目展示相结合，特邀李光羲等艺术家开奖。杨柳荫、潘建新共同为东城区职工艺术团揭牌。冯熙、吴松元、毛炯、张晓林等领导出席并为各类别一等奖获奖单位颁奖。区总工会领导班子成员，全区部分机关、人民团体、委办局、街道、企事业单位领导及职工代表参加颁奖典礼。五月的鲜花群众歌咏活动期间，全区有400余个机关、企事业单位参加，组织各类演出360余场，演出节目近3000个，自创节目400余个，参与人数近20万人。专场比赛评选出舞蹈类、语言类、乐器类、声乐类一等奖。

（赵丽娟）

【劳动争议领导小组会】 7月26日，劳动争议调解联动机制领导小组会召开。会上，传达市总工会联动机制领导小组会会议精神，汇报上半年区劳动争议调解工作情况并就会议内容展开讨论，区总工会主管领导根据各单位讨论情况提出两点具体要求。区总工会、法院、人力社会局、司法局、信访办、中淇律所、中银律所相关领导及负责人参加。 （赵丽娟）

【职工服务（帮扶）中心工作】 区总工会职工服务中心依托党员发挥作用在基层等活动，创新工作理念，采取四项措施为一线职工服务，一是困难职工帮扶全覆盖、不断线，投入帮扶资金1067万元。二是职业介绍、婚姻家庭服务个性化，挖掘就业岗位信息5.90万条，组织招聘会50余场，提供岗位推介2.80万人次，帮助3082人成功实现就业；组织单身职工联谊会26场，1800人参加。三是职工诉求有渠道，受理职工诉求3300件，全部得到解决；受理劳动争议案件1951件，调解成功1328件，涉及金额483.50万元，维护职工合法权益。四是基础工作精细化，为全区困难职工建立动态文字、电子档案，会员信息采集率达91.6%，为职工9万余人办理京卡互助服务卡。职工服务中心党支部获北京市社会领域创先争优先进基层党组织称号。（赵丽娟）

【“7·21”特大暴雨善后工作】 “7·21”特大暴雨后，通过摸底统计，有受灾企业2家，受灾职工15人，张晓林一行根据受灾情况开展慰问活动，向受灾企业和职工捐款7万余元。鼓励受灾企业和职工克服暂时困难，振奋精神渡过难关。同时，张晓林带队，前往重灾区门头沟区和房山区，分别支援10万元救灾款用于援助当地受灾职工，支持当地工会参与开展救灾善后工作。邀请地质学博士、中国地震应急搜救中心工程师等多名教师，为职工讲授水灾、火灾等重大灾难发生时如何进行自救与互救，提高职工防灾减灾意识。街道总工会主席、企业工会主席和一线工作职工450人参加。（赵丽娟）

【举办职工集体婚礼】 9月16日，举办情缘东城·幸福一生——东城区总工会职工集体结婚典礼仪式。市总工会副主席王玉英、区领导汤钦飞、张晓林，区工商联、区总工会班子成员、赞助企业负责人、各基层工会主席以及新人亲友200余人见证12对新人幸福时刻。2010—2012年，全区各级工会开展单身职工交友联谊活动43场，并通过日常牵线和网上交流等形式，服务单身职工3952人次。（赵丽娟）

【劳模座谈会】 11月23日，召开劳动模范学习贯彻“十八大”精神座谈会，会上“十八大”代表、全国五一劳动奖章获得者、史家胡同小学校长王欢重点介绍大会盛况，畅谈代表使命和责任。部分劳模代表发言，表示以贯彻“十八大”精神为契机，立足本职工作，发挥引领和示范作用。张晓林出席并讲话。东城区各行各业劳模代表参加。（赵丽娟）

【职工创新工作室】 12月25日，区总工会举行首批10家区级职工创新工作室授牌仪式。区总工会领导为10家创新工作室现场授牌，并给予每个工作室1万元资金支持。各街道、直属企事业单位工会领导和职工创新工作室代表50人参加。（赵丽娟）

【参与幸福之家活动】 12月26日，区总工会组织参与由市总工会职工婚姻家庭建设协会举办践行北京精神，创建幸福之家活动。全区各行各业64个家庭递交征文、家庭生活照。通过多方推荐、网上展示、公众投票、评委评选等环节，64个家庭全部获得入展奖。其中30个家庭获得幸福之家奖。由龙潭街道总工会推荐铁路世家的幸福生活和由东城公安分局工会推荐生活是多彩的朝霞分别获特别奖。（赵丽娟）

共青团东城区委员会

【概况】 共青团东城区委员会（简称团区委）是在东城区委、区政府领导下，负责全区共青团工作的群众团体机关，内设办公室、组织部、宣传部、统战权益部、社会工作部，机关行政编制16名，其中书记1名，副书记3名。截至年底，全区有14~28周岁适龄青年3.86万名，其中团员2.99万名，占青年总数的77.57%。团员中有女团员1.87万名，少数民族团员1156名，分别占团员总数的62.58%和3.86%。全年发展新团员3341名，占适龄青年总数的8.65%。有73名团员加入党组织，经推优入党团员数59名。有245名团员超龄离团，占团员总数的0.82%。有基层团委73个，团工委19个，团总支58个，团支部1905个。直属团组织中团干部53名，其中专职团干部21名，占39.62%；党员49名，占92.45%；全部具有大学（含大专）以上学历；女团干部32名，占60.38%。

年内，以区委落实科学发展观，结合建团90周年、“十八大”召开为历史契机，加强青年思想引领，“加强服务，文化强区”发展战略，参与社会服务管理创新工作，探索深化社区青年汇和青年志愿服务等工作品牌，履行组织青年、引导青年、服务青年和维护青少年合法权益四项基本职能。

单位地址：东城区后永康胡同17号

联系电话：84039238　邮政编码：100007　（翁东杰）

【青年志愿者工作】 1月10日，在炮局工厂·社区青年汇举办东城志愿者年会暨东城青年志愿者标识发布仪式，志愿者代表近100人参加。2月，启动青春伴夕阳志愿服务项目，与养老服务机构建立结对关系，开展敬老爱老志愿服务活动。春节期间，启动庙会春节志愿服务周青年志愿服务项目，服务超过3000人次。3月，围绕“弘扬雷锋精神　开展志愿服务”主题，3月2日，组织青年志愿者骨干代表参加在东城区学雷锋志愿服务高潮日活动，星星之火·社区青年汇被授予东城区学雷锋教育实践基地称号。3月16日，开展关爱农民工子女志愿服务系列示范活动，组织织染局小学农民工子女300人及学生家长前往国家大剧院观看剧目。3月29日，召开“阳光成长·东城共青团关爱农民工子女志愿服务项目”工作推进会，展示总结该项目的志愿服务成果。4月13日，指导庄子公司成立志愿服务队。5月2日，与织染局小学学生代表、北京青年政治学院志愿者代表举行“心手相牵·阳光感恩”座谈会。5月3日，东城区培智中心学校正式成为东城青年志愿服务实践基地。同日，东城地税青年志愿服务队正式成立。6月29日，参加关爱农民工共建新东城——法律文化、卫生科普、心理健康咨询进工地志愿服务活动，在农民工群体中宣传志愿精神。重阳节期间，推动各类敬老志愿服务项目，创新志愿服务内容，提升志愿服务水平。10月31日，团区委召开东城共青团优秀志愿服务项目评审会，24个志愿服务项目参与评选，对年度优秀志愿服务项目进行表彰和奖励。11月3~5日，组织青年志愿者2000余人参与北京冰雪应急志愿服务工作。11月6~20日，组织青年志愿者开展毛主席纪念堂志愿服务活动。12月5日，在东城区志愿者信息管理系统上发布“阳光成长·东城共青团关爱农民工子女志愿服务项目”。12月14日，宣传发动青年志愿者4000余人开展扫雪铲冰志愿服务活动。（翁东杰）

【青少年社会组织】 1月18日,"茗韵学堂"茶学社举行青年茶学社首次课程,30余名茶文化爱好者和社区青少年参加。4月26日,东城区首家团属青年社工组织天坛街道"聚合力"青年社正式成立。5月10日,"茗韵学堂"茶学社举办东城青少年斗茶会。同日,启动东城区青少年社团文化节,以团聚文化东城,绽放炫彩青春为主题开展系列活动。6月11日,举办东城区首届青少年社团文化节——社团风采汇活动,吸纳东城区青少年社团之家首批会员,团市委副书记熊卓、区领导宋甘澍为崇外"艺海舞影社"、天坛"聚合力"青年社等社团代表发放会员证。10月起,开展青年社会组织专题调研和团属社会组织统计工作,并走访调研志愿服务、文化兴趣、敬老爱老,青年成长成才等类别的6家青年社会组织。

(翁东杰)

【希望工程】 1月,开展中南海爱心基金申报及发放工作,向区58名贫困学生发放中南海爱心基金2.32万元。3月,向15名家庭经济困难中小学生发放"希望之星1+1奖学金"1.10万元。5月,制定爱心成就未来善举薪火相传希望工程东城区工作站善薪计划推广方案,倡导社会大众进行有计划、持续的公益捐赠活动。年内,开展以"伴莘莘学子 一路同行"为主题的学子阳光——家庭经济困难大学生专项助学资金申请活动,向5名学生提供资助5万元。 (翁东杰)

【重点青少年服务管理】 1月至2月,面向全区开展重点青少年群体摸底统计工作,涵盖低保重残青少年、服刑在教人员未成年子女、闲散青少年、有不良行为青少年、直系亲属中有重点信访人及国保重点人、流浪儿童等6类重点青少年群体。同期,以"情系青春·温暖东城"为主题开展两节送温暖慰问活动,分别走访贫困青少年、农民工子女、优秀志愿者、社区共建单位等13类对象。活动参加人数1970人,筹集各类款物资金44.70万元(其中,来自团市委支持2.40万元,团区委自筹42.30万元),服务青少年群体1385人。4月,以网格化管理、精细化服务为契机,打造东城特色的闲散青少年网格化社会服务管理模式,部署开展摸底排查、家访谈心、友情结对、法制宣传、就业指导等相关工作。6月,开展"七彩童年·健康成长"庆祝六一儿童节系列活动,在东城特教学校开展爱在社区联谊活动,组织农民工子女200余人走进中国美术馆参观"大器'玩'成"——中古美术馆馆藏民间玩具展。7月,组织开展因"7·21"特大暴雨导致贫困的青少年家庭帮扶资金申请工作,来自东城特教学校、花市小学等中小学生3人获得市青基会资金扶持2400元整。 (翁东杰)

【青少年自护教育】 1月至2月,在区内6所星光自护学校开展东城区寒假星光自护小卫士培训活动28次,覆盖青少年群体1000余人。7月至8月,在"7·21"特大暴雨发生后,依托星光自护学校组织各街道开展雨灾及次生灾害防范专题自护教育。 (翁东杰)

【青年创业就业】 2月6日,召开"创业五方谈"合作单位工作交流会。3月21日,联合作为青年就业创业见习基地的北京庄子工贸有限责任公司到北京服装学院开展校园专场招聘,提供10个就业岗位。3月23日,联合北京师范大学团委,考察青年就业创业见习基地——北京中文在线数字出版有限责任公司,并输送6名见习生。3月30日,在永外地区百荣世贸商城启动东城共青团创业青年大课堂走进新市民活动,推出中国青年创业国际计划(简称YBC项目)的帮扶举措。4月27日,在北京永安堂医药连锁有限责任公司、北京王府井医药商店有限责任公司设立青年就业创业见习基地。5月22日、26日,组织3家就业创业见习基地参加第三届首都青少年公益节,为青年提供19个见习岗位,招聘人员43名。5月28日,在中国石化北京石油分公司、长安大戏院等5个单位挂牌成立青年就业创业见习基地。8月初,开展年度"创业北京"青年创业项目征集大赛作品征集,通过文件、飞信、QQ等形式立体宣传,鼓励创业青年参加大赛。8月21日,召开东城区"创业北京"项目征集大赛培训推进会,为街道团工委负责人进行工作辅导。12月20日,YBC东城服务站被评为YBC北京办公室优秀服务工作站。 (翁东杰)

【团区委全体会议】 2月15日,共青团东城区委十届二次全体(扩大)会议在区委党校召开,共青团东城区委员会委员、各基层团组织负责人180余人参加,会上,团区委书记作工作报告,总结上年工作,部署本年任务。会议传达全市共青团工作会议精神,对上年东城共青团项目化工作进行结项说明,对获得上年度北京共青团达标创优竞赛活动中的先进集体和个人进行表彰。区领导吴松元,团市委副书记杨立宪到会并作讲话。11月27日,召开东城共青团十届三次全体(扩大)会议,部署学习贯彻"十八大"精神具体工作。(翁东杰)

【全委会】 2月15日,东城团区委召开十届二次全委会。会议审议通过《共青团东城区十届二次全委会关于委员卸职、递补的确认案》,对共青团东城区第十次团代会召开以来调离团的工作岗位的5名委员、候补委员的职务卸免进行确认,由十届委员会中的3名候补委员递补为委员。共青团东城区第十届委员会由29名委员、10名候补委员组成。

(翁东杰)

【信息宣传】 2月22日,举行共青团系统信息专题培训讲座。3月5日,召开团区委信息宣传工作研讨会,在总结上年度工作经验基础上分析信息宣传工作形势。9月,建立信息迅速反应机制及时关注青年舆情动态。全年收集、整理、报送信息1000余条,位居团市委信息报送排行榜和《东城信息》《昨日区情》群团系列采用量前列。 (翁东杰)

【重点日期维稳工作】 2月至3月,开展全国"两会"期间重点青少年群体排查稳控工作,每日更新重点青少年维稳信息。9月,围绕"9·18"、国庆两大重点时段,开展维稳形势研判工作,并提出对策及建议。11月,围绕保障"十八大"部署开展重点青少年教育稳控专项工作,加大信息报送力度和责任纠察力度。 (翁东杰)

【团干部队伍建设】　3月7日,与区委办联合举办以"践行北京精神·青春奉献东城"为主题的第一期团青干部"思想汇"活动。青年代表结合自身工作经历,围绕对东城区首都文化中心区定位的认识、如何践行北京精神、青年公务员能力建设等话题进行汇报交流。5月7日,举办第二期团青干部"思想汇"活动,组织机关、企事业单位团委以及街道团工委负责人30余人,就非公团建工作任务、难点、建团方法等进行指导,对纪念建团90周年系列活动中电子团刊设计制作大赛进行培训,部署社区青年汇的考评体系、工作目标。6月13日,举办第三期团青干部"思想汇"活动,组织参加活动的团干部和团员青年代表探讨新形势下"两新"组织团建工作面临的机遇挑战、存在问题、推进途径等问题。团区委机关干部、部分街道团工委负责人、"两新"组织团员青年代表20余人参加。10月17日,与东城区第三期团干部调训班结合举行第四期团青干部"思想汇"活动,通过结业仪式展示调训班学习成果。　(翁东杰)

【青年文明号】　3月13日,启动全区市级青年文明号争创申报、认定复验工作,重新认定市级青年文明号53家,新增市级青年文明号争创班组5家,推荐表彰市级青年岗位能手4名。10月,开展青年文明号创先争优竞赛活动,命名区级青年文明号25家,以"我,主人翁"为主题,开展岗位练兵、青工论坛、建言献策等活动。　(翁东杰)

【组织建设】　3月,制定《2012年非公有制企业和社会组织团建工作方案》,根据各街道实际情况制定并下达工作目标和任务数量。7月,召开非公团建工作经验交流会。全年新增非公企业建团296家,新社会组织建团16家,覆盖全区商业、零售、餐饮、服务等各行业,超额完成团市委制定的"两新"团建工作目标。3月至6月,指导北京稻香村食品有限责任公司等3家非公企业制定出符合本单位实际的《青年思想引导手册》,开展《青年思想引导大纲》转化工作,组织部署开展针对性培训,推进非公有制企业青年思想引导工作,深化非公有制企业团组织团建工作。4月,团区委与共青团山西省阳泉市委员会达成结对共建、共同推进阳泉驻京团工委建设的意向,在山西来京务工青年中重点围绕学习成才、城市融入、两地联谊、权益维护等方面开展工作。5月,做好北京市第十三次团代会代表选举和委员提名工作。选举出席北京市第十三次团代会代表17名,推荐委员1名。代表覆盖教育、卫生、机关、街道、非公有制企业和社会组织、青少年社会组织等各系统。　(翁东杰)

【纪念建团90周年系列活动】　3月起,持续开展纪念建团90周年系列活动。4月至5月,以青春凝聚党旗下,团徽闪耀新东城为主题开展系列活动,引导全区青少年理解共青团的历史、宗旨和使命,弘扬五四精神,践行北京精神,坚定跟党走的理想信念,推进基层团组织和团员青年创先争优。各级团组织结合本单位工作实际,以展示青年职业风采和推进团员意识教育为重点,开展寻访参观、志愿服务、主题团课等形式多样的主题团日活动。5月4日,团中央纪念建团90周年大会在人民大会堂举行,团区委组织教育、卫生、机关、企业、街道领域的10名优秀青年代表参加大会。5月至9月,开展"追寻·感悟·成长"青少年实践寻访活动,通过团旗飘扬在东城、改革春风在东城、青春榜样在东城3条寻访主线,引导青年追寻奋斗历程,感悟激情改革,励志成长成才。活动制作发放主题寻访旗帜、寻访实践活动"3510"绿色出行卡,组建实践队伍200余支,近3000余人次参与。8月30日,召开纪念建团90周年系列活动总结大会。表彰东城区纪念建团90周年系列活动十佳优秀组织、"我的青春我的团"电子团刊设计制作大赛优秀组织47个、社团文化节优秀组织6个。区领导吴松元,团市委副书记熊卓出席,各基层团干部及团员青年100余人参会。　(翁东杰)

【青少年思想道德建设】　3月,以践行北京精神,激扬青春风采为主题,开展北京精神与东城青年主题学习活动,深化"青春榜样"选树活动,宣传展示青春榜样风采,组织各基层团组织挖掘优秀青年事迹。5月,组织青春扮靓新时代五月花海耀东城青少年教育实践活动,编发《东城共青团》纪念建团90周年特刊,组织开展各类纪念、庆祝、学习、实践活动,引导广大团员青年弘扬五四精神,展示青春风采。6月至9月,引导团员青年理解和弘扬北京精神。围绕"十八大"召开组织学习贯彻"十八大"精神。　(翁东杰)

【社区青年汇建设】　3月,召开社区青年汇工作推进会,提出整合资源、因地制宜、加大投入、循序渐进十六字工作法,推进流动青年社区青年汇、楼宇青年社区青年汇试点工作,制定《东城区"社区青年汇"管理办法》《东城区社区青年汇考核评价体系》。7月,首批试点海巢HOT·社区青年汇、快乐驿站·社区青年汇、青年部落·社区青年汇、花市文化共享·社区青年汇等4家市级示范社区青年汇,配齐市级示范社区青年汇专职社工。10月,编印《东城区社区青年汇风采录》宣传册。12月,研究确定社区青年汇综合配套方案,为社区青年汇配备工作自行车、电影卡、体育场地卡等配套物资,通过配经费、配场地、配骨干、配渠道等方式,增强社区青年汇软硬件条件,提升其服务青年、引导青年的能力。　(翁东杰)

【法制宣传教育】　3月,开展流动人口普法宣传活动,向外来务工人员子女发放宣传材料5000余份,介绍紧急避险、意外伤害、卫生救护、心理调适等自护知识。5月,开展优秀法制校长课件征集活动,并推选优秀作品参加市级评审,6名法制校长的9件优秀作品获得市级表彰。5月至6月,开展普法小当家青少年法制宣传文化作品征集活动,面向全区青少年征集法制文艺节目、法制摄影作品、法制绘画作品及文字作品,组织开展模拟法庭、法制漫画比赛等活动。6月26日,联合区禁毒办、卫生局等单位开展"6·26"国际禁毒日宣传活动,讲解禁毒宣传展板、发放宣传手册及卫生用品。11月30日,与区公安分局、人口计生委等单位开展世界艾滋病日主题宣传活动,向重点青少年群体发放防艾宣传手册850份、自护书签1000套。　(翁东杰)

【植绿护绿行动】 3月至5月，开展“青春扮靓新时代·五月花海耀东城”青少年主题教育活动；参与北京平原地区造林工程，推进百万青年植绿行动、青年先锋造林行动、爱我家园护绿行动；面向青年发出“力行青年环保新主张·共建绿色和谐新东城”倡议；组建青少年植绿护绿志愿者队伍，带领团员青年3700余人次践行植绿护绿、见缝插绿的环保理念，以义务植树、认养绿植等方式建成南北两片东城青年林，总面积超过6000平方米。4月27日，区领导吴松元及团市委相关领导共同为青年湖公园东城青年林揭幕。（翁东杰）

【预防青少年犯罪和未成年人保护】 4月，向预防青少年违法犯罪有关单位发布年度工作要点及折子工程。7月，召开预防青少年违法犯罪和未成年人保护工作会。会议通报《关于成立东城区综治委预防青少年违法犯罪专项组的决定》和《关于调整东城区未成年人保护委员会组成人员的决定》，6名律师代表被聘为首批东城区青少年公益律师服务团成员。11月，组织区共青团干部、律师、司法社工、居委会成员等6类人员15人建立合适成年人队伍，对涉及刑事案件的未成年人进行合法权益保护和思想教育感化。（翁东杰）

【参与社会服务管理创新】 5月22日，召开研讨会，专题研究东城共青团发挥“枢纽型”社会组织桥梁纽带作用，积极参与社会服务管理创新工作。7月初，指导北京科技大学的3支学生暑期社会实践团队深入街道开展网格化社会服务管理创新调研。9月10日，与北京科技大学团委领导商洽合作开展区校共建工作，将高校工作力量引入社区，形成“七进网格”工作体系。11月6日，举行“聚智建东城”高校团干部东城行主题交流活动，北京大学、中国人民大学、北京科技大学、北京航空航天大学、北京邮电大学、北京交通大学、北京中医药大学等7所高校的团委负责人参加。（翁东杰）

【第三届青年文化体育节】 8月至12月，组织开展东城区第三届青年文化体育节。设置篮球、乒乓球、羽毛球、桌游比赛、青年歌手大赛等五项赛事，覆盖辖区青年2000余人次。8月27日，第三届青年文化体育节开幕。体育节期间，北新桥街道海巢·HOT社区青年汇代表队获篮球赛冠军，中央编办获男子组乒乓球团体冠军、区地税局获女子组乒乓球团体冠军，区园林绿化局获羽毛球团体冠军。来自16家单位的35名青年选手参加青年歌手大赛。年底，举行青年歌手大赛决赛暨东城区第三届青年文化体育节闭幕式，青年歌手大赛决赛中来自区法院等10家单位的选手分获一、二、三等奖，区卫生局、建国门街道等获优秀组织奖。（翁东杰）

【第三届青年学习节】 9月至12月，开展东城区第三届青年学习节，学习节包括新任团干部培训班、第三期团干部调训班、团干部高级研修班、建设学习型团组织系列活动等四项主要内容。学习期间组织3次培训班，470人参加，并开展“六个一”教育活动，包括学习成长、实践提高、建功东城等3方面内容。（翁东杰）

【与人大代表、政协委员面对面】 11月至12月，组织各街道团工委开展社会教育与青少年全面发展为主题的共青团与人大代表、政协委员面对面活动，以开展调研、座谈为主要形式，集中反映青少年普遍利益诉求。（翁东杰）

【党建带团建】 12月19～27日，在社区党的建设“三级联制”活动中，团区委组成考评组对17个街道共青团工作情况进行考核评价，从领导班子建设、团干部队伍建设、工作机制、工作业绩和工作保障等5个方面，分解成21个测评指标和要素，制定详细考核评价标准和体系，通过听取汇报、查阅资料、实地考察等形式进行全面考察。北新桥、朝阳门、和平里、安定门4个街道总分居前四位。（翁东杰）

【青年人才工作】 制定《东城区青年人才队伍发展规划（2011—2030年）》，分析区青年人才结构、体制机制、政策环境、支撑体系等内容，以东城发展急需的青年人才为重点，确定符合区“两新四化”战略的青年人才发展方向。推动实施《青年英才开发工程》，开展“大学生社会实践东城行”活动，以大学生就业推荐、实习、调研等合作项目为载体，为各高校和区属单位搭建青年人才流通的引才引智渠道。深化东城——高校人才直通车工作项目，联系北京大学、中国人民大学、北京科技大学、北京航空航天大学等高校，共同搭建合作平台，开展东城文化进校园及高校党团支部进社区活动，促进区校之间互动发展。（翁东杰）

东城区青年联合会

【概况】 东城区青年联合会（简称区青联）是全区各族各界青年广泛的爱国统一战线组织，其主要职责是高举爱国主义和社会主义旗帜，在区委、区政府的正确领导下，在市青联的指导下，深化为大局服务、为社会服务、为青年服务、为委员服务的工作理念，广泛团结和凝聚各行各业杰出青年人才，推动全区各界青年统战工作深入开展，为“国际化现代化”新东城建设贡献青春力量。

年内，召开区青联五届一次全体会议，选举产生新一届青联，由公共管理、港澳台民宗侨、政法、经济、科教、体育卫生、文化新闻、社团劳模8个界别组组成，有286名委员。团区委书记兼任区青联主席，区青联秘书处设在团区委统战权益部。

单位地址：东城区后永康胡同17号1号楼512室

联系电话：84039237　邮政编码：100007　（翁东杰）

【文体沙龙】 2月12日，由文化新闻界别委员主演的现实题材儿童剧《特殊作业》在中国儿童艺术剧院上演，区青联组织部分委员观看。3月6日，举办第二届“迎三八魅力大变身——我是明星T台秀”活动，80余名委员参加。4月12日，组织来自8个界别的40余名委员赴长安大戏院观看青联委员主演的经典剧目《霍小玉》。9月4日、5日，分两批次组织部分青联委员赴北京展览馆观看文化部优秀剧目展演——《爱的旋律》。9月12日，组织部分委员赴中央电视台观看文化新闻界别青联委员参加的第七届全国青年京剧演员电视大赛决赛武生组比赛,该委员在比赛中荣获大赛金奖。

(翁东杰)

【学习交流】 5月9日,举办高校招生政策咨询活动,邀请科教界别委员对高招政策进行专题讲解和现场答疑。5月27日,东城区青年联合会口腔科普讲座在北京口腔医院多功能厅举办,3名委员分别讲授口腔护理知识。11月16日,与区工商联联合举办学习贯彻"十八大"精神专题报告会,邀请中央党校研究室副主任、经济学博士解读"十八大"精神。

(翁东杰)

【自身建设】 9月27日,召开区青联五届一次全体会议。会议听取四届青联工作报告、选举产生五届青联主席团及常委。团市委副书记、市青联主席刘震,区领导常卫、朴学东、汤钦飞,各民主党派、人民团体代表出席。新一届青联由来自全区各族各界、驻区中央、市属单位委员286人组成,委员整体呈现年龄轻、学历高、基层经验丰富等特点。10月30日,召开第五届东城青联主席团、界别组长会议,会上要求各界别组上报工作和活动计划,征集优秀界别项目12个,加强青联界别组建设及各界别组之间的横向联系。年内,拓宽与委员沟通联系渠道,搭建短信问候、公共邮箱、致电走访、微博互动、QQ部落五大交流平台。 (翁东杰)

【推优荐才】 发挥青联人才聚集功能和青联组织优势,多渠道培养和发现优秀青年人才。推荐1名委员参评并获北京市"五四"奖章;推荐1名委员加入东城区政协;推荐6名委员、8个项目参与区委组织部优秀人才培养资助项目;推荐5名委员作为东城人才战略咨询委员会顾问候选人。同时,区青联加强对委员的培养服务和教育引导,建立与委员联系沟通的长效机制,实时掌握委员近况,对委员事业发展、专业领域研究项目进展以及所获荣誉等情况进行分类建库、定期更新、动态管理。在青联系统中加大激励机制的覆盖范围,加大对不同类别青年人才的分类引导,根据工作对象、工作类型完善组织运行机制。 (翁东杰)

东城区妇女联合会

【概况】 东城区妇女联合会(简称区妇联)是区委领导下的群众团体,是党联系妇女群众的桥梁和纽带,其基本职能是代表和维护妇女权益,促进男女平等。区妇联内设办公室、组宣部、权益部(研究室)、儿童部(区妇儿工委办),有人员19人,其中行政编制数16人,机关工勤编制数3人。全区有街道妇联17个,社区妇联187个,机关妇委会65个,党派机关妇委会8个。

年内,举办纪念三八国际劳动妇女节102周年暨东城区和谐家庭、双合格好家长颁奖大会,199户家庭获区"和谐家庭"称号,家长201人获"双合格好家长"称号。获市级三八红旗奖章22人,市级三八红旗集体11个。以"妇女法"、"实施办法"、"婚姻法"及东城区妇女发展规划为重点举办普法宣传活动237场次,参加人数1.69万人;发放各类宣传品4.7万份。围绕"温暖之家",推进"一家一站"建设。评选示范妇女之家6个、优秀妇女之家11个。187个妇女之家开展活动3564次,8.6万人参加。围绕关爱中老年妇女服务年活动,成立心悦专家指导团,开展讲座、志愿服务活动319次,服务中老年妇女8507人。巧娘工作室发展协会举办培训150期,8000余人次参加,实现年销售额100万元。借助政府、社会公益支持,走访单亲、贫困家庭儿童790人、幼儿园6所,发放慰问款物54.62万元。完成适龄妇女宫颈癌、乳腺癌筛查1.03万人和1.08万人,为两癌困难患者78人争取救助金10.6万元。接待信访案件53件,同比降低37.4%。在全国、市、区、互联网等新闻媒体报道东城妇女工作60篇。获全国妇女宣传舆论阵地建设特殊贡献奖,北京市巾帼健身风采展示组织奖,北京市第三届职业技能大赛优秀组织奖。

单位地址:东城区后永康胡同17号

联系电话:84039244 邮政编码:100007 (张明旭)

【慰问单亲母亲】 1月9~10日,区领导冯熙、高桂强先后到安定门街道、天坛街道走访慰问困难单亲母亲,详细询问她们生活现况,并送去慰问金及慰问品。 (张明旭)

【十二届二次执委会】 1月12日,在区行政服务中心召开十二届二次执委(扩大)会议。会议审议通过妇联主席作的《团结引领,服务创新,努力把妇联工作提高到一个新水平》工作报告;龙潭、东华门街道妇联以真诚服务,打造妇女群众信赖的温暖之家和创新工作模式,服务妇女姐妹为题作典型发言。会议传达市妇联十二届四次执委会精神,增补执委2名、替补执委2名。表彰上年度示范妇女之家和优秀妇女之家。妇联执委、各机关妇委会、妇女届别政协委员、街道主管领导130人参加。吴松元出席会议并讲话。 (张明旭)

【全国妇联领导调研】 2月13日,全国妇联组织部一行4人,到朝阳门街道大方家社区妇女之家指导工作。区妇联介绍妇女之家建设的基本情况和下一步工作。大方家社区和鸿安大厦姐妹驿站分别作妇女之家工作汇报。全国妇联组织部肯定东城区妇女之家工作取得的成绩,就加强妇女之家建设提出建议并参观大方家社区妇女之家编织社。6月1日,全国妇联机关服务局一行20人到和平里街道调研社区妇女之家建设工作。参观考察和平里街道七区巧娘工作室及社区民族舞蹈队活动情况。社区妇联主席介绍妇女之家创建工作,双方就社区建设、社区妇联换届等情况进行交流座谈。向社区儿童赠送书籍和文体用品。市妇联办公室、区妇联及和平里街道工委有关领导陪同。 (张明旭)

【和谐家庭和双合格好家长获奖】 3月6日,东城区五好文明家庭协调领导小组、区妇联、教委联合在风尚剧场举办纪念三八国际劳动妇女节102周年暨东城区和谐家庭、双合格好家长颁奖大会。汤钦飞副区长致辞。会上表彰和谐家庭199户、双合格好家长201名。市妇联主席赵津芳出席,区有关领导及区各界妇女代表,街道有关领导、和谐家庭、双合格

好家长400余人参加。（张明旭）

【庆三八慰问联谊活动】 3月1~2日，区妇联主席走访慰问北京市三八红旗集体代表：北京市普仁医院手术麻醉科、东城区环卫二中心一所前门班和北京市三八红旗手代表2人，为她们送去象征美好祝愿的38朵玫瑰和花篮。3月7日，与区委组织部、区文化委联合在风尚剧场举办践行北京精神奉献魅力东城——东城区女领导干部庆三八联谊活动。牛青山向金晖颁发东之花东城区女干部艺术团团长聘书。徐熙向女干部致辞。东之花东城区女干部艺术团成员及部分区属单位领导干部共同表演文艺节目。区领导及全区处级女领导干部和各有关单位主要领导300余人参加。（张明旭）

【儿童免费视力筛查】 3月15日，与北京市妇女儿童发展基金会联合开展关爱儿童健康照亮光彩明天免费视力筛查活动。崇文托儿所近200名儿童做了视力筛查，对筛查出的贫困弱势患儿进行免费治疗。东城区有千名儿童相继获得免费筛查和不同程度的治疗，筛查活动得到北京光彩明天儿童眼科医院支持。（张明旭）

【社区妇联换届】 3月至5月，社区妇联换届选举工作完成。全区有187个社区，其中182个社区妇联参加换届选举，5个社区妇联因拆迁等原因不参加本届选举。选举产生新一届社区妇联主席182人，执委1259人。新一届社区妇联主席与上一届比较呈现两高一低的特点，即党员比例高，中共党员102人，占56%，比上届提高4个百分点；学历高，大专以上学历139人，占76%，比上届提高11%；低龄化，平均年龄42.2岁，比上届降低3.3岁，其中35岁以下47人，占26%。新当选妇联主席121人，占67%。（张明旭）

【家庭综合服务项目试点】 3月至10月，东城区作为北京市家庭综合服务项目试点区，在朝阳门街道大方家社区开展家庭综合服务项目试点工作。用社会工作专业方法为7~14岁流动儿童和家庭提供辅导班、小组活动、社区活动和个案工作，提供精细化服务，带动流动家庭融入社区、促进社区和谐稳定的工作目标，探索服务基层妇女群众的新形式和新方法。（张明旭）

【关爱中老年妇女】 4月10日，在东直门街道举办关爱中老年妇女服务年启动仪式。区妇联副主席宣读《关于开展关爱中老年妇女服务年活动的实施意见》。与会领导为东城区"心悦"专家服务团成员代表颁发聘书。公布服务于中老年妇女群体的法律热线和心理咨询热线电话。居民表演自编自演的情景剧。市妇联副主席常红岩及市、区有关领导，"心悦"专家服务团成员及街道、社区妇联、社区妇女群众100余人参加。（张明旭）

【家庭建档】 4月11日，召开珍藏岁月痕迹，品味家庭文化家庭建档工作部署会。区领导颜华到会并讲话。区妇联、区档案局领导，各街道负责档案工作的办公室主任、街道妇联主席、档案工作人员和社区相关人员，部分建档家庭代表近300人参加。会议由区妇联主席主持。区档案局局长作"全力做好家庭建档工作为实事文化强区战略服务"的报告。表彰上年度家庭建档先进单位9人、先进个人24人和18户东城区珍藏岁月痕迹品味幸福人生特色档案家庭。和平里街道和家庭建档先进个人、特色档案家庭代表分别介绍经验。（张明旭）

【家庭教育】 4月12日，召开东城区家庭教育工作会，区妇联主席作"加强领导统筹协调推动家庭教育创新发展"工作报告。区领导汤钦飞到会并讲话。相关委办局主管领导、学校校长、教师代表及街道妇联主席参加。（张明旭）

【落实妇儿规划】 4月19日，召开东城区妇儿工委工作会。区妇儿工委副主任、区妇联主席作"立足新起点再上新台阶扎实推进妇女儿童事业的创新发展"工作报告。市妇联领导常红岩到会并讲话。50个委员单位主管领导参加。5月2日，与区统计局联合召开东城区妇女儿童发展规划监测统计工作培训会。会上，部署东城区"十二五"妇女儿童规划监测统计工作，具体讲解新增妇女儿童规划监测统计指标。区统计局就如何做好妇女儿童发展规划监测统计工作提出具体要求。区妇儿工委妇女儿童规划监测指标责任单位联络员20余人参加。（张明旭）

【社会实践基地挂牌】 5月21日，在区巧娘工作室发展协会举办"中华女子学院社会实践基地"挂牌仪式。中华女子学院及区妇联领导为实践基地揭牌。区社会组织指导服务中心、中华女子学院领导、巧娘及大学生等50人参加。（张明旭）

【小学生安全应急疏散演练】 5月29日，在东城区织染局小学举办东城区平安健康，快乐成长庆六一主题教育活动。300余名小学生进行安全应急疏散演练。织染局小学学生代表向全区儿童发出要增强安全意识，提高自我保护能力，远离安全隐患，共同创造安全和谐成长环境的倡议。体育馆路和地坛小学学生自编自演文艺节目向大家展示安全的重要意义。区妇儿工委同时启动"我安全、我健康、我成长"小学生安全教育日志传递活动。市妇联副主席李彦梅及区妇联、东城公安分局等领导和项目单位代表参加。（张明旭）

【对外交往】 6月13日，布隆迪共和国总统夫人、布隆迪本笃慈善基金会主席德尼斯·布库米·恩库伦齐扎一行9人，到东四街道奥林匹克社区参观考察妇女工作。总统夫人德尼斯·布库米·恩库伦齐扎介绍布隆迪本笃慈善基金会开展妇女、孤儿救助情况，参观东四街道奥林匹克社区温馨家园残疾人康复项目、彩虹巧娘工作室，考察残疾人康复和妇女居家就业等问题。全国妇联国际部部长邹晓巧、市妇联主席赵津芳、区领导吴松元及区妇联、东四街道领导陪同。10月16日，孟加拉国民族主义党中央常委莫沙拉夫·侯赛因一行9人到东城区巧娘工作室发展协会参观考察，观看《巧娘为明天》宣传片,详细了解巧娘工作室发展情况,随行人员还亲手学习编织手工品。11月5日,柬埔寨妇女事务部副国务秘书莫洛卡到北京玉器厂参观考察。参观门市部和生产车间,就珠宝首饰及手工艺品的原材料和技术加工技艺与北京玉器厂负责人交流和探讨,并希望通过此次参观考察,搭建双方企业间合作交流的平台。全年先后接待全国妇女手工编织协会、江西省、内蒙古兴安盟、湖北省、燕山地区等妇联组织到区学习交流妇女工作,增进与外省市、地区妇联组织交往。（张明旭）

【儿童科技一日营】 8月1日,与区科协联合开展绿色电力和谐家园暑期儿童科技一日营活动,来自街道社区贫困家庭的近50名小学生,走进北京电力展厅参观和体验,开展电力知识抢答,观看3D电影。市电力公司供电服务中心、区妇联、北京市电力展厅、区科协有关领导参加活动,并为孩子们赠送学习用具。（张明旭）

【儿童家庭教育论坛】 10月15日,区妇女儿童工作委员会、区妇联、区教委联合在新景小学举办呵护心灵,共同成长儿童家庭教育论坛。论坛主旨分为心灵互动和学生、家长与专家面对面。新景小学校长、教师及家长代表分别汇报在开展家庭教育研究和家教指导工作中的收获和体会。市妇联副主席周志军、副区长汤钦飞参加论坛并分别致辞。区妇联、区教委向到场学生家长赠送家教指导书籍。区妇女儿童工作委员会成员单位、家教研究会专家、部分学生及家长代表等120人参加。（张明旭）

【巧娘创意作品秀】 10月25日,区妇联、区巧娘工作室发展协会共同举办巧手展风采,文化铸和谐——东城巧娘优秀创意作品秀活动。11个巧娘工作室参加作品秀,展示装饰类(珠绣、布艺、绘画、软陶、剪纸等)、服装类(钩编、扎染等)作品近400件,活动中还以小品形式展示工作室发展过程。市妇联副主席王淑存等市、区有关领导和东城巧娘近300人参加。（张明旭）

东城区工商业联合会

【概况】 东城区工商业联合会(简称区工商联)内设办公室、宣传教育科、会员科(民间商会管理科)和经济服务科,行政编制16名。有27家基层分会和2家基层商会,实现17个街道工商联分会的全覆盖和3家特色街区分会(南锣鼓巷分会、五道营分会、前门大街分会)、1家重点地区分会(北京站地区分会)、1家科技园区分会(雍和园分会)、1家楼宇分会(东方燕都分会)、1家异地驻京分会(天台北京分会)、3家功能分会(法律分会、金融分会、科技分会)各具特色的格局。有会员2247人,其中市人大代表11人,区人大常委4人,区人大代表26人,全国政协委员1人,市政协常委2人、市政协委员7人,区政协常委12人、区政协委员71人,全国工商联执委2人,市工商联常委14人、副主席1人、市商会副会长5人。市工商联执委11人。

年内,区工商联以邓小平理论和“三个代表”重要思想为指导,贯彻落实科学发展观,提高履职尽责和发挥职能作用的能力,研究确定明确方向、打牢基础、探索创新的工作思路,制定并全面完成8大类58项《折子工程》。按《2012年东城区就业再就业重点工作目标责任书》要求,组织会员参加第九届民营企业招聘周活动,提供就业岗位200余个,近30人达成初步就业意向,并提前完成区社会保障和就业工作领导小组下达的安置失业人员20人就业的指标任务,获得就业工作促进奖。

单位地址:东城区内务部街27号

联系电话:65255187　邮政编码:100010（高鹏）

【捐助活动】 元旦、春节期间,连续第六年为千户家庭送温暖活动暨东华门分会启动仪式在北京人艺剧场举行。市工商联党组书记吴杰、秘书长王爱民,区领导徐熙、周永明、乔世怀出席。市工商联有关处室领导、区工商联领导班子成员和特邀席位制顾问、非公企业家代表、受助居民代表200余人参加。节日期间,指导和组织25家分会开展多种形式的送温暖活动,捐款会员企业233家,捐款捐物折合人民币93.44万元,受助贫困户和困难大学生2417户。同时,引导会员企业开展光彩事业。3月12日,慰问东城公安分局“两会”安保民警,会员企业北京宏林科技发展有限公司捐赠价值10万余元的饮料。领导谢世龙、周永明、王佩立、王中华出席捐赠仪式。6月25日,组织会员企业北京宏源餐饮管理有限公司捐赠7000箱价值20余万元的矿泉水慰问一线公安、交通干警和城管大队队员。区领导周永明参加并讲话。7月27日,组织北新桥分会骨干会员捐款捐物,慰问河北省涞水县遭遇特大自然灾害的受灾群众。9月,会员企业北京中和珍贝科技有限公司捐赠30万元成立珍贝慈善基金,用于为天坛街道地区困难群体提供大病和教育救助。10月21日,会员企业北京观复立道资产评估有限公司投资的北京首家非赢利性医院——北京丰台银龄中医医院开展关注银龄健康欢度重阳节主题活动。聘请北京安贞医院、中日友好医院等多名专家为国防大学、清华大学、中国航天二院的将军、专家、教授以及各行业老人1000人开展为期3天的大型义诊。市工商联副主席王爱民,区领导周永明以及相关部门、医院负责人和部分企业家参加。10月30日,会员企业北京中和珍贝科技有限公司捐资“光彩惠农”对口帮扶点——门头沟区王坪镇南港村宝泉种植专业合作社3万元,用于当地荒山改造,果树管理,改善生态环境,促进农民增收提供有力帮助。12月6日,天坛分会举办珍贝慈善基金“雏鹰奖学金”发放仪式,品学兼优、家庭贫困的学生5人,每人获得2000元奖学金。12月19日,区工商联组织非公企业家代表一行15人到区特殊教育学校参观座谈,听取该校组织创建、办学理念等基本情况介绍,参观师生学习、工作、生活环境,与特教学校达成帮扶意向。年内,会员企业北京布逸昊服装服饰有限公司出资20万元,向石景山捐助10所红领巾书屋;北京联飞翔科技股份有限公司联合雍和园分会会员捐款25万余元,资助19岁的白血病患者完成骨髓移植手术;北京金鼎轩酒楼有限责任公司与太阳村、济慈之家、天使之家等签订定向资助协议,救助白血病患者医疗费等各项光彩事业73万余元;吴东魁(北京)艺术交流中心在山西省、贵州省捐资180万元,修建6所希望小学,在国内其它省份捐建38所希望小学,金额近3000万元;北京全福德投资管理有限公司在河南省进行城市综合体开发,投资新农村建设2000余万元。集中对会员企业近年来各类捐助和投资光彩项目情况进行摸底,形成《东城区工商联会员企业光彩捐助汇总表》和《东城区工商联会员企业光彩项目投资汇总表》,完成北京市光彩事业促进会理事会理事的登记表、“光彩惠农行动”项目统计表、“光彩北京工业园”情况调查等工作。全年会员企业参与光彩事业捐款5843余万元,投资2000余万元。 (高鹏)

【会员联谊】 1月6日,举办迎新春联谊会。区工商联主席致新春贺辞,区领导周永明代表区委、区政府向为东城区经济和社会发展做出突出贡献的企业家表示感谢,并向非公经济人士祝贺新年,对工商联工作提出新要求。市工商联副主席王克林,区领导冯熙、徐鸿达、周永明、王兆康、乔世怀出席。市工商联有关处室领导、区工商联、区商会特邀席位制顾问以及24家工商联分会主管领导、东城区非公经济人士300余人参加。 (高鹏)

【执委常委会会议】 2月16日,区工商联(商会)召开九届二次执委会会议。会议审议通过执委会工作报告和上年东城区扶危济困促进会收支情况报告,征求区工商联会费收取及管理办法的意见,确认区工商联人事增补事项。市工商联副主席王克林出席会议并讲话。执委80余人参加,25家基层分会秘书长列席。7月13日,区工商联(商会)召开九届三次执委会暨九届二次常委会会议。会上,学习传达市十一次党代会精神,审议通过本年度上半年工作报告,向新成立的金融服务分会、科技分会和法律分会授牌。市工商联党组副书记、常务副主席郑默杰对3个分会的成立表示祝贺,并提出工作意见。区领导周永明出席并对区工商联工作给予肯定。市区领导、特邀席位制顾问、区工商联(民间商会)执常委,街道、地区分会主管领导、秘书长200余人参加。(高鹏)

【老会员工作】 春节、五一、十一期间,走访慰问老会员19名,慰问金额1.15万元;对141名老会员及遗孀进行困难补助,补助金额22.7万元。做好原工商业者(三小)和遗孀的身份认定工作,把握原则,摸清底数,对涉及人员认真审核、申报,对重点人员入户调查走访,了解、掌握原工商业者的生活困难状况和困难程度。 (高鹏)

【分会建设】 2月,在全国工商联宣教工作协调会上,上年度工商联(商会)工作十大亮点和十大创新推介评选活动揭晓,东城区工商联率先实现街道分会全覆盖被评为全国工商联系统工商联工作十大创新荣誉称号。2月13日,区工商联(商会)法律分会召开成立大会。法律分会会员、区工商联骨干会员代表40余人参加。2月22~23日,区工商联召开上年度分会工作研讨会。会上,传达区工商联关于加强基层分会工作指导意见,通报6年来为千户家庭送温暖活动情况,25个基层分会对分会上年工作进行总结,并对本年工作思路进行研讨。市工商联王克林,区领导周永明出席会议并讲话。25个基层分会主管领导、分会主席、秘书长以及区工商联、区民间商会两套班子成员100余人参加。7月13日,区工商联先后召开金融服务分会、科技分会成立大会。10月16日,东城区商会首家分会——东华门分会成立暨揭牌仪式在王府井健兴利珠宝城举行,市、区工商联有关领导为分会揭牌。市工商联领导王爱民、区领导周永明出席仪式并讲话。区工商联、东华门街道领导,各街道分会主席、主管领导、秘书长及部分会员企业代表100余人参加。10月31日,区工商联商会朝阳门分会举行揭牌暨朝商发展联盟成立大会。会议通过朝商发展联盟成员名单和联盟公约,15家联盟成员单位签订朝商发展联盟合作协议。年内,区工商联发展会员56家。指导各分会开展活动,组织部分分会秘书长赴深圳、珠海与当地商会学习交流。朝阳门分会将工商联工作融入社会建设“三站合一”模式之中,举办地区经济工作培训会、驻街工商界人士座谈会和新经济组织企业用工招聘会;崇外分会协同街道经济发展科组织召开崇外街道商务楼宇经济工作会,介绍《东城区关于促进产业加快发展的鼓励措施》等多项政策;东华门分会在分会内部建立党支部,组织开展4次分会企业家沙龙活动;和平里分会邀请会员企业参加街道年度工作部署会、东城区“三会”精神宣讲报告会、窗口行业评议等;东方燕都分会开展文化创意进校园,助学助思助成长活动和《合同风险与防范》法律知识讲座;雍和园分会联合科技分会举办会员企业与北京市知识产权商用化平台对接会,指导会员企业积极争取现代服务业、国家标准专利、创新基金、十百千等政策资金项目400余万元;安定门分会将工商联工作纳入“大统战”工作体系中,纳入街道全年《折子工程》,落实“三访一网一会一联谊”(对分会企业街道主要领导重点访,班子成员分片访,分会主席、秘书长全面访;通过网络搭建政府与企业、企业之间沟通平台;分会召开工作研讨会,邀请会员参加各类工作会议;通过不定期联谊方式联络感情,促进交往,提升凝聚力)的联系制度;五道营分会依托街道策划申报《五道营胡同旅游设施改造提升项目》方案,争取北京市旅游委建设发展项目资金700余万元;北京站分会特邀职能部门为会员单位进行政策法规宣传培训;北新桥分会开展“我为北新桥科学发展献一计·金点子征集”活动,召开服务企业现场咨询会、商务楼宇业主与重点企业负责人座谈会,帮助企业解决实际问题;龙潭分会协调《今日龙潭》报,开辟非公党建专栏,印制《非公党建专刊》1万份发放到驻街会员单位手中;东花市分会依托网格化管理平台,加强与会员企业联系,举办专题性座谈会4次,组织会员企业与网格内统战对象结对帮扶,完成结对32对;东四分会组织开展走近自然科学发展学习考察活动、东四街道金秋名企联谊等活动;天坛分会组织会员赴南戴河集中培训、文化大讲堂和“党在百姓心中”百姓宣讲团报告会,并为分会成员单位订阅《北京商报》;南锣鼓巷分会依托街道完善《南锣鼓巷分会工作职责》《南锣商会公约》《南锣鼓巷商会章程》等,为商会运作及会员管理与服务进行明确要求;交道口分会组织会员企业参加街道举办的论坛和再就业沙龙活动;科技分会协同区科委、区科技企业家协会共同举办科技政策法规培训活动;东直门分会等分会组织开展形式多样的学雷锋志愿服务活动;体育馆路分会等分会组织会员参与街道组织的运动会;前门分会、建国门分会等参加街道组织的庆祝中国共产党成立91周年暨创先争优表彰大会,部分会员获得表彰。 (高鹏)

【宣教培训】 4月17日,区工商联召开加强新时期宣传教育工作会议,出台区工商联《关于加强新时期宣传教育工作的意见》。下发《关于规范和加强工商联宣传报道工作方案》,建立由区工商联统一组织协调、各分会、各顾问单位、会员企业参与的宣传教育网络体系。《中华工商时报》《东城信息》、和讯网、数字东城、北京经济信息网等多家媒体进行报道。6月9日,区工商联参与承办的"四海商道·走进北京金宝街"论坛活动在东城区行政服务中心举行,邀请有关专家作首场金融政策宣讲。各区县工商联100名会员企业家参加。在基层分会、执委及骨干会员中建立信息直报点,建立146名信息员组成的信息员队伍,7月18日,区工商联举办首期信息员培训班,对《关于加强新时期宣传教育工作的意见》和《东城区工商联信息工作制度》(试行)进行解读,并邀请市委统战部有关人员就信息发掘及写作技巧进行专题辅导。基层分会、会员企业和顾问单位140余名信息员参加。9月25日,区工商联指导科技分会联合协同区科委、区科技企业家协会共同举办科技政策法规培训活动,邀请有关领导和专家,针对科技政策、法规、专利申请流程、知识产权优惠、创新基金解读和"营改增"进行专题授课,50余家企业参加。12月27日,区工商联召开年度信息工作培训暨总结表彰会,总结信息宣传工作,向信息工作先进单位和优秀信息员颁发荣誉证书。市工商联宣教处负责人对做好信息工作进行培训。区工商联分会、顾问单位及会员企业120余名信息员参会。年内,以《手机快讯》《图片新闻》等形式编发信息162篇,重要信息被《市工商联工作动态》《市工商联信息》采用9篇,其中被上级部门采用1篇;被《东城信息》《昨日区情》等区级刊物采用27篇;在《新东城报》刊发稿件5篇,《东城机关党建》刊发稿件1篇,《法制日报》刊发稿件1篇,《中华工商时报》刊发稿件13篇。 (高鹏)

【合作交流】 5月2日,湖北省随州市政协副主席、工商联主席张书文等一行到区工商联座谈交流,双方就随州市在京组建随州商会、经济项目合作有关事宜进行商谈。市工商联副主席王克林、区政协副主席邵鹏、区工商联班子成员及部分企业家20余人参加。5月8~17日,与区台办联合组织会员企业赴台湾参加经贸洽谈交流活动,与台湾高雄市中华两岸企业发展协进会进行座谈,双方签署京台商会合作与交流意向书,4家会员企业与台湾4家企业签署合作意向书。10月19日,区领导周永明率队赴山东德州学习考察,出席东城区工商联与德州市工商联建立友好商会签约仪式;实地考察体现新能源发展的皇明太阳谷和生态环境保护项目减河湿地生态改造成果。年内,先后组织会员企业300余人次参加各种经贸活动,并将发展非公经济的有关优惠政策传递给非公经济人士。 (高鹏)

【荣誉工程评比】 6月12日,区工商联会员企业家北京中和珍贝科技有限公司董事长、北京四季香食品有限公司董事长荣获十大"2012·感动东城道德模范"人物称号。7月11日,在全国工商系统推进诚信市场创建工作座谈会上,区工商联会员企业北京世纪天鼎商品交易市场被国家工商行政管理总局授予上年度全国诚信示范市场荣誉称号。推荐会员企业北京稻香村食品集团为上年度首都文明标兵单位,推荐10家会员企业为首都精神文明单位、6家会员企业为上年度区精神文明单位,完成18家市工商联系统精神文明标兵单位、64家市工商联系统精神文明单位的复查和申报工作;新推荐2家会员企业获得北京市工商联十佳标兵会员企业称号,新推荐北京联飞翔科技股份有限公司获得市工商联上年度先进会员企业荣誉称号;推荐北京宏源餐饮管理有限公司、碧艾尔时装(北京)有限公司等6家会员企业获得上年东城区和谐劳动关系单位,北京稻香村食品有限责任公司为北京市和谐劳动关系单位;新推荐会员企业北京智博宝通传媒文化发展有限公司获得北京市三八红旗集体,北京爱保酒店管理有限公司董事长获得北京市三八红旗奖章;新推荐北京波利瑞斯国际投资顾问有限责任公司总经理为东城区巾帼建功标兵;北京商鲲教育集团总裁办为东城区巾帼文明岗。同时,完成全国技术能手、第二十一届北京优秀青年工程师、第三批北京市有突出贡献的高技能人才、参与首都社会主义新农村建设先进民营企业、区优秀人才培养资助等多项评选推荐和申报工作。年内,区工商联7家会员企业:中国移动北京分公司、北京肯德基有限公司、新世界房地产、李宁体育、百荣集团、稻香村、博士伦对区财力做出突出贡献,被认定为东城区上年度百强企业。 (高鹏)

【贯彻"十八大"精神】 自9月26日,联合《中华工商时报》,特别推出"喜迎'十八大'——非公有制经济巡礼"专栏,对优秀会员企业进行连续7期的典型宣传和系列报道,组织召开座谈会及时进行总结。10月15日,召开喜迎"十八大"非公有制经济巡礼典型宣传座谈会。会上,介绍区工商联加强新时期宣传教育工作的四大创新举措,与会的企业负责人介绍企业发展情况和经营特色。全国工商联宣传部副部长王尚康,市工商联副主席郑勇男,区领导周永明参加座谈并讲话。11月5日,召开党组扩大会,研究部署"十八大"期间安全维稳工作,营造喜迎"十八大"召开良好氛围。通过信息机向27家基层分会和全体会员发出收看、收听"十八大"开幕式的通知,征集非公经济人士的反映信息,及时发布《手机快讯》,在区工商联网站上以飘窗的形式开设"喜迎'十八大'东城区非公有制经济巡礼"专栏。11月8日,区工商联组织全体机关干部和部分非公经济代表人士一同收看开幕式,聆听胡锦涛总书记代表十七届中央委员会向大会作的报告,召开座谈会,畅谈对"十八大"报告的感受和心声。"十八大"闭幕第二天,以学习宣传贯彻"十八大"精神为主题,举办东城区第十六期非公经济人士培训班,景山、天坛、东直门、龙潭、体育馆路等街道分会以专题报告会、培训班和红色讲坛等多种形式学习、宣传、贯彻"十八大"精神,用"十八大"精神指导工作实践,努力为地区各项建设做出贡献。12月13

日，区工商联邀请"十八大"代表、史家小学校长到基层第一线，为会员企业——北京联信永益科技股份有限公司宣讲"十八大"精神。 （高鹏）

【会员服务】 10月10～14日，金融服务分会组织相关会员企业赴上海股权托管交易中心进行项目对接交流，对会员企业在上海股交中心挂牌进行初期调研，双方就合作事宜进行商谈，并达成意向。11月13日，区工商联和市中小企业对外发展促进会联合举办中小企业融资路径暨上海股权托管交易中心挂牌说明会，1家会员企业在上海股权交易中心成功挂牌上市，实现融资近1.1亿元。12月6日，区工商联与北京银行北京管理部举行《金融服务合作协议》签字仪式，该银行管理部给予区工商联会员企业授信额度2亿元，采取无抵押担保方式，并在贷款条件、贷款期限、贷款利率方面给予优惠。年内，与区产促局、东方信达、首创担保、北京银行等联络与合作，进行年度融资贷款需求调查，完善企业融资贷款数据库，帮助50余家会员企业与银行进行对接，40余家会员企业获得商业银行贷款3.5亿余元。依托金融服务分会，与北京银行、民生银行签订4个亿无抵押信用贷款额度合作协议。推动中小企业融资难的瓶颈问题解决。为拓宽会员融资渠道，搭建融资服务平台。全年帮助会员企业用好用足政府鼓励扶持的各项产业政策，为会员企业申报贷款贴息、担保费补贴、资金配套、无偿资助等扶持资金项目78个，获得财政扶持资金近400万元。依托法律分会，坚持开展每月一次的会员企业法律咨询服务。律师30人轮流值班为会员提供免费的法律咨询，27家会员企业进行法律咨询，形成人员稳定、运行顺畅、效果明显的法律维权服务工作局面。分类别、分层次完善信息机的基础信息库，信息机发送信息140余条，信息总量达20余万条次，服务会员2万余人次。网站发布164条相关政策及活动信息，帮助会员企业掌握政策、金融等信息，得到会员肯定。 （高鹏）

【参政议政】 全年走访调研会员企业100余人次，帮助企业了解经济形势、区域发展政策和经济环境，协调相关事宜20余件。配合有关部门，完成《第十次全国私营企业调查》、民营企业人才工作调研、体育产业方面的调研、民营企业内部审计调研等工作，完成《推进单位廉政教育常态化的几点思考》《关于新时期加强非公经济代表人士队伍建设的思考》等5篇调研报告。配合区政协组织开展工商联界别活动，协办完成区政协16号提案《关于加强区委区政府服务力度，促进非公经济转型升级的建议》，提交《关于建立区委、区政府主要领导与非公经济人士季度性沟通制度的建议》《关于加强区委、区政府服务力度，促进非公经济转型升级的建议》等2件团体提案，其中1件被评为优秀提案。配合相关部门，完成北京市第十四届人大代表、北京市第十二届政协委员、北京市工商联第十三届执常委、东城区政协委员增补人选候选人的推荐、综合评价及组织考察工作。同时，完成对全国工商联第十一次会员代表大会代表、区海联会换届理事、第五届青联委员推荐人选的推荐和会务组织等相关工作。 （高鹏）

东城区归国华侨联合会

【概况】 东城区归国华侨联合会（简称区侨联）是由归侨侨眷组成的人民团体，是党和政府联系归侨侨眷的桥梁和纽带。侨联工作的职能是参政议政、群众工作、维护权益、海外联谊。区侨联编制4人，无内设机构。有17个街道侨联和教委、卫生局2个系统侨联。全区有归侨224人，侨眷6734人，新华侨4391人，新移民、留学人员亲属4389人。东南亚归侨占85%以上，归侨的原侨居国分布20余个国家。新华侨分布57个国家，基本上在发达国家。

年内，下发《东城区侨联关于认真学习宣传贯彻"十八大"精神的意见》，在区卫生和教委系统成立基层侨联组织，完成17个街道侨换届工作；召开一届二次至五次全委会，研究部署工作；举办代表性人士培训班；成立5个专门委员会；召开新春团拜会和敬老会慰问老归侨；落实提高76名离、退休老归侨临时生活补贴政策；推荐出席市第十四次侨代会代表、推荐区青联委员和区海外联谊会理事；试点推进侨联工作进网格；首次完成购买社会服务项目；引导归侨侨眷参政议政，为区经济、政治、文化和社会建设建言献策。《关于东城区侨资企业发展现状的调研报告》一文获得北京市侨联系统理论研究和调查研究优秀成果（侨联工作类）三等奖。在北京市侨联"党旗飘飘"征文活动中区侨联被评为优秀组织奖，侨界群众5人获得优秀征文奖。

单位地址：东城区幸福大街32号

联系电话：64023999 邮政编码：100061 （窦跃斌）

【全委会会议】 1月5日，召开一届二次全委会议，贯彻落实区第十一次党代会精神及区人大第十五届一次会议、区政协第十三届一次会议精神，研究部署年度工作。4月20日，召开一届三次全委会，表决通过《东城区侨联关于设立专门委员会的决定》，选举区侨联主席。8月3日，召开一届四次全委会，专题研究侨联专委会工作；传达北京市第十一次党代会、胡锦涛主席"7·23"重要讲话及对北京市四点重要指示、北京市上半年经济形势分析会等一系列会议精神；通报区侨联上半年工作。8月28日，召开一届五次全委（扩大）会，传达区召开党外代表人士队伍建设工作大会有关精神，部署中国侨联困难归侨调查问卷任务及侨联工作进网格工作，对加强侨界社情民意反映、以侨界稳定促进全区社会稳定迎接"十八大"召开提出相关任务和要求。 （窦跃斌）

【走访慰问】 1月9～19日，走访慰问归侨20户，困难侨眷5户，慰问与区侨联党支部结对的北新桥街道藏经馆社区3名困难党员，送去慰问金和慰问品2万余元。七一和国庆节前分别慰问北新桥街道藏经馆社区困难党员2户，送去大米、鸡蛋和牛奶等慰问品。 （窦跃斌）

【成立基层侨联】 年初，结合区教委和卫生系统实际，摸底掌握教委和卫生系统侨务资源状况，制定相应工作方案。5月29日、6月29日，东城区率先在全市侨联系统中，分别成

立卫生和教委系统侨联，市侨联副主席马坚参加2个系统的成立大会，并指导工作。（窦跃斌）

【庆三八节活动】 3月7日，与东城区政协港澳台侨专委会以“观百年技艺传承，赏京都文化盛景”为主题，联合举办庆祝三八国际劳动妇女节活动。参观京城百工坊，观看工艺美术大师现场技艺展示，感受中国传统文化的博大精深。区政协副主席王红，区侨联、区政协专委会有关领导及区侨联女性委员、区政协港澳台侨专委会委员30余人参加。

（窦跃斌）

【成立专门委员会】 4月20日，区侨联召开一届三次全委会议，表决通过《东城区侨联关于设立专门委员会的决定》。设立参政议政、文化交流、社会工作、联络联谊和维护权益5个专门委员会(以下简称“专委会”)。由区侨联兼职副主席5人担任专委会主任，兼职常务委员7人担任专门委员会副主任。成立委员会是对侨联工作的开拓性尝试。（窦跃斌）

【17个街道侨联完成换届】 4月底至7月初，17个街道侨联全部完成换届任务。换届后呈现“高、优、广、强”四方面特点：“高”，即归侨侨眷积极性高。17个基层侨联组织选出760名参加归侨侨眷代表大会的代表基本到会，归侨侨眷代表参会率达96.7%。“优”，即基层侨联组织班子结构进一步优化。产生委员135名，其中女性委员75名，占委员总数的55.6%；少数民族委员10名，占委员总数的0.7%；上届委员留任91名；新当选委员44名，占委员总数32.6%。135名委员中，40岁以下委员5名，40至55岁39名，55至65岁40名，65岁以上51名，新一届委员平均年龄为68.2岁，比上一届委员平均年龄低3.8岁。具有研究生以上学历的11名，大学本科学历的65名，大专学历的44名，大专以上学历委员占委员总数的88.9%。“广”，即街道侨联组织联系广泛。扩大侨联组织的覆盖面，把驻区单位具有侨眷身份、有代表性、热心侨联事业的人士吸纳到侨联组织，有的还把本辖区内侨界人大代表或政协委员吸纳到侨联组织。“强”，即组织建设得到加强。一批年富力强、热心侨联事业的侨界人士被选进侨联班子，侨联班子成员的整体素质得到提升。当选的新一届委员中，直接参与社区服务的归侨侨眷33名，占委员总数的24.4%。（窦跃斌）

【举办代表性人士培训班】 8月23日举行区侨界代表性人士培训班，北京市侨联副主席马坚从华侨华人历史及相关概念、北京市侨联发展历程和职能任务、当前侨联工作面临的国际国内形势和海内外侨情变化、中央和北京市委对侨联组织的要求和期望、在新形势下做好侨联工作的几点意见等5个方面进行系统讲解。对参加培训人员了解侨联历史、明确侨联使命、把握侨联工作发展方向起到重要作用，区侨联委员、区侨联系统19个基层组织的侨联委员及部分归侨侨眷150余人参加。（窦跃斌）

【侨联常委学习班】 10月18～20日举办，学习班就侨联组织性质、职能，作用等内容进行学习，通过学习增强坚持党领导下充分发挥侨联组织职能的自觉性和坚定性，熟悉认真履行职责和侨联工作的相关程序，为做好新形势下的侨联工作奠定基础。（窦跃斌）

【参政议政】 11月，召开侨界参政议政工作会，通报区侨联参政议政工作情况；侨界人大代表和政协委员围绕全区20年发展总规和“十二五”计划，展开讨论，确定提交下年区政协全会团体提案，主要围绕关于加强文化建设和关于健全养老服务体系两个方面。区侨联引导归侨侨眷参政议政，围绕全区首都文化中心区、世界城市窗口区工作大局，团结动员归侨侨眷按照政治、经济、文化、社会、生态文明五位一体建设要求，为全区实现国际化、现代化新东城建言献策。参加区党风廉政建设工作大会和廉政风险防控管理工作大会，了解东城区党风廉政反腐败工作情况；参加党派团体协商通报会，协商东城区重大事项、协商出席北京市第十四届人民代表大会代表候选人建议人选，协商区政协人士安排及增补委员情况，通报东城区区情；参加中国侨联、北京市侨联新侨人才工作调研座谈会，通报东城区开展新侨工作情况；参加北京市侨联学习贯彻“十八大”精神座谈会和东城区统一战线学习“十八大”精神专题报告会；上报北京市侨联信息和社情民意75条，上报区政协社情民意28条，上报区委统战部信息和社情民意52条；与区政协港澳台侨专委会合作，对全区的侨资企业发展情况调查研究，并完成《关于东城区侨资企业发展现状的调研报告》。（窦跃斌）

【学习贯彻“十八大”精神】 下发《东城区侨联关于认真学习宣传贯彻“十八大”精神的意见》，各专门委员会运用学习报告会等形式，组织全体委员学习“十八大”精神；区侨联会同有关部门以举办学习“十八大”精神辅导宣讲、座谈讨论、专题研讨等形式，推动学习宣传贯彻活动不断深入。并将学习“十八大”精神同学习《关于加强新形势下侨联工作意见》结合起来，研究侨联工作新情况、总结新经验、解决新问题；与做好区侨联工作结合起来，积极履行参政议政、群众工作、维护权益、海外联谊职能，发挥侨联组织在推动全区经济社会发展中的重要作用。（窦跃斌）

【向市区推荐代表委员和理事】 在全区侨联系统内从机关、街道、企业、事业单位、新经济组织、新社会组织等行业，按照归侨、侨眷侨居国的分布，本着东南亚、欧美并重；新侨、老侨并重；代表年龄不超过60周岁的原则，推荐年富力强、热爱侨联工作的27名优秀归侨侨眷为市侨联第十四次代表大会的代表。将侨界6名热爱侨联事业的侨界代表人物和骨干力量推荐到区青联，将11名代表性人士推荐到区海外联谊会。（窦跃斌）

【侨联工作进网格试点】 按照《关于加强和改进社会领域统一战线工作的意见》(试行)精神，根据东花市街道进行网格化社会领域统战工作新模式试点工作经验，在东花市街道侨联和东直门街道侨联尝试侨联工作进网格试点工作，重新对

2个街道辖区内侨情资源进行摸底调查,建立实时动态数据库并上传网格。（窦跃斌）

【购买社会服务项目】 尝试以侨联机关为载体,申请购买社会服务项目——法律服务、法律咨询。从项目实施的必要性、已有基础、具体方法和途径、进度安排、预期效果等5个方面,结合侨联实际,向区社会工委提出申请,经区社会工委严格审核下,该项目获得审批,成为全市区县侨联购买社会服务项目的首例。（窦跃斌）

东城区红十字会

【概况】 北京市东城区红十字会(简称区红十字会)是区级从事人道主义工作的社会救助团体。宗旨是保护人的生命和健康,发扬人道主义精神,促进和平进步事业。主要任务在区域内开展人道主义救灾救助,群众性卫生救护培训,社区红十字志愿服务,红十字青少年活动等项工作。区红十字会基层组织317个,会员总数11.87万名。区红十字会机关行政编制10名。其中常务副会长1名、副会长1名、秘书长1名,科级领导职数3正。另设应急救护培训中心(全额拨款正科级事业单位),人员编制4名(主任1名)。

年内,学习贯彻落实"十八大"精神和《国务院关于促进红十字事业发展的意见》,在全区开展以"急、难、特"为重点的大病医疗救助,在重点行业开展应急救护培训和演练等活动。

单位地址:东城区幸福大街32号906室
联系电话:87556906 邮政编码:100061 （范有余 杨鑫）

【八届二次理事会】 3月1日召开。会议通过《关于增补、更换部分理事、常务理事的决议》《选举会长、常务副会长的决议》及《增设名誉副会长的决议》,听取、审议并通过《东城区红十字会2011年度工作报告》及《东城区红十字会2011年度募捐款收支情况的报告》。市、区有关领导出席并对区红十字会工作给予肯定,对做好红十字会工作提出具体要求。（范有余 杨鑫）

【应急志愿者队伍管理】 4月,强化注册应急志愿者队伍管理。在区应急委、团区委统一安排下,区红十字会开通志愿北京网站平台,注册103名应急志愿者,并进行应急救护知识培训。开展红十字志愿者星级认定工作。认定从事区红十字会应急救护培训的师资志愿者授课(志愿服务)时间。参加市红十字会应急救护技能电视大赛,在全市红十字系统20支代表队中,名列第三名。（范有余 杨鑫）

【"博爱在京城"募捐】 全年将"博爱在京城"募捐公开透明作为募捐工作主线,逐步形成以政府为依托、红十字会为主导、全社会广泛参与的科学化、规范化募捐救助管理体制和运行机制,发挥红十字会在改善民生、关爱生命、促进和谐中的作用。全年接收"博爱在京城"捐款181.6余万元,超额完成市会下达的125万的募捐任务,较上年募捐数额稳中有升。（范有余 杨鑫）

【完善项目化救助工作】 改变救助模式,调整救助格局,淡化小额度、广覆盖的普惠救助方式,在完善少儿大病及成人大病救助两个项目库基础上,将重点转移到"急、难、特"救助,以生命关爱工程的形式突出红十字的救助特色。全年大病救助93人次,发放救助款97.5万元。（范有余 杨鑫）

【群众性初级急救知识培训】 分解初级急救员万人持证培训任务,就培训目标、对象、内容、管理、保障措施等方面提出具体要求。区红十字会应急救护培训中心协调各相关部门,制定相应培训方案。区人力社保局在全区公务员队伍中开展应急救护培训工作;区委组织部将应急救护培训工作纳入处级后备干部培训;区旅游局在全区各饭店中开展初级急救员培训工作;区教委体卫科协调各学校,分别召开全系统救护培训工作部署会及推进会,保证教学任务的完成。全年初级急救员取证培训1.39万人。（范有余 杨鑫）

【"红立方"综合服务站活动】 "红立方"综合服务站(区红十字会直属对外服务窗口)配合区、街红十字会开展两节送温暖活动,慰问和平里地区20个社区的45户低保特困家庭;组织社区群众、果林宾馆职工举办应急救护知识2次培训,59人取得初级急救员证书;落实蓝天救援队东城分队队员培训;纪念"五八世界红十字日"与和平里第九小学联合对全校学生进行红十字知识专题讲座,学生1300余人参加;为和平里街道社区群众举办健康科普讲座2次70人参加,并负责向属地居民宣传普及应急救护知识;接待塔吉克斯坦红会外宾以及《京华日报》等新闻媒体到区调研和交流。（范有余 杨鑫）

【红十字青少年获奖】 组织青少年参加市红十字会"十佳百优"评选工作。史家小学17名红十字青少年代表东城区参加并获得上年度百名优秀红十字青少年称号。北京市第二十四中学等8所学校获市红十字会上年度红十字青少年活动组织奖。（范有余 杨鑫）

【心理援助项目试点】 策划实施东城区培智中心学校心理救援项目,在该学校建立红十字志愿服务基地。心理救援项目分三个阶段进行:心理知识专题讲座,普及在教育教学中的心理学知识;针对特教过程出现的问题进行心理学个别辅导;召开总结会进行经验交流。（范有余 杨鑫）

【交流交往活动】 2月,组织基层红十字会会长一行15人赴台湾考察台北、南投和花莲红十字会应急救援和备灾救灾工作;组团赴青海省海东地区红十字会,与他们签订友好协议书,并到海东地区平安县古城回族村沙卡村为当地困难群众发放价值8万元的保暖内衣;组团赴四川省什邡市,落实对口支援教育项目,北京市第二十四中学与什邡市双盛中学、东城区和平里第九小学与什邡市冰川小学相互在合作共建协议上签字,共同推进双方学校教育事业发展。

(范有余　杨鑫)

东城区文学艺术界联合会

【概况】 北京市东城区文学艺术界联合会(简称区文联)是在区委、区政府领导下,负责联系区文学艺术工作者和业余爱好者的群众团体机关。主要职责为团结带领区文学艺术工作者及爱好者,学习、贯彻、落实党和国家的文化工作方针政策及法律法规,发挥党和政府联系文艺界的桥梁纽带作用;组织区文艺工作者和业余爱好者进行艺术创作,加强艺术实践和交流,发现和培养文艺人才,评选奖励优秀人才和艺术作品,指导青少年文艺活动;联络、协调、服务和管理区各艺术家协会,向有关部门反映团体会员的意见和要求;组织推动各艺术家协会团体开展业务活动;参与区重大文化活动;配合区政府文化部门,为发展繁荣区文化事业献计献策;开展与其他区县文联、各地(市)级文联和有关产业文联的协作与交流;依法维护团体会员和文艺工作者的合法权益。区文联内设办公室、宣传科、组织联络科。有处级干部4人,科级及以下干部5人。有12个艺术家协(学、研究)会,即东城作家协会、东城戏剧家协会、东城书画家协会、东城美术家协会、东城摄影家协会、东城民间文艺家协会、东城民间艺术家协会、东城音乐家协会、东城舞蹈家协会、东城曲艺家协会、北京广角摄影学会、东城书画研究会,会员2500余人。

年内,区文联与各艺术家协会贯彻落实中共十七届六中、七中全会和"十八大"精神以及胡锦涛总书记在中国文联第九次全国代表大会上的重要讲话精神,团结凝聚文艺工作者,开展多种形式文艺活动,被北京市文联评为文联系统信息工作先进单位,1名干部被评为文联系统信息工作先进个人。在市文联举办的北京市区县(局)、产(行)业文联优秀文艺节目展演中,区文联选送的配乐诗朗诵《北京礼赞》和男女声四重唱《我们一起走过》分获一等奖和二等奖,区文联获优秀组织奖。在中国文联组织的全国基层文联组织网络体系建设典型经验征集活动中,区文联的《打造皇城脚下的温馨和谐之家》,获一等奖。

单位地址:东城区崇外大街7号正仁大厦2段9层

联系电话:67089490　邮政编码:100062

(刘菁)

【新春团拜会】 1月10日,新春团拜会在湖南大厦举行。市文联党组书记陈启刚、市文联副主席、区文联主席赵书分别致辞。区领导金晖向全区文艺工作者致以新春问候并讲话。李金斗、肖雄、杨树泉、王亚彬等艺术家同台献艺,东方歌舞团、空政电视艺术中心、北京京剧院等文艺团体的艺术家表演精彩节目。东城民间艺术家代表向东城区四套班子赠送民间工艺品,北京书法家协会驻会副主席、秘书长田伯平向东城区文联赠送书法作品。北京电视台等媒体对团拜会进行报道。中国文联书记处书记冯远、中国文联副主席徐沛东、市文联党组副书记王德新、北京曲艺家协会主席李金斗,区领导杨柳荫、冯熙、常卫、夏树军、朴学东、毛炯以及市文联有关部门、区县文联及部分区属单位负责人,区文联顾问、主席团成员及各艺术家协会代表近400人参加。　(刘菁)

【新春舞会】 2月14日,区文联、东城舞蹈家协会主办的新春舞会在东城区第二文化馆举行。区文联常务副主席、东城舞协主席分别致辞。东城舞协副主席通报协会上年工作情况。区领导金晖,北京舞蹈家协会副主席阮兰玉,北京舞蹈家协会副主席兼秘书长王晨及北京舞蹈学院、东城舞蹈家协会有关领导和舞蹈专业人士、舞蹈爱好者、文联各艺术家协会代表200余人参加。　(刘菁)

【清明节风筝放飞】 4月1日,"迎接春天　龙筝放飞"——清明节风筝放飞暨"大龙杯"风筝邀请赛在永定门城楼广场开幕。本次活动由北京市委宣传部、北京市文化局、东城区委、区政府联合主办,北京非物质文化遗产保护中心、区委宣传部、区文委、文联、东城区非物质文化遗产保护中心共同协办,北京大龙建设集团有限公司、中国北京同仁堂(集团)有限责任公司、国资委轻工绿化基地、东城民间艺术家协会共同支持。朴学东主持开幕式,金晖致辞,市文化局副局长何昕宣布开幕。来自北京、天津、河北、山东等地的近200名风筝爱好者参加。开幕式结束后,40余名参赛选手到昌平区十三陵水库进行"龙"风筝"扎糊绘放"比赛。北京大龙一队获最佳扎糊奖,石家庄队获最佳放飞奖,同仁堂二队、同仁堂三队、大龙二队、大龙三队、青岛队、天津队获优秀奖。《北京日报》、北京电视台、新华网等媒体对活动进行相关报道。

(刘菁)

【曲艺家慰问一线劳动者】 4月27日,与区住建委在区图书馆影剧院联合举办"迎五一·送欢乐进基层"曲艺专场慰问演出活动。演出以"弘扬北京精神　建设美好东城"为主题,组织东城曲艺家协会艺术家为一线劳动者演出。曲艺名家崔琦担任演出主持。王淑玲、宋德全、杨菲、王玥波等著名演员悉数登场。演出以多种曲艺形式,歌颂祖国、弘扬北京精神、赞美东城、倡导社会道德新风尚。市文联、北京曲艺家协会领导王德新、李金斗,区领导王兆康、乔世怀以及区委、区政府有关部门领导出席。区住建委系统各单位有关领导及区属建筑施工企业、开发企业、在地施工企业等30余家单位的500余名建筑工人、农民工观看演出。　(刘菁)

【相声专场演出慰问残疾人】 5月18日,迎接第22个"全国助残日",与区残联、文委在东城区第一文化馆风尚剧场联合举办东城区"彩虹·东城"文化助残公益行动启动仪式暨相声专场演出。启动仪式上宣读《东城区2012年"彩虹·东城"文化助残公益行动服务项目》。区第一文化馆、区图书馆、周末相声俱乐部向残疾人代表赠送公益演出门票和图书。市残联党组书记马大军、区领导宋甘澍分别致辞。区文联、残联、文委、文明办等有关部门领导及300余名残疾人和亲友参加启动仪式并观看演出。　(刘菁)

【书法美术摄影精品展】 5月25日至6月11日,"厚德北京　文化东城"——书法美术摄影精品展在中华民族艺术珍品馆举行。展览由区文联、中华民族艺术珍品馆主办，以纪念毛泽东《在延安文艺座谈会上的讲话》发表70周年、弘扬北京精神、展现东城深厚文化底蕴为主题，特邀山东省烟台市文联参展，展出近120幅艺术作品，从不同角度、不同层面体现近年东城书画摄影界艺术风格和创作水平，《北京日报》《北京晨报》《京华时报》《信报》等多家媒体对展览进行报道。中央、北京市、东城区有关部门领导及烟台市、区有关部门领导出席展览开幕式，近万人观看展览。（刘菁）

【民间艺术家作品观摩展】 9月15日，由区文联主办，东城民间艺术家协会承办的民间艺术家作品观摩展在吴东魁艺术馆开幕。东城民间艺术家协会主席吉胜久致开幕辞，著名面塑艺术家郎志丽作为艺术家代表致辞，中国民间文艺家协会驻会副主席罗杨讲话，区领导朴学东宣布展览开幕。罗杨、陈启刚现场为龙筝点睛，市、区有关单位领导参加。展览以喜迎“十八大”、践行北京精神、传承龙文化为主题，参展作品全部为东城民间文艺家协会下属7个专委会的400余名民间艺术家和爱好者新创作的350余件作品参展。展览为期2天，接待参观者2000余人次。其间特别举办小学生专场，民间艺术家为孩子详细讲述每件艺术品的创作原理及艺术价值，让孩子从小就激发对传统文化的兴趣。

（刘菁）

【东城之歌原创作品演唱会】 9月28日，由区文联，东四街道工委、办事处主办，东城音乐家协会承办的最美的歌儿献给党——东城之歌原创作品演唱会在东四奥林匹克社区公园举行。演出作品中有歌颂中国共产党光辉历程的《伟大的旗帜永向前》，反映百姓幸福生活的《幸福歌》，颂扬北京精神的《魅力北京》，表现东城深厚文化底蕴的《北京钟鼓楼》《走进天坛》等等。区领导朴学东，以及市、区文联，市、区音乐家协会，东城区委宣传部、区文委、东二环建管办、东四街道等单位领导和200余名社区居民、音乐爱好者观看演出。

（刘菁）

【东城书画精品展】 11月26日，盛世金秋——庆祝“十八大”召开东城书画精品展在台湾会馆开幕。展览由区文联、北京市文联事业发展部联合主办，北京九洲书画艺术研究会、东城美术家协会、台湾会馆共同承办。文化部离退休中心主任路耀儒、市老龄办常务副主任李建国，以及市、区文联、区工商联等单位有关领导和嘉宾出席开幕式并剪彩。展览持续至12月2日，展出作品84幅。（刘菁）

【百姓绘画革新探索展】 12月14～16日，画自天成——百姓绘画革新探索展在区第一文化馆风尚美术馆举办。展览由东城区文联、东城老年大学主办，展出绘画作品近150幅。展览首日，来自中国水墨研究院、市民政局、市老干部大学、海淀区老龄委大学等单位的书画专家及书画爱好者参观画展。新华社、中国教育电视台、《北京晚报》等媒体进行报道。

（刘菁）

【全国基层文联研修班到区考察】 5月17日，全国基层文联负责人研修班一行60余人到区考察历史文化保护发展情况。先后参观前门大街、台湾文化商务区、孔庙和国子监博物馆，听取关于前门历史文化街区有关情况介绍和关于孔庙、国子监文物保护与利用的讲解及东城区总体发展战略和东城区加快首都文化中心区建设的相关举措。考察团表示，通过参观，充分感受到东城区多元而又深厚的文化底蕴，并对东城区作为首都文化中心区所做的工作表示赞赏。

（刘菁）

【赴台湾文化交流活动】 11月8～16日，区文联组成北京市东城区艺术家赴台文化交流考察团一行16人赴台湾进行为期9天的文化交流活动。先后参观台北故宫博物院、台北华山文创园区、邓丽君文物纪念馆，观看邹族歌舞表演，并与中国现代化文化基金会的书画家进行座谈和笔会活动。在交流座谈中，介绍东城区文化发展概况。在书画笔会活动中，传递文脉相通、血脉相连的民族情谊，弘扬中华民族优秀传统文化。考察团将《北京欢迎你》《兰亭序》等书法作品及传统风筝等手工艺品赠送给台湾同胞。（刘菁）

【主席团会议】 2月24日，区文联召开第二次主席团会议。会议通报《东城区文联2012年驻会处级干部职责及工作分工》《东城区文联第一届理事会主席团成员（不驻会）工作分工》《新增第一届东城区文联艺术家顾问、特邀顾问名单》和《东城区文联2012年工作要点》。与会人员从贯彻落实中央和北京市有关精神、加大创作力度、加强与其他区县文联交流与合作等方面，对文联工作提出建设性意见。主席团成员20余人出席。9月26日，东城区文联第三次主席团会议暨中秋茶话会在培新宾馆举行。北京市文联、中央歌剧院、中国东方演艺集团等主席团成员近20人出席。会议通报区文联首届（2010—2012年度）“优秀文艺工作者、优秀文艺作品、优秀品牌活动”评选工作相关筹备事宜。与会主席团成员审议并原则通过“三优”评选初评名单。会议同意增补著名表演艺术家、歌唱家5人为艺术家顾问，区文联领导向艺术家致以中秋国庆“双节”良好祝愿。（刘菁）

【文艺工作研讨会】 6月13日，区文联在培新宾馆召开文艺工作研讨会。会议围绕如何做好文联及各艺术家协会下半年工作、如何办好东城区文艺界下年新春大联欢等议题进行专题讨论。区领导及有关专家、文艺工作者参加。国家一级编剧李东才及有关著名影视表演艺术家，著名歌手，区文联、文明办、旅游发展委负责人参加。（刘菁）

【走访艺术家】 7月21日、31日，先后走访著名男高音歌唱家李双江、中国曲协主席刘兰芳等艺术家10余人，向他们颁发顾问聘书。在走访中，区文联常务副主席向艺术家介绍区文联近两年发展的基本情况，并就如何以实际行动迎接“十八大”召开，创作弘扬北京精神的文艺作品，发挥文化引领风尚、教育人民、服务社会、推动发展作用进行协商研究。

（刘菁）

【街道文联工作座谈会】 10月10日召开。会上,区文联常务副主席介绍区文联整体情况。东四街道、朝阳门街道有关负责人作为东城区已成立街道文联的代表作经验发言。会议还听取景山街道、东花市街道有关负责人对成立街道文联的意见和建议。与会人员就街道文联的机构设置、运行机制、作用发挥等问题交换意见。区委宣传部、区文联、东四街道、朝阳门街道、景山街道、东花市街道有关负责人参加。

（刘菁）

【文艺家学习"十八大"精神座谈会】 12月13日,区文艺家学习贯彻"十八大"精神座谈会在培新宾馆召开。会议通报杨柳荫在全区领导干部学习贯彻"十八大"精神轮训班上的党课报告及区文联下年工作要点,就"十八大"报告中关于扎实推社会主义文化强国建设的有关内容进行专题解读。与会艺术家围绕学习贯彻"十八大"精神,结合自身艺术创作实践和东城文艺工作实际,畅谈心得体会。金晖、赵书出席并分别讲话。部分艺术家代表参加。（刘菁）

【书法作品展】 3月3日,东城书画家协会主办的弘扬北京精神·建设文化东城书法作品展在区图书馆开幕。文化部、北京书法家协会、北京市东城区书画协会、中国艺术家协会有关领导和嘉宾参加开幕式。展览展出94幅书法作品,除8幅特约名家作品外,还同时展出7幅少儿书法作品及16名书法家共同精心创作的30米书法长卷。（刘菁）

【"花市四艺"展览】 3月22～24日,第六届蟠桃宫庙会在明城墙遗址公园开幕。首次把"花市四艺"——绢花、绒鸟(花)、葡萄常、料器同时介绍和展出,是庙会的一大亮点。展览由东城民间艺术家协会与东花市街道共同主办,旨在弘扬传统技艺特色,传播地区历史文化。（刘菁）

【举办书画笔会】 5月20日,纪念毛泽东《在延安文艺座谈会上的讲话》发表70周年,东城书画家协会、东城老年大学在东城老年大学举办百人书画笔会。笔会现场,创作200余幅书画作品。作品主题突出,表达书画家和书画爱好者对新时代、新生活的赞美和对祖国美好未来的衷心祝愿。8月24日,东城区书画协会一行20人与延庆县美术家协会共同举办迎国庆联谊笔会。两区县的书画家近3个小时创作51件书画作品。两会领导互相交换各自创作的作品并合影留念。10月7日,东城书画家协会和东城书画研究会在区第一图书馆联合举办喜迎"十八大"弘扬主旋律书画笔会。12名书画家现场作画,100余名书画爱好者参加。（刘菁）

【艺术家赴境外访问交流】 5月13日至6月4日,应波兰、立陶宛当地孔子学院邀请,东城民间文艺家协会副主席兼秘书长、"金马派"风筝传人吕铁智专程赴波兰、立陶宛两国访问交流。先后到波兰的克拉科夫孔子学院、波兹南密茨凯维奇大学孔子学院和立陶宛维尔纽斯大学孔子学院,向500余名学生讲授中国风筝的历史、风俗习惯以及中国书画艺术,现场展示风筝制作技艺,受到当地学生欢迎,引发学生们对中国文化的浓厚兴趣。交流活动由东城民间文艺家协会和北京汉语对外办公室合作举办。波兰、立陶宛两国媒体对活动给予高度关注,当地电视台、电台、报纸对专题报道交流活动。（刘菁）

【名人讲学活动】 6月9日,著名作家王蒙应邀走进区图书馆,以与文学同行为题,为到场的500余名听众作2小时的文学讲座。受到欢迎。（刘菁）

【举办创作研讨会】 6月25～26日,东城书画研究会创作研讨会在怀柔雁栖湖畔举行。区文联党组书记及东城书画研究会艺术顾问、监事、理事等50余人参加。与会人员现场创作100余幅书画作品并进行交流点评。（刘菁）

【艺术家赴韩文化交流活动】 6月21～28日,东城民间文艺家协会一行20人,应邀赴韩国江陵市参加"江陵端午祭"文化交流活动。在交流活动中,东城民间文艺家协会展示包括中国结、风筝、面塑、脸谱、毛猴、剪纸等在内的10项中国传统民间手工艺绝活,协会会员还在活动现场包粽子请当地人民品尝,把中国的端午民俗、传统文化展示给韩国人民。韩国江陵市市长参观东城民间文艺家协会展示区。

（刘菁）

【教师节慰问活动】 9月6日,东城美术家协会、中国书画名家慰问团到农民工子弟学校——北京大兴区振华学校慰问,东城美术家协会的书画家现场为小学生上书画课,并将作品《颗颗红心向太阳》献给振华学校。（刘菁）

【中秋诗会】 9月28日,由东城作家协会、区非物质文化遗产保护中心主办的区中秋诗会在区第二文化馆举行。诗会现场表演苏轼的《水调歌头·明月几时有》、巴金的《十年中秋》、张若虚的《春江花月夜》等经典咏月名篇和诗歌爱好者自创的新作《生活是风》《大杂院小胡同》《想起中秋》等精彩节目。（刘菁）

【金秋书画采风活动】 10月12日,东城书画研究会在门头沟雁翅教育基地召开主席团会和理事会会议,并举办喜迎"十八大"——金秋书画采风活动。理事会研究决定更换书画研究会主席人选。会后,书画家参观爨底下村,创作51幅反映改革开放以来山区新农村变化、展现古文化山村风貌的书画作品。研究会30余名理事会成员参加。（刘菁）

【举办会员书画展】 9月25～27日,东城书画家协会举办的喜迎"十八大"会员书画作品展在区第一图书馆举行。展出183件作品,其中书法94件、国画76件、油画13件。吸引1500余名观众前来参观。11月13日,东城书画研究会庆"十八大"会员作品展在区第一文化馆开幕。区有关领导和近100名东城书画研究会会员参加。展出书法作品89幅、美术作品47幅,通过展览,提升会员艺术创作水平,展览为期4天,11月16日结束。（刘菁）

【在市大赛中获奖】 10月3日，在北京市文联、北京舞蹈家协会举办的第四届北京国际标准舞大赛中，东城舞蹈家协会组织20余名选手参赛。区文联代表队获得“优秀组织奖”。参赛选手在6个组别里获6个冠军、1个亚军、2个季军的优异成绩。11月16日，在北京市文联举办的第八届“天桥杯”曲艺比赛闭幕式上，东城曲艺家协会获优秀组织奖，协会秘书长获园丁奖。（刘菁）

【书法美术联展】 11月9日至12月9日，在首都博物馆推出春华秋实——书法美术联展，庆祝“十八大”胜利召开，东城书画家协会组织100名书画家精心创作，以此代表全体会员颂扬伟大的中国共产党和伟大的社会主义祖国，颂扬社会主义文化大发展、大繁荣的美好时代，祝福伟大祖国日益强盛。（刘菁）

东城区团体负责人

东城区总工会主席	张晓林
共青团东城区委书记	韩新星
东城区青年联合会主席	韩新星（兼）
东城区妇女联合会主席	杨立萍（女）
东城区科学技术协会主席	曹洪欣（兼）
东城区工商业联合会常务副主席	郝国信
东城区老龄协会会长	徐维江
东城区残疾人联合会理事长	从艳梅（女）
东城区红十字会会长	颜　华（女，兼）
东城区文学艺术界联合会主席	赵　书
东城区归国华侨联合会主席	谭　菲（女，4月任）

政权 · 政协

北京市东城区人民代表大会常务委员会

【概况】 北京市东城区人民代表大会常务委员会(简称区人大常委会),是区人民代表大会的常设机关。区人大闭会期间,依法行使地方国家权力机关职权,对区人民代表大会负责并报告工作。内设办公室、研究室、代表联络室、财政经济工作委员会、内务司法工作委员会、教科文卫工作委员会、城建环保工作委员会、预算工作室。

年内,依法行使重大事项决定权、人事任免权、监督权,常委会召开会议7次,听取、审议议题42项;听取、审议计划、预算、决算、审计等报告7个,议案、建议办理情况报告4个,依法作出决议、决定5项,听取"一府两院"专项工作报告9个,修订、修正和制订人大工作制度16项。常委会梳理分类人大工作制度39项,修订和修正常委会工作制度16项,废止2项,新制定工作制度16项。任免国家机关工作人员348人次,审查终止区人大代表资格8名,补选区人大代表2名。召开主任会议12次,研究讨论议题60项。组织召开十五届人大二次会议,选举新一届市人大代表69名。聘请183位社区干部担任联络员,社区覆盖率达到100%。接待信访216件,其中:来信39件,批转率100%;来访(来电)117件人次。反映区政府57件次,区法院151件次,区检察院8件。截至12月底,编发东城人大信息34期,被《北京人大信息》采纳17条;创刊《东城人大》;创办手机报,发布21期;《新东城报》刊登专版6期等。区人大常委会机关党委被区委区直属机关工委评为2010—2012年创先争优先进基层党组织。区人大常委会机关被评为北京市区县机关档案工作市级优秀单位。区人大离退休干部党支部评为北京市创先争优先进离退休干部党支部。

单位地址:东城区幸福大街32号
联系电话:87556606　邮政编码:100061
(刘国栋)

【主任会议】 全年召开人大常委会主任会议12次。分别通过《北京市东城区人大常委会主任会议议事规则修正案》,研究常委会一次会议有关事宜。研究区人大常委会检查《北京市少数民族权益保障条例》实施情况工作方案,通过《北京市东城区人大常委会预算监督顾问工作规则修订案》《北京市东城区人大常委会任命国家机关工作人员任前法律知识考试实施细则》和《北京市东城区人民法院审判人员和人民检察院检察人员任前公示实施细则》,讨论通过有关人事任命事项,听取并同意主任、各位驻会副主任领衔督办代表议案、建议办理情况意见。听取检查贯彻实施《北京市少数民族权益保障条例》情况报告(草案),通过《东城区人大常委会关于检查<中关村国家自主创新示范区条例>实施情况的工作方案》,研究常委会二次会议有关事宜。听取区人民政府关于规划体系建设年工作情况报告、贯彻《北京市少数民族权益保障条例》情况报告,通过区人大常委会机关外出学习考察管理规定、研究建立区人大决策支持库系统实施方案,研究提请常委会三次会议审议有关事项。研究通过《北京市东城区人民代表大会常务委员会信息工作管理规定》、检查《中关村国家自主创新示范区条例》贯彻落实情况报告、听取和审议区政府办理区十五届人大一次会议议案发挥历史文化名城优势,全力推进文化强区战略情况的报告和区加强交通管理,提升城市管理精细化水平工作情况报告工作方案。研究《东城区人大工作研究会换届工作方案》。批准区人大常委会办公室提请关于任命牛艳秋为人大朝阳门街道工作委员会办公室主任建议。研究常委会三次会议有关事宜。讨论通过《关于东城区2011年度预算执行和其他财政收支的审计工作报告的审议意见》。研究提请常委会四次会议审议有关事项。听取区政府关于历史文化名城保护工作情况汇报;讨论通过《东城区人大常委会机关工作制度》;研究提交常委会四次会议审议有关事项。通过《东城区人大常委会机关科级及以下公务员平时考核评价体系(试行)》。研究常委会四次会议有关事宜。听取区法院审判管理工作报告;通过区年度1月至7月份财政预算执行情况报告审议意见和区年度1月至7月份国民经济和社会发展计划执行情况报告审议意见。研究提交常委会五次会议审议有关事项。听取区检察院民事行政检察监督工作情况报告。任命冯志刚为人大交道口街工委办公室主任。研究常委会六次会议有关事宜。讨论通过对区政府《关于"发挥历史文化名城优势,全力推进'文化强区'战略"议案办理情况的报告》审议意见和关于对区政府《关于"加强交通管理,提升城市管理精细化水平"议案办理情况的报告》审议意见,听取区人大常委会工作报告起草情况汇报和区人大决策支持库系统建设情况汇报,研究提请常委会七次会议审议有关事项。听取区教委教育空间布局规划纲要专项工作报告。研究常委会七次会议有关事宜。

(刘国栋)

【第一次常委会会议】 2月28日召开。常委会组成人员33

人出席。会议传达市十三届人大五次会议精神;听取人大常委会各街道工作委员会上年工作报告;审议通过区人大常委会年度工作要点、《北京市东城区人大常委会议事规则》和《北京市东城区人民代表大会常务委员会人事任免办法》的修正案;审议通过北京市东城区第十五届人民代表大会常务委员会代表资格审查委员会组成人员名单、各委员会组成人员名单、各街道工作委员会组成人员名单和区人大常委会主任会议、区长牛青山及区检察院检察长殷健提请的有关人事任免事项。 (刘国栋)

【第二次常委会会议】 4月26日召开。常委会组成人员27人出席。会议听取区政府关于依法行政工作情况的汇报;表决通过修订后的《北京市东城区人大常委会内设委员会工作通则》《北京市东城区人大常委会关于实行审议意见书的办法》《关于人大代表列席东城区人大常委会会议的办法》《北京市东城区人大常委会关于加强经济工作监督的若干意见》及《北京市东城区预算监督办法》和《北京市东城区人大代表旁听东城区人民法院公开审理案件办法》的修正案。 (刘国栋)

【第三次常委会会议】 6月21日召开。常委会组成人员31人出席。首先集体学习《中华人民共和国预算法》的部分章节。听取和审议区政府关于东城区上年财政决算草案的报告、关于东城区上年度预算执行和其他财政收支的审计工作报告,作出关于批准东城区上年财政决算的决议。审议通过《北京市东城区人大常委会街道工作委员会通则(修正案)》。通过《东城区第十五届人民代表大会常务委员会代表资格审查委员会关于个别代表的代表资格的审查报告》,决定接受曹淑杰辞职请求,终止其东城区人大代表资格,并予以公告。决定免去赵明杰的东城区人大常委会景山街道工作委员会主任职务,任命王森为东城区人大常委会景山街道工作委员会主任。 (刘国栋)

【第四次常委会会议】 8月30日召开。常委会组成人员30人出席。会议听取和审议区政府关于东城区年度1月至7月份财政预算执行情况的报告和东城区年度1月至7月份国民经济和社会发展计划执行情况的报告;听取区政府关于东城区社会治安工作情况的报告;作出关于补选区第十五届人民代表大会代表的决定,通过补选工作实施方案;表决通过《北京市东城区人民陪审员工作规则修订案》《东城区第十五届人民代表大会常务委员会代表资格审查委员会关于个别代表的代表资格的审查报告》;投票表决区长牛青山、区法院院长孟祥提请的有关人事任免事项。 (刘国栋)

【第五次常委会会议】 9月27日召开。常委会组成人员33人出席。会议通过《东城区第十五届人民代表大会常务委员会代表资格审查委员会关于补选代表的代表资格审查报告》,确认石勇、王森代表资格有效,东城区第十五届人民代表大会实有代表336名。通过区人大常委会主任会议和区检察院检察长殷健分别提请的有关人事任免事项。 (刘国栋)

【第六次常委会会议】 10月25日召开。常委会组成人员33人出席。会议听取和审议区政府办理发挥历史文化名城优势,全力推进文化强区战略议案和加强交通管理,提升城市管理精细化水平议案情况的报告。审议《北京市东城区人民代表大会议事规则修正案(草案)》。听取区政府关于东城区年度财政预算变动情况的报告。讨论区十五届人大二次会议有关事宜。作出关于召开区十五届人大二次会议的决定。通过区十五届人大二次会议预备会议议程和区法院院长孟祥提请的人事任免事项。 (刘国栋)

【第七次常委会会议】 12月20日召开。常委会组成人员31人出席。会议听取和初审区年度国民经济和社会发展计划执行情况与下年计划草案的报告、区年度预算执行情况和下年预算草案的报告,审议区政府办理代表建议、批评和意见情况的报告和区人大常委会关于代表建议、批评和意见督办工作情况的报告。表决通过代表资格审查报告,3名代表因工作调离本行政区域,其代表资格自行终止,区十五届人大现有代表333名。讨论通过区人大常委会工作报告(草案),决定将报告(草案)提交各代表联组会前讨论。讨论区第十五届人大三次会议有关事宜,决定下年1月8~10日召开区十五届人大三次会议。审议通过区人大常委会主任会议及区法院院长孟祥提请的有关人事任免事项。 (刘国栋)

【人大工作研究会】 6月19日,区人大工作研究会第二届常务理事会召开会议,研究第三届会员代表大会有关事宜。7月13日,召开研究会会员代表大会。刘朋庆主持。赵中原报告区人大工作研究会理事会工作,王衍臻说明区人大工作研究会章程修订草案。会议选举赵中原为会长,王永海、刘丛生、刘良翠、刘增金、邱淦清、张长谦、孟卫东、赵赳、蒋迎春为副会长,王衍臻为秘书长,马泽龙等60位同志为理事,周剑平为监事会监事长,金馨、孟艳为监事,聘请冯熙、刘朋庆、吉胜久为研究会名誉会长,高桂强、王佩立、蔡福全、于静、王兆康、何厚夫、段志国、李力、费文勇、金旭、生敏为名誉副会长。冯熙讲话。 (刘国栋)

【十五届人民代表大会第二次会议】 11月19~21日召开。应出席代表336名,实出席代表317名。通过《北京市东城区人民代表大会议事规则修正案》,选举产生69名市第十四届人民代表大会代表。杨柳荫、牛青山、冯熙、徐鸿达等领导出席会议。赵中原主持闭幕式,杨柳荫讲话。 (刘国栋)

【市区人大领导调研】 3月8日,市人大常委会常务副主任马振川等领导到区智化寺、通教寺、柏林寺等地调研文物保护和宗教活动场所问题。冯熙、王佩立参加。5月24日,马振川等市人大领导检查区贯彻落实《北京市少数民族权益保障条例》情况。查看和平里街道交通社区和丝路印象等场所。杨柳荫、毛炯、赵中原参加。7月24日,市人大民宗侨委召开维护台资企业权益座谈会。区委统战部、区国资委、区商委、前门大街管委会等单位介绍统战工作、政策扶持、宣传引导等方面支持台商情况。席文启、王佩立出席。11月12

日,市人大理论研究会中期检查年度立项课题进展情况。冯熙、赵中原等领导及课题组成员参加。1月10日,王兆康调研区预算执行审计工作。听取区审计局年度预算执行审计工作思路和安排意见。3月7日王佩立专题调研东四二条社区"社区居民健康问题"。3月9日,蔡福全到雍和园管委会调研,听取雍和园发展建设情况汇报。5月15日,赵中原调研朝阳门街道。查看人大代表史家社区联络站、史家胡同博物馆在建项目、街道行政服务大厅、社会服务管理指挥分中心和朝阳门地区沙盘,听取工作情况汇报。5月16日,王佩立调研区法院人民陪审员工作,听取区法院《关于加强和完善人民陪审制度》汇报,征求《北京市东城区人民陪审员工作规则》修订意见。区法院院长孟祥参加。5月24日,王兆康调研区审计局上年预算执行审计工作,听取审计局介绍上年预算执行审计工作情况。5月31日,赵中原调研区信息办,听取工作汇报,座谈讨论人大信息化、人大代表手机报等工作。7月6日,王兆康调研北京华江文化发展有限公司文化创意产业发展情况,听取公司负责人介绍公司定位及发展情况。7月30日至8月3日,冯熙到区发改委、前门大街管委会、区规划局、区房地一中心、区文委、区城管监督中心等单位调研,座谈讨论历史文化街区保护与发展工作情况。8月20日,蔡福全调研景山街道景山地区西片社区卫生服务站建设情况,听取社区卫生服务站建设进展情况和建设过程中存在问题的汇报。8月31日,冯熙调研区住建委,座谈讨论区历史文化街区保护与发展情况。9月13日,议案调研组到区城管委调研议案办理情况。实地查看车辇店立体停车设施及广渠家园地下人防停车场的使用情况,听取城管委汇报。于静参加。9月24日,议案办理工作调研座谈会在区图书馆召开。听取议案办理情况的报告(征求意见稿)。冯熙等领导参加。11月7日,财经工委召开振兴老字号专题调研座谈会,听取区商委汇报区老字号发展情况,与便宜坊、吴裕泰、盛锡福、稻香村等老字号企业交流。王兆康参加。12月6日,教科文卫工委召开调研座谈会,听取《东城区教育空间布局规划纲要专项工作报告》介绍。蔡福全参加。 (刘国栋)

【监督工作】 3月1日,王佩立到区民宗侨办沟通《北京市少数民族权益保障条例》执法检查有关事宜,听取区民宗侨办负责人汇报清真网点设置、少数民族品牌企业扶持等情况。通报区人大常委会关于检查《北京市少数民族权益保障条例》实施情况工作方案,沟通、协商执法检查工作方式和实施步骤。3月14日,内务司法工作委员会召开贯彻落实《北京市少数民族权益保障条例》执法检查工作部署会,介绍执法检查工作相关情况,宣读区人大常委会关于检查《北京市少数民族权益保障条例》实施情况的工作方案,向参会人员征求意见和建议。王佩立、颜华,执法检查组成员、17个职能部门负责人参加。4月24日,城建环保委员会组织部分委员在地坛体育馆查看区廉租房选房活动,听取区房管局负责同志介绍情况,了解房源分布、户型、配套设施建设、租金等相关情况。5月11日,执法检查组检查《中关村国家自主创新示范区条例》在区落实情况,听取雍和园管委会负责人关于《中关村国家自主创新示范区条例》落实情况汇报,视察北京东方雍和国际版权交易中心、北京光线传媒股份有限公司。蔡福全、何厚夫参加。9月25日,内务司法委员会妇女儿童小组检查分司厅幼儿园。听取分司厅幼儿园关于儿童特殊教育发展情况及如何解决学龄前特殊儿童"入园难"等问题汇报,查看特教班教学情况和班级环境。高桂强等领导参加。 (刘国栋)

【代表培训】 3月23日,听取全国人大常委会代表资格审查委员会办公室主任、办公厅联络局巡视员李伯钧作"人大代表依法履职需要掌握的若干知识"的报告。高桂强主持,区人大代表210人参加。9月27日,市人大代表高扬介绍"如何当好人大代表"经验。人大街工委组织代表讨论培训会内容。近200名区人大代表参加,高桂强主持。 (刘国栋)

【预算监督顾问会】 3月23日,召开预算监督顾问第一次会议。介绍区人大常委会工作机构、办事机构设置和预算委员会、预算工作室基本情况;介绍《北京市东城区人大常委会预算监督顾问工作规则》修订情况。赵中原参加,并向顾问颁发聘书。王兆康主持。年内共召开预算监督顾问会4次,王兆康主持。 (刘国栋)

【督办议案建议】 3月27日,城建环保委员会召开议案督办协调会。讨论《东城区人大常委会听取和审议区政府办理"加强区域交通管理,提升城市管理的精细化水平"议案工作情况报告的实施方案》(讨论稿)。赵中原、王中华参加。4月6日,高桂强参加区卫生局人大代表建议办理工作座谈会。听取区卫生局办理人大代表建议工作进展情况汇报和区社区卫生服务工作介绍。4月25日,区政府召开议案办理工作沟通会。听取区教委、区城管委、区交通支队等有关部门办理"关于我区加强交通管理,提升城市管理精细化水平"议案工作进展情况汇报。王中华主持。城建环保工委同志列席会议。5月9日,议案督办组召开第一次会议。讨论人大常委会听取审议区政府关于区"加强交通管理,提升城市管理精细化水平"工作情况报告的实施方案,听取区城管委、区交通支队负责人前期议案办理进展情况汇报。于静参加。5月25日,王兆康重点督办"关于如何支持中小微企业稳定发展"建议办理情况,听取区产促局负责人建议办理情况汇报和代表对办理工作的意见。6月7日,高桂强到区文委督办代表建议办理工作。部分区人大代表参加活动。听取区文委办理代表建议工作情况的汇报。8月23日,高桂强到区房管局检查人大代表建议办理工作。领衔提出建议的10名人大代表参加活动。听取区房管局今年办理人大代表建议的情况汇报。8月24日,议案调研组召开座谈会,听取规划分局对东城区交通综合规划编制工作的组织、安排、进展等情况汇报。赵中原、于静参加。9月5日,议案调研组召开座谈会,听取区交通支队情况介绍,查看光明小学周边交通环境整治及国子监街实行交通单向管制情况。王佩立、于静参加。10月19日,科教文卫委员会召开议案督办座谈会,议案领衔代表和部分人大代表,区文委、区住建委、区商务委、区产促局、区人大财政经济工委参加。蔡福全参加。(刘国栋)

【代表走访选民活动】 6月15～30日,17个人大常委会街工委组织人大代表开展人大代表走访选民活动。就区政府下年拟办重要实事提出意见建议,提出群众基本生活需求、社会保障水平、公共基础设施建设、社会事业发展等方面意见建议近200条。 （刘国栋）

【人大决策支持系统建设】 7月5日,成立区人大常委会信息化领导小组,组长冯熙,下设办公室。8月1日,召开信息化建设办公室会议,研究探讨人大决策支持系统主要功能和各栏目责任分工。8月31日,冯熙听取人大决策支持系统建设工作专题汇报,对人大决策支持库系统的设计思路、整体框架和主要功能提出要求。11月1日,人大决策支持系统通过测试验收,正式上线运行。 （刘国栋）

【全国人大专题调研】 7月24日,全国人大常委会副委员长路甬祥率队到区专题调研,走访天脉聚源传媒科技有限公司和光线传媒有限公司,听取企业负责人自身发展情况的汇报,了解文化体制改革,科技与文化融合发展,社会主义文化大发展大繁荣等方面工作情况。杨柳荫、冯熙等陪同调研。 （刘国栋）

【代表听取一府两院工作汇报】 8月2日,市、区代表参加"一府两院"半年工作通报会,徐熙代表区政府报告《2012年上半年东城区经济社会发展情况》。区法院、区检察院书面报告上半年工作。 （刘国栋）

【市人大东城代表活动】 8月10日,组织由东城区选出的市人大代表活动,传达郭金龙、王安顺在市年度上半年经济形势分析会讲话精神,审阅市上年市级决算、年度上半年预算执行情况、年度国民经济和社会发展计划上半年执行情况和市人大常委会年度上半年工作情况报告。马振川等39名市人大代表参加。冯熙主持。市人大常委会研究室有关同志列席。10月23日,召开市人大代表届末工作总结会,杨柳荫、冯熙等54名市人大东城代表出席,费文勇主持。冯熙总结十三届人大代表东城团工作。 （刘国栋）

【补选区人大代表】 8月30日,召开补选区人大代表工作领导小组会议,宣读《关于补选东城区第十五届人民代表大会代表的决定》和补选代表工作领导小组成员名单;学习补选代表工作实施方案;原则通过《关于补选东城区第十五届人大代表的办法》和各组工作职责。高桂强主持。9月3日,资审组召开会议,部署资格审查的具体工作,高桂强出席。区法院、景山和安定门人大街工委及派出所相关负责人参加。9月5日,景山、安定门两个街道选区应核实登记选民总数5400人,已核实登记选民人数5336人。划分选民小组77个,公布选民榜31块。参加投票选民5342人,占核实登记选民人数的99.7%。经过计票统计,两名区委推荐的人大代表候选人平均得票率99.6%。补选区第十五届人大代表的投票工作结束。补选工作期间,高桂强先后3次到景山和安定门街道调研指导补选人大代表工作,查看选民投票情况。 （刘国栋）

【推荐监督员】 推荐21名人大代表担任社会特邀监督员,其中推荐6名人大代表担任区纪委第七届党风廉政监督员,推荐7名人大代表担任区纪委第七届特邀监察员,推荐6名人大代表担任区法制办行政执法特邀监督员,推荐2名人大代表担任区地税局党风廉政建设监督员。 （刘国栋）

东城区第十五届人民代表大会常务委员会组成人员

主　任 冯　熙

副主任 赵中原　高桂强（女）　王佩立　蔡福全　于　静（女）　王兆康　何厚夫

委　员 （以姓氏笔画为序）

马　龙　王力宇　王小英
王先勇　王衍臻　王振淮
王　曦　毛惠华　石庆萍（女）
白京涛　冯远征　危天倪（女）
刘超英（女）　许金玉（女）　杨立萍（女）
杨永强　杨向弘（女）　杨冠军
肖　燚　张国熙　张　跃
陈爱玉（女）　苗　谦　郑　毅
袁燕生　耿学森　魏敏德

工作机构负责人

（2012年2月28日东城区第十五届人民代表大会常务委员会第一次会议通过）

办公室主任 耿学森
研究室主任 王衍臻（2月任）
代表联络室主任 杨向弘（女）
财政经济室主任 张国熙
内务司法室主任 魏敏德
教科文卫室主任 王力宇
城建环保室主任 毛惠华
预算工作室主任 许金玉（女）

东城区人民政府

概　述

东城区人民政府(简称区政府),完成“十八大”安保维稳、经济社会发展和城市环境提升三大任务,完成区十五届人大一次会议确定的各项目标,实现本届政府良好开局。

经济工作。年内地区生产总值1447.9亿元,增长8.1%;区级财政收入完成134.83亿元,增长10.3%;城镇居民人均可支配收入增长11.4%,全社会固定资产投资额完成182.5亿元;社会消费品零售额增长15%;万元GDP能耗下降3.82%,发展质量位居全市前列。产业结构优化。六大重点产业增加值占GDP的65%,其中金融业、商业服务业位居前两位。旅游业平稳增长,全年累计接待旅游人数7400万人次,位居全市第一,综合收入566亿元,位居全市第二。扶持绿色经济,促进金融资本与低碳产业融合,引入企业90家,两家绿色金融专营机构落户东城区。推出低碳产业集合信托产品,设立体育产业股权投资基金,成立区中医药产业联盟。功能区建设成效明显。王府井品牌升级战略取得新进展,苹果亚洲最大旗舰店正式入驻,大明眼镜店等知名企业回迁到北京饭店二期,王府井国际品牌节影响力和知名度提升。东二环新兴产业金融区特征明显,金融业实现区级财政收入增加43.9%。城市综合体银河SOHO建成。中关村雍和园成为国家级文化和科技融合示范基地,高新技术产业用地产出强度达到32.8亿元/公顷,位居中关村各分园之首。前门历史文化展示区地下大型停车场建设取得进展。成功举办前门历史文化节,天乐园剧场重张开业,鲜鱼口大街作为全国第一条中华老字号商业街,彰显老北京文化和商业特色。台湾文化商务区影响力增强。胡锦涛代表党中央、国务院到前门大街慰问干部群众,共迎新春佳节。龙潭湖体育产业园国际体育交流中心一期完成主体建设。天坛演艺区建设、和平里商务新区、永外现代商贸区规划建设稳步推进。招大选强取得新进展。成功引进五矿集团、中国移动政企客户分公司、中化建工程集团财务有限公司等一批大企业。跨国公司地区总部达15家。参与首届“京交会”,展示东城服务业发展。加大对中小企业金融扶持力度,为142家中小企业融资3.12亿元。完成6家商务楼宇法律服务工作站建设。在国内率先实现政务大厅全流程效能监察。成功举办国际友好城区区长论坛,国际友城数量增至20个。

文化工作。推进“十大保护项目”,钟鼓楼广场环境整治工程启动征收,天坛周边环境整治项目居民开始搬迁。实施“十项会馆保护利用工程”,晋翼会馆、贵州会馆、吉州会馆修缮完工。“十项文物保护修缮工程”进展顺利,完成方家胡同15号院等7项文物建筑修缮。五道营街区风貌品质提升一期工程竣工。与北控集团合作成立基金管理和项目建设公司,历史文化名城保护投融资平台建设取得进展。制定《关于坚持“文化强区”战略、加快“首都文化中心区”建设的实施意见》,设立8亿元文化发展专项资金。深化“戏剧东城”品牌,全年上演908个剧目,举办6100场演出,观众300万人次,票房收入2.51亿元。引导社会资本投入7亿元改造旧厂房院落,打造17个“胡同里的创意工厂”,吸引文化创意企业入驻。成立北京天坛工美文化发展有限公司,推动“北京礼物”品牌经营及示范店建设。开展皇城国际旅游节、孔庙国子监国学文化节、南锣鼓巷戏剧节、中华民族艺术珍品文化节等文化活动。文化服务丰富多彩。与故宫博物院合作,举办“故宫讲坛”。开展百姓周末大舞台、社区艺术节等群众文化活动,近50万人次参与。落实“三馆一站”免费开放,非物质文化遗产保护工作全市领先。推进“六五”普法。争创国家全民健身示范城区,建成40个奥林匹克·体育生活化社区,65%的学校及具备条件的社会单位对外开放体育文化设施。区培养输送的运动员在伦敦奥运会上取得两金两银成绩。

民生工作。按照搬迁安置一批、重建改造一批、加固节能一批、综合整治一批的思路,启动老旧小区综合整治,完成109万平方米抗震加固及节能改造,整治29个老旧小区和31条街巷胡同环境。累计发放廉租补贴3726万元,220户家庭完成廉租房实物配租选房。推进朝阳豆各庄等保障房项目。弘善家园小区保障性住房工程全面竣工,总面积150万平方米,提供1万套保障性住房。成立东城区就业服务联盟,推荐1.16万余人实现就业;建立创业带动就业工作联席会制度,实现创业2668人,带动就业4563人。城镇登记失业率0.83%,城镇登记失业人员就业率73.71%,“零就业家庭”实现动态为零。社会保险基金收缴率98%以上。帮扶困难群体,累计支出低保及生活困难补助资金7950.19万元,发放专项救助金1261.1万元。关爱老年人,落实“九养”政策。建成区级养老管理服务中心和8个街道、社区级中心。发放居家养老券3675.87万元,惠及3.2万老年人。创新康复服务、就业安置、体育健身3项居家助残服务模式,推进残疾人社会保障和服务体系建设。完善“三级信访代理”格局,妥善化解一批重点难点信访问题,实现了群众来访量和集体访量双下降。全区各单位、社区代理信访问题化解率90%以上。与人力社保部建立协作机制,规范信访秩序。

社会建设。区级教育支出41.96亿元,增加13.2%。推进国家级基础教育综合改革实验区工作,学区化管理全覆盖,深度联盟学校增至25对。改革基础教育课程。高中阶段拔尖创新人才培养实验基地校9所,国家级高中特色项目校11所。新建、改扩建幼儿园5所,增加学位1000个。完善教师培养和激励机制。府学胡同小学、汇文中学等11所学校入选北京市百年老校。三年校安工程基本完成,83所学校改善办学条件。家庭医生式服务居民签约率和社区卫生服务满意度全市排名第一。国家中医药发展综合改革试验区建设取得成效,京城名医馆新馆开诊,推进和平里中西医结合医院建设,建成50个中医药特色健康管理社区。开展中医养生保健服务机构准入试点。推进医药卫生体制改革,医改考评位居全市前列。有国家级高新技术企业163家,技术交易总额162亿元,专利申请量、授权量均位居全市前列。南锣鼓巷成为市知识产权保护示范街区。与移动、联通等运营商合作,提高信息化基础设施水平。"数字东城行动计划"在智慧旅游、智能交通、社区服务等领域取得成效。社会服务管理格局完善。建立健全网格化社会服务管理标准体系。社会面防控子系统投入使用。城市管理综合执法向社会管理领域全面延伸。网格化社会服务管理模式在全市推广。完成社区居委会换届选举工作。志愿者注册人数实现"十二五"规划目标。"一刻钟社区服务圈"覆盖率84%。建立"7+1"社区商业综合服务平台,为居民提供菜店、早餐、家政等一站式社区商业服务。深化"场地对接"蔬菜流通模式,建成17家天镇蔬菜直营店,新建10个崇远万家邻里中心便民菜店,规范化蔬菜零售网点达108个。完成246名复员退伍军人和175名军队转业干部安置工作,实现"全国双拥模范城"六连冠。

城市环境建设。完成"十八大"期间长安街等"九横八纵"区域环境景观建设任务。完成台基厂大街环境整治和景观提升工程。改善北京南站地区环境状况。规范15条重点大街和二环路广告牌,更新完善南北河沿等10条大街公共服务设施。完成前三门大街绿地照明、明城墙遗址公园夜景照明工程。改造升级公厕等环卫基础设施。落实清洁空气行动计划,控制扬尘污染、机动车排放监管及餐饮业油烟治理,实施"煤改电"工程1万户,完成主要污染物总量减排任务。新建垃圾分类达标小区32个,达标小区达59%。建成37个再生资源网点,600家餐饮企业餐厨垃圾统一收运。推进交通疏堵工作。东西四块玉路竣工,车辇店胡同立体停车设施投入使用。开发利用人防工程,增加529个社会停车位,全年新增停车位5000个。46条胡同实行机动车"单行单停"。治理王府井地区交通秩序,建成全方位智慧停车诱导系统。推进公共自行车服务系统建设,100余个站点、5000辆自行车投入运营。绿化美化环境。实施二环路、前三门大街、铁路沿线和建国门大绿地等绿化改造提升工程,完成东直门交通枢纽道路、广渠秋韵等绿化工程,实施广渠门中学、口腔医院等屋顶绿化,打造最美胡同街巷23条。完成绿化面积29.2万平方米,其中新建绿地4.45万平方米,屋顶绿化2.25万平方米,栽摆花卉350万盆。公共安全保障。开展"十大专项行动",完成"十八大"各项服务保障工作,实现"大事不出、小事也不出"目标。围绕"平安东城"建设,构建东城特色网格化、全时空社会治安防控体系,万人发案率、百户发案数保持全市最低。深化火灾隐患排查整治体系建设,形成消防工作社会化格局,建立"互检联防"火灾防控工作模式,由重救火向重预防转变。应对"7·21"特大暴雨山洪泥石流灾害,组建66支抢险队、3支医疗救护队,排查修缮危旧房屋1.3万间,转移群众550人,保护群众生命财产安全。开展安全专项整治行动,对2000部电梯实施安全监测。

单位地址:东城区育群胡同1号

联系电话:64032061　邮政编码:100010

(贾玉轩)

主要工作和重大活动

【中央综治委调研】 2月20日,全国妇联党组书记、副主席、书记处第一书记宋秀岩等率中央社会管理综合治理委员会调研组到区调研社会管理创新综合试点工作。调研组考察东直门街道社会服务管理分中心和清水苑社区社会管理综合工作站,听取社区网格化社会管理创新工作情况汇报和常卫关于区全面推进社会管理创新综合试点工作情况介绍,观看区网格化社会服务管理信息平台运行情况现场演示。宋秀岩指出:东城区以网格化社会服务管理模式为载体,运用现代信息手段,以责任制为依托,将社区细化为网格,整合7种力量进网格,夯实基层基础,弥补前端社会管理缺失问题,为基层社会服务管理提供保障,提升水平,体现首都特色。希望东城区进一步落实全国社会管理创新座谈会精神,从影响社会和谐稳定的突出问题入手,解决社会管理的难点问题,促进科学发展,不断满足广大群众的新期待和新要求。区领导杨柳荫等陪同。

(贾玉轩)

【胡锦涛到前门调研】 1月22日(除夕),中共中央总书记、国家主席、中央军委主席胡锦涛到前门商业街与基层干部群众共迎新春。胡锦涛到前门商业街,观看中幡、腰鼓、空竹、老北京杂耍等民俗表演,向群众拜年问好。总书记走进有270多年历史的前门天福号酱肉店,了解老店发展历程、制作技艺和节日营业情况,听取前门商业街修缮整治和经营情况。指出:北京历史文化底蕴深厚,发展服务业潜力很大。希望解放思想、发挥优势,加快服务业发展步伐,更好满足广大群众物质文化需求。市领导刘淇、郭金龙、李士祥,区领导杨柳荫、牛青山陪同。

(贾玉轩)

【贯彻胡锦涛调研活动座谈会】 2月6日召开。常卫主持。与会人员观看中央电视台综合频道1月22日(除夕)《新闻联播》头条新闻录像和前门修缮整治保护工作纪录片。陈之常汇报胡锦涛调研前门的总体情况。北京天福号集团副总经理、前门铛铛车司机汇报接受胡锦涛接见的感想。周永明、于静、王世仁、王再云及区有关部门负责人回顾前门地区10年修缮整治历程,总结历史文化名城保护的经验做法,畅谈学习胡锦涛讲话精神的体会。牛青山指出,胡锦涛调研前门,是对前门工程的最高褒奖,体现党和政府对民族文化的重视、对历史的尊重和对继承文化开创未来的自信。前门工程,经过10年工作,取得重大阶段性成果。前门地区修缮整治保护工程使民生得到改善,风貌得到保护,是区落实科学发展观的一项重大工程。必须清醒地看到新东城的历史文化保护工作任重而道远,需要举全区之力继续全力推进。杨柳荫指出,全区各单位要站在贯彻落实科学发展观的高度,认识胡锦涛调研前门活动的重要意义。前门地区修缮整治保护工程取得重大阶段性成果,得益于市委市政府科学决策,得益于区委区政府对决策坚定不移地执行,得益于专家学者以及社会各界的鼎力支持,得益于全区上下的共同努力。杨柳荫、牛青山、冯熙、徐鸿达等区领导,中国历史文化名城保护专家委员会委员、原北京市古代建筑研究所所长王世仁,前门项目总顾问王再云参加。（贾玉轩）

【胡锦涛调研区少年宫】 5月31日,胡锦涛调研区少年宫并看望参加活动的小朋友,先后走进奇妙梦工坊、蓓蕾小梨园、运动嘉年华、童谣游戏营、集邮俱乐部、童心巧巧手、国博万花筒活动室,观看孩子们参加“阳光下我们共同成长”主题系列活动情况,并与小朋友们交谈、做游戏、为“笑脸邮票”上色、拓字、拼图板、唱儿歌,向孩子们祝贺节日,鼓励他们从小树立远大志向、学好文化知识、培养高尚品德、锻炼强健体魄、全面发展,做讲文明、讲道德、爱科学的好少年,为将来建设祖国打好基础。胡锦涛代表党中央,向全国各族少年儿童表示节日的祝贺,向全国广大少儿工作者表示崇高敬意。中共中央政治局委员北京市委书记刘淇、中共中央政治局委员国务委员刘延东、中共中央书记处书记中央办公厅主任令计划、全国人大常委会副委员长全国妇联主席陈至立,市领导郭金龙、李士祥等一同调研。区领导杨柳荫、牛青山等参加。（贾玉轩）

【市领导调研】 8月11日,中央政治局委员、市委书记郭金龙调研东城区老旧小区改造工作,察看草厂三条胡同31号在“7·21”暴雨发生后的房屋受损情况,听取老旧小区防汛工作情况汇报,了解东城区在暴雨灾情发生后主动应对、第一时间启动群众疏散转移机制、有效控制险情、善后维稳等情况。察看南河沿大街103号平房院落拆除翻建工程完成情况,了解人口疏解与危旧平房改造相结合,对辖区内危旧平房分步实施拆除维修,为群众创造良好生活居住环境等情况,并与院内居民交谈。郭金龙要求:加快危旧房改造,改善群众居住条件,确保群众生命财产安全。市领导王安顺等参加,区领导杨柳荫、牛青山等陪同。（贾玉轩）

【名城委二次会议】 6月13日召开。市规划委主任黄艳,区领导杨柳荫、牛青山及专家顾问组出席。牛青山主持。朴学东总结上年名城保护工作并部署本年任务。区名城办汇报名城委成员调整情况,与会专家对区历史文化名城保护工作及其成效给予高度评价,并提出宝贵的意见、建议。牛青山要求:一是强化文化价值无限,经济价值有量理念。二是强化“四个百分之百”原则,把历史文化名城保护工作的“四个百分之百”原则覆盖到全东城,凡是涉及文保区的工程都要先经专家论证,然后依法决策。三是强化对专家顾问的服务。要为名城委专家开展工作给予经费保障,要随时掌握专家顾问的健康动态,为各位专家工作生活提供便利。杨柳荫强调:一是要认清形势、把握机遇,在新起点上开创东城区历史文化名城保护新局面。做好名城保护工作既是全区的第一任务,也是未来实现差异化发展、提升城市核心竞争力的宝贵财富。二是要突出重点,分步实施,加快推进名城保护的各项任务。抓紧落实各项规划。区政府要按照远近结合、突出重点、统筹兼顾的原则,对涉及历史文化名城保护的5项规划中的重点工作逐项分解,列为政府年度“折子工程”重要内容。三是要立足实际、加强创新,努力探索历史文化名城保护与发展双赢的新模式。建立健全政府主导和社会参与并重的新机制,特别要发挥专家咨询论证作用,注重调动市民参与保护的主体作用。（贾玉轩）

【区政府常务会】 年内,召开区政府常务会20次、讨论关于区上年结余财力安排情况、关于区社区规模调整情况、关于兑现上年区产业扶持政策等116项议题。（贾玉轩）

【区政府专题会】 年内,召开区政府专题会8次,讨论关于《东城区加强和改进社区居委会建设工作实施意见》有关情况、关于区旅游局机构改革调整工作有关情况、关于北京游乐园有限公司解散清算收尾阶段相关问题等73项议题。（贾玉轩）

【区政府全体(扩大)会议】 2月20～21日召开。会议就围绕工作标准、重点、措施、难点、创新等5个方面,讨论落实科学发展观,做好年度工作,加强自身建设等问题。重点部署本年任务。杨柳荫、牛青山、冯熙、徐鸿达等领导出席。区政府各委、办、局和各街道办事处行政负责人参加,邀请区委有关部门、各民主党派、各人民团体主要负责人和区属部分骨干企业负责人列席参加。杨柳荫、牛青山分别就做好本年政府工作作重要讲话。（贾玉轩）

【支援青海社会公益项目】 3月14日启动。全国人大常委会副委员长桑国卫,卫生部部长陈竺,青海省委书记、省人大主任强卫及有关部门领导,区领导牛青山等出席。启动仪式上,汤钦飞宣读对青海黄南州、玉树州帮扶计划书。桑国卫、王彦峰向青海省移交流动医院专用医疗车钥匙。牛青山、强卫、陈竺分别讲话。（贾玉轩）

【签订合作协议】 4月12日,牛青山与中国移动北京公司总经理董昕签订《“智慧东城,无线城市”建设战略合作协议》,市经信委副主任毛东军,区领导陈之常、许汇,中国移动北京公司副总经理范冰、刘殿出席。8月17日,陈之常与北京联通副总经理签订《共同推进城市信息化基础设施建设战略合作协议》。东城区与北京联通在提升信息化基础设施、网格化社会管理、“翔云平台”和区域产业等方面开展合作,推进电子政务、智能楼宇、智能交通、智能社会服务管理、智能城市管理、智能生活等建设,打造世界一流“智能城区”。（贾玉轩）

【天坛演艺区项目】 5月11日正式签约。市政府与港中旅集团公司签署《北京市人民政府中国港中旅集团公司关于北京市天坛演艺区项目的战略合作协议》。郭金龙强调:一是演艺中心应按照社会效益和经济效益双赢原则,加紧编创优秀民族驻场剧目，并引进国内外优秀剧目，建立天坛演艺区优秀剧目储备库。在剧目设计上要从市场需要出发，以中国原创剧目为核心，突出剧目东方色彩和国际元素。在剧目内容中突出北京剧目重要地位，适当引进和改编世界经典剧目。二是在争取年内启动一批剧场建设的同时，注重与演艺相关的产业衔接，做好市场培育工作，打造衔接上下游的完整产业链，将其早日建设成为世界知名文化中心，成为代表北京的名片。市领导刘淇、郭金龙等，中国港中旅集团公司董事长张学武、总经理王帅廷，区领导杨柳荫等出席。

（贾玉轩）

【旅游信息公共服务系统】 5月26日启动。国家旅游局信息中心副主任侯振刚、市旅游委副主任安金明、区领导陈之常出席。安金明对区推出旅游信息自助公共服务系统给予肯定。陈之常表示，旅游信息自助公共服务系统将所覆盖区域内景点、历史遗迹、名人故居、特色街区蕴含的丰富历史文化内涵，以数字化方式展现给游客，使游客体会智慧旅游与文化旅游气息，带动地区旅游经济繁荣发展。城市旅游信息自助公共服务系统在王府井商业街、前门大街、南锣鼓巷等3处旅游集聚地，以独立基站的形式进行旅游专网覆盖，游客可以使用Wi-Fi或蓝牙两种方式获取旅游资讯。系统配套开发苹果“东城旅游”官方软件客户端，游客可以在苹果软件商店免费下载获得。（贾玉轩）

【国际友好区区长论坛】 9月16日召开。100余名来自国际友好区的外宾和相关单位的嘉宾参加。论坛以“塑造有特色的城市文化”为主题，旨在搭建与国际友好城市沟通与交流的高端平台。来自奥地利、法国、意大利、韩国、罗马尼亚、乌克兰6个国家8个友好区的区（市）长及牛青山分别进行主题发言，就公共服务、历史保护、廉政建设、城市发展、商业街区等进行交流。9个城区区长共同签署《北京·东城宣言》。区领导杨柳荫、牛青山等出席。（贾玉轩）

【钟鼓楼广场恢复整治项目】 12月7日召开启动大会。徐熙主持，朴学东介绍钟鼓楼恢复整治项目总体情况。牛青山强调：该项目是再现文化底蕴的最大文化工程、是体现新东城战斗力最大的战略工程、是行大善于民的最大民生工程，要打一场新东城组建以来的大仗、漂亮仗，锻炼出一支宣传队伍、一支服务队伍、一支战斗队伍、一支胜利队伍，打造一个具有深厚文化底蕴，具有重要国际影响的国际广场。区领导牛青山等参加。（贾玉轩）

【办公文秘】 年内，区政府下发文件43件、会议纪要115件。政府办下发文件35件，向市有关单位请示、报告、函215件，办理基层请示、报告和函1066件；办理市政府及各委办局文件1255件；办理涉密文件登记传阅各类涉密公文1500余件，涉密信息刊物等3000余件。区委、区政府领导批示文件710件。（贾玉轩）

【信息督查】 编发《昨日区情》普刊248期、专刊32期、工作交流刊12期，采用各街道、各委办局上报信息3490条；编辑《东城手机报》248期；被市政府办公厅采用242条，其中普专刊采用229条、特刊采用13条、市领导批示8条；被国务院办公厅信息专报采用1条，信息采用量16区县排名第一。编发《督查反馈》31期。督办区政府折子工程136项、实事20件。承办全国、市级人大代表建议、政协委员提案48件，办复区人大代表建议及政协委员提案455件。（贾玉轩）

【应急管理】 完成“十八大”应急服务保障任务。应对“7·21”特大暴雨灾害。协调处置各类突发事件150余起。加强应急基础建设，完善应急预案体系。强化应急队伍建设，重组东城区综合救援支队和地震灾害应急救援队，调整青年应急志愿者20个团队584人、卫生医护志愿者40人、红十字会急救志愿者103人。培训基层应急管理干部和应急值守人员230人次、组织各专项指挥部培训应急骨干2万人次、各类应急演练16次。指导推动企业、机关、街道、学校、公安、交通、旅游、公共服务等行业举办各种形式的含有应急内容培训约7.64万人次。（贾玉轩）

【非紧急救助】 办理群众诉求2.1万件，编辑《东城区非紧急救助工作专报》12期，各级领导批示6件次，群众表扬10件次。区政府系统非紧急救助工作人员初期培训，受训人员180人次。（贾玉轩）

【政府信息公开】 83个政府信息公开成员单位通过政府信息公开专栏公开政府信息5888条，同比增长3073条，增长率109.17%。全区有查阅咨询点72个，所有政府信息公开查阅中心均免费提供政府信息公开指南及主动公开信息咨询、查询服务工作。收到政府信息公开申请115件，同比减少231件，107件按期答复。未接到针对本区政府信息公开的行政复议案件。接到有关政府信息公开事务的行政诉讼案6件，结案4件。（贾玉轩）

法制工作

【概况】 区政府法制办公室（简称：区法制办）是区政府综合管理法制工作的职能部门。主要职责为负责组织《国务院全面推进依法行政实施纲要》的贯彻落实，制定区推进依法行政实施方案，指导各街道办事处、区政府各工作部门推进依法行政工作，督促、检查、考核各部门对依法行政实施方案任务分解书的落实情况。负责为区政府重要决策提供法律、政策依据和意见。负责审核区政府工作部门报区政府审议的规范性文件，办理街道办事处和区政府工作部门规范性文件备案审查工作，承办法律、法规和规章草案征求意见工作。负责审查、确认行政执法主体资格，组织指导区行政执法队伍的法制建设，负责执法人员资格认证管理工作。负责管理和指导行政执法监督队工作，监督行政执法情况，组织推进行政执法监督责任制和评议考核制，开展行政执法监督巡查，确认行政处罚主体，评查行政处罚案卷和行政许可案卷。承办区政府行政复议、行政赔偿案件，组织承办区政府行政诉讼的应诉代理工作，负责指导全区行政复议和行政诉讼应诉工作，培训复议应诉人员，负责本区行政处罚、行政复议、行政赔偿、行政诉讼统计工作。协调重大违法案件的处理和执法中的矛盾和问题，组织或参与重大疑难行政案件的研究和处理。负责有关法制方面议案、建议和提案的办理。开展政府法制理论、政府法制工作研究和交流。内设综合科（依法行政协调科、监察科）、规范性文件审查科、执法监督指导科、复议案件办理科、行政调解指导科（复议接待科挂东城区人民政府行政复议接待室牌子）。编制27人。

年内，组织街道办事处、行政执法部门主管法制工作领导和法制干部参加法制工作例会3次，培训人员700人次。组织11个执法部门100余人参加行政处罚执法资格公共法律知识考试。审核办理行政执法证件，通过199人，换证109人，新办证90人。

单位地址：东城区幸福大街32号

联系电话：87556312　邮政编码：100061　（王宇）

【行政执法检查】　组成联合检查组，检查17个街道办事处和34个行政执法部门依法行政、落实行政执法责任制工作情况，聘请6名区人大代表和6名区政协委员担任政府行政执法特邀监督员，参与行政执法监督工作。通过《全程督查执法检查情况记录表》《全程督查执法案件情况记录表》全程督查行政执法情况。全年，专项监督检查30家行政执法部门落实《行政强制法》以及《北京市东城区人民政府关于印发进一步加强和改善行政执法工作实施意见的通知》相关情况。年内，抽查22个行政执法部门行政处罚案卷79卷，案卷合格率100%，其中优秀卷93.67%。

（兰秋月　肖连泉　王宇）

【合法性审查】　扩大合法性审查范围至所有提交区政府会议审议和区政府审批涉及法律问题的有关文件或事项。全年完成合法性审查60件，其中公文类39件，合同协议类21件，出具书面法律意见和建议。　（胡耀彬　王宇）

【法律服务】　年内，对《东城区住所证明审核程序管理办法》有关审批程序问题、上龙西里加固工程拆违问题、体育馆街道资金使用管理问题、“7·21”特大暴雨被淹机动车善后问题等提供法律服务，在调研的基础上出具法律分析报告10余份。参加辰宇公司集体访答复会，化解矛盾争议。全程参与钟鼓楼广场恢复整治项目，房屋征收工作方案论证。

（胡耀彬　王宇）

【行政复议】　建立行政复议委员会案件办理工作平台，下发《北京市东城区人民政府办公室关于设立新一届行政复议委员会的通知》，7月召开区新一届政府行政复议委员会成立大会暨第一次全体会议，12月18日召开第一次案件审理会，审理区政府多年行政复议积案、难案，处理区行政复议接待和案件办理。接待复议申请110余人次，受理审查行政复议案件64件，审结30件。其中，决定维持12件、终止13件、不予受理5件、未审结34件。　（吴泉河　李静　王宇）

【行政调解】　下发《北京市东城区人民政府办公室关于进一步加强本区行政调解工作实施意见的通知》，召开区行政调解工作指导委员会第一次全体会议。成立行政调解委员会43个，行政调解工作室131个，矛盾纠纷排查288次，参与调解疑难复杂纠纷182件，化解群体访9件，受理矛盾纠纷案件6714件，调解6405件，成功率95.4%。

（吴泉河　李静　王宇）

【推进行刑衔接】　出台联席会议制度、信息共享平台运行管理暂行办法、信息共享平台建设实施方案等制度，调整区行刑衔接工作。办理行刑衔接案件13件。行政执法机关、公安机关和检察机关通过开展联合现场执法、提前介入侦查等形式，加强部门间协作，实现“靠前、深度、延伸”打击犯罪行为。　（兰秋月　肖连泉　王宇）

对外事务

【概况】　东城区人民政府外事办公室（简称区外事办），是区政府主管外事工作的职能部门。内设：综合科、国际交流科、因公出入境管理科。行政编制12人。工勤事业编制1人。

年内，获外交部颁发外事管理工作优异奖。办理185个出访团组、600人次（其中自组团86个、462人次）因公出国（境）手续。获上年北京外语游园会最佳组织奖。“东城区公务员外语人才库”、东城交警支队天坛大队1名民警在上年北京市民讲外语网络评选活动中分获优秀团体和优秀个人；区政府外办和柳荫公园英语角获得上年市民讲外语活动特殊贡献团体奖。12月24～25日，1.3万人参加区宗教活动，其中外宾55人，韩语弥撒450人，英文弥撒500人。

单位地址：东城区幸福大街32号

联系电话：87556315　邮政编码：100061　（严露）

【接待外国医学考察团】　1月4日，美国纽约医院考察团考察隆福医院，参观医院设施设备。交流中美老年医疗服务现状、诊治标准与模式、医保政策。8月24日，意大利中医药医学考察团考察区社区卫生工作，参观地坛中医药养生文化园、鼓楼名医馆和北京中医医院，探讨中医药领域合作交流。

（严露）

【涉外教育往来】　3月25日，区教委与加拿大不列颠哥伦比亚（BC）省素里市教育局在第171中学签订交流与合作意向书。5月4日，五十五中学国际部15名美籍学生及史家胡同小学20名学生应邀参加在北京国家博物馆举办第三轮中美人文交流高层磋商会议欢迎仪式。5月20日，南馆公园、英国大使馆文化教育处和中国教育科学研究院联合举办“碳知汇低碳菜园”活动，8个城区近300名中小学生、家长和老师参加。5月13日至6月4日，区民间文艺家协会副主席兼秘书长、金马派风筝传人赴波兰、立陶宛访问交流，为两国孔子学院学生讲授中国风筝历史、风俗习惯及中国书画艺术，展示风筝制作技艺。5月15日，美国密歇根州立大学教育学院参观访问板厂小学。听取学校历史与发展介绍，观摩品德与生活课，美术课和体育课，并与板厂小学交流。5月27日，区少年宫天地剧场举办中外少年儿童“六·一”联欢会。颜华出席。6月5~6日，巴基斯坦国家管理学院代表团参观东四奥林匹克社区体育文化中心和城管监督中心，考察社区便民设施建设、文化体育发展和网格化城市管理工作。10月26日，印尼雅加达因德拉帕斯塔大学代表团访问区职工大学，座谈交流办学规模、人才培养、教学模式、艺术教育等问题。（严露）

【文化旅游交往】　5月21~24日，德国法兰克福举行2012国际会议与奖励旅游展览会。区旅游委推介区会奖旅游、国学文化旅游和中医药旅游资源，发放《爱上东城的十大理由》《北京市东城区会议工作者手册》《精品四合院手册》《北京市东城区手撕地图》等宣传材料。9月14~15日，国际友好区代表团分别参观游览故宫、孔庙、国子监、天坛历史文化古迹，国家博物馆、保利艺术博物馆、798艺术区、雍和园创意产业区等文化艺术区域，以及王府井大街、前门大街等商业街区。9月18日至10月12日，皇城艺术馆举行“乔治·布拉克——立体派创始人中国首展”，展览作为2012年中法文化交流项目引入中国，展出作品近200件，涵盖布拉克水粉、首饰、雕塑、陶瓷、水晶、釉质、挂毯等领域精品。9月20~27日，受韩国首尔特别市钟路区政府邀请，区文化艺术代表团9人赴韩国参加“2012－D. FESTA”韩国小剧场文化艺术节演出活动。9月29日~10月4日，区完成中俄家庭友好交流活动俄罗斯家庭北京民宿旅游任务，9个俄罗斯家庭23人入驻区9个家庭。10月16日，区文化旅游推介活动在韩国首尔特别市瑞草区江南大道举办。发放东城旅游手绘地图、《爱上东城的十大理由》以及各类宣传折页千余册。（严露）

【第十届北京国际图书节】　5月25日，市委常委、宣传部部长、副市长鲁炜出席第十届北京国际图书节“国际文化交流主题日”活动。荷兰、希腊、新西兰、捷克、波兰、意大利、法国等驻华使节以及首都出版发行界200余人参加。多国驻华使馆现场荐书。鲁炜为参展国代表颁发第十届北京国际图书节纪念奖杯。图书节接待读者80万人次，销售额3200万余元。（严露）

【国际体育交流】　9月22~23日，中国北京国际体育舞蹈公开赛举行。41个国家300余对选手参赛。中央电视台和20余个省、市级电视台报道赛事。12月14日，颜华会晤国际友城法国巴黎大区伊西市市长安德烈·桑蒂尼，双方介绍2013年两区计划开展合作交流项目。颜华应邀出席伊西市博物馆举办的扑克牌展览开幕式。（严露）

【领导外事接待】　3月1日，许汇与澳大利亚杰尔顿市长伊恩·卡朋特座谈，介绍区经济社会发展情况。就教育、体育、旅游等领域交流合作交换意见。3月8日，陈之常与迪士尼专卖店全球运营副总裁斯蒂夫·芬尼座谈，交流迪士尼在王府井开设全球大型旗舰店。3月22日，俄罗斯联邦总统事务管理局局长科任·伏拉基米尔·伊戈尔耶维奇一行参观考察红桥市场主要经营模式和运营情况。许汇陪同。3月26日，杨柳荫、朴学东，法国上议院议员、上议院副议长、前总理让·皮埃尔·拉法兰，法国驻华大使白林，艺术8创办人佳玥女士和薛运达先生，中国美术馆馆长、中国美术家协会副主席范迪安，著名画家范增出席法国艺术8新址开幕活动。5月25日，许汇会见国际友好区意大利弗利－切塞纳省政府代表团。弗利－切塞纳省旅游、文化、体育部部长贝拉维斯塔·伊格里斯代表该省省长马西莫·布鲁比表达与区缔结友好城市协议愿望。应区政府邀请，弗利－切塞纳省政府代表团于5月24~28日，参观前门大街、东四奥林匹克社区、南锣鼓巷等地。5月30日，首届京交会分会场购物专场及招待酒会在红桥市场举办。世界贸易网点联盟主席布鲁诺·麦斯尔、各分支机构负责人，阿根廷、突尼斯等国企业代表，市商务委副巡视员赵立宗，徐熙、陈之常出席。同日，“中国分销服务业走出去推介会”举行，世界贸易网点联盟主席布鲁诺·麦斯尔，市商务委副巡视员赵立宗，徐熙、陈之常参加。区大型分销服务业企业集体加入世界贸易网点联盟。区商务委代表红桥市场等8家分销服务企业和王府井、前门等分销服务集聚区与世界贸易网点联盟签订战略合作框架协议。6月26日，2012皇城国际旅游节在太庙开幕。国家旅游局副局长祝善忠，市领导郭金龙等，市政府办公厅、旅游委、外事办、商务委、文化局、投资促进局负责人，区领导杨柳荫、牛青山、冯熙、徐鸿达等，美国华盛顿特区、意大利威尼斯市、泰国曼谷市等23个友好城市代表出席开幕式并观看演出。市旅游委主任致辞。与会领导为6位“皇城旅游金牌志愿者”颁发聘书。7月4~5日，冯熙等区人大领导人会见日本东京都目黑区日中友好议员联盟代表团。回顾两区21年友好交往历史，就发展友好交流合作达成共识。代表团参观光明小学、王府井商业街区，在龙潭湖公园中日樱花友谊林培土、浇水。8月9日，牛青山会见日本东京都目黑区区长青木英二，回顾两区21年稳固发展友好关系，就友好交流合作事宜达成共识。16日，杨柳荫、牛青山等会见奥地利维也纳第九区区长玛蒂娜·玛雅、韩国首尔特别市中浪区区长文秉权、韩国首尔特别市钟路区区长金永樱、罗马尼亚布加勒斯特二区区长尼古拉·翁察努、乌克兰基辅市舍甫琴科区政府主席谢尔盖·济明、乌克兰佩彻斯基区政府主席谢尔盖·苏先科、法国巴黎大区伊西市副市长玛尔蒂娜·维斯埃尔、意大利弗利－切塞纳省副省长伊格里斯·贝拉维斯塔、韩国首尔特别市瑞草区副区长崔昌济。9月14~17日，区领导会见国际友好城区代表团。14日，区人大主任冯熙会见罗马尼亚布加勒斯特市二区政府代表团和舞蹈代表团。15日，杨柳荫会见奥地利维也纳第九区代表团。17日，牛青山会见乌克兰基辅市舍甫琴科区政府代表团。17日，徐熙会见意大利弗利－切塞纳省政府代表团。14~18日，许汇会见法国巴黎大区伊西市政府代表团和图书馆代表团、韩国首尔特别市钟路区政府代表团、韩国首尔特别市瑞草区政府代表团。区领导分别与代表团成员就经济、文化、社会等领域情况交流，提出双方合作意见和建议。9月17日，牛青山会见罗马尼亚布加勒斯特市二区区长尼古拉·翁察努,表示将发展两区合作关系。9月17日,牛青山与乌克兰基辅市舍甫琴科区政府主席谢尔盖·济明代表两区签署《友好交流与合作备忘录》。基辅市舍甫琴科区成为区第20个国际友好城区。9月17日,徐熙与意大利弗利-切塞纳省副省长伊格里斯·贝拉维斯塔交换两区《友好交流与合作备忘录》。11月16日,许汇会见国际友城加拿大新西敏市政府代理市长比尔·哈珀,希望两地区在文化、教育、旅游等领域加强交流与合作。（严露）

【领导出访】 5月,常卫率团访问国际友好区加拿大不列颠哥伦比亚省本拿比市,拜会市长德里克.柯瑞根,考察社区管理服务方面经验和做法。7月,杨柳荫率团访问国际友好区奥地利维也纳第九区,拜会区长玛蒂娜·玛雅。双方回顾两区友好交往历史,表达增进传统友谊、扩大合作渠道意愿,在文化、教育、城市规划管理等领域达成学习借鉴和合作交流共识。12月11日,颜华出席在波尔多市举行第七届中法市长圆桌会议并演讲。中国人民外交学会和法中委员会主办,以“未来的城市-创新城市和智能城市”为主题。8个中国城市(区)以及10个法国城市(区)的市(区)长围绕“城市资源管理”、“明日都市交通”和“创新为可持续发展服务”三个议题讨论。颜华演讲“智慧城市、智慧东城”。12月12日,牛青山出席在阿布扎比举行“海湾阿拉伯国家与中国的稳定和发展对话会”并演讲。中国和平发展基金会与阿联酋战略研究中心举办,海湾阿拉伯国家和中国政要及学者百余人参加,围绕推动地区和谐稳定与协调发展展开对话。牛青山作为中国青年政治家和中国地方政府代表,在对话会作“以文化和民生为着力点推动经济转型与可持续发展”演讲。（严露）

【第三届北京王府井品牌节】 9月14~17日,区国际友好城市代表团出席第三届北京王府井国际品牌节。9月15日,第三届北京王府井国际品牌节开幕。牛青山主持。杨柳荫、奥地利维也纳市第九区区长玛蒂娜·玛雅、副市长程红、商务部副部长姜增伟先后致辞。韩国、罗马尼亚、奥地利、意大利、法国、乌克兰等国家和地区的国际友城、商业街代表,外国商会组织驻华代表,以及与北京王府井共同发展的品牌商、企业机构代表和新闻媒体人士约500人出席。（严露）

【国际友好区区长论坛】 9月16日,“塑造有特色的城市文化”国际友好区区长论坛召开。区领导杨柳荫、牛青山等,韩国、罗马尼亚、奥地利、意大利、法国、乌克兰等国家和地区国际友好区代表和单位嘉宾百余人参加。奥地利维也纳第九区、法国巴黎大区伊西市、意大利弗利-切塞纳省、韩国首尔特别市中浪区、钟路区、瑞草区、罗马尼亚布加勒斯特二区、乌克兰基辅市舍甫琴科区的区(市)长及牛青山分别作主题发言。九个城区区长签署、发布《北京·东城宣言》。（严露）

【市民讲外语】 4月28日,举办柳荫公园英语角市民讲外语成果展示活动,50余人参加活动,展示诗歌朗诵、讲故事、猜谜语等节目。团结湖英语金曲角成员参与活动,演唱英文歌曲等。5月27日,东四奥林匹克社区开展“体验英语、体验快乐”走进社区公益讲座,东四街道奥林匹克社区市民公益英语大课堂骨干、柳荫公园英语角成员、吴裕泰茶叶公司青年朋友以及东四街道市民英语爱好者50余人参加。6月15日,柳荫公园举行北京外语游园会分会场活动。展示市民讲外语10周年成果。（严露）

【公务员外语人才库】 5月4日,与区委组织部、人力社保局组织公务员外语人才库入库笔试,100余名公务员参加考试。6月19日,举行公务员外语人才库入库口试。笔试成绩60分以上的60余名公务员参加。最终52人通过考试入库。区外语人才库库员186人。（严露）

【国际友人走进东四社区大讲堂】 5月24日,瑞士联邦体育学院院长、国际体育科学与体育教育理事会第一副主席授课东四奥林匹克社区大讲堂。北京体育大学访问学者瓦尔特·孟基森教授作《时代变迁中的奥林匹克运动会》讲座,讲述奥林匹克运动会起源、发展过程及中瑞两国文化差异。东四街道向其颁发“东四奥林匹克社区荣誉居民”证书。7月20日,英国驻华使馆新闻主管 John Gallagher 到东四奥林匹克社区大讲堂为社区居民作《全民奥运:2012年伦敦奥运会的遗产》讲座。（严露）

【接待外国社会工作考察】 3月2日,朝鲜平壤市外事局局长金正植一行到区参观考察,听取社区服务建设与管理基本情况介绍,参观考察和平里街道社区服务中心和地坛社区便民服务点工作。许汇参加。8月22、29日,中国-瑞士社保协定谈判瑞方代表团和中国-捷克社保协定谈判捷方代表团分别考察区社保中心,了解社会保险政策规定和经办流程等情况。9月17日,乌克兰基辅市舍甫琴科区、佩彻斯基区政府代表团区参观考察行政服务中心。9月18日,韩国首尔特别市瑞草区副区长崔昌济参观和平里街道。（严露）

【接待外宾来访】 1月17日,英国财政大臣乔治·斯本在英国怡和集团香港置地公司高层陪同下,到北京东方文化资产经营公司了解王府井国际品牌中心项目建设情况,实地考察该地块。中央电视台、英国BBC等媒体采访。2月2日,德国总理默克尔一行50余人参观考察南锣鼓巷,察看前鼓楼苑七号秦唐府酒店等具有中国传统特色文化景观,了解北京传统四合院建筑和胡同风貌。2月8日,加拿大总理哈珀参观中青旅加拿大旅游体验馆,并游览天坛公园。中青旅加拿大旅游体验馆由加拿大旅游局与中青旅控股股份有限公司联合打造,地处东二环交通商务区,200平方米场地内展现加拿大自然景观和生活方式。6月6日,土库曼斯坦副总理兼油气署署长卡卡耶夫访问中国石油总部,与集团董事长签署增供天然气协议。乌兹别克斯坦副总理一行到长安俱乐部参加签字仪式。6月13日,布隆迪共和国总统夫人、布隆迪本笃慈善基金会主席德尼斯·布库米·恩库伦齐扎考察区妇女工作。考察组参观东四奥林匹克社区温馨家园,残疾人康复项目、彩虹巧娘工作室等。全国妇联国际部部长邹晓巧,市妇联党组书记、主席赵津芳陪同。7月12日，斐济最高法院首席大法官盖茨等一行5人访问东城法院，旁听一起盗窃案件审理情况。9月6日，新加坡总理夫人何晶参观前门大街，了解老字号历史发展及生产经营情况。11月16日，贝宁国民议会议长纳戈一行访问鼓楼中医医院参观"京城名医馆"、内科、针灸科、推拿科、药浴以及皮科病区，体验内科医师诊脉。（严露）

【经贸交流合作】 4月6日，芬兰使馆参赞卡里·希尔图宁围绕建立"芬华创新中心"考察雍和园，了解园区基本情况和落户政策，择时探讨合作计划。5月3日，韩国驻华大使馆内举行在华韩资大型企业HR研究会，应韩国驻华大使馆金相焕劳务官的邀请，东城国际人才金港先期团队向韩资大型企业专题介绍人才金港并作人才金港主题演讲，希望中韩加强文化产业发展和文化产业人才培养方面交流与合作。6月5日，俄罗斯石油公司总裁谢钦、俄罗斯石油管道运输公司总裁托卡列夫一行访问中国石油天然气集团公司，与集团公司董事长开展能源合作会谈。8月，区商贸代表团参加王府井大街的国际姊妹街——德国柏林库达姆大街在柏林举办的国际夏季展销会"城市之夏"活动，拜会德国柏林夏洛滕堡区区长莱因哈德·瑙曼，交流磋商两区经贸合作。（严露）

【规范英语标识】 4月27日，主办"体验外语、体验快乐"公益讲座，区旅游和园林系统英语标识负责人和英语骨干80多人参加讲座。发放《公共场所中文标识英文译法标准》和《中文菜单英文译法》。6月，完成崇雍大街路名牌整治，区城管委对胡同路名牌字体脱落、破损、张贴小广告等现象，重新设计路名牌样式，并核准路名牌英文标识。新的路名牌采用环保材料，安装坚固，更换52处，增设11处。协助区城管委、旅游委、行政服务中心、东四街道办事处、政协、文联等区属单位和群团组织完成翻译校对工作150余条。（严露）

【境外记者管理与服务】 全年，接待20个国家和地区68家境外媒体165名记者采访报道地坛庙会、传统手工艺、网格化管理、古都风貌保护等。2月3日，美联社、路透社、俄新社、日本东京广播公司等19家境外媒体25名记者全程拍摄第12届崇外街道元宵灯会，西班牙埃菲社、伊朗新闻电视台、马来西亚新闻社、土耳其世界新闻通讯社、法兰西24频道、《印度斯坦时报》等6家境外媒体记者现场采访活动主办方、民俗专家以及社区居民。同日，俄罗斯电视台采访交道口街道第三届四合院里闹花灯活动。3月8日，英国路透社拍摄轮椅舞蹈队女演员排练情况。5月8日，应中联部和人民日报社邀请，印度、印尼、日本、缅甸、巴基斯坦、韩国等10个国家主流媒体记者17人参观东四奥林匹克社区文体中心，考察北京社区文化建设、社区服务等。6月2~7日，上合组织峰会期间，京城百工坊进驻人民大会堂东大厅外国记者服务中心，展示中国传统手工艺品，民间手工艺大师展演。展出景泰蓝、雕漆、玉雕、京绣、剪纸、内画、面人等40余个种类80余件艺术品。中国传统面人制作、剪纸、真丝手绣等制作技艺吸引法国、俄罗斯、哈萨克斯坦、塔吉克斯坦、印度等10余个国家100余名境外媒体记者拍摄、采访和报道。11月11日，十八大新闻中心、市政府新闻办公室组织"科学发展　辉煌成就"北京市特色项目参观采访活动走进东直门街道网格工作站、社区活动中心和安定门街道五道营胡同，美联社、美国中美邮报社、香港亚视、香港卫视、中国日报香港版、香港信报、亚洲经济周刊、澳门商报等8家境外媒体10名记者参加活动，采访报道网格化社会服务管理模式，及保护古都胡同风貌、发展文化创意产业情况。（严露）

行政服务中心工作

【概况】 东城区行政服务中心（简称区行政服务中心），是负责区集中办理行政许可和服务事项协调管理的区政府正处级派出机构，承担企业和市民事务办理、政府采购、宣传展示、会议接待等职能。设办公室、宣传教育科、监察室、协调指导科4个行政科室和行政事务保障中心（下设代理服务部、对外联络部、运行维护部）、政府采购中心2个事业单位。工作人员37人，其中行政编制12人，事业编制25人。进驻部门窗口17个，工作人员130人，审批事项269项。

年内，完成大厅信息化二期改造工程，实现大厅接办件全流程效能监察，纳入依托电子政务平台政务公开和政务服务全国试点项目，建立管理、服务、考核功能为一体的集成化电子政务平台。搭建"两网一库多互动"工作框架，优化经济发展环境组织体系。牵头7个部门落实《关于促进产业加快发展的鼓励措施》《关于培育新兴产业发展的鼓励措施》《关于促进楼宇经济发展的鼓励措施》，奖励、补贴企业815户。评选上年度100强企业，认定绿卡企业244户，制定《东城区领导联系驻区重点企业工作制度》，颁发百强企业牌匾和绿卡企业证书。大厅年受理各类事项约3.90万件，好评率99.98%，无有效投诉。落实区财政统一支付新入驻企业行政事业性登记注册费用政策，为3044家新入驻企业代缴注册费387.10万元。政府采购中心接收政府采购立项通知19项，预算金额2685万元；已实施完成16项，实施预算资金1953万元（不含废标项目），中标资金1880.8万元，节约72.2万元，节约率3.7%，群众满意度100%。出台《政府采购促进中小企业发展实施办法（试行）》《东城区行政服务中心2012年内审计划》，完成涉权事项梳理工作。接待参观来访21批次236人。各类会议及重大会务保障826场次，接待人数约2万人次。市民中心举办活动100余场次，接待5400余人次。中心获首都文明单位标兵称号。区优秀党员1人，区直机关工委系统优秀党员2人，区直机关优秀党务工作者2人。

单位地址：东城区金宝街52号　传真电话：65594781
联系电话：65594781　邮政编码：100005
（徐玮）

【行政审批】 全年17个进驻单位61个受理窗口接件约9.15万件（不含出入境、申请入户和残联），办结9.02万件，办结率99.39%。咨询台接待日咨询1200人次，日咨询电话80个。年接待办事人员42万余人次，每天人均2500余人次。落实区财政统一支付新入驻企业行政事业性登记注册费用的政策,为3044家新入驻企业代缴注册费387.1万元。
（徐玮）

【重点项目绿色通道】 实行绿色通道全程代办服务,在工商银行北京分行、北京天坛民族艺术品发展有限公司等多家重点企业,银河SOHO招商项目,早餐示范工程等重点项目中试行绿色通道联系员工作模式。积极推动窗口精简审批事项,压缩审批时限,规范审批行为,优化审批流程,全年精简5个事项,压缩时限161天。（徐玮）

【效能监察】 坚持日巡查、月考核、季评优、年评先及网络实时监督长效考核机制,创新考核手段,首次将监控视频随机截图应用窗口考核,监控视频直接接入市、区监察局,接受监督。提高考核评价的全面性和客观性。全年接受百姓评议8.85万余次,评议好的8.84万余次,好评率99.9%。收到表扬信34封,锦旗34面。（徐玮）

【优化经济发展环境】 搭建"两网一库多互动"工作框架,通过召开优化经济发展环境工作会等形式,健全职能部门、功能区、街道办事处三位一体工作网络,实现一网覆盖、全区联动、资源共享、同步推进工作模式。（徐玮）

安全生产监督管理

【概况】 东城区安全生产监督管理局(简称区安全监管局),是负责区安全生产综合监督管理的政府部门。内设办公室、人事监察科、综合协调科、法制宣传科、安全生产监察科、危险化学品管理科、职业安全监督科。行政编制35名,工勤编制1名,区安全执法监察队为安全监管局所属参照公务员管理事业单位,编制20名。

年内,开展安全生产年活动,安全生产事故起数和亡人数稳中有降,各项指标低于市安全委员会下达控制指标。获年度北京市安全生产月活动优秀组织奖、"神州杯"全国危险化学品安全法规知识竞赛优胜单位奖。东花市街道、前门街道获年度北京市安全生产月活动最佳实践活动奖。区新闻中心获年度北京市安全生产月活动优秀新闻报道奖。东城区获评年度北京市安全生产工作先进区县,东华门街道获评年度全市安全生产工作先进集体。以"零事故"成绩完成党的"十八大"安保工作任务。

单位地址:东城区东四十一条83号

联系电话:64055528 邮政编码:100007 （孟庆喜）

【"护航"联合行动】 1月、4月,分两个阶段开展安全生产"护航"联合行动,制发工作方案,成立组织机构,对建筑施工工地、道路交通运营单位、燃气公服用户、危险化学品经营单位、再生资源回收单位、商市场消防安全、电梯安全和铁路沿线安全等领域开展专项执法检查。（孟庆喜）

【"十八大"生产安全保障】 8月24日,安全生产委员会召开生产安全专项行动指挥协调小组第一次工作例会,44家成员单位参加。部署"十八大"生产安全隐患排查整治工作。对会场、驻地周边500米范围内148家生产经营单位进行摸排和不间断跟踪检查,消除事故隐患,对道路交通、建设施工、危险化学品、消防、商市场、燃气、特种设备、铁路、职卫、"六小单位"和小散型生产经营活动等行业领域执法检查。出动执法人员3.5万人次,检查企业2.5万家次,发现隐患1.4万余处,行政处罚12起罚款7.5万元,责令停业5家,查封10家,拘留7人,隐患整改率达100%。10月29日,《北京日报》刊登东城区全力开展安全生产保障专项执法行动专题报道。（孟庆喜）

【指标控制管理】 发生安全亡人事故10起,亡11人,其中:生产安全3起、亡3人;道路交通6起、亡7人;火灾1起、亡1人;未发生铁路交通亡人事故。四项指标均在控制范围内,除火灾指标外,其他三项指标实现事故总量和亡人数的双下降,生产安全事故明显下降,是2008年以来最低点。
（孟庆喜）

【安全生产组织领导】 区委常委会听取安全生产工作汇报2次。区政府常务会议听取安全生产工作汇报4次。牛青山、朴学东先后组织召开安全生产委员会全会3次和安全生产委员会扩大会议1次、安全生产委员会办公室专题工作会议7次。部署阶段性重点工作,通报安全生产事故情况,研究、分析安全生产形势,协调解决重点、难点问题,指导、督促各政府部门落实安全生产监管责任。重要节日和重大活动期间,区领导带队检查、督查安全生产工作87人次。（孟庆喜）

【安全生产专项行动】 排查治理建筑施工、人员密集场所、地下空间使用、危险化学品、道路交通、高层建筑、工业企业、职业卫生等行业和领域以及重点单位的安全隐患,维护城市运行安全。《东城区安全生产领域"打非治违"专项行动方案》,5月28日经区政府常务会审议通过并下发执行。
（孟庆喜）

【事故调查处理】 与公安、建委、检察、监察、铁路、工会、劳动等事故调查组成员单位研究会商,查处3起生产安全亡人事故,收缴罚款32万元,建议司法机关依法追究刑事责任1人,当事人均未申请行政复议或听证程序。（孟庆喜）

【安全生产主题宣传】 组织安全生产月启动仪式暨宣传咨询日活动、安全在我心中演讲比赛、生命的呼唤心灵的震撼主题摄影比赛、安全生产知识竞赛等活动;在《新东城》报开设事故案例专栏宣传安全生产。全年发放各类宣传材料、宣传品25万余份,受教育群众16万余人。（孟庆喜）

【安全生产教育培训】 安全生产教育纳入区处级以上干部培训内容,处级领导干部培训增加安全生产课程。4月9～11日,组织辖区17个街道办事处50名安全生产检查员安全生产专题培训。同时，管理、巡视区内7家特种作业人员培训机构，整顿特种作业考试秩序，保障特种作业考试有序规范，培训电工、焊工、制冷、登高作业、场内车辆驾驶等工种特种作业人员1.85万余人，合格1.67万人，合格率90%。

（孟庆喜）

【烟花爆竹安全监管】 执法检查区29个烟花爆竹销售点，监控系统24小时监控，全程管理烟花爆竹安全。29家销售点销售烟花爆竹8590.24箱、销售金额475.59万元，未发生因烟花爆竹经营引发的安全生产事故。（孟庆喜）

【加油站安全生产标准化】 辖区13个加油站通过中介机构达标评审，具备安全生产标准化三级资质，形成符合行业标准的三级安全生产标准化体系。达标工作历时一年半，分8个阶段，涉及10类A级安全标准、53类B级安全标准。

（孟庆喜）

【依法行政】 全年审批危险化学品经营许可证（乙证）12家、非药品类易制毒化学品经营备案12家、危险化学品经营许可证（甲证）现场审核17家。梳理安全生产工作常用法律法规及安全生产常用行政处罚事项146项。（孟庆喜）

民族·宗教·侨务

【概况】 东城区民族宗教侨务办公室（简称区民宗侨办），内设3个科室，即民族科、宗教科、侨务综合科。编制14人，包括12名公务员，2名工勤人员。

年内，办理更改民族成分41人，其中满族24人，回族10人，其他民族7人。区现有清真饮副食网点201个，其中挂清真标识牌170个，自挂31个；挂牌企业中包括饮食企业118家，副食52家；自挂企业中包括饮食企业25家，副食6家。为区属民族企业、民族园校争取国家和市扶持资金16个项目361万元，为东来顺、工美集团、金漆镶嵌等企业申请贴息贷款8550万元。区有宗教活动场所14座，其中天主教3座（王府井教堂、东交民巷教堂，南岗子堂）；基督教3座（崇文门教堂，宽街教堂，珠市口堂）；佛教2座（雍和宫，通教寺）；伊斯兰教6座（东四清真寺，东外清真寺，南豆芽清真寺，安外清真寺，花市清真寺、沙子口清真寺）。有区级宗教团体3个，分别是东城区天主教爱国会，东城区基督教三自爱国运动委员会和东城区伊斯兰教协会，教职人员194人，其中阿訇21人、牧师和传道员24人、神父7人、喇嘛和僧尼142人。北京市基督教三自爱国运动委员会、市基督教青年会、女青年会办公地点坐落在东城区。全年办理朝觐报名审核9人，办复人大代表建议、政协委员提案11件。区民宗侨办为全国侨办系统信访工作示范单位，全国宗教工作系统先进集体，年度侨务工作先进单位。辖区有全国社区侨务工作示范单位1个：体育馆路街道；全国社区侨务工作先进单位1个：龙潭街道；全国侨务工作示范社区1个：东华门街道南池子社区；全国侨法宣传角8个：体育馆路街道、龙潭街道、崇外街道、永外街道，以及东华门街道的甘雨社区、北新桥街道的海运仓社区、东直门街道的清水苑社区、和平里街道的兴化社区。区有归侨220人，侨眷7194人，新华侨4391人，新移民、留学人员亲属4389人，归侨侨眷和海外侨胞约1.6万余人。归侨侨眷分布17个街道侨联组织和卫生系统及教委系统侨联组织。归侨侨眷中，有区政协委员12人，区人大代表4人。为11人办理归侨证、11人办理侨眷身份。完成“三侨”子女升学工作，为9人办理报考大专院校身份证明、8人出具中考证明、12人办理在京上学手续。处理涉侨信访2件。区33支代表队参加北京市第七届民族健身操大赛，获1金7银5铜。完成市民族传统体育项目教练员培训班报名工作。

单位地址：东城区金宝大街52号
联系电话：65131487 邮政编码：100005 （胡沛哲）

【市民委慰问宗教人士】 1月1日（即释迦摩尼成道之日），雍和宫、通教寺举行宗教活动。市民委主任池维生等到雍和宫慰问宗教界人士。区领导徐熙、周永明等到雍和宫、通教寺向宗教界人士祝贺节日。（马专）

【联谊活动】 1月5日，召开区民族宗教界新年团拜会。周永明等区领导出席，民族宗教界代表人士约150人参加。1月13日，在北京市华侨服务中心举行侨界新春团拜会，归侨代表70多人参加。8月19日，区委、区政府举行开斋节招待会，区伊协领导班子成员、6座清真寺阿訇及民管会负责人参加。颜华致词。12月20日，举行圣诞节招待会，赵宏生、王佩立、颜华、市天主教爱国会常务副主席兼秘书长、市基督教女青年会主席出席。区天主教、基督教宗教团体负责人、教职人员等近60人参加。颜华致贺词。（王艳 苏会军）

【宗教场所活动】 2月5日、19日，南豆芽清真寺、安外清真寺、东直门外清真寺举办圣会，约700人参加。4月8日，王府井天主教堂、东交民巷天主教堂、南岗子天主教堂、崇文门基督教堂、珠市口基督教堂举行“复活节”宗教活动，信教群众1.4万余人参加。8月15日，王府井教堂、东交民巷教堂、南岗子教堂分别举行天主教“圣母升天”瞻礼宗教活动，2900人参加，其中外宾22人。8月19日，东四清真寺、东外清真寺、南豆芽清真寺、安外清真寺、花市清真寺、沙子口清真寺举行开斋节活动，穆斯林群众5600人到清真寺参加活动，其中外宾约200人。10月26日，是伊斯兰教的“古尔邦（宰牲）节”，东四清真寺、东外清真寺、南豆芽清真寺、安外清真寺、花市清真寺、沙子口清真寺分别举行“古尔邦（宰牲）节”宗教活动。周永明到东四清真寺看望陈广元阿訇，向穆斯林群众祝贺节日。2100人参加活动，其中外宾91人。12月25日圣诞节，王府井天主教堂、东交民巷天主教堂、南岗子天主教堂、崇文门基督教堂、珠市口基督教堂举行庆祝活动。1.3万人参加平安夜、圣诞节活动，其中外宾55人，韩语弥撒450人，英文弥撒500人。（马专 苏会军）

【安全维稳】 2月6日，颜华检查雍和宫元宵节安全保卫工作。节日当天接待香客和游人3.33万人。7月18日，召开宗教维稳工作会议,区3个宗教团体、14座宗教活动场所负责人参加。8月31日,召开伊斯兰教维稳工作会。区伊协和各清真寺主要负责阿訇参加会议。传达市宗教局有关伊斯兰教维稳工作会议精神,提出区伊斯兰教维稳工作要求。9月25日,召开中秋国庆两节和"十八大"期间安全维稳工作会。区宗教团体、宗教活动场所负责人参加会议。11月1日,池维生等市宗教局领导检查崇文门基督教堂、王府井天主教堂、雍和宫"十八大"安全保障工作。11月7日,区民宗侨办为辖区内部分宗教场所配备安检设备金属探测仪,保障宗教活动和重大节日活动安全。 (马专 苏会军)

【宗教团体建设】 2月21日,区天主教爱国会组织档案管理工作培训会。4月21日,区天主教爱国会召开一届二次全体委员会。市宗教局宗教一处领导、市天主教教区秘书长等出席会议。5月25日,召开宗教团体、宗教活动场所负责人工作会。会议部署区和谐寺观教堂安全年创建活动、北京"上合组织峰会"接待服务保障工作、推进宗教活动场所财务监督管理检查验收工作。区天主教爱国会、区基督教"三自"、区伊斯兰教协会及各宗教活动场所负责人参加。11月27~28日,区天主教爱国会、区基督教三自爱国运动委员会、区伊斯兰教协会分别召开常委会或者常委(扩大)会,学习"十八大"精神。 (马专)

【民族宗教工作会】 2月29日,召开区宗教团体一季度工作会。区天主教爱国会、区基督教三自爱国运动委员会、区伊斯兰教协会3个宗教团体主席(会长)、秘书长参加。3月1日、14日、20日,分别召开3次座谈会,组织民族宗教代表与人大代表座谈,配合市人大执法检查区贯彻执行《北京市少数民族权益保障条例》情况,接受质询。3月2日,区委常委宋甘澍与市宗教局副局长赵宏生座谈基督教宗教房产问题,要求涉及问题双方,北京市基督教"两会"和区教委协商,妥善解决问题。有关部门负责人参加座谈。4月12日、28日,2次召开"5·6"民族团结日活动工作部署会,完善区级方案,督促街道制定、落实分方案。5月29日、6月5日,召开第四届全国少数民族文艺汇演保障工作协调会,区文化委、区旅游委、区卫生局、区新闻中心、区城管大队、区公安分局治安支队,8家接待宾馆,6个街道,4家清真餐馆,2个演出剧场等负责人出席会议。市民委副主任马中璞等领导,副区长颜华分别出席会议。7月5~6日,区委统战部、区政协、区民宗侨办联合举办宗教界代表人士培训班,培训班邀请中央统战部二局副局长马利怀和市政协民宗委副主任季文渊分别作《党的宗教工作方针和宗教工作形势》和《北京宗教工作形势》报告。区宗教团体、宗教活动场所主要负责人、宗教教职人员80余人参加。周永明等区领导出席。8月15日,召开伊斯兰教开斋节安全保卫工作协调会。会议下发《关于做好伊斯兰教开斋节工作的几点意见》,对开斋节安全保卫工作提出具体要求。10月31日,召开宗教团体自管房产解危排险工作调度会。区民宗侨办、区房管局分别汇报东城区宗教团体自管房产基本情况、解危排险工作进展情况,并制定《关于东城区宗教团体自管房产解危排险专项工作的实施方案》。朴学东等领导参加。12月5~6日举办区民族工作培训班,马中璞授课,颜华等领导出席,17个街道和市民族工作重点社区主要负责人参加培训。12月17日,召开圣诞节安全保卫工作协调会,会议印发《东城区2012年圣诞节安全保卫工作方案》,部署圣诞节安全保卫工作。 (马专 苏会军)

【侨资企业人才招聘】 3月22~23日,召开首都侨资企业专场人才招聘会,澳际教育集团、北京纪新机电设备工程有限公司、北京富华行物业管理有限公司、北京世纪茂文房地产开发有限公司、北京中和珍贝科技有限公司等侨资企业参加,提供文秘、销售、管理等96个工作岗位。 (张琳琳)

【领导调研】 4月12日,中央党校厅局级领导干部进修班学员47人,到雍和宫围绕藏传佛教寺院设施和藏传佛教文化保护情况调研。区委书记杨柳荫等领导陪同。5月17日,市委常委、统战部长牛有成到珠市口基督教堂调研,区基督教"三自"爱国运动委员会主席、珠市口本堂牧师就珠市口堂迁建原因和设想作汇报。市、区有关部门领导随同调研。5月24日,市人大常委会副主任、执法检查组组长马振川、副组长李昭玲等领导到和平里街道交通社区和北京丝路印象清真餐厅调研,检查《北京市少数民族权益保障条例》贯彻执行情况。6月11日,副市长程红带队检查第四届全国少数民族文艺汇演接待工作,检查甘肃代表团驻地,副区长汤钦飞陪同。8月15日,杨柳荫到国家民委三社(民族出版社、民族团结杂志社、民族画报社)调研,了解国家民委三社参与和平里街道共驻共建和民族团结工作情况,及公共服务需求。11月1日,池维生等市宗教局领导到崇文门基督教堂、王府井天主教堂、雍和宫检查安全保障工作,听取宗教活动场所负责人安全保障工作汇报,检查宗教活动场所内部殿堂和设施,提出安全保障工作要求。 (马专 王艳)

【执法检查】 全年开展行政执法检查37次。1月11日、16日、18日、19日,6次检查前门街道、东花市街道、安定门街道、北新桥街道、朝阳门街道所属19家清真餐饮企业,了解节日市场货物供应及商户遵守民族政策情况,制止违反民族政策的自挂清真标牌行为,向商户宣传党的民族政策,介绍办理清真标牌的条件及手续。2月28日,制止顺天府超市存在清真熟食与非清真熟食混卖违法行为,并责令当即整改。3月16日,检查崇菜物美超市清真饮副食网点。纠正不规范问题。4月17日,与公安分局国保支队联合执法,解决湖北基督徒旅游团在天坛公园私自集会活动。6月1日,检查东交民巷堂、王府井堂安全工作。同日,执法检查宝贤居、经典烧麦、老冶拉面、燕蘭楼、牛街老铺、清雅斋、兴隆兄弟、清真牛肉面、兰州拉面、圣龙轩小吃、新疆卡西姆等11家清真餐馆,按照《北京市少数民族权益保障条例》规定提出要求,保障全国少数民族文艺汇演。7月13日,检查白魁隆福寺店、丝路印象、伊珍源饭庄、天津桂顺斋糕点、金年丰超市夕照寺店牛羊肉专柜执行民族政策情况,调研民族经济项目。7月19日,同区工商分局执法队在建国门、东华门街道联合执法,检查北京杨杨金宝轩小吃、北京卡拉金宝饺子馆(新疆卡西姆)、北京九方顺涮肉馆、北京西部马华餐饮有限公司东单店等4家清真餐馆。对企业违规情况,宣传民族政策法规,送达责令改正通知书等法律文书和宣传材料。(王宇莹)

【节日慰问】 春节走访慰问25户少数民族贫困户,送慰问金2万元;走访慰问归侨35户,困难侨眷7户,送慰问金3万余元。六一儿童节前夕,走访慰问区属4所民族教育重点校回民小学、回民幼儿园教职员工,送慰问款1.2万元。8月19日(开斋节),市委常委、统战部部长牛有成、市人大常委会副主任马振川、市政协副主席赵文芝等市有关部门领导到东四清真寺看望中国伊斯兰教协会会长、市伊协名誉会长陈广元阿訇及全体阿訇和穆斯林群众,祝贺节日。周永明等区领导陪同。重阳节到来之前,将国外华侨慈善捐赠物品900付花镜、250个助听器发放给归侨侨眷。(张琳琳 王艳 马专)

【民族团结日活动】 5月6日,东城区5.6民族团结日暨和平里街道第五届5.6民族团结日活动在国家民委三社多功能厅举行。活动主题为践行北京精神 弘扬民族文化促进民族团结。市民委副主任牛颂、民族出版社副总编、民族团结杂志社党委委员,区领导周永明等出席,市委统战部综合处、市民委民族一处、中国民族报北京记者站、区民宗侨办、和平里街道等单位领导参加活动。区推广"5.6"民族团结日活动中,17个街道以各种形式参与活动。(王艳 苏会军)

【对外交流】 6月6日,伊朗总统夫人阿扎姆·萨达特·法拉希一行13人参观雍和宫,雍和宫管理处副主任接待并向贵宾赠送雍和宫纪念品。7月29日至8月10日,接待由英国伦敦华埠商会、法国巴黎南郊中文学校、旅美中国科学家工程师专业人士协会和澳门地区等40余人组成的夏令营团。10月25日接待由美国、德国、英国、法国、意大利、荷兰、南非、毛里求斯、尼日利亚等国家28位参政华人组成的欧非地区华人参政访华团。(马专 张琳琳)

【宗教慈善活动】 9月17~23日,区各宗教团体、宗教活动场所开展宗教慈善周活动。募集资金8.5万元,棉衣1200件,四季衣服15编制袋,书籍500册,发放慰问金1.23万元、慰问品米面4700斤、油500斤、月饼80盒。(马专)

信息化管理

【概况】 东城区信息化工作办公室(简称区信息办),是区信息化工作领导小组办事机构,负责区信息化工作。主要职责为统筹规划、综合协调、监督管理区信息化工作,建设电子政务、电子商务、电子社区,开发利用信息资源,组织信息化工作行业管理、宣传、培训、技术服务和国内外交流合作。内设综合管理科、应用推广科、电子政务科,下设2个科级事业单位:区信息中心和区信息资源管理服务中心。行政编制11人,事业编制41人。

年内,区被中国智慧城市大会授予智慧政务创新单位。区网格化社会服务管理信息化支撑系统项目获区2009—2011年度科学技术奖特等奖。为区属机关、企事业单位提供热线咨询服务1.90万次,现场技术支持服务3001次,远程技术支持服务113次,处理服务工单1.04万个,日常巡检926次,电话接通率达99.04%,问题一次性解决率85.88%,综合满意度94.41%。区英文门户网站(http://en.bjdch.gov.cn)获政府网站国际化程度领先奖。

单位地址:东城区东四北大街钱粮胡同3号
联系电话:64031118-2301 邮政编码:100010 (崔燕楠)

【领导调研】 2月20日,全国妇联党组书记宋秀岩率中央社会服务管理创新工作调研组考察社会服务管理创新工作。3月29日、3月31日、5月11日,中央党校局级培训班、全国政法委书记培训班、国家行政学院市长任职培训班考察社会服务管理创新工作,常卫汇报网格化社会服务管理创新试点工作运行模式和效果,杨柳荫等区领导参加。接待40余个全国各省、市、自治区党政机关、企业、大学代表团。8月6日,副市长程红、市工商行政管理局等领导考察网格化社会服务管理创新工作,牛青山与市工商行政管理局局长代表双方签订《推进社会管理创新,构建良好市场经济秩序合作框架协议》。(崔燕楠)

【交流与合作】 2月24日,区领导陈之常与中国联通北京市分公司座谈,就"光速东城"、WLAN覆盖为主的新一代高新信息化应用项目交换意见。3月8日,陈之常与北京移动公司副总经理一行,沟通交流无线城市和移动信息化建设。3月14日陈之常与北京电信公司副总经理一行,沟通交流WLAN覆盖项目和无线城市等信息化建设。4月12日,牛青山与中国移动北京公司总经理签订《"智慧东城,无线城市"建设战略合作协议》。市经信委副主任毛东军,区领导陈之常、许汇及中国移动北京公司副总经理出席签约仪式。8月17日,陈之常与中国联通北京市分公司副总经理签订共同推进城市信息化基础设施建设合作协议。11月16日,陈之常会见IBM Tivoli全球战略及研发副总裁Jamie Thomas女士,讨论智慧城市及云计算战略和系列产品研发。12月25日,陈之常与北京歌华有线电视网络股份有限公司交流利用歌华有线技术推动智慧东城建设等问题。(崔燕楠)

【实况图文直播和视频直播】 6月12日,数字东城网站对感动东城道德模范颁奖典礼进行在线图文直播。6月12日、6月26日、7月9日,数字东城网站与首都之窗网站联合分别对皇城国际旅游节新闻发布会及开、闭幕式盛况进行现场视频直播。直播期间网民通过网络观看精彩节目,实现互动,进一步提升皇城国际旅游节影响力。6月14日,数字东城网站与首都之窗网站联合对皇城国际旅游节新闻发布会进行现场视频直播。8月7日,第三届前门历史文化节开幕,数字东城网站与首都之窗网站再度联合在新版前门大街官方网站图文直播开幕式。

(崔燕楠)

【培训工作】 6月18日网上信访系统升级改造后上线运行,同日下午,在区委党校举办区信访综合管理考评系统现场培训会,82家单位90人参加培训。8月21~23日,组织区智慧城市培训,93家单位信息化主管领导和信息化负责人约200人参加培训,12月28日,区召开网格化社会服务管理信息化工作培训会,区领导宋甘澍、陈之常出席,区综治办、区社会办主要领导及区民政局、区司法局、区残联、街道主管社会服务管理工作领导和负责人参加。 (崔燕楠)

【在线访谈】 6月29日,数字东城网站举办提升行政审批效能优化区域发展环境政府在线访谈活动,1个小时的访谈有784名网友围绕与切身利益相关的市场准入、行政审批及个人事项等热点问题进行交流互动,嘉宾回答网友提问111个。 (崔燕楠)

【网络与信息安全】 8月29日,召开网络与信息安全协调小组工作会,毛炯、陈之常出席。讨论通过《东城区网络与信息安全检查实施方案》(讨论稿),明确网络与信息安全检查工作任务和范围。陈之常指出:各部门要提高信息安全意识,做好各领域信息安全检查工作,健全网络与信息安全协调小组组织机构,建立信息安全定期检查机制,加强沟通和反馈。 (崔燕楠)

【无线电管理宣传月】 9月11日,召开无线电管理宣传月动员部署会。17个街道、王府井管委会、北京站管理处、东二环建管办等20家单位参加。9月25日,联合东直门街道开展东城区无线电管理宣传月咨询日活动。市无线电管理领导参加并现场解答无线电使用、管理问题。宣传期间发放无线电宣传材料1500余份,接待无线电咨询者50余人次。 (崔燕楠)

【智慧城市示范区】 9月22日,中国计算机用户协会、亚太地区城市信息化合作办公室和无锡市人民政府主办的《2012中国(无锡)城市信息化推进大会暨第三届中国城市信息化50强发布会》召开,有关领导及全国60多个城市信息化主管领导和40多家IT企业高管共300余人参加会议。东城区获2012中国智慧城市推进示范区,并代表智慧城市推进区在会上作"智慧东城,智慧发展"主题发言,介绍智慧东城建设总体思路和应用成果。 (崔燕楠)

【获中国政府网站用户体验奖】 12月7日,第四届中国政府网站绩效评估暨第七届特色政府网站评选发布会召开,国家部委、省市、区县、行业政府网站代表,优秀电子政务厂商及业界主流媒体约300人参加。会上发布第四届政府网站绩效评估结果,区政务门户网站"数字东城"网站获用户体验奖。 (崔燕楠)

【协同办公平台应用】 平台在区268家党政机关、企事业单位应用,用户数已超过4000个,公文管理收发文20.18万件,通知公告14.67万件,信息发布5.37万件,会议管理37件,督查督办744件。完成区政协、区文化委、区建委等15家单位部门协同办公系统建设工作。 (崔燕楠)

【网站集约化整合与推广】 年内,实施科委、旅游委等分站建设与升级,完成信访综合管理考评系统和旅游信息自助公共服务系统建设。推出德文、日文网站,英文门户网站形成以数字东城网站(其中包括五大主频道,438栏目)为核心,106家分站为支撑的网站群体系。信息更新1.96万条,上报首都之窗3849条,日均访问量约33万人次。获"政府网站国际化程度领先奖"。 (崔燕楠)

信访工作

【概况】 东城区委区政府信访办公室(简称区信访办),是区委、区政府受理人民群众来信来访的职能部门。内设6个科室,即综合科、来访接待科、来信办理科、排查调处科、复查复核科、督查宣教科。行政编制22名。

年内,受理群众来信来访1.03万件,同比上升6.1%。受理群众来访3478批5972人,同比批次下降6.7%,人数下降17.2%。受理电子邮件和纸质来信6798件,同比上升14.1%。接待群众集体上访119批1977人次,同比批次、人次分别下降16.2%和33.6%。受理联名信67件,同比下降29.5%。处理群众诉求类初信初访5053件,占信访总量的49.2%;处理非信访事项(咨询问政、涉法涉诉等)和重信重访5223件,占信访总量的50.8%;受理信访事项复查申请55件,全部办结。区领导接待群众来访50批263人次,下访50余次。开展矛盾纠纷排查活动4次,确定区级重点矛盾纠纷18件,已化解16件,其余2件稳定。市级重点矛盾纠纷12件,已全部化解。运用信访突出问题专项资金160多万元。区各单位、社区代理信访问题3700余件,化解率在90%以上。东城区信访办被授予全国信访系统先进集体称号。

单位地址:东城区什锦花园胡同23号
联系电话:64041552 64031118-8702
邮政编码:100007 (章来久)

【信访工作会议】 1月10日,副区长汤钦飞召开"两会"期间信访工作部署会,街道负责人汇报单位突出信访问题和化解稳控措施,区信访办通报北京市"两会"期间信访情况及年度第一次社会矛盾纠纷大排查情况。17个街道和重点委办局信访工作领导47人参会。汤钦飞提出工作要求。3月2日,召开区信访工作会。常卫主持会议,汤钦飞总结上年区信访工作,部署年度信访工作任务。区人保局、体育馆路街道和东直门街道介绍工作经验。牛青山对做好年度信访工作提出要求,要全面深化信访代理制,通过信访代理,改善党群干群关系,把各级信访部门建设成为代理群众诉求之家、为民排忧解难之家、维护公平正义之家、法制宣传教育之家、人民群众满意之家。薄钢对东城区信访工作提出要求。薄钢、牛青山等出席会议,区各单位主管信访工作的领导、信访干部和重点社区党委书记300余人参加。6月20日,汤钦飞召开北京市党代会期间信访工作维稳部署会,街道信访工作领导汇报辖区内突出信访问题和化解稳控措施,区信访办通报突出信访问题。汤钦飞对做好市党代会期间的信访工作提出要求。17个街道和重点委办局信访工作领导34人参会。8月1日,汤钦飞主持全区贯彻中央、北京市信访维稳工作会议精神部署会,传达全国第七次信访工作会议精神及北京市贯彻中央有关会议精神、部署第二次排查调处工作会议精神,对重点积案的化解和稳控工作进行部署。街道及重点信访单位信访工作领导60人参加会议。9月6日,区委副书记、区政法委书记常卫主持中央、市联办挂账督办的6件市、区级两级重点矛盾化解工作部署会,朴学东、汤钦飞等领导及主责单位主要领导参加会议。常卫听取区信访办、区环卫二中心、永外街道以及天街公司等责任单位,对6件重点矛盾化解工作进展情况汇报,朴学东、汤钦飞对现有的解决方案和方案执行中可能出现的问题进行分析补充。 (章来久)

【领导调研】 2月6日,汤钦飞检查工作,了解区联席会议运作、全区信访大会的筹备和近期突出信访问题等情况。对年度信访工作形势、信访积案的化解以及确保全国"两会"和"十八大"召开等方面工作提出要求。7月1日,全国政协常委、调研团副团长杨岐率全国政协调研团50余人到区调研信访工作。市信访办主任薄钢听取区信访工作情况汇报后,就信访工作在社会管理中的作用、信访干部队伍建设等情况与市区领导交流。11月12日,市信访办副主任刘志洪到区信访办调研信访维稳工作,区信访办主任汇报区"十八大"信访保稳定工作情况,刘志洪对区信访工作给予肯定,要求结合"十八大"精神,研究制定下年信访工作思路。 (章来久)

【联席工作会】 2月17日,召开年度处理信访突出问题及群体性事件第一次联席会议。汤钦飞传达中央和市联席会议精神,听取区信访工作大会准备情况汇报,审议通过上年信访工作目标管理考核结果。常卫对年度集中精力抓基层、落实信访代理制度以及机制创新等提出要求。谢世龙主持会议。 (章来久)

【信访代理】 3月5日,常卫主持召开年度区信访代理工作部署会。汤钦飞对全区信访代理工作分组情况的调整进行说明,区级信访代理组由原来的7个调整为16个,16名区级领导任组长,牵头代理解决47户疑难、复杂信访问题,同时配备责任单位和联系人。各代理组分析代理的重点信访问题,提出意见建议。牛青山对信访代理的内容、本质、原则、方法及如何抓好落实提出要求。7月27日,汤钦飞主持召开信访代理工作会,区信访办和16个信访代理组成员单位的负责人出席会议。各代理组汇报工作进展情况和存在问题。 (章来久)

【督导检查】 3月7日,中央联席办督导组组长、国家信访局督查员胡冰等,到区检查指导信访工作。督导组在东直门街道听取街道信访工作情况汇报以及网格化信访工作平台演示。听取牛青山关于区全国"两会"信访工作和服务保障工作情况汇报。对东直门街道信访工作和网格化管理以及区信访工作给予肯定,对"两会"期间信访工作,完善信访代理等制度提出要求。8月7日,中央信访工作督导组一行16人,到区督导检查信访工作。督导组在三替北京家政公司考察后,到区政府听取牛青山的《以信访代理和网格化管理为依托探索用群众工作统揽信访工作的新途径》工作汇报。督导组成员察看东直门街道网格化信访工作开展情况,听取东直门、建国门、景山、体育馆路、和平里5个街道办事处以及和平里派出所信访工作情况汇报。督导组组长、人力资源社会保障部党组副书记、副部长杨志明,对区以信访代理和网格化管理为依托,探索用群众工作统揽信访工作机制给予肯定。10月19日,中央信访工作督导组到区督导检查工作。谢世龙作《关于维护中央机关和市委、市政府机关信访秩序工作情况》汇报,区政法委、东交民巷派出所、和平里派出所补充汇报,王府井建管办介绍馄饨侯信访问题工作情况。中央信访督导组与区领导就中央国家机关信访秩序维护工作、建立信访秩序协作机制进行研讨。牛青山等出席会议。 (章来久)

【工作培训】 3月29、30日,区年度信访工作培训班开班,吴京典等领导就新时期下信访工作特点和规律,及如何做好信访答复、复查复核工作进行业务培训。66家单位100余名信访工作主管领导和干部参加。 (章来久)

【信访秩序协作机制会】 12月5日,区政府与人力资源社会保障部召开建立规范信访秩序协作工作组第一次工作会议。牛青山、薄钢对建立信访秩序协作机制的意义进行概括和阐述,杨志明对信访秩序协作机制的建立给予肯定,对探索维护中央单位信访工作新秩序提出目标和要求。杨志明、薄钢、牛青山、常卫、汤钦飞等领导参加,东城公安分局、区信访办、和平里派出所等单位负责人出席会议。 (章来久)

调查研究

【概况】 东城区人民政府研究室(简称区政府研究室),是承担综合性政策研究和咨询任务的区政府工作部门。负责区经济社会发展全局性、战略性问题和重点、难点、热点问题调查研究,提出政策性建议和咨询意见。承担《政府工作报告》、区政府领导会议报告等文稿起草工作。负责区政府领导会议、活动讲话等相关文字材料起草、审核工作。负责组织协调、参与完成区政府主要领导调研课题,负责搜集、整理、研究和提供国内外信息。定期编辑参考资料、刊物,供领导参考。承办区政府交办其他事项。行政编制8人。

年内,围绕中心工作,完成政府工作报告、领导重要讲话文稿等97篇50余万字。组织专题座谈会、实地走访等调研活动,完成区级重点课题"东城平房区居民住房困难问题研究"。

单位地址:东城区什锦花园胡同23号
联系电话:64031118-8711 邮政编码:100007 (刘锰)

【起草区政府文稿】 完成《2012年北京市东城区人民政府工作报告》及专有名词解释等相关材料起草工作，完成区政府领导在区委区政府会议讲话，起草、修改区政府领导在会议、论坛、采访中的讲话和致辞，配合区政府各部门做好文稿服务工作。　（刘锰）

【重点调研课题】 牛青山主持的调研课题《东城平房区居民住房困难问题研究》，牵头组成课题组，召开座谈会，组织研讨，搜集整理国内外研究资料，实地考察平房区，听取专家意见，多次论证与反复斟改，形成《东城平房区居民住房困难问题研究》调研报告。　（刘锰）

档案管理

【概况】 东城区档案局（馆）（简称区档案局（馆））是东城区人民政府负责档案工作的主管部门，区政府直属机构，是区档案安全保管基地、爱国主义教育基地，政府信息公开查阅中心和档案信息服务中心。主要职责为宣传贯彻档案法律、法规和国家有关方针政策；制定全区档案事业发展中长期规划、年度计划和档案工作规章制度，并组织实施；依法行使档案执法监督检查权，监督与检查贯彻实施、遵守《档案法》的情况，查处违反《档案法》行为；监督、指导与检查区档案馆、各单位和其他组织形成档案材料收集、整理、鉴定、统计、保管、检索、编研及开发利用等业务工作。指导区爱国主义教育基地工作；培训档案干部专业知识，对专业技术人员进行继续教育；负责区档案局（馆）专业技术职务评审的申报工作；研究档案学理论、档案保护知识及档案现代科学技术，开展调研、科研工作，指导区档案学会开展活动。收集本馆保管范围内对国家和社会有保存价值档案；并监督指导对所保存的档案严格按照规定进行科学整理和安全保管；采用现代化技术和多种形式开发档案信息资源，为社会利用档案资源和查阅政府公开信息提供服务；利用档案信息资源，开展档案史料的研究和编纂工作；负责爱国主义教育基地的各项工作。内设办公室、法制科、业务指导科、管理一科、管理二科、接收征集科、编研科、社会教育科、信息技术科、纪检监察科、人事财务科、档案利用科。其中，管理二科为本年度新建机构。人员编制57人。

年内，将日常工作与创建国家一级综合档案馆两项折子工程同步推进，在档案资源体系、利用体系和安全体系建设上实现新发展。《新东城报》设立“东城档案”专栏，每月出刊1期。《东城档案》简报全年出刊12期。报送工作动态信息196条，被各级信息刊物采用127条。接待查档9619人次，其中利用7780人次，利用档案1.26万卷次，减免公民查阅民生档案费用3.34万元。编辑出版《生正逢时—清皇族后裔金毓嶂口述家族史》《东城决策纪实（1994—1998）》《足迹—街道组织机构的发展变迁》书籍。9月获北京市档案系统全国档案法制知识有奖竞赛一等组织奖。

单位地址：东城区幸福大街32号
联系电话：87556343　邮政编码：100061　（朱凤荣）

【档案学会工作】 2月至3月，开展会员重新登记及缴费工作，49个单位成为区档案学会团体会员。3月至10月，组织会员参加专题讲座、论文征集、学术交流、参观学习等活动。　（朱凤荣）

【档案法制宣传】 3月2日、9月25日，与建国门街道、小菊社区联合开展以档案为主题的普法宣传活动。7月至8月，组织区机关干部参加全国档案法制知识有奖竞赛活动，获市档案系统一等组织奖。改版《东城档案》简报，增加区县交流、国内纵览、国际视野等板块。　（朱凤荣）

【机关档案测评】 3月22日，召开区县机关档案测评工作会，专题培训，指导立档单位，规范档案管理。11月，25家区属单位通过测评，成为市区县机关档案工作市级优秀单位。　（朱凤荣）

【行政执法监督】 4月，制定区档案行政执法监督检查标准，执法检查40家单位。11月16日，邀请市主管业务领导参与基层执法检查工作。在市档案局召开的档案行政执法人员培训班介绍执法检查工作经验。　（朱凤荣）

【档案培训】 5月7～11日，举办为期5天的档案专业知识培训班，讲授档案与档案工作概述和公文、文书、会计、声像、科技、电子档案管理及档案利用知识，82名档案工作者参加40学时面授培训、24学时网上培训，通过考试取得结业证书。5月，召开重点委办局、垂直管理单位和街道系统档案工作协作组会，开展业务指导和培训。提出档案分类、整理归档、安全保管、制度完善等意见建议。指导单位43个117次，培训17次508人。　（朱凤荣）

【家庭建档工作】 6月至9月，街道举办系列培训，为364户家庭免费提供装具，完成区政府为民办实事确定的免费为300户家庭提供档案装具任务，家庭建档覆盖辖区17个街道社区。《北京日报》专题报道。8月28日，与北京电视台生活频道联合制作家庭档案专题节目“旧箱子里的秘密”，在北京电视台“生活面对面”栏目播出，普及家庭档案知识。9月4～7日，举办个人家庭档案展—“曹国平家庭档案展览”，展出家庭历史、工作业绩、爱好收藏等11类400余件家庭档案，800余名群众参观。《中国档案报》《北京日报》《北京青年报》北京电视台新闻频道和青年频道、北京广播电台、《新东城报》《中国石化报》等媒体采访报道。　（朱凤荣）

【基础设施建设】 南北档案两馆均安装视频监控系统和门禁系统。定期检测维护馆舍安全设施设备，投入资金重新安装北馆防火报警系统。检测防雷装置，添置库房档案保护设备。　（朱凤荣）

【档案接收】 8月31日，制定印发《区档案馆收集档案范围的规定》。开展15家单位21个全宗档案接收前检查。完成区工商局（北片）、区政协（北片）档案接收进馆工作，接

收两个全宗行政区划调整前档案1201卷4181件。（朱凤荣）

【档案馆日活动】 9月5日，举办第四届“档案馆日”活动，展出奥运档案精品展、婚姻档案变迁展、档案编研成果展、家庭建档成果展、新东城风貌展、高尚道德的实践者—孙茂芳展、弘扬古都文化，传承社会文明和网上展览红色足迹在东城等8个特色展览，区非物质文化遗产项目手工剪纸亮相“档案馆日”活动，单位档案工作者、家庭建档居民和社区居民1500余人参观体验。在《新东城报》刊登档案知识有奖竞答试题，组织答题并颁奖。市档案局局长吕和顺、副区长颜华参加活动。（朱凤荣）

【档案征集】 9月，建立档案征集联络员队伍，开展珍贵档案资料征集工作，举行珍贵档案捐赠仪式。征集胡锦涛总书记视察前门大街及区召开总结会、座谈会等系列活动照片、视频和详细文字资料、晚清内务府大臣绍英后代保存的宣统三年“喜礼簿”、晚清勘修清皇陵系列档案、孙墨佛手书兵间胜稿、革命伤残军人证等311件珍贵档案。开展城市记忆工程，拍摄照片453张。（朱凤荣）

【设立政府公开信息查阅场所】 开展区划调整后形成主动公开政府信息文件纸质及电子版的接收工作，48家单位报送主动公开政府信息文件。整理原东城、原崇文政府信息公开文件1277件、8366页，扫描，编制目录。梳理18项政务公开和政府服务事项。（朱凤荣）

【档案信息化建设】 全年扫描档案306万页、录入目录51万条，完成政府折子工程任务。开展2010年和上年档案数字化工程项目验收工作，刻录光盘2套688张。建立照片档案数据库和录像档案数据库，制定照片档案、录像档案数字化技术规范，确定数据库建设内容、格式、标准。年内，应用档案室管理系统，培训立档单位专兼职档案员。优化网站栏目，新增在线课堂等15个一级栏目和党务公开等35个二级栏目。（朱凤荣）

【基础业务建设】 修补破损档案420页，重新整理、编目领导题字和房地契等74件纸质档案、南馆保资料7684册及南馆112个全宗、北馆93个全宗卷等。2月至5月，开放鉴定馆藏满30年档案3595卷(开放839卷)，征求72家档案形成单位意见开放796卷。9月至11月，保管期满鉴定馆藏1962年形成的1451卷1.98万件到期档案。南北两馆138个全宗的1.90万卷开放档案再审查，审定1731卷不宜对外开放。南北两馆开放档案1.73万卷。完成原东城区档案馆、原崇文区档案馆和新东城区档案馆指南的撰写，219个全宗近50万字。逐卷逐页检查档案数字化工作产生的3.3万卷出入库档案。完成南北两馆216个全宗、31万卷(件)档案清查、核对、统计工作，整合档案库房，更新柜签目录，建立电子档案库。清查馆藏，建立档案馆馆级统计数据库检索、查询统计系统。（朱凤荣）

地方志工作

【概况】 东城区地方志编纂委员会办公室(简称区地方志办)，负责组织、指导、督促和检查区地方志工作；负责国务院《地方志工作条例》和北京市《实施〈地方志工作条例〉办法》的落实与执法检查；负责拟定区地方志工作规划和编纂方案；负责组织编纂区地方志、地方综合年鉴；负责搜集、保存区地方志文献和资料，组织整理旧志，推动方志理论研究；负责组织开发利用区地方志资源，提供地情咨询服务；承办区委、区政府和上级地方志部门交办的其他工作。与区委党史工作办公室合署办公。内设综合科、党研科、方志科、编辑科4个科室，编制16人。

年内，坚持每周例会制度，业务培训年鉴主笔1次，组织业务研讨会1次，组织年鉴撰稿人员赴外省市学习交流1次，完成《北京东城年鉴》(2012卷)编辑工作。完成区志试写稿。第一届北京市年鉴编校质量评比，《北京东城年鉴》(2011卷)获一等奖。获2011年北京市地方志系统先进集体，先进个人5人。

单位地址：东城区东四十一条83号
联系电话：84037892 邮政编码：100007
（杨帅）

【领导调研】 4月18日，区领导颜华到区地方志办调研。肯定工作提出要求：注重增强宣传沟通意识，主动向区领导和各部门领导汇报交流；注重增强积累意识，注意在工作中积累史志资料；注重增强服务大局意识，体现史志工作自身价值。（杨帅）

【年鉴研讨培训】 4月25日，召开区年鉴工作培训会，132人参加。市年鉴社负责人结合区实际情况，对基础知识、条目撰写、资料选取等内容授课。8月22日，召开年鉴工作研讨会，市年鉴社及区年鉴责任编辑研讨编写《北京东城年鉴》(2012卷)有关问题。（杨帅）

【政府常务会研究修志工作】 8月6日，区政府14次常务会研究区二轮修志工作，听取并通过二轮修志工作开展情况汇报地方志编委会成员名单。牛青山肯定二轮修志工作并强调，修志过程，要着重收集有历史价值的事件和数据，要淡化领导活动资料收集。（杨帅）

【评议区志试写初稿】 8月6日，区地方志办领导、责任编辑评议《北京市崇文区志》部分试写初稿。责任编辑从志书体例结构、语言文字、资料把握等方面对初稿提出意见和建议。区地方志办领导要求编辑人员熟读前志，把握二轮志书与前志在编、章、节上的衔接；在资料搜集与运用上下功夫，做到文约事丰，突出重点、亮点和特色；在把握志书风格、体例和行文规范上下功夫。主编王文竹安排部署下一步工作。8月29日，市地方志办领导评议《北京市崇文区志》部分试写初稿，点评志稿框架结构、体例体裁、资料运用、语言表述、图表运用等问题，提出修改意见。（杨帅）

【年鉴编辑】 12月，编辑完成《北京东城年鉴》(2012卷)，为总第十六卷。全书设综述、大事记、特载、政党·团体、政权·政协、政法·军事、综合经济管理、工商·旅游·对外经济、财税·金融、城市建设、城市管理、科学·教育·文化、医药·卫生·体育、社会生活、街道、人物、统计资料、附录共18个一级栏目，一级栏目下设二级栏目，二级栏目下设分目，分目下设条目。采用文章、条目、表格等体裁，以条目体为主。年鉴设1984个条目，约1065千字，彩页37面，照片163幅，全面、系统地记载上一年度(2011年度)区在政治、经济、文化、社会等各个领域、各项事业发展变化基本情况和发生的大事、要事、新事与有影响的事，记载新成就、新进展、新经验，为各行各业、各方面人士了解东城区、研究东城区、建设东城区提供信息和资料。　(杨帅)

【咨询服务】 为区部分单位提供区志、年鉴等地情资料书籍13册；讲区情、党课4次；为外省市史志部门提供史志材料1次；为人民群众和新闻媒体提供史志咨询服务15人次。　(杨帅)

机关事务管理

【概况】 东城区机关事务管理服务中心(简称“中心”)，是区直属正处级事业单位，经费全额拨款，工资纳入公务员规范管理。主要承担区委、区人大、区政府、区政协四大机关及部分行政事业单位的事务管理及后勤服务保障工作。内设办公室、人事监察科、财务科、国有资产监督管理科、房管基建科、安全保卫科、车辆管理科、膳食科、综合服务科、管理一科、管理二科、管理三科等13个科室。编制75人，下辖差额拨款事业单位区政府机关服务中心。

年内，按照围绕中心服务大局的工作思路，以《机关事务管理条例》出台为契机，提高管理科学化、制度化、规范化，坚持以人为本服务宗旨，创新服务理念，不断提升服务水平，坚持优质、高效、满意为目标，进一步增强后勤保障能力。“7·21”捐款约2.08万元，捐赠棉衣棉被320件。七一歌咏比赛获二等奖，代表区直机关参加第九套广播体操比赛获二等奖。

单位地址：东城区东四北大街育群胡同6号
联系电话：64077648　邮政编码：100010　(苏敌)

【制度建设】 修改完善经费管理、国有资产管理、基建项目管理、安全保障工作等30余项规章制度，编制《工作制度汇编(2012年修订本)》。　(苏敌)

【财政经费管理】 完成3.19亿元财政预算资金收支管理，收支“零差错”，账户管理“零余额”，完成各委办结余资金归并，实行信息公开化；完成31家单位房补账户合并工作，为干部职工270人办理住房补贴支付手续，接受审计局财务内审审计，中心所管理48家单位支出经费发挥使用效益。　(苏敌)

【国有资产管理】 资产清查43家机关单位，协调14家机关单位办公用房和中心编制外人员宿舍调整，涉及办公用房239间，面积1万多平方米。出台《办公用房分配使用办法》《资产管理培训、考核、评价制度》，明确机关办公用房调配管理范围、依据、标准和申请审批程序。清查8个区域、129套大学生宿舍及入住人员情况。审批审核资产约2.2万件，价值2100万元，发挥资产使用效能，合理配置固定资产。　(苏敌)

【工程项目建设】 完成金宝街8号地综合服务业务楼项目设计方案及总体投资概算，落实拆迁安置房源，做好拆迁准备。改造完成车辇店立体停车设备，并移交。　(苏敌)

【安全管理】 签订14份《2012年度安全(生产)责任书》、80份《驾驶员岗位责任书》，制定《管辖区机关办公区域突发事件应急工作总方案》，疏导和疏散非正常群体访900余人次，保障市、区机关大型会议执勤30余次。“十八大”安全保卫零失误。“7·21”特大自然灾害，启动突发事件应急处置预案，确保机关办公正常运转，控制损失降至最低，编制《“7·21”特大暴雨自然灾害防汛抢险材料汇编》。　(苏敌)

【服务保障】 年内，提高服务保障，食堂更换炊事机械、餐具消毒保洁设备、食品安全监测设备、排污设备等。所管辖食堂被市健康协会授予健康食堂称号，7个食堂被北京市卫生局授予“示范食堂”称号。开展交通安全教育3次，对171部公务用车定期保养、维修，年安全文明行驶280余万公里。印制会议材料、《东城信息》等资料130万份，为区十一次党代会、区人大第十四届一次会议提供24小时驻场地文印服务。购置发放约4.20万元防汛物资。完成6万平方米办公区域公共卫生清扫，水电气暖设备设施日常维护6500余次，电话线路维修维护434部次，接转电话34万余次；收发报纸、信件等10万余份。　(苏敌)

东城区人民政府组成人员

区长、副区长

区　长　牛青山

副区长　徐　熙　朴学东　陈之常　王中华　颜　华(女)　许　汇　汤钦飞

工作机构负责人

政府办公室主任　袁秀江
国家保密局局长　暴　剑
发展和改革委员会主任　许　汇(2月免)
　李铁生(2月任)
教育委员会主任　冯洪荣
区政府教育督导室主任　张京明(3月免)
　刘顺利(4月任)
科学技术委员会主任　孙占军
住房和城市建设委员会主任　于　静(女,2月免)
　许利平(2月任)
城市综合管理委员会主任　谢　申
商务委员会主任　孟志军
文化委员会主任　李承刚
人口和计划生育委员会主任　鲍亚范(女)
国有资产监督管理委员会主任　杨博贤
社会建设工作办公室主任　赵小平
民族宗教侨务办公室主任　赵宏松(回族)
外事办公室主任　陈大鹏
法制办公室主任　李凌波
信访办公室主任　吕瑞丽(女,1月免)
　周秋来(1月任)
信息化工作办公室主任　倪　东(女)
对外联络服务办公室主任　曲　力(女)
金融服务办公室主任　吴东方
危旧房改造办公室主任　刘俊彩(女,1月免)
　杨金魁(1月任)
台湾事务办公室主任　王宝祥
防范和处理邪教问题办公室主任　王伟民
政府研究室主任　郝留亮
产业和投资促进局局长　李照宏
监察局局长　杨春发(2月免)
　李连喜(2月任)
民政局局长　魏慧明
司法局局长　李利平(女)
财政局局长　陈　虹(女,2月免)
　崔燕生(2月任)
人力资源和社会保障局局长　梁　岩(女)
环境保护局局长　韩小平(女)
卫生局局长　张　明(满族)
审计局局长　王淑云(女)
安全生产监督管理局局长　韩卫国(8月免)
　赵鹏锦(回族,8月任)
体育局局长　吕德成
统计局局长　陈　平
园林绿化局局长　梁成才
园林绿化管理中心主任　王迪生(7月任)
旅游委主任　李雪敏(女)
民防局(地震局)局长　袁　银
房屋管理局局长　隗功林(3月免)
　赵明杰(3月任)
东城公安分局局长　谢世龙
东城安全分局局长　李丹江
市国土资源局东城分局局长　林　毅
市规划委员会东城分局局长　宋志红(女)
国家税务局局长　王炯东
地方税务局局长　刘春林
市工商行政管理局东城分局局长　孙建生
质量技术监督局局长　张　勇
市药品监督管理局东城分局局长　王厚廷
经济社会调查队队长　孙书振
行政服务中心主任　朱　捷(3月免)
　刘　健(女,3月任)
雍和园管理委员会主任　彭　湘
前门大街管理委员会主任　葛俊凯
北京站地区管理处主任　王中华(兼)
城市管理监察大队队长　郭立峰(8月任)
城市管理监督中心主任　朱传芳
东二环交通商务区建设管理办公室主任　李　强
王府井地区建设管理办公室主任　陈之常(兼,1月任)
地方志编纂委员会办公室主任　彭积冬
老龄工作委员会办公室主任　徐维江
档案局(馆)局(馆)长　胡家文
机关事务管理服务中心主任　路秀桥
住宅发展中心主任　赵春军(3月免)
　丁文理(3月任)
环境卫生服务一中心主任　李勇泉
环境卫生服务二中心主任　郑青云(兼,2月免)
　丁选云(2月任)
房屋土地经营一中心主任　张和平(3月免)
　赵春军(3月任)
房屋土地经营二中心主任　康哲才
龙潭湖体育产业办公室主任　任继明
房屋征收事务中心主任　王立新(2月任)

中国人民政治协商会议北京市东城区委员会

【概况】 中国人民政治协商会议北京市东城区委员会(简称区政协),设提案委员会、学习和文史委员会、经济科技委员会、城建环保委员会、教文卫体委员会、社会和法制委员会、民族和宗教委员会、港澳台侨委员会。区政协常务委员会主持日常工作,设办公室、研究室、专委会工作一室、专委会工作二室、专委会工作三室、专委会工作四室、专委会工作五室。公务员编制47人。

年内,通过明确工作思路、完善规章制度、组建专门队伍、深入沟通交流,履行政治协商、民主监督、参政议政职能。聘请18名党派团体成员和党派团体驻会干部担任区政协特邀信息员。报送社情民意信息207篇,编发《社情民意》85期,其中全国政协、北京市相关部门采用20篇,得到12名市、区领导91条批示。通过《区政协关于加强自身建设的意见》等15项文件,建立《关于政协委员履行职责的管理办法》等14项制度,规范委员履职活动。组建8个专门委员会、27个界别活动组和17个委员街道活动小组,组织联合调研、视察考察、座谈研讨、互动交流等履职活动88次,调动委员积极参政议政。主席、副主席、秘书长拜访委员单位65个,走访委员92人,其中新委员57人,占委员总数的62%,密切与委员和委员单位沟通交流,解决委员单位工作难题。

单位地址:东城区幸福大街32号717室
联系电话:67114619　邮政编码:100061
(张重)

【主席会议】 全年召开主席会会议8次。分别通过《中国人民政治协商会议北京市东城区第十三届委员会主席、副主席、秘书长、副秘书长分工(草案)》。审议《中国人民政治协商会议北京市东城区第十三届委员会关于专门委员会设置的决定(草案)》《中国人民政治协商会议北京市东城区第十三届委员会专委会主任、副主任、委员名单(草案)》和区政协各专门委员会2012年工作计划草案。决定将以上文件提交政协北京市东城区第十三届委员会常务委员会第二次会议审议通过。审议《中国人民政治协商会议北京市东城区委员会常务委员会工作规则(草案)》《中国人民政治协商会议北京市东城区委员会秘书长会议工作规则(草案)》《中国人民政治协商会议北京市东城区委员会专门委员会通则(草案)》《中国人民政治协商会议北京市东城区第十三届委员会关于加强界别工作的实施意见(草案)》《中国人民政治协商会议北京市东城区第十三届委员会关于政协委员街道活动小组的工作意见(草案)》《中国人民政治协商会议北京市东城区委员会提案工作条例(草案)》《中国人民政治协商会议北京市东城区第十三届委员会关于政协委员履行职责的管理办法(草案)》和区政协机关人事任免有关事宜。决定将以上议题提交政协北京市东城区第十三届委员会常务委员会第二次会议审议通过。通过《中国人民政治协商会议北京市东城区委员会主席会议工作规则(草案)》《中国人民政治协商会议北京市东城区委员会关于进一步加强反映社情民意信息工作的意见(草案)》《中国人民政治协商会议北京市东城区第十三届委员会关于走访委员工作制度(草案)》《中国人民政治协商会议北京市东城区第十三届委员会关于聘请区政协委员担任监督员的管理办法(草案)》《中国人民政治协商会议北京市东城区第十三届委员会关于推荐区政协委员担任东城区政府法制办行政执法特邀监督员名单(草案)》《中国人民政治协商会议北京市东城区第十三届委员会关于推荐区政协委员担任东城区地税局党风廉政建设监督员名单(草案)》《中国人民政治协商会议北京市东城区第十三届委员会社会治安综合治理民主监督小组工作规则(草案)》《中国人民政治协商会议北京市东城区第十三届委员会财政预算民主监督小组工作规则(草案)》。《中国人民政治协商会议北京市东城区第十三届委员会关于推荐区政协委员担任东城区国税局廉政监督员名单(草案)》《中国人民政治协商会议北京市东城区第十三届委员会关于推荐区政协委员担任东城区城管监察大队特邀监督员名单(草案)》;通报区政协委员街道活动小组工作情况、区政协机关党委、工会补选委员工作情况和区政协为新任委员购置电脑工作情况;确定区政协召开台海形势报告会、常务委员会第三次会议和组织委员外出考察有关事宜。通过《中国人民政治协商会议北京市东城区第十三届委员会财政预算民主监督小组组长、副组长、成员名单(草案)》《中国人民政治协商会议北京市东城区第十三届委员会社会治安综合治理民主监督小组组长、副组长、成员名单(草案)》《中国人民政治协商会议北京市东城区第十三届委员会聘任社情民意特邀信息员名单(草案)》;听取政协委员话东城沙龙系列活动方案和筹备情况、委员街道活动小组工作情况汇报,通过《关于促进东城区侨资企业发展的建议案(草案)》;审议《关于加强基层公共文化资源建设满足人民群众公共文化需求的建议案(草案)》《中国人民政治协商会议北京市东城区第十三届委员会界别召集人名单(草案)》,同意将该《建议案(草案)》《名单(草案)》提交政协北京市东城区第十三届委员会常务委员会第四次会议审议通过。审议《改善社区环境,提升社区环境品质的若干思考的建议案(草案)》《关于进一步健全实有人口服务管理全覆盖体系的建议案(草案)》,同意将以上两个《建议案(草案)》提交政协北京市东城区第十三届委员会常务委员会第五次会议审议通过。通过《政协北京市东城区第十三届委员会关于评选优秀委员的实施办法(草案)》;研究政协北京市东城区第十三届委员会第二次会议召开时间;审议区政协机关人事任免有关事宜。审议《中国人民政治协商会议北京市东城区第十三届委员会常务委员会关于增补政协北京市东城区第十三届委员会委员的决定(草案)》《中国人民政治协商会议北京市东城区第十三届委员会常务委员会关于王森、石勇同志不再担任委员的决定(草案)》《关于召开中国人民政治协商会议北京市东城区第十三届委员会第二次会议的决定(草案)》《中国人民政治协商会议北京市东城区第十三届委员会第二次会议决议起草委员会委员名单(草案)》《中国人民政治协商会议北京市东城区第十三届委员会第二次会议委员分组办法和各组召集人名单(草案)》《中国人民政治协商会议北京市东城区第十三届委员会关于表彰优秀委员的决定(草案)》《政协东城区第十三届委员会常务委员会关于认真学习宣传贯彻中共十八大精神的意见(草案)》《中国人民政治协商会议北京市东城区第十三届委员会常务委员会工作报告(草案)》《中国人民政治协商会议北京市东城区委员会常务委员会关于十三届一次会议以来提案工作情况的报告(草案)》。决定将以上文件交有关部门修改后,提交政协北京市东城区第十三届委员会常务委员会第六次会议审议通过;《中国人民政治协商会议北京市东城区第十三届委员会关于表彰2012年度优秀提案的决定(草案)》《中国人民政治协商会议北京市东城区第十三届委员会2012年度优秀社情民意信息工作者表彰名单(草案)》《中国人民政治协商会议北京市东城区第十三届委员会2012年度社情民意信息工作先进单位表彰名单(草案)》《中国人民政治协商会议北京市东城区第十三届委员会关于推荐区政协委员担任区委办公室、区政府办公室特邀监察员、党风廉政监督员名单(草案)》。 (张重)

【第二次常委会会议】 2月22日,邵鹏主持召开第二次常委会议。审议通过《中国人民政治协商会议北京市东城区第十三届委员会关于专门委员会设置的决定(草案)》《中国人民政治协商会议北京市东城区第十三届委员会专委会主任、副主任、委员名单(草案)》《中国人民政治协商会议北京市东城区委员会常务委员会工作规则(草案)》《中国人民政治协商会议北京市东城区委员会秘书长会议工作规则(草案)》《中国人民政治协商会议北京市东城区委员会专门委员会通则(草案)》《中国人民政治协商会议北京市东城区第十三届委员会关于加强界别工作的实施意见(草案)》《中国人民政治协商会议北京市东城区第十三届委员会关于政协委员街道活动小组的工作意见(草案)》《中国人民政治协商会议北京市东城区委员会提案工作条例(草案)》《中国人民政治协商会议北京市东城区第十三届委员会关于政协委员履行职责的管理办法(草案)》、区政协各专门委员会年度工作计划(草案)和区政协机关人事任免有关事宜。 (张重)

【第三次常委会会议】 5月3日,邵鹏主持召开第三次常委会会议。参观北京市基础设施投资有限公司,审议通过区政协机关人事任免有关事宜。 (张重)

【第四次常委会会议】 8月9日,副主席乔世怀主持召开第四次常委会会议。听取中共东城区委常委、常务副区长徐熙关于区上半年经济运行情况通报;审议通过《关于加强基层公共文化资源建设满足人民群众公共文化需求的建议案(草案)》《中国人民政治协商会议北京市东城区第十三届委员会界别召集人名单(草案)》。 (张重)

【第五次常委会会议】 10月15日,乔世怀主持召开第五次常委会议,副区长许汇参加。审议通过《改善社区环境,提升社区品质的若干思考的建议案(草案)》《关于进一步健全实有人口服务管理全覆盖体系的建议案(草案)》;确定政协北京市东城区第十三届委员会第二次会议召开时间;审议通过区政协机关人事任免有关事宜。 (张重)

【第六次常委会会议】 12月18日,邵鹏主持召开第六次常委会议。副区长王中华参加。听取区政府关于政协提案办理情况和建议案落实情况通报;通过《中国人民政治协商会议北京市东城区第十三届委员会常务委员会关于增补政协北京市东城区第十三届委员会委员的决定(草案)》《中国人民政治协商会议北京市东城区第十三届委员会常务委员会关于王森、石勇同志不再担任委员的决定(草案)》《关于召开中国人民政治协商会议北京市东城区第十三届委员会第二次会议的决定(草案)》《中国人民政治协商会议北京市东城区第十三届委员会第二次会议决议起草委员会委员名单(草案)》《中国人民政治协商会议北京市东城区第十三届委员会第二次会议委员分组办法和各组召集人名单(草案)》《中国人民政治协商会议北京市东城区第十三届委员会关于表彰2012年度优秀委员的决定(草案)》《政协北京市东城区第十三届委员会常务委员会关于认真学习宣传贯彻中共十八大精神的意见(草案)》《中国人民政治协商会议北京市东城区第十三届委员会常务委员会工作报告(草案)》《中国人民政治协商会议北京市东城区委员会常务委员会关于十三届一次会议以来提案工作情况的报告(草案)》。 (张重)

【全国政协领导慰问患儿】 1月9日,政协第十一届全国委员会提案委员会副主任阳安江走访慰问区低收入家庭心脏病患儿,并送去慰问品和慰问金。 (张重)

【政协委员沙龙活动】 7月5日,围绕文化·创新·发展主题,举办政协委员共话东城第十次沙龙系列活动。沙龙活动由区政协委员、北京保罗科贸发展集团公司总裁主持。副区长朴学东介绍用创新的思维保护历史文化名城的工作思路和做法。政协委员和企业家嘉宾现场互动交流。北京歌舞剧院曲艺团演员表演含灯大鼓《前门情思大碗茶》。杨柳荫、牛青山、冯熙、徐鸿达出席。国家文化部文化市场司副司长,市政协委员、北京光线传媒董事长应邀出席活动。徐鸿达致辞。区政协委员、驻区企业家代表及区政府相关部门负责人200余人参加。 (张重)

【实有人口服务管理全覆盖论坛】 9月18日,举办实有人口服务管理全覆盖论坛。3名委员分论坛从政府、流动人口(青年)和企业的角度,阐述了开展实有人口服务管理工作的必要性和紧迫性,以及健全实有人口服务管理全覆盖的对策建议。徐鸿达,宋甘澍,汤钦飞等领导出席。清华大学社会科学学院院长,中国人民大学社会与人口学院院长出席并发言。区委、区政府有关部门负责人,各街道主管领导以及部分区政协委员200余人参加。 (张重)

【新任委员培训会】 12月26日,召开新任委员培训会。徐鸿达、周永明出席并讲话。 (张重)

【组织重点专题建议案】 年内,主席会形成的1个调研报告、常委会3个调研报告,作为主席会、常委会建议案报区委、区政府参考。港澳台侨委员会调研组,专题调研区侨资企业发展现状。总结侨资企业现状及特点,提出4条建议。形成《关于促进东城区侨资企业发展的建议案》。学习和文史委员会与教文卫体委员会课题组考察区部分公共文化活动设施,举办情况通报会、专题座谈会。提出基层公共文化资源建设意见建议,形成《关于加强基层公共文化资源建设的建议案》。社会和法制委员会、民族和宗教委员会课题组,专题调研实有人口服务管理全覆盖体系,提出《关于进一步健全实有人口服务管理全覆盖体系的建议案》。城建环保委员会课题组,结合部分街道社区环境现状及存在问题,提出提升区街道社区品质意见建议,形成《改善社区环境 提升社区品质的若干思考的建议案》。 (张重)

【民主监督】 制定《社会治安综合治理民主监督小组工作规则》《财政预算民主监督小组工作规则》,组织委员听取情况通报、参观视察、旁听庭审、座谈讨论,了解财政预算执行、推进司法公正、社区矫正等工作情况,提出建议。推荐29名委员担任区级党风廉政监督员、特邀监察员和区相关部门特邀监督员,对重点部门、特定事项全过程集体专项监督。 (张重)

中国人民政治协商会议北京市东城区第十三届委员会组成人员

主席、副主席、秘书长、常务委员

主　席 徐鸿达

副主席 邵　鹏　乔世怀　王　红(女)　孙占军　姚卫海　罗　强　王　钢

秘书长 赵汶柏

常务委员(以姓氏笔画为序)

丁迪红(女)　卜天月(女)　于鸿雁
马水清　马宝刚(回族)　王　涛(女)
王　清(女,满族)　王成祥　王林洪(女)
王富国(满族)　尹向敏(女)　田　华(女)
田振清　冯　燕(女)　冯洪荣
吕志斌　吕德成　曲运宏
朱　捷　刘　冰(满族)　刘京生
刘海江　刘继春　庄再强
关　卫(满族)　关连宝　许睢宁
纪常伟　杨　梅(女)　李　辉(女)
李　焱　李小康　李金梅(女)
李建安　李照宏　吴之越
何志才　沈　明　张　东
张　伟(女,回族)　张　杰(女)　张　明
张　蕊(女)　张秀丽(女)　张京京(女)
张晶晶(女)　陈　工(女)　陈　靖(女)
陈本宇　陈凯贤　林余存
林美龄(女)　苑晓红(女)　罗东川
周旭辉　周丽霞(女)　郑　欣(女)
宗绪毅　郝国信　郝金明
赵元立　赵宏松(回族)　赵青仲
钟连盛(满族)　贺　征　秦　斌
徐工学　徐建胜　郭凤书(女)
高　阳　高　萍(女)　黄　晔
康玉杰(蒙古族)　彭　湘　董化端
蒲　丛　谭　菲(女)　滕　健
滕亚杰(女)　薛晓鸥(女)

专门委员会负责人

提案委员会主任	王　涛(女)
学习和文史委员会主任	李承刚
经济科技委员会主任	李照宏
城建环保委员会主任	许利平
教文卫体委员会主任	冯洪荣
社会和法制委员会主任	陈本宇
民族和宗教委员会主任	赵宏松(回族)
港澳台侨委员会主任	谭　菲(女)

工作机构负责人

办公室主任	徐　龙
研究室主任	李　华(女)
专委会工作一室主任	肖利明
专委会工作二室主任	赵其瑜
专委会工作三室主任	张锦东(女)
专委会工作四室主任	侯文君
专委会工作五室主任	高秀文(女)

政法·军事

政　法

政法委员会工作

【概况】　中共东城区委政法委员会(简称区委政法委),是区委领导和管理政法工作部门。内设办公室、法制科、政治部,行政编制38人。

年内,把政法维稳工作放在工作大局中思考,按照"坚持围绕中心、服务大局,坚持以人为本、服务为先,坚持专群结合、夯实基层,坚持公平正义、廉洁高效,坚持真抓实干、落实责任"的原则,做好"十八大"安保工作,以深化三项重点工作,完善网格化社会服务管理工作体系,践行北京精神,开展政法干警核心价值观教育实践活动,确保社会安全稳定。

单位地址:东城区钱粮胡同3号
联系电话:64071736　邮政编码:100010　(姜云飞)

【政法工作会议】　1月9日,政法委员会召开全体会议,会议宣布新一届区委政法委员会组成人员名单,讨论常卫在全区政法维稳工作会议上的报告。常卫出席会议并讲话。10月29日,常卫主持召开政法委书记会,专题部署"十八大"安保工作。常卫指出,要确保实现"大事不出,小事也不出"工作目标。政法机关要牢记维稳是第一责任,认真履职尽责,做好"十八大"期间安全稳定工作。　(姜云飞)

【维稳工作会议】　1月17日,召开政法维稳工作会议。会议传达全国、市政法工作会议精神,表彰先进。常卫作《政法维稳工作报告》总结上年区政法维稳工作,提出本年政法维稳工作目标。杨柳荫传达市委书记刘淇参加市人代会东城团讨论的讲话精神,要求深入学习领会、全面贯彻落实,结合区域发展实际,把各项任务抓紧抓实抓好。杨柳荫、牛青山等区领导及区政法、维稳、综治、反邪教系统及各街道(地区)400余人参加会议。6月25日,召开维护稳定工作领导小组扩大会议,传达贯彻全市关于做好安全稳定工作会议精神,部署维稳安保工作。区维稳办、区综治办、区信访办、区公安分局通报并部署有关工作。常卫讲话强调要发挥网格化管理平台作用,加强公共安全管理。区有关领导及区维护稳定工作领导小组成员单位有关领导参加会议。9月14日,召开维稳工作会议,杨柳荫出席会议并讲话。会议传达中央、市委有关会议精神,部署维稳工作。会议决定,启动维稳工作指挥部,统筹指挥相关工作。杨柳荫、牛青山任总指挥,常卫等领导任副总指挥,区维稳领导小组成员单位为指挥部成员单位。指挥部设在区应急办,区领导和有关部门工作人员在应急办集中办公。区有关领导及区维护稳定工作领导小组成员单位主要负责人参加会议。　(姜云飞)

【领导督查】　2月21日,市委政法委书记王安顺率督查组检查"两会"维稳安保工作,并提出要求,一要进一步加大工作力度,切实增强政治意识、大局意识、责任意识和危机意识;二要进一步加强社会矛盾纠纷化解工作,打牢维稳安保工作的基础,为全国"两会"顺利召开营造良好的社会环境;三要进一步强化社会面整治,确保良好的社会治安环境和社会秩序;四要进一步加强安全监管工作,防止安全生产事故的发生;五要进一步加强组织领导,确保各项工作落到实处。　(姜云飞)

【部署"两会"安保】　2月27日,召开"两会"维稳安保、服务保障工作动员部署会,贯彻落实市委、市政府决策要求,部署维稳安保和服务保障工作。常卫出席会议并讲话,要求各单位要按照中央、市区委要求部署,发挥网格化社会服务管理平台作用,把维护社会稳定作为一把手工程,发挥大维稳工作机制作用,确保"五个不发生"。区委政法委、区综治办、区公安分局、区信访办、区安监局、区应急办通报相关情况并部署有关工作。谢世龙主持会议,王中华、汤钦飞出席会议并讲话,区政法各单位、区维稳领导小组成员单位领导参加会议。2月28日,常卫、王中华带检查组检查汉华国际酒店、内蒙古大厦全国"两会"代表委员驻地。及周边环境秩序、安全保卫、食品安全、生产安全、消防安全以及服务保障工作。区委政法委、区公安分局、消防支队、卫生局、安监局、城管委、城管大队等相关部门一同检查。常卫要求各相关单位要进一步提高思想认识,切实增强政治意识、大局意识和责任意识,不断强化周边秩序整治、安全监管和巡逻检查,确保代表委员驻地周边"零事故"。3月8日,常卫到公安分局"两会"安保指挥部检查工作,慰问一线值勤干警。　(姜云飞)

【政法书记培训班现场教学】　3月31日,全国政法委书记首期培训班东城组在区现场教学,培训班由中央综治办综治一室副巡视员徐龙刚带队,来自浙江、辽宁、河南等省区的三级政法委书记115名学员参加教学,市委政法委副书记滕盛萍陪同。现场教学在区社会服务管理中心和东直门街道社会服务管理分中心进行。常卫介绍网格化社会服务管理模式总体情况,播放《东城区创新网格化社会服务管理模式》专题片,区信息办演示社会服务管理信息平台运行情况,东直门街道汇报街道社会服务管理分中心基本情况、工作特点和成效。培训班学员参观街道社会服务管理中心运行状况和规范化建设情况。市、区有关领导及有关部门领导参加。

(姜云飞)

【"7·21"特大暴雨灾后维稳】 8月17日,常卫主持召开区"7·21"特大暴雨灾害善后维稳工作领导小组会议,传达市"7·21"特大暴雨灾后维稳工作会议精神。常卫要求,善后维稳工作领导小组相关单位要认真贯彻执行市"7·21"特大暴雨灾后维稳工作会议要求,举全区之力做好善后处理工作,发挥各自职能作用,参加善后维稳工作,把维稳工作各项措施落到实处,切实保证群众基本生活需要,切实保证社会面稳定,落实"四个坚决防止"。区有关领导参加。(姜云飞)

社会治安综合治理

【概况】 东城区社会治安综合治理委员会办公室(简称区综治办),是区社会治安综合治理委员会(简称综治委)的办事机构。主要职责为调查研究、督促检查、指导协调各单位实施社会治安综合治理领导责任制。内设综合科、联络科、指导科、流管科、督导科、事务中心。行政编制23人,事业编制10人。

年内,成立科技创安专项组。印发《治安志愿者星级管理办法》,187个社区建立治安志愿者星级管理机制。人民群众幸福感、安全感和满意度不断提升。综治工作连续14年被授予首都社会管理综合治理先进区县。网格化社会服务管理创新实践案例被授予年度中国电子政务最佳实践奖。"网格化社会服务管理模式"被人民日报社人民网、国家行政学院加强社会管理创新案例评审小组评为全国社会管理创新最佳案例。

单位地址:东城区钱粮胡同3号　传真:64032067

联系电话:64031118－3211　邮政编码:100010　(王义红)

【网格化服务管理标准体系通过评审】 2月14日,召开区网格化社会服务管理标准体系评审会。区综治办、区质量技术监督局作《东城区网格化社会服务管理标准化建设工作报告》和《东城区网格化社会服务管理标准化建设工作技术报告》,区委组织部等5个单位代表介绍标准编制情况。评审组专家对区社会服务管理创新及标准体系建设工作给予高度评价和肯定。讨论、研究后,形成评审意见。中央、国家机关和北京市有关部门的社会服务管理、标准化、信息化领域专家组成专家组,评审区网格化社会服务管理标准体系。国务院研究室综合司,国标委服务业标准部,中央综治办一室,市质监局等部门领导、专家学者、研究人员及有关区领导参加会议。

(王义红)

【领导调研】 2月20日,中央社会管理综合治理委员会调研组组长、全国妇联党组书记宋秀岩率队调研区社会服务管理创新试点工作。10月29日,郭金龙、王安顺检查"十八大"安全服务保障工作,查看北京饭店和北京国际饭店,了解驻地安全保卫、会议服务、供应保障、用餐服务、食品卫生监控、住宿和生活服务、代表出行及社会交通运输服务保障等落实情况。市领导吉林等一同检查。区领导杨柳荫、牛青山陪同。

(王义红)

【综治委流管委会议】 2月24日召开,会议通报首都综治委对区上年度社会治安综合治理考评情况和区上年度对街道地区、综治委成员单位社会治安综合治理考评情况;宣读《东城区社会治安综合治理先进街道地区和先进单位的表彰决定》;区领导为先进街道地区和先进单位代表颁奖;常卫与部分街道和综治委成员单位签定社会管理综合治理责任书;对《东城区社会管理综合治理工作要点(审议稿)》《东城区流动人口服务管理工作要点(审议稿)》作说明。区领导常卫等出席会议;区综治委委员、区流管委委员、各街道工委书记、办事处主管副主任、综治办主任、流管办主任和王府井建管办、北京站管理处等地区的常务副主任、主管副主任、综治办主任等参加会议。(王义红)

【外事接待】 3月2日,朝鲜平壤市外事局代表团到区参观考察,听取社区服务建设与管理基本情况介绍,参观和平里街道社区服务中心和地坛社区便民服务点工作。区领导许汇接待陪同。4月11日,俄罗斯紧急情况部部长瓦先科率团考察东直门街道公共安全宣教指挥中心民防工作。王中华接待陪同。(王义红)

【网格化移动智能终端应用启动】 3月9日,区"网格化社会服务管理移动智能终端应用启动仪式",在北新桥街道九道湾举办。常卫等区领导出席。综治办、组织部、社会办、信息办、流管办、民政局、司法局、公安分局等单位主管领导、各街道主管领导和网格工作人员代表近100人参加。首都15家主流新闻媒体应邀采访。宋甘澍主持仪式。17个街道、187个社区、589个网格,实现网格化移动智能终端应用全覆盖。(王义红)

【省际经验交流】 3月22日,广西柳州市柳南区区委常委、统战部长黄绮考察区网格化社会服务管理创新工作。4月1日西藏拉萨市城关区考察团到区考察交流。4月5日,河北省党政代表团参观考察区版权交易中心和孔庙国子监。4月7日,辽宁沈阳市委市政府考察团考察社会管理工作。4月26日,西藏拉萨市市委副书记、市长多吉次珠率团考察区网格化社会服务管理创新工作。5月29日,宁夏石嘴山市市委书记、人大常委会主任彭友东率团考察区网格化社会服务管理创新工作。6月5日,广东省委常委、广州市委书记万庆良,市长陈建华等率广州市党政代表团60余人,到区社会服务管理中心,考察网格化社会服务管理工作。副市长刘敬民等和区领导杨柳荫、牛青山等陪同考察。11月15日上海市黄浦区区委书记徐逸波考察区网格化社会服务管理创新工作,区领导杨柳荫等陪同。常卫介绍区网格化社会服务管理创新工作情况,区信息办负责人演示网格化社会服务管理系统平台运行情况。双方座谈交流网格化社会服务管理创新工作。（王义红）

【网格管理运行培训】 4月20~27日,街道集中一周时间培训网格助理员。经过学习、实操,网格助理员掌握了信息系统操作方法和信息报送技巧。6月12~13日,举办新任社区治保主任培训班。17个街道主管综治主任、综治办主任和120个社区新任治保主任,150余人参加。7月4~5日,举办网格化社会服务管理社区书记培训班。汤钦飞和首都综治办区县指导处处长授课。17个街道创新工作主管领导和187个社区新任书记210余人参加培训。9月13~14日,举办新录用网格助理员培训班,17个街道社会服务管理分中心办公室负责人和新录用的网格助理员105人参加培训。10月10日,举办网格化社会面防控业务信息系统培训会,17个街道综治办主任和系统操作工作人员及187个社区治保主任参加培训。12月28日,召开网格化社会服务管理信息化工作培训交流会,17个街道主管副主任、街道综合指挥分中心业务人员及有关委办局主管参加培训,区领导宋甘澍、陈之常参加。（王义红）

【完善社会矛盾多元调解体系】 5月10日,召开社会矛盾多元调解专项组第一次全体(扩大)会议暨"和风"行动动员部署大会。8月14日完善司法调解与人民调解全面对接社会矛盾多元调解体系。社会矛盾多元调解专项组在"十八大"安保工作中,以网格化城市管理模式为依托,以法官驻街道、进社区、进网格("一驻两进")工作为抓手,发挥司法调解和人民调解在社会矛盾多元调解体系、网格化社会服务管理模式中的重要作用,推进司法调解与人民调解工作实现全面对接,完善社会矛盾多元调解体系。（王义红）

【特殊人群专项组行动部署会】 5月31日,召开特殊人群专项组第一次全体(扩大)会议暨"暖心"专项行动动员部署会召开。部署区特殊人群专项组成立工作、特殊人群专项组工作任务以及"暖心"专项行动。王中华提出5个方面要求。（王义红）

【重点地区综合整治】 5月31日,王中华主持召开故宫北门周边地区城市秩序整治工作协调会。组织相关街道和单位工作会议3次,下发督办通知5份,牵头成立故宫北门周边地区整治联合执法组,集中1个月开展整治行动。各街道、各地区根据年度区治安重点地区挂账整治地区名单完善辖区工作台账,确定四至范围、重点时段、街道和派出所主管领导。（王义红）

【启动志愿者信息管理系统建设】 7月19日,志愿者信息管理系统建设启动。系统依托网格化社会服务管理信息系统和互联网,在区级层面建立集志愿者注册登记、志愿服务需求登记和志愿者考核评价等功能于一体的志愿者工作信息管理。实现3个目标,即通过志愿者注册登记功能,实现治安志愿者、社区志愿者、青年志愿者、文明引导志愿者注册登记的统一受理;通过志愿服务需求登记功能,实现志愿服务的供需对接;通过志愿者考核评价功能,实现志愿者服务效果的跟踪评价。（王义红）

【"两网融合"专题研讨会】 7月30日,常卫主持召开"促进城市管理网格与社会管理网格融合"专题工作会,并提出工作要求。11月7日,常卫主持召开《关于推进网格化城市管理体系与网格化社会服务管理体系融合的工作方案》研讨会,区创新办传达杨柳荫对"两网融合"工作的要求并就"两网融合"工作方案作说明。区社会办、区编办、区信息办、区城管监督中心、区质监局等单位对方案提出修改意见和建议。12月3日,召开"两网融合"工作汇报会。区领导常卫等参加。（王义红）

【流动人口服务管理专项行动】 8月20日,召开"十八大"安保流动人口服务管理专项行动动员部署会议,常卫出席会议,提出3点要求,即认识流管工作面临的新形势,履行维护社会稳定的政治责任,组织流动人口服务管理专项行动。（王义红）

【创新社会服务管理模式】 年内,修订《网格助理员管理办法》,完成网格化社会服务管理模式标准编制工作。构建涵盖组织管理、运行管理、监督评价、信息化管理的综合管理体系,统一规范服务管理项目指标、工作标准和操作流程,编写各项标准操作手册。各街道、社区和职能部门与区信息平台连通,借助网格化信息系统,建立7大类、32小类、170项信息、2043项指标的基础数据信息库;升级"民情日记"工作法,建立常态化、长效化社情民意收集反馈机制。截至12月底登记上报业务事件,其中,流动人口业务事件9794件,已办理完成9712件;矫正帮教业务事件1.13万件,办理完成1.12万余件;矛盾调解业务事件8038件;登记上报民情日志85.89万余件。接待410多批次的外省市(区)有关单位社会管理创新学习考察团。中央电视台等30多家中央、市级主流媒体报道区社会管理创新综合试点工作。（王义红）

【网格化社会面防控体系建设】 制定《东城区网格化社会面防控工作方案》《东城区群防群治参与党的十八大安保工作方案》《东城区党的十八大安保实战阶段群防群治工作实施方案》,明确网格防控单元力量配备和工作职责,优化治安志愿者守望岗防控点位,落实重点防控对象实名制、动态化管理,形成网格化防控、社会化动员、信息化支撑、精细化管理工作机制。累计投入专群力量75.3万人次参与"十八大"安保工作。（王义红）

【培育群众工作典型】 制定印发《群众工作典型培养工作方

案》和《群众工作典型培养表》。规定街道群众工作典型培育任务。推荐上报群众工作法51个,群众工作示范点31处、群众工作标兵32个,标兵网格37个。（王义红）

【地下空间综合整治】 建立地下空间整治工作台账,制定《2012年东城区地下空间综合整治工作方案》,明确整治任务。出动专项执法检查人员324人次,检查普通地下室390处次,监管区普通地下室安全使用工作。（王义红）

【管理流动人口和出租房屋】 年内,开展流动人口和重点出租房屋安全隐患排查整治"十大专项行动"。依托网格化社会服务管理信息系统,网格化上报、派遣、处理、核查流动人口业务事件,其中,违法犯罪嫌疑人线索类98件、流动人口中精神病人员12人、流动人口案事件18件、出租房屋安全隐患类6203件、违法活动线索74件、出租房屋内案事件10件。区流动人口27.32万余人;出租房数4.45万余户。

（王义红）

【"十八大"安全维稳】 "十八大"期间,机关干部志愿者、党员志愿者、社区志愿者、行业志愿者、社会单位志愿者等各类群防群治力量75.3万余人次参加社会面防控工作。其中注册登记的治安志愿者人数5.3万余人,较上年3.4万人上升55%,其中社会力量比例超过20%。群防群治力量发现和上报各类不稳定因素400余件,为游客、群众服务25万余次。

（王义红）

司法行政

【概况】 东城区司法局(简称区司法局),主要承担组织指导社区矫正和刑释解教人员的帮教安置工作,指导、监督和管理律师、公证、法律援助、基层法律服务及人民调解工作,组织开展法制宣传教育和基层依法治理等工作。内设法制宣传教育科、法制工作科、基层指导科、矫正帮教工作科、律师工作管理科、法律援助指导科、办公室、人事科、监察科、机关党委办公室10个机构。街道设立17个司法所,承担街道司法行政工作。下辖区法律援助中心、阳光中途之家、东方公证处、信德公证处4个事业单位。有公务员113人。

年内,完成"十八大"安保工作任务。牵头"十八大"安保特殊人群专项组,专项排查4次特殊人群,完成人员摸底和台账建立。排查纠纷隐患1300余起,调解矛盾纠纷6506件,成功调解6200件,涉及当事人1.6万余人。社区矫正与安置帮教工作中,两类人员底数清、情况明。建立"创业孵化园"项目及特殊人群禁毒戒毒康复基地、开展未成年犯罪嫌疑人诉前社会调查。推进阳光中途之家建设。接收矫正对象73人,心理咨询"两类人员"153人次,推荐技能培训11人次,解决就业67人次,申请临时救助83人,组织集中教育3场次,公益劳动1场次,接待13个省、市单位考察交流活动。搞好法制宣传教育工作。开展"法治文化你我他"文艺汇演,区17个街道187个社区参与活动,文艺演出68场次,群众参与3万余人次。制定《东城区法治城区建设意见》及《责任分解细则》,举办法制讲座、现场咨询10场次,参与流动人口2500多人;在10所中小学校建立区级未成年人法制教育实践基地,与北师大法学院合作组建由法学专业学生50多人组成的"青春船长"舰队。与区教委合作,在北京职业学校举行法制校长观摩课。初步实现人民调解、司法调解、行政调解对接。出台多元调解纠纷隐患研判预警机制,实现多元调解专项组成员单位信息共享,调解矛盾纠纷1.15万余件(其中街道1220件,社区调委会1.02万余件,社会团体和其他组织调委会101件),成功调解1.12万余件,调解成功率97.6%,涉及当事人2.62万余人,涉及金额903.8万元,其中涉及集体访、民转刑案件75件1328人。依托区律协平台,开通律师公益法律服务热线,建立集网络咨询、电话咨询、来访接待三位一体公益法律服务模式,8月至12月,区律协接待群众咨询1750人次,其中来电咨询1294人次、来访咨询391人次、网络咨询65人次。与区工商联合作,成立工商联(民间商会)律师顾问团。天同律师事务所承办、《中国律师》杂志协办"金砖律所"成立。落实为民办实事法律援助"阳光助残",完成17个街道残疾人"温馨家园"法律援助工作站建设。推出拓宽范围、降低标准、简化程序和非诉业务等5项助残措施,接待残疾人来电来访咨询760余人次,受理残疾人法律援助案件58件,代书40余件。区法律援助中心接待群众来访来电6800人次,解答群众法律问题5200余条,受理案件262件。市首届青少年法制文艺大赛上,分司厅小学《一元五角钱》获表演一等奖,五十五中《游戏危机》获创作二等奖,二十七中《绿色银行》获优秀表演奖。区司法局、区教委荣获"优秀组织工作奖"。

单位地址:东城区和平里南街6区16号

联系电话:84228050　邮政编码:100013　（张成雷）

【工商联律师顾问团成立】 2月13日,召开区工商联(民间商会)律师顾问团成立大会。会议介绍律师顾问团情况,宣读律师顾问团名单。与会领导为律师顾问团揭牌,宣布东城区工商联(民间商会)律师顾问团成立。市工商联副主席王克林、区委常委、区委统战部部长周永明等参加。（张成雷）

【领导调研】 2月23日,市司法局副局长李公田到区检查指导全国"两会"安全稳定工作,到东城区律师协会、阳光中途之家和龙潭司法所检查工作,参观律协、阳光中途之家新的办公场地,听取区司法局加大律师监督管理力度、全面排查化解辖区矛盾纠纷隐患和"两类"人员网格化动态管控情况汇报。3月19日,司法部纪检组组长韩亨林到大成律师事务所调研律师行风建设。听取大成所开展律所党的基层组织建设和行业行风建设的汇报,参观党建工作展板。4月18日,区委副书记常卫调研景山街道及钟鼓社区社会服务管理工作情况。听取钟鼓社区家和万事兴群众调解之家、街道社区民间调解组织建设以及和网格化社会管理工作相结合情况汇报,并调研人民调解和矫正帮教上报过程中存在的问题。6月20日,市司法局副局长吴庆宝调研。听取上半年各项职能工作开展情况汇报，听取介绍法律服务进网格、律师党建、青少年法制宣传、多元矛盾调解对接、“两类”人员服务管理专项行动等多项亮点工作。（张成雷）

【区律师代表大会第二次会议】 3月2日召开。大会听取并审议《北京市东城区律师协会理事会2011年度工作报告和2012度工作计划》的报告、《北京市东城区律师协会监事会2011年度工作报告和2012年度工作计划》的报告、《北京市东城区律师协会2011年度会费执行情况》的报告和《北京市东城区律师协会2012年度会费预算（草案）》的报告。大会全票通过《北京市东城区律师协会（2012年4月1日—2013年3年31日）财务预算》，完成会议议程各项任务。区律师代表80人参加会议。4月15日，召开律师代表大会，选举产生区出席市九次律师代表大会专职律师代表34名、公职律师代表1名，完成市第九次律师代表大会东城选区代表选举工作。（张成雷）

【司法行政开放日活动】 4月13日，“司法行政在您身边”第二届司法行政开放日活动在龙潭公园举行。活动设立8组服务咨询台，1套区司法行政工作展板。发放司法行政宣传资料和宣传品1700余份，律师、公证员和法律援助中心工作人员现场为群众提供法律援助、法律、公证咨询110人次。参加活动群众500余人。（张成雷）

【政风行风教育大会召开】 5月16日，召开政风行风教育大会。会上，请市司法局纪委书记邓建生讲“提高行业服务群众、服务社会水平，树立司法行政机关时代新形象”为主题，行风政风建设专题教育课。局领导班子成员、机关科室、司法所、局属事业单位、驻区狱警110余人参加。（张成雷）

【青少年法制教育基地成立】 5月18日，区“青春船长”青少年普法志愿者团队暨青少年法制教育基地成立发布会在北京师范大学举行。活动由区法制宣传教育领导小组办公室、团区委、区教委、区司法局主办，区法制宣传教育领导小组副组长、区人大常委会副主任王佩立，市司法局、团市委有关部门负责人，团区委、区教委、区司法局主要领导及北京师范大学院校领导，区中、小学校教师、学生、家长代表和北京师范大学法学院师生150余人参加。（张成雷）

【全国专场推进会介绍经验】 6月27日，司法部、全国普法办在浙江省杭州市组织召开全国“法律进社区”专场推进会，会上，区司法局作“依托网格化管理　深化法律进社区　着力推动社区民主法治建设”发言。（张成雷）

【法制教育基地签约】 10月24日，区法制宣传教育领导小组办公室、区教委、区司法局、团区委在北京现代职业学校举办“青春船长　法治启航”中小学现场观摩课暨法制教育基地签约仪式。区中学负责法制教育工作领导，区公、检、法机关推荐的法制校长20人及北师大普法志愿者40人参加活动。（张成雷）

东城公安分局

【概况】 北京市公安局东城分局（简称东城公安分局）。受北京市公安局和东城区委、区政府双重领导。履行维护国家安全和社会治安秩序，保护人民，惩罚犯罪，保持国家长治久安的使命。内设25个业务部门，下设20个户籍派出所，5个治安派出所。有干部职工2962人，其中局长1人，政委1人，副局长8人，支队、处、队、所领导708人，党员2491人。

年内，打掉各类犯罪团伙82个，抓获网上在逃人员132名，稳妥处置、破获“9.14”天坛医院绑架人质案、“920”、“925”故意损坏日系车辆案等一批社会影响较大、敏感程度较高的案件、上报市局信息4344件，加强110警情分析研判，优化联勤联动指挥运行机制，启动调整防控等级63次，实地检查社会面防控警力2万余人次。执行各类警卫勤务2899起，投入警力12.3万余人次。立年内案件4572起，万人发案率达成挑战值目标，百户发案数保持北京市六城区最低，命案侦破率连续8年保持100%。组织建立巡防队伍20支，发动群防群治力量5.73万人。整合南北视频监控资源，投入物技防建设资金7600余万元，区视频监控探头达到2435个。加强监所管理，整改消除安全隐患，为被监管人员24小时开通医疗救治绿色通道，推行开门评警、社区民警述职述廉等亲民工作。9个集体、7人立二等功，24个集体、230人立三等功，758人获个人嘉奖。3个集体、1人获省部级荣誉称号，12个集体、45人获区级荣誉称号，9个集体、98人获市级（市局）荣誉称号。区看守所被授予全国优秀公安基层单位称号，被评为全国公安监管部门执法规范化建设示范单位，并获2010～2011年度全国标兵看守所称号。在中央和市级媒体发稿1000余篇。查处“黑车”400余辆次，清理无照商贩8万余人次，救助乞讨人员520余人次，治安拘留人数同比去年上升11.4%。春节期间出动警力2090人次，组织安保力量5549人次，完成第8届天坛文化周、第27届地坛、第29届龙潭春节文化庙会、雍和宫觐香宗教活动等大型活动安全监管工作。完成“两会”警卫勤务212次，投入警力1.74万人次。20个户籍派出所和户政大厅户政窗口推广电子服务评价器。

单位地址：东城区大兴胡同45号

联系电话：84081033　邮政编码100007（李露云）

【公安部长慰问民警】 1月22日除夕夜，国务委员、公安部部长孟建柱慰问北京站派出所民警。市委常委、市局党委书记、局长傅政华等相关单位领导参加慰问活动。（李露云）

【凭身份证进校园】 3月、6月，组织户籍派出所开展凭居民身份证进幼儿园、进校园活动，期间为412名儿童和学生办理证件。上门送居民身份证225张。（吴丹）

【清理整顿门楼牌】 3月至10月，组织户籍派出所，为主要街路巷、繁华场所新增办公楼、住宅制作安装门楼牌169块。拆卸破损门楼牌68块，为缺漏破损处制作安装门楼牌786块。纠正错误编号2处，为群众核准门楼牌编号开具门楼牌

证明信205张。 (吴丹)

【警营开放日活动】 4月13日,组织警营开放日活动。傅政华,常卫等领导及11个街道办事处130余名群众参加。设立分开放点61个,发放宣传材料7000份,特色纪念品1500份,2000余名群众参与活动。 (李露云)

【全国十城区友好分局协作会】 5月7~10日,举办第25届全国十城区友好分局协作会。23个分局170余人参加会议,协查案件40余起,提供维稳线索100余条。 (李露云)

【设置医院警务工作室】 5月15日,在区7家三甲医院(天坛医院、协和医院、北京口腔医院、宽街中医医院、同仁医院、北京医院、东直门医院)设置医院警务工作室,抽调8名民警到医院警务工作室工作,与医院保卫部门沟通配合,防范各种违法犯罪活动。 (李露云)

【国际禁毒日宣传活动】 6月26日,区禁毒办和天堂河戒毒康复中心举办践行北京精神 弘扬戒毒文化国际禁毒日宣传活动。区禁毒委等单位领导出席活动。区禁毒委成员单位主管禁毒工作领导、天堂河强制隔离戒毒所工作人员、第四、第十成瘾者治疗门诊部工作人员、戒毒志愿者代表、戒毒康复人员参加禁毒宣传活动。活动期间,设立40余块大型禁毒宣传展板,5万余群众参加活动。 (李露云)

【打击销售假药行动】 6月26日,出动警力350人开展打击销售假药行动。抓获涉案人员19人,刑事拘留17人。 (李露云)

【"7·21"特大暴雨抢险】 7月21日,投入警力1500多人次,处置险情23件,疏导运送群众1210人,救助受困汽车152辆。完成强降雨抢险救灾任务。 (李露云)

【研发队伍信息管理系统】 9月17日,东城分局自主研发的《队伍信息管理系统》试运行。"系统"全面梳理队伍信息管理业务,包括绩效考勤、工资调配、实时警力掌控、警力信息查询等方面需求,实现需求集合操作与处理。 (李梓牧 袁菁)

【新年倒计时活动安保】 12月31日,天坛公园祈年殿内举行新年倒计时庆典活动,中央政治局委员、市委书记刘淇,市长郭金龙等领导及首都各界群众、中外游客、大学生、演职员、媒体记者3500人参加活动。东城分局抽调警力100名,在中心区、封闭区、外围疏导区、机动备勤区实施部署,完成新年倒计时庆典活动安保工作。 (李露云)

【"十八大"安保】 成立"十八大"安保工作领导小组,搭建大安保工作体系,与驻区武警联勤联动,安全警卫3处住地、4条行车路线及大会堂外围,落实400警力前置备勤和"三个实名制"方案,执行警卫勤务105起,投入警力8968人次,完成"十八大"安保任务和重大安全警卫任务。8月20~24日,发放"十八大"安保装备应急处突和侦查追捕及公安局大型会议活动所需前端采集和报警设备,无线网络定位侦控设备、核查终端、快速取证设备等。 (李露云)

【警务督察】 出动督察警力1500余人次,督察车辆960余台次,执行警务部署、社会活动及现场督察412次,检查民警2.6万余人次。受理市局110批转群众投诉363件,现场督察发现和纠正问题262件,提出建议48件,报督察信息61份,工作材料86份,依法维护民警正当执法权益案件10件。 (李露云)

【接待处置来信来访】 领导接待信访108件,会商信访案件26次。自接信访人363人,970人次,转办市局来访357件、来信227件、来电245件、邮件402件、非紧急救助301件、受理政府信息公开申请96件。结办公安部挂账督办案件16起。处置群体访3378批9.70万人次,劝返上访人员5.8万人次。 (李露云)

【创建网安工作法】 创建"三四三"网安工作法("三四三"即构建基础信息、管理技术、制度规范三防体系;强化在舆情引导控制、开展自主反制、工作机制创新、技战法总结提炼四控措施;牢固配合意识、情报意识和深挖意识三个意识),利用网络维护稳定。破获案件41起,抓获嫌疑人60余人,处理有害信息5万余条。 (李露云)

【加大行业场所控制力】 加大对66家危险物品从业单位的检查力度,收缴各类枪支28支、子弹1563发,全区未发生涉枪涉爆案件;针对涉会121家旅店、招待所,实行民警派驻制、实名制,开展高频彻查,每天签到检查率达到100%。 (李露云)

【网格化社会治安服务管理模式】 以589个网格为依托,建立7大类、32小类、170项信息、2043项指标、121万条数据基础信息数据库,有信息员采集员7627人。完成实有人口和实有房屋关联95.90万人,编制、安装临时门牌楼牌2261个,异地办理护照、通行证4575本,进一步提升社区安全防范、流动人口和出租房屋服务管理水平。推进消防管理进网格,实行防消合一,形成了无缝隙、无死角的社区火灾隐患排查整治体系。 (李露云)

【加强社区防范】 开展社区安全防范宣传活动,悬挂横幅755条,张贴标语4107条,绘制板报805块,走访群众2.81万户、4.91万人。投入物技防建设资金139.7余万元,安装社区监控探头91个、联网探头39个,楼宇对讲65个、红外线报警器1260个、门磁报警装置2000余个。收集社情民意信息1600余条,化解矛盾纠纷720件,消除安全隐患220起,抓获违法犯罪嫌疑人78人。社区入室盗窃案件立案同比下降12.6%。

(佟宁)

【爱警日活动】 开展爱警日活动,慰问民警60余次3500余人,发放慰问金23万余元、慰问品73万余元,为民警办实事88件次,开展各种爱警活动58次。市区两级民警代表走访民警106人,收集意见建议109件。 (李继宁)

【"上合峰会"安保】 上合峰会期间,执行勤务78次,投入警力6646人次,完成土库曼斯坦4名副总理到中石油大厦访问、俄罗斯副总理到王府井步行街散步、伊朗总统夫人到雍和宫参观等警卫勤务16次。 (李露云)

【建设视频监控图像信息系统】 整合、扩容区视频监控图像信息系统平台,实现图像信息资源共享。完成25个派出所的视频监控平台统一接入公安专网。重新规划区视频监控系统的前端摄像头点位布局,新增点位455个,新增摄像机96部。6月完成项目工程验收。 (李露云)

【破获非法吸收公众存款案】 2月15日,破获"绿色大地"非法吸收公众存款案,抓获3名犯罪嫌疑人张某某(男,1964年2月出生,宁夏人)、杨某某(女,1956年9月出生,北京人)、周某某(男,1956年2月出生,北京人)。犯罪嫌疑人以宁夏"绿色大地"有限公司名义2004~2006年期间,以合作种植苜蓿为名与事主签订合同书,承诺返利,涉及投资2000余笔,投资人600余名,涉案金额1亿余元。经审,张某等3人对非法吸收公众存款的犯罪事实供认不讳。 (李露云)

【破获特大合同诈骗案】 2月18日,破获特大合同诈骗案。抓获犯罪嫌疑人叶某某(男,1968年11月出生,浙江人),同伙陈某某(男,1954年2月出生,江苏人)2人。经查,叶某用同伙陈某伪造的390亿元个人存款证明和银行取款凭条为信用担保,与该公司签订390亿元"借款"协议,骗取该公司80万元"借款"保证金。作案手法与接报的另一起案件类似:2010年9月至2011年7月,犯罪嫌疑人陈某某等人曾以给宜兴市一家企业申请购买成品油指标为由,以提供10余份虚假的900多亿元建设银行个人存款证明为手段,骗取该企业保证金人民币347万余元。经并案侦查锁定2名犯罪嫌疑人为同案,市局将两起案件的告破编发简报上报公安部,副部长刘金国批示:打击经济犯罪,北京要发挥特有优势。

(李露云)

【破获团伙电信诈骗案】 9月,破获团伙电信诈骗案,抓获犯罪嫌疑人杨某某(男、1973年4月出生,湖南省双峰县人)、杨某某(男、1975年8月出生,湖南省双峰县人)和谢某某(男、1992年2月出生,湖南省双峰县人)等3人。破获电信诈骗案件7起,起获电脑6台,手机43部,短信群发器1组,赃款10万余元。经审,杨某等交代利用互联网发布虚假信息,远程操控实施诈骗,利用电脑软件修改来电显示,利用现代传媒作案的犯罪事实。 (李露云)

天安门地区公安分局

【概况】 北京市公安局天安门地区分局(简称天安门地区分局),负责天安门地区治安、消防、侦查、内保、外事管理和警卫等工作。内设机构12个,其中副处级9个,即办公室、政治处、纪委(监察处)、治安大队、机动大队、巡警一至四大队;正科级3个,即中山公园派出所、劳动人民文化宫派出所、故宫派出所。

年内,完成全国"两会"、上合峰会、中非论坛、涉日维稳、国庆黄金周和"十八大"安全保卫工作。地区4500万游客没有发生公共安全问题,2372起警卫任务万无一失。分局长武顺发被公安部授予"任长霞式优秀公安局长"荣誉称号;分局巡警一中队被表彰为全国优秀公安基层单位。分局与地区工商分局联合推出广场照相人员智能工作卡管理机制。

单位地址:东城区东交民巷37号

联系电话:85222687 邮政编码:100006 (董岩 库周乾)

【升国旗仪式安全保卫】 天安门指挥部制定安全保卫方案及网格管理、流量控制、过滤安检、现场处置、有序疏散、敏感事件处置等工作措施,完成元旦、五一、七一、八一、十一等节日升国旗仪式安全保卫工作。 (董岩 库周乾)

【创新联勤捆绑执法机制】 启动地区公安城管联勤捆绑执法机制,指挥、岗位、处置等方面联勤捆绑。抽调16名警力成立治安打击队,专门打击地区治安类重点问题,清理非法扰序人员1.30万人次,刑事拘留44人,治安拘留467人次。

(董岩 库周乾)

【整合群防群治力量】 组织辖区单位安保负责人和业务骨干座谈,以地区常见的9类滋事情况为内容,制作《一切为了天安门的安宁》案例教学片,培训辖区单位4320人,现场指导260余次,梳理群防群治骨干力量634人,组织一级投入224人实名制管控方案,组织群防力量11万人次,协助处置各类突出情况197起。 (董岩 库周乾)

【数字警务】 提升广场安全系数,提高盘问率、开包率、手检率形成数字警务理念。运用实时监控数据,以视频发现非法扰序人员。抓获各类逃犯25名,查获警示信息人员3.1万名。 (董岩 库周乾)

【"两会"安全保卫】 年内,完成"两会"安全保卫工作。完成警卫勤务258起,查处非正常上访人员2797人,预防和妥善处置各类治安突出情况132起438人次,广场外围查获控制率100%。 (董岩 库周乾)

【警民互动会】 6月27日,召开弘扬功模精神 共促警民和谐警民互动会。天安门地区管理委员会及人民大会堂管理局、毛主席纪念堂管理局、国家博物馆,劳动人民文化宫、正阳门管理处等9家辖区中央单位领导和市局相关领导出席会议。与会代表在弘扬英模精神、强化警民互动、深化共建共管、共保"十八大"平安等多个方面交流。(董岩 库周乾)

【市领导检查工作】 9月26日,市委副书记、政法委书记吉林检查天安门地区两节安全保卫工作。检查一线民警工作情况,询问核录设备和单警小轮车配备、使用情况。9月27日,市委书记郭金龙,代市长王安顺,市委常委、市局局长傅政华等领导同志在市委、市政府、市局有关部门领导的陪同下,到天安门地区检查指导工作。天安门分局就广场安检工作、核录设备使用、单警小轮车配备和使用情况做了简要汇报。　(董岩　库周乾)

【分局巡警机构设置调整】　9月29日,市局印发《关于调整天安门地区分局巡警机构设置的通知》(京公政字[2012]1339号)。经市局党委研究,报请市机构编制委员会办公室批准(京编办行[2012]128号),将分局巡警一中队、巡警二中队、巡警三中队、巡警四中队对应调整为巡警一大队、巡警二大队、巡警三大队、巡警四大队,建制级别由正科级统一调整为副处级,每个大队核定大队长1名、政委1名,均为副处级,副大队长4名,正科级,原核定的警组设置保持不变。

(董岩　库周乾)

【广场服务车服务群众】　国庆节期间,天安门广场和端门院内设立广播服务车、电话台、服务站,帮助群众查找走散亲人。增设天安门警察服务指南和观旗排队处指示牌,打印宣传页发放群众,介绍周边景区行走路线、开放时间和门票价格。黄金周期间服务群众2.8万余人次。　(董岩　库周乾)

【马拉松比赛起跑仪式安全保卫】　11月24日举行北京现代马拉松赛,起点设在天安门广场。局属各单位协同配合,投入安保力量600余人,完成起跑仪式安保工作。

(董岩　库周乾)

东城交通支队

【概况】　北京市公安局公安交通管理局东城交通支队(简称东城交通支队),是全员行政执法单位。担负区42.02平方公里道路交通管理及交通秩序维护、特勤交通保卫、交通事故处理、交通安全宣传等项工作。区主要交通干路79条、"九横八纵"大街62条,道路总长度线路总长637公里。内设12个行政办公机构(办公室、勤务指挥处、交通秩序管理大队、事故处理大队、安全监督管理大队5个职能科室和帅府园大队、东单大队、东四大队、和平里大队、天坛大队、前门大队、机动大队7个值勤队),在编民警676人。

年内,完成"两会"、"两节"、"7·21"特大暴雨抢险抗灾和涉日维稳、"十八大"交通保卫等敏感节点交通安保任务。开展区教育系统第三届交通安全文化节、文明交通灯语推广活动、文明停车提示贴发放活动等大型特色宣传活动18次,北京日报、晚报、北京青年报等20余家媒体刊载、报道。开展交通法律知识咨询服务、举办交通安全图片展览、播放交通事故警示片和发放《致考生的一封信》等文明交通宣传活动400余场次。建立东城禁酒驾车交通安全教育基地,使用考核制度,组织开展宣传活动200余次,教育群众20余万人次。加强校园周边交通安全服务保障。全国"两会"、"上和峰会"、全国高考和"十八大"、期间,组织交通安全志愿者8批次,投入志愿者近4万人次。服务代表委员及社会群众260余起,收到锦旗20面、表扬信30封,表扬电话100余个。1人获区核心价值观教育主题演讲比赛三等奖。

单位地址:东城区广渠门南小街5号

联系电话:68399100　邮政编码:100061　(恒雅娟)

【"上合峰会"实战演练】　6月4日下午,开展"上合峰会"住地和勤务路线实战演练。勤务指挥处以及各执勤大队主管领导参加此次演练。演练以"高危"代表团抵京路线勤务至住地为科目,组织相关大队民警按照局相关勤务级别、部署要求,对二环路、长安街一线和平交路口、立交桥区、跨线桥等勤务沿线地段模拟演练。组织相关大队对北京饭店、莱佛士、贵宾楼、东方君悦大酒店住地和周边勤务路线实地复勘对接演练。　(恒雅娟)

【"7·21"特大暴雨交通维护】　7月21日的特大暴雨,管界内二环路东直门桥、广渠门桥、景泰桥等路段桥区大面积积水。支队紧急启动防汛应急交通保障预案,投入警力700人,警车500辆。连续工作10余个小时,保障交通安全畅通。

(恒雅娟)

【警营开放日活动】　7月24日,举办警营开放日活动。最高人民检察院、北京新兴房地产有限公司、和平里街道办事处100名学员走进帅府园大队驻地,与首都交警近距离交流。

(恒雅娟)

【环京自行车赛交通保卫】　10月9日,首届环北京职业公路自行车赛第一赛段,117公里个人赛,在天安门广场0公里处举行。19支中外车队152名运动员、100余辆各类工作车随赛事车队同步保障,广场第一赛段起点组织350名车手骑行活动。勤务路线涉及管界广场东西侧路、前门东西站、中华路、长安街、建国门、安定门桥、安外大街、北二环路、东二环路等多条城市主干道。组织有关部门实地勘察赛事路线,制定《环京自行车赛交通保卫方案》和《外围疏导方案》,设现场指挥所,大队在东单路口、建国门桥、前门东站路口、崇文门路口设立现场指挥点,出动警力198人次,出动警车70辆次。

(恒雅娟)

【"十八大"安保工作】　成立"十八大"交通安全保卫指挥领导小组办公室,每周召开1次工作例会。重点敏感地区、勤务路线、大会住地等区域,分段拉练,组织建立以1个总体方案、48个职能部门方案、127个执勤大队方案的三级方案体系,检查方案落实情况。排查突发事件、交通拥堵、交通事故、恶劣天气、队伍隐患等5大类20项风险源。管界3处驻地周边设置固定整治岗,驻地周边、长安街一线、建国门桥、中轴路等点段增加24处控制岗位,联合执法、严查快办驻地门前秩序混乱,并在住地周边增设禁停标志8个,隔离护栏422米,便道隔离护栏260米,活门2个。"十八大"期间,妥善处理上访事件23起。10月31日,启动"十八大"安保工作晨商会机制，召开安保工作晨商会。通报市公安局、市交通管理局晚商会会议精神及工作要求。确保每项任务、措施、环节、岗位万无一失。完成十七届七中全会、“十八大”开幕式、闭幕式及代表接送站等特勤警卫任务340次，其中一级以上138次、二级96次、三级106次，出动警力5627人次。（恒雅娟）

【处突应急机制】 处置聚集滋事、群体上访及勤务线上可能发生驾车冲撞和拦截车队等突发情况，成立政治中心区日常维稳工作小组，制定《领导干部路面指挥管理工作规定》，落实管控责任，落实“一报、直报”制度。制定《东城支队突发事件处置工作总体方案》，和天安门地区、市委市政府、王府井地区、北京站等重点区域，突发事件预案，提高重点敏感地区、会场、勤务路线防控等级，落实24小时视频巡检，发现警情，及时处置。实名制处突备勤警力，组建应急保障组。（恒雅娟）

【路面秩序维护】 围绕24处秩序乱点和32条严管大街，联合执法、严看死守，实名管控、责任倒查，以精细化协管员岗位安排为辅助，实施精确打击和综合整治。建立专项打击队伍，整治痼疾顽症，解决静态交通秩序问题，实施“人防、物防、技防”立体管控机制，增加281处探头，拍摄违法停车探头数量562处。粘贴违法停车通知单24.6万张，同比上升10%，监控探头录入乱停车违法行为28.6万起，同比增加210%。（恒雅娟）

【整治重点交通违法】 整治酒后驾车、涉牌涉证、货车闯禁行等严重违法行为和大客车、大货车、危化车、校车等重点车种。路面现场处罚机动车25.66万起，同比增长15.9%，处罚“涉牌”违法行为3.87万起，同比增加65.72%，处罚货车4.37万起，同比增长8.5%。（恒雅娟）

【系统优化方案】 制定系统优化方案，采取工程改造、完善设施、维护疏导等措施，完成鼓楼东大街、花市地区、地坛公园周边、北京站东街等地区重点优化。推进胡同单停单行工作，44条限时单行胡同调整至全天24小时单行，11条由双行线改单行线胡同重新施划停车位，其中5条通告实施完毕，对10条24小时单行胡同规范停车泊位，缓解停车难问题。并实行便民举措，在东滨河路、新侨饭店东侧道路、永定门内大街等地区施划停车位619个。还为13名途经长安街的残疾人发放证件，协调街道和社会单位开辟临时停车场，解决群众停车问题。协调局相关部门在北京站东街、鼓楼东大街、平安大街等重点大街采取增设隔离护栏、禁停标志、调整地面标线等方法综合防控，北京站和鼓楼东大街，违法停车减少90%。因违法停车造成交通拥堵报警率下降75%和80%。（恒雅娟）

【“122”处警工作】 全年接各类“122”报警20.60万次，其中事故报警5.13万次，拥堵报警1.60万次，情况反映报警13.89万次。“122”事故报警回访3814起，回访率100%，处警合格率100%。期间共用电视监控发现并提示有关队，处置交通事故现场、故障车辆等情况835起。（恒雅娟）

【交通警卫工作】 完成交通警卫任务6981次，出动警力13.45万人次，同比上年警卫任务6293次和出动警力12.51万人次分别上升11%和7.5%，其中一级515次，二级1609次，三级4086次，改线39次，升降旗732次。（恒雅娟）

【交通事故处理】 完成交通事故处理工作任务，重大死亡事故稳中有降，逃逸案件侦破率100%，群众满意率100%。管界发生交通事故1.26万起，伤4461人，亡8人，与去年同期相比，事故起数增加1402起，上升12.5%；伤人数增加311人，上升7.5%；死亡人数持平。（恒雅娟）

【创新事故快清快处模式】 事故巡逻车上路巡视、现场指导一线民警处置各类问题，缩短处置时间。在二环路、重点桥区等道路设置清障备勤点，创新监控巡检、视频处警、拍照取证等模式，管界事故快清快处率98%以上。（恒雅娟）

【绿色救治通道】 坚持绿色救治通道人性化执法，协商北京军区总医院、北京同仁医院、右安门医院，及时抢救事故伤者。年内，发生死亡事故7起，亡8人，同比上年同期，死亡起数下降12.5%。抢救伤者138人，挽回危重伤者生命8人，延长生命20人。（恒雅娟）

【源头监管】 完成3000家单位、2.8万辆机动车和3.5万名驾驶员调查摸排和安全监管工作，签订交通安全责任书和保证书3600份，落实安全防范责任，确保万无一失。坚持事前防范和事后追查相结合原则，对专业运输单位加强安全检查，全面核查基础信息，完善监管档案，强化执法力度，在4种重点车种管理上，严格落实登记、检验、备案等监管措施，对发生重大事故、严重违法单位，严格依法问责追究。检查处理101家违法超标专业运输单位，问责处理单位主管领导45人，辞退、调离岗位处理违法驾驶员17人，禁止机动车上道路行驶执法措施155次。实时监控管理14辆危化品运输车实行运营线路，属地“户籍化”管理38辆私人大客、47辆大货车，三备案管理213辆接送学生车辆。（恒雅娟）

【隐患排查治理】 组建民警、协管员隐患排查专门队伍，排除路面、设施、绿化和路灯照明等因素造成交通安全隐患，联合区城管委、园林和秩序、设施等部门，挂账督办改造，定期跟踪问效。排查、治理交通事故隐患点16处。（恒雅娟）

【幼儿交通安全教育基地】 区各中小学校、幼儿园，每周对在校学生、幼儿开展交通安全宣传教育2次，各学校、幼儿园组织交通安全宣传活动300余次。5月25日，区幼儿交通安全教育基地，在第二幼儿园揭牌。（恒雅娟）

【加强执法质量考评】 完善执法检查督导制度、建立互查互评制度,实行法制保障工作责任制。组织联合上路检查20余次,检查民警580人次,提示执法办案问题30余件。大队间互查互评10次,提示执法办案问题20余件。检查执法录音900余笔。检查大队一般程序处罚案卷40卷,审核拘留案卷1120卷。累计发放执法考核通知单23份。（恒雅娟）

【规范执法】 审核事故案卷79件,受理行政复议案件50余件。事故复核5件,其中4件维持,1件终止。行政诉讼案件5件,其中3件当事人主动撤诉,2件胜诉。公安部授予全国规范执法先进单位。（恒雅娟）

【重大事故案例】 5月12日2时05分,区东直门内大街东直门桥迤西50米处(西向东方向),区园林局绿化队绿化机非隔离带占用最外侧机动车道堆放土堆,马某驾驶小客车(京BN7850)由西向东在第2条机动车道内行驶,狄某在土堆上工作,适有周某(醉酒)驾驶小客车(京NT2344)由西向东从最外侧机动车道驶来,周某驾车与占道维护锥桶、土堆的狄某等所驾车接触,造成狄某当场死亡,洪某受伤,两车损坏。周某全部责任。6月28日20时,区幸福大街北口,孙某驾驶重型自卸货车(京G66886)由西向南右转弯,与詹某身体及自行车接触,造成詹某当场死亡,自行车损坏。孙某全部责任。（恒雅娟）

【侦破逃逸案】 9月19日9时许,祈年大街十字路口,宋某骑自行车由东向西行驶时,被一辆红色小客车撞倒,宋某倒地受伤。接报警后,办案民警赶往事故现场实地勘查。伤者宋某没有提供车号、车型,走访周边无果侦破困难。民警调取现场周边监控录相,逐一排查。发现一辆红色马自达小客车有重大嫌疑,但车号模糊不清。民警沿着此车行驶轨迹调取监控,对车号识别研究,确定车号为京L80903。网上查询后,民警与车主卢某取得联系,卢某承认肇事行为,事故得到解决。伤者宋某在家人的陪同下,到事故处理大队送"忠诚为民,公正廉洁"锦旗。（恒雅娟）

东城区公安消防支队

【概况】 中国人民武装警察部队北京市东城区消防支队(简称东城消防支队)。8月,由原北京市东城区第一消防支队、北京市东城区第二消防支队合并而成,是武警现役体制旅级建制,执行一类支队编制表。担负东城区消防安全监督管理、消防宣传、灭火救援、应急处突、社会救助、重大活动消防保卫等职责。下辖司令部、政治处、后勤处、防火处4个职能部门,有花市中队、北新桥中队、故宫中队、王府井中队、金宝街中队、地坛中队、龙潭湖中队7个执勤备防中队,天安门中队、正义路中队2支勤务中队,前门站1个临时消防站。

年内,按照总队党委"创新体制机制,争创一流警务"工作思路,铸造忠诚、为民、公正、廉洁消防部队,开展"三我"活动和消防平安系列行动,打造综合灭火应急救援消防铁军,推进消防基础设施建设。完成"十八大"及年度各项消防保卫任务。5个集体、14人荣获总队、市局先进表彰。东城第一支队被区政府授予2011年度"安全生产先进单位"称号。东城第二支队取得由国家知识产权局颁发的"一种应急救援传感带"实用新型专利证书。

单位地址:东城区左安门西街19号

联系电话:67100736　邮政编码:100061（闫凯）

【市领导检查消防安全】 1月19日,副市长丁向阳带领消防、安监、质监、卫生等部门,检查普仁医院节前消防安全。1月20日,市委常委、市公安局局长傅政华一行检查区人员密集场所,消防局局长张高潮等陪同检查。傅政华肯定区春节消防保卫工作,并要求大家按照市委、市政府和公安部相关部署,落实各项安全防范措施,严格执法,确保市民群众安全过春节。11月13日晚,市公安局副局长丁世伟检查区人员密集场所消防安全工作。市消防局局长张高潮、副区长王中华等领导陪同检查。（闫凯）

【市防火委督查节前消防安全】 1月19日,市防火安全委员会第一督查组,检查区推动可燃物清理等冬春季火灾防控工作。王中华及支队领导,区综治、旅游、商务、安监、体育、发改、住建委、教委等区安委会成员单位主管领导参加检查。（闫凯）

【"两会"保卫誓师大会】 2月29日,东城第一支队在鑫海锦江大酒店召开全国"两会"消防保卫誓师大会。大会宣布支队《关于成立全国"两会"灭火救援突击队和共产党员先锋岗的决定》,为全国"两会"灭火救援突击队和共产党员先锋岗授旗,官兵代表表态发言,全体官兵向国旗庄严宣誓。支队党委动员部署全国"两会"消防安全保卫工作、维护部队内部安全稳定。（闫凯）

【部署消防平安三号行动】 4月27日,王中华主持召开专题会议,部署消防平安三号行动工作。区防火安全委员会成员单位主要领导参加会议。（闫凯）

【慰问"7·21"抢险救援官兵】 8月8日,王中华带领区防汛指挥部,慰问支队"7·21"特大暴雨中参加抢险救援的官兵,并赠送10万元慰问金。支队主要领导参加慰问。（闫凯）

【"十八大"安保专项行动会】 8月24日,区召开"十八大"安保专项行动第一次工作例会,助推火灾隐患排查整治工作。副区长朴学东、王中华,区公安分局、消防支队等领导及区安监、商务、工商、质监等委办局,北京站、王府井地区,区17个街道办事处负责人50余人参加会议。（闫凯）

【区领导节前慰问消防官兵】 9月26日,区委书记杨柳荫、区长牛青山、人大主任冯熙、政协主席徐鸿达等四套班子领导,中秋、国庆来临之际,到故宫中队,慰问全体官兵。支队领导,部分官兵代表及故宫中队官兵接受慰问。（闫凯）

【检查火灾隐患整改情况】 10月24日，市文物局会同市消防局、公安局治安总队、市文物执法督查队等相关部门组成督查组，专项检查交道口段祺瑞执政府及东四崇礼住宅两家市级火灾隐患挂账单位消防安全，督促辖区市级挂账火灾隐患单位加快整改，确保"十八大"期间消防安全万无一失。市消防局防火部及支队有关领导陪同。 （闫凯）

【"119"消防宣传月启动仪式】 11月6日，在龙潭公园举行以人人关注消防，共筑平安和谐为主题的第22届"119"消防宣传月活动启动仪式。王中华与公安分局及支队领导出席启动仪式。各街道办事处主任、派出所主管所长、社区居民、消防志愿者以及部分重点单位代表等500余人参加活动。启动仪式由北京人民广播电台播音员主持。 （闫凯）

【考评验收街道消防责任制】 12月11日，区防火安全委员会成立9个考核验收工作组，考评验收年度街道落实消防责任制工作。王中华及区防火安全委员会各副主任任考核组组长，区防火安全委员会办公室工作人员为组员。 （闫凯）

检　察

【概况】 东城区人民检察院（简称区检察院），是国家的法律监督机关，行使检察权，对区人民代表大会及其常委会负责并报告工作，受市人民检察院领导。内设办公室、政治处、侦查监督处、公诉一处二处、反贪局等20个部门。在编干警250人，事业编制人员15人。

年内，依法批准逮捕各类刑事犯罪1058件1378人，同比分别上升了17.2%、21.6%；提起公诉1153件1551人，同比分别上升了27.1%、34.4%。办理涉及群众400余人涉案金额7000余万元的非法吸收公众存款案、涉案犯罪嫌疑人46人的特大跨国电信诈骗案、涉及金额逾亿元的非法经营票据贴现案等一系列涉及民生、经济领域的重、特大案件。贯彻宽严相济刑事政策。依法决定不批捕76人；对犯罪情节轻微、依照刑法规定不需要判处刑罚或者免除刑罚的，决定不起诉12人。与社区矫正"阳光中途之家"合作开展涉罪未成年人社会调查工作。针对相关单位监管措施不到位等问题，发出检察建议96份。专项检查两年以来不批准逮捕案件，监督公安机关撤案35件38人。通过《北京市东城区人民检察院关于深入开展新刑事诉讼法学习的实施方案》。审查起诉涉军造假案件2件2人。院获年度全国检察宣传先进单位，首都文明单位标兵，档案工作市级优秀单位，北京市涉法涉诉信访工作2010年—2012年先进集体。特色党支部创建工程被市院确定参评市委政法委优秀党建创新项目。反渎局获北京市人民满意的政法单位，全国检察机关优秀反渎职侵权局。反贪局获我身边的榜样—北京市检察机关践行政法干警核心价值观先进集体。《城市地下空间刑事案件多发应引起高度重视》信息文章，被高检院、中共中央办公厅单独转发。"7·21"特大暴雨救灾捐款3.30万元。

单位地址：东城区东四北大街265号（北区）
东城区珠市口东大街10－3号（南区）
联系电话：59115813　邮政编码：100007（北区）　100062（南区）
（曹德福）

【检察建议堵塞监管漏洞】 1月，办理被告人孔某等5人生产、销售不符合安全标准食品案，组织专题调研查找食品安全监管工作漏洞，向河北省博野县食品安全监管协调领导小组办公室制发检察建议。该部门书面回函，采纳检察建议，出台8条举措整治食品安全、维护群众权益。 （孙雪明）

【纠正违法意见书】 2月，监外执行检察中，发现海淀法院对监外执行罪犯交付执行过程中存在判决尚未发生法律效力即予以交付执行的违反法律规定情况，向该院发出2份纠正违法通知书，要求予以纠正。海淀法院根据纠正违法意见，纠正交付执行违法问题，并告知纠正结果。 （孙雪明）

【成立网络和电信犯罪检察处】 3月，成立案件管理处、网络、电信犯罪检察处和立未成年人案件检察处。案件管理处具有科学的案件管理机制，对规范办案流程，强化内部监督，构建检察业务管理长效机构的作用。网络和电信犯罪检察处负责辖区内涉嫌以互联网为工具的犯罪案件，包括案件的批捕、起诉，监督侦查机关立案、侦查和人民法院刑事审判活动。立未成年人案件检察处依法办理不满18周岁的未成年人犯罪案件，依法履行未成年人案件的逮捕、起诉、公诉、诉讼监督、犯罪预防等职能。 （孙雪明）

【成立检察联络室】 4月，成立检察联络室，对辖区内公民举报、控告、申诉进行引导和咨询，化解社会矛盾，维护社会稳定；预防职务犯罪，开展法制宣传和法律咨询；听取群众意见建议。 （孙雪明）

【开放日活动】 4月，举办送温暖、送法律、送服务为主题的检察开放日活动。接待群众来访70件160余人，包括集体访2件约50人，其中涉检信访事项19件、涉法信访事项11件、反映公安机关违法违纪问题12件、其他非涉法涉诉信访事项28件。 （孙雪明）

【查实嫌疑人】 5月,检察院在办理吴某某等7人涉嫌盗窃案中,查微析疑、严审证据,查实犯罪嫌疑人"吴某某"真实身份,避免1起犯罪主体身份认定错误。 (孙雪明)

【触摸屏式案件查询】 6月,南、北两区检务接待大厅运用案件查询系统,由来访查询人使用触摸屏查询案件相关情况。各类查询人使用触摸屏查询办理案件535次,其中被害人查询19次,案件当事人家属查询156次,律师查询241次,证人查询20次,其他人员查询99次。 (孙雪明)

【市检院领导调研】 9月18日,市检察院检察长慕平一行到院调研远程视频讯问工作。观摩侦监处案件承办人通过远程视频讯问犯罪嫌疑人过程。听取侦监处远程视频讯问工作汇报。 (孙雪明)

【起诉网络传播淫秽物品案】 9月,网络和电信犯罪检察处对30多地公安机关联手摧毁的"MM"公寓特大网络传播淫秽物品案2名被告人以传播淫秽物品罪向法院提起公诉。同时,向犯罪嫌疑人单位发出检察建议。 (孙雪明)

【检察建议】 12月,东检院就最高人民法院原保卫处处长刘某某受贿案和原聘任制法警队队长刘某某受贿案中反映该单位存在漏洞,向最高人民法院发出检察建议,并得到最高法院相关领导批示,收到整改回函。 (孙雪明)

【法院采纳再审检察建议】 12月,向区法院就齐某等人与北京汇华铭投资有限公司12件商品房买卖合同纠纷案发出12份再审检察建议,法院正式回函,接受再审建议。决定采纳再审检察建议,并对原12份调解书予以更正。 (孙雪明)

【信访接待】 制定《关于加强和改进涉检信访工作的意见》等制度,建立3大类、21小项的电子信访档案,完善信访情况基础数据库。制定《刑事申诉案件办理流程管理办法》,促进办案规范化。全年共接待群众来访512件893批942人次、来信200件、案件查询511件546人次,其中受理举报、控告、申诉、刑事赔偿等各类线索218件,妥善处置集体访7件16批392人次,刑事申诉、刑事赔偿案件结案率100%,实现息诉罢访。 (曹德福)

【查办贪污贿赂犯罪】 继续办理上级交办的铁道部专案。立案侦查贪污贿赂案件23件27人,其中百万元以上6件、千万元以上1件,局级1人、处级7人,挽回国家经济损失8251余万元。 (曹德福)

【廉政风险防范】 发出检察建议27份;依法向工程招投标单位等提供查询548次,推动社会诚信体系建设。与区法制办等单位会签《行政执法与刑事司法衔接工作办法》等文件,推进行刑衔接电子信息平台建设;与区公安分局建立监督信息共享平台,创新侦查活动监督约谈办法,探索派驻公安派出所检察官办公室工作,实现监督的动态化、常态化和多样化。 (曹德福)

【量刑规范化改革】 依法提出刑事抗诉8件31人。专项检查"另案处理"案件,对涉及另案处理的100件243人逐人检查,追诉漏犯14人。 (曹德福)

【监督侦查机关立案】 立案25件25人,监督纠正漏捕21件32人,纠正漏犯46人、漏罪90件,改变公安机关定性12件,纠正侦查活动违法5件。郭某集资诈骗立案监督案件被评为全市诉讼监督十佳精品案。 (曹德福)

【维护犯罪嫌疑人权利】 办理在押人员控告、举报、申诉初查案件34件,审查暂予监外执行28人,发出检察建议6件。针对个别单位在监外执行罪犯交付执行过程中,存在判决尚未发生法律效力即予以交付执行等问题,向相关法院和监狱发出《纠正违法通知书》23份,其中22份得到纠正回复。创新"五必谈"工作方法,与在押人员谈话过程中获取犯罪线索2件,公安机关依据院移送的线索立案2件2人。受理并审结民事行政申诉案件113件,提请或建议提请民事抗诉8件,发出再审检察建议18件,促成民事申诉当事人达成和解3件,其余案件全部妥善做好释法说理工作。 (曹德福)

审 判

【概况】 东城区人民法院(简称区法院),是国家审判机关。受理辖区内一审刑事、民事、商事、行政、知识产权和执行案件。管辖面积41.84平方公里,实行南北两区办公,设29个部门,工作人员556人。

年内,受理各类案件2.12万件,旧存989件,审结2.15万件,结案率97.1%,收结案同比分别上升5.8%与6.4%。其中,审结刑事案件1202件,判处罪犯1604人;审结民商事案件1.32万件;审结知识产权案件778件;审结行政案件317件,审查非诉行政执行案件104件;执结案件5914件,执结到位金额10.8亿元。制定《关于审判、执行重要程序事项告知的规定》,形成告知体系。人民陪审员工作管理系统上线运行。8月15日,与中国政法大学举行“法学教育实践基地”共建协议签字仪式。中国政法大学副校长和区法院院长代表共建双方签字。

单位地址:东城区交道口东大街1号(北区)
东城区永外定安里10号(南区)
联系电话:64012807 邮政编码:100007(北区) 100075(南区)

(李国平 余亚宇)

【巡回法官驻基层工作】 3月16日,举行“一驻两进”,即巡回法官驻街道、进社区、进网格开展法律服务工作启动仪式。区委组织部宣布17名巡回法官到17个街道挂职锻炼担任主任助理。市高级法院党组成员、副院长周继军,区领导宋甘澍等出席。17个街道主管副书记、部分市、区人大代表、政协委员,法院党组成员、巡回法官及部分干警200人参加。《法制日报》《北京日报》等多家媒体采访报道。17名巡回法官进驻街道后,将司法服务和保障下沉到最基层。协助矛盾排查和社会面治安巡查,引导、预警群体性纠纷,在社区工作等多方面提供法律意见,帮助制定《监护人工作程序操作指南》。解答群众法律咨询2000余人次,普法宣传200余场次,参与矛盾化解1000余起。中央综治办《社会管理综合治理动态》、最高人民法院《政工通讯》刊文推介。巡回法官临时党支部被评为市政法系统五好党支部。

(李国平 余亚宇)

【诚信工程建设】 3月16日,8名区司法界人大代表、政协委员应邀参加区法院诚信工程座谈会。听取诚信工程建设方案、措施和成效介绍,与会人员结合执业经验,从社会责任、宣扬诚信具体举措及建立沟通合作机制等方面,表达对诚信工程建设的支持。9月13日,市高级法院召开诚信工程建设新闻通报会,新闻通报会简要介绍诚信工程建设,播放宣传短片,区法院与南锣鼓巷商会代表签署《诚信共建备忘录》。市高级法院政治部主任吴在存,区领导常卫参加会议,市区部分人大代表,首都高校教授出席。新华社、《人民日报》、中央电视台等40多家媒体50余名记者现场报道。10月11日,杨柳荫到区法院调研指导工作。指出:区法院创新开展“诚信工程”建设,体现敢于面对社会难题,勇于担当社会责任的勇气魄力。诚信工程建设为群众打公正、明白、便捷、受尊重的官司打下坚实基础。 (李国平 余亚宇)

【调解对接签字仪式】 8月8日,区司法调解和人民调解对接工作签字仪式举行。区法院与区司法局签署《北京市东城区人民法院、北京市东城区司法局关于推进司法调解和人民调解对接工作的实施意见》,区司法调解和人民调解对接工作正式启动。常卫到会并讲话。区司法局和法院领导、17名“一驻两进”法官、街道司法所所长等70余人参加。

(李国平 余亚宇)

【安保维稳主题实践活动】 10月29日,出台《开展“让党旗在十八大安保维稳工作一线高高飘扬”主题实践活动方案》,落实“十八大”安保社会面防控工作,干警参与执勤180余人次。预防和化解涉诉信访,定期排查隐患案件,化解疑难复杂案件30件,化解最高人民法院交办信访案件37件。

(李国平 余亚宇)

【刑事审判】 依法打击暴力性犯罪,审结抢劫、故意伤害、毒品犯罪等案件188件。严惩多发性侵财犯罪,审结盗窃、诈骗案件598件,审结公交扒窃案件332件。惩治职务犯罪,审结贪污贿赂、渎职犯罪案件19件,判处罪犯27人,其中处级以上干部4人。审理相声演员刘某危险驾驶案、廖某“刻章救妻”诈骗案、李某非法吸收公众存款案与涉及2000余名被害人的姜某非法经营案等社会关注案件。50名被告人处以10年以上重刑,宣告缓刑124人,免予刑事处罚1人。刑事附带民事案件调解73%,执行到位100%。运用远程视频审理简易刑事案件,提高审判效率,节约司法资源。

(李国平 余亚宇)

【民商事审判】 审结房屋买卖合同纠纷、拆迁纠纷、物业纠纷以及所有权确认等房地产案件2024件,同比上升27.9%。审结家庭、医患、邻里关系案件2190件,调解方式结案70.9%。审结劳动争议案件1277件。依法审慎处理重大敏感案件,审结中国文化艺术有限公司诉文化部服务合同纠纷案、郭某诉同仁医院医疗损害赔偿案、汪某等27名农民工讨薪案等社会关注案件。维护公平公正市场交易秩序,审结买卖、租赁、运输、服务等合同纠纷477件,涉案金额2.1亿元。审结借款、信用卡、保险案件1245件,涉案金额8.2亿元。加大联合调解力度,保险案件调解率44.7%,

同比上升23.5%。（李国平　余亚宇）

【知识产权审判】 审结知识产权案件778件，审结广州美即公司诉百荣世贸商城侵犯商标权案、华谊兄弟公司诉王府井书店不正当竞争案等有较大社会影响案件。

（李国平　余亚宇）

【行政审判】 年内，判决撤销或部分撤销具体行政行为、确认具体行政行为违法、责令履行法定职责或赔偿的案件72件，占全部行政案件结案数24.2%。协调撤诉104件。审查涉梁思成、林徽因故居拆迁项目、革新里危改项目等非诉行政执行案件；审结东交民巷26号院居民诉区房管局拆迁裁决案件。组织区工商分局等十余家单位执法人员旁听案件。

（李国平　余亚宇）

【破解执行难题】 打击规避执行行为，拘留40人次，罚款11.5万元，限制出境70人次，公布拒执人员名单15人次、启动刑事追责程序1次。发放案款3929笔3.98亿元。完成"亿霖木业"案款专项清退工作，清退1122份931人，发放案款5000余万元。落实市高级人民法院清理执行信访积案和涉党政机关执行积案专项清理活动，执结标的247.50万元。执结长安街周边拆迁、地铁六号线、八号线拆迁等案件。

（李国平　余亚宇）

【审判规范化建设】 开展庭审评查与裁判文书评查工作，建立案件评查机制，发回重审案件同比下降19.7%，改判案件同比下降47.2%。专项清理长期未结诉讼案件，定期通报长期未结案件清理情况。控制延审指标，建立延审案件管理目标责任制与延审案件登记备案制度，延审案件数量同比下降82%。综合排名位居市法院前列。（李国平　余亚宇）

【干警爱心救助基金】 年内，区法院建立干警爱心捐助基金，并制定了《东城法院干警爱心救助基金管理办法》，加强对干警人文关怀，救助帮扶家庭生活有特殊困难干警。6月29日举行干警爱心救助基金启动暨捐款仪式。531名干警捐款。（李国平　余亚宇）

【司法便民】 完善全天候诉讼服务工作机制，全天办理司法专邮、公告发布、上诉移转等工作，诉讼引导9万余人次，收转材料2900件，查询案件4870次，发放诉讼提示1200余件。成立程序审查组，审查案件1210件，筛查纠纷194件，诉前化解案件352件。改造南区审判设施，提升信息化水平。

（李国平　余亚宇）

【司法监督】 设立督促检查办公室，加强督办联络和人民陪审员工作，人民陪审员陪审案件3165件，陪审率93%。建立重大事项参与机制，接受人大及其常委会监督，办理督办案件208件，办理人大代表、政协委员关注案件20件。组织代表、委员座谈、走访、调研及观摩庭审等联络活动35次。

（李国平　余亚宇）

【廖某诈骗案】 被告人廖某，于2007年11月至2011年9月间，使用伪造医院收费单，骗得卫生部北京医院为其妻杜某透析治疗，造成北京医院治疗费损失17.24万余元。被告人廖某因涉嫌犯诈骗罪于2月21日羁押，3月8日取保候审。经审理，廖某伪造收费单据，骗取医院治疗费，数额巨大，触犯《中华人民共和国刑法》第二百六十六条规定，12月7日，依法对被告人廖某诈骗案公开宣判：以诈骗罪判处被告人廖某有期徒刑三年，缓刑四年，并处罚金人民币一千元；在案扣押17.24万余元，发还北京医院，公章印泥予以没收，伪造北京医院收费单51张存案备查。（李国平　余亚宇）

【刘某危险驾驶案】 被告人刘某，中国广播艺术团国家一级演员，6月16日，酒后驾驶车牌号为"京NN2008"的红色讴歌牌小客车，行驶至和平里西街交叉路口处，与张某驾驶的灰色马自达牌轿车发生追尾事故。经酒精检验鉴定，刘某血液中酒精含量213mg/100ml。因涉嫌犯危险驾驶罪，刘某6月16日被羁押，7月11日，经审理，被告人刘某违反法律规定，在道路上醉酒驾驶机动车，以致发生两车追尾交通事故，危害公共交通安全，构成危险驾驶罪。依照《中华人民共和国刑法》第一百三十三条之一，第六十七条第三款，第五十二条，第五十三条之规定，判决被告人刘某犯危险驾驶罪，判处拘役四个月，并处罚金人民币二千元。（李国平　余亚宇）

军　事

人民武装

【概况】 东城区人民武装部(简称区人武部),受北京卫戍区和中共东城区委、区政府双重领导,发挥区委军事部和区政府兵役机关作用。内设军事科、政工科、后勤科。

年内,完成各项工作任务。召开专武干部述职会。17个街道武装部部长述职。开展法制警示教育,组织参观军区军事监狱进行法制警示教育活动。区人武部连续第6年被北京市、卫戍区评为先进人武部。被军区政治部评为订刊用刊先进单位,被卫戍区评为干部转业工作先进单位、征兵工作先进单位。区委书记、人武部党委第一书记杨柳荫被北京军区政治部评为忠诚党的武装事业新闻人物。

单位地址:东城区龙潭路12号
联系电话:64030768　邮政编码:100010　(陈文君　曹剑)

【走访慰问】 1月下旬,走访慰问困难群众、区民兵应急分队和民兵心理干预中心。慰问东直门街道3户困难群众,送去慰问品和慰问金。慰问区民兵应急分队和民兵心理干预中心,实地考察区民兵应急分队人员工作、学习、生活和娱乐设施,询问执勤训练情况并送去节日慰问品。

(陈文君　曹剑)

【民兵预备役工作会议】 2月24日召开。景山街道、天坛街道工委书记作党管武装工作述职,区人武部政委传达全国民兵工作会议和国家、北京军区国动委会议及北京市国动委会议暨民兵预备役工作会议精神,区人武部部长总结上年民兵工作和部署本年工作任务。杨柳荫为获得全国民兵工作先进单位的北京市地铁运营有限公司武装部颁发奖牌,大会表彰10个先进基层武装部、4个先进民兵分队和15名优秀专武干部。区委书记、区人武部党委第一书记杨柳荫出席并讲话。区国防动员委员会成员单位领导、街道工委书记及武装部部长、市属公司专武干部等70余人参加会议。

(陈文君　曹剑)

【两会民兵执勤】 2月29日,全国“两会”期间召开民兵执勤动员暨业务培训会。会议传达学习卫戍区就全国“两会”期间民兵执勤工作指示精神。部长就人员选调、执勤规定、精神状态、情况处置等提出具体要求。区公安分局巡警业务培训。

(陈文君　曹剑)

【领导慰问执勤民兵】 3月12日,北京市副市长刘敬民,卫戍区副司令员石志远、参谋长邵亨,市政府副秘书长周正宇、卫戍区副参谋长董国全,区领导汤钦飞、左海星等军地领导到东二环雅宝路民兵执勤点,检查“两会”民兵执勤工作,慰问担负执勤任务的民兵和专武干部。

(陈文军　曹剑)

【国防教育宣讲团成立】 3月21日,区国防教育宣讲团正式成立。来自驻京部队院校专家教授、驻区部队领导和区党政机关干部及区委党校讲师15人被聘请为讲师团成员。区人武部部长宣读区国防动员委员会《关于成立东城区国防教育宣讲团的通知》,区国防教育办公室主任宣读《东城区国防教育宣讲团章程》,军地领导为宣讲团讲师颁发聘书。汤钦飞围绕深入贯彻全民国防教育思想,努力开创区国防教育工作新局面提出要求。国防大学教授作国家安全与军事问题报告。

(陈文君　曹剑)

【国防教育纳入素质培训工程】 3月27日,协调区委党校,将国防教育形势报告课正式纳入区“一把手”素质培训工程,从制度上确保党政主要领导干部带头落实国防教育。国防大学战略研究所所长金一南少将作《安全挑战中国还有发展机遇吗?》国防形势报告,区委、区人大、区政府、区政协,区属委办局,各街道党政主要领导200余人参加。

(陈文君　曹剑)

【专武干部培训】 4月23～27日,区人武部组织专武干部业务培训。基层专武干部培训每年两次,人武部机关、17个街道和7个企业武装部40余名专武干部参加培训。

(陈文君　曹剑)

【双拥工作会议】 4月25日召开。会议总结上年区创建全国双拥模范城六连冠工作,传达全国双拥模范城(县)命名表彰大会精神,表彰获北京市双拥模范示范单位。会议还印发《2012年东城区双拥工作要点》《东城区2012—2015年双拥工作规划》《双拥工作领导小组成员单位职责分工》等材料,安排部署下步双拥工作任务。全国双拥办、北京卫戍区、市民政局双拥工作处等上级相关部门负责人及有关区领导出席会议。驻区部队、区属有关部门、各单位、各街道主要负责人及驻区部队官兵代表、双拥模范示范单位代表100余人参加。

(陈文君　曹剑)

【防灾演练】 5月11日,区人武部联合区应急办和区民防局在南馆公园举行“5·12防灾减灾”主题宣传活动。区民兵应急分队、消防支队官兵、社区分队进行现场警戒、灭火和救援、自救互救等演练。区人武及区领导,区应急办、区民政局、区卫生局、区民防局、区消防支队等相关单位领导参加活动。

(陈文君　曹剑)

【社区国防教育网格化】 5月17日,区国教办在东直门街道启动社区国防教育网格化管理试点。会上,学习市国教办《关于在东城区开展社区国防教育网格化管理试点工作的意见》和区国教办《关于在东直门街道开展国防教育网格化试点工作实施方案》,部署开展热爱人民军队、共筑钢铁长城主题教育活动,讨论通过《东直门街道社区国防教育网格化岗位责任制实施细则》。卫戍区及市、区有关领导出席。

(陈文君 曹 剑)

【领导调研】 5月28日,卫戍区副参谋长董国全带领机关干部检查民兵整组工作。听取民兵应急力量建设、民兵训练和整组工作、军事工作和现役军人管理系统使用等方面汇报。实地拉动民兵应急连,清点人数和装备,考查应知应会内容。查看各种统计、管理工作、民兵政治教育等情况。6月11日,国家国防教育办公室主任、总政群工办主任汤奋率国家国防教育调研组调研东直门街道社区国防教育网格化管理试点工作。调研组观看区网格化社会管理创新录像片,听取东直门街道社区国防教育网格化管理试点工作汇报,参观清水苑社区网格运行情况。汤奋指出,东城区国防教育工作突出三类人员(领导干部、中小学生和民兵预备役),以国防教育"五进"(进机关、进企业、进学校、进社区、进家庭)活动为抓手,取得很好效果。把国防教育纳入到社区网格管理平台,是落实中共中央、国务院、中央军委《关于加强新形势下国防教育工作的意见》的举措,是对国防教育工作落实的创新,希望创造好方法,丰富教育内容,适应形势新变化,顺应时代新要求,在试点中探索新经验。7月5日,卫戍区政委高东璐带机关工作组到区人武部围绕人武部全面建设、现实思想、干部队伍建设、安全预防工作和开展向高铁成同志学习情况调研检查。9月19日,卫戍区司令员郑传福带领机关干部到区人武部就年度工作开展情况和安全稳定工作调研指导。察看执班室和装备器材库房等基础设施,听取工作汇报。11月5日,卫戍区司令员郑传福带领市征兵工作领导小组有关成员到区检查指导冬季征兵体检工作,看望参加体检的适龄青年和慰问征兵体检一线医务人员。听取征兵体检工作介绍,查看体检中心环境布置,走进各体检科(室)和心理测试区,察看、了解征兵体检工作,与一线医务人员和等候体检的适龄青年交谈。11月12日,卫戍区司令员郑传福、副司令员石志远带领市公安局和司令部干部到东二环建国门桥民兵执勤点,检查"十八大"期间区民兵执勤工作。在建国门桥民兵执勤点,区人武部部长展辉、政委徐文熬向卫戍区首长简要汇报民兵执勤任务。司令员询问民兵执勤时间、工作任务、应急预案等情况,查看民兵执勤规范、装备和执勤任务部图。

(陈文君 曹剑)

【便民服务活动】 7月1日,组织驻区部队开展践行北京精神、争做雷锋传人为主题便民服务日活动。驻区部队10个单位100名党员在中国美术馆东花园开展家庭装修、计算机、法律及家电维修、身体检查、自行车修理、磨剪刀、理发等便民活动。(陈文君 曹剑)

【民兵综合演练】 8月29日,区民兵重点应急分队在北京市民兵高炮指挥训练中心进行16天实装检验性拉动、防汛抢险和处置群体性非法聚集事件综合演练,130名应急分队人员参加集训演练。(陈文君 曹剑)

【区领导军事日活动】 9月21日,杨柳荫率区四套班子领导和相关委办局主要负责人35人,到中国人民解放军三军仪仗队过"军事日"活动。(陈文君 曹剑)

【征兵工作会】 10月18日召开。会上,传达学习上级征兵工作会议精神和相关征兵政策;总结上年征兵工作情况,安排部署本年征兵工作。17个街道,市属公司、高校等单位40名专武干部参加。(陈文君 曹剑)

【征兵宣传周】 10月20~26日,开展征兵宣传周活动。宣传周期间,区主要路口挂横幅、插彩旗、张贴征兵公告和宣传画。协调王府井大街、瑞士公寓、新世界商场等繁华地段户外广告电子屏滚动播放征兵宣传片。《新东城报》开辟特刊刊登征兵政策问答,区信息手机报向干部发送征兵政策法规短信,各街道利用《社区报》专刊发布征兵政策。卫戍区副司令员石志远、参谋长邵亨、政治部主任马誉炜,市委宣传部副部长张淼等领导参加征兵宣传周启动仪式。

(陈文君 曹剑)

【冬季征兵动员大会】 10月26日,召开冬季征兵工作动员大会暨民兵执勤任务部署会。会上,宣读《东城区人民政府、东城区人武部2012年冬季征兵命令》和《关于表彰2011年冬季征兵工作先进单位、先进个人的通报》。区领导汤钦飞到会并讲话。区征兵工作领导小组成员、街道办事处主任和武装部长、市属公司、高校等单位70余人参加。

(陈文君 曹剑)

【欢送新兵大会】 12月6日召开。会上,宣布东城区本年冬季新兵入伍批准书,宣读东城区籍优秀现役军人和优秀军属通报,军地领导为新兵代表佩戴光荣花并赠送纪念品,为受表彰优秀个人颁发奖牌。区有关领导和相关委办局领导到会并讲话。新兵代表表决心,家长代表和接兵部队代表发言。区征兵工作领导小组成员、各街道办事处主任、北京地铁运营公司和高校分管领导及武装干部、新兵家长1000余人参加欢送活动。(陈文君 曹剑)

人民防空

【概况】 根据东城区委、区政府(东文[2012]26号)规定,组建北京市东城区民防局,挂北京市东城区地震局牌子。简称区民防局(区地震局),是区政府人民防空、防震减灾工作主管部门。内设办公室(监察科)、工程建设管理科、指挥通信科、法制科、防震减灾科。机关行政编制24人。工勤事业编制2人。下辖全额拨款事业单位2个,即东城区人防工程管理服务中心,编制17人;区民防指挥通信中心,编制22人。

年内，履行岗位职责，完成2项折子工程及1项为民办实事任务，指挥通信融入市、区应急体系，防震减灾宣传和服务社会水平不断提升。利用人防工程为社会解决停车位529个，缓解周边地区停车难问题。完成8983平方米早期人防工程治理任务。规范审批程序，将竣工认可纳入公开服务事项，全年竣工认可13处，使用许可27处，拆除许可2处。完成朝阳门南小街18号楼、1300平方米民防应急物资储备库建设。区民防局作为北京市民防系统执法文书标准试点单位在全市推广。北京市国防动员委员会年度考核评比中，区民防局获评北京市人民防空工作先进单位。

单位地址：东城区东四五条172号

联系电话：84006512　邮政编码：100010　　（马丽芝）

【防灾减灾宣传】 2月29日，在东直门街道海晟名苑小区广场举办国际民防日宣传。其间进行小学生交通指挥操表演、志愿者救护包扎、民防救援队应急救援器材演示和参观东直门街道公共安全宣教指挥中心等内容，160人参加活动。5月11日，在南馆公园举办“5·12”宣传周活动，市、区有关领导及区6支救援队伍200余人参加。副区长汤钦飞向新创建完成的地震安全社区的民安社区救援队授旗、讲话，并观摩应急救援演练。活动现场发放宣传品3500余份，摆放展板40余块，设置咨询台11个。宣传周期间，各街道组织讲座、演练、竞赛32场，制作宣传专刊5000份，摆放挂图、展板110块，悬挂横幅150条，发放折页手册1万余份，开放8处宣教基地，接待参观群众30场2000余人，宣传群众约10万人次。组织区80余家部门和单位参加应急避险民谣征集活动，向市民防局、市应急办投原创稿件185篇。新建防空防灾宣传站68个，全区187个社区宣传站全部完成挂牌工作。（马丽芝）

【外事接待】 4月11日，白俄罗斯紧急情况部部长瓦先科一行6人参观东直门街道公共安全宣教指挥中心。市民防局局长刘宝杰，副区长王中华等陪同。（马丽芝）

【领导调研】 4月20日，王中华调研指导工作，提出四点要求。7月24日，刘宝杰等4人到东花市南里东区13、15号楼人防工程地下车库实地察看灾情及抢险救援工作落实情况，慰问一线职工。7月28日，市委常委、北京卫戍区司令员郑传福检查天坛公园屯兵地道险情处置情况，对险情处置工作给予肯定，同时指出，屯兵地道是国防建设组成部分，要以高度责任心做好屯兵地道的保护和管理工作，保证功能正常。刘宝杰等领导陪同。（马丽芝）

【应急救援队伍】 4月25日，组织北新桥街道民安社区地震救援队18人到中国红十字会培训基地培训应急救援、抢险救灾专业防护。5月31日，组织人防工程应急救援队防汛抢险演练，4支应急救援队40人参加。10月23～29日，选拔民防志愿者10人到市民兵高炮指挥训练中心封闭式训练，参加了10月31日北京民防志愿者队伍汇报演练活动，2人被北京市评为训练活动优秀学员。11月2日，20名民防救援队队员参加区地震灾害应急救援队成立大会，牛青山等区领导出席活动。（马丽芝）

【折子工程】 6月30日，区民防卫星地面接收站建设通过市民防局验收。完成区应急办调度指挥中心与815D移动应急指挥通信车的连通，并加入到市应急卫星指挥通信网，把实时图像信息传至市、区应急指挥平台及防空防灾指挥平台，市民防局投入专项资金85万元。完成区25处人防工程综合整治任务。（马丽芝）

【政府防灾减灾专题会】 10月8日，区防灾减灾工作领导小组向区政府专题会汇报全区2011—2012年防震减灾工作及地震局制定《关于进一步做好防震减灾工作的意见》，39个相关部门主管领导参加会议。会后，以区政府文件形式向全区下发《关于进一步做好防震减灾工作的意见》。（马丽芝）

【安全管理】 出动1183人次检查人防工程645处，下达执法文书324份，完成执法指标150%。排查“两会”期间代表驻地周边人防工程安全隐患26处，启动“十八大”人防工程安保专项行动，出动1620人次检查人防工程409处，整改隐患66个，行政执法7起，罚款1.15万元。召开施工单位安全会议，联合检查重点工程20处。（马丽芝）

【安全度汛】 修订完善防汛预案和迎汛工作方案；组织抢险队伍应急演练，3支抢险队分片包干，遇有险情及时处置；购置防汛物资，检修2个区级物资储备点原有抢险装备。“7·21”特大暴雨中，出动980人次、车辆90台次，抢险35处人防工程，治理人防工程过水面积2万余平方米，无人员伤亡事故。（马丽芝）

【行政执法】 修改行政处罚移送程序，接案有登记，处理结果有回执。调查取证及复核236人次，行政处罚31起，罚款5.23万元，挽回经济损失85万余元。法律诉讼侵占人防工程和合同到期拒不腾退的2处人防工程，召开案情研讨协调会8次。出版《东城民防法制》报4期，向街道、社区、人防工程使用单位和租户免费发放1.3万份。（马丽芝）

【指挥通信】 投入专项资金60万元，在东直门交通枢纽、雍和宫区域安装高点监控系统，监控范围3000至8000米，实施信息图像监控并将图像信息上传区应急指挥中心。投入建设资金140万元，在建国门、东直门、东华门及南区128处人防工程建设监控信息网络一期工程，铺设主干线光缆60余公里、支线70公里，该系统利用专设网络和人防工程内安装的采集设备，将人防工程的实时画面传送到区网格管理体系。应急指挥通信车辆与新建卫星地面站联通调试成功，与区应急办联合演练3次80小时，参与市、区活动24次，春节、“两会”承担巡查、值勤任务。（马丽芝）

【防空警报】 装防空警报器55台，音响覆盖率100%。使用电台与市民防局训练2次。（马丽芝）

【防震减灾示范单位】　完成北新桥民安和东直门东外大街区地震安全社区创建工作。2个社区制定社区地震应急预案,绘制张贴社区应急疏散示意图和地震防范知识宣传图10幅,安装应急避难场所疏散标志牌30块。民安社区组建1支18人的社区地震救援队,东外大街社区组建1支15人的社区地震志愿者队伍,建设1个应急物资储备库,配备防灾应急箱,志愿者工作包以及家庭应急包。完成65中学、黑芝麻胡同小学区防震减灾示范学校创建工作,制作安装应急避难场所疏散标志牌22块,编制应急预案,并组织疏散演练各1次。开展国际减灾日宣传活动,宣传师生2000余人,为学校配发防灾应急箱各1个。　（马丽芝）

武警六支队

【概况】　中国人民武装警察部队北京市总队第一师第六支队(简称武警北京市第六支队),始建于1927年,前身为中国人民解放军北京卫戍区警卫第二师六团。1983年2月改编为中国人民武装警察部队北京市总队第六支队。1999年2月,改编为武警北京市总队第一师第六支队。驻守以东城为主的多个城区,担负辖区重要目标执勤任务。设司令部、政治处、后勤处,下辖多个建制大队及建制中队。

年内,完成执勤、处突、抗击暴雨冰雪自然灾害等任务,支队连续6年评为基层建设先进支队。被总队表彰为年度军事训练先进单位。《解放军报》等媒体刊发新闻稿件180篇。

单位地址:东城区府学胡同甲1号

联系电话:52197024　邮政编码:100007　（张翅）

【领导调研】　武警部队司令员王建平,副司令戴洪生,政治部主任于建伟等到支队执勤点检查指导工作,慰问一线官兵。3月至12月,总队长魏哲、政委张瑞清带领总队机关首长到支队检查指导工作10余次。　（张翅）

【安全警卫】　年内完成全国人大、政协“两会”、中央会议的安全警卫勤务,“十八大”安保任务,完成大型宗教活动、烟花燃放、国庆重要活动、重大节日、群众活动等各类勤务2300余场次。处置扒窃、抢劫、斗殴等各类有碍执勤目标及社会安全稳定突发情况300余起。支队和多个建制中队被评为一级执勤单位。　（张翅）

【双拥共建】　与62个区属单位、学校建立共建关系,开展国防教育17场次,警营开放日活动16场次,受教育群众3万人。与46所中、小学成立少年军校,军训学生5000人次,其中史家小学、府学小学、十四条小学等5所少年军校评为首都先进少年军校。设立5个便民服务站,成立18个便民服务小分队,采取定点服务、上街服务和上门服务相结合形式为驻地群众提供理发、修理、医疗等义务服务。与驻区内孤寡老人和部分残疾人110余人结成帮扶对子,常年帮助清整卫生、料理家务。支队评为北京市双拥共建示范单位。　（张翅）

【后勤保障】　修订完善《基层财务管理规定》,规范财务管理秩序,严格季度经费审计。开展警营餐饮文化建设,培训厨师50名。开展枪弹专项治理和安全隐患大排查活动,严格车辆和枪弹管理,完成军械库、兵器室改造任务,确保车辆和枪弹绝对安全。全年动用车辆1.93万余台次,安全行车83万余公里。　（张翅）

东城区政法、军事机构负责人

区人民法院院长	孟　祥
区人民检察院检察长	殷　健
市公安局东城分局局长	谢世龙
政　委	滕　健
市公安局公安交通管理局东城交通支队	
支队长	张　经
政　委	刘石钢
中国人民解放军北京市东城区	
人民武装部党委第一书记	杨柳荫
部　长	左海星(5月免)
	展　辉(6月任)
政　委	张凤亮(9月免)
	徐文敖(9月任)
区公安消防支队支队长	刘海龙
政　委	刘树义
天安门地区公安分局局长	武顺发
政　委	刘晓燕
武警六支队支队长	艾　均
政　委	常　宏

综合经济管理

经济改革和社会发展

【概况】 东城区发展和改革委员会(简称区发改委),是区政府职能工作部门,负责全区国民经济和社会发展统筹协调、经济体制改革综合协调。行政编制43名,设办公室、发展规划科、国民经济综合科、固定资产投资科、资源节约与环境保护科、价格收费管理科、经济体制改革科、能源监察科(东城区电力管理办公室)、法规科(东城区重大项目稽察办公室)、人事监察科(党务办公室);所属区物价检查所行政编制42名,设综合科、案件复审科、医疗和药品价格检查科、收费检查科、价格检查科、市场检查科、社会监督科。区价格认证中心系区发改委所属全额拨款事业单位。主要职责:对辖区内司法和行政执法机关在司法和行政执法过程中涉及的涉案财产进行价格鉴定;在规定时间内出具具有法律效力的涉案财产价格鉴定结论书。

年内,起草《东城区2012年国民经济和社会发展计划执行情况与2013年国民经济和社会发展计划草案的报告》,经区第十五届人民代表大会第三次会议审议批准。制定并印发《关于推进东城区规划落实的意见》,提出推进规划落实总体思路、基本原则、工作制度、重点任务和保障措施。组织召开区规划落实工作推进会。编制完成《东城区规划体系建设年成果汇编》。制定东城区国民经济动员年度工作计划,重新梳理纳入保障体系重点企业经营情况。开展第二批给养应急保障动员企业信息确认工作,强化应对突发事件物资供应保障力度。制定《东城区电力迎峰度夏保障方案》,完成年度迎峰度夏工作。核准电力项目9件。建成政府投资管理制度体系。完成19家集体资产管理协会年检。完成区级财政收入134.84亿元,增长10.3%;完成社会固定资产投资182.5亿元;社会消费品零售额增长15%;城镇居民人均可支配收入增长11.4%;城镇登记失业率0.79%;全年地区生产总值增长8%。全年接受涉案财产价格鉴定委托597件,金额329.9万元,办结率100%,差错率、复核率为零。

单位地址:东城区东打磨厂街3-1号

联系电话:64079927 邮政编码:100062 (贾巍 陈丽帆)

【高考考点架空线路安全检查】 6月5日,会同城区供电公司对北京市第二十七中学、北京国际职业教育学校等高考考点架空线路、沿线走廊进行巡查。要求供电公司安排专业人员在涉及考点变电站、开闭站进行值守,重点线路不间断巡查,应急抢修人员在架空线路集中区域现场值班,确保高考顺利进行。 (何玉莲)

【节能宣传周】 6月10~16日,开展年度节能宣传周活动。活动以节能低碳、绿色发展为主题,包括节能宣传进社区、进机关、进校园系列活动。 (李宁)

【电力应急预案启动】 针对“7·21”特大暴雨后,东花市南里15号楼地下主配电室及设备、供电系统瘫痪,3000余户家庭停电、停水,电梯停运情况,启动《东城区电力应急预案》,当天夜晚恢复供电,并确保城市电力稳定运行和居民用电安全。 (何玉莲)

【价格应急监测机制启动】 针对“7·21”特大暴雨后,蔬菜价格出现明显上涨情况,启动价格监测应急预案,加强监测力度、扩大监测范围。与其他城区和市价格监测中心保持联系,交换信息,及时掌握汛期价格易于波动的蔬菜品种价格趋势,结合蔬菜等农产品季节性、周期性特点,加强分析研判,及时向领导反映价格变动情况。 (师佳媛)

【幼儿园收费标准备案】 9月1日起,幼儿园执行新的收费标准。8月底前为40家幼儿园办理收费标准审核备案及《收费许可证》等相关工作。 (师佳媛)

【低碳城区建设调研】 9月26日,市发改委环资处及低碳城市课题组专家对区低碳城区、低碳社区建设工作进行调研,区住建委、教委、城管委等18个部门主管领导参加调研工作。通过调研,市发改委将以东城区作为低碳城区和低碳社区建设试点案例,研究低碳城区评价指标体系,并在全市及全国进行推广。 (李宁)

【节能培训】 10月25~26日,召开年耗能5000吨标准煤以上用能单位节能工作培训会,中海油能源发展有限公司、中国电信北京分公司、北京协和医院等50余家重点用能单位主管领导和工作人员参加。培训提高用能单位节能工作水平,有助于推进全区节能工作。 (李宁)

【节能工作领导小组会】 12月13日,区低碳城区建设和节能工作领导小组召开第一次全体会议,区发改委、教委、住建委等45家成员单位参加。区委常委、常务副区长徐熙和市发改委有关领导出席会议并讲话。会议进一步明确低碳城区建设和节能工作领导小组的主要职能和职责,部署区教委等12个委办局及17个街道办事处节能目标任务。

(李宁)

【廉政建设】 年内,区发改委被列为全区深化廉政风险防控管理工作试点单位。科学确权、规范用权和权力公开为廉政工作的核心,重点抓好涉权事项梳理、权力科学配置、流程再造管理、廉政风险排查、权力监督公开、配套制度建设六大环节。发改委建立廉政风险防控管理项目库,从源头上抓好廉政风险防控。 (金立新)

【建立经济指标监测调控机制】 协同各综经部门,加强对全区主要经济指标的日常监测、分析和调度,建立完善经济监测预测预警制度,恢复经济监测、会商和分析会议制度,形成月度经济会商、季度经济社会形势分析会、经济指标专题会、临时紧急会等会商机制,强化对主要经济指标的经济调度,确保指标圆满完成。 (陈丽帆)

【项目评估】 完成全区政府投资可行研究、初步设计概算、决算等39件项目评估,委托审核金额8.02亿元,核减资金6630万元,为政府投资项目审批提供科学依据。

(李世界 张晔)

【重大建设项目审批】 审批完成法华寺路道路工程、长青南路道路工程等政府投资项目,核准区属安和菜市场改扩建等项目,完成北京全聚德新建地下工程等项目备案。

(李世界 张晔)

【争取市级资金11.93亿元】 把握城南行动计划实施机遇,抓住支持历史文化名城保护、市政道路、社会事业、民生改善等政策导向,落实“十二五”规划,19个项目争取市级资金11.93亿元。 (李世界 张晔)

【完成固定资产投资指标任务】 全年全区累计完成全社会固定资产投资182.5亿元,同比增长4.2%,完成市政府下达的投资任务。投资结构上,市政交通基础设施类项目投资支撑作用明显,投资占比达到43%,房地产开发投资规模基本稳定,同比下降0.5%;投资布局上,东二环高端服务业发展带及王府井商业发展带,完成投资113亿元,投资占比达61.9%,移动通信网络建设、轨道交通15号线、利山大厦、银河SOHO中心、北京饭店二期改扩建等重大项目完成投资较高。企业投资是投资主体,完成投资152.5亿元,占比达83.6%。其中国有企业主体完成投资106.5亿元,占比58.4%,民间投资主体完成投资46亿元,占比25.2%。

(李世界 张晔)

【制定预案应对电力突发事件】 制定《东城区发改委2012年重点时期煤炭、电力安全生产工作方案》《关于东城区2012年电力有限空间作业安全生产专项检查方案》《2012年东城区高考保电工作方案》《“十八大”保电工作方案》等电力应急工作方案,快速、果断处置正在发生和可能发生的各类突发事件。 (何玉莲)

【收费许可证年审】 全区收费许可证总数458个(正本173个副本285个),应参加单位173个,实际年审单位193个,年审率111.56%。年审合格率100%。新核发收费许可证2个,撤销收费许可证44个。 (师佳媛)

【价格管理】 年内,完成区属园林景点临时展览门票价格核定和备案,核准区机动车停车场收费标准81件,调整崇文小学学生住宿收费标准,完成54家非学历教育培训机构收费标准备案工作。 (师佳媛)

【市场价格动态监测】 调整监测网点,增设价格监测定点单位,每日到监测点现场采价。监测221品种,涉及副食品、成品油、液化气、房地产、日用消费品、居民服务价格等,上报监测数据8万余个。 (师佳媛)

人力资源·社会保障·机构编制工作

【概况】 区人力资源和社会保障局(简称区人力社保局),是负责全区人力资源和社会保障工作的区政府工作部门。主要职责为贯彻执行国家、市关于人力资源和社会保障方面的法律、法规、规章和政策;拟定区人力资源和社会保障事业发展规划、工作措施,并组织实施和监督检查;组织实施市人力资源流动政策,协调指导建立统一规范的人力资源市场,促进人力资源合理流动、有效配置;拟订统筹辖区就业发展规划和政策,完善公共就业服务体系,会同有关部门研究落实就业援助制度;综合管理辖区职业技能培训工作,落实职业技能鉴定和资格认定制度相关政策;落实高校毕业生就业政策;拟订高技能人才培养计划和激励政策。贯彻落实国家、市关于机关、事业单位工作人员工资、福利、津贴、补贴等政策及退休、退职管理的有关政策法规,并组织实施;综合管理和指导区机关、事业单位工作人员的工资、福利工作;按照相关规定落实企业职工工资收入分配的宏观调控政策，对企业工资支付进行管理和监督。负责辖区公务员综合管理，指导各部门实施《公务员法》及各单项法规；会同有关部门拟定公务员管理方面的措施规定，并组织实施；按规定承担区政府部门绩效考核的有关工作。负责辖区机关、事业单位工作人员招考录用、年度考核和行政奖励管理工作；会同有关部门指导辖区事业单位人事制度改革；负责专业技术人员管理、继续教育和职称评聘工作；负责高层次专业技术人才选拔、培养和管理、服务工作；负责辖区人事人才智力工作的国际交流与合作；负责国(境)外智力、回国留学人员引进和出国(境)培训组团及人员的审核、管理工作；负责辖区军队转业干部接收安置和军队转业干部的教育培训工作，组织实施企业军队转业干部解困和稳定政策，负责自主择业军队转业干部管理和服务工作。综合管理辖区社会保险工作；贯彻落实并实施养老、医疗、失业、工伤、生育等保险法律、法规、规章及政策；负责基本医疗保险就医管理和监督工作；会同有关部门实施医疗制度改革相关政策；负责社会保险基金的监督管理工作。指导辖区用人单位与劳动者依法建立劳动关系；负责对用人单位和劳动者劳动关系的确立、劳动合同履行情况进行监督；指导各类用人单位的劳动管理工作；负责劳动、人事争议调解仲裁工作和群众来信来访办理工作。会同有关部门统筹辖区人力资源的预测、分析和统计工作；负责社会保险统计和信息工作。负责对辖区街道劳动和社会保障方面日常工作的检查、指导和考核。在职责范围内加强为驻区中央单位、市属单位、驻区部队和区域内企事业单位的服务。区机构编制委员会办公室(简称区编办)，是区机构编制委员会(简称区编委)的常设办事机构，负责辖区行政管理体制和机构改革以及机构编制日常管理工作，列入区委序列，与区人力资源和社会保障局合署办公。主要负责贯彻落实中央和市有关机构编制管理的法规、规章和政策，负责研究起草辖区机构编制管理的规定和办法；统一管理辖区党政机关，人大、政协、法院、检察院机关，民主党派、工商联、人民团体机关的机构编制工作。负责研究拟订辖区行政管理体制和机构改革总体方案；协调并组织实施辖区行政管理体制和机构改革工作。负责协调区委、区政府各部门的职能配置及调整工作，协调区委、区政府各部门与街道之间的职责分工。负责审核报批区委、区人大、区政府、区政协、区法院、区检察院机关和区各民主党派、工商联、人民团体等机关的机构设置；核定处级机关内设机构。统一管理辖区行政编制总额；核定区委、区人大、区政府、区政协和区各民主党派、工商联、人民团体等机关行政编制。负责研究拟订辖区事业单位管理体制和机构改革方案，并组织实施。负责核定辖区机关及事业单位处、科级领导职数配置标准；审核报批辖区机关、事业单位处级领导职数；核定辖区机关、事业单位科级领导职数。负责审核报批辖区相当处级事业单位的职能配置、机构设置和人员编制；核定相当科级事业单位的职能配置、机构设置和人员编制。负责辖区事业单位法人的登记管理工作和业务指导。负责监督检查辖区机关、事业单位贯彻执行机构编制工作方针、政策、法规情况以及机构编制落实情况；对区属各部门"三定"执行情况进行监督检查和评估；推进、加强机构编制实名制管理。负责承办机构编制系统组织的业务培训工作。负责区属议事协调机构和临时机构的审核、批复和备案。区人力社保局(编办)设28个内设机构(其中区人力社保局25个，区编办3个)，17个事业单位。实有在职干部544人，其中局机关168人，事业单位376人。

年内，构建"大就业"格局。实现城镇登记失业率0.79%；城镇登记失业人员就业率75.64%；就业困难人员就业9876人，完成市局指标的165%；社区岗位安置就业困难人员7726人，完成市局指标的176%；零就业家庭动态保持为零。养老、医疗、失业、工伤、生育参保人数分别达到120.42万人、143.86万人、99.84万人、82.98万人、82.7万人。五项社会保障基金收缴134.86亿元，同比增收23.28亿元，增幅20.86%，支付126.4亿元，同比增加22.17亿元，增幅21.27%；拒付违规就医费用307万元，同比下降4.99%，医保基金运行平稳。梳理历史积案57件，集中解决重点信访案件50件。累计受理群众信访4022件，信访案件总量下降。实行劳动关系行政约谈制度，全年约谈企业10家。实行小企业劳动合同制度，组织实施三年行动计划和集体合同彩虹计划，新增集体合同2751户，职工16.41万人。全区企业劳动合同签订率95.36%，续订率89.31%。特殊工时行政许可185件，涉及职工4.05万人。实践劳动监察和谐执法，累计查处各类违法案件551件，接受群众投诉、举报案件662起，分别同比下降22.83%、13.69%，受理拖欠工资案件326件，为1137名员工追回拖欠工资906.45万元。首次开展科级领导职务公开选拔，28名年轻干部走上科级领导岗位。继续实行科级领导职务晋升100%竞争上岗，70家单位324名干部走上科级领导岗位。新录用公务员207人，实现无违规、零投诉。制定下发《东城区科级及以下公务员平时考核工作实施办法》，6009人参加年度考核，优秀等次1200人，称职等次4616人，基本称职2人，不定等次191人，获三等功283人。首次开展区属国有企业组团面向全市招聘中高级管理人才，录用储备优秀经营管理人才40人。事业单位公开招聘工作，录用各类人员949人。毕业生就业服务工作，组织3场专场招聘会，提供1336个岗位、录用682人；为269名非京籍应届毕业生办理进京审批、落户手续，其中区属企业99人，机关单位99人，事业单位71人。举办科级任职培训班2期、公务员初任培训班3期、人力社保干部更新知识培训班4期、科级领导干部创新能力专题研修班2期、军队转业干部岗前培训班1期。创新培训模式，委托北京大学举办科级领导干部能力提升高级研修班，开展公务员科学素质大讲堂、专业技术人员公共课培训、公务员英语培训等专题培训班，培训干部1035人。教育系统备案副高级238人，中级378人，助理及以下392人；卫生系统备案正高级14人，副高级34人，中级193人，助理及以下355人；完成区党校职称备案，副高级8人，中级8人，助理级2人。完成区属86个部门"三定"审核工作，梳理、解决区划调整后部门职能分工中存在的矛盾和问题，完成区党政群机关24个部门所属218个事业单位调整更名工作和12家处级事业单位更名工作；撤并处级事业单位4个，收回编制36名；撤并科级事业单位32个，收回编制154名。全年召开编委会议3次，审议议题25项，签发批复、通知等各类文件57份。社保中心、医保中心被市局授予2010—2012年度优质服务窗口称号。

单位地址:东城区什锦花园胡同26号
联系电话:64077128　邮政编码:100007　(李响)

【优秀人才表彰】　1月18日,举行东城区优秀人才慰问暨杰出人才表彰大会,400人参加,对3名首届东城杰出人才、20名第六届东城有突出贡献优秀人和18名第六届东城优秀青年人才进行表彰,并发放奖金。首届东城杰出人才每人50万元,第六届东城有突出贡献的优秀人才每人3万元,第六届东城优秀青年人才每人1万元。东城杰出人才奖首次评选,是区委、区政府设立的全区人才最高奖项。　(李响)

【职业介绍服务】　1月,联合区残联为就业困难人员提供就业岗位7063个,组织专场招聘会10场,走访就业困难人员和零就业家庭527户,对435名就业困难人员进行跟踪服务,实现就业256人,就业困难人员享受政策182人。2月至4月,举办促进有序流动,帮您成功就业为主题的春风行动,在北京站和10个街道社保所设立来京务工人员信息监测站,安排值班240人次,服务宣传10万人次,发放资料3万份。3月,联合平谷区、房山区城关街道等地举办手拉手活动,20家单位为当地农村劳动力带去岗位1600个,涉及60多个工种,为有转移就业愿望的农村劳动者搭好桥梁。4月,开展大学生就业服务月活动,深入中国人民大学、北京工业大学、传媒大学和理工大学等院校,举办4场专场招聘会,参会单位600余家,提供就业岗位信息8000余条,发放宣传材料5600余份,近万名高校毕业生参加招聘会。5月,举办民企招聘周活动,为高校毕业生、来京务工人员和就业困难群体举办专场招聘会5场,专项职业指导2次,主题宣传活动2场,开发岗位1.06万个,涉及诚信企业167家,签订就业(意向)协议人数351人,印发就业政策等宣传资料3700份,维权及法律援助550人次。　(李响)

【家政服务业】　建立东城区发展家政服务业促进就业联席会议制度,实施家政服务业创业者社会保险补贴制度。2月13日,组织召开部分家政服务企业工作研讨会,探索家政服务业进社区模式,吸纳大学生在社区从事教育、文化等活动,促进辖区青年人就业,提供社区保洁、养老服务需求,开展绿色就业,促进困难人员就业。龙潭街道左安漪园社区开展家政服务业进社区试点,进行健康教育、保洁养老服务等。推行家政服务师职业岗位,推动家政企业员工逐步实行劳动合同制管理。全年培育家政服务法人企业164家,家政服务机构管理人员300余人,在岗家政服务员5.4万人。　(李响)

【职业技能大赛】　3月7日,6178人参加市第三届职业技能大赛,35名选手通过竞赛获得国家三级(高级)以上职业资格证书,4名选手在决赛中取得名次(包括水质分析工决赛第一名)。12月12日举办表彰大会,表彰获奖选手19人,获奖单位20家。　(李响)

【事业单位考核】　4月,完成区属事业单位年度考核工作,2.44万人参加。其中,优秀等次3621人,比例14.81%;合格等次2.05万人,比例83.89?%;基本合格等次20人;不合格等次14人;未定等次285人。　(李响)

【规范公务员津贴补贴】　4月,进行公务员津贴补贴归并调整工作。在职人员现行8项津贴补贴归并调整为生活性补贴和工作性津贴,离退休人员现行5项津贴补贴归并调整为离退休补贴。涉及全区工资规范单位100余家,在职人员1.04万人,离退休人员7000人。4月底完成补发工作,5月起执行新的津贴补贴标准。　(李响)

【政府特殊津贴人员选拔】　4月,全区上报拟推荐人选18名,分属教委、卫生、园林、国资委、区属非公经济企业等多个部门。确定推荐北京市珐琅厂有限责任公司高级工艺美术师钟连盛、北京市一六六中学特级教师王蕾、普仁医院主任医师杨景国等7人参加年度北京市享受政府特殊津贴人员评选。至年末,全区有获国务院批准的享受政府特殊津贴人员59名。　(李响)

【就业服务】　5月,搭建全方位综合服务平台,创建区促进就业服务联盟,63家成员单位。探索全程式毕业生就业服务新模式,拓展高端人力资源服务功能,举办女性HR经理人沙龙、就业服务季、校园招聘会等主题活动。全年举办招聘会144场,2613家单位累计提供就业岗位近13.8万个。　(李响)

【事业单位公开招聘竞争上岗】　6月和9月组织两场全区性公开招聘。区属事业单位面向社会人员组织招聘会4场,提供1500余个岗位,为667人办理入职手续。全区事业单位管理干部95%以上实现竞聘上岗,组织完成34次事业单位竞聘上岗工作。　(李响)

【建立创业带动就业联席制度】　组建区创业带动就业领带小组和就业指导中心,建立区发改委、产促局、妇联等相关单位参加的创业带动就业工作联席会制度,建立和完善街道层面创业指导中心,实现创业指导中心全区覆盖。完善创业者俱乐部运作模式,由原来一对一的创业技能跟踪服务转化为市场化运作模式,搭建创业服务和交流平台。体育馆路街道创业工作室和安定门街道创业者沙龙,根据创业成功者经营需求,适时组织专题研讨与交流,稳定小微企业,促进创业带动就业。全年实现自主创业2853人,带动就业4815人,发放小额担保贷款22笔、314万元。　(李响)

【就业援助】　区社会保障和就业工作领导小组53个成员单位成立产业促就业、政策促就业、公益促就业和基层促就业4个专项工作组,有针对性地进行工作研讨和工作部署。颁发《关于区机关事业单位使用非在编人员优先安置本区失业人员的通知》,规定由政府投资的公益性就业岗位和区属机关事业单位使用非在编人员时要优先招用本区失业人员,同时把安置失业人员就业情况纳入对成员单位年度考核。实现城镇登记失业率0.79%，城镇登记失业人员就业率75.64%，就业困难人员就业9876人，社区岗位安置就业困难人员7726人，零就业家庭动态保持为零。（李响）

【职业技能培训】 全年开展各类职业培训2.27万人次，其中各学校开展职业培训7607人，培训合格率95.9%。失业人员职业技能培训5468人，培训合格率96%。失业人员创业培训301人，培训合格率100%。来京务工人员职业技能培训1837人，培训合格率95.1%。培训外来农民工1040人，培训合格率97%。与上年同期相比，培训总量增加2033人，上升36.5%。失业人员职业技能培训增加1038人，上升23.4%；创业培训减少225人，下降42.7%；来京务工人员职业技能培训增加1220人，上升197.7%，外来农民工培训增加634人，上升156.2%。（李响）

【职业技能鉴定】 开展各类技能鉴定（考试）2.45万人次，高级工以上高技能人才鉴定（考试）1.87万人次，占鉴定总数的76.5%。其中市级统考鉴定6943人次，鉴定合格率85%，包括初级1937人、中级3816人、高级1190人，分别占28%、55%、17%；全国统考鉴定1.75万人次，包括国家级职业资格鉴定统考1.65万人次，企业培训师职业综合评审983人次。职业技能鉴定中心被评为全国示范职业技能鉴定机构。（李响）

【人力资源市场】 年内，全区公共就业服务机构举办各类型招聘洽谈会156场，2613家单位进入人力资源市场招聘，累计提供就业岗位14.24万个，同比减少1.21万个，降幅为7.86%。1.66万名求职者进入市场进行求职登记，同比减少5926人，降幅为26.3%，缺口数为12.58万人，求人倍率为8.58，同比上升1.49，高于全市平均值，结构性矛盾依然突出。区内各公共就业服务机构推荐就业4.60万人次，推荐率276.7%，1.70万人通过市场成功实现就业，同比减少7791人，降幅31.44%，其中失业人员7679人，占总量45.21%，同比减少1382人，降幅15.25%，“4050”人员3342人，占总量19.67%，同比减少733人，降幅17.99%。推荐成功率36.97%。全区开展职业指导培训6.80万人次，同比减少1.90万人次，降幅21.62%。（李响）

【社会保险基金】 年内，全区养老、医疗、失业、工伤、生育参保人数分别为120.42万人、143.86万人、99.84万人、82.98万人、82.7万人。全年5项社会保障基金收缴134.86亿元，同比增收23.28亿元，增幅20.86%，支付126.4亿元，同比增加22.17亿元，增幅21.27%，基金收缴率98%。拒付违规就医费用307万元，同比下降4.99%，医保基金运行平稳。（李响）

【社会保险服务】 社会保险跨省转移接续工作快速增加，全年办理转移接续业务8200笔，转入1112人，转出2315人，累计转入金额1435.68万元，转出3453.2万元。推进外籍人员参加社会保险工作，及时了解外国人参保当中可能遇到的问题，并向招用单位详细解读外国人参加社会保险有关政策，登记外籍参保1901人。工伤保险参保人数84.14万人，生育保险参保人数81.7万人，同比分别增长4%和105%。推进社保业务网上申报，全年开通1.93万家，开通率99%，受理业务73.85万笔。5月，将社保经办业务定点医疗机构变更、综合业务查询、保险扣缴信息核对等下沉至街道社保所。为参保居民办理定点医疗机构变更1.24万人次，个人信息变更7273人次，社保卡同步748人次，综合业务查询2996人次，回款查询1.22万人次。（李响）

【公费医疗改革】 年内，完成驻区523家市、区两级机关事业单位、10.68万人基本医疗保险参保各项工作。对市委等机关医务室开展医保定点资格认定，为机关干部就近就医创造条件。制定下发《关于进一步规范机关事业单位参保人员持卡就医有关问题的通知》，规范全区干部职工就医行为。采集公费医疗改革人员信息10.6万人，其中在职人员6.3万人，退休人员4.3万人，完成公医改任务。（李响）

【工伤认定】 进行类型化研究，实行案件繁简分流，引导单位协助受伤职工办理工伤认定申请手续。开辟农民工工伤认定绿色通道，畅通工伤相关信息有序流动，指导工伤康复工作合法有序开展。全年受理工伤认定申请1303件，认定1298件，将59名工伤人员送往工伤康复医疗机构进行康复治疗。（李响）

【劳动能力鉴定】 规范医疗鉴定专家书写格式，实行经办人、复核人、审核人三岗把关，确保鉴定结论准确公正。妥善处理鉴定争议，接待来访100余例。扩大医学检查范围，指定6例伤病职工进行相关医学检查。建立专家会审制度，解决疑难案件，对行动不便、高危伤病职工上门鉴定，组织专家2次入户鉴定。全年进行劳动能力鉴定754人次，组织劳动能力鉴定29场，其中工伤鉴定585人次、因病鉴定169人。（李响）

【劳动关系协调】 实行劳动关系行政约谈制度，全年约谈企业10家。推进劳动合同制度，指导企业做好集体合同签订工作，全年新增集体合同2751户，覆盖职工16.41万人。加大劳动合同履行情况监控力度，监控企业1781户，职工8.41万人，全区地方企业劳动合同签订率95.36%，劳动合同期限届满职工8154人，续订7282人，续订率89.31%。特殊工时行政许可185件，涉及职工4.05万人。（李响）

【劳动监察】 全年处理因劳资纠纷引发的群体性突发事件17起，涉及劳动者709人（其中建筑工地农民工工资突发事件8起331人，追发工资183.55万元）。累计查处各类违法案件551件，接受群众投诉、举报662件，分别同比下降22.83%、13.69%。实现网格化管理由简单型向信息化转变、日常化管理向精细化管理转变、条块管理向网络化管理转变。出台《东城区社区工作站人力资源和社会保障工作标准》《东城区网格助理员任务职责及工作标准》等规范性文件。为全区17个街道劳动科、185个社区统一配置电脑，网格化覆盖率100%，社区上线使用率85%以上。全年采集用人单位信息1万余家，网上流转事项7000多条次。（李响）

【调解仲裁】 10月12日，非公经济企业劳动争议调解中心挂牌成立。全年限制企业注销登记22件，涉及30余人，涉案金额46万元。实行拟立案制度，在申请人正式立案前，由区工会调解组织提前介入，约谈劳动争议双方当事人，进行立案前调解，调解成功后置换劳动仲裁委调解文书，如调解不成功再行立案手续。由“拟立案”制度成功置换调解文书115件。“拟立案”程序实现调解环节，节约司法资源，节省案件双方当事人时间。全年审结劳动争议案3155件，调解及调解撤诉1891件，调解率54%，结案率96%。（李响）

【“四位一体”信访工作模式】 创建“四位一体”信访工作模式，即信访、仲裁、监察、社保稽核联合办理社会保障信访工作体制，由信访办统一受理与答复，全程督办，集中相关业务部门负责人，有针对性地集体解答信访人提出的问题，有效减少重复访、越级访等。成立“十八大”维稳工作小组，梳理历史积案57件，集中解决重点信访案件50件。全年接待来信来访4022件，同比下降68.23%。（李响）

【人事人才考试】 年内，完成市人事考试中心下达的20个考试项目的考务组织工作，安排考点157个，使用考场3046个，监考员6092人次，考务工作人员942人次，为21万多人次考生提供笔试考试服务；完成13项人事考试报名现场资格审核项目，现场审核通过2.7万人；完成全国计算机上机模块考试1.6万人次考试任务。全年未发生考生投诉事件和考试责任事故，未出现试卷丢失和试卷失泄密事件。（李响）

【清理规范事业单位】 完成区党政群机关24个部门所属218个事业单位调整更名，12家处级事业单位更名，撤并处级事业单位4个，收回事业编制36名；撤并科级事业单位32个，收回事业编制154名；按照《东城区事业单位机构编制管理试行办法》统一核定事业单位的科级领导职数。（李响）

【事业单位年检及网上登记】 年内，应参加年检事业单位538家，其中经批准缓检2家，年检合格单位536家，年检合格率100%。区编办分批对区属120家事业单位进行业务培训，396人次参加。9月起，事业单位网上登记全面施行，全年网上登记42件次，其中设立登记9家，注销登记6家，变更登记27家。（李响）

【机构编制日常管理】 年内，召开编委会议3次，审议议题25项，下发批复、通知等各类文件57份。批准新成立全额拨款事业单位26个，核定全额拨款事业编制150名。（李响）

【审核科技(科研)活动经费】 对19个申报2011年度东城区优秀人才科技(科研)活动经费资助培养项目进行审核，涉及金额83万元，重点是青年人才科技研发、教育、医学等前沿性、高端性研究。（李响）

【“三定”规定审核】 年内，根据区属机关“三定”工作部署和要求，完成了行政区划调整后区属86个部门“三定”规定的审核工作，经区编委会、区政府常务会和区委常委会审议通过后，由区委区政府正式印发。并制定和完善区属机关“三定”规定，梳理、解决区划调整后部门职能分工中存在的矛盾和问题，梳理“条”、“块”关系，重点理顺职能部门之间、职能部门与街道之间、功能区与街道之间的职责关系和工作分工，强化街道在经济发展服务方面的职能定位，明确相关部门在城市运行管理体系、产业发展和投资促进工作、国有资本经营预算、社会建设等8个方面的职责分工。（李响）

【军转安置管理】 年内，安置计划175人(其中团职34人)，实际接收档案93份(其中团职档案28份)。与区委组织部等部门协调合作，统一政策要求，明确职责分工，通过调查了解全区机关事业单位安置能力，做好预分计划，组织军转干部参加公务员考试，确定安置到机关和事业单位人员比例。举办双向选择会，给用人单位和军转干部搭建和谐直接的洽谈平台。提供“一站式”办公服务，一次性为军转干部办理报到和落户手续，得到军转干部好评，做到了部队、军转干部、用人单位“三满意”。全年安置到公务员岗位42人(占应安置人数的46%)，事业单位49人。在企业军转干部解困方面，共为15名生活困难的企业军转干部办理社会保险补助审核手续，申领社会保险补助金1.3万元，平均每人每月868.93元。为105名失业军转干部申请提前退休开具身份证明。完善企业军转信息采集，共采集信息406条。做好随军家属就业安置工作，全面落实各项帮扶政策，鼓励和引导用人单位积极接收安置随军家属。针对随军家属在就业工作中缺乏职场所需的职业技能问题，开设随军家属职业指导课，7月24日，举办了以“聚和谐之力　筑钢铁长城”为主题的东城区庆祝建军85周年随军家属专场招聘会，26家企业提供就业岗位1335个。（李响）

统　计

【概况】　东城区统计局、东城区经济社会调查队(简称东城局队)是负责区统计调查和国民经济核算工作的职能部门。主要职责为负责搜集、整理、汇总、公布全区基本统计资料,为区提供统计服务,进行统计分析、预测和监督,完成区域内重大国情国力普查任务,组织实施区域内经济社会专项统计调查,进行统计分析及数据质量检查和评估工作,宣传贯彻统计法律法规,检查和监督统计法律法规执行情况,查处统计违法行为,负责统计业务培训和指导区域内各级统计机构和人员。内设机构19个及17个街道统计所。在职171人。

年内,定期统计经济数据,按时发布工业、投资、商业、能源、旅游、住宿、人口、居民生活、物价水平等方面统计指标和数据,客观、详实地反映区经济社会发展运行情况。开展组织工作满意度民意调查、反腐倡廉建设民意调查、群众安全感调查、企业发展状况调查、企业用工快速调查、岗位工资试点调查等统计专项调查。开展统计分析与调研工作,为区域经济社会发展提供预警预报,为区委区政府决策与社会管理提供依据和参考。调整南片7个统计所管理模式,全区街道统计管理方式实现规范统一。梳理统计所职责4大类25项制度,完善统计所工作机制,构建基层统计服务“五个一”新格局,即搭建一个辖区单位名录库、编辑一本统计服务手册、撰写一篇重点调研课题、搭建一个服务支撑体系以及创新一项服务亮点工作。

单位地址:东城区金宝街52号
联系电话:65260007　邮政编码:100005　(罗虎)

【调研活动】　3月,开展统计服务在基层调研活动。局队主要领导带队,工业、商业、服务业、社会科技等各专业及法规科业务骨干组成调研小组,到中粮集团、神华集团等企业,开展现场会审,确保源头数据真实准确;制作调研问卷,调查基层企业基础工作现状;印发《2012年依法统计读本》,向基层企业统计人员讲解统计工作规定,解释和说明常用统计指标。以真实案例为教材,提高基层统计人员依法统计意识。3月到8月,开展走百家企业,创十佳典型调研活动。完成对135家企业的调研,掌握企业统计基础工作状况。年末评选中国石油工程建设公司、北京市第五建筑工程有限公司、中粮集团等10家单位为年度东城区统计十佳单位。3月至10月,开展青年干部统计调研分析竞标活动。5月,局队55名青年干部组成12个竞标课题组,围绕《东城区不同功能街区经济效益与空间资源占用关系研究》《东城区和世界城市中心城区的发展差异在哪里》两项课题开展竞标,2个获胜组获得课题承担权;10月,课题组完成调研报告初稿,进行中期评议后定稿,报区领导和有关部门。　(罗虎)

【统计进网格】　3月至12月,在东四街道试点统计进网格工作。选择六条、八条和豆瓣社区作为试点,工作内容是,单位名录库维护、人口抽样调查、住房调查。国家统计局副司长李锁强、市统计局副局长陈泽星等到东直门街道办事处调研街道社区网格第管理创新试点工作,就统计调查管理与网格化管理的有效结合等与街道办事处、东城局队领导座谈。　(罗虎)

【统计工作培训】　4月,举办统计分析、新闻和信息写作培训会,邀请市统计局副局长夏沁芳作提高统计分析水平专题讲座,中国信息报统计导刊主任作统计新闻稿件写作讲座,市统计局、调查总队干部作统计信息讲座。4月至6月,举办35岁以下青年干部专题培训班,开展主题为知统计、懂专业、学理系列学习活动。6月19~20日,35周岁以下青年干部100余人进行拓展训练,增强自信心、责任感和团队合作精神。　(罗虎)

【民意调查】　4月,完成年度区组织工作满意度民意调查,调查范围涵盖区党政机关、人民团体、区属事业单位和国有企业,共119家单位,调查样本3580人。7月至8月,完成年度北京市组织工作满意度民意调查。调查范围包括中央和市级74家单位,样本770人。国家统计局北京调查总队副总队长到区督导。　(罗虎)

【统计开放日系列活动】　6月至9月,开展区首个统计开放日系列活动,活动总主题是走近统计,感受统计,分社区统计知识大讲堂、群言堂情景剧展演、采价观摩、书市现场咨询4个篇章。6月13日,在北新桥民安社区举办人口统计走进社区大讲堂。6月20日,北京电视台、《北京晨报》等媒体记者到乐天玛特超市崇文门店及山西天镇蔬菜直营店南花市店采访消费价格采集统计工作,局队领导接受专访。7月18日,在龙潭街道举办统计知识进街道活动。8月28日,在新世界北京项目管理中心举办统计知识进企业活动。9月12日,在永外百荣世贸商城举办认知价格统计为主题的统计开放日活动,北京电视台、《北京青年报》等家市、区新闻媒体记者全程采访报道。9月14日,在前门街道办事处举办统计记账关系你我他宣传活动,同时举办统计主题书画作品展,20余件作品参展。　(罗虎)

【全国经济普查专项试点】　东城区为全国第三次经济普查6个专项试点地区之一。10月,在和平里、北新桥和崇外街道开展企业组织结构调查试点。局队按要求组建区、街试点机构,制定实施办法,选聘普查人员,设计调查问卷,整理调查单位底册,研究试点主要问题,提出建设性意见,完成试点工

作任务。 （罗虎）

【群众安全感调查】 全年开展2次群众安全感调查，涵盖17个街道和王府井、北京站2个地区。6月调查样本量1676户，12月调查样本量1706户。调查内容涉及群众对当前社会治安状况的评价、影响群众安全感的主要因素、群众对公安工作满意程度、群众关心的社会热点问题等4个方面9个问题。撰写2篇工作报告。 （罗虎）

【在线备份存储系统】 7月，完成在线存储备份系自主研发工作。该系统搭载于局队OA系统，利用网络开发技术和存储设备将全部或部分数据集合从个人主机硬盘复制到其他存储介质，实现数据文档在线存储备份，保证数据和文档安全可靠，有效防止因操作失误、硬件故障或意外灾害所导致的数据丢失。该系统9月正式上线运行。 （罗虎）

【城乡住户调查一体化改革】 7月至12月，东城区城乡住户调查一体化工作由区、街两级共同负责，完成对抽中小区的摸底调查，调查员选聘和培训，调查户抽选，并组织试记账。9月11日，9月27日，《北京日报》《北京晨报》《法制晚报》等多家新闻媒体记者现场采访报道，北京电视台《特别关注》和《首都经济报道》节目分别以“小小记账本关系千万家”和“样本户有大作用 物价指数有依据”为题作专题报道。城乡住户调查涉及17个街道，40个调查小区，住户调查样本480户，其中常规调查样本400户、低保调查样本80户。 （罗虎）

【城六区统计工作交流会】 8月9日在东城区召开。城六区主管统合统计工作的局长、队长和综合科人员参加，会议围绕综合统计工作主题，就统计监测预警、统计服务等进行讨论并达成共识，会后，编印《北京市城六区2012年上半年经济运行情况分析》《北京市城六区2011年主要经济数据汇编》。 （罗虎）

【统计从业资格考试】 9月16日，年度北京市统计从业资格考试开考。辖区内设五十中分校、龙潭中学和现代职业学校3个考点、72个考场，总计1755名考生参加。《统计基础知识与实务》参考率为70.4%，比上年提高2.2个百分点，《统计法基础知识》参考率与上年持平。 （罗虎）

【人口抽样调查】 9月至12月，年度区人口抽样调查工作涉及15个街道、31个社区居委会、62个调查小区，调查标准时间为本年11月1日0时。东城局队进行组织领导、调查员、指导员选聘与管理、调查宣传、调查摸底、入户登记与复查、质量控制和抽查、数据处理与资料管理等工作，准确及时掌握北京市和东城区人口变动及人口计划执行情况，研究辖区未来人口发展趋势，做好全区人口发展、服务与管理工作，监测人口调控目标实现程度，为区政府实施人口管理和调控手段、解决人口资源环境矛盾提供决策依据。 （罗虎）

【创建“1234”学习型党组织】 东城局队是东城区学习型党组织建设考核评价指标体系试点单位，创建出“1234”学习型党组织建设模式。即立足1个定位：立足将统计部门建设成为区域发展数据中心和产粘发展监测评价中心的职能定位，围绕2个提高：提高党员干部队伍素质；提高统计服务水平，搭建3个平台：领导干部理论学习；党员干部主题教育实践活动；青年干部科研课题平台。明确4项保障：规划目标保障；制度机制保障；时间安排保障；经费场地保障。 （罗虎）

【统计执法】 全年执法检查421家单位，完成全年执法任务114%；督导检查253家，完成全年任务110%。完成立案案件后期处理，其中一般程序立案单位109家，简易程序立案53家，未发生行政复议、行政诉讼。 （罗虎）

产业和投资促进

【概况】 东城区产业和投资促进局（简称区产促局）和东城区金融服务办公室（副处级，简称区金融办），是负责辖区产业投资与发展，以及金融工作的政府工作部门。主要职责为按照北京市和辖区国民经济发展战略和中长期发展规划，负责综合协调重点产业发展，组织拟定综合性产业政策，做好与国民经济和社会发展规划、计划的衔接平衡，制定辖区产业发展和投资促进工作中长期计划及年度工作计划；研究提出国民经济重要产业的发展战略和规划，提出产业结构升级的目标及政策建议，区产业发展目标和优化产业结构的建议和措施；加强重点产业运行监测和新兴产业培育的组织、统筹、协调、监督。提出并组织落实促进中小企业和非公有制经济发展的政策措施，指导非国有经济和中小企业发展，减轻企业负担，协调建立和完善中小企业服务体系。在本部门职责范围内加强为驻区中央单位、市属单位、驻区部队和区域内企事业单位的服务等。区金融办主要职责为贯彻执行国家和市有关金融工作法律、法规和方针、政策。研究拟订促进辖区金融业发展规划、政策和措施并组织实施。推进辖区金融发展环境建设，负责驻区金融机构的联络、服务和信息采集、分析工作；协调有关部门为驻区金融机构提供服务。产促局内设办公室、产业发展科、投资促进科、中小企业发展科,金融办内设金融发展科和金融服务科。编制共31人。

年内,推动辖区产业投资与发展,重点产业实现增加值951.99亿元,新增年度税收7.9亿元,制定《关于东城区促进驻区企业发展鼓励措施》《东城区关于对区属部门、功能区引进重点企业激励机制》,建立全区税源建设工作小组和税源迁出挽留工作机制,设立区中小企业公共服务中心,推动359家中小企业从传统行业向重点发展产业转型,举办主题为碳市场与低碳发展的第三届地坛论坛。签署低碳人才培养与就业促进合作协议、绿色东城合作协议,成立绿色金融服务中心。

单位地址:东城区金宝街52号
联系电话:65259078　邮政编码:100005　(张谊)

【产业发展状况】 全年重点产业实现增加值951.99亿元,同比增长16.5%,占全区地区生产总值65.75%。完成重点产业增加值占全区生产总值GDP增加一个百分点指标。引入新兴产业企业90家,设立低碳人才培训基地,推出第一期低碳产业集合信托产品,首期发行1000万元,建立龙潭湖体育投资基金,成立基金管理公司。加强与体育总局深度对接,实现税额1.15亿元,同比增长15.5%。组建北京中医药健康产业投资基金,设立东城区中医药产业联盟、全国首家中医儿童医院北京惠民中医儿童医院。完善政策实施细则,全年产业政策兑现8628万元。　(张谊)

【税源建设】 年内,全区联系企业668户,落户442家,注册资本40亿元,新增年度税收7.9亿元,完成年度新增税收7亿元工作目标。挽留企业14家,保住存量税收7457万元。制定《关于东城区促进驻区企业发展鼓励措施》《东城区关于对区属部门、功能区引进重点企业激励机制》,建立全区税源建设工作小组和税源迁出挽留工作机制,开展区域资源、异地纳税、异地统计和异地经营情况调查。统计结果全区可用商务楼宇228座;闲置面积91.4万平方米;闲置四合院383座,闲置地下空间2372处,闲置面积6.8万平方米。(张谊)

【中小企业和非公经济发展】 区中小企业门户网站上线运行,设立区中小企业公共服务中心,并获得市经信委专项资金支持,资金额居全市第一;认定汉潮大成、歌华大厦、嘉润为区级小企业创业基地,推荐瀚海智业、版权交易中心取得第一批北京市中小企业公共服务平台称号,瀚海智业取得市级小企业基地称号;先后组织212家中小微企业申报国家、北京市产业专项资金,126家企业获得4229万元资金支持;拓宽融资渠道,加强银企对接,全年累计为142家中小企业融资3.12亿元;加大企业减负工作宣传,开展减负需求调研,严格执行涉企收费公示制度,清理涉企收费项目;推动359家中小企业从传统行业向重点发展产业转型,同比增长29.1%,确定全区重点支持发展对象127家、拟上市6家;组织政策培训活动19次,培训企业超过3600户(次);调研走访重点方向企业和小微企业聚集区,收集数据建立项目储备库。　(张谊)

【金融工作】 引进民生期货、国华文创等6家金融机构;收集整理项目建设融资需求25条,融资需求800多亿元;推进FAB精彩集团登陆美国纽交所。开展金融监管,全区小额贷款公司运行平稳。　(张谊)

【政策服务】 参与市文化创新发展专项资金项目征集,涉及企业33家,金额5219万元。完成年度文化创意产业政策兑现,涵盖财政奖励、项目资助、贷款贴息、示范基地补贴等16个类别,59家企业86个项目获得专项资金扶持,金额2020万元。整理下半年兑现需求项目109个,其中新兴产业项目29个、中小企业项目79个、企业上市项目1个。开展上年驻区企业会议产业奖励资金项目复审,7家企业8个项目通过,涉及金额18.3万元。　(张谊)

【大型活动】 年内,举办主题为碳市场与低碳发展的第三届地坛论坛。全国人大常委会原副委员长成思危、国家发改委副主任解振华、市领导洪峰等出席。签署低碳人才培养与就业促进合作协议、绿色东城合作协议,成立绿色金融服务中心。举办第16届京港洽谈会东城专场活动,3个推介项目5个签约项目入选,签约金额4.6亿元人民币。完成引进来,走出去双向投资促进。组织驻京中外知名企业投资东城行宣传推介活动,完成第16届中国国际投资贸易洽谈会东城代表团参会工作。　(张谊)

工商行政管理

【概况】 北京市工商行政管理局东城分局(简称东城工商分局)是政府市场经济秩序监管部门。工作职责为负责区域内宣传、贯彻、实施有关工商行政管理的法律、法规及规章。依法管理辖区内工商企业和从事经营活动的单位、个人的登记注册工作;审定、批准、颁发分管范围内有关证照并实行监督管理;承办企业改组改制的登记工作。依法监督辖区内市场竞争行为,查处垄断、传销和变相传销等违法违章行为。负责流通领域商品质量的监督管理;组织查处侵犯消费者权益及假冒伪劣等违法行为。依法监督和管理辖区内各类市场的经营秩序。依法监督管理辖区内经纪人、经纪机构。负责辖区内经济合同的监督管理;负责动产抵押物的登记管理;负责拍卖行为的监督管理;查处合同欺诈等违法行为。依法监督管理辖区内个体工商户、个人合伙、私营企业和个人独资企业的经营行为。依法负责辖区内商标管理工作;查处商标侵权假冒等违法行为,保护注册商标专用权。依法监督管理辖区内广告发布和广告经营活动,查处广告违法违章行为。指导所属消费者协会和私营个体经济协会的工作。承办市工商局及区政府交办的其他工作。分局设41个部门,其中机关科室21个、工商所12个、检查站1个、事业单位7个。有干部职工542人,其中公务员编制459人、事业编制70人、工勤人员13人。

年内,以形象提升年为主题,努力构建社会管理格局,加快监管方式改革,提升服务水平和工作效能。参与社会管理创新,推进工商职能与基层社会管理的有效融合创新服务渠道,指导帮扶市场主体健康发展,全力助推企业优化升级和业态调整;流通领域食品、商品安全监管,完善消费者维权保护体系,确保辖区百姓消费安全;以强化市场风险防控为重点,促进市场和谐稳定;狠抓干部队伍作风建设,全面提升队伍战斗力。建立食品安全责任网,全区589个网格设立专(兼)职食品安全管理。编发《东城区社区食品安全监督员手册》,要求监督员每月定期开展排查、宣传工作。举办业务培训班。对监督员进行培训。签订《风险防范职权目录》,梳理细化涉权事项及监管风险点。成立区私营个体经济融资服务平台,对1000余户企业进行贷款辅导,全年帮助企业贷款1.5亿元。开展巾帼岗位标兵、窗口微笑服务标兵、社区满意服务标兵评选活动,宣传典型,树立正气。分局登记科获北京市工商系统先进基层党组织,消协被授予北京市规范化人民调解委员会称号,孙连进工商工作站被认定为市级职工创新工作室,余麟消保维权岗获第三届王府井国际品牌节特别贡献奖。

单位地址:东城区东四北大街267号
联系电话:64033742 邮政编码:100007 (周静)

【社会管理创新】 与龙潭街道、东直门街道签订合作备忘录,建设"1048"社区工商工作站,实现工商网格与589个社区网格全面对接,开展便捷维权、食品安全、商品质量、合法经营宣传等服务工作,搭建起一家发现、转告相关、专业履职、综合治理工作平台。聘请工商社区联络员、食品安全志愿者,利用社区人员、信息和职能优势,了解百姓需求,延伸执法触角。发挥行业协会优势,成立商务楼宇协会,出台《洗染服务组织分等定级规定》,将合同、准入、商标等工商管理工作与行业管理衔接。与南锣鼓巷商会、五道营商会等街区商会协会达成合作意向,举办和谐南锣开放空间讨论活动,对管理难点实施公众参与、综合治理新尝试。 (周静)

【市场主体准入】 完善双轨制,延时服务、预约服务,保证预约优先,提升二三级平台准入服务工作效率。开展公共服务满意度调查和准入主体8项微服务,以微小改善温暖企业。做好对重点行业、企业和驻区中央单位及部队的服务,畅通绿色通道。截至11月20日,全区累计市场主体存量7.00万户,内资企业1.12万户,私营企业3.06万户,外资企业2301户,个体工商户2.59万户。 (周静)

【拓宽服务渠道】 以上门指导、邮寄申报、电话预约、短信提示、集中申报、上门年检等工作方式,提升工作效率。帮助110户外资企业解决注册资本逾期缴付难题,缴付人民币合计1.26亿元。建立融资服务台,推出重点企业"门诊式"融资服务,对1000余户企业进行贷款辅导,全年帮助企业贷款1.5亿元。协助区政府起草、出台支持产业升级、优化业态调整、加强住所审查、促进个转企等政府性文件并安排个转企资金20万元。 (周静)

【商标战略】 建立非物质文化遗产企业商标数据库、中华老字号企业商标数据库、重点文化产业企业数据库。保护与挖掘各类商标资源,保护特色街区、历史街区、协会组织商标价值,推进五道营商会、北京市洗染协会等集体商标注册。制发《关于推进商标战略实施示范区建设工作意见》,与区教委签订实施商标战略,加强教育品牌保护合作备忘录。(周静)

【消保维权工作】 综合运用"12315"中心、消协、社区工商工作站、区人民调解委员会、维权网络、绿色通道企业、消费跟踪等渠道,为消费维权建立弱势维权工作室、老年人消费维权指导中心,提高消费帮扶针对性,突出消保维权社会效果。全年为消费者挽回经济损失235万元,解决弱势群体投诉37人次,指导60名消费顾问完成热点消费跟踪120件次。

(周静)

【商品质量监管】 提升经营主体自律意识，建立东城区商业服务企业维权自律联席会议，制定《东城区企业维权自律公约》，成立市场诚信联盟。对经营主体开展行政指导，组织检测机构专家、社区群众代表到新世界、新中国儿童用品商场，帮助商家查找商品质量问题。对旅游服务市场、珠宝玉石市场、特产商品市场等进行重点抽检，共抽检商品17大类379组。 （周静）

【食品安全监管】 强化源头控制，全面开展分类分级巡查，成立东城区食品安全自检技术企业自律联盟，加大食品安全检测，开展瘦肉精、血豆腐、明胶等高风险食品专项检测，完成各类食品抽检3810例，办结食品类案件111件，发放食品流通许可1933份。 （周静）

【维护公平交易秩序】 执法中坚持指导预警、重点监控、效果为先的基本原则，强化问题发现机制、预警指导机制和互助解决机制建设。运用多种行政指导方式，通过集体约见、工作提示、QQ平台、现场指导等加大对企业的引导。开展各类行政指导1.33万次。注重查办特色突出、影响巨大、典型性案件，在实现违法惩戒的同时注重社会效应和执法效果。查办商业银行“积分换购食品”案、猪肉冒充羊肉虚假宣传案件、连锁酒店劣质洗漱用品案、嘉德在线拍卖案等一系列特色案件，提高监管执法的社会认可度。 （周静）

【电子商务监管】 针对团购网站经营方式、组织分工、运作流程、宣传手段及赢利模式等存在的安全隐患及监管缺失问题进行深入探讨，结合年检、查办案件对辖区知名、有影响力的团购网站进行全面排查，集中清理整顿利用互联网销售滥用特供、专供等标识商品整治工作。 （周静）

【商标监管】 年内，有注册商标3.74万件，比上年增长16.6%；与全区拥有经营主体数6.82万户相比，比率达到54.8%，即每百户企业拥有的有效商标数量达到55件，拥有中国驰名商标19件，占全市总量127件的14.96%，北京市著名商标48件，占全市总量517件的9.28%。指导北京珐琅厂有限公司实施商标战略工作。结合“双打”工作常态化，继续打击假冒伪劣和商标侵权行为。商标质押额累计1150万元。 （周静）

【广告监管】 采取网上巡查、科所互查、实地抽查等方式，保证刊样收集率100%。全年监测各类广告32.48万条。检查、清理、规范各类户外广告3255块。查办违法广告案件123件，收缴罚没款376.51万元。行政约见323次，下发责令改正240份，叫停各类违法广告1544条次。 （周静）

【合同监管】 开展消费类格式条款整治专项行动。与房管部门配合，开展房地产经纪人专项整治工作。探索拍卖企业精细化监管，办理拍卖前备案197件、拍后备案198件；成交确认书7.52万份，拍卖成交额92.36亿元。促进动产抵押登记便捷化，公示动产抵押所需文件和表格，继续实施网上登记、电话预约等制度，为申请人提供便捷服务，办理动产抵押登记12件，主债权额6.90万元，抵押物总价值9.27亿元。 （周静）

【有形市场监管】 开展市场诚信体系建设，成立市场诚信联盟。截至年底，全区有形市场总数60个，其中本年新建市场3个、清理空壳市场2个、协助3个市场转为公司经营。全区有农副产品市场33个、小商品市场9个、珠宝市场1个、小吃市场2个。 （周静）

【消费维权工作】 区消协开展消费维权工作，组织企业加入“京城帮帮团”，坚持跟踪服务，开展争创消费者满意单位企业工作，发起建立东城区商业服务企业维权自律联席会议，召开东城区企业维权自律研讨会。 （周静）

质量技术监督

【概况】 1962年9月，北京市东城区计量管理所建立。1987年5月，更名为北京市东城区标准计量局。1991年5月，更名为东城区技术监督局。2000年4月，更名为东城区质量技术监督局。2010年8月，区划调整后，原东城区质量技术监督局与原崇文区质量技术监督局整合为北京市东城区质量技术监督局（简称质监局）。负责贯彻、实施有关质量技术监督方面的法律、法规、规章和政策。负责区内质量管理工作；落实产品质量诚信体系建设工作；按照规定权限依法对认证活动实施监督检查，推动自愿性认证活动开展；按照规定权限开展产品质量事故调查，监督管理产品防伪；监督实施缺陷产品和不安全食品召回。负责区内产品质量安全监督管理工作和食品、食品相关产品生产环节的质量安全监督管理工作；按分工对产品质量安全和生产许可证制度执行情况进行监督检查，开展质量安全专项整治，依法查处产品质量违法行为，打击假冒伪劣违法活动。负责制定区内标准化工作计划，推进标准化工作；组织实施标准，并对标准实施情况进行监督检查，依法查处标准化违法行为；负责组织机构代码的管理工作和商品条码的监督工作；负责地理标志产品保护工作。负责监督管理区内计量工作；依法管理计量器具及量值传递和溯源；查处计量违法行为，规范和监督商品量和市场计量行为。承担区内特种设备安全监察责任;按规定权限组织开展特种设备事故的调查处理工作,监督检查高耗能特种设备节能标准的执行情况,依法查处违法行为。受理区内质量监督方面的举报和投诉,调解纠纷;负责区内相关质量技术监督检验机构的监督检查;承办质量技术监督行政许可的相关工作。承办市质监局及区政府交办的其他事项。内设办公室、法制科、产品质量监督管理科、食品生产监督管理科、标准化科、计量监督科、特种设备安全监察科和稽查队。行政编制41人,工勤编制7人,行政执法专项编制8人。直属事业单位:组织机构代码管理中心编制8人,计量检测所编制50人,特种设备检测所编制42人。

年内,开展执法活动1252次,出动执法人员3495人次,办理执法案件20起,罚没金额3.1万元。执法活动完成任务率100%,结案案件完成任务率100%。受理投诉举报案件72起,解决72起。计量检测所强检计量器具4.39万台(件),特种设备检测所检测特种设备9839台(辆)。制定控制大气污染工作方案和应急预案,加强型煤质量监管工作。报送各类信息223篇,其中媒体报刊刊登20篇次(中央3篇次、市级16篇次,区级1篇次),市级信息37篇次,区级信息63篇次。对社区困难党员进行走访慰问送温暖活动;学习宣传"北京精神";开展义务植树活动;参加区直机关"唱响主旋律"歌咏比赛并获得二等奖;参加市质监系统乒乓球比赛中并获得团体第二名;组织"党员献爱心"和"7·21"特大暴雨捐款活动,捐款共计1.9万元。

单位地址:东城区和平里五区甲12号

联系电话:84220417　邮政编码:100013　　（高然）

【工业产品质量监管】　完成36家工业产品生产许可证企业年度审查,对辖区2家质检机构分类评级工作进行监督。对全区35家商户100余种儿童玩具类强制性产品进行认证监督检查。开展自愿性认证监督检查,检查企业41家。开展电线电缆、建筑防水卷材、化肥和眼镜等产品检查。组织辖区电线电缆生产加工企业参加质量提升和质量大讲堂授课培训活动,现场签署《产品质量安全诚信承诺书》。　　（高然）

【企业质量分类试点】　完善产品分级、企业分类、监管分等的风险防控体系,对全区工业产品生产许可证获证企业按照分类级别和风险等级推进四级监管模式。制定《东城区工业产品生产企业名录》,建立和完善企业质量档案。开展工业产品生产企业质量分类试点工作,排查企业数据信息715家,完成企业质量分类700家,其中重点监管企业50家,实现重点企业生产过程动态监管,规模以上企业状况全面掌握,中低风险企业情况基本了解。　　（高然）

【食品质量安全监管】　协调街道食品安全部门做好食品黑窝点和小作坊举报查处工作。加强辖区内乳制品、酒类等高风险产品的抽样检查,加强企业食品添加剂使用管理,开展食品中铬专项风险监测,推进企业自检室建设工作。全年共抽查样品143批次,合格率为98.6%。　　（高然）

【食品企业交流活动】　6月12日,开展质监邀您看企业·食品安全大家行动活动,组织辖区内糕点、肉制品等7家夏季高危食品生产企业相关负责人,参观北京汇力发食品有限责任公司,加强食品生产企业间沟通交流。　　（高然）

【标准登记注册】　对104家企业232个标准进行备案后的文本审核,为21家企业办理执行标准41起,为18家企业办理标准修改26起,废止97家企业243个标准。为5家单位的24项标准申报标准制修订补助资金,并对全区已获补助经费的41项标准的实施情况进行审理。　　（高然）

【标准化建设】　推进区网格化社会服务管理标准化建设,完成涵盖组织管理、运行管理、信息化管理、监督评价等综合管理体系和包括社会管理、社会公共服务、社区治理、区域化党建等专业工作体系的标准化建设。编制完成网格化社会服务管理标准体系,并通过专家组评审,在区网格化社会服务管理中全面展开应用,并在全市进行推广。完成鲜鱼口、东华门和簋街等3个餐饮街区的服务质量标准制修订工作。　　（高然）

【计量监督管理】　以能源计量和民生计量为重点领域,加强企业诚信计量体系建设,规范市场计量秩序。以眼镜制配和医疗卫生行业诚信计量体系建设为重点,帮促相关单位建立完善计量管理工作长效机制、开展诚信计量承诺活动,确保在用计量器具配备合理、量值准确。加强对海鲜水产品市场、餐饮企业、大中型超市集贸市场以及加油站等场所的计量器具执法检查,保障生活必需品市场计量准确。加强计量认证实验室建设、公共机构供热计量器具制造维修等环节的计量监督管理。　　（高然）

【特种设备安全监察】　出动监察人员859人次,监督检查单位360家次,检查设备1882台,下发《特种设备安全监察意见指令书》43份,监督存在问题单位进行整改,整改率为100%。严厉打击非法安装、无证操作等违规行为,加强人员密集场所、居民小区电梯、压力容器等特种设备的日常监察,排查安全隐患。探索建立居民小区电梯应急垫付资金使用长效机制,建立电梯应急管理新模式,从电梯安全隐患评估、预警阶段资金申请,到应急资金的审核、使用、验收等环节,解决为专属区域业主垫付维修费用的难题。　　（高然）

【电梯物联网示范工程】　协调区信息办、区房管局、各街道办事处、管委会以及127家电梯使用单位和维保单位进行前端采集器安装工作。从点、线、面多方开展工作,每月组织召开工作协调会,加强部门间沟通指导,解决设备安装困难。统筹协调工程建设单位和电梯维保单位间的对接关系,处理施工作业、安全、费用和进度等问题,保证施工质量,赢得有关责任单位对示范工程的理解和支持。全部完成94家单位2013部电梯的物联网应用示范工程的前端采集器安装工作。　　（高然）

【安全生产行动】 6月，参加区安全生产月咨询日活动，通过展板、宣传册向企业和群众宣传特种设备安全知识。在和平里小区生活广场开展特种设备安全知识进社区宣传活动，向居民发放特种设备安全宣传材料，并现场解答咨询。8月16日，根据市、区特种设备护航联合行动工作方案，联合区安监局、区住建委和街道办事处等部门，召开护航行动第二战役暨电梯和流动式起重机专项整治工作会议，对电梯安全检查以及流动式起重机专项整治工作进行部署。 （高然）

【行政执法责任制】 制定行政执法责任制目标分解方案，明确执法主体，落实执法责任，接受监督考核。结合“六五”普法活动，加大学法、用法、普法工作力度，组织开展质量月等宣传活动。组织执法人员学习《中华人民共和国行政强制法》《行政处罚立案案件统一审核管理办法》《信访和投诉举报处理工作规则》等法规制度，统一和规范执法人员行政处罚裁量权，完善执法过错、违纪违法责任追究机制。严格落实案件审理制度，使证据、程序、适用法律等方面更加规范，规范办案流程，提高办案质量。对行政职权类事项和便民服务事项进行梳理和公开。 （高然）

【组织机构代码证书办理】 全年办理组织机构代码证书1.53万套，制作企业组织机构代码IC卡1.13万张，为378家企业办理开工告知2824台件，为114家企业办理标准备案286个，为293家企业办理行政许可1533台件。 （高然）

审　计

【概况】 东城区审计局（简称区审计局）是负责全区审计工作的区政府工作部门，受区政府和市审计局双重领导。主要职责：审计监督区财政预算执行情况，政府重点投资建设项目，行政事业单位财务收支，区属国有企业及国有控股企业资产负债损益情况，行政事业单位处级领导干部和国有企业及国有控股企业领导人员的经济责任履行情况等。内设固定资产投资审计科、经济贸易审计科、行政事业审计科、财政审计科、街道财政审计科、社保环保审计科、经济责任审计科、内部审计指导科、信息管理办公室、办公室、人事科、监察科、综合科、复核法制科等14个科室，一个全额拨款事业单位。在职74人。

年内，深化人事制度改革，强化业务培训，开展审计专项教育培训23次。加强廉政建设，成立深化廉政风险防控管理工作领导小组，确定局、科室涉权事项110项，编制《岗位说明书》和权力运行流程图。严格落实审计廉政制度，推进党务公开和审计效能监察，建立起社会监督与内部廉政监督相结合的监督体系。完成审计项目37个，涉及违规金额3089万元、管理不规范金额6.04亿元，应上缴财政2873万元（已全部上缴），移送纪检监察机关1件，人员2人，提出审计建议95条（被采纳44条），督促被审计单位制定整改措施10项，建立健全规章制度5份。提交审计专报和信息140篇，领导批示28篇，采用119篇。

单位地址：东城区天坛东路甲7号

联系电话：67052535　邮政编码：100061 （肖雅莉）

【预算执行审计】 预算执行审计12项。完成对区财政局组织区级预算执行和其他财政收支情况、区地方税务局税收征管情况、区教委等8个一级预算单位，2个街道部门预算执行和决算草案审计。涉及金额3.58亿元，其中管理不规范3.29亿元，应上缴财政2830万元（已全部上缴）。提出审计建议33条。 （肖雅莉）

【经济责任审计】 恢复区经济责任审计联席会，修订完善5项制度。完成15个经济责任审计项目，涉及金额1.76亿元，其中违规金额259万元，管理不规范金额1.73亿元，应上缴财政43万元（已全部上缴）。审计报告中认定领导责任问题金额1.65亿元，其中违规金额230万元，管理不规范金额1.63亿元。移送纪检监察机关2人，提出审计建议37条。 （肖雅莉）

【政府投资建设项目审计】 年内，事前参加重大工程政策、标准和程序的研究制定，事中参加联审会、调度会监督，事后重点对工程全部程序履行合规性、工程资金财务收支以及工程结算情况进行审计。审计历史文化名城保护、征收、拆迁、整治和工程建设等13项重点投资项目。完成永定门南中轴广场建设和原崇文区人民检察院办公楼装修改造工程结算审计，查出管理不规范金额7336万元。审计工作人员参加相关会议100余次，特别对煤改电、老旧小区改造等工程项目每周参加调度会，结合问题及时提出审计意见。 （肖雅莉）

【专项资金审计】 完成资源管理、借贷风险、节能环保、城市安全、民生保障等8个专项审计项目。查出管理不规范金额2748万元。审计中突出管理和绩效，提出审计建议20余条。完成社保资金审计和区县农业转移支付资金审计。配合市局开展保障住房建设情况跟踪审计工作。 （肖雅莉）

【审计培训】 对初任处级领导干部讲授审计知识。为区属城建、文化系统行政、事业单位和部分开发、建设企业党政主要领导和班子成员70余人进行审计知识培训，结合案例提示领导干部，将防患于未然落到实处。 （肖雅莉）

【内部审计】 制定《2012年度东城区内审工作指导意见》。组织开展继续教育培训工作,全区250余人参加。发放杂志,编辑《东城内审》加强审计宣传。开展民营企业内部审计工作调研,掌握内审机构和人员情况。 (肖雅莉)

烟草专卖

【概况】 东城区烟草专卖局(公司)成立于1998年3月,为烟草专卖行政主管机关,依法负责行政辖区的烟草专卖管理工作,在行政辖区内对烟草制品实行专卖专营。设办公室(安保科)、人事劳资科(政工科)、财务科、法制科、专卖监督管理科(专卖稽查支队、内部专卖管理监督科)、营销网建科。在编人员109人,劳务1人,返聘2人,退休11人。

年内,销售各类卷烟4.81万箱,同比增长0.84%,实现销售收入(不含税)10.13亿元,同比增长12.52%;平均单箱销售额2.46万元,同比增长11.59%,实现税利1.91亿元,同比增长8.41%。出动执法检查检查2145次,立案188起,查获各类违法卷烟234.4万支,总案值235.2万元。全年组织参加各类培训158项,累计1607学时,4137人次,其中专卖、营销人员培训占比80%。年内组织为"7·21"特大暴雨受灾群众、扶贫助学捐助收到捐款8660元。东城烟草获得北京烟草系统首届"京烟首善"青年辩论赛二等奖。

单位地址:东城区东直门外察慈2号
联系电话:84559701 邮政编码:100027 (于甜甜)

【行政许可】 年内,新办许可证166户,变更50户,延续656户,注销246户,至年末辖区内有许可证2161户。所有许可事项均在专卖系统中实时办理,行政许可案卷评卷优秀率达到100%,许可证有效率达到100%。 (于甜甜)

【案卷评查】 案件审理中引用法律条款准确,事实清楚,证据确凿,行政处罚正确率、办案准确率均达到100%。案卷文书使用规范,装订整齐,法制部门对行政处罚案卷审查率达到100%。遵守重大案件集体讨论决定制度,未发生行政复议和行政诉讼案件。 (于甜甜)

【普法宣传】 开展"六五"普法工作,全年组织开展零售户普法培训6次,零售户参训率达到90%以上,新办证户、一般违法经营户培训率均达到100%。制作3000余份禁止出租转让烟草专卖零售许可证宣传标语,通过发放、入户张贴等方式,将宣传标语粘贴在卷烟零售户店内明显位置,警示经营者以正当取得许可证的方式从事经营活动。 (于甜甜)

【查获大要案】 全年查获5万元以上大要案22起,总案值181.84万元,查获违法违规卷烟共计186.97万支。刑事拘留19人、判刑10人,其中涉烟犯罪案件10起,全部移送,移送率100%,抄备率100%。 (于甜甜)

【破获涉烟网络案件】 1月5日,联合朝阳等相关区局查办一起网络案件,刑拘5人。在育群胡同24号院查获当事人毕某销售假烟10.86万支,走私烟1万支,总案值15万余元,刑事拘留1人。1月17日,配合西城、海淀、朝阳、丰台烟草,成功破获涉烟网络案件,捣毁窝点13处,查获各类违法卷烟171万支,总案值122万元,刑事拘留9名涉案当事人。5月21日,联合通州、朝阳、顺义、大兴区局,成功打掉一个销售假冒卷烟网络,抓获6人,刑拘4人,查扣车辆3台,捣毁窝点5个,查获违法卷烟186.7万支,案值106.5万余元。7月18日,丰台、东城、石景山、朝阳区局联合行动,成功打掉一个销售假烟网络,捣毁窝点11个,查扣涉案车辆1台、电动自行车1台,查获涉案卷烟75.4万支,标值121.63万元,抓获涉案人员7名,刑事拘留7人。8月31日,丰台、朝阳、东城、西城、石景山联合行动,打掉一个销售假烟网络,抓获涉案嫌疑人5人,刑拘4人,查扣车辆1台,打码机1台,捣毁库房5个,查扣打假码假冒卷烟82.22万支,总案值189.95万元。 (于甜甜)

【联合执法机制建设】 召开2次由法院、检察院、公安分局、工商分局、烟草六部门参加的年度打击涉烟犯罪暨整顿规范市场联席会。与东城工商分局召开专题座谈会,探讨整治无证经营烟草制品联合执法工作,理顺工作流程和移送程序。邀请法院刑事审判庭庭长讲解办案技巧、调查取证方式和角度、询问笔录制作,提高专卖人员执法水平。 (于甜甜)

【内部监督】 全年出现各类预警687个,制作687份预警案卷,预警完成率100%,异常处理规范率100%。 (于甜甜)

【普法培训】 继续推进法律进机关、进社区、进企业、进网点的"法律四进"主题活动。面向社会开展烟草法律法规宣传教育。以"3.15"、"5.15"、"12.4"和各类专项整治活动、集中整治日为契机,将普法教育与活动宣传相结合,面向社会开展宣传教育。宣传各项烟草专卖法律法规以及相关制度规定,完善面向社会开展法制宣传教育相关制度,开通有效渠道,创新载体,丰富形式,引导民众切实提高对国家烟草专卖制度的认识和理解,增强普法教育覆盖面和影响力。 (于甜甜)

国有资产监督管理

【概况】　东城区人民政府国有资产监督管理委员会(简称区国资委)是区人民政府直属特设机构。主要职责贯彻落实国家、北京市关于国有资产监督管理方面的法律、法规、规章和政策,制定相应制度、规定并组织实施;根据区政府授权,依照《中华人民共和国公司法》《中华人民共和国企业国有资产法》等法律、法规履行出资人职责;承担监督所出资企业国有资产保值增值的责任,负责企业国有资产基础管理,建立和完善国有资产保值增值考核办法,对所出资企业国有资产的保值增值情况进行监管;指导推进辖区国有及国有控股企业改革和重组,推进现代企业制度建设,完善公司治理结构,加快辖区国有经济布局和结构的战略性调整,推动国有资本更多地投向关系区域经济发展的重要行业和关键领域;通过法定程序对所出资企业负责人进行任免、提名推荐、考核并根据其经营业绩进行奖惩,制定所出资企业负责人薪酬管理办法并组织实施,建立符合社会主义市场经济体制和现代企业制度要求的选人用人机制,完善经营者激励和约束制度;按照有关规定,代表区政府向所出资企业派出监事会,并负责管理;负责组织所出资企业上交国有资本收益,参与制定国有资本经营预算制度和收支管理办法,按照有关规定负责所出资企业国有资本经营预决算草案编制和执行等工作;组织协调所出资企业人才工作和经营管理人员教育培训工作;协调解决所出资企业改革、发展、稳定方面重大问题,指导督促所出资企业做好安全生产和维护稳定工作;负责机关安全工作,并承担相应领导责任,对以本部门名义组织的各类公共活动、社会活动的安全工作承担主体责任;在职责范围内加强为驻区中央单位、市属单位、驻区部队和区域内企事业单位服务。内设行政办公室、审计监督科(董事会、监事会办公室)、资产管理科、统计评价(预算)科、企业发展科、人力资源科、党委办公室、组织宣传科、人事监察科。编制41人。

年内,建立完成区属国有资源电子信息管理系统,对国有资源实现数字化管理。完成重大事项决策咨询委员会续聘及专家委员库调整增强科学决策能力。对国资委系统企业领导人员进行培训。执行党风廉政建设责任制,贯彻落实国有企业领导人员廉洁从业若干规定,规范廉洁从业行为;深化廉政风险防控管理。组织开展丰富多彩的企业精神文明建设和企业文化建设活动,提升企业核心竞争力。

单位地址:东城区北花市大街14号

联系电话:67196908　邮政编码:100062　(杨威)

【编制发展规划】　编制《东城区"十二五"时期国有经济发展规划》,完善国企改革发展思路,提出将区属国有企业打造成资源配置合理、主业优势突出、法人治理结构完善、运营管理科学、具有市场竞争力的企业集团,并明确任务措施。

(杨威)

【资源整合国资企业】　制定《东城区打造国有企业文化航母方案》《东城区国资企业资源整合方案》,明确总体思路、目标、原则和实施步骤,通过资源整合,国资系统企业重组为文化产业版块、商业服务业版块、保障房和政府代建工程版块,打造国有资本投融资平台,提高国有资源集中度,提升国有企业投融资能力,促进国有企业又好又快发展。完成20家企业股权结构调整,3家企业从非主业退出。　(杨威)

【成立基金管理和运营公司】　区国资委以区属国有重点企业北京东方文化资产经营公司为平台,双方出资成立历史文化保护与发展基金管理公司,以海内外发行债券、设立基金、信托项目等多种形式募集资金,定向用于东城区历史文化保护区保护建设项目。并成立建设运营公司,负责文保区项目建设和运营。　(杨威)

【举办艺术珍品文化节】　调整规范珍品馆和流通中心项目操作。珍品馆和流通中心是天坛文化街公司与中华民族艺术珍品文化节组委会合作项目,经区委区政府同意后,对合作项目进行调整,成立新公司运营北京礼物项目。今年6月天坛文化街公司与东方文化联手北京市工美集团,成立天坛工美文化公司,运作北京礼物项目,6月15日举办中国玉器百花奖。珍品馆是全额拨款事业单位,区传统工艺美术行业展示窗口,年内实现委托管理,由国资委协办,举办第五届文化节。　(杨威)

【设立中关村新媒体版权基金】　区属国有北京东方信达资产经营总公司与北京中关村创业投资发展有限公司合作成立北京厚德雍和新媒体版权基金投资有限公司,设立首期规模达2亿元的国内第一支项目权益类基金——中关村新媒体版权基金,组织发行并认购第一支中关村科技园区文创企业集合信托——雍和园文创企业集合信托一期、二期,与北京中小企业信用再担保公司共同投资成立国内第一家文化创意专业担保公司——国华影视文化担保公司。　(杨威)

【与中央及市属企业重组】　与北京京泰投资管理中心和北京北控置业有限责任公司合作,成立东城区历史文化名城保护基金管理有限公司和东城区历史文化名城保护项目建设公司。明确由北京东方文化资产经营公司与港中旅或其授权企业合作建设天坛演艺文化产业聚集区。与北京工美集团合作成立北京天坛文化发展有限公司,推动"北京礼物"品

牌经营及示范店建设。与市国资公司成立北京新隆福文化投资有限公司,推进隆福寺地区整体建设和运营。 (杨威)

【建立健全国资监管制度】 梳理各项监管制度和内部管理制度,完成区国资监管制度和内部管理制度汇编,实现国资国企监管制度化。 (杨威)

【国有资本经营预算管理】 制定《东城区国有资本经营预算管理办法》《东城区企业国有资本收益收缴管理办法》。开展国资系统实施国有资本经营预算前期调研,掌握国资系统企业上缴国有资本经营收益底数,编制预算支出,实施国有资本经营预算工作。 (杨威)

【企业经营业绩考核】 落实企业负责人业绩考核与薪酬管理办法,坚持规范合规、务实合理原则,按照责任书内容考核企业负责人经济指标和工作目标完成情况,注意反映企业特点、经营难度和实际贡献率。确定上年企业负责人经营业绩考核结果,并兑现薪酬。 (杨威)

【企业财务预决算管理】 建立企业年度财务决算管理制度,形成企业财务决算编报、审核、分析和整改等工作规范。规范财务预算编报工作流程,改进预算编制方法,合理确定当年企业预算指标。 (杨威)

【实行董事会报告制度】 采取以专题汇报为主、书面报告与专题汇报相结合方式,组织听取6家一级企业董事会上年工作报告,并对董事会工作进行评价。强化企业董事会要向出资人负责的责任意识。 (杨威)

【产权登记年检】 186户国有企业、国有控股企业和国有参股企业参加上年度企业国有资产产权登记年度检查。新增占有登记14家,变动登记31家,注销登记6家。产权登记涉及国家资本金39.76亿元,国有法人资本金29.12亿元,国有资产总额68.15亿元。 (杨威)

【安全维稳工作】 坚持安全维稳工作一把手负责制,深化国资系统安全维稳工作机制,开展矛盾纠纷排查化解工作,深化信访代理制和领导接访制,全年国资系统无非正常集体访,无新的重大重复上访户。建立企业安全生产责任制,召开企业安全生产工作会议,建立自下而上的安全生产责任体系,制定《东城区国资系统安全生产应急预案》《东城区国资委关于继续深化"安全生产年"工作的方案》,实现企业安全生产管理工作规范化。建立安全维稳信息上报机制,确保信息及时上报。排查化解企业安全生产矛盾隐患,实行动态监测、台账管理。组织企业进行安全生产培训及消防技能演练,加大安全教育宣传力度。 (杨威)

北京东方信达资产经营总公司

【概况】 北京东方信达资产经营总公司(简称东方信达)2002年7月成立,是区综合性国有资产经营公司。按照国有独资公司模式,建立现代公司治理结构,设有董事会、监事会、经营层。设二室七部,党委办公室、总经理办公室、人力资源部、审计部、企业管理部、企业发展部、综合项目部、财务部、退管部。资产总额56亿元,员工1600余人,权属企业20余家,形成战略中心、财务中心、人力资源中心和企业文化中心(简称四个中心)管理模式,构建起以文化金融、商业流通、房地产开发与物业经营三大主业为支撑,以新兴产业为后备力量的"3+N"业务发展格局。

单位地址:东城区南竹杆胡同6号

联系电话:64224196　邮政编码:100010 (周琼)

【成立6家公司】 年内成立6家新公司,分别为:北京国华文创融资担保有限公司,北京东方嘉诚文化产业发展有限公司、北京东信文金投资有限责任公司(简称文化金融公司)、北京东信厚德文化咨询有限公司、北京东体信达体育发展有限公司、北京东信空间商业地产管理有限责任公司(由东信尚佳和分公司合并重组后成立)。 (周琼)

【四个中心建设】 企业文化中心提炼企业核心价值理念,秉持守正出新、敢做善成企业精神。倡导内部和谐、外部友善的发展环境,提倡出成品、求精品的工作态度和作风。战略中心指导各权属企业、各中心完成战略编制和细化工作,完善总公司整体战略体系。人力资源中心推进整体人才结构优化及人才战略部署,完善人才引进和企业内部人才选拔、培养、使用机制,为公司业务开展提供人才保障。财务中心抓好年度预、决算和财务分析工作,强化全面预算管理,提高财务分析评价能力,提升财务精细化管理水平。完善审计监督职能,全年完成11项常规审计、4项专项审计和3项领导人员任职审计。 (周琼)

【"3+N"业务板块建设】 文化金融板块推动设立国产动漫新媒体联播平台和"国际影视版权交易平台,推出专业版权服务开放平台——版权印,启动新型数字版权流通环境——版权云构建工作,组建文化金融集团,成立国华文创担保公司,当年实现放款担保余额8315万元。商业流通板块推进吴裕泰深化改革工作,完成遗留房产和集体资产处置,确定战略合作企业范围,全年新增签约店铺50家。启动永安医药深化改革工作,完成资产评估,梳理股权关系,完成全年预算指标和各项工作任务。房地产开发和物业经营板块将东信尚佳和房产分公司合并重组为北京东信空间商业地产管理有限责任公司,通过资产、业务、人员等方面的整合,实现两家公司资源共享和优势互补,调整重组涉及的资产。公司的存量房产授权给东信空间公司经营。通过挖掘区内外闲置厂房、仓库等资源,向空间载体植入特定的文化创意主题,打造出以亮点五十五号、东雍创业谷、嘉诚印象为代表的创意园区,其中亮点五十五号创意产业园入驻14家企业,入驻企业多为国际国内建筑设计、灯光设计、文化传播等文创企业。东雍创业谷写字楼,入驻46家企业,嘉诚印象入驻依视路、中科新视界、朗威视讯、中诚拓邦等19

家国内外知名企业。创意园区专业化运营团队打造出高品质文化创意空间项目，取得良好的社会和经济效益。新兴领域北京中医药健康产业投资基金项目报政府审批。第三批“十病十药”项目征集、评审工作，16个项目入选。教育服务产业规模扩大，《<弟子规>新解》市场销售总册数30余万册。《等级识字》教材在方家胡同小学和新鲜胡同小学建立起教材实验基地。开拓学校后勤服务市场，京教物业的后勤服务学校已经达14所。（周琼）

北京东方文化资产经营公司

【概况】 北京东方文化资产经营公司（简称东方文化）成立于2001年，注册资本13.6亿，净资产近14亿元，是区唯一专业从事文化产业经营与管理的国有文化资产经营公司。东方文化秉承恢弘民族精神，传播优秀文化的经营理念，以区域产业政策为依托，以发展文化产业、繁荣文化经济为己任，致力于文化资产的运营、开发、制作和文化金融的服务，推动区域文化产业发展。

年内，完成收入130多亿元，实现利润近5亿元，上缴税金近5亿元，国有资产累计增值20倍。公司获“龙腾奖—2012第七届中国创意产业年度大奖”中国创意产业推动奖。公司党委获东城区创先争优先进基层党组织称号。公司党委拍摄的创先争优主题宣传片《力量在党旗下凝聚，希望从东方升起》获东城区第二届党员教育电视片观摩交流活动二等奖。公司团委获年度东城区先进团委称号。下属容和物业、四联美发、北方佳苑饭店3个党支部获国资委系统创先争优先进基层党组织称号，10名党员获区国资委系统创先争优优秀共产党员称号。

单位地址：东城区王府井西街9号

联系电话：65281128　邮政编码：100006（王蓓娜　杨楠）

【新建工程】 5月底，玉河遗址博物馆景观改造工程竣工验收。8月，大华影院结构改造工程项目竣工验收。8月，北京东方道朴文化资产运营管理有限公司正式成立；王府井京新旅大厦试营业。9月，下属红光照相器材商店在王府井京新旅大厦四层重新开张。10月，北京东方文化置业集团有限公司完成东方剧院工程竣工验收。11月，东方文化与东直门医院合作的中医养生项目楼装修改造完成。12月，菖蒲河天趣园改造工程完工。（王蓓娜　杨楠）

【业务活动】 5月，取得东城区北河胡同地区RC保护区用地项目国有建设用地使用权。京交会上完成北京东方国际戏剧产业基金、东方文化国际戏剧中心合作项目签约。12月，完成大华剧院签约。（王蓓娜　杨楠）

【文化活动】 7月至8月，举办与物为春——沈平·明味家具设计展。8月4～19日，举办4期仲夏夜之梦系列主题沙龙活动。18～19日，举办点亮童心、塑造未来，我是戏剧小明星儿童戏剧夏令营活动。

（王蓓娜　杨楠）

北京东方祥泰投资管理公司

【概况】 北京东方祥泰投资管理公司2006年3月13日成立，前身为北京市东城区校办企业总公司。公司出资人为北京东方信达资产经营总公司，以出资额为限，对公司承担责任。公司注册资本金2000万元，经营业务为投资管理、技术开发、技术培训和企业管理咨询。有北京育东劳务服务中心有限责任公司、北京红旗文化教育发展有限责任公司、北京青蓝大厦有限责任公司、北京本汇教育测评服务所有限责任公司、北京市东安门旅馆、北京青蓝商务有限责任公司、北京京教物业管理有限责任公司、北京本汇教育图书中心有限责任公司、北京灯市口教育书店有限责任公司等权属企业9家。公司内设综合办公室、人事部、企业管理部、财务部。有员工336人。

年内，稳步推进并创新经营项目，开发教育产业新领域。经营收入3845.76万元，上缴税金355.35万元，国有资产保值增值率104.16%，为区教育系统补充教育经费453.26万元。两会期间，与全部17家权属单位、10家房屋承租单位签订《安保责任书》，明确各单位应承担的安全责任。全年为在岗企业职工缴纳五项社会保险275万元，从社会保险中为退休企业职工支付退休费476万元，报销在职职工门诊医药费2万余元。

单位地址：东城区报房胡同82号

联系电话：64032966　邮政编码：100010（沈梦溪）

【后勤服务】 推广学校后勤社会化，为北京市第一中学、史家胡同小学等16家中、小学及幼儿园提供后勤保障工作，派驻后勤工作人员110人。（沈梦溪）

【教育资产经营管理】 对全区学校经营用房进行审批、签约、管理；履行安保和维修维护职责；处理经济法律纠纷，保证教育和财政收入。从外部企业收回五中分校经营用房2700平方米、24中经营用房1080平方米，全部用于教育教学。（沈梦溪）

【推进学生保险】 以北京联合保险经纪公司（UIB）东城分公司为平台，开展以校方责任险、学生意外伤害险为主要险种的中介服务，为全区各中、小学师生规避、分散风险。校方责任险覆盖78所公办校，学生6.58万人。至年底，出险学生平安保险653起，其中住院128起，525起为意外伤害，占总数的80%。意外伤害中，发生于校内的310起，占59%，赔付金额总计79万元。（沈梦溪）

北京崇远投资经营公司

【概况】 北京崇远投资经营公司（简称崇远公司），是区国资委授权的国有资产监管运营企业，代表区国资委行使国有资产出资者权力。设党委办公室、行政办公室、人事部、财务部、资产部、发展部、审计部。在职员工29人。

年内,按照国资监管要求,规范董事会、监事会议事程序。秉承公开、平等、竞争、择优原则,充实公司中层管理队伍。完善相关权属企业董事会、监事会和经营管理层。修订董事会、经理办公会议事事项及会议制度,新建和修订21项行政及资产监管管理制度,制定《崇远公司关于网络信息工作管理制度》《信息网络安全应急预案》。深化内部改革和资源整合,强化监管运营,发挥老字号品牌优势,推进重点工程建设,提高公司经营管理水平和经济效益,促进权属企业经济平稳增长。全年公司权属企业完成主营业务收入7.78亿元,同比增长19.69%,实现利润总额3509万元。

单位地址:东城区崇文门外大街新怡家园甲3号

联系电话:67170397　邮政编码:100061　　（张剑）

【财务管理】　实行总会计师签批内控制度,完善审批程序,财务规范运作,完成财务决算工作。加强财务预算和国有资本经营预算管理,争取财政项目资金650余万元。建立会计人员档案,实行会计任用报备制度。　　（张剑）

【内部审计统计】　对权属22家企业上年度经营成果真实性进行审计。进行权属24家企业及其控股子公司年度年中管理效益和房产土地税专项审计,帮助企业查找问题,寻求增收节支新途径。利用内部审计软件功能,提出针对性审计建议。开发建立覆盖崇远公司权属企业经济指标数据管理软件系统,对数据进行储存、汇总、对比分析,提高工作效率。（张剑）

【资源整合与调整】　增加崇远万家公司投资(注册资金)1200万元,注资资本达到2000万元,将崇远公司出资的13家商业服务业企业整合进入崇远万家公司。公司总资产3.59亿元,净资产1.12亿元。将大立公司整合进入五洲医药公司,使立仁堂药店融合到五洲公司的药业经营链条中,实现同行业网点统一管理运作。　　（张剑）

【完善党建工作制度】　崇远党委按照规范性与实用性相结合的原则,对党建工作制度进行充实与完善。7月编发《党建工作制度汇编》,汇编分为领导干部管理、组织工作、党员教育管理和党风廉政建设4个部分,共30项制度。　　（韩伟）

【基层党组织分类定级】　3月起,崇远党委开展基层党组织分类定级工作,系统内60个党支部参加,评选出53个"好"党支部,7个"较好"党支部。下半年,60个党支部按照巩固先进、推动一般、整顿后进的要求,分阶段开展晋位升级工作。　　（韩伟）

北京建远投资经营有限公司

【概况】　北京建远投资经营有限公司(简称建远公司)成立于2004年,是区国资委授权负责国有资产监管、运营、管理的国有独资有限责任公司,按照两级授权、三级管理模式,代表区国资委对授权范围内企业的国有资产行使出资人职责,对所授权及出资的国有资产进行监管、经营、改革改制、优化资源配置、投资融资,主要监管投资企业涉及房地产开发、市政工程建设、商业文化、建筑、物业管理等行业。下属4个二级公司,即北京正阳恒瑞置业公司、北京红桥市场有限责任公司、北京建新市政工程管理有限公司、北京崇建汇友装饰中心。内设党委办公室、行政办公室、投资经营部、资产监管部、财务部、审计部。在编22人。

年内,推进以保障性住房建设为主的房地产、市政基础设施建设和商业文化等三大核心板块发展,深化企业改革,完善绩效考核和企业管理人员薪酬管理及公司内部治理结构,提高科学决策水平,加强国有资产监督管理。制定《建远公司监管、直管、控股企业经营业绩考核暂行办法》《建远公司企业负责人薪酬管理暂行办法》等制度。与各监管、直管、控股企业签订经营业绩和目标责任书,确定建远系统二级、三级企业经营业绩考核指标,分解落实各项任务指标。"十八大"召开期间,投入安全检查2279人次。年末资产总额119.2亿元,净资产9.1亿元。

单位地址:东城区天坛路55号

联系电话:67075339　邮政编码:100062　　（金莹）

【保障性住房建设】　公司监管企业北京正阳恒瑞置业公司承担的区定向安置房弘善家园项目12个住宅组团全部竣工,完成144万平方米建设任务,3121户搬迁居民入住新楼,8400户居民办理入住手续。　　（金莹）

【代建工程项目】　正阳恒瑞公司代建的区文化活动中心工程项目启动,完成国有土地上房屋征收工作,与公司控股企业北京建新市政工程管理有限公司共同成立联合代建部,接受区文委委托,代建左安门角楼重要历史遗迹复建工程。（金莹）

【市政基础设施建设】　完成东西四块玉路道路建设;推进正义路南延南段和体育馆西路北段的拆迁工作;启动推进革新南路和刘家窑路征收工作;完成长青南路、法华寺路和夕照寺中街3条道路前期审批和立项审批;全年市财政道路项目建设资金到位2.53亿元,完成总投资1.60亿元。（金莹）

【红桥市场】　9月25日,第四届北京红桥国际珍珠文化节在天坛神乐署开幕,主题珠辉耀东方,红桥连四海。浙江诸暨珍珠节分会场同时举办。红桥市场全年接待外国游客127万人次,珍珠成交量200吨,成为以珍珠为龙头、具有国际知名度的国际旅游品市场。　　（金莹）

【献爱心活动】　开展共产党员献爱心捐献活动,523名职工募集善款1.19万元,用于困难党员帮扶、资助低保老人医疗、资助贫困学生上学等。春节前夕,向8名困难职工发放慰问金2.3万元。"7·21"特大暴雨后向受灾职工31人发放救助款共计5.6万元。　　（金莹）

集体经济管理

北京市东集兴业经贸有限责任公司

【概况】 北京市东集兴业经贸有限责任公司(简称东集公司),主营购销针纺织品、百货、五金交电、食品、日用杂品、副食品、烟酒、工艺美术品、民用建材、医疗器械、信息咨询、饮食服务、物业管理、房屋出租、酒店娱乐、经营企业自产产品、承办中外合资经营、合作生产业务、销售通讯设备、零配件商品。内设办公室、财务部、市场部、企业管理部,在编人员19人。

年内,推进改革,狠抓资产盘活与主业经营,挖掘潜力,提升经济运行质量。全年进行6次重点矛盾排查,受理信访5件次,全部结案。"十八大"期间,建立涉稳情况周报制,及时化解矛盾纠纷,维护企业稳定。全年各项收入4160.41万元,实现净利润796.79万元。

单位地址:朝阳区安华西里一区26号楼三层
联系电话:64274716　邮政编码:100011　(赵家慈)

【房产经营】 建国兴业公司调整妆帝大楼租赁结构和模式,利用闲置空间增加营业面积80多平方米。年租金收入108万元。世纪新安公司出资35万元,改造2处300多平方米房屋,整体翻建华石棉垫厂安定门大街门市部,提升房产质量,促进收益提高。景山双盛公司利用"煤改电"机遇,置换104.54平方米房屋,扩大经营面积3倍,年租金增长6倍,提升房产价值和收益。振新商贸公司加强承租人队伍建设,完善各项管理措施,规范房屋租赁管理,实行房租标准动态增长机制。退管中心置换青年沟132.42平方米底商房,增加经营面积2.5倍,增加年租金8.5万元。

(赵家慈　陈桂兰)

【市场管理】 年内,东华门美食坊夜市被列为食品行业诚信文明建设示范街,加强诚信建设,改造市场外部环境,更新灯箱、更换灯笼,重新修订、完善市场管理制度,编制成册发放到所有从业人员。全年实现净利润60万元。隆福寺早市严管食品安全,落实定期检测制度,严格市场准入标准,加大场地保洁力度,配合区政府完成全国文明城区和全国卫生城复检工作,实现服务质量、经营收益同步提升。

(赵家慈　陈桂兰)

【出租汽车公司】 景山出租汽车公司集中更新249部运营车辆,占总运营车辆94%。更新过程中最大限度减少停产损失,95%更新车辆实现双班运营。新中出租汽车公司更新车辆15部。(赵家慈)

【退休退养职工管理】 年内,组织66名退休职工到平谷疗养,组织5名劳模体检。"两节"期间走访慰问困难职工660余户。为100余人补办工龄手续。为2314名退休职工发放58.44万元煤火费。(赵家慈)

【安全生产】 落实《关于安全生产(经营)确保企业稳定的奖惩制度》,安全生产责任落实到人,防范措施落实到位。坚持日常检查与重点检查相结合,逢重大节日或重要敏感时期对治安、消防、食品、交通、水、电、气等进行安全大检查,对查出的问题限期整改,并跟踪复查。全年未发生重大安全事故。(陈桂兰)

【工会工作】 "两节"送温暖走访慰问困难职工184户,发放慰问金和慰问品12.3万元;用资3.2万元为626名一线司机送去夏季清凉用品;发放4名困难职工子女助学金1万元;67名女职工专科体检;为53名女职工投保特种疾病互助险;举办女性理财知识讲座;汇同区总工会及新中公司,慰问"7·21"特大暴雨受灾职工,送去慰问金6000元。(隆彬)

【民主评议】 成立民主评议领导小组,制定《实施办法》,企业领导干部述职并征求职工意见。公司采取座谈、量表测评等形式,对被评议人给予实事求是评价,20名领导干部参加评议,9名优秀。(陈桂兰)

【违纪处理】 3月,公司党委做出决定,给予张文焕党内严重警告处分。张文焕在企业改革中,参与组织策划职工集体过激行为,转移公司全部印鉴、证照和档案资料,造成公司无法正常运营。7月,公司党委做出决定,撤销赵翼东华新业公司党支部书记职务。赵翼涉嫌经济犯罪,给公司造成重大经济损失,于7月12日被公安机关依法拘留。(赵家慈)

公司机构负责人

东方信达资产经营总公司

董事长、党委书记	贺　征
总经理	邹宜凡

东方文化资产经营公司

董事长、党委书记	李　桦
总经理	张玉玲

北京东方祥泰投资管理公司

董事长、党委书记	蒋政军
总经理	鲁天龙

北京崇远投资经营公司

董事长、党委书记	王振淮
总经理	李　力

北京建远投资经营有限公司

董事长、党委书记	陈　艳
总经理	栾永良

东集兴业经贸有限责任公司

董事长、党委书记	李　增
总经理	黄满泉

工商·旅游·对外经济

工业企业

北京金漆镶嵌有限责任公司

【概况】 北京金漆镶嵌有限责任公司(简称金漆镶嵌公司),其前身北京金漆镶嵌厂是1956年建厂的国有企业,2005年3月改制为有限责任公司。注册地址为东直门内南小街18号楼14号。生产经营项目:传统漆器、古典家具、室内装饰及木雕根雕石雕等工艺品。室内装饰业取得设计和施工双项国家甲级资质,被北京市工商局评为守信企业。2008年6月,金漆镶嵌髹饰技艺被列入国家级非物质文化遗产保护名录。金漆镶嵌公司为该项目的申报和保护单位。公司占地面积7.78公顷,建筑面积2.97万平方米。职工233人。设生产经营部、劳动人事部、行政后勤部、总经理办公室。下设9个门店6个生产车间。

年内,公司销售额2900万元,年产值同比增长9%,职工年人均收入增长14%。获北京市非遗生产性保护示范基地称号。仿清戗金二龙戏珠纹花瓣盒获金奖,百宝嵌葫芦插屏被评选为中华民族艺术珍品,燕京八景漆盘获北京特色工艺美术品类银奖,仿清百子图大漆箱获一等奖,撵式香几获二等奖,晒断平金开黑方几获三等奖。公司获北京工艺美术成就大展优秀组织奖。

单位地址:朝阳区小红门乡红寺村40号
联系电话:67671153 邮政编码:100164 (刘丹)

【金漆镶嵌非遗文化庙会】 春节前夕,在簋街艺俱轩展厅举办第四届金漆镶嵌非遗文化庙会,以火红的年代、火红的生活、火红的礼品、火红的祝福为主题,开展鸿运当头红色系列礼品展销活动,为京城百姓打造一个节前淘宝的好去处。

(刘丹)

【仿复制海外遗珍漆器精品展】 4月11日,由中国工艺美术协会、中国工艺美术学会、北京工艺美术行业协会、北京室内装饰协会、北京市工商联装饰行业商会共同主办,公司承办的仿复制海外遗珍漆器精品展在金漆镶嵌公司总部展厅揭幕。展出的58件(套)海外遗珍仿复制作品涵盖战国、秦汉、到唐、宋、元、明、清各个时期,近乎一部完美的中华漆器发展史。展览持续至年底,供市民免费参观。

(刘丹)

【出版《北京金漆镶嵌》】 5月,金漆镶嵌公司董事长、总经理柏德元编著的《非物质文化遗产保护丛书——北京金漆镶嵌》一书由北京出版社出版发行。该书详尽阐述金漆镶嵌髹饰技艺的历史渊源、文化内涵、艺术风格、制作手法及材料工具,对非物质文化遗产传承、保护和研究有一定意义。 (刘丹)

【中国古代木雕艺术展】 8月26日,中国古代木雕艺术展在公司生产基地展厅开幕。中国轻工业联合会、中国广告协会、中国工艺美术协会、中国工艺美术学会、河北省委等部门领导30余人出席。木雕展荟萃古建木雕、摆件和家具等近千件精品。活动当日,参观嘉宾达300人。北京日报等30家主流媒体进行报道。北京电视台拍摄专题节目——《金漆宫里话木雕》。 (刘丹)

【人才培养】 公司坚持开展大师带徒活动,加强人才培养,并输送人员参加各项技能培训。9月,公司参加第七届北京工艺美术大师和民间工艺大师的评审认定工作,3名高级技师获北京市三级工艺美术大师称号,3名工艺美术大师晋级为二级。 (刘丹)

【产品研发】 年内,公司重点安排金漆镶嵌漆艺国礼产品研发。成立项目小组,全面搜集资料,从工艺品实用化向创意化、定制化、品牌化、收藏化转变。设计、研发、生产出金漆镶嵌漆艺国礼40件(套)。将传统漆器工艺品开发成商务礼品、政务礼品和个性化高档礼品,使之成为国际交往的高档国礼赠品,具有极高收藏价值及广阔的市场前景。 (刘丹)

北京市珐琅厂有限责任公司

【概况】 北京市珐琅厂有限责任公司前身是北京市珐琅厂,1956年1月成立,由42家私营珐琅厂和专为皇宫制作的造办处合并组成。郭沫若为其题写厂名,是全国景泰蓝行业中唯一的一家中华老字号,被文化部指定为国家级非物质文化遗产——景泰蓝制作技艺保护传承基地、国家级非物质文化遗产生产性保护示范基地,北京工艺美术院校实习培训基地。“京珐”品牌是景泰蓝行业第一个知名品牌、北京市著名商标。企业占地面积2.33公顷,建筑面积2.43万平方米。

年内,景泰蓝生产线首套现代化工艺系统——拓图工艺系统投入使用。开展高级工艺技师和技师评定工作,聘任公司内部高级技师、技师52人。全体员工上调浮动工资300元,增加工龄补贴,收入稳中有升。股东分红比例30%。为在职职工办理重大疾病互助合作、住院医疗合作及意外伤害互助保险。公司员工乐勇可被北京市总工会授予首都劳动奖章。总经理兼总工艺美术师钟连盛入选第四批国家级非物质文化遗产项目代表性传承人。珐琅厂被授予中华老字号传承创新先进单位称号。全年实现营业收入3346.61万元,利润296.94万元,上缴国有资产占用费120万元,上缴税金443.71万元,为区财政贡献110.04万元,国有资产保值增值率118.5%。

单位地址:东城区永定门外安乐林路10号

联系电话:67211677　邮政编码:100075　(张莉)

【景泰蓝艺术博物馆】 投入400余万元,将三楼西厅500余平方米建成景泰蓝艺术博物馆。利用展板文字介绍景泰蓝历史。馆内展品有高仿元明清时期的代表性珐琅器,及解放后经典作品、老艺人作品、大师代表作品等,参观者从展品中能够全面了解景泰蓝艺术的历史文化价值、技艺和发展脉络。博物馆为公益性项目,常年免费接待国内外参观者。截至年底,已接待1.5万人次。　(张莉)

【仿宫廷景泰蓝艺术展】 年内,举办仿宫廷景泰蓝艺术精品展。高仿复制25件元明清时期的珐琅器。高仿品工艺难度大,技艺要求高。在设计、制胎、掐丝、点蓝、磨活等各道工序进行严格的质量控制和技术把关。高仿复制品即有传统工艺之美,又体现当代制作技艺之精华。展览持续2个月时间,展示了珐琅厂的技术实力和行业内不容置辩的龙头地位,提升了"京珐"品牌形象和公司知名度。　(张莉)

【博览会参展】 年内,参加文化部主办的全国非物质文化遗产生产性保护成果大展。《兵马战车》《福禄万代》《和平尊》等大型作品,陈列在显要位置,展示"京珐"品牌精湛技艺。9月,参加市商务委员会组织的德国科隆中国年活动,产品深受德国市民喜爱。11月初,参加文化部主办的首届中国(黄山)非物质文化遗产传统技艺大展,多位高级技师集体制作的30吋《百鸟朝凤》大瓶获金奖。参加第十三届中国工艺美术大师作品暨国际艺术精品博览会,4个作品获金、银、铜奖。　(张莉)

【景泰蓝外观专利】 4位国家级大师设计的作品数百件,单件价值最高的作品价值达300万元。年内,公司申报成功10件(套)景泰蓝工艺品的外观专利,景泰蓝外观专利包括景泰蓝的形状和图案两部分,作品全部出自公司的4位国家级大师之手,总价值超过100万元。　(张莉)

【景泰蓝建筑装饰工程】 年内,开发设计2米×1米八仙献寿大壁画,承制80×80厘米、45×45厘米鸿福齐天景泰蓝大桌面,为杭州房地产公司制作2米×0.85厘米景泰蓝牌匾,由4名国家级大师共同设计的《天龙八宝传家宝壶》、与文化公司合作的12英寸《龙凤呈祥》对瓶等,已由甲方确定,70英寸的《国泰万兴》巨瓶收藏于北京会议中心。完成澳大利亚某五星级酒店室内景泰蓝装饰工程。　(张莉)

【申请到自营出口权】 年内,公司成功申请到企业自营出口权,结束委托第三方出口局面,委托出口代理费用降低,直接增利5%,同时增加公司与外商接触和洽商的机会,利于企业在海外寻求更多的商机。　(张莉)

北京剧装厂

【概况】 北京剧装厂1956年1月成立,是我国剧装行业规模最大的国有企业,是民族产品定点厂家。曾为梅兰芳等众多京剧表演艺术家量体裁衣,在文艺界有较高知名度。企业产品从单一戏剧产品向大型庆典活动、影视剧、旅游设施、宗教场所、户外广告、文物复制等领域拓展,有完成难度高、批量大、时间紧的业务能力。先后为北京奥运会开闭幕式、国庆60周年庆典活动以及众多影视剧制作大批服装和道具。为故宫等各级博物院(馆)复制大批国宝级绣品类文物。开拓旅游市场,开发工业旅游,吸引外国宾客来厂体验制作乐趣。有在职职工51人,退休职工278人。

年内,接待11批110余名外宾。完成工业总产值874万元,销售收入1005万元,实现税利157.25万元。

单位地址:东城区西半壁街1号

联系电话:67020742　邮政编码:100050　(孙晓华)

【制作经典歌剧服装】 年内,制作国家大剧院复排经典歌剧《洪湖赤卫队》演员服装。体现出"千里洪湖,荷田深处"这一最具代表性的唯美意境。一级工艺美术大师担任制作工艺指导和质量总监,相关技术人员按照剧中人物要求,完成工艺设计。全厂各道工艺职工精益求精,如期完成价值40余万元的服装制作任务。　(孙晓华)

【点翠凤冠精品复制成功】 年内,为市非物质文化遗产博物馆复制点翠凤冠精品——京剧梅派点翠凤冠。"点翠"是戏剧盔头制作技艺中一项传统技艺,以往所用材料取自翠鸟颈部、腹部等处羽毛。翠鸟是国家二级保护动物,在盔头生产中,翠鸟羽毛被蓝色绸布所替代,"点翠"变成"点绸"。绸布其光泽、质感和舞台表现力都与翠羽相差甚远。市非遗博物馆于上年与剧装厂签订协议,要求使用采自人工养殖的翠鸟羽毛,复制一顶上世纪30年代的梅派点翠凤冠精品,使"点翠"这一传统技艺以实物形态得以长久地传承和展示。有关人员查找和研究大量历史资料,征求专家意见,确定复制工作方案。请已经停工多年的点翠技艺唯一传人王月森回厂参与复制工作,梅派点翠凤冠精品复制成功。复制过程中,还对该项技艺进行抢救性文字及影像记录,使这项濒临失传的传统技艺得以保护和传承。　(孙晓华)

【故宫领导到厂交流】 12月4日,故宫博物院院长单霁翔一行到北京剧装厂考察。故宫博物院计划用8年左右时间对所有馆藏文物总计18万件(套)进行修复,对剧装厂技艺水平表示认可。并对剧装厂为故宫坤宁宫、永和宫、咸福宫、阅是楼、延辉阁、养心殿、倦心斋等处复制众多宫廷御用绣品的成果予以肯定。 (孙晓华)

北京市工艺木刻厂有限责任公司

【概况】 北京市工艺木刻厂有限责任公司始建于1956年,生产各种木雕装饰、牌匾、木雕礼品、工艺木座、仿古家具。由主要为玉器、象牙、珐琅、雕漆等产品配制木座和出口红木家具,发展为生产制作室内外木雕装饰、木雕礼品、牌匾及配制中高档木座。先后为钓鱼台国宾馆、人民大会堂香港厅、江西厅及北京饭店、四川饭店、全聚德烤鸭店等制作室内木雕装饰及家具。有市一、三级工艺美术大师、工艺美术师和高级技师5人。长期从事工艺美术专业技术及经营人员21人。公司生产的北京木雕小器作为市级非物质文化遗产保护项目。1996年企业制作江泽民主席为十一世班禅驻锡地扎什轮布寺题写的《护国利民》金匾。2003年为北京奥运会会徽中国印制作了精美紫檀宝盉。2004年为宛平城老北京四合院进行了中式传统风格设计装修。2006年完成中国驻埃及大使馆的木雕装饰设计制作任务。在第二届、第四届北京工艺美术展览上,翡翠《中华佛韵》《翡翠观音》获北京工艺美术珍品奖。

年内,耿鸿国获工艺美术大师称号。翡翠《苍龙教子》获第七届中国玉器百花奖铜奖。全年实现销售收入251.1万元。

单位地址:朝阳区龙爪树宋家楼1号
联系电话:87675285 邮政编码:100164 (冯军)

【作品展示与销售】 2月,参加区第二届新春非物质文化遗产代表性传承人技艺交流大展,实现销售近万元。4月,参加海峡两岸文化创意产展,金丝楠木多宝格、红木嵌黄杨柱型多宝格、红木嵌黄杨文房四宝、大叶紫檀福寿如意展出,实现销售近4万元。5月,在国家博物馆,参加市文化局举办的京味非遗展,耿鸿国大师为市非遗中心收藏设计制作的红木百宝盒展出。11月,在浙江东阳参加第七届中国(东阳)木雕竹编工艺美术博览会,红木《福运终生》、大叶紫檀《祥龙如意》展出,《祥龙如意》获金奖。12月,在北京国际展览中心,大叶紫檀《祥龙如意》参加北京第七届文化创意博览会展示。

(冯军)

【苍龙教子作品获百花奖】 6月,翡翠作品苍龙教子获第七届中国玉器百花奖铜奖。该作品选用缅甸老坑糯米种带油绿翡翠料,材质温润细腻,翠盘呈圆形,直径40公分,厚3.5公分。翠盘设计创意来源于"苍龙悬空傲天翔,祥云映日福满照;翠龙绿水腾空跃,四海翻腾云水激"。雕琢过程中,盘身之上以浮雕法琢制双龙与祥云、绿水,色泽分明。一为苍龙,一为螭龙,有苍龙教子之寓意,翠盘上下部分雕琢以祥云、绿水为衬景。根据透视、压缩等视觉效果和浮雕手法,将苍龙教子题材的选择、形象的刻画与工艺技法融为一体,通过龙腾、祥云、绿水的各方三维空间雕琢彰显翠盘整体造型之美。 (冯军)

北京象牙雕刻厂有限责任公司

【概况】 北京象牙雕刻厂有限责任公司(简称象牙雕刻厂)前身北京象牙雕刻厂,1958年5月创建。2002年底企业改制更名为北京库鹏象牙雕刻有限公司,2008年7月,恢复厂名北京象牙雕刻厂有限责任公司。公司是经国家林业局批准的合法生产经营象牙制品企业,牙雕产品以北派皇家宫廷艺术为主导,以人物、山水、花卉、鸟兽为见长,以高雅、庄重、古朴、大气为艺术特点。有国家级工艺美术大师4人,市级工艺美术大师10人,高级技师27人,国家级象牙雕刻非物质文化遗产传承人3人。

年内,以"产品艺术化、品种多元化、经营市场化、管理职业化、职工利益最大化"为指导思想,以"创精品、抓品种、促传承、增效益"为经营方针,贯彻经纪人公司经营理念,发挥工艺美术大师聪明才智,创作出一批独具特色的艺术精品。全年完成工业总产值2014万元、销售收入950万元,实现税金356万元。在中国工艺美术精品大赛中,《水浒传》《罗汉图》获金奖。在"金凤凰·扬州赛区"创新产品设计大赛中,《秋思》获金奖、《群仙祝寿》获铜奖。在"金凤凰·青岛赛区"创新产品设计大赛中,《欢喜佛》获金奖、《八仙船》《西园论艺图》获银奖、《蝈蝈笼》获铜奖。

单位地址:东城区国瑞北路52号
联系电话:67011742 邮政编码:100062 (邵艺卉)

【改制十年发展成果】 北京象牙雕刻厂2002年改制为北京市雕刻厂有限责任公司。改制后,主营业务增长10倍,利润总额增长5倍,上缴税金增长5倍,现金流增加11.37倍,流动资产增加近9倍,所有者权益增加11.5倍,总资产(不包括物业面积)增加4.27倍。十年间还清贷款、创新经营理念、评选大师、购进合法象牙原料、招收新学员、创作精品、顺利搬迁。实现发展战略、经济发展方式、企业文化内涵、作品质量四大转变,走出一条有自己特色的发展路。 (邵艺卉)

【非遗传承学员出师】 7月,召开"非遗传承工作六年暨09届学员出师大会",区领导等出席。公司领导讲述传承工作,学员代表汇报学习成长经历。各级领导对企业牙雕技艺传承与发展及企业在象牙雕刻行业领军地位给予肯定。12家媒体参会并报道。出师学员7人。 (邵艺卉)

北京玻璃研究院

【概况】 北京玻璃研究院1960年成立(原北京玻璃研究所),隶属于北京一轻控股有限责任公司。是市企业技术中心、北京光电材料及器件研发基地,专业从事光电功能材料研究、开发和生产的高科技企业,通过ISO9000和GJB9001B质量管理体系认证。先后承担并完成多项国内国际科研任务和重大国防军工配套任务,累计获得各类科技奖励140多项,其中国家级奖励12项。自主研发的高科技产品广泛应用于航空、航天、兵器、核工业、船舶、电子等军用和民用领域,为国民经济建设和国防建设发展作出重要贡献。主要产品分为5个系列:光学晶体与闪烁晶体、特种光纤及光纤器件、光学薄膜与镀膜材料、特种玻璃与光学玻璃、红外窗口与测温元器件。其中,光学晶体、闪烁晶体、红外光纤、保偏光纤、封接玻璃、玻璃润滑剂、紫外光学镀膜、窄带滤波片等技术水平居国内领先地位。2008年入驻中关村科技园区·通州园光机电一体化产业基地。设置人工晶体、特种光纤、特种玻璃、光学薄膜、红外视窗5个事业部,及科技质量部、生产经营部、财务部、党群行政部、综合事务部等职能管理部门。现有职工147人,其中专业技术人员73人。占地面积5.36公顷,建筑面积2.70万平方米,净资产184万元。

年内,营业收入1926万元,上缴税金301万元。

单位地址:东城区红桥东大地1号

联系电话:81508388　邮政编码:100062

(赵丽媛)

【参展光电博览会】 3月,参展2012慕尼黑上海激光光电展览会;6月,参展CIPE2012北京光电博览会;9月,参展CIOE2012第十四届中国国际光电博览会和EP China 2012第九届北京国际电力设备及技术展览会;10月,参展ILOPE2012北京国际激光光电子及光显示产品展览会。

(赵丽媛)

商业　服务业企业

东城区商务委员会

【概况】 北京市东城区商务委员会(以下简称区商务委)是区政府主管本区国内外经济贸易和对外经济合作的工作部门。主要职责为贯彻落实国家、市有关内外贸易和对外经济合作方面的法律、法规、规章和政策,研究提出辖区内外贸易和对外经济合作中长期发展规划和年度计划,并组织实施。负责辖区外商投资管理,组织实施外商投资政策,审批外商投资企业设立、变更以及外国投资者并购境内企业设立外商投资企业。审核辖区投资主体在境外投资项目,指导外贸行业外事工作和外商投资促进工作,鼓励跨国公司在辖区设立地区总部,促进服务外包发展和进出口贸易,负责外商来华邀请、经贸因公出国审核工作和加工贸易管理工作及对外经济合作工作。会同有关部门组织编制辖区商品流通和生活服务业网点设施的布局规划,组织推进现代流通方式的创新发展和区域商务合作,协调本区商业中心、特色商业街区和各类商品交易市场的规划与建设,促进商贸服务业和社区商业发展,推动流通标准化和连锁经营、物流配送、电子商务等现代流通方式的发展。协调做好辖区商务服务业管理工作,建立统一的服务指标体系和机制,研究制订咨询、商务会展等商务服务业促进政策,扩大商务服务业社会化开放,推动本土商务服务机构专业化、规模化发展,引导商务服务企业提高综合集聚或专业集聚程度,提升行业配套水平和专业服务能力,建立动态档案管理制度及商务服务业市场运行和行业发展监测体系。研究拟订辖区拍卖、实物租赁、旧货流通、再生资源回收等特殊流通行业的发展规划,并按有关规定进行监督管理,负责餐饮、美容美发、洗染等生活服务业的行业管理,依法对本区典当业和食盐零售企业进行监督管理,组织实施重要消费品市场调控和政府储备,建立健全生活必需品市场供应应急机制,监测分析市场运行、商品供求状况,进行预测预警和信息引导。负责粮食流通监管、粮源供应、粮食安全、粮食市场体系建设、粮食应急预案制定落实、粮食行业指导及相关工作;负责酒类经营者的备案登记、落实酒类流通溯源制度及酒类流通企业的监督管理;在职责权限范围内,负责成品油经营许可的审核管理。负责本领域安全生产监督管理工作,并承担相应的行业牵头责任,配合有关部门对违反有关安全法律法规的行为进行查处,并承担相应的管理责任,负责指导各街道办事处按权限分工对商业零售经营单位和餐饮经营单位开展日常安全检查工作。负责监督管理检查本区商业零售经营单位举办的促销活动,参与推动商务领域信用建设。负责企业集中办公区的招商引资和服务工作。在本部门职责范围内加强为驻区中央单位、市属单位、驻区部队和区域内企事业单位的服务。指导协调中国国际商会东城商会、中国国际贸易促进委员会东城区支会、北京市东城外商投资企业协会、北京市东城区商业联合会及下属专业委员会等相关行业协会工作。内设办公室、规划发展科、社区商业科、流通管理科、商务服务科、外资管理科、外经外贸科、市场监管科、粮食酒类管理科、人事监察科。有在编人员42人,其中公务员40人,工勤人员2人。

年内,商务委以打造“国际商贸中心示范区”和“国际知名商业中心”为目标,努力构建“高端商业发达,特色商业彰显,社区商业便利,外经外贸繁荣,商务服务拓展,市场环境优化”的商业发展格局,第三产业增加值占GDP比重超过95%,其中商业服务业、商务服务业两大重点产业实现增加值449.64亿元,占GDP的31.05%。全年实现社会消费品零售额794.6亿元,同比增长15%,高于全市增幅3.4个百分点。组织老字号企业参加青洽会、德国科隆中国年、前门历史文化节、北京市老字号博览会等活动,宣传推介老字号。鲜鱼口老字号美食街获市级特色商业街称号。崇文商务大厦作为区级企业集中办公区的招商引资平台，累计注册企业710家，注册资金89亿元，实现区级税收1.929亿元。区商务委获年度北京市促消费贡献突出单位。

单位地址：东城区永内东街中里13号

联系电话：67116188　邮政编码：100050　（贺蔚蔚）

【第二届美食文化节】　5月11日至7月9日，举办第二届“美食东城”美食文化节，40余家餐饮企业实现销售额9000余万元。美食节还评选出区最具人气十大餐饮名店、最具影响力十大餐饮品牌、十大餐饮执业人、十大名厨、十大餐饮服务明星、十大餐饮技术能手、十大创新菜、最受消费者喜爱的十大名菜品、十大名小吃、十大传统名菜。（贺蔚蔚）

【分销服务业企业推介会】　5月30日在国家会议中心举行。红桥市场、工美大厦、永外城文化用品市场、百荣世贸商城、北京吴裕泰茶业股份有限公司、国药华鸿北京控股有限公司、北京医药股份有限公司、国际版权交易中心、王府井大街、前门大街等集体加入世界贸易网点联盟，与世界贸易网点联盟签订战略合作框架协议。（贺蔚蔚）

【捐资助学】　6月12～13日，区商务委组织区商联会及崇菜物美、亿隆股份、红桥市场、天润金百、广德购物中心等商业企业到黄南藏族自治州吾屯完小举行捐资助学活动，向该校及其他单位捐赠书包、书籍和现金，总价值近20万元。（贺蔚蔚）

【促销活动】　6月21～30日，举办第三届崇外商圈购物季，实现销售额9955万元。9月4日至10月31日举办东城金秋购物季，实现销售额11.55亿元，王府井、前门、东直门等重点企业营业收入均实现10%以上增长。11月22～30日举办第四届崇外商圈购物季，实现销售额3.64亿元，同比增长80%，客流量同比增长15%。12月21～31日举办星光璀璨东城夜开心购物迎新年——东城区岁末购物周，实现销售额4.36亿元，同比增长18.2%。（贺蔚蔚）

【商务主题楼宇认定】　8月8日，北京市商务委召开全市商务服务示范楼宇和电子商务特色楼宇命名大会。东城区东方经贸城和雍和大厦2座楼宇分别被认定为北京市第一批商务服务业示范楼宇和电子商务特色楼宇。（贺蔚蔚）

【社区商业综合服务平台】　9月28日，位于东直门春秀路17号楼北，区“7+1”社区商业综合服务平台投入试运营，并加载“181”便民菜篮子电子平台。营业面积600平方米，为周边社区5000户居民提供便捷、优质、标准化、一站式的8种社区商业便民服务。（“7+1”是以连锁便民菜店、连锁早餐、连锁超市便利店、再生资源回收、家政、洗衣、自助缴费终端为主要服务内容，并加载“181”便民菜篮子电子平台的一种社区商业综合服务模式。）（“181”是“菜篮子”工程的一项创新举措，运用信息化手段和物联网优势，将城市电子商务和物流配送服务模式与菜篮子工程有机结合起来，用户只要在小区或商务楼宇平台终端显示屏上点击，就能实现各种蔬菜及农副产品选购，是东城区社区商业电商化发展的一个里程碑。）（贺蔚蔚）

【建设特色商业街】　年内，南新仓北延南扩工程通过策划方案，五道营休闲胡同整体规划一期改造完成。举办第四届北京红桥国际珍珠文化节、第七届南锣鼓巷胡同节、第二届五道营创意文化节、北京南新仓·东四街道第六届文化节、前门历史文化节中华老字号发展前门论坛、台湾夜市等活动。提升特色街历史文化魅力且强化其经济效益。12月26日，全市特色商业街区橱窗设计展示，王府井大街G2000店、东单木米专卖店、南锣鼓巷“青花的记忆”店、王府井大街欧米伽专卖店、东单红英专卖店、王府井大街ENZO专卖店6家企业获奖。特色商业街区摄影大赛，有9套作品获奖，其中南锣鼓巷《胡同节》和前门大街《天街上元灯会》获一等奖。（贺蔚蔚）

【天镇蔬菜直营店】　上年，建设10家天镇蔬菜直营店，年内，投入区级财政资金1000万元，新建7家天镇蔬菜直营店（和平里店、东花市店、春秀路店、北新桥店、前门店、东厂胡同店、安定门店），全区蔬菜流通新模式网点布局基本形成。总营业面积6000平方米，其中蔬菜经营面积超过3000平方米，日销售蔬菜量近60吨，占全区日蔬菜零售总量13%，成为区蔬菜零售网络重要组成部分，延伸全区蔬菜零售网络主渠道。（贺蔚蔚）

【“菜篮子”工程网点建设】　新建规范化社区菜市场3家，二次升级改造菜市场1家，全区规范化社区菜市场31家，崇远万家邻里中心与新发地、百荣、河北卢龙、绿富隆等产地合作，新建崇远万家直营菜店11家，基本完成网点布局。提出电子商务与菜篮子工程有机融合的“181”菜篮子便民服务平台，在雍和大厦和雍和家园小区试点使用。（贺蔚蔚）

【社区服务】　组织家政服务培训1193人。完成规范化早餐车经营网点核查，认定网点112处。制定《东城区关于推进再生资源回收体系建设实施意见》，完成7个街道办事处辖区内44个封闭式小区回收站点设置选址工作，完成年度再生资源回收体系建设，新建再生资源回收网点37处，规范化再生资源回收网点总计117处，网点覆盖率63%。（贺蔚蔚）

【参加第一届“京交会”】　组织60多家企业参加第一届中国（北京）服务贸易交易洽谈会商业服务等10个板块的推介活动，与世界贸易网点联盟共同主办中国分销服务业企业走出去专场推介会，主办红桥市场购物专场及东城区招待酒会，参加“北京日”主题签约等活动，实现7个项目签约，总签约额约50亿美元。（贺蔚蔚）

【行业安全监管】　出动检查人员2834人次，累计检查企业1247家次。实施行政处罚6起，处罚金额1.96万元，区域内

安全生产形势总体稳定。 (贺蔚蔚)

北京王府井百货(集团)股份有限公司百货大楼

【概况】 北京市百货大楼(简称百货大楼)是中华人民共和国成立后北京建造的第一座大型百货零售商店,被誉为"新中国第一店"。1955年9月开业,1991年成立北京百货大楼集团,1993年进行股份制改造,1994年北京王府井百货(集团)股份有限公司在上海证券交易所上市,1999年新建北部商业楼,2000年王府井百货和东安集团公司实现资产重组,成立北京王府井东安集团有限责任公司,经营面积10万平方米,地上8层、地下2层。经营奢侈品、国际精品、国际化妆品、黄金珠宝、时装、鞋类、运动品牌、家居家电、时尚配件等商品。百货大楼售货员张秉贵是全国著名劳动模范,大楼前广场立有其半身铜像,陈云在基石上题词:"一团火精神光耀神州"。该建筑经市政府批准列入《北京优秀近现代建筑保护名录》。

年内,着眼于企业健康可持续发展,创新经营理念,提升管理水平,开源节流,提高企业运行质量和盈利能力。国际一线品牌日默瓦、雅格狮丹、ARMANI COLLEZIONI、奥德臣、康纳利相继开业,全年引入国际一线品牌7个,百货大楼时尚精品定位更加清晰。全年销售收入22.7亿,利润1.86亿。获得上年度消费者满意单位、绿色通道示范单位、首都文明单位标兵,年度区级交通安全先进单位。

单位地址:东城区王府井大街255号

联系电话:65223388 邮政编码:100006 (李旭升)

【社会公益活动】 7月27日,组织职工为"7·21"北京特大暴雨募捐,计3.46万元。11月30日,向老少边穷地区捐赠各类冬衣380件。年度共产党员献爱心活动中,435名职工参加捐款,计1.39万元。 (李旭升)

【营销额】 全年营销天数278天,同比下降9.45%。开展自创节日8项次,形成珠宝化妆节、女装节、会员大享日和圣诞节4个重点自创节日。三八当天销售2029万元,创销售新高。会员大享日营销单日实现销售2502万元,创日销记录。 (李旭升)

【台湾食品节】 11月21日,第四届王府井百货台湾食品节启动仪式在百货大楼门前广场举办。活动由海峡两岸经贸交流协会和台北世界世贸中心主办,北京王府井百货(集团)股份有限公司和北京京泰发展有限公司承办。海峡两岸经贸交流协会会长王辽平、商务部台港澳司副司长孙彤等领导出席。 (李旭升)

【法制建设】 7月,百货大楼聘请法律顾问,规范法务工作,全年修改规范各项合同范本15个,开展全员法务培训1次,法律咨询5次。 (李旭升)

【信息工作】 全年收集168条舆情信息,其中管理34条、经营12条、服务16条、安全18条、卫生11条、职工需求31条、设施设备32条、其他14条。159条事关职工切身利益和经管、管理、服务等得到解决或详细解释,占95%。 (李旭升)

北京王府井百货(集团)股份有限公司东安市场

【概况】 北京王府井百货(集团)股份有限公司东安市场(简称东安市场),隶属北京王府井百货(集团)股份有限公司。始建于清光绪二十九年(1903年),是京城历史最悠久的著名老字号商场。因邻近皇城东安门故名东安市场,在海内外消费者中拥有良好的口碑和信誉。市场位于王府井大街138号,北京市百货大楼对面,建筑面积1.6万平方米,经营区域位于新东安大厦D区B1-L3四个楼层,商品经营面积8238平方米,D区L4-L6层电影院建筑面积4963平方米。经商务部认定为"中华老字号"企业。历年获得北京市"诚信经营示范单位"。

年内,在经营管理中坚持诚信立业,视顾客为家人、朋友。始终关注市场、关注顾客需求变化,在商品经营服务理念更新上,摸索尽最大可能满足更多顾客不同需求。

单位地址:东城区王府井大街138号

联系电话:65282211 邮政编码:100006 (徐力)

【打造京味礼品聚集区】 营造舒适便利购物环境,大胆实践,在商品品类构成、经营模式上突出传统老字号、京味礼品特色经营。地下一层汇集同仁堂、吴裕泰、内联升、稻香村、全聚德、六必居等近20家老字号,凸显东安老字号商品传统优势,也为老字号发展提供平台。东安市场首层正门口,引进北京礼物概念专柜,北京珐琅厂景泰蓝系列商品、泥人张,皮影、剪纸等,形成老字号京味礼品聚集区,方便顾客选购特色礼品。 (徐力)

【举办首届非遗展】 于暑期旅游高峰期,举办首届非物质文化遗产展,推介老北京传统文化,将非遗传统技艺引进商场,配合北京特产免费试吃、老北京大碗茶品尝等,增加特色主题概念。多家媒体对系列营销活动给予宣传报道。 (徐力)

【服务管理】 完善服务项目113项,将服务管理工作推向深入。年内,评选出高级品类顾问7人、金牌店长6人、银牌店长14人、金牌导购6人、银牌导购19人。建立起一支服务优秀、技能高超、接待专业、业务精湛的高级卖手队伍,提升全员服务意识、服务水平,提高顾客满意度。 (徐力)

【利用微博尝试营销新形式】 微博宣传不断尝试新的形式,在日常维护基础上,注重将微博宣传维护与日常体验互动相结合。东安风筝节及年轻人喜爱的节日中,利用微博进行推广与招募,提高营销活动参与度,受到粉丝好评;对于伴随移动互联技术产生的新兴平台,及时开设微信账号进行新型推

广方式的探索。提高公众对商场的关注度，发挥延伸促销宣传作用。 （徐力）

【提高营运质量】 成立领导小组，起草工作方案，梳理管理制度，修改完善62项；除办公例会外，增加业务、服务、安全例会。加强部室间沟通，探讨解决问题办法，提高各部门联动能力，促主体工作顺利推进。 （徐力）

【安保维稳】 制定《营运现场突发事件处置流程》《东安市场突发断电事故应急处置预案》等10个流程、预案；修改完善《东安市场值代班人员工作规定及流程》《东安市场监控室人员管理制度》等6个管理制度；完善安全例会制度，加强商场安全工作。进行安全大检查66次，开展安全应急演练29次，安全教育培训32次。 （徐力）

中国北京同仁堂（集团）有限责任公司

【概况】 中国北京同仁堂（集团）有限责任公司（简称同仁堂集团）是市政府授权经营国有资产的国有独资公司，以中药为主业，集科工贸、产供销为一体的大型中药企业集团。有6个二级集团、3个院、2个储备单位，其中北京同仁堂股份有限公司（简称同仁堂股份）和北京同仁堂科技发展股份有限公司（简称同仁堂科技）是2家上市公司，北京同仁堂国药（香港）集团（简称同仁堂国药）、北京同仁堂健康药业集团、北京同仁堂商业投资集团、北京同仁堂药材参茸投资集团等8家中外合资及股份制公司，1家研究院、1家中医医院、1家教育学院。业务涉及中药材种植及饮片加工，中成药、普通营养食品、保健食品、传统滋补品、生物制品及化妆品的生产销售、科研开发、出口贸易等方面。年可生产23个剂型1400余个产品，有83条通过国家GMP认证的生产线。

年内，推进专业化、规模化、集团化进程，落实重点项目建设，加快产业布局调整，转变经济增长方式，拓展海外市场，克服不利因素影响，增强应对市场变化和抵御风险能力。围绕市场需求，加强品种群建设，促进销售上量，更新换代主销品种，增加产品附加值，提升利润空间。利润总额连续16年两位数增长，集团整体投资回报率和出口创汇创历年最高。职工人均增资四级，收入稳步提高。全年无重大安全、质量事故。为活跃职工文化生活，成立同仁堂职工艺术团。截至年末，同仁堂集团资产总值192亿元，同比增长27.6%；全年实现销售收入200亿元，同比增长20.15%；利润总额16亿元，同比增长21.47%；实现利税26亿元，同比增长26.34%；工业总产值67.95亿元，同比增长4.49%；出口创汇4444万美元，同比增长31.02%。北京同仁堂丰台同仁堂中医诊部获北京市总工会首都劳动奖状。北京同仁堂国药有限公司蜜丸（安牛）班被市总工会命名为工人先锋号。

单位地址：东城区东兴隆街52号

联系电话：67171762 邮政编码：100062 （葛冰）

【对外经贸】 年内，同仁堂国药完成海外资产重组工作，组建北京同仁堂国药（香港）集团，形成海外整体管理平台。中成药出口创汇4444万美元，同比增长31.02%，全国中药行业第一。营业收入4.73亿港币，同比增长68.34%；实现利润1.98亿港币，同比增长155.12%；在海外16个国家和地区共有79家零售终端。 （葛冰）

【委员会管理模式】 年内，同仁堂集团成立经济与财务、工程项目、科技质量、品牌使用与管理、审计、文化与教育、人力资源与薪酬、干部提名与推荐8个专业委员会，实行由部室管理向组织管理新模式转变。 （葛冰）

【海外师承教育】 1月19日，举行同仁堂海外师徒传承教育项目启动仪式暨首届拜师会。师徒代表举行传统、庄重的拜师大礼仪式。国家中医药管理局、商务部外贸司、中国医药保健品进出口商会、市中医局、市商委、市国资委等有关领导及20余家新闻媒体出席。 （葛冰）

【领导调研】 2月14日，全国人大常委会副委员长华建敏、国务委员兼公安部部长孟建柱一行到中国非物质文化遗产生产性保护成果展会，视察同仁堂展位，并详细询问同仁堂中药质量把关情况、同仁堂非遗文化特点和传承发展情况。3月22日，5月25日，常务副市长吉林、市政协副主席国家大剧院院长陈平先后到北京同仁堂国药（香港）集团调研。参观同仁堂香港大埔研发基地和中环药店，听取同仁堂海外发展情况及未来发展规划汇报。5月31日，市委常委、市人大副主任、市总工会主席梁伟调研同仁堂。视察同仁堂中医医院大师工作室、精品药房、同仁堂博物馆，听取企业负责人海外药店建设工作汇报，指出同仁堂要传承发扬企业善待文化，特别要关心长时间在海外工作的职工。6月1日，国务院副总理李克强、市委书记刘淇、卫生部部长陈竺、商务部副部长姜增伟、中医药管理局副局长于文明、市长郭金龙、副市长程红及市委组织部、市商务委、中医管理局等领导先后视察京交会同仁堂展位。公司领导汇报同仁堂开展海外服务贸易情况。8月28日，中央对外联络部机关党委书记、常务副部长陈凤翔调研同仁堂。视察同仁堂博物馆，观看宣传片《品牌、人才、发展》《迈向海外的同仁堂》。9月19日，北京市委常委、常务副市长李士祥视察北京同仁堂（马）有限公司吉隆坡药店。参观吉隆坡药店岗位柜台和中医诊室，听取公司负责人汇报后，指出同仁堂的海外发展应按照海外发展和品牌战略执行，始终把品牌发展放在第一位，将“与同仁堂品牌同生存、共命运”精神融入到海外经营发展之中，要与马来西亚等境外国家和地区电视媒体进行长期合作，多层次、多途径开展海外中医药文化传播，把同仁堂品牌文化和产品引向更高层次。 （葛冰）

【荣获“北京十大商业品牌”称号】 2月16日，第七届北京十大商业品牌评选活动中，获北京十大商业品牌称号。副市

长程红出席并为同仁堂颁奖。（葛冰）

【革命老区光明行活动】 5月4日，革命老区光明行——走进平谷大型公益活动，在北京平谷区大华山镇卫生院启动。10月13日，走进房山大型公益活动在房山区张坊镇卫生院启动。出资150万元，为200余名两区贫困白内障患者进行免费手术治疗，帮助生活在革命老区贫困白内障患者重见光明。市政协副主席陈平及房山区、平谷区有关领导出席。（葛冰）

【参展京交会】 5月28日，参加年度中国(北京)国际服务贸易交易会(以下简称京交会)。通过跨越海外、服务世界，同修仁德、济世养生，创造健康、全球共享，健康发展、跨越发展4个主题，介绍同仁堂历史文化、海外服务贸易和“十二五”发展规划。作为“老字号”代表参加京交会现场签约活动，签署北京同仁堂(马)中医养生保健中心和同仁堂海外健康、养生电视频道两项合作意向书。（葛冰）

【同仁堂集团成立20周年庆典】 7月18日，同仁堂集团和北京电视台主办的“百草飘香”传统医药与人类健康暨北京同仁堂集团成立20周年主题晚会在世纪剧院举行。晚会以文艺表演的形式，回顾北京同仁堂集团20年取得的辉煌成果，为同仁堂6大二级集团起航。全国政协副主席陈宗兴、市委副书记吉林、卫生部副部长兼国家中医药管理局局长王国强、市政协副主席马大龙、市人大原副主任金生官、原副市长胡昭广等老领导，市国资委、卫生局、药监局负责同志及同仁堂集团员工代表1500余人出席并观看演出。（葛冰）

【海外发展论坛】 7月19日，同仁堂国药(香港)集团主办的同仁堂海外发展论坛在首都大酒店举行。论坛主题是“合作·发展·共赢”。总结同仁堂集团20年海外发展成功经验，颁发精诚合作、勇于开拓、长期合作、最新合作、忠诚、无私、激情5个奖项。国家中医药管理局国际合作司负责人、同仁堂集团领导及同仁堂海外合作伙伴100余人出席并参加论坛。（葛冰）

【中药材前处理基地建成】 9月26日，药材前处理分厂在北京生物工程与医药产业基地启动投产。是北京同仁堂集团“十二五”规划中首个建成并投产的重点工程项目，投资2.2亿元，建设面积3.9万平方米，年药材前处理500万公斤，提取药材浸膏50万公斤，精制饮片100万公斤。（葛冰）

【公益活动】 12月20日，北京同仁堂关爱健康行——走进革命老区、走进我的父亲母亲大型公益活动在京启动。同仁堂集团向中国人口福利基金会和北京红十字会捐赠价值860万元的破壁灵芝孢子粉胶囊8800罐。（葛冰）

【巴戟天寡糖胶囊获准生产】 同仁堂研究院研发抗抑郁新药——巴戟天寡糖胶囊，经国家食品药品监督管理局审评中心技术审评、认证中心生产现场检查和现场生产样品抽检“三合一”审评，获市药监局新药证书和生产批件。巴戟天寡糖胶囊是通过对巴戟天深度研究，开发出的治疗抑郁症的创新药物。经临床验证其疗效与目前的化学药百忧解相当，安全无毒，填补了中药治疗抑郁领域空白。（葛冰）

中国医药保健品股份有限公司

【概况】 中国医药保健品股份有限公司是在上海证券交易所挂牌的国有控股上市公司(股票简称中国医药，证券代码600056)，其控股股东为中央直接管理的国有重要骨干企业中国通用技术(集团)控股有限责任公司。公司秉承“关爱生命、追求卓越”核心理念，致力于医药产业发展和人类健康事业，打造中国医药行业旗舰企业。建立起以国际贸易、医药工业、医药商业三大板块为支撑的科工贸一体化协同发展的产业格局，经营范围涵盖天然药物、医药化工、医疗器械、综合贸易四大领域，经营形态涵盖种植加工、研发生产、商业流通、国际贸易、技术服务等医药产业全产业链条。公司全年营业收入突破百亿大关，利润总额突破5亿元，公司营业规模较2002年增长9倍，利润总额增长5倍，资产规模增长7倍。

年内，推进委内瑞拉医疗物资合作项目，新签合同金额超过4亿美元。中标抗艾药品政府采购项目，获得卫生部年度中央补助地方公共卫生专项资金艾滋病防治项目全部进口产品代理权。公司荣膺上年度中国医药保健品进口五强企业。自2007年医保商会开展此项评比，中国医药已连续6年名列五强。

单位地址：东城区光明中街18号

联系电话：67107218　邮政编码：100061（马静）

【换股合并议案】 9月，召开第二次临时股东大会，审议通过《关于中国医药换股吸收合并河南天方药业》议案。吸收合并后公司成为中国通用技术集团旗下唯一的医药上市平台。巩固以国际贸易、医药工业、医药商业三大板块为支撑的科工贸一体化协同发展的产业格局。（马静）

【医疗器械业务模式转型】 公司医疗器械业务模式转型，获得与GE公司合作开发基层医疗市场项目，实现与中华慈善总会和西门子公司的三方战略合作。医疗器械全年进口额1.9亿美元，行业排名前五。（马静）

【完成国家药品储备调运】 9月、10月广西、云南发生群体性中毒事件，中国医药作为解毒药国家药品储备单位，接工信部调拨指令后，立即启动应急响应工作机制。相关工作人员放弃周末休息，以最快速度将解毒药品送至抢救现场，挽救多名患者生命。（马静）

中国全聚德(集团)股份有限公司北京全聚德前门店

【概况】 中国全聚德(集团)股份有限公司北京全聚德前门

店(简称全聚德前门店)是中国全聚德(集团)股份有限公司下属企业。在职职工374人。

年内,前门店完成“十八大”代表、全国两会代表、国台办等56批4200余名重要客人宴请,泰国总理英拉、吉尔吉斯斯坦总统阿坦巴耶夫等重要贵宾参观及用餐接待工作。抽调10名技术骨干完成对郑州店、锦州店、盐城店的技术支持。前门店通过国家级(五钻级)酒家酒店复评审核,连续第四次获全国文明单位称号。顾客满意度达到98%,安全生产实现零事故。“全聚德烤鸭店门面”被授予北京市文物保护单位。

单位地址:东城区前门大街30号

联系电话:67016321　邮政编码:100051　(李璐婕)

【推介龙年年夜饭】 1月4日,在老铺餐厅举行以世界美馔华彩龙年为主题的年夜饭媒体推介活动。各报纸、网络媒体累计报道84篇次。其中《人民日报》等十余家报刊报道12篇次;中央政府门户网站、新华网、中国网络电视台等8家网络报道57篇次;外埠多家媒体也对推介活动进行转载报道。(李璐婕)

【泰国总理满意留言】 4月19日,泰国总理英拉·西那瓦以及随行出访的50余位泰国官员贵宾一同做客全聚德前门店。热情、周到、专业的服务和以北京烤鸭为代表的精美菜肴,高水平完成国家宴请。宴会结束时,英拉总理写下“Excellent food and services”(非常好的菜品和服务)的留言。(李璐婕)

【接待吉尔吉斯总统】 6月5日,接待国务委员、公安部部长孟建柱宴请来华访问并出席上海合作组织峰会的吉尔吉斯斯坦总统阿坦巴耶夫以及40余名陪同官员。席间,服务员将现场片好的全聚德烤鸭精心卷好,呈递到贵宾面前,阿坦巴耶夫总统品尝后,连称这是他吃过的最美味的美食,并端看《全聚德烤鸭纪念卡》。孟建柱特意要求翻译将《纪念卡》上所写的“全而无缺,聚而不散,仁德至上”——这一周恩来总理对全聚德三个字的精辟诠释翻译给阿坦巴耶夫总统。(李璐婕)

【领导调研】 11月5日,市委书记郭金龙、副书记吉林一行20余人到全聚德前门店调研“十八大”服务保障工作。参观全聚德前门店老物件展示区、百年炉火展示区、京点食品专卖柜、挂炉烤鸭技艺展示窗口和老铺餐厅,在毛主席“全聚德要永远保存下去”的题字面前,郭金龙叮嘱在场的全聚德集团领导要珍惜荣誉和历史使命,要让老字号焕发青春。全聚德集团总经理汇报集团公司专门成立迎接“十八大”安全服务保障工作专项检查组,检查企业安全稳定、服务保障工作落实情况。在全聚德挂炉烤鸭技艺展示窗口前,郭金龙向烤鸭厨师们表示慰问,对全聚德集团迎接“十八大”服务保障各项工作给予肯定。(李璐婕)

北京东华服装有限责任公司

【概况】 北京东华服装有限责任公司的前身是1973年组建的东城区服装管理处。1979年更名为北京市服装公司东城区分公司。1992年组建北京东华服装集团,1997年更名为北京东华服装集团公司。2002年6月改制成立北京东华服装有限责任公司。注册资本5000万元。主要经营:服装、针纺织品、物业管理、商业设施出租、信息服务等。

年内,贯彻“依法诚信经营,提高管理水平,兼顾各方权益,维持良好环境”的经营策略。发挥房产优势,稳定租金收入;利用资金优势,投资理财产品;开展民间贷款,提高资金效率。制定、修改管理制度5项,进一步规范企业行为。全年实现营业收入8148万元,上缴各项税费2086万元。

单位地址:东城区什锦花园胡同43号

联系电话:64030107　邮政编码:100007　(岑泰)

【送温暖活动】 春节前开展送温暖慰问活动。对45名困难员工、孤寡户、病号、离休和处退干部、劳模、统战对象及生活困难党员发放生活用品和慰问金1.6万元。前往景山街道什锦花园社区慰问企业捐资助学联系户,送去食用油、鸡蛋和慰问金。庆祝建党91周年,共产党员献爱心捐款活动,党员92人、团员12人、群众91人参与,捐款3260元。参加工商联系统爱心捐助活动,党费捐款2000元。(聂仲杰)

【东华服装公司回迁开业】 地处王府井大街301-1号的东华服装公司9月份重张开业。该店传承“东华老字号”经营理念,结合现代商厦经营模式及王府井地区消费特点,进行装修布置,1至4层经营服装及相关配饰,5至6层经营餐饮。(岑泰)

【学习“十八大”精神】 11月,党委下发学习通知,要求各党支部组织党员收看“十八大”开幕式及胡锦涛总书记工作报告,利用党日学习两个报告和新党章,网上收看历史文献纪录片《信仰》,基层党支部书记参加东城区委组织部和区非公经济人士学习党的“十八大”精神培训班。(聂仲杰)

【传承“老字号”】 建华皮货服装分公司坚持以质量为依托,以服务树形象,以创新求发展。保留前店后厂加工优势,潜心研制吊面裘皮大衣,把传统毛皮加工工艺与现代服装加工相结合,不断适应裘皮服装发展主流趋势,满足高档消费需求。为宋庆龄故居复制孙中山生前穿过的貂皮大衣,得到展出单位的赞誉。(岑泰)

【加强党风廉政建设】 年内,公司党委落实党风廉政建设责任制,学习《中共中央纪律检查委员会工作报告》、习近平总书记讲话等,结合反面教材教育广大党员自重、自省、自警、自励,牢固树立共产主义世界观、人生观、价值观。与6个基层班子签订《党风廉政建设责任书》,对一名新履职党支部书记进行任前廉政谈话。(聂仲杰)

【老干部工作】　公司党委重视老干部工作,定期听取老干部生活和身体情况汇报,及时提出解决问题的措施办法。公司经常走访慰问老干部,坚持给每位离休老干部过生日,保持电话联系,组织健康体检,看望慰问年老和患病人员。对已故离休干部按有关规定计算一次性身故补偿金并上报区老干部局。(聂仲杰)

北京永安复星医药股份有限公司

【概况】　北京永安复星医药股份有限公司(简称永安公司),注册资本1.5亿元。公司经营项目:销售中成药、中药材、中药饮片、化学药制剂、化学原料药、抗生素、化学药品、生物制品、第二类精神药品制剂等,销售医疗器械Ⅲ类等,销售保健用品,计划生育用品等。下设北京永安堂医药连锁有限责任公司和北京王府井医药商店有限责任公司两家控股子公司。在职职工401人,其中具有各类专业技术职称233人,占员工总数58%。

年内,营业收入1.70亿元,完成全年预算指标99.68%,实现利润934.2万元,同比增加32.3万元,增幅3.58%,完成全年预算目标915.5万元的102.04%,全年实现净利润671万元,比全年预算目标的662.8万元增长1.24%。

单位地址:东城区什锦花园胡同43号

联系电话:64015011　邮政编码:100007　(何向阳)

【职代会】　3月20日,召开第二届第七次职代会暨经济工作会。职工代表和中层以上管理人员66人参加。听取并审议通过公司上年度工作报告和业务招待费提取、使用情况报告;听取并审议通过职工监事履职情况报告;审议通过《集体合同》《工资集体专项协议》《女职工权益保护专项协议草案》;审议通过外勤、值班岗位执行不定时工作制的意见草案。职工代表对股份公司班子及成员进行民主测评。(何向阳)

【股东会暨董事会】　5月,讨论审议上年度工作总结和年度工作计划、上年度监事会报告、上年度财务决算和年度财务预算报告、上年度利润分配方案;审议董事长、总经理上年度经营业绩考核结果;审议确定年度对企业负责人经营业绩考核责任书内容;审议副总经理及财务总监聘用、聘期、薪酬议案。(何向阳)

【王府井医药商店重张开业庆典】　9月举行。新址落座在王府井大街南口,建筑面积1596.3平方米。经营商品有中西药品、参茸补品、医疗器械、保健器械、保健品、食品、日用品、化妆品,经营品种4000种。(何向阳)

【领导调研】　9月26日,副区长陈之常到永安堂医药连锁有限责任公司百草药店和王府井医药商店有限责任公司临建经营网点及新楼营业网点调研。听取公司董事长工作汇报,对公司稳定发展给予肯定,并提出要求:要深刻把握医药零售领域特别是药品流通的发展趋势,结合自身特点明确发展方向和重点;更加清晰发展定位和发展目标。要统一思想、深化改革,有魄力和举措。要整合资源、盘活存量、扩大增量,防止小富即安思想,把企业做大做强;要树立品牌意识,传承发扬老字号,用好金字招牌。(何向阳)

北京东方奥天资产经营有限公司

【概况】　北京东方奥天资产经营有限公司(简称公司),由北京奥士凯资产经营公司和北京天元资产经营公司调整组建而成。2009年12月29日正式挂牌。是区国资委授权的资产运营公司,承担国有资产安全完整和保值增值责任。公司按照法人治理结构,设董事会、监事会、经营层。内设10个部门,所属企业12家。公司资产9.66亿元。职工总数1.07万人,其中在职2227人,离退休8462人。

年内,实现主营业务收入5.13亿元,比预算增加1728万元,增长幅度3.5%;实现利润3080万元(不包含奥士凯物美增减因素),比预算增加430万元,增长幅度16.2%,在岗职工人均工资收入同比增长10%。上缴各项税费3750万元,获区政府经济发展突出贡献奖励。

单位地址:东城区韶九胡同19号

联系电话:85115220　邮政编码:100006　(张慧兴　李烁)

【经济工作会】　1月9~10日召开。总经理作全年重点工作部署,各企业交流重点工作,公司各主管领导讲评分管工作。会上,党政主要领导与所属企业党政一把手签订绩效目标、党风廉政、综合治理和计划生育责任书。公司领导、部室负责人及企业一把手51人参加。7月12~13日,在昌平召开半年工作会,总结上半年工作,部署下半年重点安排。提出"1321"工作思路及工作意见。(张慧兴　李烁)

【经营结构调整】　4月,儿童商店根据市场消费需求,淘汰地下一层皮草商品,引进国内外知名品牌童装、童鞋、童车、婴儿食品等品种,打造婴幼儿用品生活馆,增加销售300余万元。调整40个品牌专柜提升经营档次。王府井食品商场调整货场布局,统一设置货柜,打通店内南部食品区,拓宽购物空间,突出商品展示,营造清新舒畅的购物环境。(张慧兴　李烁)

【利生开展奥运体验活动】　7月27日至8月12日,伦敦奥运会举办期间,利生商厦联合中国奥运乒乓球项目赞助商红双喜,举办为期17天的奥运零距离——专用球台揭幕及奥运体验活动,特邀乒乓球国手现场与体育爱好者进行互动,倡导全民健身的同时,促进和带动企业销售。(张慧兴　李烁)

【第三届购物节】　9月7日至10月7日东方奥天第三届购物节期间,700多个品牌和厂家参与,200个大类、4万多种商品参加促销活动,实现销售收入4562.27万元,同比增加640.27万元,增幅16.33%。(张慧兴　李烁)

【企业文化建设】　公司制定企业文化建设三年规划,聘请管理团队进行专题讲座,发动全体干部职工开展企业精神、企业标识征集活动,收集企业精神100余条、企业标识60余件。完成公司标识系统、文化理念系统、员工手册编制等工作并召开发布会,公司领导为企业LOGO揭牌。(张慧兴 李烁)

【实施差别化绩效考核考评】 规范企业经营管理,修订《企业绩效目标责任制考核办法》,落实财务指标考核,对非财务指标实行差别化绩效考核考评,每月对超额完成财务预算指标的企业给予奖励,对绩效得分最少的企业经营者给予末位扣罚。全年对24件网点食品卫生、安全隐患问题进行处罚。(张慧兴 李烁)

【网点管理】 公司要求未使用管道燃气和面积在200平方米以下的餐饮网点转向经营,收回长期经营困难存在安全隐患的网点,用于自主经营,实施资源重新整合。按照公司规定的出租网点调整租金标准不低于15%的原则,对合同到期的45家网点根据实际情况重新定价并续签合同,提高租金152万元。(张慧兴 李烁)

【职工福利保障】 在岗职工平均工资收入实现同比增长10%;办理在职职工住院医疗互助保险和女职工特殊疾病保险2399人次;组织在岗职工进行身体健康检查1590人次;全年走访慰问困难职工、生病住院职工及离退休干部430人次,发放各类困难补助款近12万元。(张慧兴 李烁)

【廉政风险防范】 对重点领域、重点岗位和关键环节,按照岗位职责细化分解。全年梳理涉权事项35项,查找风险点54条,制定防控措施52条,梳理工作职责111条,完善职位说明书34个,编制工作流程图42个。(张慧兴 李烁)

北京稻香村食品有限责任公司

【概况】 北京稻香村食品有限责任公司(简称北京稻香村)始建于1895年(清光绪21年),位于前门外观音寺街,时称稻香村南货店,系京城生产经营南味食品第一家,南店北开、自产自销、做工精致、口感独特,诚信经营,特色服务,生意十分红火。鲁迅先生寓居北京时,经常前往购物,《鲁迅日记》中有十几处记载。自1895年金陵人郭玉生南菁北迁、落户前门观音寺,1983年老掌柜刘振英小胡同里艰难复业。2005年改制为食品有限责任公司,拥有135家连锁店,1个物流配送中心,400余个销售网点和社区连锁店。占地200亩、建筑面积14万平方米。生产糕点、肉食、速冻食品、月饼、元宵、粽子等16大类600余个品种。2005年通过最新标准ISO22000食品安全管理体系认证。2008年,指定为北京奥运会食品供应商,产品质量管控达到国际水平。2010年1月,通过国家认可委实验室CNAS认可,实施从原辅料采购到产品出厂全程质量监测。企业员工2700余人。

年内,在产品管理升级年中,以提高营销力、研发力、市场力为目标,以完善产品商品管理,提升顾客满意水平为重心。经营管理上着眼于系统能力建设,优化组织结构,调整完善部门职能职责。调整3个系统15个部室的职能职责,设立战略管理委员会和产品管理委员会。年内,缓释食品研发生产示范基地正式落户北京稻香村。20家连锁店开业,截至年底,连锁店数量达到135家。现有经销商80家,网点468个,其中外埠35家,网点178个。召开第二届职工代表大会第五次会议,审议通过《年度工作报告》《工会工作总结报告》。全年实现销售收入45亿元,同比增长19%,上缴税金2.5亿元。生产3.2万吨糕点、1.4万吨熟食,完成产值16.1亿元。

单位地址:东城区东直门内大街19号
联系电话:64003102 邮政编码:100007 (王越娜)

【工作研讨会】 2月16~17日召开,公司中高层以上及部分管职人员195人参加。公司领导作《发展战略和团队建设》主题报告。7月11~12日,召开半年工作会,总结上半年工作情况,探讨交流公司面临的主要问题,部署中秋产销及下半年工作任务,公司领导作《企业发展和管理升级》主题报告。10月18~19日,召开中秋暨四季度工作研讨会,公司中高层以上及部分管职人员198人参加,公司领导作《企业发展和危机意识》的主题报告。(王越娜)

【质量管理获奖】 5月15~17日,参加北京市第60次质量管理小组成果发布会。参赛的探索QC小组、新时代QC小组、求实QC小组获得三等奖和"优秀QC小组"称号。公司被授予上年北京质量管理小组活动优秀企业称号。(王越娜)

【注重产品质量】 食品检测中心检测项目达29类,130多个技术参数,支持产品、商品、原料质量安全自检把关,并通过国家认证认可委复评审核。产品实物质量安全水平整体提高,改善感官质量,满足和适应顾客需求。全年开发新产品12个,完成质量技术改造项目46个。(王越娜)

【产品战略规划】 公司确定——百姓身边的中华传统美食,明确产品发展方向——稳固现有消费市场,适度拓展潜在消费市场,坚守传统风味和工艺,融入当代特色和科技。并将此规划确定为北京稻香村进行产品经营和管理的纲。(王越娜)

北京吴裕泰茶业股份有限公司

【概况】 北京吴裕泰茶业股份有限公司2005年8月26日成立。其历史可以追溯到清光绪13年,1949年前称吴裕泰茶栈,1949年解放后称吴裕泰茶庄。

年内,提出"二五二战略",即严格执行企业战略,严格执行财务预算;整合渠道,整合拓店、整合服务,整合产品,整合资源;提升品牌影响力,提升市场占有率。启动吴裕泰集体资产处置工作,制定《吴裕泰公司集体资产处置方案》,召开2次受益人大会。拓宽外埠吴裕泰连锁店辐射范围,增强品牌影响力,保证经济效益持续健康增长。新开连锁店44家,公司连锁店总数达296家。公司被评为2011—2012年度中国零售业优秀特许加盟品牌、中国特许连锁120强、年度百姓心中绿色文化魅力品牌奖、第三届王府井国际品牌节十大品牌突出贡献奖、年度中国茶行业最具影响力老字号品牌、中国茶行业最佳连锁店品牌。公司党总支被评为区2010—2012年创先争优先进基层党组织。孙丹威被授予第四批国家级非物质文化遗产项目代表性传承人,并当选北京市第十四届人民代表大会代表。3名党员被评为区国资系统优秀共产党员。齐聪荣获东城区总工会第三届“挥笔聚焦新东城”职工书画摄影比赛一等奖。

单位地址:东城区交道口东大街4-17号

联系电话:84049766　邮政编码:100007　(赵连颇)

【茶文化庙会】 1月8日,在王府井店二楼举办年度春节茶文化庙会启动仪式。相关领导及吴裕泰会员、天坛街道居民、老客户50余人出席。(赵连颇)

【文化沙龙】 1月10日,在王府井店举办中日茶文化沙龙活动。相关领导、专家、公司加盟商及媒体记者50人参加。会上,专家讲授日本茶艺、茶道文化,并现场进行表演。公司茶艺员表演中国茶艺。现场展示的日本常滑烧、铁壶等茶器和中国紫砂壶引起与会人士兴趣。(赵连颇)

【春季订货会】 3月3日,召开首届春季产品订货会。直营店长、各地加盟商及媒体记者200余人参加。会上,对春季茶叶知识、茶具知识、紫砂知识、日本茶器知识、产品防伪标识使用和春季销售奖励进行培训及讲解。(赵连颇)

【职代会】 3月14日,召开第二届一次职工(会员)代表大会。审议通过《公司2011年度行政工作报告》,听取审议《公司2011年度业务招待费使用情况报告》《工会五年工作报告》《工会经费审查委员会五年工作报告》《职工监事述职报告》,审议签订《2012年度工资集体协商协议书》,选举第二届工会委员会委员、工会经费审查委员会委员3人和工会女职工委员会委员7人。(赵连颇)

【春茶上市】 3月20日起,碧螺春、西湖龙井等春茶陆续在北京上市。公司在王府井店举办春分到,春茶来——苏州市吴中区洞庭山碧螺春北京抢鲜上市活动。现场以炒茶、画茶、写茶、说茶为主题,渲染龙年第一批碧螺春进京。公司领导当场把最新制作的碧螺春献给首都学雷锋标兵。北京城市服务管理广播进行现场直播。(赵连颇)

【吴裕泰ChinaTea俱乐部成立】 4月10日,吴裕泰公司和精品传媒集团《数字商业时代》杂志联合发起吴裕泰CHINA TEA俱乐部成立。俱乐部通过名人、名企、名媒、名茶合作方式,旨在联络、组织企业家、艺术家等社会名流开展以保护中国古茶树,弘扬中国茶文化为主要内容的公益活动。相关专家学者以及新闻记者100余人出席。(赵连颇)

【斗茶品鉴会】 4月30日,在大观园举办吴裕泰年度春季茶友斗茶品鉴会。斗茶品种为绿茶、花茶、乌龙茶、普洱茶。茶友自带茶叶参加品茗鉴赏,面对面与专家进行交流。斗茶品鉴会同时进行紫砂壶展示及产品售卖。100余茶友参加。(赵连颇)

【董事会】 5月25日,召开第二届董事会第八次会议、上年度股东大会、第三届董事会第一次会议和第二届监事会第八次会议、第三届监事会第一次会议。会议推选董事会、监事会领导。12月21日,召开第三届董事会第三次会议和年度第二次临时股东大会,听取审议《2012年上半年经营工作报告》《2012年上半年财务分析报告》等议案。(赵连颇)

【京交会上宣传茶文化】 5月28日,公司参加在北京国际会议中心举办的年度中国(北京)国际服务贸易交易会。公司领导在中国分销服务业企业走出去专题会议上作让中国茶香飘世界主题演讲,宣传茶文化。(赵连颇)

【参加非遗展】 6月9日,参加北京市委宣传部、市文化局、市文物局在国家博物馆主办的“京味儿——北京非物质文化遗产展”。通过笸箩、干茶、茉莉花等元素,展示茉莉花茶窨制技艺过程,同时展出吴裕泰茶桶、茶壶、包装纸、紫砂壶等老物件。(赵连颇)

【秋季订货会】 6月22日,召开年度秋季产品订货会。全国各地200名加盟商参加。订货会设置5个环节,即秋季产品展示、春季销售成绩回顾、吴裕泰铁观音品评、茶艺表演、秋季产品订货促销政策宣布和现场订货。订货会涉及三大品类:礼盒、月饼、茶具,共42个品项。(赵连颇)

【公司官网改版】 7月23日,公司官网经过改版正式上线。改版后的吴裕泰官网特色明显,一是使用公司新VI系统中的色彩,以槐树绿色为主色调;二是网站引导部分突出时尚特色,增加动感,提高可视性;三是产品照片更加精美,可视性更强;四是网站内容更加丰富,可读性更强;五是店铺地图使用更加方便,为消费者查找与购买提供便利。(赵连颇)

【参加王府井品牌节】 9月17日,公司参加第三届北京王府井国际品牌节活动。在品牌发展与时尚文化高端论坛会上,公司经理发表在创新中让老字号永远年轻的主题演讲,从文化创意提升、产品深度开发、新媒体应用和创新文化活动等4个方面对吴裕泰品牌进行诠释。(赵连颇)

【领导调研】 10月12日,陈之常副区长到公司调研。参观考察吴裕泰王府井店、北新桥店、吴裕泰公司总部,听取工作汇报,从统一思想、明晰战略、多措并举、推动发展等4个方面提出要求。(赵连颇)

【加盟商大会】 12月25日,召开主题为辉煌15载,共续新传奇年度全国加盟商大会,300名加盟商出席。会议总结年度经营工作,举行年度新加盟商授牌仪式,表彰全国十佳门店(北京厢红旗店、门头沟店、松榆里店、西四店、平谷店、兴壶店、刘家窑店、河北廊坊康庄道、山东青岛市市南区店、江西南昌象山店),授予最佳贡献奖。与会专家学者现场培训加盟商。（赵连颇）

【职业技能大赛】 公司196名职工参加北京市第三届职业技能大赛商品营业员理论及实操考试,取得59个国家职业资格证书,其中技师2个、高级3个、中级35个、初级19个。（赵连颇）

北京便宜坊烤鸭集团有限公司

【概况】 北京便宜坊烤鸭集团是国有控股餐饮、饭店集团,2002年组建。旗下拥用建于明永乐十四年(公元1416年),以焖炉烤鸭技艺独树一帜的“便宜坊烤鸭店”;建于清乾隆三年(公元1738年),乾隆皇帝亲赐蝠头匾的“都一处烧麦馆”;建于清乾隆五十年(公元1785年),光绪皇帝御驾光临的“壹条龙饭庄”;建于清道光二十三年(1843年),北京八大楼之一的“正阳楼饭庄”;建于清同治元年(1862年),以经营北京炒肝闻名的“天兴居”;建于民国十一年(1922年),经营佛家净素菜肴的“功德林素菜饭庄”;建于民国十五年(1926年),以经营北京小吃著称的锦芳小吃店等。以经营宫廷风味的御膳饭庄;以经营上海菜为主的老正兴饭庄;以经营川味为主的,郭沫若先生为餐厅题写“力力”匾额的力力豆花庄。便宜坊、都一处、壹条龙、天兴居、力力、锦芳是国家商务部认定的中华老字号。便宜坊焖炉烤鸭技艺、都一处烧麦制作技艺被列入“国家级非物质文化遗产保护名录”;壹条龙涮肉制作技艺、北京豆汁习俗列入北京市级非物质文化遗产保护名录;都一处炸三角制作技艺、都一处马莲肉制作技艺、正阳楼传统蟹宴制作技艺、老正兴寿桃制作技艺、锦芳元宵制作技艺、天兴居炒肝制作技艺被列入东城区非物质文化遗产保护名录。集团设营运部、发展部、人力行政部、计财部、质管部。有员工1400余人。所属直营店25家。特许加盟店17家。集团以市场需求为本整合技术,以提升效益为本整合管理,以品牌建设为本整合文化,以市场化专业化为本整合队伍,走出一条在整合中振兴,在振兴中做强的发展之路。先后获北京人最喜爱的烤鸭店、北京市商业服务名牌企业、中华老字号品牌企业100强单位、全国守合同重信用单位等称号。

年内,落实两条工作主线——以创造精品成果,庆祝集团公司成立10周年;以创先争优实绩,迎接党的“十八大”胜利召开。管理方面转变工作作风,倡导四个意识,即主动、付出、执行、结果;提升专业化水平,强化标准化管理;贯彻落实工作“无缝化”,过程“留痕迹”;综合巡检、预算管理、绩效考评,实现品牌、营销、管理升级。经营方面着力发展餐饮主业,推出多种促销活动,扩大消费客源;开展网络营销方式,开发年轻消费市场;积极拓宽渠道,立足本市,走出国门,实现宣传与增收并举;发展无店铺营销,恢复便宜坊传统产品,研发时令产品。对核心品牌(便宜坊、都一处、天兴居、锦芳等)商标进行国际分类注册、网络保护注册,开发都一处品牌快餐店1家、天兴居品牌快餐店2家、红湖品牌早餐店1家,加盟店2家。完成营业收入3.1亿,同比提升17.86%;税前收益1900万,同比提升45.49%。为庆祝集团成立10周年,便宜访品牌诞生596年,3月至8月开展为期6个月庆祝活动。公司获上年度北京餐饮十大品牌(正餐类)、北京餐饮企业(集团)50强两项奖项。获中华老字号传承创新先进单位,改革开放30年功勋企业、中国餐饮业著名品牌企业,全国商业3.15荣誉企业,守合同重信用单位,全国餐饮业节能低碳先进单位、全国商业服务业顾客满意企业号。集团申报《老字号企业精细化管理体系的构建与实施》项目获北京市企业管理现代化创新成果一等奖。

单位地址:东城区永定门内东街中里15号
联系电话:67020584　邮政编码:100050
（程玉玲）

【泰国亲王走访便宜坊】 3月19日,泰国亲王及文化名家到便宜坊鲜鱼口店开展文化交流,体验中华老字号独特魅力。秦国亲王赠予象征中泰友谊证书,集团回赠《便宜坊记》作为留念。集团领导为来宾讲解便宜坊企业文化,泰国亲王为便宜坊鲜鱼口店题字:“很荣幸,吃到中国最古典、最古老、最好吃的烤鸭!”（程玉玲）

【组织结构及职能调整】 4月,集团公司进行组织结构及职能调整,进一步完善经营与管理体制的划分,实现了直线式专业化、集中化、归口管理,提高管理效能。采取职能部门、事业开发部及连锁店、直营店的组织结构模式。总部按二、三、四、五架构。两个研发工作室:菜品技术研发工作室、焖炉技艺传承研发工作室。三个办公室:改制上市办公室、行政办公室、党委办公室。四个部门:营运部、计财部、质量管理部、人力部。五个事业开发部:产品研发推广事业部、物业租赁事业开发部、店铺拓展事业开发部、都一处事业开发部、天兴居事业开发部。直营店涵盖便宜坊、功德林、力力、御膳、壹条龙等品牌。（程玉玲）

【宣传企业文化】 4月12日开始,集团与北京人民广播电台合作开展“4.22地球日-连线地球”特别活动。集团以“八百年古都—北京城;六百年焖炉——便宜坊”的形象宣传语向各界人士展现便宜坊品牌悠久的历史和深厚的文化底蕴。活动内容围绕爱护地球,保护家园,珍惜资源,协调发展等全人类共同关注的话题,在北京新闻等9个广播电台同时全时段播出。活动倡导节能减排、绿色环保。（程玉玲）

【传世“四大法宝”】 6月6日,集团成立十周年暨便宜坊品牌创建596周年之际,集团向传承人授予传世“四大法宝”。即中华十大名厨、集团技术副总、中华鲁菜技艺传承大师孙立新接掌“炒锅和炒勺”,便宜坊焖炉烤鸭技艺传承人白永明接掌“挑鸭杆”,烧麦技艺传承人吴华侠接掌烧麦制作专用工具“走槌”,中华面点技艺传承大师赵海霞接掌“擀面杖”。（程玉玲）

【安全生产】 6月,开展年度安全生产月活动,以安全第一、预防为主、综合治理为指导,以消灭用电用气隐患,确保财物安全运行为目标。组织安全培训和安全知识竞赛,各事业部、直营店配合所在地区职能部门开展宣传咨询活动,组织应急预案演练活动,进行安全生产检查,开展安全生产管理征文。宣传月活动期间,集团组织专项安全知识讲座1期,安全知识答卷700余份,专项安全演练23场1600人次参加,各店组织安全自查,集团完成各品牌店安全工作检核23家。9月开始利用晨会,持续开展每周安全一课系列活动。全年开展13次主题培训。内容为安全生产与管理中的重点、难点,餐饮企业在生产环节中存在的安全隐患,通报全市餐饮业内火灾事件频发情况等,培训课件通过集团办公平台发送到各事业部、直营店(连锁店),组织宣导,实现全员学习。集团对培训情况进行抽查,确保安全工作落到实处。(程玉玲)

【更新网络平台】 集团投资50万元完成新协同办公管理平台升级,增加人力模块、业务模块等,实现人力管理、投票等功能,增加上网人数,原办公平台可最多上网人数为108人,新协同办公平台可无限增加人数,实现新旧办公管理平台不间断顺利过渡及单点登录。解决苹果平板(Ipad)电脑平台登陆问题,方便实时查看文件。(程玉玲)

【员工职业技能大赛】 12月11～27日,举办三级服务师、烤鸭师、中式烹调师、中式面点师、冷荤厨师技能大赛,婚庆宴会展台评比大赛。评选出中式面点、中式烹调、冷荤拼摆、烤鸭师、三级服务师优秀个人40名,主题婚宴设计展台优秀单位8家。(程玉玲)

北京大北服务有限责任公司

【概况】 北京大北服务有限责任公司(简称大北公司)成立于2002年6月,主要经营照相、饭店、洗浴、洗染、商务会馆等5项业务,注册资金1500万元。有职工311人,其中在岗233人。大北公司下设5个子公司,即北京大北照相有限责任公司、北京圆中原照相有限责任公司、北京御华旅店有限责任公司、北京兆隆洗染有限公司、北京天坛南里温泉康乐城有限公司;4个分公司,即永定门饭店、惠达商务会馆、四块玉商务会馆、崇文门第二旅馆;1个合作企业北京新世界贝尔特酒店。

年内,60余名管理人员进行法律知识培训。获东城区先进团(工)委称号,区纪念建团90周年系列活动十佳优秀组织奖,区国资委系统财务工作先进单位。完成营业收入3851万元,实现利润131万元。

单位地址:东城区安乐林路69号

联系电话:67261945　邮政编码:100075　(甘华生)

【监事会换届】 3月20日,召开第十二次股东大会,选举产生新一届监事会组成人员。会议审议批准董事会年度工作报告等10个报告,并通过相关决议。(甘华生)

【完成全国"两会"拍照任务】 3月,承担为全国人大、政协"两会"拍摄团体合影照任务。"两会"期间完成31场拍摄任务,实现收入36.7万元,比上年同期23.7万元增加13万元,增长55%。(甘华生)

【消防知识培训】 7月24日,举办消防安全知识培训。邀请市消防培训中心老师进行消防安全知识讲座,着重进行案例分析、消防常识、消防器材和个人防护用品使用和逃生技巧培训。参训人员学会遇到火灾突发事故时,如何灭火、疏散和自救,增强员工消防安全意识。公司管理人员及各门店经理、电工等关键岗位员工50余人参加。(甘华生)

【续签集体合同】 公司《集体合同》8月到期。遵循平等协商原则,召开职工代表座谈会,听取职工意见。召开集体合同协商会议,就企业工资分配制度、工资标准、工资分配形式、工资收入水平及增长幅度等内容进行协商。修订部分合同条款,形成集体合同草案。8月24日,公司总经理,工会主席分别代表企业方与工会方,签订新的《集体合同》《工资专项协议》《女职工权益保护专项协议》。(甘华生)

【国庆节营销】 实现营业收入62万元,同比增长11%。大北照相重点对2个门店提前制定营销方案,为前来拍照的儿童提供儿童存车指定地点,及时满足顾客需求,并推出优惠促销等多项措施。永定门饭店在旺季到来之前及时调整散客房价,并合理调配团队、网上订房之间的用房比例,达到增收最大化。10月1～4日收入平均达到2.8万元。(甘华生)

【完成"十八大"服务任务】 会议期间,完成各代表团12场次3850余人拍摄任务,其中有全体代表与中央领导2600多人的大合影,实现收入151.5万元。永定门饭店客房出租率101%,接待服务4086人次,实现收入48.5万元。(甘华生)

北京天润金百投资集团有限责任公司

【概况】 北京天润金百投资集团有限责任公司(简称天润金百公司)是以原崇文区国有商业资本为主体,吸收多元投资的国有控股企业,2003年1月成立,注册资本8000万元,其中国有股4016.87万元,占总股本50.21%,集体股1300万元,占总股本16.25%,社会法人股2683.13万元,占总股本33.54%。有控股子公司5家,即北京金伦股份有限公司、北京市前门化工原料有限公司、北京前门亿兆商场有限公司、北京朗迪曼尔服装服饰有限责任公司、北京新叶物业管理有限责任公司;参股子公司5家,即北京元隆丝绸股份有限公司、北京市亿隆实业股份有限公司、华润置地有限公司、罗马尼亚北京餐厅、北京银行。公司内设人力资源部、财务审计部、资产管理部、经营部、综合管理部、政工部(工会)。有在职职工355人,离退休职工1440人。

年内,实现主营业务收入7622.54万元,完成计划的100.29%,实现利润总额1134.93万元,完成计划指标的103.2%。

单位地址:东城区崇外大街9号
联系电话:67082858 邮政编码:100062 (姜婴娲)

【工会换届】 6月8日,召开工会会员大会,审议通过工会工作报告、财务报告和经费审查报告。广泛征求意见,充分讨论酝酿,采取无记名投票方式,选举产生新一届工会委员会和经费审查委员会。8月,公司总部、金伦公司、元隆公司等所属基层工会完成换届。 (姜婴娲)

【应对"7·21"特大暴雨】 "7·21"特大暴雨后,天润金百公司第一时间与各子公司联系、了解情况。针对部分房屋漏雨问题,出资、出人、出力,采取措施处理。公司领导班子率队检查防汛工作,现场排查安全隐患,给予资金投入,备足防汛物资,指导落实度汛措施。 (姜婴娲)

【前门亿兆建网络销售平台】 9月,前门亿兆商场创建网络销售平台,尝试开发市场营销渠道,提升亿兆品牌影响力和市场占有率,给消费者提供全新、更具个性化服务,为老字号品牌建设和宣传推广开辟新途径。 (姜婴娲)

【签订集体合同】 专题研究《集体合同》《工资专项协议》《女员工权益保护专项协议》草案条款,广泛征求意见,使条款内容更贴近企业实际和员工需求,通过集体协商达成一致意见。11月27日,召开集体合同签约大会,在岗员工和内退员工代表举手表决,一致同意与企业签订集体合同,并依法履行签字仪式。 (姜婴娲)

【元隆公司参加境外展览会】 12月,元隆公司参加由中国国际贸易促进委员会组织的第十届印度孟买商品展览会。公司参展的丝绸面料和产品,吸引众多当地市民,期间接洽专业客户数量超过50家,并与多家客户建立初步贸易合作意向。 (姜婴娲)

北京工美凤凰旅游艺术品集团有限公司

【概况】 北京工美凤凰旅游艺术品集团有限公司(简称凤凰旅游集团)是集物业、旅游、商贸、工业为一体的股份制企业集团。经营写字楼、物业管理、旅游项目、进出口业务、工艺礼品及旅游相关配套项目。占地面积2公顷,建筑面积4万平方米。企业注册资本5000万元,在职职工122名,离退休职工1007名。

年内,集团所属百工坊举办区第二届非遗庙会,接待莫斯科中小学生冬令营营员,在北京师大二附中举办中国民间艺术之夜活动,传播中国传统文化,被市校外教育办公室、市校外教育协会授予第七届北京阳光少年活动优秀组织奖。全年经营收入1100万元、上缴税金150万元。

单位地址:东城区龙潭湖北侧路1号
联系电话:67111381 邮政编码:100061 (李由)

【壬辰年非遗庙会】 2月3日,在京城百工坊举办区第二届新春非遗文化庙会。庙会征集国家级、市级和区级非遗项目80余项,50余位非遗传承人优秀作品参展。庙会除设立皇家风韵、民俗风情、传统风味展示区外,新增面人、剪纸、风车、绒鸟、风筝、中国结等民间传统手工技艺体验区,参观者在传承人指导下体验民间工艺品制作趣味。区委、区政府有关领导、非遗传承人代表等出席开幕式并观看工艺大师、传承人技艺表演。庙会历时4天,接待参观者5000余人次。 (李由)

【中俄文化交流】 3月20日,京城百工坊接待莫斯科中小学冬令营营员50名,进行参观和手工艺体验活动。8月26日,国务院副总理李克强邀请的莫斯科大学研修团300名大学生到坊参观体验。10月2日,接待来京参加民宿交流活动的50个俄罗斯家庭,俄罗斯客人在坊观赏手工艺精品及手工艺大师技艺表演,感受中华民族传统文化的博大精深,体验学做面人、剪纸、风筝、中国结等手工艺品的无穷乐趣。(李由)

【手工艺大师走进人民大会堂】 6月5日,京城百工坊应外交部新闻司邀请,在人民大会堂的上海合作组织成员国元首理事会第十二次会议新闻中心,参加中国艺术品展览展示活动。活动展出玉雕、雕漆、景泰蓝、钧瓷、京绣、绢人、宫灯、木雕、花丝镶嵌、内画等40个品种80余件艺术精品。6位民间艺术大师为与会20余个国家和地区的新闻媒体记者进行现场剪纸、面人、风筝、中国结、葡萄常、真丝手绘手工技艺展示,同时接受8家新闻媒体专访。 (李由)

【民间艺术之夜活动】 7月22日,京城百工坊在北京师大二附中举办中国民间艺术之夜活动。来自美国、加拿大、英国、法国、德国、澳大利亚、土耳其、日本、印度、尼泊尔等29个国家600余名国际师生参加北京夏令营活动,带来各国的民族文化,并学做撕纸、面人、中国结、画脸谱、贴布艺、扎风筝等中国民族手工技艺,体验踢毽子、抖空竹等民间特色体育活动。 (李由)

【八一拥军活动】 八一建军节85周年,京城百工坊艺术大师和员工20余人,到北空某部五连,与官兵举办联欢会。艺术大师手把手教官兵们撕纸和中国结编织技艺,官兵们表演自编自演的文艺节目,展现当代军人艺术风采。 (李由)

【中秋民间工艺大集】 9月27日,京城百工坊与龙潭街道工委、区第三幼儿园联合举办中秋民间工艺大集活动。民俗专家为社区居民和孩子讲解中秋节来历民俗及"兔儿爷"的历史典故。民间艺术大师教社区居民编中国结、剪窗花,教孩子画兔儿爷,传承中国民俗文化。区委宣传部、区文明办领导及手工艺爱好者60余人参加。 (李由)

【外交官到百工坊参观】 10月25日,外交部礼宾司副司长金志坚等一行30余人到京城百工坊参观调研。11月23日,外交部礼宾司邀请中国驻外使领馆外交官及夫人一行40余人参观百工坊,参观者被玉雕、雕漆、景泰蓝、内画、料器、剪纸等众多艺术品吸引,并与传承人进行交流,亲自体验编中国结手链的传统手工技艺。（李由）

【非遗项目参展博览会】 10月29~31日,京城百工坊11项国家级、市级、区级非遗项目参加年度及相关产品与技术博览会。全国20个省、市、自治区的59家博物馆及美国、英国、法国等10个国家的文化机构参展。展会上,百工坊作为“活”的博物馆,11位非遗项目传承人进行现场手工技艺表演。故宫博物院院长单霁翔参观百工坊展区,与国家级料器传承人邢兰香、市级雕漆传承人殷秀云等交流有关非遗保护传承情况。（李由）

【传承人参与京港洽谈会】 11月5日,京城百工坊非遗项目代表性传承人徐阳、续清大师,赴港参加第16届京港洽谈会活动,为香港各界人士现场表演剪纸、真丝手绘民族传统手工技艺。（李由）

【校外教育活动】 年内,百工坊在体验、互动、参与特色活动中,接待全市中小学生34批、3200余人,培养青少年儿童对传统工艺美术的兴趣与爱好,开发孩子们的智力和动手能力,丰富校外教育活动内容及形式,为中小学生展示才华搭建平台。（李由）

北京华江文化发展有限公司

【概况】 北京华江文化发展有限公司(简称北京华江文化)是集研发、设计、生产、销售为一体的国际文化创意产业公司。经营国内外大型政治、体育、文化旅游活动纪念品以及动漫衍生商品等。在伦敦、新加坡、南京、香港等城市设有子公司。内设行政人力部、财务部、项目部等,在职92人。

年内,华江文化董事长兼总经理获中国创意产业年度领军人物奖,并当选北京市第十四届人大代表。北京礼物产品“中轴线”徽章套装获得年度中国旅游商品大赛金奖。华江文化研发的红星高照系列酒、吴冠中画作衍生品、新北京十六景画作获第九届北京礼物旅游商品大赛金、银、铜奖。

单位地址:东城区崇文门外大街9号

联系电话:67082233　邮政编码:100062（田冻竹）

【华江香港公司成立】 4月28日,华江公司在香港投资设立全资子公司——华江文化设计(香港)有限公司。该公司为华江北京礼物项目的香港研发中心。（田冻竹）

【伦敦奥运会火炬模型发布会】 5月16日举行。国家体育总局局长助理、中国奥委会副主席晓敏,英国驻华使馆大使塞巴斯蒂安·伍德等参加。会议发布的伦敦2012奥运会火炬模型是奥林匹克历史上首次发布的1/2原大奥运会火炬模型,也是首次加入贵金属材质的火炬模型。会上,英国驻华大使现场致辞,伦敦奥组委发来贺信。（田冻竹）

【北京礼物酒品鉴会及签约仪式】 7月11日,华江文化与北京红星股份有限公司在北京二锅头酒博物馆举行红星二锅头北京礼物酒品鉴会及签约仪式。二锅头酿制技艺第九代传承人主持品酒,双方认定酒样,封样留存。这是华江文化与中华老字号企业联合,将二锅头引入北京礼物特许品牌旅游项目。市旅游委副主任曹鹏程、华江文化发展有限公司董事长、北京红星股份有限公司董事长及相关人员参加。（田冻竹）

【加入萨马兰奇基金会】 7月13日,萨马兰奇体育发展基金会成立仪式在人民大会堂举行,华江文化于同日正式加入该会。萨马兰奇体育发展基金会是由萨马兰奇家族发起,在中国民政部注册,以中国国家体育总局为业务主管单位的全国性非公募基金会。基金会理事会成员包括国际奥委会代表、中国和西班牙政府代表、各捐资机构代表和国内外体育界知名人士。刘淇和国家体育总局局长、党组书记刘鹏及郭金龙出席。小萨马兰奇和家族成员、西班牙驻华大使及西班牙巴塞罗那市市长参加活动。（田冻竹）

【对外合作】 7月28日,在伦敦博物馆韦斯顿剧场,由北京奥运城市发展促进会、北京市贸促会、北京市文化创意产业促进中心3个单位主办的第四届北京奥运城市发展论坛上,举行北京-伦敦文创产业项目推介和签约仪式。华江文化作为北京礼物的特许运营商与坦普尔岛收藏公司签约,就旅游文化商品创意设计以及相关产品推广进行合作。坦普尔岛收藏公司是英国顶尖的礼品纪念品零售制造供应商之一。北京市副市长刘敬民、北京奥运城市发展促进会副会长蒋效愚出席。（田冻竹）

【获2016年奥运会特许经营】 8月4日,华江文化董事长与里约2016奥组委主席正式签署特许合约。这是继成为北京2008奥运会多项类别特许经营商和2012伦敦奥运会独家徽章类别特许经营商后,华江文化又一次获得夏季奥运会特许经营权,成为获得连续三届夏季奥运会特许经营权的企业。（田冻竹）

【北京礼物新品发布会】 10月30日,由北京市旅游发展委员会主办、华江文化承办的年度北京礼物旅游商品新品发布会在北京798艺术区百雅轩艺术中心举行。发布会上集中展示北京礼物的新品四大类300余款,华江文化作为活动承办方及北京礼物三家运营商之一,现场进行产品展示和产品推荐。北京市旅游发展委员会相关领导,各运营商代表及媒体代表参与了现场活动。（田冻竹）

【参加第七届文博会】 12月20~23日,参加第七届中国北京国际文化创意产业博览会,对伦敦奥运、北京礼物、南京青奥、奥林匹克雕塑等项目进行展示。其中体育收藏项目及北京礼物多项新研发产品首次参展公开亮相。（田冻竹）

【与中国奥委会续约】 12月28日,华江文化与中国奥委会进行续约2013—2020年签约仪式。此次签约是华江文化继2009—2012年后又一次获得中国奥委会的特许权利，且打破常规4年一次的签约，直接签署长达8年的协议。100余名相关人员参加续约活动。 （田冻竹）

百荣投资控股集团有限公司

【概况】 百荣投资控股集团有限公司（简称百荣集团）2001年8月成立。有10余家控股子公司，员工1400余人，资产规模超过200亿元，为跨行业、多领域、多元化发展的综合性企业集团。

年内，完成以北京为核心，进行多元化探索与开发，业务覆盖全国多个城市的战略化布局。商业板块启动郑州CSD国际时尚商贸中心项目，西革危改拆迁工作得到北京市国土局东城分局支持与关注。获区年度百强企业与绿卡企业称号。

单位地址：朝阳区建国门外大街8号

联系电话：85660746 邮政编码：100022 （邵琦）

北京市百荣世贸商城市场有限责任公司

【概况】 北京市百荣世贸商城市场有限责任公司（简称百荣世贸商城）由百荣投资控股集团投资建立，商城位于南中轴路与南三环路交汇处，建筑面积70万平方米，投资30余亿元。一期于2004年4月29日开业，主体建筑8层（地上6层、地下2层），集服装、针织品批发、零售、出口于一体，是华北地区超大规模的服装、针织品交易基地和品牌加盟中心；二期国际小商品城于2008年4月30日开业，主体建筑10层（地上8层、地下2层），经营化妆品、日化洗涤用品、美容美发用品、日用百货等。

年内，商城获全国公平交易（诚信）行业十佳单位、上年度消费者满意单位、北京诚信经营承诺企业、全国重点示范市场、中国最具影响力十佳服装品牌批发市场、北京诚信经营承诺企业等多项荣誉称号。为国内著名品牌加盟中心和品牌运营中心。

单位地址：东城区永定门外大街101号

联系电话：87802323 邮政编码：100077 （邵琦）

【组织商户参加展会】 3月20～23日，组织40余名电子电器品类商户赴上海参加第11届中国家电博览会。组委会在百荣展位组织召开现场洽谈会，10余商户签下200万元订单。4月6～13日，组织100余玩具商户赴广州参加第24届广州国际玩具及模型展销会、赴澄海参加第14届澄海玩具展。4月12～14日，组织商户参加北京第十五届京正·北京孕婴童产品博览会。7月19～22日，应邀参加由中国玩具及婴童用品协会主办的第三届北京国际玩具动漫教育文化展览会。10月11日，200余名玩具商户赴上海参加第11届中国国际玩具及模型展览会，签订代理品牌37个，销售合同金额2893万元，现场签定订货金额551万元，会后洽谈中代理品牌89个。10月17～19日，组织相关人员赴广州顺德参加第12届顺德国际家用电器博览会。 （邵琦）

【拓展外地市场调研】 7月8～16日，市场二期箱包、玩具、日用百货、仿真绿植花卉等品类组织带领商户赴内蒙、河北拓展调研相关市场。行程3000公里，分为东西两条线路，东线主力为箱包、日用百货品类，西线主力为玩具、仿真绿植花卉品类，截至7月17日，内蒙西线拓展之行累计达成意向合作销售额30万元。 （邵琦）

【参加排头品牌发布会】 4月26日，由中国轻工业联合会、中国皮革协会主办的皮革行业经济运行暨中国真皮标志排头品牌发布会，在北京国际饭店举行。百荣公司领导携部分实力商户应邀出席。 （邵琦）

【30个品牌获华北代理权】 6月20日，由皮界周报、广州狮岭镇政府、百荣箱包皮具采购中心共同组织的首届花都狮岭·北京百荣品牌对接峰会在广州狮岭举行。百荣公司与百壮、广州商会、皮界周报签署四方战略合作协议，促进彼此交流合作。百荣取得30个品牌华北区域代理权。 （邵琦）

【暑期玩具总动员活动】 7月21日至8月19日，举办为期30天、累计11场清凉一夏玩具总动员系列活动。10家国内外知名玩具品牌代理商参加。 （邵琦）

【考察市场拓展货源地】 8月17～20日，华北布艺布饰采购中心组织商户赴义乌打货，旨在拓展货源地、考察相关市场，以取长补短，提升百荣布艺布饰采购中心的整体实力和影响力。20余商户采购货量总额300万元，部分商户还取得GT、banb、情怡、格瑞思芙等品牌在北京的独家代理权。 （邵琦）

【布艺布饰采购中心开业】 8月5日，一期五层华北布艺布饰采购中心改造后开业。营业面积2300平方米，汇集100余种行业内知名品牌。 （邵琦）

【电子电器街开业】 9月16日，二期二层南区4街、5街南半区完成改装。改造后原4街、5街合并为一条街，通道加宽，铺位拉长，增强整体动线循环。 （邵琦）

【韩国女装店开业】 11月28日，一期三层搜炫韩国女装店开业。汇集韩国UUS旗下100余个时尚品牌。 （邵琦）

【接待来访考察】 年初，中国玩具和婴童用品协会会长石晓光一行参观考察玩具采购中心。3月，服装时报对恒源祥等知名品牌进行专业性采访。5月19日，《中外玩具制造》杂志社记者一行多人首次走访北京各大玩具批发市场。5月27日，广州狮岭镇政府代表携广州狮岭皮具商会、皮界周报等一行人莅临百荣参观考察。7月20日，中国皮革协会常务副秘书长到百荣参观考察。 （邵琦）

北京格格旗袍有限公司

【概况】 北京格格旗袍有限公司(简称格格),始建于1994年。企业集研发、设计、生产、物流、营销为一体。厂房面积6000余平方米。经营范围:制造、加工服装、服饰、鞋帽;销售针纺织品、服装鞋帽、日用品、工艺美术品。主营业务:格格品牌中式服装研发、生产和销售。主要产品:中式生活装(女装、男装),中式婚庆装,旗袍,中式礼服。旗袍系列包括:中式生活装系列、婚庆系列、礼服系列、高级定制。实体销售网络遍及全国20多个省市100家专柜及专卖店。开发网络营销渠道,与京东、当当、淘宝等签署战略联盟合作。企业获多项设计大奖,并连续19年获得守信企业、文明单位、先进私营企业、质量工作先进单位、十大消费者喜爱品牌、十大热销品牌等荣誉。接待多位国家领导及国际友人到厂视察参观,为国家领导人及国际友人、影视明星设计、定制中式服装,如奥运会升旗仪式、国际金融论坛、第十届全国妇女代表大会等参会服装。参与组织多项大型活动,受到媒体广泛宣传;承办国庆60周年祝福祖国方阵服装设计制作,迎奥运盛世中华民族服饰展演;策划主办青花瓷主题服饰展演等。立足传承中国特色文化,采集中国元素,运用传统工艺、手工制作方式将中式服装改良升级,研发设计出时尚中式服装。公司内设总经办、办公室、企划部、商品部、市场部、电商部、产品部、财务部、技术部、生产部、成品库、面料库、采购部、后勤部。员工400余人。

年内,面对新商业模式机遇,联合强手企业共同打造出实体店、网店相结合的运营模式,既填补了网络销售平台服饰种类单一化的短板,也提升了格格旗袍品牌的美誉度。通过推广电商平台,销售额提升30%,消费群体质量大幅度提高。全年生产各式服装12万件套,销售额8000万元,纳税额200万元。

单位地址:大兴区西红门福纬路4条北8号

联系电话:60291115/16/17　邮政编码:100076　(吴靖)

北京中欣安泰投资发展集团

【概况】 北京中欣安泰投资发展集团(简称中欣安泰集团)2002年12月成立,注册资本4000万元,为多元化投资集团。集团主营业务涉及金融投资、电子支付以及黄金产品经营三大领域。集团旗下北京中欣银宝通支付服务有限公司是中国支付清算协会会员单位,于2011年获得中国人民银行颁发的《支付业务许可证》。集团旗下北京中金安泰黄金珠宝有限公司与中国黄金集团建立密切合作关系,联手开拓北京黄金消费市场。中欣安泰集团有11家子公司,分别是北京中欣银宝通支付服务有限公司、北京中金安泰黄金珠宝有限公司、北京中欣高球通电子商务有限公司、北京中欣戴斯酒店管理有限公司、北京中欣安泰投资有限公司中欣戴斯酒店、北京中欣银嘉商务服务有限公司、北京中道信用担保有限公司、北京润达城酒店管理有限公司、北京中欣安泰投资有限公司、中欣金宝通控股有限公司(上海)、中欣安泰商务服务有限公司(大连)。集团有员工300余人,其中管理人员55人。

年内,中欣安泰集团各项业务保持快速稳定发展。至年末,北京中欣银宝通支付服务有限公司线下合作商户数量超过3000家,形成覆盖北京城区及周边的商户服务网络,核心产品"中欣卡"成为北京地区最受欢迎的预付卡产品之一。北京中金安泰黄金珠宝有限公司黄金零售业务实现稳步增长,与中国黄金集团的合作得到巩固加强。

单位地址:东城区珠市口东大街14号

联系电话:67077777　邮政编码:100076　(毛立慧)

北京宏源餐饮管理有限公司

【概况】 北京宏源餐饮管理有限公司是一家综合性清真餐饮企业,2004年4月成立。主要经营特色涮肉、羊蝎子火锅及高、中、低档清真系列菜。公司有9家分店,分别为宏源南门涮肉城、河边店、日坛店、朝阳路店、后海店、北洼路店、廊坊店、西湖串店,满朋轩餐厅,1家物流中心和1家养殖中心。经营面积1万余平方米,有员工700余人。企业先后被评为先进企业、一级餐厅、特级酒家、中华名火锅等,获公示进货渠道奖,赢得新世纪金秋美食节宴会银奖。宏源企业已通过ISO9001:2008国际质量管理体系认证以及ISO/DIS22000食品安全管理体系认证。

年内,组织员工技术技能大赛,从各店初赛到公司决赛,历时2个月,90%以上员工参加7个项目的比赛。南门店、河边店、朝阳路店分获团体一、二、三等奖。公司党支部被授予东城区2010—2012年创先争优先进基层党组织称号。

单位地址:朝阳区南杨庄101甲14号

联系电话:87369190　邮政编码:100023　(贾敏)

【续签合同协议】 10月,进行集体合同及工资协议、女职工特殊保护协议续签。召开员工代表座谈会,听取员工意见和建议,修订新的集体合同、工资协议和女职工特殊保护协议。　(贾敏)

旅　游

【概况】 1月11日,北京市东城区旅游局正式更名为北京市东城区旅游发展委员会(简称旅游委)。是负责辖区旅游发展统筹协调、产业促进和行业管理的区政府工作部门。负责贯彻落实国家和北京市旅游业方面的法律、法规、规章和政策,并负责指导和监督。研究起草辖区旅游业管理方面实施意见、办法、细则,并组织实施。负责组织拟定辖区旅游产业发展战略、政策、措施并组织实施;会同有关部门研究编制旅游产业发展的规划、计划并组织实施;负责旅游行业标准化工作,组织实施旅游区、旅游设施、旅游服务、旅游产品、旅游安全等方面的标准。负责统筹辖区旅游资源规划、开发、整合、利用;协调推动辖区旅游产业发展,促进旅游产业与其他相关产业融合;协调解决旅游产业发展的重大问题。负责研究制定辖区旅游市场开发战略并组织实施;参与国家、北京市旅游整体形象的对外宣传和重大推广活动,组织辖区旅游形象的对外宣传和重大推广活动,组织协调重大旅游节庆和会展活动,培育区域旅游市场和旅游品牌;负责旅游对外交流与合作,推动旅游区域合作。负责组织辖区旅游市场和旅游资源状况调研、规划、开发和相关保护工作;指导重点旅游区域、旅游产品的规划开发;协调和指导假日旅游、红色旅游工作。会同有关部门开展旅游产业投资促进和重大旅游项目协调服务工作,监管旅游发展专项资金;监测旅游产业经济运行,负责旅游统计、分析和行业信息发布工作。承担辖区旅游公共服务体系建设和管理责任,组织协调公共服务设施建设、改造工作,建立健全咨询服务体系和旅游公共服务信息网络建设体系;指导旅游行业精神文明建设和诚信体系建设;指导行业协会业务工作。承担规范辖区旅游市场秩序、监督管理服务质量、维护旅游消费者和经营者合法权益的责任;规范旅游企业和从业人员的经营和服务行为;负责行政区域内三星级以下(含三星级)旅游饭店的行业管理;负责辖区域内旅游景区、旅行社、旅游饭店服务质量等级评定;受理旅行社分社和服务网点(门市部)的设立备案;受理旅游投诉并督促检查旅游企业的投诉处理工作。承担辖区旅游安全监管责任,负责旅游行业安全的综合协调和监督管理;制定和组织实施旅游重大突发事件应急预案,组织协调应急救援工作。负责制定并组织实施辖区旅游人才规划;指导、协调旅游企业的教育培训工作。内设办公室、规划发展科、旅游促进科、行业管理科、公共服务科、安全监管科6个科室。编制23名。

年内,接待旅游人数7487.6万人次,同比增长0.2%,全市排名第一;营业收入582.3亿元,同比增长13.2%,旅游业增加值占GDP比重为2.2%。区旅游委被评为全国旅游系统争先创优先进基层党组织,国家中医药发展综合改革试验区先进集体,区安全生产先进单位,区非紧急救助服务工作先进集体,第九届“北京礼物”旅游商品大赛优秀组织奖,北京旅游商品博览会最佳组织单位和最佳展台奖,皇城国际旅游节被授予最具品牌价值旅游节称号,团支部在我的青春我的团电子团刊设计制作大赛中获优秀奖。

单位地址:东城区金宝街52号9层

联系电话:65133305　邮政编码:100005　　（宋超）

【旅游项目扶持】 争取市区财政支持5387.11万元,遴选26个旅游项目予以重点扶持。10家北京礼物专营店开业。17件旅游商品在市级评选中获奖。　（宋超）

【旅游管理规范】 城市旅游信息自助公共服务系统在王府井、前门大街、南锣鼓巷等重要景区点实现覆盖,A级旅游景区厕所、标识系统等旅游配套服务设施得到完善,11个旅游咨询服务中心服务功能进一步强化。全区北京人家总数达到16家,新增2家红色旅游景区,对15家星级饭店组织开展复核,1家单位完成旅游标准化试点创建验收。　（宋超）

【特色旅游产品开发】 整合与挖掘城市历史文化资源,增加创意园区旅游功能,引导企业发掘旅游观光、都市休闲、胡同文化创意旅游、京城美食等特色旅游产品。皇城国际旅游节在太庙举行开幕式,推出的骑行游、巴士游体验之旅受到游客欢迎;面向国际市场宣传特色旅游资源,先后赴6个国家和地区参加旅游专业展会,并与日、意、荷、俄、阿联酋等国开展双(多)边旅游交流活动,皇城国际旅游节的资源整合和品牌推广力度进一步加大。　（宋超）

对外经济

【概况】 东城区对外经贸工作,由商务委主管。年内,新设外商投资企业100家,其中合资16家,独资83家,合作1家。实现合同外资13.5亿美元,同比上升46.1%。实现实际利用外资6.36亿美元,同比上升15.2%。实现进出口额167.91亿美元,同比增长8.13%。跨国公司地区总部中升(中国)企业管理有限公司落户辖区,跨国公司地区总部累计达15家。被授予东城区进出口总部基地称号,贸促东城支会获2010—2012年度全国贸促工作先进单位奖励。 (贺蔚蔚)

【扶持外贸企业】 全年审核境外投资项目11个,对外投资6509万美元。支持中小企业开拓国际市场,完成中小企业国际市场开拓资金初审,审核42家公司83个项目,金额166.85万元。扶持服务外包企业发展,联合区财政局完成年度服务外包企业人才培训资金,审核3家企业641人,金额288.45万元。完成年度北京市服务外包发展配套资金,审核5家企业9个项目,金额706.2万元。 (贺蔚蔚)

东城区工商企业单位负责人

北京金漆镶嵌有限责任公司
　董事长、总经理　柏德元
北京市珐琅厂有限责任公司
　董事长　衣福成
　总经理　钟联盛
北京剧装厂
　厂长　石金栓
　党支部书记　刘彦春
北京市工艺木刻厂有限责任公司
　董事长、党总支书记　曹海平
　总经理　曹利华
北京象牙雕刻厂有限责任公司
　党总支书记　洪　燕
　董事长、总经理　肖广义
北京玻璃研究院
　院长　甄西合
　党支部书记　杨双涛
北京王府井百货(集团)股份有限公司百货大楼
　党委书记、总经理　周　晴
北京王府井百货(集团)股份有限公司东安市场
　党委书记　王文杰
　总经理　刘　炜
中国北京同仁堂(集团)有限责任公司
　董事长、党委书记　殷顺海
　总经理　梅　群
中国医药保健品股份有限公司
　董事长、总经理　张本智
　党委书记　张力伟
中国全聚德(集团)股份有限公司北京全聚德前门店
　党总支书记　李陆英
　总经理　寇向利
北京东方奥天资产经营有限公司
　董事长、党委书记　李宗范
　总经理　孙志家
东华服装有限责任公司
　董事长　林建华
　党委书记　赵连河
　总经理　林文浔
北京永安复星医药股份有限公司
　董事长、党委书记、总经理　杨静森
北京稻香村食品有限责任公司
　董事长、党总支书记、总经理　毕国才
北京吴裕泰茶业股份有限公司
　董事长、党总支书记　刘海燕
　总经理　孙丹威
北京便宜坊烤鸭集团有限公司
　董事长、党委书记　刘东亮
　总经理　赵育贤
北京大北服务有限责任公司
　董事长、党委书记　王金海
　总经理　许仲林
北京天润金百投资集团有限责任公司
　董事长、党委书记　李　力
　总经理　闫广亮
北京工美凤凰旅游艺术品集团有限公司
　董事长　轩少平
北京华江文化发展有限公司
　董事长、总经理　陈绍枢
百荣投资控股集团有限公司集团
　董事长　蒋柏荣
　党总支书记　赵　薇
北京格格旗袍有限公司
　董事长　王金乔
北京中欣安泰投资有限公司
　总　裁　徐建胜
北京宏源餐饮管理有限公司
　董事长　马　龙
　党支部书记　张淑英
北京市东城区烟草专卖局(公司)
　局长、经理、党组书记　张　建

财税·金融

财 政

【概况】 东城区财政局(简称区财政局)是区政府综合经济管理部门,内设行政科室25个、直属事业单位16个,职工213人。

年内,区公共财政预算收入完成134.84亿元,为年度预算的103.1%,同比增长10.3%;政府性基金预算收入完成11.15亿元。区公共财政预算支出完成154.70亿元,为调整后年度预算的92%,同比增长13.9%;政府性基金预算支出完成12.74亿元。

单位地址:东城区东直门外新中街2号
联系电话:64153614 邮政编码:100027
网址:http://dccz.bjcz.gov.cn （张洋）

【财政收入】 全年完成增值税10.01亿元,同比增长45.2%。营业税57.00亿元,同比增长7.8%。企业所得税26.02亿元,同比增长7.2%。城市维护建设税11.09亿元,同比增长9.3%。专项收入2.79亿元,同比增长9.4%。房产税14.25亿元,同比增长8.3%。印花税6.02亿元,同比增长43.6%。城镇土地使用税8214万元,同比增长1.5%。土地增值税3.41亿元,同比下降31.5%。车船税1.97亿元,同比增长19.5%。政府性基金预算收入11.15亿元。
（张洋）

【财政支出】 全年,一般公共服务支出13.26亿元,同比增长6.8%。国防支出1342万元,同比增长63.7%。公共安全支出10.62亿元,同比增长13.5%。教育支出32.53亿元。年教育事业投入42.23亿元,比上年增长13.9%。科学技术支出1.14亿元。年科学事业投入9100万元,比上年增长17.5%。文化体育与传媒支出4.18亿元,同比增长48.5%。年文化事业投入8783万元,增长16.1%。社会保障和就业支出31.60亿元,同比增长12.4%。医疗卫生支出9.50亿元,同比增长10.7%。节能环保支出5.81亿元,同比增长168.4%。城乡社区事务支出27.61亿元,同比增长10.4%。农林水事务支出167万元,同比增长22.8%。交通运输支出2119万元,同比下降91.5%。资源勘探电力信息等事务支出6296万元,同比增长29.9%。商业服务业等事务支出5316万元,同比下降10.6%。国土资源气象等事务支出135万元。住房保障支出2.31亿元,同比下降52.7%。粮油物资储备管理事务支出2318万元。其他支出14.38亿元,同比增长61.5%。政府性基金预算支出12.74亿元。 （张洋）

【国库集中支付制度改革】 年内,实现国库集中支付制度改革预算单位全覆盖。健全财政国库改革制度体系,搭建国库动态监控系统,强化资金运行全过程监控和预警,健全财政资金安全管理机制。 （张洋）

【监管政府采购】 年内,加强政府采购预算管理,扩大政府采购规模,提高公开招标比重,发挥政府采购政策功能作用,加大节能环保和新技术产品的采购力度,开展公务用车违规纠正及编制审核等专项治理工作,全区公务车辆问题专项治理。 （张洋）

【国有资产管理】 摸清全区529户行政事业单位的资产情况,完善国有资产信息化管理系统,落实日常办公设备配置标准、固定资产最低使用年限,促进资产管理与预算管理相结合。 （张洋）

【财政监督】 检查专项资金使用情况,重点检查养老服务事业发展专项资金、彩票公益金、残疾人就业保障金、区文化委及下属单位文化事业发展引导专项资金的拨付使用情况。完成全区部分行政事业单位及企业的会计信息质量检查,涉及资金资产3亿元。开展政策执行情况检查,针对部门预算编制情况、结余资金管理情况等进行专项核查。 （张洋）

【政府信息公开】 公开财政预算信息和67家区属单位部门预算信息,履行政府信息公开程序,完成政府信息公开数据的统计上报工作。 （张洋）

【财政信息化建设】 推进各项财政业务系统整合接入和财政业务数据梳理更新,开发实施预算执行动态监控系统,建立财政业务数据中心和财政应用支撑平台;加强信息基础设施、信息安全、业务系统的运维管理,为财政资金闭环管理机制提供技术支撑;完成“金财工程”安全体系建设升级改造工作,提升信息安全建设和风险防范水平。 （张洋）

【预算执行管理】 依法批复全区一、二级预算单位部门预算,保障各项工作序时推进。优化支出结构,开展节支工作,严控预算追加,压缩一般性支出,规范业务操作,化解财政资金安全风险。及时安排各项社会保障政策性资金,确保就业再就业、城镇居民养老、医疗保险、残疾人保障等各项社会保障政策性资金到位,保障低收入群体基本生活。支持科技强警标准化建设,保障政法部门履职需要。加大学前教育投入,完善中小学基础设施改造。安排文化体育产业事业专项资金,支持公共文化活动中心改造、"三馆"免费开放、"一刻钟文化圈"建设。足额安排卫生事业经费,保障卫生防病、预防接种等基本公共卫生服务项目及疾病预防控制机构、卫生执法监督机构和公共卫生体系发展建设的资金需要。安排历史风貌保护专项资金,促进历史文化传承发展轴建设和文物修缮。支持"煤改电"、对接安置房建设等为民办实事工程。 (张洋)

【会计管理】 依法管理会计人员继续教育和从业资格。按规办理调入、调出、丢证补证等持证人员网上申请事项。注册与信息采集3.81万人次。完成会计从业资格无纸化考试及全国会计专业技术(初、中级)资格考试工作。 (张洋)

【廉政建设】 明确廉政建设工作重点,逐级签订党风廉政建设工作责任书。做好全区惩治和预防腐败牵头工作,分解牵头任务,明确领导责任、部门责任、确保牵头工作完成。编制涉权事项及流程图、完善廉政风险防范常态化机制。加大内部纪检监察和外部监督力度,对部分市拨专项资金组织开展效能监察,发挥区"两员"社会监督作用。严格执行廉洁自律各项规定,开展反腐倡廉宣传警示教育,组织观看"以案说纪"专题片、勤廉书画作品展等。 (张洋)

税 务

国家税务

【概况】 北京市东城区国家税务局(简称区国税局)是主管区国家税收工作的行政机构,实行垂直领导管理体制,即由北京市国家税务局直接领导。有单位43个,其中内设机构14个,直属机构2个(稽查局内设10个机构),事业单位3个,派出机构(税务所)14个。职工总数:740人。管辖各类纳税单位和个人5.47万户及28个集贸市场。

年内,有序平稳推进营业税改征增值税试点工作,做到集思广益创思路,全力以赴保增长,立足本职抓服务,完成各项税收工作。组织各项收入894.2亿元,同比增收138.2亿元,增长18.3%。组织国内税收395.4亿元,完成全年计划116.5%,同比增长27%;组织区级财政收入30.1亿元,完成全年计划的101%,同比增长6.3%;组织区级一般财政收入28.3亿元,完成全年计划的100.2%,同比增长10%。

单位地址:东城区东四礼士胡同133号

联系电话:65133585　邮政编码:100010 (刘慧雅)

【组收措施】 全面分解收入计划指标,各组收单位以上年实际完成的税收收入和区级收入为基础,确定单位任务基数和计划增长率。强化税收收入预测,提高组收预见性。强化各税种月度预测报告制度,建立税收收入预测的长效机制。深化税收收入分析,按月进行收入完成情况分析。按照纳税企业分类管理,采取确保税收收入总量、调整税收收入结构、加强日常管理、挖潜在税源措施确保重点税源管理工作。 (刘慧雅)

【征收管理】 坚持免征小型微型企业发票工本费优惠政策,推行启用发票领购簿和领购发票凭证工作。推广机动车销售网络发票,建立机具开票、查询辨伪、防堵假票、票表比对、以票控税的发票监督管理机制。规范代开发票流程,确保"营改增"纳税人代开发票顺利由地税机关向国税机关过渡。严格自印发票管理。做好日常发票鉴定真伪及"12366"发票投诉工作,建立发票投诉快速反应机制。做好一税两费及废弃电子产品处理基金的征收管理工作。加强欠税及滞纳金管理。 (刘慧雅)

【纳税评估】 规范纳税评估工作流程。围绕预警指标进行定向分析,开展发票、特定行业以及管理疑点的多层次评估。全年组织开展增值税纳税评估90户,调减留抵23万元,查补入库92万元,滞纳金0.2万元。所得税纳税评估347户,调增应纳税所得额10亿元,实际入库税款2.5亿元,滞纳金1.36万元。 (刘慧雅)

【纳税服务】 开展多种形式宣传活动。召开企业座谈会、举办税收知识问答、送税法进校园、税法宣传进企业等活动,大力普及税法知识;利用短信平台进行信息推送服务,编制刊物《纳税服务在线》,及时传递最新服务资讯。提供综合性办税服务,使用触摸屏、滚动屏、自助办税终端等系统,深化自助办税,缓解窗口压力;加强对服务单位的管理,梳理业务流程和相关岗位职责,统一规范办税服务厅人员着装和服务标识。提高纳税咨询质量,29部对外咨询电话配备统一悦铃,并将通话全程录音,做好日常电话接听和"12366"远程坐席接听记录工作。加强纳税人权益保护,通过座谈、培训、问卷调查等多种渠道与纳税人进行沟通。聘请部分纳税人作纳税服务监督员,对全局纳税服务工作进行监督,听取他们的

意见和建议。分析上年满意度调查结果，制定改进措施；认真处理纳税人日常投诉信件。（刘慧雅）

【货物和劳务税管理】 确保金税工程安全运行。全年采集存根联192.45万份，采集纳税人基本信息1881户，采集率100%。加强一般纳税人认定及后续管理。所有达标小规模纳税人全部纳入一般纳税人管理，办理认定1853户，实行分层次分类管理，建立增值税链条式管理新思路，加强专用发票审批及发票执法监督管理，强化增值税抵扣机制，实现增值税交叉稽核的思路转变。建立健全减免税备案及审批制度。办理减免退税434户次，执行即征即退企业的先评后退，做好与车购税衔接调研，完成减免与征退工作。（刘慧雅）

【所得税管理】 完成年度汇算清缴工作，入库企业所得税额92.6亿元，同比增长35.3%。探索所得税后续管理工作模式，编制企业所得税汇算清缴专刊及CTAIS系统操作手册，规范预缴、总分机构、退税清算、非营利组织、减免税管理。强化资产损失管理，实行置前及后续管理相结合模式。加强核定征收，开展清理核查工作。调增应纳税所得额7493万元，涉及企业所得税额和滞纳金517万元。落实研发费加计扣除、小型微利企业及中关村国家自主创新示范区等相关税收优惠政策。完成年度税源调查工作。（刘慧雅）

【出口退税管理】 严格审核，按时办理退免税。在免抵退税审核中，增加免抵退税审核过程中审核疑点的复核与处理环节，采取对审人员交叉进行对审和疑点复审处理办法，确保每一笔退税都要严格按照国家政策进行。加强出口退税监控，预防骗税行为发生，全年审核出口企业免抵退税580户次，实际退库2.42亿元。（刘慧雅）

【个体税收管理】 推广安装使用税控收款机。加强集贸市场委托代征管理。与28个市场签订委托代征协议，全部安装使用网络开票系统，补办税务登记、定额核定7000余户。规范个体转一般纳税人工作。严格停复业登记审核。（刘慧雅）

【营业税改征增值税试点】 “营改增”试点平稳推进。对不同类型纳税人开展有针对性的培训辅导，发放宣传材料2万余册，组织对外培训34场次，对1万余户纳税人进行面对面辅导培训，发送宣传和提醒短信5万余条。与地税、财政、发改委等部门建立沟通渠道，共同研究解读“营改增”相关政策，做好与技术服务商的协调工作，加强监督管理。提高服务质量，增加办公时间，周末正常对外办公，制定应急预案，做好一般纳税人资格认定、发票审批、设备发行、申报缴税等后续管理工作，实现9月能开票，10月能申报的目标。做好宣传工作，在《北京日报》发布“营改增”公告和宣传资料。截至年底，认定“营改增”纳税人1万余户，入库税款4.5亿元。（刘慧雅）

【税收法制建设】 专项督察62条疑点信息进行核查；重点督察涉及七大项15个分项，核查户数5103户。实施执法考核系统问题通报和预警信息三级管理制度。规范税务行政处罚工作，落实税务行政处罚裁量权试点工作，审理大要案卷。认真处理行政复议案件。落实税收政策执行反馈制度。建立经济责任审计工作制度，制作《领导干部经济责任审计工作手册》。（刘慧雅）

【税务稽查】 落实一级稽查管理，稽查系列各环节按时填写《工作日志》《检查小结》《征管建议》等文书，落实岗责及文书模板规范工作，严格依照岗责及稽查工作规程办案，推行调账检查方式，落实下户登记制度。形成一整套完善的调账检查工作程序，逐步扩大调账检查范围，确立调账检查与下户检查优势互补的检查模式。开展打击制售假发票及非法代开发票专项整治行动，协调做好案件执行工作，完成对1户外资企业的强制扣税工作。全年检查案件112件，组织稽查收入1984万元。（刘慧雅）

【党建工作】 加强党组织建设，发挥党组织的核心作用和党员的先锋模范作用。开展创先争优活动，推行“三级网络”党组织结构模式，实行党委委员分工负责制，建立党员责任区；开展基层党组织分类定级工作，41个党支部评定等级全部为“好”；评比表彰创先争优活动中表现突出的党支部、共产党员、党务工作者及党员示范岗。（刘慧雅）

【队伍建设】 坚持局长连心卡长效机制，定期召开领导班子与干部专题座谈会，做好公务员考核评比工作，开展青年公务员职业生涯规划活动，参加市局青年公务员税收相关法律考试，6人进入全市前50名，全年组织各类教育培训71期次，参训人员1539人次，合计3080天。推进惩防体系建设。贯彻落实廉政责任制，防范执法风险。开展主题教育、警示教育、廉政教育等活动，组织干部参观看守所、法院。进行法制教育。落实《税收违法违纪行为处分规定》，开展专项执法监察和效能监察。开展民主评议，调整治理商业贿赂工作小组，结合内控机制建设，建立健全监督制约机制，抓好治理商业贿赂工作。加强税务文化建设及精神文明建设，征集廉政文化作品268件；按照区机关工委安排，组织标兵站岗270人次；成功举办趣味运动会；参加区直机关工委歌咏比赛，荣获特等奖；组织干部职工成立形式多样的兴趣小组。（刘慧雅）

【信访工作】 完善信访件处理机制的反馈、管理和结案归档工作，信访工作规范化、制度化，制定《北京市东城区国家税务局信访工作规定》《北京市东城区国家税务局信访、舆情、应急管理工作联席会议制度》《北京市东城区国家税务局信访矛盾纠纷排查化解制度》《北京市东城区国家税务局信访工作协调联动制度》《北京市东城区国家税务局信访工作应急处理制度》，开展信访排查工作，规范和加强信访工作。全年未发生信访事件。（刘慧雅）

地方税务

【概况】 北京市东城区地方税务局(简称区地税局)受北京市地方税务局(简称市地税局)和东城区人民政府双重领导。主要职责:贯彻执行国家的各项经济、税收政策和法律法规;组织各项地方税收收入,维护和规范税收秩序,促进国家经济持续、快速、健康发展。设18个职能科室、1个稽查局(内设11个科)、23个税务所、1个机关后勤服务中心。有干部职工677人。管辖各类纳税人60428户(正常户)。

年内,完善依法行政考核指标体系和组织责任体系,坚持依法征收。创新稽查工作模式,加大案件督办力度。注重队伍建设,加强廉政风险防控,加强党的建设,发挥党组织保障作用和党员的先锋模范作用。完成地方一般预算收入235.7亿元,完成年度计划任务234.5亿元的100.51%,比去年同期增收3.1亿元,增幅1.35%。完成区级一般预算收入102.7亿元,比去年同期增收9.9亿元,增幅10.64%。

单位地址:东城区安定门外西滨河路18号院首府大厦6座
联系电话:64515797　邮政编码:100011　(姜喆)

【依法行政】 规范税收执法自由裁量权的适用规则、基准制度,完善依法行政考核指标体系。税收督察检查税收优惠政策执行情况、重大税收违法案件及相关制度执行情况等10个项目。抽查检查187户纳税信用A级企业评定事项;利用身边案例,以案说法。做好政府信息主动公开,通过市政府信息公开专栏和TAX861网站向社会公开信息200余条。创新稽查检查工作模式,利用Asp.net+Access+IIs构建系统,研究开发稽查任务指标分解及指标完成进度监控、各项稽查数据统计分析、常用报表自动生成等三大方面13项功能。推行分类分级管理,加强案件督办力度。全年稽查立案371件,结案344件,查补税款1.18亿元,入库收入合计1.12亿元。稽查查补税款入库首次超过亿元。(姜喆)

【管税力度】 拓展税收管理员平台功能,研发文书管理模块,规范税收业务文书制作、保存和打印各工作环节。开发国标税控发票数据预警功能,率先实现对异常国标数据的分析。制作个体管理二期模块,实现对个体工商户疑点信息的有效监控。(姜喆)

【发票换版工作】 测算各种新版发票用量,备足发票库存,保证换版期间发票供应不脱节,帮助纳税人了解和掌握新旧发票的区别及新版发票的具体使用方法。做好新旧版普通发票使用的衔接工作,减少因发票换版给纳税人带来的不便。(姜喆)

【结构性减税】 成立"营改增"试点工作领导小组,落实结构性减税税收优惠政策。与区财政局、国税局配合,制定交接方案,确认提供税源户信息。设立"五专三区"的"营改增"试点企业服务体系,推动"营改增"试点改革工作开展。落实9821户税收优惠政策减收营业税税款15亿元左右。(姜喆)

【实施新车船税法】 成立专项工作领导小组,制定《东城区地税局2012年车船税征收工作安排》《东城区地税局贯彻车船税法应急预案》,局领导带队,现场指导,提出统筹安排、学习培训、系统操作、外部宣传、应对舆情等五方面具体要求,建立新税法执行反馈机制,及时反馈意见、建议,加强内部协调、沟通,化解征纳矛盾,确保新车船税法顺利实施。(姜喆)

【清算土地增值税】 开展土地增值税自查工作,逐个清查房地产项目,掌握情况,补齐手续,补充完善财产与行为税监控平台信息。完成清算项目9个,入库税款1.5亿元。(姜喆)

【风险防控】 重新审核编制《风险防控监督网络图》《税收业务工作流程图》《风险防控一览表》,建立廉政风险防控管理工作项目库,对廉政风险防控实施项目化管理,使廉政风险防范更加具体化。提升纳税服务效能,制作《东城区地方税务局纳税服务规范手册》《办税服务厅指南》,规范服务行为,落实服务承诺。完成外网网页改版工作,外网网页累计访问量236万多次。完成第一、二、三税务所"12366"远程座席安装工作,受理"12366"热线投诉7件,做到处理及时,件件回复。梳理政务流程,坚持依法、高效、便捷的行政理念贯穿内部管理各个方面。完善行政管理体系,全年梳理制度流程475个,其中保留类制度40个,修订类制度33个,制定类制度22个,废止类制度355个,制作流程图25个。(姜喆)

【队伍建设】 分批次组织2300人次更新知识、征管流程、财务会计、稽查业务和信息化培训,提高业务技能。开展科级干部竞争选拔,委托市双高人才服务中心负责,8名同志通过公开选拔走上副科级领导岗位。开展"7·21"特大暴雨救灾捐款活动。全体职工捐款7.62万元。(姜喆)

【代收工会经费】 增强服务意识,采取多种措施,做好工会经费代收工作。全年入库工会经费(筹备金)3.64亿元,累计入库率99.76%。(姜喆)

【党建工作】 学习贯彻"十八大"精神,开展党员展风采、党员塑形象和我的岗位党放心主题活动,推出党员放心岗、阳光贴心岗,推进学习型党组织建设。开展创先争优活动,评选11个先进支部和56名优秀党员。(姜喆)

【所属机构变化】 区地税局协助市地税局第二直属分局做好人员调配、业务交接、固定资产划拨等工作。原涉外分局28名在编人员和25名在岗人员全部划归市地税局第二直属分局,第二直属分局与区地税局第二办公区同在体育馆西路8号办公,7月1日正式挂牌对外办公。(姜喆)

金　融

中国工商银行股份有限公司北京东城支行

【概况】 中国工商银行股份有限公司北京东城支行辖营业室1个、大型综合网点支行10个、非大型综合网点和独立网点6个,从业人员532人。

年内,在支行行长绩效考核中,排16位,东城支行营业室、东四网点支行、北新桥网点支行获经营绩效百强网点,海运仓网点支行获劳动竞赛先进集体荣誉。

单位地址:东城区东四十条24号

联系电话:84020260　邮政编码:100007　(沈航)

【贷款业务】 开拓信贷市场。法人本外币各项贷款余额同比增长33%。其中,人民币法人贷款时点余额完成全年任务的310.62%,同比增长46%;一般法人客户贷款余额同比增长19%;外币贷款时点余额同比增涨15%;涉房法人贷款余额完成全年净增任务的107.5%,同比增长11%。　(沈航)

【存款业务】 人民币对公存款时点余额较上年增长3%,人民币储蓄存款余额较上年增长8%,完成率排名分行第3位,外币储蓄存款余额较上年增长99%。　(沈航)

【中间业务】 开拓中间业务增收新渠道,推进经营结构转型发展。年内,实现本外币中间业务收入(含返还)同比增幅4.93%。　(沈航)

【服务工作】 树立品牌,发挥示范作用。东四网点支行获服务运营标准化先进网点。固化工作成果,提升运营水平。要求全体员工树立服务第一意识,发挥大堂服务团队网点服务第一窗口、临柜第一印象、工行品牌第一载体作用,落实“店堂服务”责任制,提高服务水平和业务运营效率。推广“对公+个金”,“对公+外汇”,“存款+贷款”营销人员全面综合化管理模式和网点业务综合化。　(沈航)

【内控管理】 实施内控优先,防微杜渐的全风险管理模式。推动业务指标完成,强化运行风险管理,探索专业队伍建设,探索业务变化后的业务风险点、风险管理手段,管理可控风险暴露水平控制在分行平均值之下,全年无案件发生,保持内控一类行内控管理水平。　(沈航)

【企业文化】 丰富企业文化内涵,业务领域多个网点获奖。分行网讯工作先进单位二等奖,总行网讯信息采用突出贡献集体二等奖。　(沈航)

中国工商银行股份有限公司北京崇文支行

【概况】 中国工商银行股份有限公司北京崇文支行(简称工行崇文支行)有16个综合营业网点,11个内设部室,1个附属机构,职工640人、内退员工55人、离退休员工358人。

年内,贯彻总、分行决策部署和金融监管要求,结合外部环境及自身发展特点,坚持以结构调整为主线,以改革创新为动力,以提高效益为目标的原则,谋划创新发展思路,打好业务发展基础,各项业务健康发展,形成质量良性循环、各项业务协调发展的良好局面。

单位地址:东城区永定门外大街86号

联系电话:87200669　邮政编码:100075　(张建)

【营销存款】 扩大存款规模,加大重点业务、新兴业务营销。年末存款余额较上年增长53.58亿元,其中对公存款实现增量23.86亿元;储蓄存款新增29.72亿元。对公存款,加强核心客户关系管理,重视客户个性化需求,针对性地设计专属产品、提供专属服务,提高服务效率,稳定市场占比。深入挖掘核心客户新的业务合作领域,进一步提升核心客户综合贡献度。储蓄存款,实行抓源头、扩高端的揽储策略,强化客户结构优化对储蓄存款的支撑作用,推进代发工资、第三方存管和公积金联名卡等业务,拓市场抢规模,抓住储蓄存款增长源头。　(张建)

【营销贷款】 把准信贷政策,巩固前期成果,开拓新的市场,确保信贷业务持续健康发展。发展个人贷款、一般法人贷款净增、中小企业贷款等多项业务。其中,中小企业全年有贷户完成20户,小企业贷款累放额5.26亿元,中型客户贷款增加2.57亿元,户数增加10户。向北京天街控股集团有限公司投放贷款2亿元,支持区文化产业集聚区的发展。抓住契机,为北汽股份申请5亿元短期流动资金贷款。　(张建)

【人力资源管理】 以协同、服务业务发展为根本目标,实现人力资源管理由服务保障向业务伙伴转型,推进职工队伍建设,持续优化资源配置结构。加强后备干部队伍建设,加快优秀年轻干部培养和储备,严格按照后备干部选拔条件,把考察人选的发展潜力和工作实绩放在重要位置,推荐支行领导班子正职后备人选1人、副职后备人选6人。实施员工年度晋升工作,工资档次晋升281人,工资等级晋升28人,职务层级晋升3人。人均参与各类培训32.85期次,人均参加培训16.86天,其中管理类平均参训24天,销售类平均参训18天,专业类平均参训26天,运行类平均参训10天,客服类平均参训15天。参加远程教育人数641人,资格性培训人数439人。 (张建)

【风险管理】 加强风险量化管理体系建设,提升全面风险管理工作水平。抓好重点领域信用风险管控,加快融资平台贷款清理、转化和整改工作,落实房地产贷款政策规定,控制小企业和贸易融资业务不良贷款风险,信贷资产质量总体保持稳定,不良贷款继续保持双降,不良贷款率0.2%。提高核算质量,提升远程授权运行质量和效率,控制可控风险暴露水平。加强内控案防工作,整治不规范经营,开展员工合规意识与行为规范教育,配合做好内外部各类专项检查,推进反洗钱工作和案件防范工作,保证全行合规发展与安全运营。 (张建)

【业务创新】 为北汽集团办理支行首笔中票承销业务15亿元,也是工行系统内首次为北汽集团承销中票业务。首次实现中票承销收入994万元,是实现品牌类投行业务收入和有史以来单笔最大中间业务收入。首次为北京万维医药公司办理支行首笔发票池融资业务1000万元。体育馆路网点协助支行办理黄金代理业务,并购买黄金189公斤,实现此类业务零突破。永定门分理处协助支行与北京昭阳科技文化有限责任公司签订企业年金协议,实现首笔如意养老企业年金业务。左安门网点协助支行与慈铭健康体检管理集团股份有限公司签订首笔资金池协议,填补该项业务空白。新世界网点协助支行为北京味千餐饮管理有限公司办理分行内首笔单用途商业预付卡业务和首笔首款管家卡业务。 (张建)

【服务品质管理】 开展满意在工行主题活动,改进网点窗口服务,提升客户服务效率、服务规范和客户满意度。建设多元化服务渠道体系,离行式自助银行2家,自助机具总量达203台,增强电子渠道业务分流能力,柜面业务可分流率37.79%,下降2.57%。全面落实五个标准化建设,构建服务工作长效机制,客户投诉量下降,投诉处理满意度100%。创建优质服务样板店、专项治理服务短板,提升一线服务品质,提高网点服务水平。 (张建)

【企业文化】 发挥党团工会组织整体合力,推进创先争优活动。发挥党政工团引领作用。开展劳动竞赛和岗位练兵活动,增强员工主人翁意识和争创一流的工作热情;落实发展成果与员工共享原则,提高员工岗位工资与福利补贴标准,加大市场营销和网点员工分配倾斜力度;慰问、帮扶和救助困难员工,向68名困难病患员工发放救助金19.47万元。开展文体活动,改善基层员工工作、生活和学习条件,营造和谐文化氛围。 (张建)

【所属营业网点】 体育馆路支行(体育馆路甲11号)、崇文门外大街支行(崇文门外大街90号)、马家堡支行(丰台区马家堡东路18号)、左安门支行(朝阳区潘家园南里27号楼商业13号)、枣苑支行(东花市枣苑小区1号裙房)、新世界支行(东打磨厂街2号)、大都市支行(珠市口东大街4号)、夕照寺支行(光明中街66号)、广渠门支行(东花市南里东区15号楼一层)、天坛东路支行(天坛东路74号一层南侧101、102、103单元)、百荣世贸支行(永定门外大街101号A区一层)、龙潭支行(左安门内大街110号左安漪园小区5号楼首层)、琉璃井支行(安乐林路甲69号首层)、永定门分理处(永定门外大街86号)、南站支行(丰台区开阳路1号瀚海花园大厦首层)。东花市支行(东花市北里西区23号楼B座一层北侧)。 (张建)

中国工商银行股份有限公司北京王府井支行

【概况】 中国工商银行股份有限公司北京王府井支行(简称工行王府井支行),原称中国工商银行北京市王府井支行,2000年8月1日成立,工商银行实行股份制改革后变更为现名称。主要经营范围:办理本外币存款、贷款、结算、汇兑、外汇、个人金融、银行卡业务、各类理财业务及金融代理业务。设9个部室,8个二级部室及12个网点支行(金街支行、北京站支行、东长安街支行、东四南支行、新东安支行、禄米仓支行、华润大厦支行、电信大楼支行、灯市口支行、中电财支行、东华门支行、正义路支行)、1个分理处(东交民巷分理处)和1个储蓄所(朝南所)。从业人员535人。

年内,深化改革,强化管理,加速推进支行战略转型,全行经营效益提升,盈利能力和风险控制能力增强。资产余额667.28亿元,较年初增长106.10亿元。其中,各项贷款余额112.32亿元,较年初增长7.07亿元;负债余额659.74亿元,较年初增长108.65亿元;各项存款余额504.30亿元,较年初增长40.90亿元。截至年末,贷款利息收入实现6.23亿元,占总收入的24.44%,比去年同期增长2701万元。年末,实现损益表营业利润(含美元)8.85亿元;人民币利润8.61亿元。新东安网点支行获中国银行业文明规范服务千佳示范单位、北京分行经营绩效百强网点、北京分行劳动竞赛先进集体荣誉称号。

单位地址:东城区金宝街18号

联系电话:6527066 邮政编码:100008 (赵敏)

【中间业务】 立足竞争能力的提升和长远持续发展,把握市场发展机遇,着力拓展各类中间代理业务,各项中间业务收益全面增长,经营效益稳步提高。全年中间业务收入2.85亿元,其中代理及对公理财收入同比增长42%,企业年金业务收入同比增长341%,中间业务收入总量额排名分行系统第十六位。 (赵敏)

【机构业务】 落实总分行经营计划,调整执行策略。全年人民币对公存款(含同业)时点余额474.90亿元,较年初增加177.59亿元,增幅59.73%,完成分行序时任务的444%,分行排第二名;法人理财日均 118.87 亿元,完成分行任务的 148.59%,同比增加 52.6 亿元;法人理财实现中间业务收入 5290 万元,完成分行任务的 117.56%,同比增加 1774.59 万元;法人理财有效新开户 425 户,完成分行任务的 141.67%;销售如意人生理财产品 3.89 亿元,分行排名第三;如意人生理财产品日均达到 9855 万元,完成分行任务的 151.62%,分行排名第一。截至年末,签定总分行级现金管理客户 9 户,完成年度任务的 225%。 (赵敏)

【信贷业务】 拓宽信贷客户基础、完善产品体系、推进信贷业务转型、进行融资产品创新:①信贷规模快速扩张,全年本外币贷款余额达 85 亿元,有贷户 99 户。②品种结构进一步趋于合理,信贷规模扩张,注重控制房地产贷款和流动资金贷款。贸易融资余额 33 亿元,占流动资金贷款比重达到 69%,占全部人民币贷款比重 45%,而房地产贷款占比控制 10% 左右。③开拓理财融资业务,将分行理财资金与客户融资需求对接,拓展一种新的融资模式,实现理财融资投放 5.72亿元,并为支行实现中间业务收入 953 万元,占支行公司信贷类中间业务收入的 36%。 (赵敏)

【个人金融业务】 从零售直销入手,提高个金业务批量营销贡献度,探索王府井支行经营特色。强化管理层级、优化考核机制、细化客户管理、成立直营团队。全年人民币储蓄存款年增 11.24 亿元;个金"1+4"总规模 158 亿元,完成分行任务 150%;实现个人中间业务收入 6785 万元;外币储蓄存款新增 1051 万元;新增代发工资单位户数 235 户;财富客户新增 582 人,完成任务 112%;新增商友卡客户 1618 户;新增私人银行签约客户 33 户,完成任务率 127%;累计新发灵通卡 75147 张,完成任务率 141.3%。 (赵敏)

【国际业务】 以经营转型为中心,加速产品和客户结构调整,推进各项业务快速发展。单证业务量累计 9.29 亿美元,完成全年任务的 103.26%,跨境人民币企业达到 122 户,新增企业 45 户,分行排名第五,网点业务开办率 76.92%(全口径综合网点),分行排名第二。 (赵敏)

【信用卡业务】 全年累计发卡 4.04 万张,其中新发标准版信用卡 2.64 万张,流失卡量 9706 张,交通卡 1.41 万张,合计净增 3.07 万张;信用卡直接消费额 18.58 亿元;收单交易量达 118.54 亿元,任务完成率为 107.76%;分期付款交易额完成 3037.84 万元;新增特约商户 251 户,完成全年任务 100.4%,分行排名第二;中间业务收入 8619 万元,分行排名第二。 (赵敏)

【企业文化】 坚持以人为本①活跃丰富员工业余生活,增强集体凝聚力。②为员工办实事、办好事,解决员工后顾之忧,为每个经营网点重新配备电冰箱、微波炉等设备,解决员工就餐问题。③关怀、慰问老党员、困难员工,全年看望慰问员工 20 余次,慰问老党员、老干部、困难员工和家属去世员工 100 余人次,解决困难员工生活实际问题。④组织在职、离退休员工千余人员体检。 (赵敏)

【机构设置】 提高网点布局与环境资源的匹配度,优化网点布局及环境,切合经济发展、同业竞争和业务发展的需要。①提升机构客户综合贡献水平,挖掘客户上下游资金链,组建支行大客户四部、五部。②推进服务管理工作的标准化建设,完善支行服务管理机制,深化服务内涵,提高服务质量,促进服务水平全面提升,成立支行服务办公室,推进服务管理、日常督导及客户投诉工作。提升服务承载能力,改善服务面貌。③优化渠道建设,迁建正义路支行,并投入运营。 (赵敏)

中国建设银行股份有限公司北京东四支行

【概况】 中国建设银行股份有限公司北京东四支行(简称建行北京东四支行)设银行部、零售银行部、综合部、营业部、消费信贷部 5 个部门,辖海油支行、朝内大街支行、东方广场支行、平安大街支行、王府井支行和王府井大街支行 6 个支行,由管理型综合支行转变为营销为主的经营机构。有员工 270 人,中长期劳动合同制员工 261 人,派遣制员工 6 人,定向招聘劳动合同员工 3 人。

年内,努力做强客户、做全产品、做实规模,实现客户群体增长、资金体量增长、中间业务收入增长,全面执行条线化管理,实现二次创业、超越自我的工作目标。截至年底,资金量合计 241.80 亿元,较年初新增 42.11 亿元,分行排名第 15 名;全部存款新增 41.57 亿元,分行排名第 13 名。先后获首都文明单位标兵,总行文明单位"六个一"创建宣传活动先进单位、总行级企业文化先进单位,团组织获金融团工委优秀团组织等荣誉称号。

单位地址:东城区美术馆后街 8 号

联系电话:51997809 邮政编码:100010 (谷琛婷 冯洁)

【公司业务】 拓展中交集团下属 5 家一级子公司,首旅股份、国机汽车股份有限公司、中国出版集团公司等多家优质企业客户。截至年末,对公客户较上年增 2050 户。转变中间业务发展思路,主抓重点业务产品的研发和创新,实现重点营销产品运用、成功拓展供应链融资客户及实现信贷客户新增,在中间业务和产品创新方面取得突破。(谷琛婷 冯洁)

【个人业务】 坚持零售业务批发化,批发业务零售化宗旨,以对私业务为切入点,进而拓展成为公司类客户,最终形成对私对公全面携手、共同发展的互赢局面。以信用卡产品为突破口,通过公私联动,促成总、分行与客户人民网和物美集团等重要客户签订全面战略合作协议。支行个人人民币金融资产新增 18.44 亿元;人民币存款时点余额新增 7.62 亿元。 (谷琛婷 冯洁)

【消费信贷】 通过多项措施确保公积金贷款优势地位,在业务办理上,优化前、后端流程,引入大型中介机构,不断增加公积金贷款份额与收益。恢复与链家地产、中宇慧通等房地产中介机构合作,开展二手房业务和相关衍生业务。发展异地住房项目,实现支行一手楼盘零的突破。小企业信贷业务营销及管理以严控风险、量体裁衣、适度授信、保证收益为原则,根据不同客户实际情况及需求,匹配信贷产品,在风险可控前提下,提高客户综合贡献度。（谷琛婷　冯洁）

【基础管理】 深化专业化管理,以岗位为核心。人员管理中,从员工思想转变入手,以文化建设作为推动力,实施以岗位类群为基础的绩效考评体系和后备人才培养计划,激发员工工作积极性和创造力。建设任务型团队,通过人人都带户、户户有人管逐一落实营销目标;考核各部门竞争力,实施压力传导和问责机制,强化考核的全面性、灵活性和客观性,形成支行实施二次创业的宝贵资源。（谷琛婷　冯洁）

【企业文化】 开展做有心人创东四魂的文化宣传活动,培育热心、诚心、耐心、爱心、责任心的文化。让客户、员工体验独有的舒心、安心、细心、倾心、贴心的感受。落实践行核心价值观,服务合规促发展主题系列活动,以狠抓服务,强化合规,转变服务方式为主线,推进文化建设,发挥核心价值观及其理念的引导、凝聚、激励和约束作用。9月,支行代表北京分行参加建行全国系统文明单位"六个一"成果展示交流活动,获得"六个一"创建活动先进单位称号。支行与公益机构心目影院合作,开展弘扬北京精神,共享科技文化——庆祝第二十二次全国助残日盲人听电影活动、第四届红丹丹趣味盲人运动会等活动,并与怀柔宝山镇中心小学结成共建。（谷琛婷　冯洁）

中国农业银行股份有限公司北京东城支行

【概况】 中国农业银行股份有限公司北京东城支行,1990年成立,设8个部门、1家营业部、14家二级支行(东四北支行、青年湖支行、和平里东街支行、东直门支行、建国门支行、健德支行、惠新里支行、长安支行、交道口支行、东单支行、奥园支行、银街支行、朝阳门支行和太阳宫支行),在册员工331人。至年末,各项存款增长10%,储蓄存款增长16%;中间业务收入增长40%,投资银行业务收入增长184%;拨备后利润增长12%;人均创利水平增长13%。负债业务,储蓄存款日均增长18%。

单位地址:东城区金宝街58号华丽大厦

联系电话:65281870　邮政编码:100005（窦佳）

【资产业务】 客户结构不断优化,发展基础逐步夯实,以优化客户结构,创新工作思路为前提,实现业务经营稳步提升。年度各项贷款新增21%,AA级以上优质客户较上年增加1%,占法人客户贷款总额的59%。资产客户结构维持良好,个人贷款较上年末增长21%,个人贷款不良率较上年末下降0.5%。（窦佳）

【负债业务】 维护大客户存量,增加大客户数量,稳定存款;发挥网点营销主阵地作用,发展中小客户群体和个人客户群体,打牢存款基础,储蓄存款日均增量增长18%。（窦佳）

【零售业务】 推进零售业务发展,加强交叉营销和深度营销,实现客户规模横向发展,客户质量和贡献纵向提升。个人优质客户占比较上年末增长13%,银行卡收单中间业务收入较上年增长23.53%,自助银行业务收入较上年增长11.24%。（窦佳）

【内控管理】 完善基础管理。开展"三化三无"创建活动,强化信贷基础管理,提高对信贷业务风险的实质把控能力,信贷管理水平稳步提高。开展"三化三铁"创建、三项整治和三项基本业务培训验证工作,强化运营基础管理,优化绩效考核办法,引导全行增长方式转移到提高发展质量上来。开展党风廉政教育和法治理念教育,促业务健康发展。开展多轮次员工全面自查与督查;加强"两会"、重大节日和"十八大"维稳工作,防范案件和声誉风险,提升案件防控水平。（窦佳）

【机制改革】 完成岗位体系落地工作和中层干部、高级专员竞聘工作,完善队伍体系建设,整体管理水平显著提高。加强各岗位培训,提高员工队伍素质。领导班子带领广大干部员工,积极落实好上级行各项重大决策部署,坚定不移向前推进东城支行发展的新跨越。（窦佳）

【党建工作】 充分发挥党委核心作用,通过创先争优活动激发发展动力,把创先争优活动与加快业务发展、强化内部管理、建立风险防控体系等重点工作紧密结合起来,加强各岗位培训,提高员工队伍素质,务求以党建工作为抓手提升执行力建设水平。（窦佳）

【网点建设】 完成朝阳门支行、太阳宫支行的竣工验收和一个自助银行的选址工作。开展网点转型和服务导入工作,落实"服务品质提升年"活动要求,不断提升服务质量,实现网点"软转型"。（窦佳）

中国农业银行股份有限公司北京崇文支行

【概况】 中国农业银行股份有限公司北京崇文支行(简称农行崇文支行),辖独立营业网点14个,在岗员工299人。

年内,坚持市场入主流、同业创一流的目标,坚定发展信心,推进经营转型,调整客户结构,细化考核办法、加大考核力度,全行上下形成合力,推进各项业务经营稳步发展。

单位地址:东城区珠市口东大街1号新阳商务楼A座

联系电话:67092480　邮政编码:100062（李金辉）

【业务发展】 各项存款余额增幅37.7%。本外币对公存款增幅58.05%，储蓄存款增幅22.68%，同业存款增幅达7倍。客户建设，国际结算量完成全年任务的5.86倍。跨境人民币结算量完成全年任务的105.35%。第三方存管完成全年任务的158.25%，排名农行北京分行第一。净增私人银行客户完成全年任务的178.13%，排名农行北京分行第五。净增现金管理上线客户完成全年任务4.1倍。利润完成全年任务的100.58%。实现中间业务收入完成全年任务的88.46%，比去年提高45.86%。代理保险业务收入，完成全年任务的96.5%。　（李金辉）

【内控管理】 推进风险防控，提升基础管理力度。规范各项信贷业务审查流程，严把政策关、合规关、风险关，保证各项信贷业务稳健发展。利用信贷业务系统平台，加强信贷风险监督管理，实现信贷资产的安全运营。定期召开贷后工作分析会，审议贷后管理中发现的难点问题和风险点，分析问题成因，群策群力制定解决方案。发挥贷审会、风险管理会、资产处置会职责，保证各项信贷项目审议及时、风险化解及时。加强费用管理，强化资源配置导向，助推重点业务发展。强化资本约束理念，深化综合定价意识，提高经济资本回报水平和价值创造能力。整治金融要素管理、柜员违规操作、员工与客户非正常资金往来活动，降低业务差错。　（李金辉）

【人才机制建设】 公开竞聘，为员工提供展现自己的机会和平台，加大公开竞聘和公开选拔力度，7名员工充实科级干部队伍，优化干部队伍结构，实现能上能下的选拔任用机制。打破员工"铁交椅"思想。人力资源配置合理化，形成公开、公平、公正的人才竞争机制、激发员工队伍活力。　（李金辉）

中国银行股份有限公司北京崇文支行

【概况】 中国银行股份有限公司北京崇文支行（简称支行），下辖营业网点20个，有正式职工486人。

年内，贯彻落实总、分行发展战略，执行调结构、扩规模、防风险、上水平的发展方针，坚持节约资本、狠抓存款、改善息差、突出特色、持续发展的原则，创新发展、转型发展、跨境发展，强化执行力，采取创先争优，创新推行网点岗位优化设置措施，改革员工绩效考核办法，调动全体员工的积极性，实现员工、网点、支行工作效能全面提升。构建"诚信、绩效、责任、创新、和谐"的企业文化，完成分行下达的各项任务指标。

单位地址：东城区广渠门内大街47号雍贵中心A座1－4层

联系电话：87550606　邮政编码：100062　（李璇）

【负债业务】 多渠道、多手段促进存款稳步增长。金融板块：积极应对市场变化，调整发展思路，优化存款结构，狠抓核心存款，行政事业单位存款取得突破。个人金融板块：以理财产品为切入点，吸引客户行外资金；以企业代发薪为契机，拓展存款源头；以基金产品为突破口，有效带动客户金融资产增长。　（李璇）

【资产业务】 年内，以调结构、扩规模、促转型为核心思想，稳定巩固资产规模。金融板块：调整资产负债结构，拓展优质授信项目，推进项目储备，贷款余额稳中有升。个人金融板块：加大一手楼盘的业务发展与储备；与房屋中介、担保公司、公积金代办公司建立业务合作关系，拓展批量二手房贷、抵押贷款、公积金贷款业务；加大新产品的营销推广，全方位实现消贷产品同步发展。　（李璇）

【中间业务】 以效益为中心，发展轻资本占用型中间业务收入，推进中间业务收入增长。金融板块：调整产品结构，加大创新转型步伐，提升中间业务的可持续增长能力，实现电票、租赁保理、债券直融业务、供应链融资等业务零突破，国内结算、国际结算、资金业务、窄口径中间业务稳定发展。个人金融板块：通过展会、理财沙龙等活动加大外部宣传力度，强化培训、督办等内生机制，继续保持基金、保险、贵金属业务优势，并积极拓展汽车分期业务，实现个金板块中间业务全面发展。　（李璇）

【构建客户群】 开展客户群构建和管理工作。公司金融板块：落实分支行客户分层管理指导思想，执行存量客户对应相应各级人员进行维护挖潜，重视全员信息上报，开拓优质公司客户，进一步夯实客户基础。个人金融板块：加强存量客户挖潜及流量优质客户拓展，细化客户分层，提供个性化服务；开展清单式、数据库营销，加强源头拓展力度。客户规模进一步扩大，客户质量进一步提升。　（李璇）

【内控管理】 调整业务检查方向，构建专职业务经理队伍，梳理现金收付、ATM清机、账户管理、印鉴卡、询证函、机构信用代码证等业务流程。加强合规制度传导内容和形式的创新力度，强化风险与内控管理，提升风险合规水平。　（李璇）

【金融服务】 提升客户满意度为中心，重点关注客户感受与体验，改进服务管理办法，重视网点大堂客户的分流、网点的岗位设置、柜员办理业务的流程和效率、客户的等候时间等；重新制定大堂经理考核办法，优化厅堂服务销售流程，提升厅堂服务质效；结合创先争优"一分钟"工程及优化网点岗位设置工作，提高窗口服务效能、网点服务质量和网点整体服务水平。　（李璇）

【所属营业网点】 中国银行股份有限公司北京崇文支行营业部（广渠门内大街47号雍贵中心A座一层）、中国银行股份有限公司北京劲松支行（朝阳区劲松五区518号楼）、中国银行股份有限公司北京方庄支行（丰台区方庄芳城园一区16号楼）、中国银行股份有限公司北京崇文门支行（东交民巷2号）、中国银行股份有限公司北京双井支行（朝阳区东三环中路16号京粮大厦1层）、中国银行股份有限公司北京现代城支行（朝阳区建国路88号现代城A区S栋2201、2202）、中国银行股份有限公司北京恒基中心支行(建国门内大街18号)、中国银行股份有限公司北京科丰桥南支行(丰台区南四环西路188号16区20号楼1层)、中国银行股份有限公司北京崇外大街支行(崇外大街44号大康大厦首层)、中国银行股份有限公司北京大北窑支行(朝阳区东三环中路39号)、中国银行股份有限公司北京松榆里支行(南新园小区14号楼1层)、中国银行股份有限公司北京潘家园支行(朝阳区东三环南路25号汽车大厦一层)、中国银行股份有限公司北京东大桥路支行(朝阳区东大桥路8号尚都国际A幢102、103号房)、中国银行股份有限公司北京东花市支行(东花市大街98号)、中国银行股份有限公司北京光华东路支行(朝阳区西大望路1号)、中国银行股份有限公司广渠门支行(朝阳区天力街1号楼-9)、中国银行股份有限公司针织路支行(朝阳区建国路93号院万达广场西区8号楼一层)、中国银行股份有限公司北京前门大街支行(前门大街91号)、中国银行股份有限公司北京西花市支行(崇文门外大街18号国瑞城F1-26)、中国银行股份有限公司北京百子湾支行(朝阳区东四环中路82号金长安大厦A座一层102、103、105号)。

(李璇)

人保东城公司

【概况】 中国人民财产保险股份有限公司北京市东城支公司是国有独资大型金融机构驻区单位,主要业务范围:开展各类财产保险业务(包括机动车辆保险、企业家庭财产保险、各类责任保险、人身意外伤害保险等)有员工91人,设部门6个。

年内,保险费收入3.73亿元,利润1212万元。获市交通安全先进单位,市单位内部安全保卫集体嘉奖荣誉称号。2名员工分别立市公安局安全保卫个人三等功。

单位地址:东城区王家园胡同16号(阳光国际大厦)

联系电话:65548700 65548701 邮政编码:100027 (杨金凯)

【宣传禁止酒驾】 7月中旬,与东城交通支队在东直门簋街宣传禁止酒驾活动。各饭店门前悬挂印有开车不饮酒饮酒莫驾车字样的大红灯笼数百盏;印制带有禁止酒驾宣传字样的夜间反光背心儿百件,发给各饭店的服务人员(酒保),晚上就餐时间穿在身上宣传禁止酒驾。 (杨金凯)

【特大暴雨保险】 7月21日,北京发生特大暴雨。公司组织对受损财产的救援和赔付。处理机动车辆保险案件728起,支付赔款1512万元;处理其他各类财产保险案件48起,支付赔款446.5万元。 (杨金凯)

金融及保险机构负责人

中国工商银行股份有限公司东城支行
行长兼党委书记 苗鸿祥
中国工商银行股份有限公司崇文支行
行长兼党委书记 高　平
中国工商银行股份有限公司王府井支行
行长兼党委书记 郭　俊
中国建设银行东四支行行长 刘发猛
中国农业银行东城支行行长兼党委书记 张　艳
中国农业银行崇文支行行长兼党委书记 段宝峰
中国银行崇文支行行长兼党委书记 张　娅
中国人民财产保险股份有限公司东城支公司
经理兼党支部书记 宋玉森

城 市 建 设

建 设 管 理

【概况】 东城区住房和城市建设委员会(东城区历史风貌保护办公室)(简称区住建委)是负责住房和城市建设行政管理及历史文化名城保护工作的区政府工作部门。主要职责为负责本区工程建设管理工作,负责区属重点工程项目建设的协调、调度和监管工作;负责建设工程招投标监督管理和工程施工许可初审工作;负责本区保障性住房建设的统计、督促及协调管理等。设办公室、监察科、法制信访科、工程建设管理科、重点工程协调办公室、招投标管理办公室、建筑市场管理科、行政审批科、施工安全管理科、历史文化名城保护科、组织人事科 11 个机构。有工作人员 137 人,其中公务员 57 人事业编制 80 人。

年内,名城保护项目进展顺利,启动天坛周边修缮整治、钟鼓楼广场环境整治工程,完成全年 108.37 万平方米的整治任务。完成地铁 6、8 号线区内工程。东西四块玉路竣工通车,朝阳弘善家园项目住宅部分竣工,朝阳豆各庄项目开工建设,新注册监督工程 79 项 97.232 万平方米,竣工验收工程 55 项 68 万平方米,全年监督在施工程 238 项,确保全区建筑工地安全。

单位地址:东城区花市枣苑 10 号
联系电话:67051079　邮政编码:100062　(解启明)

【安全生产】 元旦、春节、"两会"等重点时期,执法检查建筑工地、拆迁工地、文化娱乐场、普通地下室、综合楼宇单位和危化企业安全生产情况;对各项安全生产责任制度建立及落实情况、危险物品管理情况、安全设备设施保养维护储备情况、事故隐患自查自报及整改情况、节日期间应急值守情况、从业人员安全生产教育及培训情况、作业现场安全管理情况等均进行检查。确保各项建设安全运行。(解启明　苏博)

【招投标监管】 5 月,开展合同履约检查。加强区政府投资小型工程监管,制定《东城区政府投资小型工程承包商名册库实施方案》,公开招标组建区政府投资小型工程承包商名册库。升级改造开标、评标室监控设备、网络设施。完成招投标、直接发包项目 98 项,建筑规模 164 万平方米,合同金额 23.25 亿元。其中:按招投标方式分,公开招标 59 项 87.1 万平方米,中标价 16.2 亿元;邀请招标 23 项 75.6 万平方米,中标价 6.8 亿元;直接发包 16 项 1.3 万平方米,合同额 0.25 亿元。按投资来源分,政府投资项目 70 项,合同额 18.8 亿元,国有投资 13 项,合同额 3.15 亿元,社会投资 15 项,合同额 1.3 亿元。

(解启明　陈朝阳)

【名城保护】 "三个十工程"(十项文物保护修缮工程、十项会馆保护利用工程、十大保护项目)中完成前门大街、玉河北区、南锣鼓巷修缮整治,月亮湾景观设计、雍和宫柏林寺、孔庙国子监周边修缮整治方案,制定 6 个文保项目;完成明城墙遗址西段抢险、欧美同学会、方家胡同 15 号院、地坛宰牲亭油饰和美国使馆旧址修缮 5 个文物修缮工程;完成台湾会馆、云间会馆、晋翼会馆、颜料会馆、贵州会馆、吉州会馆修缮 6 个会馆修缮工程。6 月 8 日,举办纪念历史文化名城保护三十周年系列活动,张玉平副秘书长主持,陈刚副市长致辞,住建部、市领导仇保兴、陈刚等,建筑专家周干峙、曹昌智、单霁翔及广州、郑州、邯郸等三十多城市有关领导参加。参会人员考察前门地区名城保护工作成果,听取该地区的胡同格局、历史沿革和街区保护情况介绍,参观南锣鼓巷及玉河河道。6 月 13 日,召开区历史文化名城保护工作委员会第二次会议。市规委黄艳、王剑明、区领导杨柳荫、牛青山等,专家顾问组成员王世仁、赵书、王静霞、边兰春、阎崇年出席会议。

(解启明　戴悦)

【党风廉政建设】 班子成员、班子成员与部门负责人签订《廉洁自律承诺书》。全体党员干部学习《北京市行政问责办法》。邀请纪委负责人讲党风廉政教育课。参观电影博物馆反腐倡廉基地,观看"建设工程领域职务犯罪"警示片。全年公开党务信息 100 余条。梳理职权事项 41 项,重点事项 15 项,集体决策事项 8 项,编制权力运行流程图 12 个,完善职位说明书 51 份。编制《廉政风险防控"三个体系"建设工作手册》。

(解启明　马靖华)

【名城保护专项资金】 年内,安排专项资金 3480.8 万元,其中文物及历史建筑修缮类 9 项,安排资金 2962 万元;历史街区环境提升类 2 项,安排资金 95 万;课题调研及专家工作会经费等 8 项,安排资金 423.8 万元。(解启明　戴悦)

【工程质量监督】 全年,注册监督工程 79 项 97.232 万平方米,竣工验收工程 55 项 68 万平方米,监督在施工程 238 项 305 万平方米,巡回监督执法 2890 项次,消除各类质量安全

隐患3524项,行政处罚违法行为23起,处罚金额115万余元。（解启明　杨立新）

【行政许可事项】　承诺时限内办结行政许可事项和行政管理事项1070件。申办人员满意率100%,提供企业和群众各种咨询服务2500余次。（解启明　童裕军）

【信访工作】　落实领导下访、约访、接访、调解制度。年内,受理群众来信、来访、来电4026件,其中来信338件,已办结327件,来访823人次,来电2865件。（解启明　张月明）

【防汛工作】　制定防汛应急预案,成立区建筑工程防汛应急分指挥部、青年突击队、专业抢险队等。7月,召开区建设工程防汛安全工作会,布置建设工程防汛安全工作;下发《东城区住建委关于进一步加强建筑施工工地汛期安全生产工作的通知》《2012年东城区在施单位安全迎汛抢险及物资储备统计表》。"7·21"特大暴雨,及时启动应急预案,做好迎汛准备工作,出动网格组检查防汛应急情况。（解启明　苏博）

【建筑行业劳务管理】　年内,工程劳务用工1.7万人。处理大小劳务纠纷31起,涉及农民工500余人,争议资金1500万元。（解启明　杨立新）

【施工现场踏勘】　年内,施工许可现场踏勘55项84.3万平方米,其中新建工程9项8.17万平方米,装修工程44项73.5万平方米,市政道路2项1306米。（解启明　齐宝安）

建　设　工　程

公建工程

【概况】　年内,住建委受理、初审及决定竣工验收备案的公建工程14项,投资27.10亿元,面积65.33万平方米。启动天坛周边修缮整治、钟鼓楼广场环境整治工程,外城东南角楼复建进行前期准备。实施玉河遗址博物馆、韩文公祠等修缮保护工程;银河SOHO中心、新世界酒店三期如期完工;东西四块玉路竣工通车,刘家窑路、革新南路准备启动征收,正义路南延南段、体育馆西路北段准备申报进入征收程序;定福家园A组团项目签订协议,通州"两站一街"项目具备开工条件;北苑宾馆项目签订收购协议。（赵琳艳）

【北京东方文化艺术中心工程】　位于区东四危改小区D4区。办公楼北楼建筑面积5.16万平方米,地上21层,檐高80.3米,工程造价3.47亿元,2006年8月8日开工,上年12月29日竣工,1月竣工验收。音乐厅建筑面积7888平方米,地上6层,檐高31.7米,工程造价5280万元,框架剪力墙结构。9月14日竣工。开工时间2006年9月8日。北京东方文华国际置业有限公司建设,北京市建筑设计研究院设计,北京城建集团有限责任公司施工,北京建工京精大房工程建设监理公司监理。（赵琳艳）

【鼓楼中医院建筑工程】　位于豆腐池胡同13号。门诊楼地下部分建筑面积3420.8平方米,地下3层,高度-15.4米;门诊楼地上部分建筑面积2076平方米,地上2层,檐高7.45米;感染科及办公区为单栋建筑,建筑面积574.54平方米,地下1层,地上1层,檐高3.85米。门诊楼为框架结构,工程造价1382.63万元,其它工程为框架剪力墙结构,工程造价1459.32万元,4月28日竣工。开工时间2009年11月2日。区卫生局建设,清华大学建筑设计研究院设计,北京东兴建设有限责任公司施工,京兴国际工程管理公司监理。功能为二级甲等综合中医院,门诊楼地下部分为车库,地上为医疗用房。（赵琳艳）

【加层及立面调整工程】　位于朝阳门南小街春雨胡同,加层及立面调整建筑面积1981平方米,加层位于地上24层,调整后檐高增加到84.85米,屋顶墙加装饰架,顶端高度94.35米,工程造价401.22万元,框架剪力墙结构。4月26日竣工。开工时间2010年10月10日。北京利山房地产开发有限公司建设,北京市建筑设计研究院设计,中铁建设集团有限公司施工,北京双圆工程咨询监理有限公司监理。建成后地下1-4层为汽车库、设备机房和物业用房,地上1-24层为酒店式公寓。（赵琳艳）

【玉河文化保护区修缮项目】　N01-1地块商业工程位于交道口街道地安门东大街北侧,建筑面积5228.26平方米,地上2层,地下2层,框架结构,檐高6米,地下高度-9.15米,工程造价2348.34万元。5月31日竣工。开工时间2010年11月5日。北京东方康泰房地产开发经营有限责任公司建设,北京中天元工程设计有限责任公司设计,北京城建集团有限责任公司施工,北京中外建工程管理有限公司监理。建成后地下为车库,地上1、2层为公建。（赵琳艳）

【四合院工程】　位于交道口街道地安门东大街两侧,玉河北段,N04商业建筑面积376.64平方米,地上1层,地下1层,框架结构,檐高3.6米,地下高度-5.25米,工程造价176.49万元,5月31日竣工。开工时间2010年12月31日。N03,

NB－1办公建筑面积3476.25平方米，地上2层，地下2层，框架结构，檐高6米，地下高度－9.15米，工程造价1628.93万元。6月28日竣工。开工时间2010年12月31日。地下2层为车库及配套用房，地下1层为变配电室及配套用房，地上为办公用房。N03，NB－2办公建筑面积3331.03平方米，地上2层，地下2层，檐高6米，地下高度－9.15米，框架结构，工程造价1560.88万元。6月28日竣工。开工时间2010年12月31日。地下2层为车库及配套用房，地下1层为办公及配套用房，地上为办公用房。北京东方康泰房地产开发经营有限责任公司建设，北京中天元工程设计有限责任公司设计，北京城建集团有限责任公司施工，北京中外建工程管理有限公司监理。N05－1南，NC－1办公建筑面积5936.96平方米，地上1层，地下2层，檐高3.57米，地下高度－9.15米；N05－2，NC－2办公，NC－3办公建筑面积5553.28平方米，地上1层，地下2层，檐高3.6米，地下高度－9.15米。6月4日竣工。开工时间2010年9月20日。地下2层为车库，地下1层为办公及配套用房，地上为办公用房。N05－1北，ND－1建筑面积631.58平方米，地上2层，地下1层，檐高6米，地下高度－4.2米，6月28日竣工。开工时间2010年8月10日，社区服务中心用房。ND－2建筑面积163.94平方米，地上1层，檐高3.5米，6月28日竣工。开工时间上年3月1日，商业用房。ND－3建筑面积845.49平方米，地上1层，地下1层，檐高3.6米，地下高度－4.4米，6月28日竣工。开工时间2010年8月10日。地上为商业用房。地下为变电所。均为框架结构，工程造价7905.74万元，北京东方康泰房地产开发经营有限责任公司建设，北京中天元工程设计有限责任公司设计，北京大龙建设集团有限公司施工，北京中外建工程管理有限公司监理。（赵琳艳）

【崇外2号地危改小区公建工程】 甲－戊项目工程位于祈年大街东侧。地上部分（公建甲－丁商业、公建戊酒店）建筑面积约28.7万平方米，商业地上4层，檐高18米，酒店地上9层，檐高36米，工程造价3964.61万元，6月15日竣工。开工时间2010年9月15日，框架结构。北京兴隆置业有限公司建设，北京市建筑设计研究院设计，北京城建亚泰建设工程有限公司施工，北京北辰工程建设监理有限公司监理。建成后地下2、3层为机动车及非机动车停车库，地下1层及地上部分为商业、办公及酒店。（赵琳艳）

【天雅红桥大厦地上部分工程】 位于法华寺街136号，建筑面积3.55万平方米，地上5层，檐高18米，框架结构，工程造价9241万元。8月30日竣工。开工时间2006年10月25日。北京市第一食品公司建设，北京炎黄联合建筑设计有限公司设计，北京六建兴泰建筑工程有限公司施工，建研凯勃建设工程咨询有限公司监理。商业、金融用房。（赵琳艳）

【新闻采编中心办公楼工程】 位于建内大街20号，建筑面积3.91万平方米，地下4层，地上11层，檐高49.5米，地下高度－16.5米，框架剪力墙结构，工程造价2.08亿元。9月19日竣工。开工时间2009年12月8日。北京日报报业集团建设，中国中元国际工程公司设计，中国建筑第八工程局有限公司施工，北京建院金厦工程管理有限公司监理。建成后地下1层为餐厅食堂等附属用房，地下2－4层车库，地上1－11层办公用房。（赵琳艳）

【国家文物局综合办公楼工程】 位于北河沿大街83号，建筑面积7482.9平方米，地下2层，地上3层，檐高9米，地下高度－12.9米，框架结构，工程造价2523.61万元。10月12日竣工。开工时间2009年11月16日。文化部机关服务局建设，中国建筑技术集团有限公司设计，市第三建筑工程有限公司施工，北京建工京精大房工程建设监理公司监理。地下1层为餐厅厨房及辅助用房，地下2层为车库，地上1－3层（含阁楼）办公用房。（赵琳艳）

【银河SOHO中心工程】 位于朝阳门西南侧，建筑面积33.01万平方米，地下3层，地上15层，檐高60米，地下高度－16.05米，框架剪力墙结构，工程造价13.1亿元。10月29日竣工。开工时间2010年5月9日。北京凯恒房地产有限公司建设，北京市建筑设计研究院有限公司设计，中建一局集团建设发展有限公司施工，北京方圆工程监理有限公司监理。地标性的建筑形式，由4栋塔楼及连接各塔楼的空中连桥组成，运用参数化设计将源于中国传统梯田的设计充满变化的楼层及空间。集商业办公于一身，地下1层至3层为商业，地下2层及地下3层为停车场，各塔楼4层以上为办公用房。（赵琳艳）

【北京站邮件转运站工程】 位于北京站西，建筑面积5600平方米，地下1层，地上3层，檐高13米，框架结构，工程造价2800万元。10月10日竣工。开工时间2009年5月31日。北京铁路局建设，中国建筑技术集团有限公司设计，中铁建工集团有限公司施工，北京铁建工程监理有限公司监理。地下部分为丙类邮件处理用房与设备用房，地上部分为邮件处理用房与办公用房。（赵琳艳）

【王府井百货大楼西配楼工程】 位于王府井大街255号，建筑面积5540.56平方米，地下1层，地上5层，檐高23.99米，地下高度－5.77米，框架结构，工程造价1707.03万元。11月9日竣工。开工时间上年8月28日。北京王府井百货（集团）股份有限公司建设，北京维拓时代建筑设计有限公司设计，北京建工集团有限责任公司施工，万宇国际工程咨询（北京）有限公司监理。地下1层、地上5层为商务办公用房，首层至4层为商业营业厅。（赵琳艳）

【中国黄金集团综合业务楼工程】 位于安外大街7号，建筑面积4.10万平方米，地下3层，地上12层，檐高45米，地下高度－13.5米，框架剪力墙结构，工程造价1.86亿元。11月14日竣工。开工时间2009年6月19日。中国黄金集团公司建设，清华大学建筑设计研究院设计，中国建筑第八工程局有限公司施工，北京方程建设监理有限公司监理。地下1层为职工餐厅、设备用房、变配电室，地下2、3层停车库及人

防工程,地上办公用房。（赵琳艳）

住宅工程

【概况】 年内,住建委受理、初审及决定竣工验收备案的住宅工程5项,面积37.6万平方米,投资7.19亿元。其中经济适用房3项,投资6.24亿元;危旧房改造工程2项,投资9438.51万元。完成上龙西里29、30号楼抗震加固试点任务,完成市老旧小区综合整治108.37万平方米。

【弘善家园经济适用房工程】 20、21号住宅楼位于朝阳区弘善家园小区,建筑面积9.62万平方米,裙房配套地下3层,地上2层,檐高8.85米;地上28层,檐高80米。框架剪力墙结构,2007年12月3日开工,上年12月27日竣工验收,7月11日竣工验收备案。工程造价1.81亿元。北京正阳恒瑞置业公司建设,北京保利达工程设计有限责任公司设计,北京大龙建设集团有限公司施工,市驰跃翔工程监理有限责任公司监理;经济适用房。地下2、3层为停车库,地下1层自行车库和商业,地上1层商业及大堂,2层商业,3层及以上为危改回迁房。（赵琳艳）

【19号住宅楼等3项工程】 建筑面积9.21万平方米。裙房配套地下3层,地上2层,檐高8.85米;住宅楼地上28层,檐高79.7米。商业及办公楼地下3层,地上16层,檐高59.25米。框架剪力墙结构,7月11日竣工验收备案。2007年12月21日开工,上年12月27日竣工验收。工程造价1.88亿元。北京正阳恒瑞置业公司建设,北京保利达工程设计有限责任公司设计,北京龙建集团有限公司施工,北京市驰跃翔工程监理有限责任公司监理。住宅地下2、3层为停车库,地下1层为自行车库和商业,地上1层为商业及大堂,2层为商业,3层及以上为危改回迁房。经济适用房。办公部分地上退层形式,地下2、3层停车库,地下1层商业,地上1层商业及大堂、设备用房,2层商业及开闭站办公,3－5层商业辅助用房,6层商业仓储用房,7层以上办公。（赵琳艳）

【37－40号住宅楼及裙房工程】 由4塔组成的联塔建筑,建筑面积13.49万平方米,地下3层,地上裙房4层,檐高16.65米;裙房外,为退层形式,37号楼18、20、23、25层,檐高53米、58.4米、66.5米、71.9米;38号楼18层,檐高53米;39号楼17、20、23层,檐高50米、58.1米、66.2米;40号楼18、21、24、26层,檐高50米、60.8米、68.9米、74.3米。框架剪力墙结构,6月14日竣工,开工时间2008年6月13日。工程造价2.55亿元。北京正阳恒瑞置业公司建设,北京保利达工程设计有限责任公司设计,中建一局集团第三建筑有限公司施工,南京工苑建设监理咨询有限责任公司监理。地下分为一、二段,地下2、3层一、二段互为联通,为汽车库,地下1层一、二段各处独立,设自行车库和商业用房,地上1－3层和4层局部裙房除住宅出入口外均为商业及配套,塔楼3层以上均为回迁住宅。经济适用房。（赵琳艳）

【和平里危旧房改造工程】 一、二区危改位于和平里街道,Z7住宅楼建筑面积1.59万平方米,3月14日竣工。开工时间2010年4月30日。工程造价2368.28万元;Z8住宅楼建筑面积1.56万平方米,7月20日竣工。开工时间2006年8月25日。工程造价2235.93万元。均为地下2层,地上16层,檐高47.1米,框架剪力墙结构。中央国家机关公务员住宅建设服务中心建设,市新厦建筑设计有限责任公司设计,北京首华建设经营有限公司施工,北京鸿厦基建工程监理有限公司监理。建成后地下1层为自行车库,地下2层为人防,平时为车库,地上为住宅。（赵琳艳）

【上龙西里危改住宅楼工程】 建筑面积2.14万平方米,地下2层,地上11层,檐高30米。剪力墙结构,5月23日竣工。开工时间2008年3月25日。工程造价4834.3万元。北京腾利达房地产开发经营公司建设,北京凯帝克建筑设计有限公司设计,北京中铁兴都建筑工程有限公司施工,北京宏远工程建设管理有限责任公司监理。地下1层自行车库及设备用房,地下2层设备用房,地上1层部分物业用房和消防控制室,1层－11层为住宅。（赵琳艳）

市政工程

【概况】 年内,住建委受理、初审及决定竣工验收备案的市政工程2项,投资1959.01万元。（赵琳艳）

【地铁项目工程竣工】 地铁风亭、通风道位于地铁1号线东单站,包含单层风道、双层风道和两座风井,风井内净空尺寸均为4.5米＊5.9米,井深为23.5米,双层风道长74米,净空尺寸3.2米＊12.1米,埋深为8.9米,单层风道长3.5米,内净空尺寸3.2米＊5.5米。矩形框架结构。上年12月23日竣工,1月竣工验收。开工时间2010年5月26日。工程造价1523.61万元,中国农业银行股份有限公司建设,北京城建设计研究总院有限责任公司设计,北京易成市政工程有限责任公司施工,北京地铁监理公司监理。（赵琳艳）

【东直门桥人行天桥工程】 位于东二环路东直门桥南侧,呈“Z”型布置,桥面面积471.9平方米,长80米,宽4米,桥下净高4.5米,跨东二环路结构为三跨连续、简支三室封闭钢箱梁,东北和西南侧各设一部坡度为1:2连续钢箱梁的梯道,在梯道另一侧各设一部垂直升降电梯,梯井结构为钢结构,在电梯外侧用铝塑板进行装修,桥面及桥梯面层均铺塑胶面层。4月28日竣工。开工时间2010年6月10日。工程造价435.4万元。北京市政路桥建设控股(集团)有限公司建设,北京市市政专业设计院股份公司设计,苏州市政工程集团有限公司施工,北京和平诚信工程建设监理有限公司监理。

（赵琳艳）

地区建设管理

王府井地区建设管理

【概况】 1989年，成立北京市东城区王府井地区商业管理委员会，隶属东城区，负责王府井商业企业的监督、检查和管理。1994年，市编委批准成立王府井地区开发建设办公室，隶属市政府，统一调度王府井地区开发建设工作。1997年12月，市政府将王府井开发办交由东城区管理。1999年2月，更名为王府井地区建设管理办公室（简称王府井建管办），增加管理职能，北京市东城区王府井地区商业管理委员会并入。全额拨款事业单位。主要职责：研究制定王府井商业区建设管理和发展的有关规划、规定和措施并组织实施；协调工商、公安、交通等部门对王府井商业区实施综合管理；优化王府井商业区经济发展环境，整合商业区各类资源，统计分析运营指标，促进经济发展；会同有关部门办理王府井商业区市政基础设施建设立项、可行性报告、方案设计、开工建设事宜；会同有关部门审定王府井商业区户外各项活动等。有工作人员40余人，设行政办公室、商业发展部、综合管理部、项目工程部等。

年内，推进项目建设，加快实施品牌升级战略，提升服务管理水平，举办第三届北京王府井国际品牌节，王府井地区项目推进、品牌建设、街区环境等工作均迈上新台阶。

单位地址：东城区柏树胡同40号 传真：65274685
联系电话：65129999 邮政编码：100006 （刘署光）

【奥运伦敦自行车队亚欧巡礼】 3月25日，北京金宝街携手中国奥运行自行车队，在金宝汇购物中心举行“金宝街世界行”首发仪式。8名自行车骑手组成的奥运伦敦行自行车队，用5个月时间，横跨欧亚大陆15000公里，途径莫斯科、布拉格、布达佩斯、维也纳、柏林、巴黎和伦敦7座城市，访问阿尔巴特街、布拉格瓦茨拉夫广场、瓦茨街、维也纳步行街、香榭丽舍大街、乔治五世大街、牛津街等世界十大著名商街。

（刘署光）

【全国消费促进月】 4月2～4日，王府井步行街举办年度全国消费促进月——畅想品牌展活动。活动展卖海南、广西、云南、江西、福建、浙江、重庆、山西、山东、陕西、甘肃、青海、内蒙古、吉林、黑龙江15个省（自治区、直辖市）特色商品，参展企业及商品是从北京各地商品大集中筛选出的优秀企业和热销商品，包括休闲食品、农副产品、水果、饮料、丝绸制品和工艺品六大类上百种单品。 （刘署光）

【江诗丹顿北京澳门中心专卖店】 4月12日，逾250年历史的瑞士日内瓦顶级钟表制造商江诗丹顿北京澳门中心专卖店揭幕。专卖店位于王府井北京澳门中心首层，是江诗丹顿在全球开设的第30家专卖店。瑞士驻华大使顾博礼（Blaise Godet）先生、江诗丹顿亚太区董事总经理 Julien Tornare 等出席仪式并剪彩。 （刘署光）

【智慧停车系统】 7月5日，举行王府井智慧停车系统（一期工程）暨51Park无忧停车网上线运营启动仪式。全方位智慧停车诱导系统，由信息采集、信息传输、中央控制和信息发布四部分组成，通过互联网、手机、车载导航、交通台、路侧三色诱导屏发布动态停车信息。联通东方广场、新东安广场、乐天银泰百货、百货大楼、澳门中心、北京饭店广场等6家大型停车场、2000余个车位，占区域内停车位总数的70%以上。

（刘署光）

【Forever 21 旗舰店】 8月8日，Forever 21 中国大陆旗舰店在北京 apm 购物中心开业，世界年轻人喜爱的美国时尚零售连锁巨头 Forever 21 正式在王府井开张营业。Forever 21 创始人张道元、新鸿基管理高层黄振华及区商务委、产促局、王府井建管办的有关领导出席开业仪式。 （刘署光）

【金秋购物季活动】 9月4日至10月31日，东城金秋购物季活动在王府井步行街开幕，活动以多彩金秋品牌盛“惠”为主题，包括相约王府井、东方奥天第三届购物节、乐购东直门（第一届东直门商圈购物季）、第四届崇外商圈购物季、第四届北京红桥国际珍珠文化节、台湾夜市6个板块。市商业联合会、市商务委、区政协相关领导出席。 （刘署光）

【首届世界旅游城市博览会】 9月14日，在王府井步行街开幕，丁向阳主持开幕式。代市长王安顺宣布博览会开幕并致辞。塞舌尔维多利亚市市长百丽代表会员城市致辞，国家旅游局副局长杜一力和重庆市副市长谭栖伟为世界旅游城市联合会标识揭幕。会员城市围绕旅游让城市生活更美好主题，通过布展、宣传和演出，展现各自独特的城市旅游形象。都柏林市市长、釜山市市长、里加市市长及孙康林、鲁勇、杨柳荫等出席。 （刘署光）

【国际品牌节】 9月15～25日，举办第三届北京王府井国际品牌节。品牌节延续国际品牌，世界城市的主题，举办品牌发展与时尚文化主题论坛、2012年度王府井品牌榜发布、颁奖仪式暨闭幕式三项主体活动；品牌节活动区有年度 BQ 钟表文化贡献大奖颁奖盛典、北京电视台《财经锋汇》栏目“商业模式对话”圆桌访谈、步行街品牌推广活动、商家品牌活动、年度东城金秋购物季活动五项品牌文化活动和塑造有特色的城市文化国际友好区区长论坛等。品牌节在区9横8纵主干道、次干道两侧悬挂主题形象道旗2000组。步行街南、北口分别设置鼎天立地门迎宾拱门和品牌魔方。百货大楼、新东安广场、东安市场、东方新天地、乐天银泰百货等王府井重点商家在店内结合品牌节主题进行装饰布置,天伦王朝酒店利用内部LCD屏幕及水牌等进行品牌节宣传。中央、市、区有关负责人及韩国、罗马尼亚、奥地利、意大利、法国、乌克兰等国家和地区的国际友城、商业街代表,外国商会组织驻华代表出席活动。　(刘署光)

【老字号重张开业】 9月,有60多年历史的东华服装、王府井医药商店、红光照相器材商店3家老字号在王府井重张开业。回迁王府井北京饭店二期。10月,懋隆黄金珠宝店进行升级改造。重张开业。懋隆黄金珠宝店保留原有的珠宝首饰、翡翠钻石等品种,推出懋隆黄金系列产品,产品涉及千足金饰品、投资金条、金花丝镶嵌首饰、3D硬金饰品等。

(刘署光)

【苹果品牌店开业】 10月20日,苹果品牌亚洲最大旗舰店在王府井开业。有上下三层,第一层提供商品展示与选购,第二层提供培训讲座和私人服务,地下一层提供配件选购。设有亚洲唯一的360度天才吧,成为全球设置三层旋梯的第三家。　(刘署光)

【户外活动】 全国人大,政协会议期间,中国照相馆组织6支小分队为出席全国“两会”的千余名代表、委员照相服务。5月30日,王府井建管办参加首届京交会分销服务企业走出去推介会,有关负责人介绍王府井商业区发展历程,商业运营情况和未来5年的规划建设。6月1日,举办保护儿童,告别流浪宣传日活动。民政部和市政府主办。民政部长李立国、副市长丁向阳、国务院有关部委、市、区有关部门领导出席。7月20日,“江西风景独好”北京活动周开幕,江西省旅游局主办。12月22日,中共青海省委主办的“大美青海·寻道昆仑”摄影大赛颁奖典礼暨影展活动。中共青海省委、北京市委有关负责人出席。　(刘署光)

东二环建设管理

【概况】 东城区东二环交通商务区建设管理办公室(简称商务区建管办)2004年3月15日成立,是全额拨款事业单位。有工作人员17人。主要职责承担入驻企业的服务、协调和中长期规划的编制等工作。设行政管理部、规划发展部、商务信息部和协调服务部4个业务部门。

年内,交通商务区南延至东二环高端服务业发展带。坚持服务协调主线,加大对重点楼宇和企业的服务力度,强化部门联动,实现高端服务业发展带公共服务优质化、产业聚集高端化、配套设施现代化、管理理念国际化的建设目标。重点税源户实现税收总额180.85亿元,比上年同期增长18.17亿元,增幅11.17%。实现区级收入33.74亿元,同比增加1.63亿元,增长5.06%。信息业、金融业和商务服务业三大主导行业,实现区级收入23.52亿元,占区级总收入的69.71%。

单位地址:东城区东扬威街11号
联系电话:84063473　传真电话:84062584
邮政编码:100007　(尹兰英)

【商务区高峰论坛】 1月10日,名家对话—论文化与经济发展活动暨第四届东二环交通商务区高峰论坛在皇家粮仓举办。文化部原副部长赵维绥及观复博物馆、中国对外文化集团、中青旅控股股份有限公司、保利文化集团、万科集团等负责人和区领导牛青山、徐熙等参加。与会领导和嘉宾围绕文化与经济发展的主题进行深入交流。　(尹兰英)

【旅游体验馆落成】 2月8日,中青旅加拿大旅游体验馆在中青旅大厦落成,加拿大总理哈珀和随行的政府高级官员、中青旅总裁张立军共同见证,并为卡尔加里牛仔节100周年庆典的全球推广开启序幕。中青旅加拿大旅游体验馆由加拿大旅游局与中青旅控股股份有限公司联合兴建,200平方米的场地展现加拿大的自然景观和生活方式。9月13日,中青旅南非旅游体验馆落成典礼暨发·现·新南非联合推广启动仪式在中青旅大厦17层中庭举行。南非旅游部副部长,南非驻华大使,南非国家旅游局局长,中青旅控股股份有限公司总裁张立军出席启动仪式。　(尹兰英)

【税源建设】 制定做好银河SOHO等重点楼宇和诺基亚西门子通信网络科技服务有限公司等重点企业的税源建设工作。4月10日,许汇专题调度银河SOHO项目税源建设工作。7月6日,入驻国华投资大厦的诺基亚西门子第二大分公司——诺基亚西门子通信网络科技服务有限公司移税东二环高端服务业发展带,实现属地纳税。　(尹兰英)

【服务配套设施需求调研】 4月12日,与北京大学项目课题组启动东二环高端服务业发展带服务配套设施需求调研分析工作。以《北京市东城区总体发展战略规划(2011—2030年)》为依据,在区域内的大型公建、规模餐饮单位、综合购物场所、休闲娱乐设施、酒店和金融机构等工作、生活配套服务设施进行现状摸底基础上,以企业员工为主要对象,内容涵盖调查对象的基本属性(性别、年龄、收入)和消费行为,涉及5大类30个问题。以东直门、东四十条、建国门、北京站和广渠门5处为节点,发放问卷1500份,回收有效问卷1463份,样本有效率97.5%。进行收集、汇总、整理和分析。提出空间引导和地块规划布局,对区域内建筑功能调整、建筑物利用潜能提升、人群消费引导与提升等提出策略性建议。

(尹兰英)

【重点企业入驻】 8月16日、9月17日,中国五矿集团中化建工程集团财务有限公司先后入住东二环高端服务业发展带。区领导牛青山等,五矿集团总裁,财务有限公司总经理揭牌入驻仪式。

(尹兰英)

【新兴产业园规划建设】　完成商务区新兴产业园项目概念性规划设计工作。9月19日，区领导杨柳荫、徐熙、朴学东、许汇和东城国土分局、规划分局，区发改委、房管局、财政局、商务委、产促局、危改办，东直门街道办事处、东方信达、东方置地等单位的主要负责人出席项目概念性规划方案汇报会，对项目下一步工作提出要求。商务区建管办组织有关单位对拆迁安置办法、合作开发模式等具体事宜进行调研。（尹兰英）

【区领导考察银河SOHO项目】　11月1日，区领导杨柳荫等考察银河SOHO项目，实地参观项目外围及峡谷区水景、地下停车场、塔四中庭商业、高层环廊及屋面情况等。听取SOHO中国有限公司董事长潘石屹等企业负责人就项目概况、设计理念、招商情况和需政府协调解决的事宜等方面的情况汇报。（尹兰英）

【联谊活动】　11月3日，举办炫动青春活力东二环为主题的第三届青年联谊会活动，中国五矿集团、中国海洋石油总公司等多家高端服务业发展带重点企业的80余名青年参加。中国五矿集团、中国海洋石油总公司、中国保利集团、中国人保财险北京市分公司、中国移动通信北京有限公司、首开集团、兴业银行、东方集团和凯德置地（中国）投资有限公司等10余家驻区重点企业青年代表前往三和老年公寓，举行关心今天的老人就是关心明天的自己的敬老活动。（尹兰英）

【经济运行监测体系】　建立高端服务业发展带经济运行监测体系。分一季度、半年、前三季度和全年4个节点对高端服务业发展带内60座重点楼宇的新入驻企业数量和产业类型，及200户重点税源企业的税收等进行监测，为高端服务业发展带建设提供经济数据支撑。（尹兰英）

【招大选强】　年内，新注册登记企业430家，其中高端服务业292户，占全部新注册登记企业67.91%。注册资金超5000万元的大企业22家，10亿元以上企业2家。采取两项举措：①因东二环交通商务区南延至东二环高端服务业发展带的情况，延伸跟踪服务半径至建国门内大街、北京站和广渠门名敦道一带，走访调研。了解重点楼宇招商引企现状，协调解决企业需求。分别走访英大国际信托有限责任公司和华夏银行等70余家重点企业，协助解决企业需求150余件。②加大对东二环高端服务业发展带楼宇资源现状等经济发展现况的调研，掌握东二环高端服务业发展带楼宇资源现状和产业结构布局；配合市、区有关部门对新兴产业功能区产业发展和建设等情况开展座谈和调研；通过早介入、早宣传、早指导，会同相关部门提前介入五矿广场和化工大厦等重点楼宇招商工作，宣讲优惠政策，引导符合主导产业政策的优质企业入驻。（尹兰英）

【项目建设】　年内，重点协调的16个项目中13个项目竣工，分别是中石油大厦、来福士中心、国华投资大厦、居然大厦、中青旅大厦、北京移动通信综合楼、新保利大厦、第五广场、北京人保办公楼、中国电信通信指挥楼、北京电信通信机房楼、海洋石油办公楼、市轨道交通首都机场线，其中首都机场线投入运行。另3个项目的东直门交通枢纽、东华广场商务区、东方文化艺术中心进行装修施工。（尹兰英）

【重点企业获区百强企业证书】　中国海洋石油总公司、中国农业银行股份有限公司北京分行、中国移动通信集团北京有限公司和北京保利国际拍卖有限公司，获区百强企业。区领导杨柳荫等向区百强企业颁发百强企业牌匾和绿卡证书。（尹兰英）

前门大街建设管理

【概况】　北京市前门大街管理委员会（简称前门管委会），2009年9月30日成立。区政府派出机构，负责前门商业区的综合管理和促进该地区经济发展工作。负责研究制定前门商业区建设、发展规划及相关管理规定和措施，并组织实施；负责协调相关部门挖掘、整理、展示前门历史文化；负责前门历史文化展示区整体产业发展规划和前门地区产业发展工作；负责协调相关部门对前门商业区实施综合管理和社会治安综合治理；负责前门商业区各类户外活动的审核、监管，协调市、区相关部门对前门商业区的公共设施、市政基础设施、户外广告、牌匾进行规划管理；统一管理前门商业区建筑物的室内外装修、装饰；负责整合前门商业区资源，优化产业布局，争取政策支持，提升发展环境，引导经济又好又快发展；组织相关部门指导商业区招商工作，监管商业区的运营，规范经营秩序，服务企业发展；负责前门商业区的对外宣传、联络和重要信息的发布；负责前门商业区社会经济信息、咨询和建议的收集工作，组织相关单位对前门商业区运营情况进行统计、监测、分析；指导前门商业区行业协会发展。

年内，前门商业区接待游客约5000万人次，日均客流量约15万人次，全年销售收入约11亿元。

单位地址：东城区珠市口东大街19号

联系电话：67018526　邮政编码：100051　（王璨）

【胡锦涛总书记视察前门大街】　1月22日除夕，胡锦涛总书记到前门看望慰问基层干部群众，共迎新春佳节，沿途观赏两侧风貌建筑和别致的街景，听取区领导介绍前门大街修缮整治和发展的汇报。总书记说："今天来到前门商业街，感到变化很大。现在这里商铺云集，老北京味儿很浓，群众不但可以购物，还可以游览"，"前门整体保护了一条商业街，对弘扬老北京文化很重要。"肯定前门修缮整治工程。市、区领导刘淇、郭金龙、杨柳荫、牛青山等陪同。（王璨）

【开通官方微博】　8月1日，前门大街管理委员会官方微博"文化前门"正式运行，9月26日加入区政务微博群。官方微博担负前门地区商贾文化、建筑文化、梨园文化、会馆文化以及民俗文化的相关介绍，成为前门历史文化展示区对外宣传的重要阵地。全年有粉丝数1.03万人，发布微博188篇，微博评论3300余条，覆盖人群1600多万人，发起微活动2次，

微话题7个。 (王璨)

【第三届前门历史文化节】 8月7～18日举行。活动以古韵前门焕发青春为主题,举办中华老字号发展前门论坛、天街亮宝会、中轴诗会、台湾工艺美术精品展等活动。期间,演出大型情景剧《大驾卤簿过天街》,60余家商户参加天街亮宝活动,推出十大特色,天街百宝,400余全国知名老字号企业掌门人共商中华老字号与历史文化街融合发展大计,殷之光、冯福生、虹云、朱琳、游本昌、瞿弦和、张筠英、曹灿等艺术家进行演出,80余件台湾获国际奖的工艺精品展出,显示当代台湾工艺美术水平。展示了文化节、前门地区深厚的历史文化底蕴和前门地区修缮整治成果。期间,日均客流量25万人次,较往日增长30%,销售额增长20%,60%商户参加活动,80%以上商户受益。 (王璨)

【"两节"安全维稳】 中秋、国庆假日期间,组织安保力量1838人次,其中,管委会干部40人次,公安民警60人次,城管70人次,工商40人次,卫生10人次,消防64人次,各业主单位干部128人次,保安1426人次。未发生任何影响安全稳定事件。 (王璨)

【"十八大"保障工作】 环境保障方面,坚持展现风貌、突出大气、喜庆祥和、确保安全的原则,在前门商业区布置300多个立体鞍式绿化箱,空中悬挂国旗、主题横幅和灯笼,摆放各色花卉8.6万余盆,悬挂喜庆红灯笼1万余个。安全保障方面,对重点区域出动1.82万人次。服务保障方面,提出环境优美、氛围祥和、秩序优良、诚信经营、精细接待、彰显文明的总体要求,召开130家商户法人代表参会。提出管好人、看好门的具体要求,建立发现问题、报告问题、处理问题、解决问题的无缝衔接工作模式。实现大事不出、小事也不出的工作目标,为"十八大"营造安全、稳定、和谐、有序的社会环境。 (王璨)

【诚信前门建设】 鲜鱼口老字号美食街被定为诚信做食品示范街,提出实现一个目标、做到四个结合、实施五项举措,即实现将鲜鱼口街打造成在全国有突出影响力的老百姓最放心的美食街的工作目标;做到四个结合,即把诚信做食品活动与传承和弘扬中华民族优秀文化相结合、与道德领域突出问题专项教育和治理相结合、与鲜鱼口街提升品质树立品牌相结合、与帮助商户规范经营,实现经济、社会效益双提高相结合;采取五项措施,即健全机构制定方案、注重教育加强道德讲堂建设、改善环境营造氛围、开展评比,典型引导、综合执法,规范经营。鲜鱼口老字号美食街街区品质得到提升,诚信经营理念深入人心,街区环境明显改善,服务品质显著提升。11月9日,北京电视台等10余家新闻媒体采访鲜鱼口老字号美食街,了解街区的历史文化,听取街区老字号商户情况介绍,与前门管委会就"诚信做食品"活动开展情况沟通和交流,深入便宜坊烤鸭旗舰店、天兴居炒肝店、锦芳小吃等3家老字号商户实地采访。北京电视台、《北京法制晚报》《北京青年报》《劳动午报》《新京报》数字东城网站分别发表文章专题报道。 (王璨)

【岁末购物周】 12月24～31日举办为期八天的购物周活动,40家商户参加,销售额2040万,同期增长8%。 (王璨)

【命名鲜鱼口市级特色商业街】 12月26日,市商务委命名鲜鱼口老字号美食街为北京市特色商业街,副市长程红为鲜鱼口老字号美食街颁发牌匾。鲜鱼口老字号美食街是全市获此殊荣的第26条商业街。 (王璨)

【文博会邮政明信片】 第七届文博会期间,与南区邮局推出一套独具前门文化特色的邮政明信片16张。彰显前门地区特色建筑风貌和积淀深厚的历史文化底蕴。12月20～23日,向第七届文博会观展游客发出明信片500套8000张。 (王璨)

【前门西片建设项目】 5个地块同时施工建设,第一宾馆项目及其周边B3地块完成工程主体建设,年底进入工程收尾阶段;兴华园项目建设竣工,年底完成竣工验收;广和剧场、广和查楼和前门历史博物馆项目于4月开工建设。前门大街南端G10、G11地块3月取得市规划委《建设项目规划条件》。完成前门西片8万多平方米地下空间工程建设,其中完成地下智能化停车场约3万平方米,完成消防和竣工验收,各类智能化设备到位。6月,地下停车场一期正式投入使用。 (王璨)

【前门东片建设项目】 年内,协同区房管二中心、前门街道办事处、前门派出所、天街控股集团等部门对前门东区腾空房屋进行集中基础数据统计分析、权属划分方案确定、房屋实物盘点、抢占房屋清退、产权登记变更方案研讨等工作。入户院落门牌1364个,房屋1.45万间,梳理腾空房屋20余万平方米,腾空整院600余个,面积10万余平方米。完成2个试点地块的上市准备工作;完成前门东路15个地块中的B、C2个区域的规划建设方案的初步设计工作;完成试点院(大江胡同40－46号)的业态定位以及精装修工程。继续推进10个会馆抢修和保护利用工程。完成广东惠州、平镇、安徽旌德3处会馆的设计方案确定和招投标工作。 (王璨)

【前门地下空间规划】 北起西打磨厂街,东至前门东路,南至珠市口东大街,西至前门大街。规划面积19.12万平方米。地下四层,地下一层为商业用地,面积7.9万平方米,地下二层、三层、四层为车库和设备用房,面积11.2万平方米,其中用于地下行车走廊和地下停车场面积10.6万平方米,设备用房及车库面积5300平方米,规划机动车位1791个,规划入口8处。年底,地下停车场一期工程竣工。位于鲜鱼口老字号美食街,大江胡同台湾文化商务区地下二层,面积4万平方米,有466个车位,设17部电梯,28个步梯,4个公共卫生间。 (王璨)

【调整提升业态】 坚持文化高品位、经济高收益、社会高效益、管理高水平的经营理念,逐步调整业态,引进商户15家,调整商户25家,与韩国CJ集团、三星体验馆、联想体验馆以及红星集团、广东莲香馆等十余家国内外著名企业签订意向合同,前门大街在业态调整中,保持平稳增长,鲜鱼口老字号美食街受游客欢迎,台湾文化商务区平稳过渡,刘老根大舞台和会馆经营依然保持较高收益。 (王璨)

【综合执法】 年内,前门大街综合执法组联合检查72次,专项整治249次。出动执法力量1.84万人次,执法车辆3864车次,提供便民服务5万余人次,发放宣传资料3500余份,规范门前三包1000余起,户外广告510起,取缔无照经营2556起,非法散发小广告5000余起,收缴非法一日游小广告11万张,先行登记保存小物件3000件,劝阻不文明行为2000余人次。街面治安秩序问题群众投诉举报情况评比保持地区第一名。 (王璨)

【宣传推广工作】 坚持"早规划、高站位、大规模、多角度、全覆盖"宣传理念开展宣传工作,重点针对前门地区历史文化传承、修缮整治成果,商业街区特色、台湾文化商务区推广、地下空间和地下停车场的开发和利用以及诚信做食品取得的成果等社会各界、各大媒体关注的焦点,采用平面媒体、电视媒体、网络媒体等多种宣传模式,精准营销和微博宣传等新兴宣传形式,全方面宣传报道,取得良好效果。全年,《人民日报》《光明日报》《北京日报》《北京晚报》《北京青年报》《新京报》《京华时报》、新华每日电讯等平面媒体和人民网、搜狐网、北青网、凤凰网、BTV在线、千龙网、新华网、光明网、和讯网、21CN等网络媒体以及中央电视台、北京卫视、首都经济报道等电视媒体都对前门历史文化展示区做出报道。 (王璨)

【接待工作】 全年接待166批次4022人次;台湾会馆陪同参观61批次1596人次;邓丽君音乐馆生活馆陪同参观50批次1459人次。其中,中央统战部、中央党校等中央直属单位指导工作小组9批次;市委组织部、市委办公厅信息处、区外联办、区委宣传部等市属区属相关单位38批次;上海、江苏、西藏等外省市学习考察团24批次;美国、意大利、法国等境外国际文化交流团15批次。 (王璨)

龙潭湖体育产业园

【概况】 东城区龙潭湖体育产业园建设发展办公室(简称园区办),是区政府特设临时机构,主要职能是统筹协调龙潭湖体育产业园规划建设发展工作。龙潭湖体育产业园东、南至滨河路、西至天坛东侧路、北至体育馆光明路。占地3平方公里。

年内,国务院正式批复将园区规划范围内58公顷用地(不含龙潭湖三湖)作为北京市体育产业创意中心,列入中关村国家自主创新示范区东城园扩园区域。启动东城区文化体育中心项目,开展关于体育产业产权交易中心的筹建工作,做好天坛演艺区规划建设工作。办复人大代表建议1件,政协委员提案1件。

单位地址:东城区左安门内大街19号
电话:67074575 邮编:100061 (姜鸣)

【天坛演艺区规划建设】 加强体育产业和演艺产业联动、融合发展的研究,提出以文化带动体育,文体相互融合,项目共联发展的基本思路,以政府主导、规划先导、产业引导、投资推动、市场运作的基本原则,以资源共享、功能互补、项目共联、政策互融、合作共赢的基本方法,配合有关部门编制演艺区规划。 (姜鸣)

【体育文化中心】 项目位于百果园15号,规划用地面积1.498公顷,规划建设面积4万平米(其中地上2.7万平方米,地下1.3万平方米),预计总投资4亿元,功能为体育产权交易、体育商务楼宇。确定实施主体和开发模式,完成前期调研和初设方案。 (姜鸣)

【企业入驻】 年内,引进北京龙潭湖体育投资基金管理有限公司、萨马兰奇基金会等企业入驻,注册资金累计6亿元。 (姜鸣)

危旧房改造

【概况】 东城区危旧房改造办公室(简称区危改办),是负责本区危旧房改造管理的区政府正处级派出机构。主要职责:拟定区危旧房改造发展目标、年度工作计划和相关措施,并组织实施;负责对危旧房项目责任单位的管理、指导,会同有关部门清理长期未启动的危改项目,组织协调危旧房改造的宣传工作;负责本区人口疏解统筹规划和政策研究;研究提出危旧房改造公共服务设施,市政基础设施配套总体方案,并组织实施。内设综合管理科(监察科)、项目管理科、配套管理科、人口疏解科,行政编制12人。

年内,立足全区工作大局,坚持建一流班子,带一流队伍,创一流业绩工作标准,围绕年度工作任务和阶段工作重点,推动项目进展,协助加快对接安置房源建设,加快人口疏解工作的前瞻性研究,完成区十二五期间人口疏解专项规划。落实信访代理和“三访”工作,维护社会稳定。

单位地址:东城区幸福大街32号

联系电话:67189724　邮政编码:100061　（张高刚）

【危改项目】 西革新里项目搬迁1272户,搬迁率98%,回迁居民全部搬迁,回迁楼进入建设程序。祈西项目搬迁居民1741户,完成82.2%。协调、配合区相关单位推进分局技术用房、区文化大厦、崇外6号地等项目搬迁居民235户。（张高刚）

【配套设施建设】 年内,完成广外南街遗留配套规划验收,拆迁费用结算达成一致意见。完成崇外6号地卫生配套协议签订。（张高刚）

【入住弘善家园】 年内,前门东片、祈西、幸福北里21号楼、彭庄等十余个项目984户居民入住。截至年底8356户居民入住。（张高刚）

规划管理

【概况】 北京市规划委员会东城分局(简称东城规划分局)是市规划委员会派出机构,主要职责:负责组织宣传、贯彻、实施有关城市规划方面的法律、法规、规章和政策;组织开展区内有关城市规划建设和城市空间发展方面的调查研究,参与相关城市规划的编制,参与国民经济和社会发展中长期规划和年度计划的编制;按照规定权限,依法承担区内规划管理方面的行政许可工作;承担规划实施的监督检查工作,依法查处有关违法建设行为,协调、配合区相关部门建立规划执法监督的联动机制和信息共享机制;承担区内的地名管理、测量标志管理、城市建设档案管理以及建设工程勘察设计招标投标监督管理等工作;负责区内城市规划工作的宣传和政府信息公开工作;组织开展城市规划编制与管理中的公示、听证等公众参与工作;承办北京市规划委员会、区委、区政府交办的其他事项。内设8个科室、1个执法队:办公室、综合业务科、规划科、建设用地管理科、建设工程管理科、市政交通工程管理科、法制科、纪检监察科、规划监察执法队;2个下属事业单位:区规划信息中心、市崇明规划信息服务中心。编制46名,其中行政编制31名,行政执法专项编制15名,设局长1名,副局长4名,纪检组长1名。

年内,完成《东四西南历史文化保护规划》编制和《东城区历史文化资源调查研究》。完成《前门街道教育设施调查研究》《规划管理审批常见问题浅析》两项调研课题。

单位地址:东城区和平里五区甲19号楼

联系电话:84225641　邮政编码:100013　（周志雄）

【规划编制】 2月14日,东四南历史文化保护区保护规划被列入《区政府折子工程》。7月18日,与朝阳门街道工委研究推进《东四南历史文化保护区保护规划》编制工作。9月13日,副区长王中华听取《东城区综合交通规划》汇报,提出建议。9月24日,区政府第16次常务会议审查同意《东城区综合交通规划(2012—2020年)》。（周志雄）

【规划许可】 全年核发各类建设项目规划许可和行政服务事项331件,不许可和补正材料69件。行政许可262件,其中建设项目选址意见书1件,建设用地面积1047平方米;建设用地规划许可证3件,建设用地面积2.75万平方米;建设工程规划许可证153件(私房116件),建筑面积12.21万平方米;市政工程规划许可证8件,总长度4742.09米;地名命

名1件，规划条件9件，规划意见复函7件，规划意见函受1件，规划验线4件。规划验收75件。（周志雄）

【规划监督】 完成建设工程竣工验收75件，建筑面积31.58万平方米，建设工程规划验线4件，建筑面积2.80万平方米；发现并查处各类违法建设193处，行政处罚违法建设4件，罚款金额505.67万元，没收金额3858万元。（周志雄）

【领导调研】 2月16日，市规划委委员邱跃与区领导朴学东、周永明现场办公，确定汇文中学、五十五中学规划指标和审批工作方式。7月31日，冯熙调研历史文化名城保护工作，听取东城区历史文化街区保护与利用现状情况、涉及旧城保护的有关规划情况、加强和改进历史文化街区保护与发展模式的思路和对策建议方面工作汇报。8月24日，赵中原、于静调研，听取《东城区综合交通规划（2012—2020年）》编制情况汇报。（周志雄）

【重点工程】 年内，办理完成钟鼓楼北京时间博物馆全部规划审批手续，建筑面积1.08万平方米，其中地上建筑面积2117.56平方米。办理完成上龙西里危改住宅楼规划验收，建筑面积2.23万平方米，提供住房209套。办理完成区妇幼保健院门诊楼主楼及附属用房规划验收手续，建筑面积5453平方米。办理完成弘善家园L组团保障性住房（37－40号楼）的规划验收，建设规模13.45万平方米，提供1128套住房。办理完成和平里医院医技楼加层项目全部规划审批手续，建筑面积714.2平方米。核发南锣鼓巷社区用房（含地下车库）项目《建设用地规划许可证》，核发安和菜市场改扩建工程《建设用地规划许可证》。（周志雄）

【名城保护】 玉河南区24个院落，19个院落办理完成规划审批手续。前门保护修缮整治工程36个地块办理完成规划审批手续，占整个工程规划审批量的82%。完成《东城区历史文化资源调查研究》。（周志雄）

【地名管理】 完成广渠门外忠实里危改小区一区3号住宅楼“京禧阁”建筑物名称核准工作。对东不压桥胡同重新命名，调整走向、宽度，四至范围：东与雨儿胡同、福祥胡同相通；西与拐棒胡同相通，北与帽儿胡同相通。（周志雄）

国土资源管理

【概况】 北京市国土资源局东城分局（简称市国土局东城分局）是市国土局负责该行政区域内土地与矿产资源行政管理的派出机构。设办公室、综合科、地籍科、国土资源利用科、重点工程科、财务科、政工科、执法监察科和纪检监察科9个职能科室。行政编制40名，其中党组书记1人、局长1人、副局长4人、纪检监察副处级领导职数1名，科级领导职数9正8副。工勤编制8人。下设北京市土地整理储备中心东城区分中心、北京市东城区土地权属登记事务中心、北京市东城区土地利用事务中心3个事业单位。编制40人。

年内，开展天坛演艺区可利用土地资源的调查分析，完成香河园3号居住及商业金融用地项目和玉河项目南区SZ05－1、2、3、4地块供地，实现政府收益11.1亿元。全程协办区6个绿通项目，8个需市、区协调的重点项目。完善信息系统建设，规范行政审批行为。加强党风廉政建设，制定相关制度。完成《东城区土地储备战略研究》《东城区工业用地项目调研情况分析报告》《北京市文保区土地供应方式研究》和东城区土地储备开发评价系统研发，建立土地可开发利用管理数据平台，开展东城区国土资源重点工程现状分析和管理研究工作。

单位地址：东城区东直门内大街3号

联系电话：84061496　邮政编码：100007　（谢伟　薛守娥）

【土地供应】 完成年度土地供应计划，监督检查执行情况。土地供应计划建议安排用地项目12宗14.78公顷，实现计划外供地2宗4.31公顷。（谢伟　薛守娥）

【土地储备开发】 完成投资1959万元，拆迁面积0.03公顷，使用安置用房9套，其中彭庄项目投资699万元，拆迁面积0.02公顷，使用安置用房4套；东交民巷29和31号院项目投资1260万元，拆迁面积0.01公顷，使用安置用房5套。实现鼓楼东大街两侧“城中村”地块的供应。完成青龙胡同“城中村”整治工作。推进龙潭湖体育产业园项目实施的沟通协调工作。加强对东花市三期北侧遗留地块、宝华里项目、西革新里项目等以企业为主体的一级开发项目的监管和服务，促使项目用地尽早完成入市交易；协助开发单位推进广渠门外马圈、王府井D1地段、帅府大厦综合楼3个新增项目各项手续办理，其中广渠门外马圈项目取得授权批复。坚持土地储备资金监管领导小组会议制度、拆迁安置补偿联审会制度，落实资金使用监管责任。（谢伟　薛守娥）

【土地利用】 完成11个建设项目的用地预审，涉及国有建设用地7.37公顷。办理3宗建设项目预审意见延期的批复，办理1宗建设项目征求意见的复函。完成划拨决定书手续1件，涉及国有建设用地0.57公顷。完成已建成项目国有建设用地使用权划拨性质确认批复2件，涉及国有建设用地0.37公顷。开展年度开发区土地集约利用评价成果更新

工作。（谢伟 薛守娥）

【批后监管】 完成建设用地开发利用情况专项调查,涉及出让地块100宗,开发单位41个,其中已竣工项目25宗,已开工未竣工项目11宗,未开工项目64宗。完成国土部14个涉嫌闲置项目专项调查,其中3个划拨项目、1个出让项目竣工,3个划拨项目、1个出让项目开工,1个划拨项目、5个出让项目未开工。完成市国土局对47个出让项目用地专项调查,其中未拆迁项目11个,拆完未建项目10个,正在拆迁项目21个,正在进行基础施工的2个,已封顶项目3个。办结四片危改区回迁底商出让手续2件。

（谢伟 薛守娥）

【地热资源管理】 组织召开地热单位工作会,部署地热矿业权年检准备工作。开展单位自查、现场抽查式的地热年检,加强督促整改,提高地热开发监管水平。辖区22眼地热井,涉及16个地热开发单位。（谢伟 薛守娥）

【地籍管理和土地登记】 完成地籍管理信息系统建设,实现地籍档案电子化管理及地籍图件实时更新。日常土地登记业务,全面应用地籍管理信息系统及城镇土地登记办公自动化管理系统。完成各类型土地登记1115件。推进"大宗地"土地登记工作。故宫博物院取得土地使用证,天坛、原北京游乐园列入土地登记工作计划。（谢伟 薛守娥）

【依法行政】 制定《年度推进依法行政落实行政执法责任制工作计划》《年度法制宣传教育工作计划》,完成政务公开和政务服务事项中行政职权类事项清理工作,对国土资源执法监察工作开展立项行政检查,开展行政许可案卷、行政服务案卷的规范自查工作。组织4·22世界地球日、6·25全国土地日、12·4全国法制宣传日等主题宣传活动,开展法制知识答卷、青年宣讲团进社区、进学校普法宣传。组织干部职工学法用法培训活动。（谢伟 薛守娥）

【行政服务窗口建设】 开展基层站所(服务窗口)自查活动,履行服务承诺制度。推行一个窗口受理,一站式审批,一条龙服务的运行模式,提高审批效能。累计受理业务审批事项2647件,全部符合程序要求和时限要求。办理二手房上市土地出让金收缴手续895笔,累计收缴土地出让金1800万元。

（谢伟 薛守娥）

【信访工作】 建立信访工作联席会议机制,完善信访工作制度,加强信访事项动态管理,实行重点矛盾纠纷领导包案制。开展4次人民内部矛盾纠纷排查处理,有效化解群访、缠访问题。办复信访诉求227件和"12345"市非紧急救助服务平台诉求8件。（谢伟 薛守娥）

【政府信息公开工作】 健全工作机制,规范工作流程,调整职责分工,责任落实到位。公开政府信息873条。办结依申请政府信息公开事项348件。（谢伟 薛守娥）

【党建工作】 制定党建工作计划、中心组学习计划、领导干部调研课题计划、处级领导讲党课计划。中心组学习12次,完成党建调研报告8篇,讲党课3次。开展创先争优、学雷锋等项活动。走访慰问15户党员、干部职工困难家庭。"7·21"特大暴雨后开展党员献爱心捐助活动,捐款1.41万元。发展3名新党员,培养3名入党积极分子。

（谢伟 薛守娥）

房地产开发与建筑业企业

【概况】　截至年底，区建筑业企业有264家。按资质等级分，施工总承包企业51家（其中一级13家，二级17家，三级21家），专业承包企业204家（其中一级22家，二级34家，三级148家），劳务分包及特种专业企业9家；按行业类别分，房屋建筑企业25家，市政施工企业19家，设备安装企业24家，装饰装修企业106家，其他企业90家。　（解启明　李泽明）

东城区建筑业企业一览表

（单位：家）

	资质类别	一级	二级	三级	合计
总承包	房屋建筑	9	8	8	25
	机电安装	1	1		2
	通信工程	1			1
	市政公用	1	7	11	19
	公路工程	1		1	2
	石油工程			1	1
	电力工程			1	1
小计		13	17	21	51
专业承包	装饰装修	13	22	69	104
	消防	7	1	4	12
	电信		1	2	3
	隧道工程		1		1
	送变电			12	12
	体育场地设施		3	6	9
	地基基础	1	1		2
	建筑防水		1	1	2
	园林古建		2		2
	爆破与拆除			4	4
	机电安装		1	22	23
	城市照明			8	8
	设计施工一体化		1		1
	无损检测			1	1
	建筑智能化			7	7
	建筑幕墙			2	2
	环保工程			7	7
	防腐工程	1		1	2
	电子工程			1	1
	起重设备			1	1
	特种专业	不分级3			3
小计		22	34	151	207
劳务分包			2	不分级4	6
总计		35	53	176	264

（解启明　李泽明）

北京东方置地投资发展有限公司

【概况】　北京东方置地投资发展有限公司（简称东方置地公司）是北京东方信达资产经营总公司直属管理的国有控股房地产开发企业。2003年由东城区住宅建设开发公司重组改制设立。为ISO9001:2008质量管理体系认证企业、厂务公开民主管理体系基础工作认证企业、北京市房地产业协会会员单位、区重点企业、政府投资建设项目代建单位机构库首批入选企业。经营范围：投资管理、房地产开发、商品房销售、房屋租赁、物业管理、信息咨询、园林绿化、家居装饰设计等。内设10个部室，有正式职工67人，其中高级职称5人，中级职称27人。

年内，重视安全管理工作，全年无重大安全责任事故发生。接待信访40人次，办理转办、交办信访件8件，信访结案率100%。投资控股企业，北京燕厦管理有限公司物业党支部被评为区国资系统创先争优先进基层党组织。开复工面积6.2万平方米，竣工面积4.36万平方米。实现主营业务收入4528万元，缴纳各项税费1191.70万元。年度国有资产保值增值率105.03%，净资产收益率4.94%。

单位地址：东城区安德里北街乙20号

联系电话：84129652　邮政编码：100011　（张淳）

【职工代表大会】　2月23日召开二届七次职代会，审议通过《积极推进转型求变平衡共赢发展战略，开创企业发展新局面》工作报告以及年度财务预决算报告等事项。8月9日召开二届八次职代会，听取审议《关于2012年上半年各部门工作完成情况的报告》和《2012年下半年工作安排》。（张淳）

【代建工程】　年内，65中、二中办公楼、鼓楼中医院、职大东楼、公安分局一期、东直门中学分校（原79中）、职教中心南址、规划分局二期、22中、区妇幼保健院等代建项目先后通过四方验收。　（张淳）

【开发项目】　东二环商务区新兴产业园项目完成概念性规划方案，进行地块调查、前期策划、合作考察等工作。地坛体育中心改造项目确定概念性规划方案，与区体育局、和平里街道办事处等单位协调推进前期工作。区体育文化交流中心项目（龙潭游泳场项目）完成设计方案办理项目前期手续。　（张淳）

【资产经营】　存量房租金收入完成年初预算的113%。精细化管理合同台账，完善租赁经营台账，分户、分区域、分年度建立横向、纵向两类档案。调查摸底公司产权房屋，完善产

权基础信息。续签租户租金上调比例达20%。完成540户房改售房收款工作,收取房改售房款3000万元。　(张淳)

【东雍创业谷】　改造楼顶消防、锅炉,改进增值化服务,提升软硬件水平,扩大市场影响力和知名度。年内出租率95.9%,租金收入首次超过600万元,获区楼宇税收贡献奖。(张淳)

【物业管理】　加强所属小区物业管理和履约监督,重视物业服务质量,与6家物业公司重新签订物业合同。全年完成房屋大、中修工程14项,投入维修资金约252万元。公司投资控股企业北京燕厦物业管理有限公司连续6年经济效益稳步增长。　(张淳)

【管理体系建设】　完成质量管理改进计划18项,修订厂务公开民主管理手册及程序文件,通过中质协外部监督审核。将管理体系与自动化管理信息系统相结合,保证管理体系的效率和可靠性。　(张淳)

【信息化建设】　完成一体化管理信息系统升级改造。新系统EAS包括OA模块、人力资源模块和合同管理模块,实现无纸化办公、移动办公、网上审批、信息共享等多种功能,提高信息化水平和管理效率。公司外部网站完成升级改版。(张淳)

【人力资源管理】　实行中管公开竞聘制度。采取个人自愿报名、组织把关审核、公开竞聘演讲、群众投票公示的方式,依照组织程序,征求职工意见,选拔一批年轻干部充实管理队伍。重视学习型企业建设,组织培训29次,223人次参加,累计1760学时,人均达26.3学时。选派部分高、中管人员进入高等院校参加研究生课程学习。完成新一届专业技术人员聘任,高、中、初级专业技术人员51人。　(张淳)

【企业文化建设】　编辑出版《典型工作案例汇编》《代建十年回顾画册》《动态信息十年合辑》。组织、参与各层次、各系统的推优、评优和表彰工作。组织不同类型活动,丰富职工文化生活。　(张淳)

北京东兴建设有限责任公司

【概况】　北京东兴建设有限责任公司(简称东兴建设公司)建于1958年,建设部批准的施工总承包一级资质企业、有起重设备安装、建筑装修装饰、园林古建筑工程专业承包和文物保护工程施工一级资质。设8个职能业务部室及11个基层单位。有职工356人。

年内,落实公司职代会二届五次会议制定的工作目标,协同求进,思想上同心同德、目标上同心同向、行动上同心同行,全年开复工程面积38.27万平方米,新开工面积23.80万平方米,竣工面积22.84万平方米。完成产值3.16亿元,实现利润1467.81万元,上缴税费1578.1万元,承建豆各庄定向安置房项目启动。获市结构长城杯银质奖、文明安全工地奖各一项。

单位地址:东城区礼士胡同75号

联系电话:64156699　邮政编码:100010　(门嘉红)

【职代会】　1月5~6日,召开二届五次职代会。总经理作《坚持稳中求进,狠抓工作落实,巩固和延续企业经济发展良好势头》行政工作报告。会议审议并同意行政工作报告安全生产工作报告、《财务预算的报告》《业务招待费使用情况报告》《劳动合同执行情况》。9月7日,公司召开职代会二届六次会议。审议并通过《集体合同》(草案)《女职工权益保护专项协议》(草案)《工资集体协商专项协议》(草案)及申请不定时工作制,报区人力资源和社会保障局。　(门嘉红)

【董事会股东会】　1月10日,召开第三届第八次董事会。会议研究通过《2011年财务预算执行情况和2012年财务预算的报告》《2011年企业利润分配方案》,提交股东会审议召开第十九次股东会。审议通过《董事会工作报告》《监事会工作报告》《2011年财务预算执行情况和2012年财务预算的报告》《2011年企业利润分配方案》。　(门嘉红)

【安全生产月】　6月,公司开展第11个安全生产月活动。采取多种形式加强安全宣传力度,悬挂横幅10条,张贴警示语近100条;进行安全教育培训700余人次(含外施员工);组织开展各种安全知识及相关法律知识答题竞赛15次,参加人员达1200余人次;组织消防、安全应急预案演练10次500余人次参加;组织消防、安全检查26次,检查出一般性隐患50余处并已限期整改。　(门嘉红)

【质量环境安全三个体系审核】　6月28~29日,体系管理办公室组织内审员对机关各部室、一分公司亦庄X38地块搬迁安置房工程项目的质量、环境、职业健康安全管理三个体系运行情况,各条款要素执行情况进行审核,发现一般不合格、不符合3个,其中质量管理体系1个、环境管理体系1个、职业健康安全管理体系1个,经整改,达到要求。7月8~10日,接受北京东方纵横认证中心审核组对公司质量、环境、职业健康安全管理体系的再认证审核,8月通过审核。(门嘉红)

【召开集体协商会议】　9月5日至12月28日,依照程序,公司企业方与职工方代表讨论和协商续签集体合同、新签订女职工权益保护及工资专项协议。经五次会议协商形成一致意见,决定将修订《集体合同》(草案)《女职工权益保护专项协议》(草案)《工资集体协商专项协议》(草案)提请公司职代会二届六次会议审议。公司召开职代会二届六次会议。审议通过上述草案并形成决议。公司举行《集体合同》《女职工权益保护专项协议》签字仪式。双方首席协商代表分别在合同、协议书上签字盖章。经区人力资源和社会保障局审核批准、企业方与职工方代表签字确认后,公司正式发布《集体合同》《女职工权益保护专项协议》《工资集体协商专项协议》。合同签订工作尊重客观实际,符合法律法规要求,并坚持以人为本原则。新一轮集体合同和女工保护专项协议协商工作结束。　(门嘉红)

【企业文化建设】　公司注重企业文化建设,弘扬先进思想理念,增强企业凝聚力。尊重职工劳动创造精神和劳动成果。严格执行兑现经营奖励制度。召开年度工作会表彰先进、颁发奖金,树立争先创优的风尚。坚持以人为本的理念,关心爱护职工,开展多种形式的送温暖活动,节假日,党、政、工、团领导走访看望困难职工、模范先进人物、生病(住院)职工、离退休人员、病故职工家属、外施作业人员。组织团拜座谈、游艺联欢活动,组织贴心服务队,为有生活困难职工、修理、理发、拆洗被褥、照顾孤老职工,发放困难补助。关心女职工健康,落实女职工劳动保护特别规定,提高女职工依法维护自身权利意识。关心爱护青年职工健康成长,把关心教育青年职工做为一项主要职责。召开践行企业文化座谈会。听取青年职工的意见、建议。对青年职工提出希望,做到三要三不要:工作要虚心,不要自命不凡;要用心,不要眼高手低;要耐心,不要急于求成。发扬优良传统,壮其志、展其才。积极为青年职工搭建施展才华的平台,体现自身价值。尊重职工主人翁地位,发挥职工主体作用,认真贯彻、落实公司法。董事会、股东会、职代会健全。各履其职,定期召开会议报告工作。企业重大事项组织职代会、股东会审议决定。公司负责人定期召开各种形式的座谈会,听取意见、建议,保证贯彻执行公司各项制度、决定。　(门嘉红)

【亦庄河西区搬迁工程】　X38 号地块搬迁工程 6 标段 7 号住宅楼及 2 号车库工程由地下车库两层及地上住宅楼十四层组成,高 52.3 米(分为地下 -7 米、地上 45.3 米),建筑面积 3.18 万平方米,全现浇混凝土剪力墙结构,地上为一梯两户全三居室设计形式。北京亦庄经济技术开发区基建办公室建设,市工业设计研究院设计、市工程咨询公司监理。公司负责施工,7 月 5 日竣工。开工时间 2010 年 8 月 10 日。获市 2011—2012 年度结构长城杯银质奖,北京市文明安全工地。　(门嘉红)

【第二十一中学校舍加固工程】　市第二十一中学校是 20 世纪 80 年代建设的集教学楼、试验楼、办公楼三栋于一体的综合楼,地上五层,主体为砖混结构,建筑面积为 2.12 万平方米。校舍加固工程包括校舍主体结构、外墙内保温防护、坡屋顶、外檐局部涂料粉刷、整体室内装修及水电设备更换、增加消防安监设备、校园其他附属设施等方面的综合节能改造工程。区教委基建科建设,北京建筑设计研究院承担设计、北京宏远工程建设管理有限公司监理、公司负责施工,12 月竣工。开工时间 2010 年 8 月。　(门嘉红)

【住宅楼节能改造工程】　29 栋旧有住宅楼节能改造项目包括旧住宅楼外墙、外墙门窗及单元门进行保温、饰白、更换等综合性节能改造。涉及区四个街道办事处、8 片地区,建筑面积 11.68 万平方米。区房屋土地经营管理中心建设,北京天鸿园方建筑设计有限公司承担设计、北京同发建设工程监理有限公司监理。6 月开工,12 月 8 日竣工。　(门嘉红)

筑邦建设有限责任公司

【概况】　北京筑邦建设有限责任公司(简称筑邦公司),2000 年 11 月 25 日由原东城区第二、三建筑公司合并改制成立。建筑二级资质,注册资金 2500 万元,有职工 109 人。

年内,深化企业改革,挖掘潜力,寻找活源,发展生产。开复工面积 4.76 万平方米,完成产值 5296 万元,实现利税 168.1 万元。

单位地址:东城区东四三条 67 号
联系电话:64041224　邮政编码:100010　(蔺心亮)

【董事会】　1 月 18 日召开,公司董事、监事、集协理事、监事、公司总部全体员工、各分公司(工程处)40 人参加。9 月 7 日,组织公司董事、监事及部分股东和经营管理人员赴宁夏自治区石嘴山市做建筑市场调研,并到在该市施工的北京筑邦建设有限责任公司宁夏分公司施工现场检查工作。　(蔺心亮)

【党建工作】　3 月 6 日,召开党总支委员会会议,通过上年工作总结,制定年度工作要点,研究组织发展工作。3 月 16 日,召开党员大会,总结传达部署工作。组织报告会、观看电影等形式对党、团员、入党积极分子进行教育。年内,发展预备党员 1 名。7 月中旬,党总支组织共产党员献爱心捐款活动,31 名党员为生活困难党员、60 岁以上享受低保待遇的老年人及品学兼优的贫困学生捐助善款 1,325.00 元。2010—2012 年创先争优活动中,2 名党员获东四街道工委优秀共产党员称号,党总支被授予先进基层党组织称号。　(蔺心亮)

【档案管理】　年内,建立文书永久档案 27 卷,长期档案 7 卷,短期档案 9 卷;会计凭证 24 卷,会计报表 4 卷,会计账本 7 卷;合同档案 2 件;实物档案 6 件。　(蔺心亮)

住宅发展中心

【概况】　东城区住宅发展中心(简称区住宅发展中心)。原为东城区芍药居开发建设领导小组,1993 年成立。其职责为负责小区的开发建设工作。1995 年 12 月,更名为东城区住宅小区开发建设办公室。2001 年 3 月,更名为北京市东城区住宅发展中心,其职能为受区政府委托履行统筹、协调、组织全区实行危改与房改相结合危旧房改造工作,并保留其芍药居住宅小区的开发建设职能。2009 年 3 月,撤销区建设委员会所属事业单位北京市东城区市政工程建设中心,其职能和资产划转区住宅发展中心,职能为受区政府委托履行统筹、协调、组织危改与房改相结合的危旧房改造工作,实施保障性住房建设、市政基础设施建设及改造工作。全面负责芍药居住宅小区的开发建设和管理工作。经费自收自支,设计划科、规划科、工程科、综合科、市政科等 8 个科。编制 45 人。

年内,完成对东屿物业公司的股权收购。加强对芍药居北里小区物业管理工作,对物业公司进行监督管理,住宅中心回购东屿物业公司股份,调整物业管理模式。全年接来信44件,来访305件,解决重点信访代理2件。

单位地址:地安门东大街58号

联系电话:84035375　邮政编码:100009　(李斐)

【豆各庄保障性住房建设】 项目规划占用地40公顷,建筑面积157万平方米,其中地上建筑面积112万平方米,地下建筑面积45万平方米。规划住宅1.36万套。年内,取得交通评价批复、节能审查意见、国有土地划拨批复、国有土地划拨决定书和配套设施建设进度计划,取得文物、绿化、人防部门的批复文件。取得项目1号地划拨土地的国有土地使用证、1号地109号楼建设工程施工许可证、建设工程规划许可证,2号地下车库楼、106、107号住宅楼、中小学及幼儿园建设工程规划许可证。对1号地块内的住宅楼和公共服务配套设施项目11个栋号进行勘察、设计及1－09楼的施工、监理等单位的招投标工作,签定相应的工程合同。一号地109号楼,8月8日开工。豆各庄保障性住房项目3、4号地块与市土地储备中心签订土地补偿框架协议。　(李斐)

【成寿寺二期定向安置房项目】 经区政府批准,成寿寺二期经济适用房补充项目调整为区定向安置房,完成制定项目实施方案。　(李斐)

【定福家园北苑宾馆项目】 做好定福家园A组团、北苑宾馆项目的配合工作,确定北苑宾馆项目贷款方案,贷款用于购买北苑宾馆项目的保障性住房。定福家园A组团签订框架合作协议。　(李斐)

【芍药居定向安置房】 祈西项目、钟鼓楼广场恢复整治项目、西河沿危改项目、宝华里项目、前圆恩寺项目拆迁居民入住芍药居。祈西项目、前圆恩寺项目在拆迁中,居民开始签订拆迁协议,办理入住手续;西河沿等项目、钟鼓楼广场恢复整治项目进入定向安置实施阶段。芍药居中小学、幼儿园配套工程移交朝阳区教委。　(李斐)

北京崇文·新世界房地产发展有限公司

【概况】 北京崇文·新世界房地产发展有限公司(简称崇新公司)1993年8月成立,是香港新世界中国地产有限公司与原崇文区城市建设开发公司组建的京港合作企业,注册资本2.25亿万美元、主要对崇文门外大街1号、5号、6号地进行旧城改造、房地产开发、商品房销售及建成的商场、公寓、写字楼等进行租赁经营管理。已完成开发建设项目有:新世界中心一期、新景家园,新裕家园,新怡家园等,累计完成开发面积126万平方米。已竣工项目中,新世界中心曾获市九十年代十大建筑称号。公司员工269人。

年内,实现销售收入2亿元,租赁收入1.13亿元。缴纳各项税金1.55亿元。连续9年获区50强企业,获市国税局、地税局纳税信用A级企业。

单位地址:东城区崇文门外大街9号正仁大厦10层

联系电话:67088989　邮政编码:100062　(周宙)

北京崇裕房产开发有限公司

【概况】 北京崇裕房产开发有限公司(简称崇裕公司)1993年3月成立,是香港新世界中国地产有限公司与北京兴隆置业有限公司组建的京港合作企业,注册资本1.72亿美元。主要从事房地产开发、商品房销售及建成的商场、公寓、写字楼经营管理等业务。完成的开发项目有:新世界中心二期、新世界家园、正仁大厦、新成文化大厦、新阳商务楼等,建筑面积42.8万平方米。

年内,实现销售收入1810.55万元,租赁收入4972.64万元,缴纳各项税金2551.8万元。连续9年获区50强企业,获市国税局、地税局联合颁发的纳税信用A级企业。

单位地址:东城区崇文门外大街9号正仁大厦10层

联系电话:67088989　邮政编码:100062　(周宙)

中国新世界电子有限公司

【概况】 中国新世界电子有限公司(简称新电公司)1993年6月成立,是香港新世界发展有限公司与原电子工业部四家企业、原崇文区城市建设开发公司共同组建的京港合作企业,注册资本5720万美元。主要从事商场、公寓、写字楼租赁经营管理。

年内,实现销售收入34.43万元,租赁收入5687.06万元,缴纳各项税金2226.06万元。连续8年获区50强企业,获市国税局、地税局联合颁发的纳税信用A级企业。

单位地址:东城区崇文门外大街9号正仁大厦10层

联系电话:67088989　邮政编码:100062　(周宙)

北京新康房地产发展有限公司

【概况】 北京新康房地产发展有限公司(简称新康公司)1999年4月成立,是香港新世界中国地产有限公司与原崇文区城市建设开发公司组建的京港合作企业,注册资本1200万美元。主要从事房地产开发业务,在亦庄开发建设新康家园居住小区,建筑面积22万平方米。全年实现租赁收入382.38万元,缴纳各项税金93.8万元。

单位地址:东城区崇文门外大街9号正仁大厦10层

联系电话:67088989　邮政编码:100062　(周宙)

北京天街控股集团有限公司

【概况】 北京天街控股集团有限公司(简称天街控股集团)是前门地区项目投资、建设、运营管理的国有独资公司,下属8个子公司,承担前门历史文化展示区工程建设、招商运营、物业管理、电子商务、餐饮管理等职能。注册资本金12亿元,账面总资产127亿元,净资产50亿元,预估资产400亿元。前门历史文化展示区西起珠宝市、粮食店街,东至新革路,北起前门月亮湾、前门东大街,南至珠市口东大街,占地面积98公顷,规划建筑面积约160万平方米。

年内,继续推进工程建设,完成B2、B3、B7基地建设,建筑面积约3.8万平方米。启动B5\G6地块广和剧场、广和查楼及前门历史博物馆项目建设,建筑面积1.5万平方米。完成试点院大江胡同40－46号的业态定位及相关精装修工作。1362户前门东区居民入住弘善家园安置房。

单位地址:东城区珠市口东大街19号
联系电话:67060876　邮政编码:100051　(秦瑞刚)

【前门地下空间规划用地】　前门历史文化展示区地下空间规划用地范围:东起前门东路、南至珠市口东大街、西至前门大街、北起西打磨厂街。规划总建筑面积19.12万平方米,地下四层。地下一层主要用途为商业,规划建筑面积7.9万平方米;地下二层、三层、四层的主要用途为车库和设备用房,规划建筑面积11.2万平方米,其中用于地下行车走廊和地下停车场的建筑面积10.6万平方米,设备用房及库房面积5300平方米,规划机动车停车位1791个,规划出入口8处。

(秦瑞刚)

【前门地下停车场一期工程】　位于鲜鱼口老字号美食街、大江胡同台湾文化商务区地下二层,面积4万平方米,有466个车位。设有17部电梯,28个楼梯,供来访游客快速到达前门大街及前门地区已开放的区域,另有4个公共卫生间供游客使用。地下停车场体现4个特点:①规模最大,是市核心区在建面积最大、停车数量最多、统一管理的智能化单体地下停车场。集约利用老城区的土地资源,加强道路微循环系统建设,缓解城市核心区行车、停车难问题,方便游客,促进前门商业的发展。②通透舒适,在空间布局上独具创新,采用通透设计,设有采光井9处,将新鲜空气及阳光绿植引入地下空间,体现自然采光、绿色环保的理念。停车场平均净高2.8米,较大的空间尺度、完善的换排风设施、节能而明亮的灯光提升停车场品质。③科技智能,运用现代化科技手段,采用大量基于物联网新技术,设计智能化无卡无票出入系统、多方式反向查车系统、预订车位系统、智能引导系统、大规模疏散系统、提前缴费系统、市政公交一卡通、前门VIP商业卡缴费系统,实现从到达、停车、购物、寻车、离开,全程智能化引导,为游客提供便捷服务和科技体验。④地上地下充分融合,划分5个区域,从北到南分别用红、紫、蓝、绿、黄等鲜明颜色区分,结合地面商业功能分区实施,使地上地下充分融合,实现地上商业区域与地下停车场的相互呼应,为商业区提供完善的配套服务;宽敞明亮、四通八达的行车走廊在地下连接起整个前门商业区,与地面交通相互配合,能够有效的缓解老旧城区行车难、停车难的问题,将前门特色文化融入基础设施建设,使基础设施成为展示前门文化的重要窗口,指示牌、引导标识、电子显示屏等各类基础设施均采取具有前门特色的新颖设计,于细节之处体现前门地区的历史文化底蕴,使游客进入地下停车场就能立刻感受到前门地区独有的传统文化。至年底,智能化设备安装到位,具备使用条件。

(秦瑞刚　王璨)

北京住总第六开发建设有限公司

【概况】　北京住总第六开发建设有限公司(简称住六公司)是具有国家房屋建筑工程施工总承包一级、建筑装修装饰专业承包一级、机电设备安装工程专业承包一级、市政公用工程施工总承包二级、钢结构工程专业承包二级、地基与基础工程专业承包二级资质的大型施工企业,注册资金1.07亿元。有房地产开发、机电安装、机械租赁等控股子公司3个,参股公司1个,在济南、烟台、银川、天津、宁城设有分公司。集施工、房地产开发、多元经营为一体,年开复工面积77.57万平方米、年产值7.12亿元。公司有五十余年施工经历,参加过众多国家重点工程的建设,包括人民大会堂、中国美术馆、毛主席纪念堂、亚运村公寓、首都机场业务楼及北京热电厂、内燃机总厂等,先后完成劲松、西罗园、东花市、望京高校、莲花、金鱼池等几十个住宅小区工程;完成山西大厦、警察学院、温特莱酒店、航华科贸中心、凯恒中心、北医教学楼、北航教学科研楼等公共建筑和阳光100、紫竹花园、鹏丽、棕榈泉等高档外销公寓施工任务;在京外承建济南阳光100、西藏大学、海南省委办公楼等工程;在海外承建阿拉伯农业发展组织总部大厦、毛里求斯国家体育场、西萨摩亚国家体育场、体育馆等工程。先后获得詹天佑奖1项,鲁班奖3项,国家优质工程奖6项;北京市长城杯奖80余项;北京市优质工程奖9项。连续多年被国务院发展研究中心、建设部、国家统计局列入全国500家最大经营规模和最佳经济效益建筑业企业、房屋建筑业行业100家最大经营规模企业行列。获全国五一劳动奖状、全国建筑业500强、全国先进建筑施工企业、全国工程建设质量管理优秀企业、全国职工职业道德建设十佳单位、全国守合同重信用企业、首都文明单位标兵、北京市质量管理先进单位、北京市用户满意企业、北京质量效益型企业、北京企业100强等称号;并作为唯一的建筑企业获北京国有企业"十大名企"称号。公司大力贯彻推行ISO9001、ISO14001、OHSMS18001及ISO10012国际标准,建立行之有效的质量、环境、安卫、计量管理体系,率先通过"三标一体"认证。公司重视企业文化建设,坚持视今天为落后的企业理念,树立精、严、细、实、好、快的企业作风,完成做一件事情,创一次辉煌的品牌战略、奉行建房人永远想着住房人的企业宗旨和创人类文明,建绿色家园的环保方针。

年内,实现综合经营额8.56亿元,其中建筑业总产值7.12亿元、房地产经营收入1.44亿元;施工规模77.57万平方米,新开工面积50.51万平方米,竣工24.38万平方米;中标工程15项、54.27万平方米,新签合同额16.35亿元,京外新开发取得新进展。

单位地址:东城区龙须沟北里1号　传真电话:65112677

联系电话:65112677 邮政编码:100050 (孙朔)

【京水住宅楼】 北京京水建设工程有限公司9~17号职工住宅楼、3~4号地下车库及人防工程位于海淀区黑山扈羊场1号,北至百旺家苑,西至肖家河西路,东至相邻天秀花园。建筑面积5.36万平方米,2010年10月10日开工,8月15日竣工。9~17号楼地上为住宅,地下为自行车库及设备间,设计使用年限50年,工程等级为二级,抗震设防烈度8度,建筑耐火等级为地上二级,地下一级。 (孙朔)

【天竺新新家园】 位于顺义区天竺镇,其中南区8项1.87万平方米,由8栋住宅楼组成,上年8月25日开工,12月12日竣工。北京广厦富城置业有限公司建设,北京墨臣建筑设计事务所设计,北京五环建设监理公司监理。 (孙朔)

【怀柔新新小镇】 位于怀柔区庙城镇,19项2.6万平方米,上年12月10日开工,10月25日竣工。北京万通龙山天地置业有限公司建设,北京维拓时代建筑设计有限公司设计,北京仁泽建设监理有限公司监理。 (孙朔)

【龙口龙泽华府工程】 位于山东龙口市,中区11项8.99万平方米,2010年4月15日开工,8月1日竣工。北区2项5.38万平方米,上年5月10日开工,12月5日竣工。龙口住总鸿运房地产开发有限公司建设,烟台建筑设计研究股份有限公司设计,烟台田园牧歌项目管理有限公司监理。(孙朔)

【北航附中教学房工程】 位于海淀区学院路37号。建筑面积3264.16平方米,其中地上2362.16平方米,地下902平方米;5月9日开工,工程地下一层、地上三层一栋单体建筑。北航基本建设处建设,北京中天正通设计有限公司设计,北京国金咨询管理有限公司监理。 (孙朔)

【安泰科技工程】 在施工程,位于海淀区西北旺镇永丰产业基地。建筑面积为6.32万平方米,其中地上5.02万平方米,地下1.30万平方米。2月7日开工。工程包括LED半导体配套难熔材料项目生产车间(该车间位于I-12号地块)、高端粉末冶金制品产业化项目生产车间和高性能纳米晶超薄带及制品产业化项目生产车间(两个车间位于I-19号地块)。设计使用年限50年,抗震设防烈度8度。安泰科技股份有限公司建设,中冶京城工程技术有限公司设计,北京赛瑞斯国际工程咨询有限公司监理。 (孙朔)

【会展国际港工程】 在施工程,位于顺义区天竺空港经济开发区国展产业园,(北侧安华街,西侧安毓街),3月11日开工。建筑面积9.43万平方米,集商业、办公为一体的综合性群体高层建筑。地下车库及非居住性工程结构型式均为钢筋混凝土框架剪力墙结构,市政用房工程结构型式为钢筋混凝土框架结构,底商结构型式为框架结构。地下1层,地上13层,人防等级5级,抗震等级8度。北京中投创展置业有限公司建设,中建(北京)国际设计顾问有限公司设计,中资工程建设监理公司监理。 (孙朔)

【未来科技城工程】 在施工程,由中学、小学、幼儿园项目组成。中学建设工程位于昌平区未来科技城规划C-77地块。建筑面积3.51万平方米,地上2.58万平方米,地下9248.08平方米。9月10日开工。包括初中教学楼、高中教学楼、综合楼、风雨操场、学生宿舍、餐厅、多功能厅、操场等组成。设计使用年限为50年,抗震设防烈度为8度。小学建设工程位于昌平区未来科技城南区三路以南,鲁疃中路以西。地上建筑面积1.14万平方米,地下3407.74平方米。9月10日开工。主要功能除教学外兼顾试验、办公、餐饮、住宿、停车(战时紧急人员掩蔽所)等。设计使用年限50年,抗震设防烈度8度,建筑耐火等级为地上部分耐火等级二级,地下部分为一级。幼儿园建设工程位于昌平区未来科技城规划C-90地块。建筑面积5236平方米,地上4000平方米,地下1236平方米;9月10日开工。设计使用年限50年,抗震设防烈度8度。北京未来科技城开发建设有限公司建设,中国建筑标准设计研究院设计,北京建工京精大房工程建设监理公司监理。 (孙朔)

【航空航天大学沙河校区工程】 在施工程,位于昌平区沙河高教园北航沙河校区内,建筑面积6.31万平方米,为高层科研办公建筑,地上5.68万平方米、地下6343平方米,地上十层、地下一层,全现浇框架剪力墙结构(部分钢结构)。11月20日开工。北京航空航天大学建设,中国建筑设计研究院设计,中航勘察设计研究院有限公司地勘,北京建工京精大房工程建设监理公司监理。 (孙朔)

【门头沟永定镇居住区工程】 在施工程,位于门头沟永定镇,5.37万平方米,7月6日开工。北京住总骏洋置业有限公司建设,北京市住宅建筑设计研究院有限公司设计,北京建基业工程管理有限公司监理。 (孙朔)

【国风美唐工程】 在施工程,位于昌平区回龙观,由1号8号9号楼组成,4.28万平方米。7月13日开工。北京城市开发集团有限责任公司建设,北京建院约翰马丁国际建筑设计有限公司设计,北京赛瑞斯国际工程咨询有限公司监理。 (孙朔)

【天竺新新家园三区工程】 在施工程,位于顺义区天竺镇,由5栋住宅楼及车库组成,10.90万平方米。8月1日开工。北京广厦富城置业有限公司建设,建研凯勃建设工程咨询有限公司监理。 (孙朔)

【龙口龙泽华府四期工程】 在施工程,位于山东龙口市,由46号47号48号及48号商业和车库5项组成,4.57万平方米,上年12月25日开工,龙口住总鸿运房地产开发有限公司建设。烟台建筑设计研究股份有限公司设计,烟台田园牧歌项目管理有限公司监理。 (孙朔)

【技术质量管理】 工程质量合格率100%，优良率89.5%。北京大学医学部学生综合服务楼工程获年度建筑长城杯银质奖，鲁谷G804号地块住宅及配套项目西区2号楼工程获年度结构长城杯银质奖。鲁谷东区项目部《提高外墙干挂石材施工质量一次合格率》获QC成果全国一等奖；万年花城项目部《提高屋面工程防水一次试水合格率》获QC成果全国二等奖。公司获全国工程建设质量管理优秀企业。

（孙朔）

开发及建筑企业单位负责人

北京东方置业投资发展有限公司
- 董事长、总经理、党委书记 张　跃

北京东兴建设有限责任公司
- 董事长、党委书记 张建忠
- 总　经　理 韩　威

北京筑邦建设有限责任公司
- 董事长、党支部书记 陈小虎

北京崇文·新世界房地产发展有限公司
- 董　事　长 陈　艳
- 总　经　理 陈子荣
- 党支部书记 蔡建伟

北京崇裕房产开发有限公司
- 董　事　长 马艳荣
- 总　经　理 陈子荣

中国新世界电子有限公司
- 董事长、总经理 陈子荣

北京新康房地产发展有限公司
- 董　事　长 陈　艳
- 总　经　理 陈子荣
- 党支部书记 蔡建伟

北京天街置业发展有限公司
- 董　事　长 田　耘(6月免)
- 李　桦(6月任)

北京住总第六开发建设有限公司
- 董事长、党委书记 谢夫海
- 总　经　理 靳国忠

城 市 管 理

城市管理监督

【概况】 东城区城市管理监督中心(北京市东城区公共安全指挥中心)(简称区城管监督中心),是负责城市管理监督与评价和公共安全信息处理及日常指挥协调的政府工作机构。行政编制83名,事业编制39名,聘用城市管理监督员500名。主要职责为研究拟定城市管理监督与评价办法,建立科学完善的监督评价体系;负责城市管理中各种问题的现场信息和处理结果信息的采集、分类、处理和报送,掌握城市管理现状、问题和处理情况,对东城区城市管理全方位、全时段实时监控;负责各类城市管理信息的整理、分析,对城市管理状况以及有关部门和责任人履行城市管理职责的情况进行监督考核评价;负责领导和管理城市管理监督员队伍,负责城市管理监督员的配置、招聘、培训、考核及日常管理;负责组织城市管理信息传递系统、处理系统的日常维护与管理,建立电子信息系统和城市管理工作电子台账,实施信息管理。

年内,立案城市管理问题17.48万件,结案16.80万件,结案率96.09%。接受公众举报城市管理问题立案790件,结案655件。与市级平台完成年内首次部件、兴趣点、地形图数据同步更新,全区部件47.15万个,兴趣点4.96万个。数字化城市管理数据分析平台上线运行。

单位地址:东城区钱粮胡同3号
联系电话:84044955 邮政编码:100010 (迟耀瀛)

【网格系统升级改造】 3月,重新规划网格化城市管理系统多媒体文件存取路径,增设文件服务器和存储设备,解决多媒体存储与数据库服务共机运行负载过重问题,优化系统结构。7月,完成网格化城市管理系统硬件支撑平台升级改造并上线运行,对系统结构进行优化升级,部署建立统一的监控管理平台,提升网格平台运行管理能力。 (迟耀瀛)

【处理疑难案件】 6月,会同北京铁路局解决永定门铁路桥两侧、体育馆西路铁路桥西北侧保护区环境卫生问题、东便门铁路桥下线缆脱落问题及北京站东车辆调度场铁路桥下照明设施等问题。7月,会同丰台区城市管理监督指挥中心明确东城区与丰台区部分交界地段道路及其附属设施责任归属问题,加强与区内专业部门沟通交流,全年走访12家区属部门,召开4次疑难案卷协调会,下社区进网格巡查,熟悉地理环境、上报疑难案件,转有关部门解决。 (迟耀瀛)

【公示城管监督考核成绩】 7月13日起,《新东城报》定期公布区网格化城市管理信息平台区政府各委、办、局,街道、地区月度、年度考核成绩。内容包括网格化城市管理模式监管的169类城市管理问题。考核指标主要针对各专业部门当月完成城市管理问题的质量。考核成绩上报区人大常委会,进入东城区人大常委会决策支持库接受监督。

(迟耀瀛)

【纪律作风整顿】 10月至12月,开展守纪律、强作风、树形象、创一流为主要内容的纪律作风教育整顿活动,召开动员会,学习公务员法等法规条例,组织各部门负责人、新任职科级干部、新入职人员座谈会,查找中心和部门问题64条,制定整改措施65条,检查机关干部学习笔记90余人次,刊发活动简报3期。 (迟耀瀛)

【业务拓展】 利用3G视频技术,监控春节、元宵节烟花燃放,建立早餐车二维码专项管理,实现全区112家合法早餐车智能化监管。建设文物古迹管理专题,全区364个四级文物古迹8项内容实现网格化监管;全区108个试点小区的938处垃圾分类实施情况纳入网格化监管。制定《关于加强20条胡同单行单停监管工作方案》。部署20条胡同城市管理问题监管工作。 (迟耀瀛)

【文明城区常态化监管】 利用网格化信息平台进行文明城区常态化监管。7月,全年文明城区测评体系和测评指标339项测评标准进行分类。设计相应监管方式,确定每项监管方式日常数据的采集方式和关联的主责部门,设计文明城区评价模型和数据发布渠道,建设数字化城市管理数据分析平台中文明城区功能模块。 (迟耀瀛)

【企事业单位隐患自查自报】 将小餐饮、小商店、小旅馆、美容美发等2.03万小企业纳入隐患自查自报工作范围,覆盖全区30个部门、17个街道办事处及2个地区管理处监管的57个责任领域。隐患自查完成数量比上年增长42%。

(迟耀瀛)

【修订数字化城市管理行业标准】 年内,成立标准化工作小组,聘请住房和城乡建设部数字化城市管理推广领导小组专家组、国家标准化委员会、国家基础地理信息中心、中国测绘科学研究院等单位专家成立专家组，全程指导数字化城市管理工作各项行业标准、国家标准编制相关工作。组织召开3次标准编制修订工作会，完成《城市市政综合监管信息系统》系列行业标准之《城市市政综合监管信息系统模式验收》《城市市政综合监管信息系统信息采集》两项行业标准编制工作，《城市市政综合监管信息系统》系列行业标准获“中国城市规划设计研究院CAUPD杯”华夏建设科学技术奖一等奖；将两项行业标准上升转化为国家标准《数字化城市管理信息系统第1部分：单元网格》和《数字化城市管理信息系统第2部分：管理部件和事件》。 （迟耀瀛）

【专项普查】 制定《专项普查管理规范》，完成早餐车、夜间大排档、“黑车”拉客、施工废弃料和王府井地区无障碍设施及崇雍大街、“九横八纵”沿线和驻区社会单位周边等重点地区专项普查任务；完成市下达的井盖、线杆部件和地下通道、人行过街桥、立交桥问题情况专项普查以及市8处挂账点、区78处挂账点环境秩序问题普查任务。全年组织、参与专项普查99次，涉及30个类别，上报案卷1.53万件。 （迟耀瀛）

【参观接待】 年内，接待各地视察、考察、调研、参观、学习新模式41批次，982人次，其中局级及局级以上领导11人次；接待1批外宾参观。 （迟耀瀛）

【监督员队伍建设】 从思想、业务能力、组织纪律、自身管理、加强监督员队伍建设。组织5个中队、17个分队500余名监督员、督察员分三批开展军训，参训率99%；组织开展监督员百日作风纪律整顿，进行自查互查，明确改进方向；组织监督员岗位练兵和技能竞赛活动，对监督员、督察队员进行岗位技能训练，对分队长业务能力、管理水平进行考核。召开监督员班长管理和业务技能培训会，围绕业务工作、管理手段、沟通协调3个方面展开研讨。建立和完善考勤考绩、监督员招考、骨干选拔和任用、督察督报流程、装备管理、监督员分级分类等各项管理制度。 （迟耀瀛）

城市综合管理

【概况】 东城区城市综合管理委员会（简称区城管委），挂北京市东城区城市环境建设委员会办公室（简称区环建办）和北京市东城区交通委员会牌子（简称区交通委）。北京市东城区爱国卫生运动委员会办公室（简称区爱卫会）设在区城管委。区城管委（区环境建设办、区交通委）是负责本区城市综合管理、城市环境建设综合协调和市政基础设施、公用事业、市容环境卫生管理，城市环境综合整治和统筹协调本区交通发展和管理工作的区政府工作部门。设办公室、市容管理科、环境建设科等16个科室。行政在编人员85名。

年内，完成“十八大”环境景观布置，开展台基厂大街、崇雍大街及29个老旧小区和31条街巷胡同环境整治工程。实施5条市级重点达标大街整治提升工程。整治1025处广告牌匾标识。完成春节、明城墙遗址公园、前三门大街、平安大街景观照明工程。完成道路日常维修养护2.82万平米。开展环境交通秩序整治工作和建筑垃圾运输车辆“百日专项整治行动”。检查工地300余处次，启动公共自行车系统建设，加强停车管理信息化建设，实施煤改电工程。完成32个垃圾分类居住小区建设任务。

单位地址：东城区东花市大街2号
联系电话：67073700　邮政编码：100062 （杨慧平）

市政环境市容管理

【概况】 东城区城市环境建设委员会办公室（简称区环建办），设在区城管委。负责组织编制区环境建设中长期发展规划及专项规划；组织落实首都城市环境建设标准；承担东城区城市环境建设委员会办公室的具体工作；监督检查区城市环境建设委员会议定事项的落实情况，协调解决工作中遇到的问题。

年内，开展环境建设、环境秩序整治及景观布置工作，城市环境品质全面提升。完成“十八大”等重大活动、节日景观布置、照明工作。完成街巷胡同环境整治工程。完成道路日常维修养护、主次干道的架空线入地工程。完成32个垃圾分类小区达标建设任务。 （杨慧平）

【“十八大”景观布置】 以“九横八纵”为主要区域，融合传统文化与现代元素，悬挂各式灯笼6000余个，中国结5000余条，利用LED光源、灯笼、中国结等装饰元素，布置35座过街天桥，16处景观节点、崇雍大街等5条主要大街，以及市委市政府门前、二环路、代表出行路线等重要区域，形成白天为景观、夜晚为亮景的氛围。 （杨慧平）

【景观照明】 年内，以“五大节点、缤纷路网”为设计主题，完成春节景观布置，以曲径通幽为主题，打造层次鲜明的灯光长廊，完成前三门大街绿化景观照明改造。以文化行走，品城巡垣为设计主题，彰显角楼在历史中积淀的古朴与厚重，完成明城墙遗址公园景观照明改造。以皇城古韵为设计主题，在展现现代化城市形象的同时，融入一定的传统文化特

色,完成平安大街景观照明建设。(杨慧平)

【台基厂大街环境整治】 完成台基厂大街等8条街巷胡同强电、弱电、路灯线缆的架空线入地工作,清理废弃线缆5千余米,废弃线杆40余根。修复台基厂头条等7条区管道路沥青路面2.6万平米,步道5千平米。整治和粉饰7家商铺建筑立面,整治11家商铺广告牌匾,安装轻工出版社楼体等70余个空调格栅罩。完成绿化改造面积2000平方米。(杨慧平)

【老旧小区胡同环境整治】 实施京香福苑等29个老旧小区及永康胡同等31条街巷胡同环境整治提升工程。解决市政基础设施老化、路面破损、墙体残旧、公共服务设施不完善、绿化失修失养、广告牌匾违规设置、车辆无序停放、环境卫生脏乱等问题。完成楼体粉饰、门头改造、道路铺设、围栏油饰等项工作。新世界家园等4个小区、五道营等3个街巷胡同获市优美居住小区、街巷胡同称号。(杨慧平)

【崇雍大街环境综合整治】 年内,整治环境秩序、广告牌匾、市政设施等6个方面脏、乱现象。拆除违规广告36处、更新残旧牌匾标识260余处、清理窗贴400余处、加装大型木格栅护栏60个、喷涂防粘贴设施1200余处。出动执法人员1.3万余人次,检查商户9300余次,查处无照游商、店外经营4418起。清理堆物堆料、乱贴乱挂7197处,修复步道、台阶1310余平方米,新装自行车停车架500余个,加密隔离挡车桩1010根。(杨慧平)

【重点大街整治】 年内,从绿化美化、道路铺装、广告牌匾、公用设施和秩序整治等方面,开展张自忠路、南河沿、北河沿、东花市大街、西花市大街等5条大街整治提升工程。拆除违规广告设施60余处,改造残旧牌匾120处,修复沿街商铺石材台阶920平方米,修复道路3836平方米,整治工作得到市领导及首环办验收专家一致认可。其中,树池连通、防喷涂小广告贴纸、变电箱美化等工作创新在全市起到良好的示范作用。提升绿化面积万余平方米,协调电话亭公司统一安装红色单体电话亭。(杨慧平)

【建筑垃圾整治】 年内,开展百日专项整治行动,出动检查人员2500余人次,设立道路检查点位140余个,检查工地800余处次,处理建筑垃圾扬尘、遗撒、乱倒事件300余件,处罚违规运输车辆44辆。(杨慧平)

【市政道路设施管理】 完成道路日常维修养护2.82万平方米和东四十二条、干面胡同等23项道路9.4公里维修养护工程,面积9.4万平方米。拆除违法私设指路交通标志175处。推进45条主次干道架空线入地工程。完成安德路、交道口南大街等19条道路长20公里管道建设工作。完成广渠门南滨河路、校尉胡同等18条道路穿缆撤线工作。"7·21"特大暴雨期间,处理和平里东街、灯市口小学北口等85处路面塌陷险情,20余处井盖移位情况。办理掘路许可74件,占路许可7件,解决井盖类问题455件。(杨慧平)

【广告牌匾整治】 实施崇雍大街、张自忠路等34条重点大街、东直门交通枢纽、北京站周边、北京南站周边等3个重点地区不达标广告牌匾整治提升工作。将每条街道的牌匾标识与其历史文化内涵相结合,并根据业态分布情况进行不同风格的设计,融入青花、园林等多种中国传统元素制作形式。拆除违规广告135块,面积约1500平方米;整改不达标牌匾标识1025处。(杨慧平)

【早餐车整治】 会同区商务委等7个相关委办局、17个街道办事处、3个地区管委会开展不达标早餐车专项整治工作。整治清理违规仿冒早餐车108个,协助清运、存贮违规早餐车59辆。早餐车数量调整为132个,全部悬挂标识牌和二维码。(杨慧平)

【扫雪铲冰】 制定扫雪铲冰应急预案,建立机关、部队支援机制,明确支援扫雪铲冰工作任务、应急联系人和责任路段。开通短信指挥平台,提高应急响应速度。引导居民群众、社会单位和社区组织参与扫雪铲冰活动。规范处置积雪,及时清除积雪和雪堆,黑雪和黑冰及时运到指定的消纳场地。建立检查制度,开展雪中、雪后检查,督促解决问题。(杨慧平)

【垃圾分类】 年内,32个垃圾分类小区达标。发放小区用垃圾桶3344个、户用小桶3.23万个、垃圾袋323.04万个,分类公示牌72块。新增垃圾分类指导员175人。安排专业队伍每日进行分类小区厨余垃圾上门收运,将分类小区建设和维护情况纳入城区网格监督系统,聘请区监督中心90名网格监督员进行达标分类小区的日常检查,并将检查结果纳入全区考核评价。龙潭街道绿景馨园、北新桥街道民安小区开展厨余投放积分奖励制度,居民分类知晓率和准确投放率提高。开展40余次宣传培训活动,发放宣传品13万件。垃圾分类小区达140个。(杨慧平)

【垃圾处理】 联合东城工商分局,区环保局、食品办、相关街道办事处组成上门宣传小组,推进餐厨垃圾集中收运处理。玉蜓桥、中绦胡同两个餐厨垃圾中转站,日收集800家餐饮企业、140个分类小区产生的餐厨垃圾并进行人工分拣、沥水压缩环节前处理,再运至河北大厂基地进行深度资源化处理,年收运1.6万吨。升级改造落叶打包设备,继续运行北京游乐园南门集中落叶打包点,年打包落叶3150余吨。(杨慧平)

交通管理

【概况】 东城区交通委员会(简称交通委),上年3月18日成立,设在区城管委。主要职责:落实市委、市政府关于交通工作方面的方针、政策、总体规划;负责组织编制区交通基础设施建设的中长期发展规划和专项规划,提出区交通发展措施的建议；负责统筹协调区交通基础设施建设、养护和管理工作，负责区管道路和区级交通基础设施养护和管理工作；负责统筹协调区交通运输管理工作，负责区个体出租、人力三轮客运的管理工作；负责统筹协调区交通秩序管理工作，负责区静态交通管理工作；负责本区交通战备工作。

年内，实施车辇店胡同立体停车场工程，新增停车位193个。办理办结小客车指标申请2157份。完成107个公共自行站点建设。开展停车管理"物联网"试点建设，完成8条道路地磁安装和线缆铺设。新增37家个备案停车场，新建机动车停车位5083个。完成1147张居民停车证换证工作。百荣世贸等15个停车场实行错时停车。完成两个重点缓堵区域疏堵工程。（杨慧平）

【交通秩序整治】 联合公安、交通、城管等部门和王府井建管办、市交通执法一大队开展交通秩序综合整治行动。张贴违法停车通知书4020张，刷卡处罚2906张，治理出租车乱停放1108辆，暂扣各类"黑"车93辆，治安拘留105人。加强南站地区管控，联合相关部门，出动执法人员140余人次，制定相应接驳方案，整治站区周边环境。（杨慧平）

【车辇店立体停车设施】 安装简易升降机械停车设备，实施车辇店胡同立体停车设施建设，完成验收备案，新增停车位193个，6月11日起正式向附近居民开放，利用率达到100%。（杨慧平）

【交通疏堵工程】 联合区交通支队采取多种措施，缓解朝内南小街、金宝街西口、建国门桥区一带和两广路一线各路口、广渠门桥下、西花市北口一带交通拥堵现象。增设引导标志12处，规范停车泊位120个，完善机非隔离护栏6315米、便道护栏1040米、人行步道桩412个，调整信号灯配时8处。解决区管道路局部路口优化、规范道路形态、清理占压物等问题，完成北羊市口、革新南路等10项道路节点或路段的疏堵工程。（杨慧平）

【停车管理】 专项检查占道停车企业经营管理工作。建立联合检查长效机制，制定《东城区经营停车场管理联合监管通知书》，采用定期检查与不定期抽查相结合方式，全年检查46次，检查车场69处。建设占道停车管理"物联网"，安装地磁感应设施和终端电子控制系统，实现停车管理信息化。完成南小市口、智德北巷、东兴隆街、艺华胡同、南五老胡同、管村路、台基厂头条、二条等8条道路255个地磁安装，3500米线缆铺设。建工局党校、雍贵中心、天海商务大厦、平安发展大厦、百荣世贸地下停车场等15个停车场1004个停车位实行错时停车，缓解停车场周边居民停车难问题。开展居住区居民停车证明办理工作。持停车证明的居民车辆，停车场按照居住区停车收费标准收费完成，居民停车证明1147张的换证工作，并新增72张。推进居住区停车位建设，完成车辇店、鸿运花园、新景家园四区、巷上家园等26个停车场，新建机动车停车位5083个。全年，新增备案停车场37家、车位3548个。至年底，领取备案证的停车场512个、车位8.70万个。（杨慧平）

【公交线路调整】 开展公交线路优化调整，完善公交出行环境，公交125路（安定门－芍药居）下行方向线路，增设地坛西门、和平里中街西口、地坛北门3站。缓解辖区及周边人流密集区域交通压力。（杨慧平）

【微循环道路项目】 协调王府井建管办，实施煤渣胡同、百货大楼南侧、西侧辅路、大院府胡同等微循环改造工程，打通瓶颈路。东单北大街、王府井大街一线以及东华门大街、金宝街一线到东二环的交通，南、北河沿一线交通环境改善，交通运行效率提升，交通压力缓解，完成市交通委建设5公里微循环道路的工作指标。（杨慧平）

【公共自行车服务】 启动公共自行车接驳服务试点工作。布设100余个租赁服务点，安装5000辆公共自行车设备，投入运营公共自行车2000辆。全年办卡6074张，租还28.87万车次，解答咨询电话1.86万次，调度车辆9113辆。市民使用实名公交一卡通可实现跨区骑行、异地还车。（杨慧平）

【老旧车棚改造】 改造灯市口27号院、京香福苑社区、清水苑社区、西堂子1号院、永康胡同18号院、察慈小区等6处自行车棚，翻盖棚顶、地面铺砖701平米，翻修管理员室6处。（杨慧平）

【小客车指标申请】 年内，办理办结小客车指标申请2760份，其中个人新购车辆申请1152份，个人更新车辆申请100份；个人信息变更申请328份；个人延期申请498份；单位新购车辆申请112份；单位更新车辆申请37份；单位信息变更业务申请22份；为申请人打印获得指标通知书511份。（杨慧平）

公共事业管理

【概况】 区防汛、燃气保障、供暖、节水等工作机构设在区城管委，承担相应保障服务工作。负责制定防汛预案，指挥防汛抢险工作。负责全区供暖管理和供暖单位资质管理工作，督促供暖企业定期进行供暖安全检查。

年内，确保区安全度汛。完成10个街道9796户煤改电工程。供暖保障工作正常运行。开展燃气使用安全专项检查工作。（杨慧平）

【安全防汛】 制定区防风工作预案、落实安全防汛工作责任制，加强宣传培训、协调检查、物资储备等前期工作。组建66支4062人抢险队，3支62人医疗救护队，落实17家应急避险场所，3家医疗救护医院。汛期，收到市防指通知140份，启动橙色预警1次，黄色预警2次，蓝色预警40次，收集上报情况50余份，接听群众报险电话5500余个。及时处理路面塌陷险情，井盖移位情况，开展供电、排水抢险和清淤工作。完成"7·21"抢险救灾任务，全区安全度汛。（杨慧平）

【节水宣传和检查工作】 创建23家节水单位和2个节水小区。开展节水活动宣传,发放宣传资料2.5万余份,宣传品1.2万余件,制作横幅200条,翻印新办法5000本。核定下达区内4343家单位计划用水指标,检查10个施工工地用水情况,纠正个别单用自来水除尘。调查摸底全区范围内洗浴中心和洗车站点基本情况。发放预警3214户次。下发超计划用水单位累进加价通知书186份,催收加价水费28.83万元。 (杨慧平)

【冬季供暖】 全区有供热单位195家,居民供热锅炉房336座,居民供热面积862.44万平米,受热居民近18万户。其中燃气锅炉房207座,居民供热面积762.08万平米;燃油锅炉房96座,居民供热面积52.84万平米;电蓄热锅炉房28座,居民供热面积39.13万平米;地热锅炉房4座,居民供暖面积7.59万平米;燃液化石油气锅炉房1座,居民供暖面积0.8万平米。接到居民投诉1073余条,属于热力集团范围800余条。其余全部协调解决。筹建2支供暖应急队,设立7个抢险点,配备车辆、器材和抢险所需设备,应急抢险100余次,出动人员300余人。 (杨慧平)

【煤改电工程】 成立煤改电工程指挥部办公室,开展煤改电工程外电网改造、内电网改造及房屋修缮保温、蓄热式采电暖器销售工作,完成10个街道9796户煤改电工程。

(杨慧平)

【水务普查】 水务普查工作,进入获取普查数据,完成空间数据采集及底图标绘,数据汇总、审核和整改价段。区水普办完善经济社会用水户分类管理台账和档案管理措施,对年用水量5000吨以上单位加大现场核查力度。制定《东城区第一次水务普查工作质量控制方案》,落实清查表、普查表填报、回收情况、普查数据修订、补录情况的质量控制,专项普查审核通过率100%。 (杨慧平)

【专项检查燃气安全】 17个街道成立燃气安全专项工作组,入户检查500平方米以下用气餐饮企业燃气安全1581户。检查使用液化气钢瓶的餐馆燃气设施,发现隐患547处,责令停止使用12家,下发责令改正通知书193份。在各餐饮企业操作间内悬挂《液化石油气钢瓶安全操作规程》2000余份。 (杨慧平)

【热计量改造】 年内,组织17个街道办事处开展5次宣传,发放宣传品4万余份。完成130余家供暖单位热计量改造工作,改造面积120余万平方米。 (杨慧平)

爱国卫生管理

【概况】 东城区爱国卫生运动委员会办公室(简称区爱卫办),设在区城管委。主要职责:组织开展爱国卫生运动活动;负责对爱国卫生运动有关规定的督促检查落实。承担爱国卫生运动委员会办公室的具体工作。

年内,通过国家卫生城区复审,开展秋冬季灭鼠及夏季灭蚊蝇活动,使全年病媒生物密度控制在国家规定的标准之内。家庭灭蚊完成11.04万户。完成《东城区迎接国家卫生区复审工作资料汇编》及《东城区2012年工作资料汇编》编写工作。全区有市健康社区161个,占社区总数86%。

(杨慧平)

【冬季灭鼠】 以市政地下管线、餐饮企业、宾馆(饭店)、农贸市场及发生过流行性出血热的区域为重点,开展秋冬季统一灭鼠活动。发放溴敌隆蜡块214桶(4280公斤),粘鼠板23箱(1150块)。全区降低鼠类危害,预防和控制鼠传疾病的发生,达到预期效果。 (杨慧平)

【夏季灭蚁蚤蚊蝇】 年内,加强雨后病媒生物防治工作。发动社区居民、单位职工及志愿者清除蚊蝇滋生地、卫生死角。下发氯氢菊酯200箱,灭幼蚊药品安倍1250公斤,灭蚊喷雾器187个,对重点地区(拆迁地区、老旧小区、平房地区)喷洒防蚊蝇药品。工作人员志愿者入户售药家庭灭蚊,指导完成灭蚊计划3.7倍。东四地区流浪猫较多,滋生跳蚤对平房住户侵害较为严重。组织专业人员开展密度监测和高效低毒杀灭跳蚤作业,经回访和灭后监测对比,跳蚤侵扰得到解决。

(杨慧平)

【"十八大"公共卫生安全保障】 聘请市专业PCO(有害生物防制)公司,对外环境、主要大街、绿地等公共区域进行有害生物防制作业。发动群众,喷洒药物,大搞环境卫生,清除蚊蝇孳生地。9月7日,东城区爱卫办对辖区内的北京国际饭店、北京饭店及首都大酒店三家大型宾馆饭店进行病媒专项检查和指导,增加消杀的频率和次数,确保"十八大"期间卫生安全。 (杨慧平)

【学校禁烟活动】 市二中、北京汇文中学、国际职业教育学校、史家胡同小学,通过培训、检查和交流,推进控烟工作,并通过全国烟协验收,列为"全国无烟示范学校"。第25个世界无烟日,在全区校园开展主题宣传教育活动,广渠门中学"烟草危害图形说"活动被人民网、中新网等多家媒体报道。

(杨慧平)

【爱国卫生月】 组织全区开展城市清洁活动。发动志愿者5000余人,清除卫生死角267个,清除小广告1020个,清理广告牌匾79处,美化大街小巷99条,清理楼门院274个,清理大件废弃物144处,清除垃圾57吨,擦拭宣传栏、健身器材、护栏等1100延长米,清理绿地7480平方米,投放鼠药50余公斤,出板报73块,张贴宣传画47张,设立宣传站20余处,悬挂横幅69条,发放宣传材料1432份。 (杨慧平)

【城市清洁日】 年内,组织不同主题的城市清洁日活动12次,7.3万人参与,清理垃圾647吨,卫生死角4418处,清除擦拭小广告3万余份,美化大街小巷383条次,清洁楼门院2619户次,清理大件废弃物1047处,累计发放宣传品2万

份，悬挂宣传横幅179条。（杨慧平）

【国家卫生区复查】 制定复查工作方案，召开迎复审培训动员会，印制发放宣传画3.9万张。会同区建委、卫生局，工商分局等部门，开展3次大检查，成立实地督导组开展日常检查，完善基础设施管理精细化，整治薄弱环节。12月，通过"国家卫生城区"复审。（杨慧平）

【创建健康社区】 12月10日，安化楼、隆福寺、苏州及站东等4个社区，通过市爱卫会考核验收，获北京市健康社区称号。至此，区161个社区获北京市健康社区称号，占社区总数的86%。（杨慧平）

城市管理监察

【概况】 东城区城市管理监察大队（简称城管大队），是国家行政执法机关。行使职能14类，行政处罚权366项。内设办公室、政工科、督察科、人事教育科、法制科、宣传科、纪检监察科、信访科、装备财政科、勤务指挥中心10个科室，统一管理3个直属分队、6个地区分队（北京南站、前门大街、北京站、王府井、长安街、东直门交通枢纽）及17个街道分队。编制553人，在编执法人员520人。

年内，接收市局"96310"举报案件2.75万件，大队"96010"热线举报案件5936件，市局回访满意率92.4%。组织开展春节两坛（潭）庙会、全国"两会"、十一、"十八大"期间大型活动外围环境管控85项。完成联合夜查渣土车、核心区环境秩序专项整治等市、区交办的环境整治任务65项。开展违规早餐车整治、非法大排档集中整治等各类专项执法活动99项。完成领导出行路线保障63次。全年查处各类案件15.83万起，罚款47.97万元。拆除违法建设326处6917平方米。收到群众来电表扬197次，表扬信23封，锦旗51面。获首都文明单位标兵。

单位地址：东城区老钱局胡同甲14号
联系电话：85120652　邮政编码：100005（刘亚娜）

【专项整治】 1月8日至2月16日，开展40天春运保障专项执法工作。6月，联合区治安支队及相关属地派出所，对核心区、前门等重点地区少数游商开展21次大规模强力执法行动，出动执法人员456人次、执法车辆168车次，暂扣三轮车33辆，哈密瓜1300余斤。6月至8月，整治非法大排档117次，查处非法大排档286起，露天烧烤466起，没收经营工具760件。7月至9月，对雍和宫、东四十条、朝阳门、建国门地铁站周边等重点点位进行违规早餐车专项执法，查扣各类违规经营早餐车83辆。全年组织联合执法12次，查处游商兜售非法出版物，查缴非法音像制品1293盘、非法书刊1400册。出动执法人员6200余人次，发现霓虹灯断亮182起，责任单位全部按时完成整改。出动执法人员5000余人次，执法车辆1600余车次，拆除山寨广告牌22块，清理临窗广告24处。（刘亚娜）

【春节环境保障】 春节期间，出动执法人员2313人次，执法车辆725车次，受理群众举报83起，查处无照经营329起，店外经营159起，非法散发小广告89起。检查街区1037条，门前三包单位9440家，救助规劝流浪乞讨人员9人，劝阻"黑"三轮20起，暂扣非法经营性三轮车13辆、糖葫芦车3辆、自行车8辆、佛香1200封、宣传品900余份、白薯200余斤、糖葫芦61串、清真食品50公斤、小百货2包，没收非法小广告1.38万张，非法摊商销售的桃花酥40斤、切糕200斤、小商品20件、地图22张，清除非法广告牌1块、小广告56余处，清理非法悬挂、张贴的广告宣传品17处。（刘亚娜）

【队伍建设】 3月2日，中层领导干部签署《廉政建设承诺书》。4月、7月分别邀请市、区社会监督员代表开展座谈，听取意见。5月、9月两次科级领导干部竞争上岗，199名队员参加，选拔任用科级干部37名。全年6次科级干部岗位调整交流44人次，免职3人。党组织开展献礼"十八大"我当模范先锋主题教育活动，评出6个特色品牌党支部、10名先锋模范党员。开展城管执法队伍遵纪守法专题教育活动，大队机关、23个分队及其所辖社区安装225个意见箱。组织2次捐款活动。213名党员捐款1.22万元；组织机关科室、直管分队开展为北京"7·21"特大暴雨捐款活动，270名队员捐款2.53万元。协调区红十字会、市城管执法局、机关工委为身患重病的7名队员和4名退休干部争取帮扶慰问金3.3万元。（刘亚娜）

【清明、五一环境整治】 清明节期间，出动执法人员5062人次，执法车辆1723车次，没收无照经营丧葬、祭扫用品6起，处罚无照经营丧葬、祭扫用品3起，消除安全隐患13起。五一期间出动执法人员1774人次，执法车辆509车次，查处无照经营405起，店外经营268起，不规范广告牌匾8起，没收小广告672张，规范门前三包716起，查处"黑"摩的6辆，查处劝导教育违法相对人550人，发现并规劝乞讨人员88人。（刘亚娜）

【中高考环境保障】 6月1～26日，出动执法人员2015人次，执法车辆722车次，查处各类环境违法行为215起，其中无照经营182起，店外经营33起，没收小广告9800张，规范门前三包779起,检查施工工地54个,规范施工工地16个,夜间现场检查值守工地10个,劝导规范330人次。

(刘亚娜)

【"十八大"环境保障】　8月至11月,城市秩序治理专项行动、核心区环境秩序专项整治等任务有机结合、交叉进行、捆绑推进。对重点区域、环境举报高发点位等违法行为易发区域进行全时段、全方位重点管控,遏制无照经营、非法散发小广告、店外经营、非法运营等十二类严重影响城市环境秩序的违法行为,出动执法人员7.62万人次、执法车辆2.26万车次,规范各种违法行为1622起,罚款16.57万元,劝诫、告知流浪乞讨人员233人次,引导护送至救助站25人。

(刘亚娜)

【国庆环境保障】　出动执法人员4169人次,保安2322人次,执法车辆1289车次,查处各类违法行为1653起,其中查处无照经营925起,罚款1500元。没收小广告6万余张,规范门前三包6603起,责令改正店外经营304起,暂扣违法违规运营三轮车52辆,自行车8辆。无照摊商贩销售小商品1672件,水果蔬菜208斤,糖葫芦584串,矿泉水107瓶,冰棍448支,小红旗425面。(刘亚娜)

【双护工程】　全年出动5万余人次、8000余车次,联合执法16次,各街道、地区组织综合执法组联合执法800余次,对全区132所中小学校、幼儿园及27所医院周边进行执法检查,查处各类违法行为621起、交通安全隐患31处,告诫、劝导当事人755人。发放宣传材料5000余份,发放《致广大居民的一封信》6000余封,检查施工工地217次,暂扣违法摩的135辆,没收小广告5000张,规范门前三包4883起,清除违章广告和牌匾27块,清运垃圾渣土3吨。(刘亚娜)

【整治进京沿线及周边环境】　全年,查处北京站、北京南站及铁路沿线周边各类违法行为1231起,拆除铁路沿线违法建设105处2100余平方米,拆除不规范户外广告及灯箱32块,没收非法小广告2万余张、地图5000余张,查处非法残疾人摩托车及人力三轮车321辆,非法运营汽车28辆,非法旅游客车2台,非法省际客车1台,教育训诫各类违法扰序人员9000余人,规劝文明乘车、文明通行5000余人次,救助流浪乞讨人员588人次,救助未成年人58人、精神病人30人,医疗救治89人。为受助人员提供返乡车票188张,清除废弃物品3吨,补种绿地3000余平方米,粉刷花坛绿地围栏1000余平方米,清刷楼房外立面2000余平方米,修复电线杆48个、电闸箱16个、电话亭5处,设立各类警示牌16块。(刘亚娜)

【施工工地专项执法】　出动执法人员2570人次,查处施工扬尘26起、罚款1万元,查处车轮带泥行驶1起、罚款1000元,查处无准运证运输31起、罚款3.70万元。(刘亚娜)

【执法装备】　完成执法分析预警与指挥调度系统设施、设备建设招标工作,提高执法装备信息化水平。改造移动指挥车1辆,增加(更新)数字集群终端(800兆)86部,执法记录仪509部,执法用台式机24台,发放电动自行车296辆。(刘亚娜)

【信息宣传】　年内,报送信息3954条。编辑信息普刊95期,专刊17期。向市城管执法局上报信息585条,采用275条。被《北京信息》《昨日市情》采用14条。向区两刊上报信息392条,采用144条。向外网传信息204条,向区公务门户网上传信息97条,编辑新闻资料片79条,播发新闻稿件327条。中央级媒体7条,市级媒体288条,区级媒体32条。全国六十余家新闻网站转载超过2100次。大队的新闻宣传工作在市城管执法局排名第一。(刘亚娜)

北京站地区管理

【概况】　北京站地区管理处是北京市人民政府派出机构,由东城区代管。负责北京站地区的综合管理,组织协调北京站地区的公安、工商管理、城市管理、园林绿化、市政市容、环境卫生等各项工作。设两室3个科,直属单位有东城区城市管理监察大队北京站分队、北京站地区环卫所。

年内,开展百日整治、防火减灾等多项活动,打造安全稳定、秩序良好、环境优美、服务优质的平安和谐窗口地区,实现大事不出、小事减少、管理严格、秩序良好的年度工作目标。

单位地址:北京站东街6号金谷琪珑大酒店四层

联系电话:85267207　邮政编码:100005　(郑一萍)

【春运　暑运　专运】　春运,1月8日至2月16日,期间,发送旅客301.6万人,下车旅客350.3万人,高峰日1月20日,发送旅客13.5万人。暑运,7月1日至8月31日,期间,发送旅客582.2万人,下车旅客566.8万人。完成各级专运警卫任务500余次。

(郑一萍)

【领导调研】　1月11日、2月6日,副市长苟仲文、市交通委副主任刘缙到北京站地区检查春运运行情况。8月24日、10月30日,杨柳荫、牛青山等区领导带队先后到北京站地区就地区文明建设、"十八大"安保措施落实情况进行检查。11月5日,市领导郭金龙、吉林、赵凤桐、程红等到北京站地区检查

"十八大"安全服务保障工作。（郑一萍）

【天桥跳桥事件】 北京站东街过街桥自2001年6月开通以来，发生2起跳桥事件当事人均为外埠人，其中1人成功解救、1人死亡。（郑一萍）

【启动管理新模式】 3月1日启动城市管理新模式，在常态化管控基础上，加强综合执法，发挥监控平台作用，各部门配合，在区域上、时间上形成无缝衔接工作状态。结合地区城市管理工作实际情况，划定在新模式下各部门管理范围、职责、重点部位、各自所担负的工作任务。（郑一萍）

【学雷锋活动】 3月5日，组织站区20个单位和部门100人，开展学雷锋树新风弘扬北京精神践行雷锋精神志愿服务活动。为过往旅客和附近居民群众提供各类服务2000人次，发放各类宣传品3万份，开展安全、医疗、卫生、法律法规、工商、旅游、储蓄等咨询服务，发放安保、商品质量安全、3·15消费者权益、北京旅游交通图等宣传材料。驻站武警官兵、乘务员、医务室和金谷琪珑大酒店、金乾鼎商贸公司等单位几十名志愿者进行义务指路、交通引导、客流疏导、量血压、测体重等公益服务。3月10日，城管分队在恒基南广场前开展展城管形象，树文明新风，建和谐城市的假日文明加油站活动。发放维护城市环境、拒绝无照经营、杜绝"黑"车非法运营、拨打96010城管热线等宣传材料500份，提供信息咨询200人次，制止不文明行为100起。（郑一萍）

【入学新生接站工作】 8月10日至9月10日，安排77所（民办22所、统招55所）高校接站点，1.4万名入学新生从北京站下车。（郑一萍）

环　境　卫　生

环境卫生服务一中心

【概况】 东城区环境卫生服务一中心（简称环卫一中心），是区政府直属全额拨款事业单位。负责原东城区113条大街、8座立交桥、25座过街天桥335万平方米道路和50万平方米绿地的清扫保洁工作；负责959座公厕的保洁、维修、翻改建和46座密闭式垃圾清洁站的管理工作。有正式职工1246人，临时工1680人。中心机关设12个科室，下设10个基层单位。

年内，完成重大活动，节日，环境卫生保障任务，改造公厕2.5万座次，购置、改善区域内与群众日常生活密切的环卫设施，专业检查道路保洁7862次，完成区政府下达的折子工程各项任务和各项环境保障任务。

单位地址：东城区小雅宝胡同34号
联系电话：64032275　邮政编码：100005
（刘晓寅）

【扫雪铲冰】 雪季，备勤14次，实施作业3次，出动职工1733人次、车辆100部次，完成扫雪铲冰任务。（刘晓寅）

【清扫爆竹残屑】 提前对26条大街和50万平方米绿地进行湿化，阴历正月初一、初五、十五，出动各种作业车辆365部次，人员3183人次，清扫烟花爆竹残屑358.15吨。（刘晓寅）

【"7·21"特大暴雨】 "7·21"特大暴雨，出动职工160人，冒雨巡查、清理堵塞雨水口；7月21～22日，出动职工660人次、车辆54部次、三轮车319辆次，清除树叶3吨、淤泥4.75吨，恢复雨后环境。（刘晓寅）

【清扫清运】 11月1日至12月5日，出动5.5立挤压车86车次、12立挤压车20车次，清运落叶332吨，完成落叶清扫工作任务。全年清运垃圾31万余吨、粪便16万余吨。（刘晓寅）

【公厕维修改造】 维修公厕2.5万余座次。对北京站东街公共卫生间进行升级改造，增加3个小便器、12个坑位，在男厕东西侧墙根增设紧急小便区。加固翻新124座公厕的130个危险粪井，进行彻底清底，更新井内三通，提升粪井耐用性和安全性。40座公厕安装外墙挂板，更新东西阙门外活动厕所，迁建小报房胡同公厕，改造13座沟槽公厕，管线改造6座公厕，冲厕方式改造2座公厕，防冻改造9座达标公厕。（刘晓寅）

【设施设备建设】 年内，购置果皮箱1130个，统一大街果皮箱。74座二类以上公厕安装194台除臭设备，712座达标公厕及179座二类公厕加装9212个防臭漏，改善厕内空气质量。（刘晓寅）

【环卫纯电动车】 年内，接收38辆纯电动环卫车，培训77名纯电动车驾驶员。王府井帅府园胡同东口建设2个充电桩，左家庄桥下新建有13个充电桩的环卫纯电动车停车场。（刘晓寅）

【"十八大"环境保障】　"十八大"期间,出动职工1.80万人次,车辆1.27万车次,清运垃圾1.66万吨,清运粪便4053.56吨,清除小广告1.69万张,维修公厕496座次,确保环境洁净有序。　（刘晓寅）

【专业检查】　年内,专业检查道路清扫7862条次、道路机械作业278个作业路段、密闭式垃圾清洁站593座次、公共卫生间2663座次、清除非法小广告7862张次,清理粪井2663个次。　（刘晓寅）

【信访工作】　全年接待群众来访38人次,办复来信8封,处理非紧急救助、市长信箱、区长信箱等网上来件392件,办复人大代表建议、政协委员提案8件。　（刘晓寅）

环境卫生服务二中心

【概况】　东城区环境卫生服务二中心(简称区环卫二中心),是区政府直属全额拨款事业单位。负责原崇文区范围内主要大街、干路部分绿地的清扫保洁,生活垃圾、粪便清运,公厕的保洁维护、小广告清理等环境卫生作业和服务工作。保洁主要大街51条,道路清扫保洁作业面积207.93万平方米;管理密闭式清洁站33座,公厕413座,其中二类标准公共卫生间57座,达标公厕188座,三类公厕168座。设党委办公室、行政办公室、业务科等7个科室;下设环卫一所、二所、材料站等五所、一站。在职职工523人,退休职工756人,离休干部4人,非在编职工742人。

年内,干路机扫率、洒水降尘覆盖面、垃圾粪便无害化处理率100%,道路保洁新工艺作业覆盖率92%。收运生活垃圾15.53万吨,抽运粪便11.98万吨,清理小广告160多万张。接办城市管理监督中心派发的涉及环境卫生问题的网格案卷5200余件,办结率100%,效能评价始终保持为A级。办复人大代表建议6件,政协委员提案4件。完成"十八大"环卫保障任务,应对"7·21"自然灾害保持环卫设施运行正常。环卫专业作业继续保持城六区领先水平。环卫一所前门班获北京市三八红旗集体;在北京市市政市容委系统第二届有限空间作业大比武活动中,环卫二中心获优秀奖。环卫三所三八女子抽粪班班长获全国五一劳动奖章,并当选北京市第十一次党代会代表;三所所长当选北京市第十四届人民代表大会代表;三所1名80后女工被评为"2012北京榜样"。

单位地址:东城区天坛路7号

联系电话:67120965　邮政编码:100061　（何淑梅）

【专业作业技能比赛】　7月13～17日,开展专业作业技能大练兵实操比赛。53名一线职工参加公共厕所、密闭式清洁站、城市道路(人工和机械)保洁、维修、有限空间作业等13个项目比赛,22人胜出,并于8月13～29日参加市环境卫生专业作业技能比赛,获个人一等奖1项,二等奖1项,三等奖2项。　（何淑梅）

【队伍建设】　年内,招聘应届大学毕业生2名,管理人员1名、工勤人员45名,接收安置退伍军人4名,充实到一线或关键岗位。开展信息、档案、安全生产专业知识培训和规章制度、专业技能、安全生产、职业道德等为主要内容的全员培训,提高职工素质。　（何淑梅）

【垃圾减量】　加强垃圾进站监控工作,所有清洁站加装垃圾运量登记POS机,每日对垃圾产量、垃圾种类进行登记和统计分析。加强垃圾收运管理,保证垃圾密闭收运、日产日清,严控建筑垃圾、餐厨垃圾、树叶等非生活垃圾进站消纳,全年垃圾减量2700吨。　（何淑梅）

【扫雪铲冰】　降雪天气,启动扫雪铲冰工作方案及应急预案,出动4200人次,车辆635车次,开展除雪作业,在部分路段投放融雪剂650吨。完成扫雪铲冰工作。　（何淑梅）

【应对"7·21"特大暴雨灾害】　启动防汛应急工作预案,加强值守,人员、车辆、设备到位,雨前安排人员及时清理道路雨水口,雨后开展道路推水作业,保证主干路网交通畅通。及时清理广渠门桥、景泰桥等下凹式桥区积水淤泥100吨,抽运粪便污水400余吨,协助清理本家润园地下室垃圾杂物200余吨。　（何淑梅）

【环境专项保障】　年内,完成春节、国庆节、全国"两会"、"上合峰会""十八大"等重要节日和重大活动期间的环境保障任务。除夕至元宵节清理烟花爆竹残屑211吨;"十八大"期间,成功应对50年一遇的雨雪天气,全力做好环境保障工作,实现大事不出,小事也不出的目标。　（何淑梅）

【环卫设施设备基础建设】　完成环卫安保视频监控系统和3G应急指挥系统建设工程,环卫安保视频监控系统实现中心联网,对所属基层单位办公场所、专业车辆停放场所、库房等10处重点部位实时视频监控和中心内部视频会议功能。采购多功能洗地车、20吨水车、自卸式垃圾车、装雪车等大中型环卫车17辆,采购电动三轮车、三轮清洁车等小型环卫车90辆,更新干路果皮箱500个,改造、修缮清洁站各10座,配备清洁站洗地机13台,更换不锈钢垃圾集装箱60个,173座三类公厕进行墙体加固、防水维修作业,188座达标公厕进行墙面粉刷、地面修补等作业,二类卫生间管理间配备电暖气和电风扇,公厕开展插卡式水表试点,保洁用水定量管理。投入10万元,完善环卫有限空间作业设备、防护设备和救援设备30件。改造5座三类公厕升级为达标公厕,更新7座移动公厕,为40座二类卫生间安装防冻设备104台,改造粪井44座、维修排污管线1条。　（何淑梅）

【解决劳动用工问题】　为解决编外劳动用工中存在的人档分离、相关政策不配套等问题,制定《东城区环境卫生服务二中心关于解决编外劳动用工问题的工作方案》,通过分期分批实施劳务派遣、招用部分人员为正式职工等方式,依法逐步理顺环卫用工关系。

（何淑梅）

【“三八”女子抽粪班】 1998年3月成立，现有成员14名，平均年龄40岁，其中大专以上学历6人，党员3人，入党积极分子5人。负责全区200余座公厕粪便抽运，每天抽运粪便110余吨。三八班以老劳模时传祥为榜样，经过多年探索，提出“八要工作法”（理论学习要自觉，别人困难要帮助，业务质量要达标，行为举止要规范，集体事情要关心，取得成绩要谦虚，他人长处要学习，对待自己要严格）和“一百、二互、三勤、四打破”（粪井合格率百分之百，班前会互通信息、有困难互相帮助，工作中做到嘴勤、手勤、腿勤，班内打破工作范围、打破工作段界限、打破不满不冒低标准、打破公休日限定）。各项工作步入长态化管理轨道和保持高水平的长效机制。三八班辛苦的付出，先后获区、市、全国“三八”先进集体、巾帼文明示范岗、工人先锋号、“全国女职工建功立业标兵岗”、“先进女性集体”等称号。现任班长李学玲带领全班创佳绩，先后获市“群众心目中的好党员”、“优秀共产党员”、全国“五一”劳动奖章。职工李萌是“80后”，退伍后主动申请到环卫抽粪作业岗位，她很快地适应环境，融入集体，虚心向环卫前辈学习，业务技能不断提高，工作表现突出，当选为“北京榜样”。

（何淑梅）

环境保护

【概况】 东城区环境保护局（简称区环保局），是监督管理辖区内环境保护工作的行政主管部门。设行政科室8个（办公室、综合规划科、法制宣教科、纪检监察科、污染减排科、环境影响评价科、环境监理科、辐射安全监管科），科级事业单位6个（东城区环保监察一队、东城区环保监察二队、东城区环保监测一站、东城区环保监测二站、东城区机动车排放管理一站、东城区机动车排放管理二站）。主要职责：贯彻落实国家和市关于环境保护的法律、法规、规章和政策，建立健全环境保护工作制度，并负责监督、检查和协调实施；组织编制区环境保护规划和计划，负责环境形势综合分析；负责区环境问题的统筹协调和监督管理，组织协调环境污染事故和生态破坏事件的调查处理，参与突发环境事件的应急处置；承担落实区污染减排目标的责任，制定主要污染物排放总量控制计划并监督实施；实施排污许可证制度；督查、督办、核查有关部门、单位污染物减排任务完成情况；实施环境保护目标责任制；负责总量减排考核并上报；负责本辖区环境污染防治的监督管理和污染源日常监督管理；组织实施水体、大气、土壤、噪声、光、恶臭、固体废物、化学品、机动车等污染防治工作；负责环境监察，组织开展环境保护执法检查；负责限期治理、排污申报登记、排污收费等制度的实施；参与促进清洁生产，按管理权限审批建设项目环境影响评价文件，负责建设项目主体工程与环境保护设施同时设计、同时施工、同时投产使用的监督管理，负责建设项目竣工环境保护验收；负责本辖区辐射安全的监督管理，参与辐射环境事故应急处置，按权限对废弃的放射源、放射性废物处置进行监督管理；负责区环境监测工作，制定环境监测工作制度和规范，组织实施环境质量监测和污染源监督性监测；组织环境保护宣传教育工作，推动社会组织和公众参与环境保护；开展环境保护科研工作，推动环境保护科研成果和技术应用。为驻区中央单位、市属单位、驻区部队和区域内企事业单位的服务。承办区政府交办的其他工作。

全年，实施北京市控制大气污染措施，办理建设项目环境保护审批417项，办理建设项目环境保护验收131项，完成服务类项目131项，依法征收排污费5800元，对2615家污染源进行排污申报登记。办理群众来信877件，办理人大代表建议4件，政协委员提案1件。

单位地址：东城区东四六条甲17号

联系电话：64043663　邮政编码：100007　　（马春华）

【环境质量】 全区工业企业污水、废气等污染物达标排放率连年保持100%，可吸入颗粒物（PM10）：年均值0.112毫克/立方米。二氧化氮：年均值0.056毫克/立方米，低于国家环境空气质量二级年均值标准限值（0.080毫克/立方米）。二氧化硫：年均值0.029毫克/立方米，低于国家环境空气质量二级年均值标准限值（0.060毫克/立方米）。降尘：年均值7.0吨/平方公里·月，低于本年度标准限值（清洁区7.0+7.0=14.0吨/平方公里·月）。噪声：区域环境噪声平均值为53.8dB（A）。道路交通噪声平均值为67.9dB（A）（公里路长计权LeqdB（A）），道路平均车流量为4161辆/小时。工业企业废水、废气稳定达标率、二级以上医院医疗废水排放达标率和燃油、燃气锅炉烟气排放达标率均为100%。　　（马春华）

【环境统计年报】 环境统计年报纳入环统调查范围的工业企业24家，确定12家工业企业为年度环境统计对象。环境统计数据通过逻辑校验、合理性校验和检查，通过环统会审，完成工业源及环境管理数据库上报。　　（马春华）

【污染物总量减排】 考核污染物总量减排指标由两项增加为二氧化硫、氮氧化物、化学需氧量和挥发性有机污染物3项。二氧化硫和氮氧化物在“十一五”945吨和7010吨的基础上分别削减20%和13%。全年改造平房燃煤户1万户，削减煤1万吨，削减二氧化硫57.7吨，削减率6.11%。淘汰老旧机动车19248辆，削减氮氧化物373.6吨，削减率5.33%。搬迁15家挥发性有机污染物排放企业和生产工艺，削减挥发性有机污染物 56.3 吨,削减率 11.3%。完成市政府下达的 4%、3% 和 10% 的 2012 年减排计划。（马春华）

【信访工作】 全年接群众来信 877 件,其中反映大气污染 373 件,反映噪声污染 480 件,反映电磁辐射污染 3 件,反映水污染 5 件,反映固体废物污染 1 件,反映其他污染 15 件。重要信件领导阅批率、信访答复率、信访按时办结率均为 100%。被市局《12369 情况日报》列为优秀办理件 16 件。全年没有出现市、区级集体访和重复集体访;没有出现重点地区非正常个访和集体访。（马春华）

【行政处罚】 全年环境行政处罚一般案件 30 件,简易行政处罚 380 件,金额 27 万元。处罚超标车辆 631 辆,闯限行 155 辆,遥测非现场处罚 851 辆,处罚违规大型柴油旅游车 38 辆,处罚非道路施工机械排放超标案件 8 件,金额 32.5 万元。（马春华）

【环保宣传】 全年组织各类环保宣教讲座 4 场 500 人次;开展各类环保宣传活动 8 次,参与人员 64 人次,展出展板 25 块,发放宣传材料 1.5 万份,环保小礼品 3000 余份。"六・五"世界环境日,在王府井步行街、北京保利大厦、北京新世界商场、国瑞城等地段 6 块大屏幕播放《探索中国环境保护新道路》视频宣传片 50 小时,受众人群 800 万人次。围绕"绿色消费你行动了吗?"世界环境日中国主题,开展"绿色生活,你参与了吗?"主题宣传。组织北京五中分校、北京东四九条小学开展关于防止大气、噪声污染的主题宣传活动。（马春华）

【污染源清查】 全年清查填表 2811 家,录入 2615 家单位,全区所有污染源(2007 基础数据,全部生活源 2356 家;2010 年更新时为 2786 家)。（马春华）

【机动车排放监管】 年内,以 PM2.5 控制、总量减排和改善空气质量为目标,定期检验机动车,淘汰老旧机动车,监管油气油品,监管防治流动污染源。检查车辆 36 万辆(路查 1 万辆,夜查 1 万辆,入户 5 万辆,遥测 28 万辆,检测厂 1 万 2 千辆,倒查 156 辆)。巡查加油站 431 家,抽测 55 家,巡查检测场 237 次,现场检测车辆 11850 辆。淘汰老旧机动车 19248 辆,其中转出 16937 辆,报废 2311 辆(区年需淘汰老旧机动车任务数 10515 辆)。（马春华）

【辐射安全行政许可】 受理各类辐射安全行政许可事项 118 件,办结 114 件。其中,辐射类建设项目审批 23 件,办结 23 件;辐射类建设项目验收 2 件,办理中 2 件;辐射安全许可证相关手续 29 件,办结 25 件,办理中 4 件;放射性同位素备案 64 件,办结 64 件。（马春华）

【辐射安全监管】 全区辐射工作单位 112 家,其中涉源单位 21 家,放射源 300 枚,射线装置单位 103 家,射线装置 485 台(套)。全年检查辐射工作单位 180 余家次,出动人员 380 余人次,检查包括各类密封放射源 300 枚、各类开放性场所 18 处、各类射线装置 485 台(套)。（马春华）

【跨界水体断面达标率】 制定《东城区重点流域水污染防治规划实施方案》,考评跨界断面南护城河东便门出境断面。全年监测 10 次,5 次达标。东便门断面水质达标率 50%。各改善率因子数据均未达到改善条件要求,水质综合改善率为 0。东便门考核标准为 V 类水体,东便门地处中心城区下游,南护城河没有补水;断面附近时有污水污物排入,因筑有水坝,污水污物不能下泻,淤积扩散污染断面水体,水质难以改善,经常伴有恶臭。（马春华）

【污染源监控中心】 建设污染源监控中心二期系统。经硬件建设、软件系统调研、数据收集与整合开发、系统试运行四个阶段,包括污染源管理、污染源普查资料开发、环境质量管理、污染源环境地图、辅助应急指挥、多媒体管理、系统管理和新闻发布管理 7 大模块 217 个小功能项,纳入污染源信息 1.2 万个。标注 3000 家污染源单位,150 余个环境质量监测点,120 家辐射源单位,16 家加油站,实现图形、数据综合查询。（马春华）

【环境应急工作】 梳理、编制环境事故应急处置预案,制定《环境安全百日大检查活动方案》,重点定位危废产生和有辐射装置的单位。进行应急演练桌面推演,科室联动环境应急演练。（马春华）

【控制扬尘污染】 制定《东城区 2012 年清洁空气行动计划实施方案》,与 35 家成员单位签订责任书。重新修订《东城区扬尘污染控制示范街道创建工作方案》,在东四、天坛、东华门街道试点,扬尘污染巡查工作纳入网格化城市管理信息系统,加强道路每日清扫保洁力度,开展屋顶绿化和裸地治理。全年,出动 1519 人次,检查施工单位 617 家,处罚 4 家,金额 1.18 万元;向区城管、住建委等部门移交问题工地 17 个次。制定《"十八大"空气质量保障环境监察工作方案》,出动检查人员 610 人次,检查单位 268 个次,依法处罚 1 家工地,处罚金额 4000 元,对 2 家存在扬尘污染的施工工地移交区相关部门督促整改。（马春华）

【固废管理】 监管工业企业、医疗机构、科研院所固体废物、危险废物处置情况。更新工业企业(24 家)、医疗机构(83 家)、科研院所(5 家)、汽车修理企业(47 家)四大类危险废物产生单位管理台账和管理档案 159 家。全年检查与核查百余次,370 余人次,责令改正违法行为 12 家,下达限期并监督完成治理任务 10 家,近 3000 吨医疗危险废物依法安全处置,其他危险废物 280 余吨交有资质单位处置,督促补签协议处置 110 吨,置换污染土壤 45 立方米。（马春华）

【水源防护区(核心区)巡查】 抽查水源井核心区周边 2 家医疗机构、21 家餐饮企业,现场整改 1 处,下达(医疗污水、隔油池等水处理设施)限期整改 2 个,复查均完成整改。（马春华）

园 林 绿 化

【概况】 东城区园林绿化局(简称区园林局)挂区绿化委员会办公室牌子,是负责区园林绿化工作的政府工作部门。主要职责为贯彻国家和市园林绿化方面法律、法规、方针、政策;组织实施市园林绿化的地方标准和规范,研究拟定区园林绿化发展战略和政策;根据区总体规划,制定园林绿化发展规划、绿地系统详细规划和年度计划,并组织监督实施;组织、指导和监督全区园林绿化美化;负责全区园林绿化建设项目的立项和专项资金使用监督;组织、协调区内重大活动及重要节日绿化美化及环境布置;指导和监督检查全区绿地、树木养护管理;会同有关部门进行区园林绿化行政执法;负责组织开展园林绿化美化方面法制教育和宣传,依法负责全区园林绿化资源保护管理;负责全区古树名木登记、保护的管理和监督;依法对树木伐移、绿地占用、树木损坏等进行检查、审核;负责区域内城市绿线的监督、管理;依法进行绿地复审、验收、后续监督等工作;负责城市绿化代征地的接收、建设和管理;组织开展园林绿化资源调查评估、动态监测和统计分析;负责全区野生动植物保护工作,依法组织开展生物多样性保护和植物种植资源保护;组织、指导全区树木绿地有害生物监测、检疫和防治;负责区园林绿化的行业管理,监督和指导区管公园的管理和服务工作;制定全区园林绿化科技发展规划和年度计划,指导相关科技项目研究、开发和推广;负责园林绿化方面的交流与合作;承担区绿化委员会日常工作;负责全民义务植树、绿地认建认养、花园式单位社区创建等活动的宣传发动、组织协调、监督检查和评比表彰工作;负责本行业安全监管和突发事件的应急管理;加强区管公园和公共绿地的安全监督和检查,承担相应的行业牵头责任;加强节日游园、公园水面活动和大型活动场地安全监管;负责组织协调树木、绿地的防汛抢险;在本部门职责权限范围内加强为驻区中央单位、市属单位、驻区部队和区域内企事业单位服务;承办区政府交办的其他事项。设办公室、绿化科、园林管理科、规划发展科、资源保护科、法制宣传科(监察科)、组织人事科、计划财务科8个科室。在职职工31人。

年内,游人量3101.15万人次,其中外宾7.48万人次;完成绿化面积29.2万平方米、屋顶绿化2.25万平方米、垂直绿化2.53万延长米,栽植攀援植物15.63万株,栽摆花卉350万株盆。

单位地址:东城区东直门内北中街甲1号
联系电话:84060126　邮政编码:100007

(咸婧)

【绿化委员会会议】 3月13日召开第二次全体会议,区绿化委员会常务副主任、副区长王中华出席并讲话,各成员单位负责人参加。区绿化委员会办公室主任、园林绿化局局长代表区绿化委员会作《开拓创新　科学发展　推动绿化美化工作再上新水平》工作报告。通报区绿化委员会成员调整和获上年度首都绿化美化先进单位及积极分子情况,通过本年绿化美化工作计划。王中华提出绿化美化工作重点:一、改造现有绿地,提升景观水平,摸清老旧小区和机关单位底数,加大督查考核,解决绿化和停车等矛盾;发挥职责部门作用,全民参与,有计划、有安排、有指导,有针对性地挖掘潜力,新建绿地增加绿视率。二、加强管理,建立长效机制,绿化要有考核、有评比、有举措。三、发挥各部门作用,加强联系,及时研究解决有关问题。 (咸婧)

【组织协调全民义务植树活动】 4月1日,第28个全民义务植树日。中央政治局委员、市委书记刘淇,市领导李士祥、马振川、刘敬民、沈宝昌,北京卫戍区政委高东璐等,驻区部队、中央国家机关、企事业单位和市民代表、小学生代表到区共同种植油松、银杏等树木200余株。区属各方代表110人种植油松、海棠等树木100余株。进行绿地整治和补植活动。各街道区属公园还因地制宜地开展绿化美化宣传活动和认建认养活动。全区10万余人参加绿化美化活动,植树1.7万株,养护树木13万株,清扫绿地26万平方米,悬挂宣传横幅200条,发放宣传材料10万余份。 (咸婧)

【组织协调节日花卉布置】 五一、国庆和"十八大"等节日及重要活动期间,二环路沿线、南北中轴等主要道路和区属公园等重要节点进行花卉布置,栽摆花卉350万盆,摆放立体花坛30组,栽摆花卉200余万盆。 (咸婧)

【领导调研】 5月3日,杨柳荫察看"广渠秋韵"代征绿地、东直门交通枢纽东侧路及北二环机场联络线三角地的绿化情况,听取区绿化美化景观提升方案和重点工作推进情况汇报。强调要从民生问题的高度重视绿化美化和景观提升工作,将其作为政府为地区百姓办的一件实事切实抓紧抓好,全面提升城市环境质量,让生态文明建设成果真正惠及于民;将绿化美化和景观提升工作作为建设"国际化、现代化新东城"的一项重要任务,将城市环境提升作为一项常态化的工作,全面提升城市环境质量。充分调动社会各界参与热情,积极争取驻区中央、市属单位的支持配合,发动街道、社区、网格和居民参与绿化美化和日常养护工作,提升区城市管理整体水平。5月24日,副市长夏占义带领市发展改革委、财政局、市政市容委、交通委、水务局、园林绿化局等有关部门领导到区检查春季绿化美化工作,夏占义一行实地察看二环路(东城段)立体绿化景观提升工程和建国门大绿地景观提升工程,听取区园林绿化局局长就工程总体概况、工作进展、下步计划等方面的汇报。询问各项园林绿化工程情况。12月8日，市委书记郭金龙，市委副书记、代市长王安顺，副市长洪峰等到南馆低碳生活示范园调研。实地察看低碳生活市民教育中心、垃圾分类技术应用厨余小屋、低碳生活示范小屋等，了解区加强生态文明建设，依托景观、技术、文化融合的示范教育基地，宣传"科学、低碳、绿色"的城市管理理念和健康生活方式，引导市民营造良好的低碳生活氛围等情况。（戚婧）

【区领导检查"十八大"环境布置】 9月25日，杨柳荫等查看部分街道的绿化景观、花卉摆放工作，重点检查前三门大街绿化改造工程、珠市口南大街绿化提升工程及灯市口规划绿地建设工程。10月11日，牛青山等实地查看自然博物馆停车场、前门大街南口绿地，听取前三门大街绿化改造工程等重点工程介绍和有关单位全年环境建设工作总结汇报及下一步安排意见。要求对检查中发现的问题认真进行整改，迎接"十八大"召开。（戚婧）

【规划建绿工作】 完成《东城区绿地系统规划》《地坛文物保护规划》编制工作。完成8500平方米的东直门交通枢纽道路绿地、6500平方米的广渠秋韵代征绿地、3900平方米的灯市口规划绿地等新增绿地的建设工作。（戚婧）

【监督实施道路绿化改造工程】 完成2.6万平方米的二环路景观提升工程，10.5万平方米的前三门大街绿化改造工程，4460平方米的东直门内大街、南北河沿大街、龙潭西路、幸福大街树池连通景观工程，2.1万平方米的光明路体育馆路绿化改造工程，5万平方米的铁路沿线景观提升工程，1.15万平方米的东西花市大街道路绿地景观提升工程等12条道路的绿化景观提升工程。（戚婧）

【公共绿地建设】 组织指导9200平方米的建国门大绿地景观提升工程、8000平方米的珠市口南大街绿化提升改造工程、1.2万平方米的天桥南大街至永定门内大街绿地提升工程，提升绿地品位、丰富园林景观。（戚婧）

【加大立体绿化力度】 组织指导多角度、多形式地加大立体绿化力度，在二环路、龙潭西路等路段利用轮胎花钵、立体景观花球、立体廊架等拓展绿化空间，在12个区属公园开展见缝插绿、垂直绿化，栽植乔灌木7588株，攀援植物2.23万株，花卉21万株，提升公园景观效果；完成广渠门中学、崇文门小学、史家胡同小学、179中学、花市枣苑、口腔医院等屋顶绿化建设工程2.25万平方米。（戚婧）

【创建花园式单位社区和街道】 建成南池子社区、清水苑社区和东花市南里社区等5个首都绿化美化花园式社区和励骏酒店、北京第一师范学校附属小学等3个首都绿化美化花园式单位。（戚婧）

【认建认养活动】 组织协调街道、单位认建认养活动，挖掘优势资源，吸引社会单位和个人参与树木、绿地认养。全年认养树木1026株，绿地2.05万平方米。与门头沟和房山区开展城乡手拉手共建新农村活动，提供技术支持，购买房山区花卉36万余元。东直门街道拨付帮扶资金2万余元。与拉手单位门头沟区赵家台村开展共建活动。（戚婧）

【绿化养护管理】 指导监督绿地养护管理基础工作，东外斜街等4处绿地被评为市级特级绿地。释放周氏啮小蜂7000万头，设立监测点800个，做好美国蛾虫防控工作。修补古树，对树体进行支撑等抢修复壮。启动极端天气应急预案，做好汛前排查和汛中处置工作。"7·21"特大暴雨，出动抢险人员1377人次，抢险车辆272车次，处理倒伏树木42株，折枝树木143处。（戚婧）

【公园景观和服务管理】 监督指导区属公园见缝插绿工程，栽植乔灌木7588株，攀援植物2.23万株，花卉21万株。完善公园管理，通过全国文明城区、国家卫生区及北京市精品公园复查，4项研究成果获市园林绿化科技成果推广奖。举办第27届地坛、第29届龙潭文化庙会、第二届柳荫公园柳文化节、第五届北京明城墙梅花文化节和第八届地坛公园游人艺术节等文化活动。（戚婧）

天坛公园

【概况】 北京市天坛公园管理处（简称天坛公园）隶属于市公园管理中心，全民所有制事业单位。承担保护天坛，合理利用其文化价值，组织、接待、参观、游览等项管理职能。天坛历史坛域面积273公顷，现管辖面积210.2公顷，古建筑面积2.52万平方米，绿地面积183公顷，古树3562株，绿化覆盖率84.37%。天坛始建于明永乐十八年（1420年），是明清帝王祭天祈谷的场所，是中国现存规模最大、形制最完整的古代祭天建筑群，同时也是世界上最大的祭天建筑群。1918年天坛正式作为公园对公众开放，1961年3月，天坛被国务院公布为首批全国重点文物保护单位。1998年12月，联合国科教文组织世界遗产委员会将"天坛——北京的皇家祭坛"列入世界遗产名录。2005年天坛公园被国家旅游局评为国家首批AAAAA级旅游景区，2008年被评为全国文明风景旅游区示范单位。天坛公园设职能科室12个，下设队级建制12个。在册职工909人（在岗从业人员881人），其中管理人员83人，专业技术人员350人，技术工人476人。

年内，接待游客2086.4万人次，同比下降13.76%；接待购票入园游人730.2万人次，同比下降0.13%。接待部长级以上外事任务及重要任务44批次828人。游客满意率持续保持在95%以上。完成第八届天坛春节文化周活动等多项大型文化活动。完成北天门迤东40米处开始至泰元门迤北89米处，长度1303米，以及东天门建筑面积250平方米的修缮工程；完成圜丘坛门保养维护工程、西北外坛（北区）景观提升改造工程等公园基础设施建设工程。完成春节等重要时段公园节日花坛摆放，使用特色花卉20余万株。完成非紧急救助服务8万件，处理上级部门非紧急救助服务事项75件，办结率100%；接受各类综合检查257次，查出问题及建议443件次，解决率96%；完成公园年票16.19万张发售工作。“第二届全国导游大赛北京地区选拔赛暨2012年北京市导游大赛”上，王志杰、王蕾获“最佳导游员”称号，并分别荣获中英文组冠军。绿化一队杨辉在北京市第三届职业技能大赛上，取得花卉园艺师第一名、绿化工第二名的好成绩，并获北京市技术能手称号。获全国首批旅游标准化示范单位、国家旅游系统先进单位等荣誉称号。

单位地址：东城区天坛东里7号(天坛公园管理处)

联系电话：67013778　邮政编码：100061　(王蕾)

【第八届天坛春节游园活动】　1月23～27日(农历正月初一至正月初五)，举办龙翔万里、盛世天坛——第八届天坛文化周游园活动。活动将中国传统礼乐文化与现代文化有机结合，在祭天仪仗表演、祭天乐舞表演和天坛神乐署中和韶乐展演表演上注重历史原真性，把昔日皇家祭典服饰、仪仗进行精确真实的复制，撷取祭天仪程部分片段进行提炼加工，再现传统敬天礼仪文化精髓，真实艺术呈现恢弘盛大的祭天场景。在场景布置上北二门开设中国龙文化图板展，向游客宣传中国传统文化知识。文化周期间，在西门旻园餐厅前广场开设小吃广场，在西天门至西大门沿线北侧搭建商棚80余个，销售年货礼品、文化书籍、玩具等，烘托节日气氛，满足游客购物需求。文化周利用平面网络媒体、地铁公交广告、新闻发布、现场连线等进行宣传。文化周活动期间接待游客26.82万人，获评市第七届北京春节庙会·灯会·文化活动特色奖第一名。　(王蕾)

【毛新宇参加“文化周”开幕式】　1月23日，军事科学院战争理论和战略研究部副部长、中华全国青年联合会常委、全国政协委员毛新宇到天坛公园参观并观看首场祭天礼仪表演，并对天坛公园举办的特色文化活动，丰富群众文化娱乐生活表示称赞。　(王蕾)

【天坛文物保护规划】　3月15日，召开天坛文物保护规划专家评审会。市文物建筑保护设计所、中规院历史名城所、中国文物古迹理事会、北京市规划院、中国文化遗产研究院、北京市文物局有关负责人、专家参加。专家组认为规划前期调研充分，基础扎实，价值评估较全面，现状问题分析到位，措施具体，体例符合全国重点文物保护单位保护规划编制要求。　(王蕾)

【接待俄罗斯参观团】　3月25日，参加中国俄罗斯旅游年、中俄旅游合作论坛活动及会议的俄罗斯参观团一行26人到天坛公园参观考察。宾客参观祈年殿、回音壁、圜丘等主要景点。欣赏天坛公园气势恢宏、历史悠久的建筑以及修葺整洁的园容绿化景观，聆听双语讲解，试听三音石、回音壁、天心石的神奇声学现象，对天坛公园建筑文化的博大精深表示赞叹，并对公园接待给予高度评价。　(王蕾)

【天坛花卉】　5月17日，《天坛花卉》正式出版发行，该书为16开本图文书，全书10万余字，收录照片图片等329张。全书分为“瑞雪祈年·京华菊花”、“和平使者·京华月季”、“百花齐放·节日花坛”、“师法自然·花草景观”、“天人协和·花卉文化”5个部分。对天坛特色花卉菊花、月季等，从栽培历史、保有及自育品种、展览展示、花坛布置、花卉研究等多方面，做全面的记录和总结，对天坛的花卉文化作深入挖掘和展示。该书在各地新华书店、建筑书店及网络上公开销售。　(王蕾)

【市花市树文化展示】　5月18～28日，举办“京花市树游人赏，我的北京我的家”的市花市树文化展示活动，宣传展示天坛古柏文化和月季栽培养护成果，普及科学知识。市公园管理中心、天坛东里小学、天坛街道西园子社区领导和居民50余人参加。活动展示月季300个品种1.3万株，祈年殿院内展出30个月季盆景实属花中珍品，祈年殿西下坡摆放花坛1处、立体花坛龙柱2个，插花大龙1条，花钵40个。　(王蕾)

【国家文物局专家考察神乐署】　5月24日，国家文物局专家朱光亚教授一行为筹备北京中轴线申报世界文化遗产项目至天坛神乐署考察，市公园管理中心、市文物局有关负责人陪同，专家组观赏神乐署中和韶乐表演，听取就神乐署修缮、布展情况及对市市级非物质文化遗产天坛神乐署中和韶乐的保护、传承和宣传展示工作汇报。朱光亚教授就天坛近年来完成的世界文化遗产保护工作和对传统文化挖掘工作付出的努力给予肯定。　(王蕾)

【费城交响乐团参观天坛】　5月30日，国家大剧院费城交响乐团北京音乐周——体验北京历史名城活动的音乐家和工作人员、媒体记者等一行57人到天坛公园参观游览。活动中，费城交响乐团音乐家在祈年殿东配殿前即兴演奏舒伯特弦乐四重奏以及具有陕西民谣风格的乐曲。乐曲将中西方音乐与中国古代建筑祈年殿完美结合，受到游客赞赏。　(王蕾)

【北京国际旅游博览会现场展示】　6月15～17日，北京国际旅游博览会(BITE2012)在北京国家会议中心展厅举办。天坛公园代表市公园管理中心参加现场展示。期间，天坛公园神乐署演职人员演奏中和韶乐以及民乐曲20余首，每20分钟展示一次；公园服务人员为参展观众及嘉宾提供讲解、咨询5000余次。市公园管理中心展厅接待参展观众及嘉宾2万人，市领导刘淇、郭金龙等参加，来自80个国家和地区、国内25个省、市、自治区的929家参展商和220多名特约买家参展，展览面积万余平方米，除传统景区、饭店、航空公司、主题公园、旅游机构外，旅游博览会还涵盖旅游商品展示，如房车、游艇、旅行车、旅游户外用品和极限运动装备等。(王蕾)

【西北外坛景观提升工程】　7月11日开工，改造面积6.05万平方米，9月28日竣工。平整道路场地6445平方米，广场平整场地5422平方米，广场铺装5360平方米，建设景观高围栏640米，建设廊架8座，栽种各类乔灌木707株，栽种二月兰1.87万平方米。　(王蕾)

【整治行动】 8月15日至12月31日,开展“天盾行动”,打击和整治非法游商,净化游览环境,净化园内游览秩序,园内游商减少,外地游商基本消失。全年较大规模整治行动45次、出动安保力量2.4万余人次(日均80人次)、警告劝阻无照游商5.6万人次(含平时)、扭送派出所162人次、暂扣物品6825件。 (王蕾)

【天坛祭天文化研讨会】 8月23日举办,著名文化学者、文化研究、民俗保护、非遗传承等相关领域专家,市、区有关部门及旅游行业代表、新闻网络媒体等近百人参加。与会人员听取天坛公园园长介绍公园在祭天文化的研究、保护、传承等方面工作,聆听天坛神乐署雅乐团中和韶乐表演,研讨天坛历史文化资源优势,呼吁加强对传统敬天文化思想价值、时代精神的挖掘。全面认识传统敬天文化,坚持保护利用、普及弘扬并重,维护民族文化基本元素,使其成为新时代鼓舞人民前进的精神力量。 (王蕾)

【科技创新】 建设智能化服务管理指挥中心,通过设置地理信息(GIS)、人员车辆定位(GPS)、LED显示屏、网络广播、非紧急救助、可视化服务、游园秩序、综合显示系统的管理席位,把独立的信息化系统予以功能汇聚和平台化管理。 (王蕾)

【内坛墙及坛门修缮工程】 天坛内坛墙绵延连贯4000余米,经风雨侵蚀,墙瓦大多脱落,椽子望板都已糟朽。修缮计划于2009年5月6日获国家文物局和北京市文物局批准实施。天坛内坛墙及坛门修缮工程(内坛墙Q1－Q5段),施工范围自西天门迤北至北天门迤东约40米处坛墙,总长度1032米。工程于2010年9月14日开工,上年5月16日竣工。工程总投资1190万元。天坛内坛墙及坛门修缮工程(Q6－Q9段及东天门),施工范围为北天门迤东40米处开始至泰元门迤北89米处,长度1303米,同时修缮东天门,东天门建筑面积250平方米。工程于上年9月29日开工,10月17日竣工。工程总投资2136万元。项目由北京市文物建筑保护设计所负责设计,北京市园林古建工程公司负责施工,北京华林源工程咨询有限公司负责监理,北京哲明建信工程造价咨询有限公司对工程全过程审计。 (王蕾)

【菊雅乐和·喜迎盛会文化活动】 10月25日至11月18日举办,设置菊雅乐和、百事如意、喜迎盛会、千古佳话、菊乐和谐5个主题。展出独本菊1200盆,嫁接多头菊200盆,小菊500盆,大立菊20盆,悬崖菊30盆,小菊盆景12盆,各种艺菊造型4组,插花作品10个,计2000盆。音乐季展演,包括祭祀乐、宫廷乐、十番乐以及新民乐。演出《花好月圆》经典民乐音乐会;丝竹乐介绍、展示;《十番》音乐会专场,祭祀专场及闭幕音乐会;八音乐器展示系列,宫廷音乐;弹拨专场——颗粒性的艺术;《一鼓汇群英》打击乐专场;中和韶乐展示系列——舞.影;中和韶乐展示系列——节音乐器;少数民族音乐——蒙古乐专场。北京电视台、北京人民广播电台新闻台、北京交通台、《北京日报》、《北京晚报》等12家新闻媒体进行采访。 (王蕾)

【法定节假日购票游客接待】 年内,完成97万人法定节假日购票游客接待任务。其中元旦假日期间,购票入园游人3.68万人次,同比增长26.3%;春节假日期间,购票入园游人21.33万人次,同比增长4%;清明节期间,购票入园游人6.78万人,同期相比略有下降;五一小长假期间,购票入园游人14.08万人,同比增长17%;端午节假日期间购票入园游人8.32万人,同比增长1.99%;中秋、国庆假日购票入园游人42.7万人,同比增长14.05%。 (王蕾)

【外事接待】 年内,外事接待一级任务2批55人次;二级任务7批78人次;三级任务14批109人次;其他重要接待任务21批586人次。其中重点接待,2月8日加拿大总理哈珀一行40余人,9月13日中非总统博齐泽一行15人,3月25日中国俄罗斯旅游年、中俄旅游合作论坛活动及会议的俄罗斯参观团一行26人,6月8日上合组织成员国中外艺术家一行20余人,9月28日长期支持国内公益慈善事业的海外侨胞、港澳同胞共70余人,10月2日中俄家庭交流团350人。 (王蕾)

绿化中心

【概况】 7月26日,东城区园林绿化管理一中心、二中心合并组建东城区园林绿化管理中心(简称区园林绿化管理中心)。8月16日揭牌。是负责区园林绿化等技术性、服务性和事务性工作,对区属公园和下属园林绿化作业队进行管理的区政府所属正处级全额拨款事业单位,归口区园林绿化局(区绿化办)管理。主要职责:参与制定并落实本区园林绿化总体规划和年度工作计划;负责全区公园及专业道路、绿地的绿化设计、施工、养护管理工作,接受区园林绿化局委托、承担园林绿化工程招投标的组织工作和工程管理工作;在区园林绿化局(区绿化办)指导下,承担区野生动植物资源保护和利用、林木、绿地有害生物防控、生物多样性保护和植物种质资源、古树名木等林木资源保护工作;负责重要节日、重大活动道路及公园环境设计、布置与协调实施工作;负责区属公园的建设、服务、文物保护等管理工作;负责落实全区园林绿化科研及科技推广工作;负责全区专业绿化队伍管理和专业绿化防汛抢险工作;负责中心和所属单位党建、财务人事、国有资产管理、安全生产、安全保卫、文物安全、消防、社会治安综合治理和窗口行业精神文明建设等工作;完成区政府和区园林绿化局(区绿化办)交办的其他事项。中心设办公室、工程建设科、人力资源科、监察科、财务科、安全保卫科、行政科、养护科、服务管理科、公园科、活动管理科、资源保护科。辖绿化一队、绿化二队、地坛公园、青年湖公园、柳荫公园、南馆公园、龙潭公园、龙潭西湖公园、明城墙遗址公园、永定门地区公园、园林市政服务中心、龙潭湖体育馆。在编职工725人。

年内,完成绿地绿化改造提升35万余平方米,道路绿化改造3300延米,栽植各类乔灌木12万余株,栽种色带2.8万余平方米,铺种草坪约9万平方米。完成节日花卉景观布置176万余株盆。建成东外斜街、前门东大街、崇文门东大街和广渠秋韵4处特级绿地。全年养护面积139.7万平方米。绿化养护工作获市园林绿化局城市绿化管理综合检查考评第一名。修复古树43株,其中一级古树5株,二级古树38株。举办第27届地坛文化庙会、第29届龙潭文化庙会、第二届柳荫公园柳文化节、第五届北京明城墙梅花文化节等文化活动。

单位地址:东城区龙潭路8号
联系电话:67142585　邮政编码:100061　(谢久燕)

绿化美化

【道路绿化公共绿地建设】 二环路景观提升工程,完成绿化面积2.8万平方米,种植乔灌木1.6万株,栽摆花卉61.2万株盆,栽植攀援植物8.3万株,完成垂直绿化1.4万延长米;完成东直门交通枢纽道路绿地建设8800平方米,天桥南大街至永定门内大街绿地提升1.2万平方米,前三门大街绿化改造10.5万平方米,光体路等道路绿化2.1万平方米,东、西花市大街道路绿地景观提升1.15万平方米及珠市口南大街绿地景观改造1.27万平方米,建国门大绿地景观提升工程9200平方米和广渠秋韵代征绿地景观建设工程6000平方米;完成东直门内大街、南北河沿大街、龙潭路、幸福大街等4条道路的树池连通景观工程,建设面积4700平方米。

(谢久燕)

【铁路沿线景观提升工程】 绿化面积3.7万余平方米,涉及北京南站绿地(东城部分)、龙潭西路铁路桥桥体绿化、东便门铁路桥旁绿地、广渠门铁路桥两侧绿地、长青园沿线绿地、玉蜓桥东路沿线绿地、京津京哈线铁路沿线7块绿地。栽植大型乔木719株、灌木2.6万株、绿篱色带2.3万株、月季6880株、宿根花卉3.9万株、攀援植物2.8万株、草坪1.9万平方米。(谢久燕)

【立体绿化工程】 完成环球贸易中心、工美大厦、华颂屋顶、利山大厦、179中学、区建委、广渠门中学、崇文小学、北京口腔医院、枣园公建屋顶绿化及区消防二支队、万福大厦、永定门南广场及各公园垂直绿化工程2.06万平方米。种植佛甲草4200平方米,种植藤本月季、石竹、鸢尾、金娃娃、海棠、三七、八宝等花卉2047平方米,种植扶芳藤、常春藤、凌霄、地锦、黄杨、紫叶李、丁香、女贞等灌木1.77万株。(谢久燕)

【"十八大"花卉景观布置】 "十八大"期间,花卉布置以展示党的光辉历程建国伟大成就为主题,立体花坛和地栽花卉相结合,北二环城市公园、王府井大街、前三门大街、广渠门南北大地、永定门东西翅膀绿地等重要景观节点进行花卉布置,地坛园外园、东北二环机场联络线、张自忠路、南中轴路、永定门、左安门、龙潭路以及各个公园门区布置立体花坛,栽摆花卉176万余株盆。(谢久燕)

【绿化景观改造工程】 银河SOHO绿化景观改造工程。包括屋顶绿化和地面绿化两部分,面积9700平方米,栽植乔木62株、灌木400余株、色带17万株、草坪5500平方米、花卉7万余株,铺装卵石1300平方米。史家胡同及内务部街景观改造工程安装花箱366个,增加绿化面积180余平方米。史家胡同安装花架3座、内务部街安装座椅7个,在树坑内铺设胶粘石。(谢久燕)

【雪后树木抢险】 11月3~4日,全市普降大暴雪,发生多处树木折杈、倒伏等险情,出现严重交通堵塞,给行人、车辆安全带来安全隐患。4日凌晨4~17时,处理险情1176次,出动应急抢险车辆229车次,出动抢险人员1637余人次,保障城市正常运行。(谢久燕)

【树木越冬防寒】 在建国门大街、东直门北小街、前三门大街、左安门内大街、南北花市大街等重要主干道路及新植、改造路段大面积搭建无纺布风障和以铁板、玻璃钢、塑料等为材质的挡盐板。搭设风障设施6.1万平方米,搭建挡盐板6.9万延米,保障道路分车带与道旁绿地绿篱、色带植物越冬。

(谢久燕)

区属公园管理

【龙潭公园】 位于北京城东南二环内,光明桥西南侧。建于1952年。面积49.2公顷,水面面积19.47公顷。与龙须沟成首尾之势,故名龙潭湖。建后进行几次大规模整修建设,构建亭台殿阁,砌筑台阶湖岸,栽植杨柳桑槐,建成龙潭、龙字石林、龙门、龙吟阁、万柳堂、莲塘花屿和中心岛等景区。有明末民族英雄袁崇焕庙堂,全国劳动模范时传祥纪念馆,高云涛、田继跃雕像等,是市、区爱国主义教育基地。园内风景秀丽,景物宜人,龙桥、龙亭、龙门依山伴水,龙柏、龙枣、龙槐风格迥异,是一座融北方古典建筑与现代造园艺术为一体,突出中华民族"龙"文化为主题的新型市精品公园。(开园时间:06:00-21:00,门票:2元人民币)(谢久燕)

【龙潭西湖公园】 位于北京城东南,原为龙潭公园一部分,始建于1986年,1991年正式成立龙潭西湖公园管理处,为差额拨款事业单位,免费向游人开放。公园面积10.46公顷,其中水面5.15公顷,绿地3.34万平方米,绿化覆盖率79.6%。

公园建有柳荷轩、荷塘月色、儿童游艺区、健身广场等景区,其中柳荷轩绿地为公园的绿化重点和主要景点。(开放时间:06:00 - 22:00,门票:免费)　　(谢久燕)

【永定门地区公园】 北起南纬路,南至永定门,南北长1000米,东西两侧边界分别抵至天坛与先农坛坛墙,宽285米,规划面积28.5万平方米,绿化占地面积约26万平方米。建于2004年。园区包括24节气景区和玉蜓景区。永定门城楼是南中轴的标志和起点,公园也因此而得名,天坛和先农坛是北京中轴线两侧的重要标志性建筑,按照行政区划,公园自然分为东城和西城两个园区。(以南中轴中线为分界以东为东城区以西为西城区)作为北京"十字景观轴"重要组成部分,称为"龙脉"、"天街"。公园中心御道由南到北贯穿绿地,面宽15米,长1000米。两侧各8米宽绿地种植两排高大国槐和地被花卉,突出其庄严肃穆气氛。其中景观小品简洁、古朴。两侧广场地雕分别篆文"敬天勤民"和"农桑为本",用圆形和方格形铺装,与天坛和先农坛呼应,彰显传统的"天圆地方"。植物配置,通过乡土植物的疏密、高低、色彩搭配,使之与两坛坛墙和永定门城楼交相辉映,形成永定门公园"平正大方,古朴自然"的种植风格。是市规模最大、防灾避险设施最为完备的城市公园。2005年获建设部颁发的"中国人居环境范例奖"。2005年,通过ISO9001质量/14001环境管理体系认证。2006年被评为市精品公园。全天开放,免费公园。二十四节气园区是永定门地区公园组成部分,位于天坛公园南侧,以二十四节气为主题。景观工程2009年8月开工,2009年11月竣工。占地1.1公顷,绿化面积0.66公顷。种植银杏、碧桃、地柏等树木263株,其中乔木189株,灌木74株。景区主要由24根汉白玉柱、24个石花球雕塑以及4个休闲广场组成。24番花信风石雕花球散落在园路中。24根汉白玉柱和24个石花球分别代表着立春、雨水、惊蛰、春分等一年当中的24个节气,上面刻有介绍各节气发生时间、物候特征的文字说明,其所属时令的代表花卉。按照四季当中每个季节六种节气的划分,二十四根节气柱被分为四组雕塑群,每组间隔不到200米,按照季节由东向西分布。玉蜓园区是永定门地区公园组成部分。东起玉蜓桥,西至景泰桥,南靠铁路,北临护城河,面积3.7万平方米,其中绿地面积2.6万平方米。有乔木1110株,灌木1027株,草坪面积1.48万平方米。2000年整治铁路沿线两侧环境,营造良好的进京第一印象,投资一千多万元而建,园内,建下沉式中心喷泉广场,占地2600平方米。　　(谢久燕)

【北京明城墙遗址公园】 北京明城墙遗址公园是为保护明城墙遗址和内城东南角楼而建,2001—2002年8月30日腾退遗址居民和单位,2002年9月29日主体竣工。位于北京市中心地域,东起内城东南角楼,西至崇文门,面积15.5公顷,其中城墙遗址及内城东南角楼占地3.3公顷,绿化面积12.2公顷。园内现存崇文门至内城东南角楼一线的明城墙遗址全长约1.5公里,始建于明永乐17年(公元1419年),距今有590多年历史,是原北京内城城垣仅存的一段,也是北京城的标志。园内东南城角角楼是明清北京内城城垣转角箭楼,始建于明正统元年(公元1436年),距今有570多年的历史,是目前全国最大、北京仅存的城垣转角箭楼,也是全国重点文物保护单位。公园角楼票价:10元(持学生证、现役军人证、老年证半价,离休人员、残疾人免票)　　(谢久燕)

【地坛公园】 地坛又称方泽坛,是古都北京五坛中的第二大坛。始建于明代嘉靖九年(公元1530年)是明清两朝帝王祭祀"皇地祇神"的场所,也是国家现存的最大祭地之坛。地坛公园位于安定门外大街,坛内总面积37.4公顷,呈方型,整个建筑从整体到局部遵照我国古代"天圆地方"、"天青地黄"、"天南地北"、"龙凤"、"乾坤"等传统和象征传说构思设计。现存有方泽坛、皇祇室、宰牲亭、斋宫、神库等古建筑。(开放时间:06:00 - 21:00,门票:2元人民币)。　　(谢久燕)

【青年湖公园】 青年湖公园地处安定门外,北中轴路东,占地面积16.98公顷,其中水面面积6.11公顷。1958年建园。公园于闹市之中取静,简洁不失细腻,朴素不缺靡丽,逐步形成自身鲜明的园林特色。园内有话剧主题园、湖心岛、亲水平台、游船码头、高尔夫健身俱乐部、水上世界等多处自然风景与人文景观,是家庭娱乐、青少年科普活动的首选场所。2009年评为市精品公园。(开放时间:6:00 - 21:00,门票:1元人民币)　　(谢久燕)

【柳荫公园】 位于安定门外黄寺大街东侧,安德里北街以北,占地面积17.47公顷,其中水面面积约7公顷。始称"久大湖",1984年定名为柳荫公园,1992年5月1日,正式向游人售票开放。公园形成两大特色,一是以"柳"取胜。公园柳树的品种多,数量大,有龙爪柳、银芽柳、馒头柳、垂柳、旱柳、柽柳等数十个品种的柳树千余株。二是市内唯一一座具有田园风光的山村野趣公园,园内建有春、夏、秋、冬四个景区从不同的季节体现出自然、朴素的风光特色。经常举办民间艺术、生态保护、科技宣传等活动。(开放时间:6:00 - 21:00,门票:1元人民币)　　(谢久燕)

【南馆公园】 始建于1956年,2002年9月改建成市第一座以中水造景的生态水景公园,面积2.96公顷,其中水面面积0.5公顷。2010年11月,改建成低碳生活示范园。园内应用30多种高新低碳技术,建成节能环保宣传展示基地。铺设透水砖用于雨水收集,应用太阳能发电系统照明供电,利用木塑技术制作低碳座椅,建筑采用生态、环保材料建造及装修,室内利用中水水源热泵中央空调技术取暖制冷,引入餐厨垃圾一体化处理装置向游人演示生活垃圾快速降解过程,采用物联网技术对全园的能源和环境进行监测管理。建设集20余项最前沿低碳技术的节能环保屋,为市民打造新时代低碳减排的家居模式,种植各种吸碳、耐旱植物,增加碳汇,东南角建中水处理站,提供景观和绿化用水,节约水源。是一座集环境、科技、示范与文娱休闲为一体的特色主题公园。运用"科学、低碳、绿色"理念,通过科学性、知识性、趣味性相结合的展览和参与互动的形式,突出低碳特色,普及低碳知识,成为宣传低碳文化、倡导低碳生活、展示推广先进低碳科技

成果。(开放时间:6:00-21:00,门票:免费) (谢久燕)

【公园景观建设】 集中整治各公园遗留死角及与整体景观不协调的区域。地坛公园完成北坛墙垂直绿化改造工程,对宰牲亭进行油饰、修缮,对门区4个公共卫生间进行升级改造;青年湖公园完成中水保养检修、公园监控系统的升级改造、玉馔堂门前广场透水砖铺装工程;柳荫公园打造"灌柳园"景区,引进花叶柳、火焰柳等树种2600余株,完成中水站、东湖南岸土路、体育馆景区进行维修和改造;南馆公园完成中水站维修;龙潭公园完成对月亮湾、龙吟阁600延米湖岸线和园内1000平方米路面维修;明城墙遗址公园完成5.4万平方米的景观提升工程,升级改造公园管理用房;永定门地区公园完成3960平方米的玉蜓桥东铁路沿线景观整治工程;龙潭西湖公园完成北栏杆沿线362延长米攀缘植物种植,引进"垂红"、"蓝光"等新优品种植物。 (谢久燕)

公园文化

【柳文化节】 4月2~30日,举办柳荫公园第二届柳文化节。文化节推陈出新,把公园低碳、环保、田园野趣的风格与柳文化巧妙契合,突出公园杨柳文化特色,进行形式多样的文化表演,与中国楹联学会联合在全国范围内举办以柳为主题的征联大赛,楹联征集优秀作品展、柳文化书画展、柳编手工艺作品展与"北京汉服吧"联合举办"清明插柳"民俗展等多项参与活动。 (谢久燕)

【地坛龙潭庙会】 春节期间,举办第27届地坛文化庙会、第29届龙潭文化庙会。接待游客近200万人次,外宾2万人次,组织各类文化活动800余场次,引进京城传统小吃小商品摊位704个(地坛421个,龙潭283个)。60余家媒体进行报道。获第七届北京春节庙会·灯会·文化活动特色奖和文化魅力奖。 (谢久燕)

【地坛中医药文化节】 5月11~13日,举办第五届北京中医药文化宣传周暨第四届地坛中医药健康文化节。举行四大系列文化科普展览、五大模块中医文化展示、六位一体中医养生保健、十大中医药健康服务等20项中医药主题活动,展示地坛中医药养生文化园、鼓楼中医医院"京城名医馆"等区内北京中医药文化旅游示范基地。邀请北京13家医疗机构的120余位中医、中西医结合专家,为市民提供义诊咨询,中药本草鉴识与体验、百姓健康文化大讲堂、中医保健操互动指导等多项活动。 (谢久燕)

【龙潭公园端午文化节】 6月23日,举办第五届龙潭端午文化节。以"弘扬端午文化,践行北京精神"为主题,上演端午祭祀表演、龙舟赛、"祈福纳吉"放河灯、"龙湖书院"民俗龙文化系列活动。3万余名中外游客,体验端午文化气息和中华民族情怀。 (谢久燕)

【明城墙梅花文化节】 3月24日,举办北京市第七届赏梅会暨第五届北京明城墙梅花文化节,历时20天,接待近5万人次。梅花节以"赏梅花古楼新春品城垣悠久文化"为主题,以观赏性、科普性、知识性、趣味性、参与性为特点,以独具特色的梅花景观成为活动亮点。期间,开展"赏梅、画梅、摄梅、咏梅、品梅"文化活动、建园十周年图片展、梅花科普知识宣传、青少年摄影比赛等10余个精彩项目。 (谢久燕)

【市领导调研南馆公园】 12月8日,市委书记郭金龙、市委副书记、代市长王安顺等到南馆低碳生活示范园,察看低碳生活市民教育中心、垃圾分类技术应用厨余小屋、低碳生活示范小屋等,了解区加强生态文明建设,依托景观、技术、文化融合的示范教育基地,肯定公园在宣传"科学、低碳、绿色"的城市管理理念和健康生活方式发挥积极引导作用。区领导杨柳荫、牛青山等陪同。

(谢久燕)

房屋管理

【概况】 东城区房屋管理局,挂北京市东城区人民政府住房保障和改革办公室(简称区政府住保办)和北京市东城区人民政府房屋征收办公室(简称区政府房屋征收办)牌子。是负责东城区房屋行政管理、住房保障、住房制度改革及房屋征收与补偿工作的区政府部门管理机构。设职能科室24个,事业单位10个,在编人员227人。

年内,通过"5+2+X"(强化房屋登记和交易、房屋拆迁与征收补偿、住房保障和改革、物业小区管理、房屋安全与防汛五项重点业务;抓好党建工作和维护稳定两项基础性工作;建立并完善规范化建设年度中心工作)工作模式的探索与实践,整合资源,明确思路,提高效能,完成全年各项工作任务。

单位地址:东城区育群胡同21号　邮政编码:100010
联系电话:64041939　84001036 (韩云升　焦志清)

【房屋登记】 完成房屋权属登记2.82万件,发放所有权证、他项权证、预告登记证明2.38万件。存量房网上签2278套,注销网签合同1544套。收缴土地出让金1751.75万元,印花税448.46万元,房屋登记费336.28万元。明确受理、审核岗位职责,有房屋登记官资格25人。从6月1日起在全市首创

档案封闭式流转,房屋登记材料做到日清项结,解决档案流转中的各类问题。 (韩云升 焦志清)

【交易管理】 办理商品房预售许可和现房销售确认23件,办理商品房合同注销179件。办理房地产经纪机构各类备案203件,注销房地产经纪机构7件。开展住房限购政策专项检查,抽查20家开发企业、18家经纪机构合同285份,检查中发现的问题及时提出整改要求。日常检查经纪机构38家,联合执法3次,行政处理存在问题单位24家。处理对房地产经纪机构和房屋开发企业投诉152件。

(韩云升 焦志清)

【房屋征收】 做好钟鼓楼广场恢复整治项目房屋征收工作,依法完成征收项目公益性论证、发布暂停事项公告、征收评估机构选定、征收服务单位招投标、现场入户调查及征收范围房屋调查结果公示、未登记房屋认定、征收补偿方案征求公众意见、征收补偿方案征求意见及修改情况公布等相关法定程序。正式启动对该项目发布房屋征收决定和征收补偿方案。北京国际戏剧中心项目、革新南路道路工程项目、刘家窑路道路工程项目、明城墙遗址公园东南角绿地恢复工程项目、区文化活动中心建设工程项目等取得立项批复、规划、用地手续、区政府同意征收房屋的批复,进行前期各项准备工作。 (韩云升 焦志清)

【拆迁管理】 完成拆迁居民354户,拆除单位3个,拆迁建筑面积1.07万平方米。进行拆迁纠纷调解谈话100余次,受理裁决申请72件,做出行政裁决41件。王府井H2号地、黄土岗3号地等项目进行现场巡检,全年进行30次综合检查,对不符合规定的当场要求限期改正。 (韩云升 焦志清)

【住房保障】 审核通过各类保障性住房申请家庭1.06万户。发放廉租补贴3826万元,完成年度廉租房实物配租选房工作,207户廉租家庭选定住房。完成双和家园项目限价商品住房选房工作,93户两限房家庭选定住房。起草制定《东城区外省市来京人员申请、审核及配租公共租赁住房暂行办法》。配合区监察局开发建设廉政风险防控电子监察体系,实现房源、资格、分配等关键环节的信息采集和分析监察,确保住房保障资格审核、摇号分配工作公开透明。

(韩云升 焦志清)

【住房制度改革】 完成全区机关、事业单位职工住房补贴数据汇总,涉及单位363家,职工3.8万人,补贴金额25.39亿元。对未报、漏报职工以及无房职工进行补报,补报3081人,资金2.1亿;按月补贴1.07万人,资金1.06亿。对82家单位进行房改售房、调房,出售、调整住房704套,4.3万平方米。归集售房款4501万元,住宅专项维修资金508.33万元。审批19家单位支取售房款和专项维修资金924万元用于电梯维修、配电改造、屋面防水维修等。完成富莱茵、新景家园等小区住宅电梯紧急维修审批手续。 (韩云升 焦志清)

【物业管理】 全区注册的物业服务企业265家,受理备案项目356处,建筑面积2243.36万平方米。行政执法全区实施物业管理的住宅项目,对1家公司进行行政处罚,罚款1万元;对17家公司进行行政处理。开展物业服务质量年活动,检查全区272个实施物业管理的住宅项目,存在安全隐患的项目责令其限期整改。研究分析小区设施设备和公共部位维修难、物业接撤管易引发纠纷情况,将问题解决在萌芽阶段。对4个物业项目启动应急物业服务。

(韩云升 焦志清)

【防汛工作】 完成全区各单位及私有产权房查房2581.4万平方米,发放私房、单位自管房查房通知2万份。“7·21”特大暴雨,接到住户报险电话130个,出动应急抢险人员120人次,苫盖房屋77.5间,对12处25间房屋进行抢险,未出现重大人员伤亡事故。抽调人员与4个管理所及专业抢险队80余人,配合17个街道办事处,巡查重点房屋3292处3万余间,发现重大隐患房屋及时配合属地街道办事处将住房人迁出,避免重大伤亡事故发生。 (韩云升 焦志清)

【普通地下室管理】 向有关监管部门下发《2012年东城区普通地下室管理工作要点》,部署全年普通地下室管理工作。检查普通地下室323处,行政处罚不履行安全管理义务的责任人。建立重点地区周边普通地下室清册,检查普通地下室105处。完成普通地下室出租备案35件,非居住房屋租赁合同登记备案253件。 (韩云升 焦志清)

【信访工作】 全年受理来信1249件;接待来访群众1384批次,2186人次(局领导接待128人次,接待群众399人次);梳理重点信访案件,编制完成重点信访案件台账,列出24件重点信访案件,化解历史遗留的重点信访积案,妥善处理其他信访问题。办复大代表建议与政协委员提案31件。

(韩云升 焦志清)

【机关党建】 发展新党员3名,组织6名入党积极分子参加了区委党校培训学习。制定《区房管局关于进一步加强干部队伍建设的实施方案》。表彰14名优秀共产党员。组织党务干部、优秀党员与新党员赴西柏坡革命历史教育基地参观学习,重温入党誓词。开展党心连民心,亲情进万家活动,募集善款3640元。帮扶3名生活困难党员。

(韩云升 焦志清)

房屋土地经营管理

房屋土地经营管理一中心

【概况】 东城区房屋土地经营管理一中心(简称区房地一中心)是区政府所属直管公房管理机构。主要负责东城区(原东城区)直管公房的保值和租赁、租金收缴的经营管理和房屋修建修缮服务、物业管理、房地产经营开发、危旧房改造、房屋置换及交易中介服务、拆迁服务,电梯、水泵、供暖设备等运行管理。全民所有制自收自支事业单位。设综合办公室、党委工作部、房产经营部、修缮工程部等14个科室,下设19个企、事业单位,在册职工1097人。

年内,所属各企事业单位一岗双责、行政监察工作,政府信息公开、政民互动平台工作有序开展,实现平稳运行、常态管理。完成区政府各项重点工程、折子工程,应对"7·21"特大暴雨,确保所管房屋住用和运行安全。区内直管公房、外管界公房的电梯及高层楼二次供水设备均运行正常,运行率100%。

单位地址:东城区美术馆东街甲24号

联系电话:64026854　邮政编码:100010　(王浩亮)

【修缮服务】 年内,完成直管公房修缮补贴大修工程100间1450平方米,完成年度修缮大修工程107间1551.5平方米。完成中修工程:附檩1422根、附柁19架,附换柱144根、墩接柱113根,拆砌墙130间,瓦房屋面整修1138间。累计解决和处理网格管理平台移交案卷325件,结案率100%;完成区安全管理平台226频次风险源检查登记和上报工作。

(王浩亮)

【防汛工作】 做好"7·21"抢险救灾和善后处理工作。汛期,出动1.96万人次,投入工作日3349个,走访查房4.39万间,占应查房屋总数的60%。抢险抢修5处危险房屋。截至12月25日,投入抢修抢险2127万元,其中大修及中修工程1871.74万元。(王浩亮)

【供暖工作】 供暖工作运行平稳,20处锅炉房全部按时点火运行,点火率100%。落实领导带班制度,认真值守,报修处理率100%。(王浩亮)

【节能抗震改造工程】 完成节能改造69栋楼房,建筑面积28.6万平方米。老旧小区抗震节能综合改造40栋居民楼,面积13万平方米,东四北大街525、529、531号,育树四条甲1号等10栋居民楼入场开工,完成大部分基础浇筑工程。上龙西里29、30号楼抗震节能综合改造工程,有72户居民回迁入住。煤改电工程,内线改造完成约1万户,房屋保温工程完工。完成青年湖南里11栋楼房老旧小区无障碍建设改造工程。钟鼓楼广场恢复整治项目,19户直管公房售房被征收人进行征收工作。完成美术馆后街27、65号楼、西堂子3号楼、和平里青年湖小区高层住宅楼消防设施修复工程。上龙西里危改项目,主楼竣工,办理居民回迁入住手续,涉及179套,目前已办理回迁132套,调整方案外迁7套。(王浩亮)

【保障房管理】 年内,完成实物廉租住房常营乡、大红门、北辰福地项目225套廉租房的接管及廉租户入住工作,完成胡家园小区14、16号楼等电梯更新改造工程。所管海运仓、民安、甘水桥等危改回迁小区及芍药居经济适用房小区运转平稳,完成廉租房项目的验收接管和居民入住工作,面积近10万平方米,住户2337户。(王浩亮)

【信访工作】 年内,受理群众来信、来访、来电3930件889批1650人次,召开解决信访重点、难点问题协调会21次,解决信访重点、难点问题28件。(王浩亮)

【法律服务】 年内,协助司法部门受理各类法律事务咨询612件,办理一案一报诉讼案件89件,同比案件发生率下降18%。办理基层单位涉及取暖费、房屋租金、物业管理费的简单诉讼案件116起,同期减少42起,挽回损失115.4万元。

(王浩亮)

房屋土地经营管理二中心

【概况】 东城区房屋土地经营管理二中心(简称区房地二中心),为区政府所属正处级事业单位。主要职能及经营范围:负责原崇文区授权直管公房的保值工作,直管公房租赁、经营和租金收缴,直管公房及设备设施的修缮、维护,物业小区的经营管理;组织直管公房的雨季防汛抢险以及房屋修缮,并接受委托负责私房的修缮和防汛工作;负责直管公房的集中供暖,并接受委托为社会供暖单位维修供暖设备、代管、代烧等;经营水暖设备的安装、大修和维修更新业务。接受政府委托,对危旧房改造进行筹划、实施和建设,承担危改开发项目的房屋拆迁和接受建设用地单位委托进行房屋拆迁,负责拆迁工地房屋的拆除清运。承揽房屋装饰工程和拆迁咨询业务,承建和修缮工业及民用建筑,承建水暖电气安装及其他业务。设13个工作机构,下辖7个房管分中心、供暖二中心、物业管理中心、经济开发分中心、建筑工程处、住宅建设中心、东华危旧房改建处、拆迁事务所、器材供应站、驰安驾校。北京崇房投资公司、北京京房为民置业公司。在职职工807人。

年内,完成房屋修缮总投资5295.23万元(含3000万防汛抢险资金)。完成翻挑危破平房743间1.14万平方米。楼房大修66栋1.08万平方米。平房木结构加固106间。墙体整修62间,屋面整修1.44万余间。做下水87处2682米。楼房屋面修补漏雨121栋。督促私房主和自管房单位落实房屋修缮资金,安排私房和单位自管房修缮,保证存在严重安全隐患的私房平安度汛,实现少塌房、不死人、安全度汛目标。

单位地址:东城区光明西街绿景苑4号楼中段

联系电话:67165801　传真:67165802　邮政编码:100061（张璇）

【修缮房屋和设备安全检查】　7个房管分中心组建25个查房小组65人,对辖区直管公房及设备的健康进行全面检查及完损等级评定。检查直管公房面积121.31万平方米,包括楼房334.5栋38.59万平方米,平房1.45万间24.67万平方米,其余为未拆已售楼房及征而未拆平房。发现隐患,及时采取措施,附檩51根,附柱21根,附柁7架,墙体整修1501.5间,灰平刷油1636间。（张璇）

【防汛工作】　汛期,组建9支防汛抢险队伍134人。对辖区内房屋进行安全巡视、防汛抢险、应急事件处置,重点房屋、重点院落、重点部位专人24小时看守,雨后入院检查,大雨或连阴雨随时到住户家中查房,发现险情及时抢修加固。中心25个查房小组65名查房员,完成平房查房2.24万间,查出四类以上房屋1.03万间,占平房总数的46%。8支抢险队伍134人全天候上岗,蹲守重点院落,处置各类险情。为确保不发生塌房伤人事故,配合街道开展居民转移工作。"7·21"特大暴雨,接到平房漏雨报修8660间、楼房漏雨204栋/次、积水院落81处、地下室倒灌6处。转移居民11户。完成平房苫盖、支顶加固、拆砌墙5670间,抢修疏通积水院落81处、地下室倒灌6处。完成房屋翻建470间6172平方米,挑顶135间2616平方米,楼房防水51栋3.25万平方米;楼房挑顶21栋1.34万平方米;新做下水30处1072米,拆砌墙5道。（张璇）

【建设工程】　涉及7个项目,①祈年殿大街路西搬迁工程,涉及居民2119户,完成动迁75户,累计动迁1756户,累计完成率82.87%。涉及企业18户,累计动迁10户,累计完成率55.56%。②粉厂胡同东侧解危排险工程项目,涉及居民131户,搬迁19户,累计搬迁121户,完成率92.37%;③东城公安分局建设项目,房屋置换工程,涉及居民29户,搬迁14户,累计搬迁25户,完成率86.21%%;④区文化活动中心建设工程,涉及居民9户,搬迁5户,完成率55.56%;⑤天坛东里1-8号楼危楼腾退工程项目,涉及居民296户,搬迁109户,总搬迁124户,完成率41.89%;⑥金鱼池二期西土地一级开发项目,涉及居民377户,搬迁329户,完成率87.27%;⑦彭庄土地一级开发项目,涉及居民518户,搬迁327户,完成率63.13%。（张璇）

【供暖工作】　完成安化锅炉房和广渠门12楼锅炉房并网改造工程。更新锅炉1台,大修锅炉6台,更新管道1100米,更新大修水泵设备5台,屋面防水18处6780平米。获市优秀供暖单位。（张璇）

【物业管理】　办理弘善家园小区入住390户,其中共有产权259户,承租131户。至年底累计办理弘善家园小区入住628户,其中共有产权466户、承租162户。（张璇）

【抗震节能改造】　年内,抗震节能综合改造楼房46栋13.58万平方米。龙潭街道光明、幸福小区苏式楼节能改造48栋9.03万平方米。老旧小区抗震节能综合改造工程所涉及楼房位于花市东三条、金鱼池小区、天坛西里、天坛东里、天坛北里、永定门东街东里等地。主要对建筑进行结构加固、更换外门窗以及外墙屋面保温和楼门节能改造,对室内供热系统计量及温控改造。截至年底,外墙门窗更换基本完成,基础及首层加固陆续完成,工程已完成总体进度40%。光明、幸福小区建于50年代的苏式楼节能改造,所采取的节能措施已不能满足现行的节能标准。改造内容包括更换门窗、屋面挑修,在屋面下增设保温等节能项目。工程进入竣工验收阶段。（张璇）

【安全生产】　管辖21处锅炉房安全检查2次,15部电梯安全检查7次,楼梯外保温工程安全检查20次,危旧房屋防水工程检查9次,老旧小区节能改造检查12次,组织安全员联合检查3天,对地下空间安全检查7次。（张璇）

【信访工作】　办理市非紧急救助中心、市长电子邮件、区长电子邮件、市转、区转群众来信1394封(件),接待群众来访421人次,全部按时办结,结案率100%。办复人大代表、政协委员建议和提案11件。（张璇）

科技·文化·教育

科　　技

【概况】　东城区科学技术委员会(东城区知识产权局)(简称区科委),主要职责:贯彻落实国家和北京市关于科技工作方面的法律、法规、规章和政策,研究制定东城区科技发展和科技促进经济社会发展的行政措施和管理办法并组织实施。机构设置4个,即办公室、科学技术管理科、科学技术普及科、专利管理科。有行政编制12人、工勤编制1人,事业编制3人。

年内,申请认定高新技术企业40家,高新技术企业达180家,同比增长21.6%。全年输出技术1803项,成交额106亿元;吸纳技术1551项,成交额57亿元。专利申请量首次突破6000件,申请专利6100项,同比增长12.96%,位居全市第四,专利授权3989件,同比增长43.23%,位居全市第三。北京珐琅厂申请发明专利3项,获得实用新型专利1项、软件著作权4个。区网格化社会服务管理信息化支撑系统等26项科技成果分别获特等奖及一、二、三等奖,奖励金额73万元。区知识产权局获全国知识产权系统人才工作先进集体。南馆低碳科普网、北京市东城区中小学玉米节、博物馆志愿者队伍建设及运行模式探讨3个项目获市财政支持210万元。区知识产权局被评为全国知识产权人才工作先进集体。东直门街道东环、清水苑社区,东花市街道枣苑社区获北京市优秀创新型科普社区,和平里街道民旺社区被市科委授牌正式认定为第五批北京市创新型科普社区。

单位地址:东城区东四十一条83号
联系电话:64041867　邮政编码:100007　　(李岩)

【领导调研】　3月28日,市知识产权局局长汪洪就推动特色文化街区知识产权保护工作到南锣鼓巷调研,相关人员陪同。市区领导共同研究知识产权保护示范街区创建方案,通过快速处理纠纷、知识产权信息监控、知识产权保护环境营造机制和志愿者服务巡查四项机制建立,共同创建首都知识产权保护示范街区,将南锣鼓巷建成创意人才聚集、创意产业发达具有北京风貌和特色的品牌街区。7月23日,市知识产权局副局长周砚到东城区天脉聚源传媒公司调研知识产权工作。该公司是专业化高端新媒体资讯综合应用及服务提供商,公司独有的信息产品及服务体系涵盖云计算信息处理、广电媒体融合及新媒体处理技术、全媒体互动交流展示三大方向,为用户信息获取、整合、展现提供全新高效解决方案。公司已申请专利61项,获得授权8项,申请注册商标25件,登记著作权58项。周砚肯定公司发展成绩,要求其从健全知识产权机构设置、加强知识产权宣传、做好专利布局、建立专利委员会等方面进一步提升公司知识产权综合能力。10月12日,市科委主任闫傲霜一行9人到东城就科技创新工作开展联合调研。参观北京国际版权交易中心及北京奇峰聚能科技公司飞轮储能控制实验室后进行座谈,听取区科委及雍和园管委会负责人关于落实国家和北京市科技创新大会精神、深化科技体制改革的经验。闫傲霜肯定东城区科技融合文化创意产业和能源产业的主要做法和发展设想,提出希望。杨柳荫强调东城区落实科技创新大会精神的意见和工作设想。区领导宋甘澍、毛炯、许汇及区发改委、城管委、文委、体育局、信息办、城管监督中心等负责人参加。

(李岩)

【示范街创建工作】　4月11日,与知识产权局、交道口街道办事处共同启动南锣鼓巷知识产权保护示范街创建工作。市知识产权局副巡视员付晓辉参加启动仪式并讲话。北京市知识产权局执法处、北京12330及区有关部门负责人参加。启动仪式上,3家共建单位签订南锣鼓巷知识产权保护示范街共建协议,协议通过建立纠纷快速处理、知识产权信息监控、知识产权保护环境营造、志愿者服务四项机制加强南锣鼓巷知识产权保护工作;大会向志愿者颁发聘书。志愿者代表向南锣鼓巷广大商户发出"保护知识产权　共建南锣鼓巷知识产权保护示范街"的倡议。　　(李岩)

【研讨培训】　4月11日,召开知识产权服务业发展工作研讨会。市知识产权局产业促进处领导、驻区知识产权服务机构、牵手机构、北京公务通科技公司、北京科技报社及北京前门文化公司等19家单位负责人参加。区科委领导介绍知识产权工作基本情况和年度工作要点,各服务机构代表介绍业务开展情况,与会人员围绕东城区知识产权服务业发展现状、面临问题及推动区知识产权服务业发展等议题进行研讨。东城区科普社区信息平台在5家社区试运行。9月7日,在体育馆路街道召开平台建设项目培训会。北京军晖九州科技有限公司项目工程师进行详细讲解和操作演示。9月26日,召开年度科技政策法规培训会,70余家科技企业单位90名负责人参加。培训会邀请市科委政策法规与体制改革处、高新技术产业化处、市知识产权服务中心法律事务部、

12330举报投诉部及区国税局分别作业务培训。对营业税改增值税相关业务、科技型中小企业创新基金、北京12330职能、专利申请流程及知识产权优惠政策等进行解读和辅导。7月至9月,区科委举办3期科普工作者培训班,近百人参加。分别请北师大、首师大、市政培训中心和北大教授对东城区市科普基地、社区和科普联席会成员单位的科普干部分期开展定向培训。11月27日,组织召开东城区技术合同登记处营业税改征增值税宣传培训会,40余家企事业单位参加。请"营改增"税务政策专家及技术合同认定专家,解读相关政策并现场解答企业在"营改增"中遇到的问题,培训会使企事业单位及时掌握"营改增"后技术合同认定登记相关事项及优惠政策。 (李岩)

【知识产权保护东城分中心成立】 4月25日,北京12330知识产权保护在国家会议中心正式成立。东城分中心由北京12330、区知识产权局、中关村科技园雍和园管委会共建,中心对东城区南锣鼓巷工作站在内的东城区12330工作站进行统筹指导。分中心承担东城区知识产权保护服务工作、接受东城区内侵犯知识产权举报投诉、发现区企业知识产权专项维权援助线索、解答区企业提出知识产权保护法律咨询等职能。 (李岩)

【知产雍和行启动仪式】 4月25日,在雍和园由北京市高级人民法院知识产权庭、中国互联网协会调解中心,区人民法院、区知识产权局、中关村科技园区雍和园管理委员会联合主办。司法部基础工作指导司副司长王学泽、李冰,市高级人民法院知识产权庭庭长,市知识产权局副局长,中国互联网协会副理事长,区人大副主任等领导及有关部门负责人、企业代表200余人参加。会上,市高级人民法院颁布《北京市法院知识产权司法保护白皮书》。 (李岩)

【世界知识产权日宣传活动】 4月26日,与永外街道、永定门工商所联合举办。区知识产权局、商务委、工商分局、法院和永外街道等东城知识产权领导小组成员单位参加。活动期间,各部门开展知识产权宣传和讲解活动,发放《北京12330宣传手册》《知识产权漫画读本》《商标注册指导书》《知识产权诉讼知识问答》等宣传资料3000余份、宣传品300余份,接受咨询200余人次。 (李岩)

【区工商联成立科技分会】 7月13日,东城区工商联(民间商会)科技分会正式成立。区委统战部、工商联负责人介绍科技分会筹备情况,召开东城区工商联九届三次执委会暨九届二次常委会,区领导为科技分会授牌。选举北京松上技术有限公司董事长为科技分会主席,北京市大维同创医疗设备有限公司总经理等4人为副主席,北京大道信通科技发展有限公司董事等3人为理事,区科委科技管理科科长为秘书长。分会会员34人。 (李岩)

【科普联席会议】 12月3日,召开区科普联席会议,成员单位27家委办局、17家街道主管领导参加。会议总结年度科普工作,部署下一年工作思路。 (李岩)

【专家考察工美企业】 12月4日,故宫博物院院长单霁翔一行10人参观北京金漆镶嵌公司,同兴和、龙顺成家具厂,北京剧装厂,北京美术红灯厂,北京珐琅厂6家工美企业。参观后召开座谈会,区长牛青山及区有关部门领导参加。研讨双方合作事宜,单霁翔表示,参观的企业涉及的门类与故宫需要保护和修复的文物品种关系密切,企业特点是传承有序,传承人踏实敬业,产品材料经传统工艺制作而成,这是合作的基础,文物修复是故宫自身难以独立完成的,东城在这方面最具优势,双方合作是故宫实现百年大计的基础,希望尽快与东城区达成合作协议,实现双赢。牛青山表示合作协议达成后,东城区成立专门机构、设立专项资金,全面负责"平安故宫"工程协调、服务保障工作。 (李岩)

【科学技术奖励大会】 12月27日召开。区信息化工作办公室完成的"东城区网格化社会服务管理信息化支撑系统"科技成果获区科学技术奖特等奖;授予北京观典航空设备公司完成的"小型长航时无人机"等3项科技成果为区科学技术奖一等奖;授予北京起重运输机械设计研究院所完成的"全自动控制垃圾搬运起重机关键技术研究及应用"等8项科技成果为区科学技术奖二等奖;授予中交水运规划设计院有限公司所完成的"离岸深水港码头重力式复合结构和嵌岩桩结构关键技术研究"等14项科技成果为区科学技术奖三等奖。与会领导向获奖代表颁发奖牌。区信息办、北京松上技术有限公司代表在会上发言。副区长许汇对如何推进东城区科技创新提出4点要求。区科委主任作《贯彻落实创新大会精神,实施创新驱动发展战略,全面提升东城区科技水平》的报告。市科学技术奖励工作办公室、知识产权局领导崔玉琴、潘新胜、区领导蔡福全、许汇、邵鹏及获奖单位、科技企业、部分委办局负责人出席。 (李岩)

科技园区雍和园

【概况】 中关村科技园区雍和园管理委员会(简称雍和园),是区政府派出机构。作为首都文化创意产业集聚区,秉承建设首都文化中心区和世界文化窗口区的重要地位。机构设置5个,即办公室、规划协调科、企业发展科、经济分析科、文化产业科。有行政编制20人,事业单位1个(中关村雍和园产业促进中心)、编制5人。

年内,开展各项产业促进工作,在完善管理体系、建设重点项目、落实和完善扶持政策、搭建服务体系、推进示范区空间规划布局调整、基础设施改造等方面取得进展,促进园区经济社会的发展。完成全年各项工作任务。1月至11月,雍和园规模以上企业237家,实现总收入906.18亿元,同比增长33.04%,资产总规模1839.36亿元,增长13.89%;雍和园高新技术企业188家,纳入中关村高新技术产业统计体系的61家规模以上高新技术企业,实现总收入312.92亿元,同比增长23.71%。8月15日,东城区人民美术文化园正式揭牌成立。12月17日,在方家胡同46号举行胡同创意工厂游优秀讲解员评选暨创意工厂展览活动中,嘉诚印象、人民美术印刷厂、东雍创业谷讲解员分获第一、二、三名。

单位地址:东城区青龙胡同1号歌华大厦A座16层

联系电话:59260100 邮政编码:100007 (刘永川)

【领导调研】 1月17日,副区长许汇带队到雍和园调研。管委会汇报园区建设和文化创意产业发展情况。许汇肯定雍和园工作成绩,并要求在文化创意产业的发展和中关村政策的对接上突出特点,做到科技与文化的融合。要在文化创意产业上形成特色,形成区域经济具有潜力的增长点。5月10日,市发改委副主任梁玲一行到雍和园调研,实地考察国际版权交易中心服务设施运行情况,中心董事长汇报交易中心的第四方定位、版权交易业务、文化金融服务、限量艺术品发售、版权资产管理云平台及北京文化金融中介服务平台和全国版权交易共同市场的建设等各项工作运作模式及进展情况。观看地坛中医养生园宣传片,市发改委体改处、产业处、社会处及区有关部门负责人参加。7月24日,全国人大常委会副委员长路甬祥一行到雍和园开展文化专题调研,参观天脉聚源传媒科技有限公司和光线传媒有限公司,听取公司负责人汇报,了解园区新文化传媒企业的经营情况。全国人大常委金炳华、任茂东、方新、朱永新、刘新成、郑荃,市人大常委会副主任吴世雄、市政府秘书长侯玉兰,区委书记杨柳荫等参加。12月26日,杨柳荫到雍和园实地考察青龙胡同环境现状及存在问题,查看位于东方嘉诚写字楼内东城区中小企业服务分中心服务大厅,了解东城区推动区内中小企业转型升级及打造多主体、深层次、全方位的中小企业服务平台情况后。组织召开学习宣讲"十八大"精神基层调研座谈会,金晖主持,区领导毛炯、王中华、许汇参加。 (刘永川)

【金魔方杯原创故事赛颁奖仪式】 4月27日,与市文化创意产业促进中心、文化部对外文化贸易处共同在国际版权交易中心举行金魔方杯原创故事颁奖仪式。活动现场公布获一、二、三等奖作者名单。大赛从参赛作者中推选5人参加中韩原创故事大赛,最终角逐中韩原创故事大赛最高奖项。中国作家协会党组书记陈崎嵘、市文化产业促进中心主任梅松、市新闻出版局副局长王野霏、韩国文化产业振兴院姜晚锡博士等及区相关领导参加, (刘永川)

【城市可持续发展北京论坛】 6月27~29日闭幕。论坛中,各友好城市嘉宾共同探讨城市建设、国家发展和国际合作的重大议题。雍和园以"胡同里的创意工厂"为主题,代表北京市文化创意产业集聚区参与世界城市展览。期间21个投资项目成功签约金额达462亿元。丹麦哥本哈根与北京签署缔结友好城市关系协议,成为北京市第47个国际友好城市。在3200平米世界城市展览会场,1万名中外人士参观。市委书记刘淇、市长郭金龙出席开幕式并致辞。 (刘永川)

【文化艺术节】 8月10日,与区园林绿化局在地坛公园联合举办第三届创意点亮北京文化艺术节。活动为期10天,主会场活动内容国际灯光艺术节、无限星空音乐节、盛世骄阳云中剧场、创意市集、视频创意互动秀、文化创意产业综合展6个板块,分会场活动有创意之旅、建设城市灯光软实力高峰论坛、雍和放映3个板块。上百家园区企业参与,游客15万人次参加,微博粉丝1.6万人。中华全国台湾同胞联谊会副会长纪斌等领导出席开幕式。 (刘永川)

【文化金融创新】 8月11日,在地坛公园举行北京首家专注文化创意产业的担保公司——北京国华文创担保有限公司成立庆典。市委宣传部副巡视员梅松,区委常委金晖,著名导演尤小刚、陆川等出席。梅松,金晖分别讲话。该公司由北京中小企业信用再担保有限公司和北京东方信达资产经营总公司共同出资成立,建立首都文化创意企业与银行、信托、基金等金融机构投融资对接的信用增进机制,探索一条产业支持和风险控制的新模式。活动现场,北京国华文创担保有限公司与合作银行、被担保影视项目正式签署担保协议。金融资本助力文化产业高端研讨会上,政府主管领导、行业协会、影视企业代表就行业关注的热点话题及市场未来发展展开讨论。 (刘永川)

【部分公司京港洽谈会上签约】 11月5日,在第十六届北京-香港经济合作研讨洽谈会上,东城区雍和园企业北京东方雍和国际版权交易中心有限公司、北京春秋永乐文化传播有限公司、北京东方嘉诚文化产业发展有限公司分别与香港亚太第一卫视、香港伟星录音制作有限公司、建银国际(控股)有限公司签约,签约意向金额4.7亿元。 (刘永川)

【中国卡通动漫论坛暨颁奖礼】 12月18日,与中国电视艺术节协会卡通艺委会合作,举办中国卡通产业论坛创意雍和动漫论坛暨天下动漫风云榜颁奖礼,区领导徐熙、中国电视艺术家协会书记张显分别讲话,金晖、许汇颁奖。 (刘永川)

【发展文化创意产业】 雍和园所属企业投入7亿元,改造17处胡同里的旧厂房院落,其中10家"胡同里的创意工厂"被认定为东城区文化创意产业示范基地,新增产业建筑面积22万平方米。12月21日,在方家胡同46号举行"胡同创意工厂"运行模式研讨会。会上相关单位汇报交流各自区域胡同创意工厂发展情况,讨论并提出下步工作意见。区领导金晖、许汇及区发改委、产促局、行政服务中心等15家单位主要领导参加。12月20日,举行"创意之旅-胡同创意工厂游"启动仪式,国旅、凯撒国旅、中青旅、华龙旅游网与雍和园管委会签署战略合作协议。 (刘永川)

科协工作

【概况】 东城区科学技术协会(简称区科协),是东城区科技工作者的群众组织,是中共东城区委领导下的人民团体,是党和政府联系科技工作者的桥梁和纽带,是推动科学技术事业发展的重要力量。8月,东城区中医药养生保健学会成立。区科协有基层学会(协会)33个,会员2万余人。机构设置3个,即办公室、科普部、学会部。有公务员编制8人、实有11

人,工勤1人。

年内,坚持不断创新,发挥科协组织团体优势、智力优势,团结和依靠科技工作者,从实际出发,开展决策咨询、学术研究与交流、科学知识普及、科技成就宣传、科普平台建设、科普工作者培训、科技工作者联谊等工作,完成全委会确定的工作任务。

单位地址:东城区东四十一条83号

联系电话:64033034　邮政编码:100007　(李海曼)

【第12届青少年机器人竞赛】 2月19日,与区教委联合在一七一中学举办,区中小学生100人参加。比赛按小学、初中、高中组分别进行以机器人嘉年华为主题的机器人综合技能比赛、机器人足球比赛,以食品安全挑战赛为主题的FLL机器人工程比赛,以仿生机器人为主题的机器人创意比赛等项目。3月2~4日,12支区级代表队参加市级竞赛,在4个比赛项目中,获一等奖7个、二等奖3个、三等奖2个、专项奖2个,3个项目获第一名,2名教师获十佳优秀教练员奖和优秀组织奖。7月,代表北京市参加第12届中国青少年机器人竞赛,分别获小学组创意比赛二等奖、初中组机器人综合技能竞赛三等奖、高中组创意比赛二等奖。(李海曼)

【金桥工程】 3月,向市科协推荐3个单位8个项目申报工作,2个项目经市评审通过立项。鼓楼中医医院《中医社区健康管理综合干预高胆固醇血症方案推广与应用》项目被评为C类项目,获种子资金1万元;同仁医院《彩色多谱勒超声对血液透析自体动静脉内瘘狭窄的监测》项目被评为C2类项目,获种子资金5000元。(李海曼)

【心理健康科普大讲堂】 4月10日,在北新桥街道民安社区启动东城心理健康科普大讲堂系列活动。讲师团由北大、清华心理学教授、知名心理咨询师及台湾家庭治疗师组成,以理想和谐家庭关系、亲子关系技巧等内容为题,在12个街道开展活动,受益1000人次。市科协副主席周立军、区领导宋甘澍及区园林局、各街道科协干部、社区居民等150余人出席启动仪式。(李海曼)

【社区科普工作交流】 4月11日,西藏自治区科协副主席冯继谦、拉萨市科技局局长黄前敏、阿里科技局党组书记其美等一行19人到东四奥林匹克文化中心、东花市枣苑社区考察社区科普工作。参观青少年社区科普活动、巧娘工作室、社区科普益民书屋、数字科普视窗、街道文化服务中心、花市社区博物馆等。区科协领导介绍社区科普工作,双方就社区科普工作进行交流与沟通。(李海曼)

【科技周活动】 5月19日在龙潭公园举办。活动期间中国睡眠学会、中国营养学会等9家国家级学会及15家市、区级单位参与科普宣传。通过展览展示、专家咨询、互动体验等方式,普及中医养生、环境保护、节能减排、健康生活、心理咨询、科技制作等知识。启动仪式展出展板300余块,发放宣传资料3万余份。科技周开展科普活动300余项,30万人受益。(李海曼)

【自然科学知识竞赛】 7月6日,与区教委在工体富国海底世界召开。70余所中小学教师参加,30余所中小学校组织学生以"网上答题、参观科普场馆、试卷答题、科普报告"等形式进行初赛,全区近3万余中小学生参加竞赛活动。12月16日,在一七一中学举办复赛,300名中小学生参加。(李海曼)

【科普之夏活动】 7月20日,在东四奥林匹克社区公园举办启动仪式。通过科普展板、科普演出、有奖问答、科普咨询向社区居民普及食品安全知识。7月至8月,在各街道开展食品安全、环境保护、节能减排、防灾减灾、健康健身等科普活动100项,其中重点活动20项。(李海曼)

【科普日活动】 9月15~16日在南馆公园举办。19家单位参与,健康专家与公众面对面答疑释惑,社区居民6000人参加。发放宣传资料3万余份、展出展板300块,200名科技工作者参加。区科协编辑的科普读物《舌尖上的科学》,印发1万本。科普日活动被中国科协评为年度全国科普日活动优秀特色活动,并获年度北京市全国科普日活动优秀组织单位称号。(李海曼)

【科技下乡活动】 11月,到延庆县香营乡香营村为当地农民送去科普读物《舌尖上的科学》和3万元科普电教设备,支持香营村科普设施建设和农民科学素质的提高。(李海曼)

【科普需求调查】 年内,向17个街道128个社区开展社区居民科普需求调查,收回问卷3087份,答卷人员中离退休人员994人、在职人员1633人、外来务工人员460人。调研结果显示,公众主要科普需求是中医药健康、食品安全、节能环保、防灾避险等。(李海曼)

【社区科普益民】 年内,落实市奖补资金,实施户外科普园地建设。通过市科协验收,五道营、菊儿、智德、新中西里、民安、长青园、天天家园、永内东街西里、内务9个社区获优秀科普社区。天坛街道文体中心、景山宣教指挥中心安全教育基地被评为优秀基层科普场馆。25名个人获优秀社区科普宣传员。获奖项目及1个户外科普园地获北京市社区科普益民计划奖励资助资金122.5万元。(李海曼)

【青少年创新大赛】 年内,组织参加第32届北京青少年创新大赛,2人获市长提名奖。在第27届全国青少年创新大赛中,获一等奖6项、二等奖4项、三等奖3项。获优秀辅导员科技创新项目三等奖1项、优秀实践活动二等奖。(李海曼)

【北京市青年优秀工程师】 年内,推荐东城区绿化队张波、东城区振动学会周鹏获第二十一届北京市优秀青年工程师称号。(李海曼)

教 育

【概况】 中共东城区委教育工作委员会、东城区教育委员会(简称两委),负责全区教育事业。有托幼园所50所,其中教育部门办园22所、街道办园9所、社会办园15所、民办园4所,收托幼儿1.21万人,教职工2114人,其中专任教师1231人。北京市示范园14所,市级早教示范基地24个。有小学63所,1433个教学班,毕业7962人,招生8162人,在校生4.67万人;教职工4280人,其中专任教师3588人;小学入学率100%,巩固率100%,毕业及格率100%。有中学43所,其中初中7所、高中4所、完全中学30所、九年一贯制学校2所;教学班1265个,其中初中686个、高中579个;毕业1.35万人,其中初中7880人、高中5656人;招生1.45万人,其中初中8386人、高中6079人;在校生4.31万人,其中初中2.46万人、高中1.85万人;教职工6324人,其中专任教师4403人;初中入学率100%,巩固率100%。有工读学校1所,在校生95人,教学班5个,招生47人,毕业48人。有特教学校2所,在校生303人。有校外教育单位8所,教职工306人。有职业高中6所,其中教育部门3所、民办3所。有职普联合设校4所,教学班214个,招生1401人,毕业2005人,在校生5099人。北京市崇文门中学设双学籍有教学班14个,招生134人,毕业59人,在校生410人;教职工799人,其中专任教师423人。有成人高等教育学校4所,教学班167个,在校生6003人;教职工215人,其中专任教师123人。全区中小学校舍占地总面积137.95万平方米,建筑面积132.06万平方米,图书馆藏书543.88万册。机构设置32个,其中教委26个、教工委6个。有公务员159人,工勤10人。事业单位169个,编制1.84万人。

年内,做好总体设计,推进精品特色战略,以提高教育质量为核心,推进教育教学等各项工作。10月11日,新增龙潭体育馆路、天坛永定门外2个学区,学区数量由6个增至8个,学区化管理实现区域全覆盖。二中学钮小桦等8人获区教育系统杰出校长称号,汇文中学张国等5人获区教育系统杰出教师称号,府学胡同小学马丁一等14人获区教育系统优秀校长称号,第十一中学李建东等26人获区教育系统人民教师称号,第一幼儿园郭琛等495人获区教育系统优秀教师称号,培新小学张润霞等193人获区教育系统先进教育工作者称号。11月,经申报和现场述职评审,评选出中小学艺术教育特色校54所、优秀校园戏剧社团27个。

单位地址:东城区夕照寺中街19号
联系电话:67182655　邮政编码:100061　(李银娅)

【蓝天工程工作】 1月6日,在中国国家博物馆学术报告厅,召开东城区年度第一学期蓝天工程工作总结会。青少年课外活动指导服务中心总结第一学期蓝天工程工作。介绍寒假期间蓝天工程、社会大课堂活动计划、重点内容。会议表彰32家单位获蓝天工程博览课优秀实验校称号。200余名教师获博览课优秀课案设计奖。分司厅小学在大会交流发言。各中小学、职教、校外单位蓝天工程、社会大课堂工作主管领导参加。10月12日,史家、分司厅、校尉小学的100名师生到中国国家博物馆,开展“蓝天工程”博览课研究与学习。通过走进古代中国、中国古代瓷器艺术展、瓷之韵、文艺复兴与佛罗伦萨等展区开展研究性学习,领略语文、美术、音乐、科技等学科的文化魅力。　(王磊　李银娅)

【寒假安全保卫工作会】 1月11日,召开寒假安全保卫工作会,通报市、区安全工作形势,对寒假期间安全保卫工作提出要求。区交通支队安监大队、公安分局内保支队分别就教育系统寒假期间交通安全和治安保卫工作进行具体部署。各单位保卫干部160人参加。　(程桂生　李银娅)

【校车管理工作专题会】 1月13日,召开东城区校车管理工作专题会。两委、东城交通支队安监大队分别介绍校车管理工作总体情况及存在问题。五十五中学,史家胡同小学、府学小学,艾毅幼儿园分别汇报本单位校车管理情况。副区长颜华提出3点要求:增强做好校车管理工作的责任感和使命感,全力配合抓好校车安全管理工作,建立健全校车安全管理长效机制。　(程桂生　李银娅)

【校园及周边治安综合治理专项组成立大会】 9月12日,召开东城区校园及周边治安综合治理专项组成立大会,宣读《东城区综治委关于成立校园及周边治安综合治理专项组的决定》。部署校园及周边治安综合治理工作。颜华及专项组全体成员150人参加。　(程桂生　李银娅)

【小学教学干部大讲堂系列活动】 1月11日,在史家胡同小学开展区小学教学干部大讲堂系列活动。市课程中心教材室老师对全区小学教学干部进行培训。部分小学校长、全区各小学课程建设主管干部、黑芝麻小学全体教师200人参加。　(杨学银　王军)

【教学质量分析会】 1月12日,在教育研修学院,召开高三年级质量分析会。会议对学科质量进行分析。语文、数学、英语等9个学科研修员针对学科期末考试情况从4方面进行介绍,对下阶段复习提出建议。区教师研修中心以强化管理、加强研究、提高效益为题分析考试整体情况,提出4条建议。区教委相关科室、研修中心、研修学院,各中学高三教学工作校长、年级组长、备课组长代表、学科研修员200人参加。3月15~30日,小学教育质量分析系列活动分别在校尉等5所小学举行。围绕减负增效，提高质量的主题，依照不同办学规模分5组进行，推出10所学校教学管理经验。4月11日，在教育研修学院召开“务本求实　追求卓越”高三一模质量分析会。九十六、宏志中学介绍高三年级复习工作经验。会议肯定工作，提出5点意见。各中学校长，教学校长、主任，高三年级组长、学科研修员180人参加。6月13日，在区教育研修学院召开初三年级一模质量分析会。东直门、五十中学分别以“一体两翼　比翼齐飞”和“以生为本　精彩绽放”为题介绍经验。教育研修学院分析初三一模情况，从命题指导思想、主要数据呈现、主要问题提示、工作思考与建议4个方面做全区统测分析。教委相关科室、研修中心、研修学院及38所中学有关人员130余人参加。　（杨学银　王军）

【小学教学计划解读会】　2月17日，在回民小学召开第二学期教学计划解读会，部署本学期区级教研工作计划，解读教学工作目标。全区小学教学干部200余人参加。

（杨学银　王军）

【中学副校长学习交流】　3月15日，在广渠门中学开展中学教学副校长学习交流活动。广渠门中学介绍学校办学理念，办学实践经验和教师校本培训主要做法。现场观摩初、高中语文、数学、英语等26节课。全区各中学主管教学副校长70余人参加。　（杨学银　王军）

【中学提高课堂教学有效性专题研讨会】　5月29日，在六十五中学召开区中学提高课堂教学有效性专题研讨会。会上作《探索创造充满生命活力的有效课堂》专题讲座。六十五中学以《提高课堂教学有效性的探索与实践》为题，介绍学校课程改革思考及探索。教师研修中心、各中学主管教学领导及教师代表200人参加。　（杨学银　王军）

【少年科技学院基地校工作会】　1月11～12日，召开东城区金鹏科技团工作暨少年科技学院基地校工作会。少年科技学院基地校领导、科技教师60人参加。　（周末　谢丽娟）

【“校园剧选材　创编与排练”专题讲座】　2月21日，聘请专家为中小学教师举行“校园剧选材、创编与排练”专题讲座，中央戏剧学院音乐剧表演专业副教授从专业知识和训练技巧方面进行辅导。全区100余名中小学教师参加。

（周末　谢丽娟）

【市第十五届学生艺术节（东城赛区）展演活动】　3月12～22日，在区少年宫天地剧场和史家胡同小学，举行北京市第十五届学生艺术节（东城赛区）展演活动。节目总数258个，展演评出一等奖63个、二等奖76个、三等奖107个。一六六中学、培新小学等6所学校和8个金帆团参加北京市调演，获4个一等奖、2个二等奖、8个最佳奖项和2个优秀奖项。8500人次参加活动，参与率达98%。　（周末　谢丽娟）

【校园金话筒展示大会】　10月14日，在区少年宫天地剧场，举行校园金话筒东城区第三届中小学生主持人大赛及阳光快乐小歌手东城区首届卡拉OK大赛颁奖展示大会。会议表彰有特长、才艺全面发展的优秀学生，展现区青少年良好的艺术素养。1600名学生参加，415人获奖。（周末　谢丽娟）

【职业教育管理】　2月24日，召开职业学校德育工作交流会。会议就加强德育领导、健全机制、活动育人、资源共享、加强信息等对学校工作提出具体要求。各德育校长分别就学校德育工作计划进行交流。与会者参观昌平职业教育学校。7所学校书记、校长、德育校长、主任、教导员及相关科室40人参加。3月20日，在一七九中学、北京国际职业教育学校和平里校区分别召开区职业学校与普通初中校融通工作会。北京现代职业学校、东城区古城职业高中等校长分别介绍学校办学、招生及学生就业等情况。与会人员参观一七九中学、北京国际职业教育学校计算机、烹饪、服装等专业实训基地，学生进行西餐制作、礼服表演等技能展示。区教委及初中校有关人员60人参加。5月13日，在北京国际职业教育学校举行北京中等职业学校职业英语技能比赛暨北京地区预赛，16个区县41所中等职业学校270名选手参赛。教育部体育与文化艺术司副司长刘培俊，市教委、教科院及区有关领导参加。职业英语技能赛项，是教育部全国技能和北京市技能大赛的首届比赛，考核选手职业英语水平和素养。在全市挑选13所重点校教学副校长组成竞赛委员会，通过角逐，服务类专业组比赛中，北京国际职业教育学校等3个参赛队6名学生获一等奖，北京市密云职业学校等6个参赛队12名学生获二等奖，北京市商业学校等9个参赛队18名学生获三等奖。工科及其他类专业组比赛中，北京市东方职业学校2名学生获一等奖，市实美职业学校等2个参赛队4名学生获二等奖，北京铁路电气化学校等3个参赛队6名学生获三等奖。9月6日，在东城区教师研修中心召开学年度第一学期职业学校教学工作会。会议听取各校新学期教学工作计划。职教研对学期工作进行解读并对教学常规管理、教学计划落实、课改工作推进、教师培训等提出要求。各校教学校长、主任及职教科、职教研30人参加。

（覃玉玲　李银娅）

【德育工作】　3月12～20日，举行区第十六届小学生我爱地球妈妈演讲比赛。全区77名学生参加，12人获一等奖，27人获二等奖、38人获三等奖。3月19日，在文化馆召开东城区和谐家庭、双合格好家长表彰会。史家胡同小学、光明小学，第二中学等101名学生家长获东城区教育系统双合格好家长。表彰会分为爱国、创新、包容、厚德4个板块，展示优秀家庭文化和家庭美德，诠释北京精神。市妇联党组书记赵津芳，区领导及相关单位负责人出席。4月19～20日，与史家胡同小学承办全国首届小学和谐德育论坛，史家胡同小学及重庆、吉林等5所实验校校长在论坛会上发言。分论坛参会代表听取府学胡同小学和一师附小经验介绍、观摩德育课、参观校园环境。北京和其他省市代表300余人参加。5月25日，与区文明办在一零九中学联合召开学习雷锋　做美德少年网上签名寄语活动启动仪式。会上，文汇中学、东四七条小学分别介绍经验。学生代表向全区青少年学生发出倡议，积极参与学雷锋实践活动和网上签名寄语活动，争当美德少年，教委领导向与会人员提出4点要求。区有关部门领导出席，各街道、相关单位文明办主任，各中小学德育干部和一零九中学师生代表200余人参加启动仪式。11月26日，承办第21届京津沪渝四市区德育研讨会。研讨会以“固本铸魂 文化育人”为主题，为期4天。教育部基础教育司、市教委、区有关领导出席开幕式。天津市南开区、上海市长宁区等代表团及区各中小学有关人员400余人参加。分论坛在景山中学等4所中、小学校举行，北京代表在会上发言。

（孙书刚 李银娅）

【中小学生玉米文化节启动仪式】 4月27日，东城区中小学生玉米文化节启动仪式在北京教学植物园举行。启动仪式上，遥控飞机装载改良玉米种子准确落在会场中央，与会师生在专家指导下，将这些种子播种在基地实验田中。全国少工委、共青团中央、教育部基础教育一司、市教委等相关领导和中国农业大学等专家及各区县领导出席，东城区中小学师生代表近300人参加。活动期间，崇文青少年科技馆开展玉米科普校园巡展、玉米知识擂台赛、玉米科普夏令营等活动，为全区中小学生搭建参与科技活动平台。

（孙书刚 李银娅）

【庆祝教师节表彰大会】 9月6日，在区少年宫天地剧场举行区庆祝教师节表彰大会。741名教育工作者获奖，占全区专任教师总数8%。第二中学、史家胡同小学、光明幼儿园分别作大会发言。区委书记杨柳荫作重要讲话。副市长洪峰、区领导杨柳荫、冯熙、徐鸿达等，教育部基教一司、市教委、区相关委办局领导及先进个人代表900余人参加大会。

（孙书刚 李银娅）

【社区教育工会作】 3月13日，召开东城区社区教育工作会。会议总结东城区社区教育工作经验、部署年度工作计划，强调要继续加强数字化实验基地建设、培育学习品牌、做好特色课程和实验项目建设。东花市、朝阳门街道被评为全国社区教育示范街道，幸福运动讲习所和智慧家长俱乐部被评为新的首都市民学习品牌，6名市民被评为上年首都市民学习之星，4个社区教育实验项目和9个特色课程获全国优秀奖。各街道、社区学院和市民中心负责人25人参加。

（陈红 李银娅）

【创建学习型学校工作推进会】 5月9日，在第十一中学召开区创建学习型学校工作推进会。表彰东直门中学、中央工艺美院附中、现代职业学校3所创建学习型学校示范单位。史家小学分校、第十一中学作主题发言。市教委等相关领导、区有关单位领导、社区教育负责人300余人参加。5月15日，召开社区文教助理季度培训会。聘请北京市建设学习型城市专家组点评、指导文教助理上交的社区教育教案。社区学院、文教助理63人参加。 （陈红 李银娅）

【学前教育会议】 3月19日，召开区学前教育领导小组工作会。通报《东城区学前教育三年行动计划》推进情况，下发《关于成立东城区学前教育工作领导小组的通知》。16个委办局、17个街道办事处主管领导及单位园主办方代表40人参加。区领导颜华出席并讲话。4月13日，召开学前教育大会。会议作《紧抓机遇、开拓创新、谱写东城学前教育新篇章》报告，分析学前教育发展，总结推进学前三年行动计划成效，明确下一阶段工作重心和任务。向部分园所颁发专项经费奖励与补助。有关领导和单位500人参加。宋甘澍、罗洁分别讲话。 （张静玲 李银娅）

【学前教育名教讲坛活动】 6月15日，在第六十五中学开展学前教育名家讲坛活动，聘请儿童文学作家金波作幼儿文学的欣赏和教学主题报告，幼儿教师300余人参加。大方家回民幼儿园、崇文幼儿园和崇文回民幼儿园，被认定为第8批北京市社区儿童早期教育示范基地。东城区社区儿童早期教育示范基地由21所增至24所。 （张静玲 李银娅）

【首届男教师风彩展活动】 11月27～30日，举办首届男教师风采展示活动。14所幼儿园24名男教师参加，分为专业知识答题、专业技能和才艺展示三部分，为男教师搭建交流平台。 （张静玲 李银娅）

【新任工会主席培训会】 3月30日，举办新任工会主席培训班，基层29个单位工会主席围绕如何做好工会主席工作开展学习和交流。 （崔蕾 李银娅）

【参加首都教育系统教职工运动会】 6月，首都教育系统教职工运动会举办。东城区教育系统52个学校213名教职工组成代表队参加篮球、乒乓球、游泳、桥牌、田径等10个项目比赛。获男子篮球第一名、女子篮球第二名，乒乓球女子个人第一名、团体第三名，羽毛球团体第三名，围棋女子个人第二名、团体第三名，桥牌双人赛第一名，游泳个人单项冠军2人、亚军5人、季军4人、团体第三名，田径个人单项冠军12人、亚军17人、季军17人、团体第一名。10个项目比赛总成绩获区县甲组团体总分第二名，同时获体育道德风尚奖和优秀组织奖。 （崔蕾 李银娅）

【体育活动】 4月21～22日，在地坛体育中心举行中小学生阳光体育田径运动会。89所中小学1200多名学生参加8组别83项比赛。汇文、东直门、五十中学，培新小学分别获高中组、初中甲组、初中乙组和小学组团体总分第一名。119人次、4队次打破41项赛会纪录。6月3日，与区体育局联合举办阳光体育年度奥运城市杯东城区中小学校园足球赛。23所学校24支代表队参加比赛。经过80多场角逐，五十五中学国际部、一七一中学获中学组并列第一，五十四中学、五中分校获中学组第二、三名。安外三条、地坛、回民小学获小学组前三名。五十五中学和地坛小学学生分别以18和38进球数获比赛最佳射手。

（单聪 祖炜）

【领导调研】 4月24日,区长牛青山到第五中学调研。听取学校工作汇报。区教委介绍五中品牌特色、办学经验及队伍建设情况。牛青山一行还实地察看五中校园环境。4月27日,颜华到府学胡同小学调研。学校汇报近年来以“文化立校 文化立行 文化立人”为办学理念,从管理的思想人本化、方式数字化、风格精细化、视野国际化4个向深度探寻府学文化发展的具体实践。颜华肯定府学办学实践和特色,鼓励学校开拓创新,发挥教学优势,促进学生健康成长。颜华一行还参观府学校园环境。5月9日,市委教工委书记赵凤桐调研区中小学改扩建及新建情况。听取东城区中小学改扩建和新建工程总体情况汇报,询问改扩建和新建工程中遇到的问题和困难,对汇文中学等学校改扩建和新建工程规划及资金安排作出具体指示。赵凤桐一行还实地考察汇文中学校园环境和光明小学广渠校区建设情况。5月22日,杨柳荫到分司厅小学、总政幼儿园慰问师生,共庆六一国际儿童节。宋甘澍、毛炯、颜华及相关部门负责人参加。在分司厅小学,观看学校师生文艺表演,向教师、孩子们致以节日的祝贺和慰问。杨柳荫肯定分司厅小学办学成果,要求学校加强软、硬件建设,为学生提供全面而有个性的发展空间,办好人民满意的学校。在总政幼儿园,杨柳荫一行听取园长汇报后,进入班级了解孩子们学习、生活情况,观看小朋友舞蹈表演。5月29日,区人大主任冯熙、副主任蔡福全到体育馆路小学、回民小学和华丰幼儿园看望师生,与孩子们共庆“六一”儿童节。在体育馆路小学,校长介绍学校科学探究院开展的系列课题探究活动情况。学生代表展示科技获奖作品。区领导向学校赠送飞机模型。在回民小学,观看教师自主创编的民族操、哑铃操、花棍舞表演,参观学校民族博物馆民族苑并向学生送上礼物。在华丰幼儿园,听取幼儿园园所基本情况汇报,参观班级环境,观看幼儿舞龙表演。6月7日,市长郭金龙一行到宏志中学调研高考情况。分别查看考生服务站、考务办公室、监控室、医务室及各个考场。宏志中学校长介绍学校考点设立、学生备考情况及为宏志生设立送考组等服务举措。8月13日,市教委副主任罗洁一行5人到东城区检查义务教育阶段学校招生收费工作。区教委及汇文中学、一师附小等10所中小学分别汇报情况。罗洁赞扬东城区在教育质量、办学水平、执行政策力度和严格管理方面都为全市树立榜样,希望继续抓好政策落实,严格执行3个意见。并要求区委、区政府和区委教育工委、区教委要解决好学校在发展过程中的困难和问题,提供政策和资金支持。

(李银娅)

【中学生五四表彰大会】 5月4日,在少年宫召开中学五四表彰大会。表彰区三好学生、优秀学生干部、团干部、特优生、社会实践之星、阳光少年、文明之星等6000余名学生。区领导宋甘澍、蔡福全、颜华和市区文明办、团区委相关负责人出席大会。颜华代表区委向全区广大青年朋友致以节日问候,提出希望。

(李银娅)

【六一儿童节庆祝活动】 5月31日,在史家胡同小学举行六一儿童节庆祝活动。表彰区三好学生、十佳少先队员、礼仪小标兵等12类奖项1.64万名学生。发布东城区少年儿童公益形象——健康娃娃,向来自玉树、什邡、新加坡南洋小学的学生们赠送健康娃娃及水杯。全区少年儿童代表参加运动嘉年华、青苹果之家、奇妙梦工坊、童韵传精神等4个板块游园活动。教育部副部长刘利民、基础教育一司司长高洪,全国少工委办公室副主任陈冰清,副市长洪峰、丁向阳,市教委主任姜沛民,市政府教育督导室副主任李壑,区领导杨柳荫、牛青山、冯熙、徐鸿达等四套班子领导及有关委、办、局负责人参加。

(李银娅)

【胡锦涛考察东城区少年宫】 5月31日,胡锦涛总书记考察东城区少年宫,看望参加活动的东城区和四川什邡、青海玉树、西藏等地区少年儿童代表,并代表党中央向全国各族少年儿童表示节日祝贺,向全国广大少儿工作者表示敬意。六一儿童节期间,少年宫开展阳光下我们共同成长主题系列活动,胡锦涛说六一国际儿童节是小朋友们的节日,少年儿童是国家的小主人,长大以后要承担建设祖国的重任。他希望少年儿童从小树立远大志向,学好文化知识,培养高尚品德,锻炼强健体魄,在祖国阳光哺育下快乐生活、健康成长。市委书记刘淇,国务委员刘延东,中央办公厅主任令计划,全国妇联主席陈至立等一同考察看望,市、区有关领导参加。

(李银娅)

【纪检监察】 6月4日,召开东城区治理教育乱收费局际联席会。颜华主持会议。区纠风办、监察局、发改委、财政局、审计局等相关负责人参加。审议通过《关于2012年东城区进一步规范教育收费工作的实施意见》,就如何做好年度规范教育收费工作进行沟通和交流。11月6日,召开区教育系统廉政风险防控管理工作试点单位工作部署会。选出10个试点单位,深化教育系统廉政风险防控管理工作,推进“三个体系”建设。部署廉政风险防控管理工作重点和具体步骤。

(赵俊生 冯玉)

【教育工作会】 10月11~12日,召开东城区2012—2013学年度教育工作会。会议以精品特色,校校精彩为主题。举办新增学区启动仪式,教育研修部门进行年度初高三质量分析,体卫科进行《国家学生体质健康标准抽样测试结果分析》并举办学前、小学、中学、校外、职教5个主题分论坛。区教委作《决定东城教育改革发展方向的重要观念》主题报告,会议提出东城教育发展方向。两委、区政府教育督导室等相关负责人出席。教育系统相关人员400余人参加。区领导颜华讲话,提出3点希望。

(陆瑾 李银娅)

【少先队获奖】 11月1日,在北京市庆祝少先队建队63周年主题队会暨红通社杯校园传媒大赛颁奖会上,和平里一小、史家胡同小学、灯市口小学获北京市十佳红领巾广播站称号。前门小学获北京市十佳红领巾电视台、十佳红领巾队报队刊两项奖。遂安伯小学等校数名少先队员获优秀主播员、优秀主持人称号。

(胥丹丹 李银娅)

【市红领巾通讯社东城分社成立】 11月2日,北京市红领巾通讯社东城分社明伦堂在府学胡同小学成立。团市委、团区委、区委教工委相关领导和《北京少年报》《时事魔镜》主编出席成立仪式。教育系统各校大队辅导员、指导教师及小记者代表100余人参加。大会表彰9个优秀校园记者站及13名优秀小记者。宣读分社章程,聘请领导和老师担任顾问,为每个校园记者站聘请指导教师。相关领导为红通社区级分社揭牌,标志着红通社区级分社正式成立。红通社东城分社下辖27个校园记者站,400余名小记者。第一批校园记者站成立以来,开展培训、参观、采访等活动,发表各类报纸刊物130余篇。 (胥丹丹 李银娅)

教育督导室

【概况】 东城区人民政府教育督导室(简称教育督导室),机构设置主任1名、副主任3名、专职督学6名、见习督学3名、兼职督学20名。

年内,落实党的十七届五中、六中全会和全国第四次教育工作会议精神,学习国家和北京市中长期教育改革和发展规划纲要及市区"十二五"教育发展规划,坚持依法督导,突出教育督导针对性与实效性,围绕区委、区政府实施精品特色战略,建设国际化、现代化教育首善区的总体工作思路,贯彻"两委一室"工作计划,履行监督、检查、评估、指导的教育督导职能,完成全年各项工作任务。

单位地址:东城区金鱼胡同10号

联系电话:65275189 邮政编码:100006 (李菊)

【综合评价工作】 3月至4月,改进教育系统综合评价工作,对部分综合评价指标内容进行调整,完善《东城区教育系统综合评价指标体系汇编》。完善后的指标体系加大日常评价分数,减少集中下校评价分数。对评价指标重新量化、制定自评量表,组织全系统146个参评单位开展自评。整理参评单位自评报告和打分情况,完成全系统自评工作。综合评价工作按照3年一轮原则。6月11~20日,派出67名工作人员分6个小组对全区62所小学进行集中下校评价。7月13日前各组完成对参评单位的意见反馈。 (李菊)

【专项督导】 5月24~25日,市政府教育督导室主任线联平及专家一行24人到区开展学前教育工作专项督导。宋甘澍作区学前教育工作专项督导自评报告。与会领导和专家查阅相关资料,就学前教育工作分别召开相关委办局、街道、相关科室和幼儿园园长座谈会,到社区、各类幼儿园,通过开展干部、教师、家长问卷和观摩教育活动,了解东城学前教育基本情况。各相关委办局、街道、教育系统负责人参加。9月19~20日,线联平及专家一行21人到东城对义务教育均衡发展工作进行督导评估,对小学规范化建设工程进行督导验收。副区长颜华作自评报告。评估组查阅相关资料,分别召开人大政协代表、委员,相关委办局、相关科室及校长座谈会,到二中分校等6所中、小学听取汇报,开展座谈和观摩教育活动,了解区义务教育均衡发展工作的基本情况。各有关单位负责人参加。 (李菊)

【调研督导】 10月29日至11月1日,区专、兼职督学一行20人到东四五条幼儿园、大方家回民幼儿园、东城区第二幼儿园、回民实验幼儿园,通过查阅相关档案资料,实地考察教育教学环境,与干部、教师进行座谈,观看幼儿一日生活,了解各园的办园特色及如何解决入园难问题。12月17~20日,继续对雍和宫、和平里一小、一师附小和花市4所小学校,文化建设专项调研督导。通过听取校长汇报、听课、访谈,分别召开干部、教师、学生座谈会、查阅资料、巡视校园等方式,多角度了解4所小学的文化建设情况。雍和宫小学以和文化为核心,以茶艺为特色开展学校文化建设。和平里第一小学从和平、和美、和谐等8个方面建构学校文化建设方案。一师附小将快乐教育理念渗透到思想、环境、制度、行为、课程等方面,深化学校文化建设。花市小学围绕习惯养成教育这一核心,进行五化一体,相互融通的学校文化建设。 (李菊)

【督政工作】 1月11日,召开督政工作会。区教委主任通报区教育改革和发展的形势及成绩,部署督政及相关工作。龙潭、朝阳门街道,体育局就落实教育执法、实施素质教育职责分别介绍经验。副区长颜华,相关委办局、街道主管领导80余人参加。11月19~27日,对区城管大队等12个单位落实教育法律法规和实施素质教育职责进行督导检查。审议各单位上年自查报告,通过召开有关人员座谈会、查阅相关资料等方式检查各单位履行教育法律法规职责情况。年内,制定《关于对相关委办局、街道办事处落实教育法律法规及实施素质教育职责情况开展督导工作的通知》,调整完善《东城区政府职能部门教育执法职责和实施素质教育职责分解》条目。 (李菊)

【教育执法检查】 12月5~6日,线联平一行26人对区2011—2012年教育法律法规执行情况进行督导检查。颜华作《实施精品特色发展战略,建设国际化、现代化教育首善之区》工作报告。区教委主任解答市督导检查组就报告内容进行的现场提问。通过查阅相关资料,分别召开义务教育和职业教育座谈会,督察组对区教育执法情况,中小学生社会大课堂,体育、艺术、科技,社会实践活动及职业教育经费投入、保障机制和发展状况进行检查。区领导颜华,两委、教育督导室及相关委办局负责人参加。12月6日,督导组分义务教育、职业教育两组,对一六六中学等6个单位进行实地考察。检查后市督导组对区落实《中华人民共和国教育法》《中华人民共和国义务教育法》《中华人民共和国职业教育法》工作情况给予肯定。 (李菊)

文　化

【概况】 东城区文化委员会(简称区文委),机构设置10个,即党委办公室、监察科、办公室、公共文化事业科、文化市场管理科、文物管理科、综合审批科、演艺产业发展促进科、人事科、财务科。区文委行政执法队设:办公室,第一、二、三、四执法分队。有公务员编制85人、实有76人,事业单位17个、编制529人、实有310人。

年内,落实新东城文化强区发展战略,系统取得国家级荣誉5项、北京市荣誉28项。9月8日,东城区图书馆与故宫博物院签订故宫讲坛合作协议,标志着东城区图书馆故宫讲坛系列讲座正式开启。9月9日,由北京市文物局、东城区人民政府联合主办,第三届北京孔庙国子监国学文化节在孔庙大成殿广场开幕。全年,办理行政许可520件,其中新审批465件、变更55件。新审批游艺娱乐场所3家、营业性演出400件、出版物零售许可54项、营业性演出场所备案1件、文艺表演团体7家。至年末,文化市场有各类经营单位777家,其中歌厅122家、网吧91家、游艺厅31家、演出场所29家、演出团体65家、营业性电影放映单位12家、出版物零售企业427家。

单位地址:东城区崇外大街7号正仁大厦二段
联系电话:67091091　邮政编码:100062　(吴洁莎)

【特色文化活动】 1月24日,第22届新春游乐会在第一文化馆开幕,各界游人近400人参加。2月17日,在刘老根大舞台举办第三届北京快板邀请赛决赛。现场决赛一等奖3个、二等奖9个,产生三等奖、优秀奖及新苗奖和创作奖等。市文化局副局长王珠,区委领导金晖,中国曲协副秘书长曲华江等出席。3月31日,首都各界东莞籍人士在东花市斜街“袁崇焕祠墓”进行纪念袁崇焕诞辰428周年纪念活动。6月20日,市文天祥祠文物保管所接待“端午忆先贤　传承爱国情”活动。市文联副主席赵书讲解端午民俗,府学小学少先队员代表向文丞相敬献花篮,学生齐唱《正气歌》,参观文祠。40余人参加。6月28日,与东花市街道联合举办第一届袁崇焕名人文化节开幕。副区长朴学东等领导出席。6月29日,举办第一届廉政文化建设诗歌朗诵会。市文化局纪检组组长崔国红,区纪委领导,著名表演艺术家曹灿、朱琳及党员干部职工120人参加。7月16～17日,北京国际管乐节音乐会分别在东城区第一图书馆剧场和东城区第一文化馆风尚剧场连演4场。太原市沙河街小学、北京文汇中学、一六六中学、美国蓝顿学校乐团等为观众演奏国内外经典曲目。9月28日,在第二文化馆多功能厅举行年度东城区中秋诗会。诗会上既包括苏轼《水调歌头・明月几时有》、巴金《月》、张若虚《春江花月夜》等经典的咏月诗篇,也包括由诗歌爱好者自创的新作《生活是风》、《大杂院小胡同》、《想起中秋》,诗会还特别安排女声三重唱《谷穗上的蝈蝈》、女声独唱《明月千里寄相思》等精彩节目。11月27日,在第一文化馆风尚剧场举办“第三届勤廉文艺演出——名家朗诵会暨廉政文化书箱启动仪式”。中央纪委宣教室副主任彭克诚,北京市纪委常委张才雄、宣教室主任杜淑华、党风室主任赵玉岐,区委领导杨柳荫、冯熙、徐鸿达、夏树军、毛炯等及全区局处级以上领导300余人参加。　(吴洁莎)

【娱乐场所规范经营】 2月3日,召开区互联网上网服务营业场所整治会,部署开展寒假期间全市互联网上网服务营业场所专项整治工作,72家互联网上网营业场所负责人参加。2月16日,召开加强“两会”期间歌厅及电子游艺场所规范经营工作会,辖区歌厅和电子游艺经营场所负责人95人参加。　(吴洁莎)

【非遗传承人技艺交流会】 2月3～6日,东城区第二届新春非物质文化遗产庙会暨东城区第二届非物质文化遗产代表性传承人技艺交流大展在京城百工坊举行。118个国家级、市级和区级名录项目全部亮相,126名国家级、市级和区级代表性传承人展示技艺。　(吴洁莎)

【群众文化组织员培训班】 2月22～24日,在蟹岛举办区群众文化组织员培训班。17个街道文教科科长、文化活动中心主任、文化站站长、社区群众文化组织员及文化馆、图书馆主要负责人260余人参加。　(吴洁莎)

【执法检查】 3月15日起,与市文物局联合开展为期10天执法检查。对宝成当旧址及东交民巷俄国使馆武官处修缮工程进行检查,要求主体单位指定专人24小时负责看护文物建筑,添齐足够数量的灭火器材,及时清理施工现场,确保施工过程中文物建筑安全。6月14～22日,开展非法扑克牌专项治理行动,出动执法人员24人次,检查商城5家、主要大街8条、商品摊位3400余个、坐商店铺170余个、宾馆10余家、两性用品商店10余家、小型超市30余个、北京特产店面20余个,发现出售扑克牌摊位5个、坐商店铺1个、小型超市7个,涉及三A、精品、山水、动漫、旅游景点等扑克牌30余种,未发现政治性、涉黄性非法扑克牌。9月12～13日,由市文化局带队对东城区图书馆会议中心、文化馆文化娱乐部,北京隆煌上网服务有限公司、北京地坛麦乐迪娱乐有限公司、北京娱京红歌厅等20家文化娱乐场所进行联合检查。11月27日,市文物局执法队领导率昌平、顺义、延庆、怀柔文委、八达岭特区对东城区文物安全和文物执法工作进行检查,未发现问题。年内,文化市场检查出动执法人员4081人次,检查文化经营单位2600家次,文保单位320处。办结文化执法行政处罚案件42件、罚款72.74万元,没收违法所得782元,收缴非法音像制品2374张、盗版图书2965本。受理文化市场各类举报案件37件,回复37件。7人获办案能手称号。（吴洁莎）

【戏剧演出】 4月16~17日,在区第一文化馆风尚剧场演出首届北京小剧场戏剧展演剧目之一《安妮日记》话剧,观众近800人观看。5月14日,在中国戏剧学院实验剧场举行北京南锣鼓巷戏剧节开幕式,区领导金晖致辞,市文化局副局长关宇讲话。国家大剧院院长陈平、中国戏剧协会副主席季国平、文化部市场司副司长庹祖海、区领导杨柳荫参加。开幕式上演曹禺先生生平话剧《寻找剧作家》,区领导与戏剧界老艺术家及观众600余人观看。10月25日,在区第一文化馆风尚剧场举行东城区戏剧公益演出季。活动分为环保话剧展演、喜歌剧展演、中法戏剧交流展演3个单元。《人民日报》、中央电视台等20余家媒体参加见面会。（吴洁莎）

【培训工作】 4月17日,执法队召开《北京市文化市场综合行政执法办法》培训会,东城区48家互联网上网营业场所负责人参加。5月24日,对辖区演出场所经营单位负责人进行法律、法规培训20余人参加。6月4日,召开数字文化社区建设工程培训会,17个街道主管文化工作负责人、部分社区图书馆负责人及区图书馆等相关工作人员近70人参加。（吴洁莎）

【第三届北京·南锣鼓巷戏剧节新闻发布会】 5月4日,在第一文化馆风尚剧场举行第三届北京·南锣鼓巷戏剧节新闻发布会。区领导金晖、朴学东,艺术家及新华社、千龙网、《北京日报》《北京青年报》等20余家媒体记者参加。（吴洁莎）

【蔡元培故居爱国教育基地挂牌】 5月10日,举行蔡元培故居东城区爱国主义教育基地挂牌仪式。市文物局局长孔繁峙、区政协主席徐鸿达、副区长汤钦飞、富华国际集团总裁及区委宣传部等领导参加。（吴洁莎）

【齐白石旧居纪念馆开馆】 5月13日,在南锣鼓巷雨儿胡同13号,举行齐白石旧居纪念馆开馆及齐白石塑像揭幕仪式。北京画院院长王明明介绍齐白石先生旧居和纪念馆开办情况,副市长鲁炜讲话,并与市文化局局长肖培为齐白石先生的塑像揭幕。（吴洁莎）

【区群众文化活动展演季开幕式】 5月20日,在永定门文化广场举行民歌唱中华、颂歌唱北京——北京市纪念《在延安文艺座谈会上的讲话》发表70周年演唱会暨东城区群众文化展演季开幕式。市委宣传部常务副部长王海平,文化局局长肖培,区领导杨柳荫、徐鸿达及社区居民、部队官兵、学校师生观看演出。（吴洁莎）

【文化遗产日主题会场宣传活动】 6月9日,在永定门广场举行文化遗产日主会场专题宣传活动。为"中轴线保护推广使者"颁发证书,首发《我与中轴线》《聚焦中轴线》两部征文与摄影活动的精品集成,公布第八批市级文物保护单位,有关领导为东城区"文化遗产保护小分队"授旗。（吴洁莎）

【专项整治工作】 5月29日,区文化市场管理(扫黄打非)工作领导小组办公室,组织召开关于开展出版物市场和非法盗印复印行为集中整治行动工作会。区文委行政执法队、东城公安分局、东城工商分局、东城城管大队、报刊零售东城分公司等成员单位出席。8月21日,联合东城工商分局对网吧开展专项整治行动,出动执法人员13人次、车辆3辆、检查网吧4家次。10月24日,东城区"扫黄打非"工作领导小组办公室分别组织召开迎接"十八大"深化"扫黄打非"专项行动会,区委常委金晖、副区长朴学东出席会议,区"扫黄打非"工作领导小组主要成员单位参加。（吴洁莎）

【道德模范颁奖典礼】 6月12日,在第一文化馆风尚剧场举行践行北京精神,德润文明东城——"2012·感动东城"道德模范颁奖典礼。首都文明办副主任韩龙彬,市委宣传处副处长刘晓鸥,区领导杨柳荫、冯熙、徐鸿达等出席。东城区道德模范代表及媒体记者、观众400余人参加。（吴洁莎）

【专项资金管理】 7月2日,区文化发展专项资金管理小组会召开。会议听取专家评审会意见修改的专项资金分配方案,并对专项资金申报、审批程序和使用情况进行研讨,同意《2011年东城区文化发展专项资金分配方案》。副区长朴学东主持,区委宣传部,区文化委、财政局、审计局负责人参加。（吴洁莎）

【崇文文化志愿者服务分中心启动】 7月2日,东城区崇文文化志愿者服务分中心正式启动,并在区第二文化馆召开第一次工作会。项目负责人、副馆长部署工作,提出"赞幸福生活 建美丽社区"活动主题,城市社区健身舞蹈创意系列活动,志愿者部门全体工作人员参加。7月21日,分中心收到66个社区报送健身舞蹈光盘,7月23~24日进行初赛评审,评选出25个社区健身舞蹈进入复赛。（吴洁莎）

【"7·21"特大暴雨前防讯布置】 7月21日,北京地区发生特大暴雨,此前局领导提前对系统内各处办公点布置防汛工作,分别到第一文化馆,第一、第二图书馆,火神庙点现场察看,布置应急小分队,暴雨发生后所属文物点未发生事故。（吴洁莎）

【第三届前门历史文化节】 8月7日,第三届前门历史文化节开幕。区长牛青山宣布开幕式,参加仪式的领导和嘉宾代表鸣锣启动开幕。国家商务部流通业发展司司长向欣、国家旅游局政策法规司司长刘小军、国家文化部非物质文化遗产司副司长马盛德、中国商业步行街委员会主任韩健徽、市政府副秘书长侯玉兰、市商务委副主任李薇薇、市旅游发展委员会委员赵广朝及区领导冯熙、徐鸿达等出席。（吴洁莎）

【文艺志愿者活动】　10月8～31日,东城手工艺文化志愿者在区第一文化馆非遗展厅举办第三届手工艺作品展,参展项目有面塑、剪纸、中国结、刺绣、布艺、内画壶、彩陶塑、帛雕、工艺鞋等15项100余件作品。12月5日,在第一文化馆举行"文化感动生活"国际志愿者日北京文化志愿者主题活动启动仪式。19个文化志愿者服务分中心100名文化志愿者通过演出、培训、展览、讲座等志愿服务,展示北京文化志愿者风采。招募手工艺、器乐、声乐、风筝、朗诵、曲艺等9大类360余名文化志愿者。全年服务人次1.13万,服务时间1.57万个小时。　　(吴洁莎)

【公益电影放映】　全年,区属17个公益数字电影放映单位放映影片1069场、观众3.66万人次。各街道文化服务中心开展多样放映活动。　　(吴洁莎)

【非遗传承人】　年内,柴慈继、钟连盛、费保龄、胡庆学、李博生、柳朝国、李春珂、殷秀云、柏德元、孙丹威10人入选第四批国家级代表性传承人名单。至年末,全区名录项目有118个,其中27个项目入选国家级非物质文化遗产名录,52个项目入选北京市级非物质文化遗产名录。命名126名区级非物质文化遗产项目代表性传承人,其中28名被命名为国家级代表性传承人,53名被命名为北京市级非物质文化遗产项目代表性传承人。出版《北京市东城区非物质文化遗产代表性传承人谱系大典》(2012版)。　　(吴洁莎)

故宫博物院

【概况】　故宫博物院成立于1925年。是建立在明清两代皇宫(紫禁城)的基础上,兼容建筑、藏品与蕴含其中的丰富的宫廷历史文化为一体的中国最大博物馆,是世界上极少数同时具备艺术博物馆、建筑博物馆、历史博物馆、宫廷文化博物馆等特色,符合国际公认的"原址保护""原状陈列"基本原则的著名博物馆。1961年被国务院公布为第一批全国重点文物保护单位,1987年被联合国教科文组织列入《世界遗产》名录,2007年被评为首批国家五A级旅游景区,2008年被国家文物局列为首批国家一级博物馆。故宫(紫禁城)是明清两代的皇宫,是中国历代宫殿的集大成者,占地112万平方米,保留的古建筑面积约17万平方米。故宫是我国古代宫城发展史上现存的唯一实例和最高典范,也是世界上现存规模最大、保存最完整的古代宫殿建筑群。故宫博物院内设处级机构32个,在职职工1400余人,离退休人员600余人。

年内,根据占地112公顷古代木结构宫殿建筑群、180余万件文物藏品和每年约1500万中外观众的安全,提出实施平安故宫工程的建议和方案。在年度博物馆及相关产品与技术博览会和年度全国博物馆文化产品创意设计推介活动中,获博物馆与文化创意产业促进奖和最佳展示奖等奖项,选送的55件设计作品中获银奖一项、优秀奖两项、提名奖两项。在第五届海峡两岸文化产业博览交易会综合评比中获二等奖,黄金产品福禄万代传家宝瓶获最佳创意产品奖。

单位地址:东城区景山前街4号

联系电话:85007035　邮政编码:100009　　(段颖)

【"平安故宫"工程】　5月,提出开展"平安故宫"工程建议,解决故宫存在火灾、盗窃、震灾、藏品自然损坏、文物库房、基础设施、观众安全7大隐患问题,中央领导对此高度关注。7月26日,中共中央政治局委员、国务委员刘延东到院调研指出,要抓紧实施"平安故宫"工程。国家文化部、发改委、财政部、国家文物局等有关部门就故宫安全现状多次到院进行调研。国家领导人吴邦国、温家宝、贾庆林、李长春、李克强,就故宫安全问题相继作出重要指示。"平安故宫"工程,实施故宫博物院北院区建设、地下文物库房改造、基础设施改造、世界文化遗产监测、故宫安全防范新系统、院藏文物防震、院藏文物抢救性科技修复保护等7个项目。　　(段颖)

【学术科研】　12月22日,成立南开大学故宫学与明清宫廷研究中心。举办故宫学高校教师讲习班,启动"故宫学"数据库与网络平台建设,组织明代宫廷生活史、民国时期故宫博物院史、宫廷与江南3次学术研讨会,《故宫学刊》《明清论丛》被纳入中国学术期刊网络出版总库。加强科研管理,12个院级科研课题项目立项。1项国家社科基金艺术学项目、2项文化部文化艺术科学研究项目、1项国家社科基金后期资助项目(第一批)立项。新中国出土墓志整理与研究项目,被立为年度国家社科基金重大项目。　　(段颖)

【古建筑保护】　年内,启动《故宫保护总体规划》编制工作,确定各专项规划内容,完成故宫使用功能规划。遗产地监测,召开故宫世界文化遗产监测工作会。10个监测方面,开展室外陈设基础数据采集、室外陈设材质鉴定和保存状况评估、植物监测数据库、气象数据库、空气质量监测站建设、午门城台沉降变形监测、故宫世界文化遗产监测平台建设等工作。由故宫博物院和香港中国文物保护基金会共同合作复建的中正殿年竣工,再现清乾隆时期建筑全貌。建福宫、英华殿区维修工程,大高玄殿乾元阁抢险工程全面完工。维修工程竣工后的东华门作为紫禁城宫殿建筑艺术展览使用。完成东华门古代建筑展览大纲。　　(段颖)

【文物管理】　修订增补《故宫博物院藏品管理规定》。举办故宫博物院业务人员培训和春季业务培训。开展对地下、地面文物库房随机抽查,做好文物清理后续工作,对现有文物藏品进行核对,完成5.15万件一般藏品入账工作。举办首次国家级非物质文化遗产展"妙笔神工——国家级非物质文化遗产古书画临摹复制与装裱修复技艺展"。

(段颖)

【藏品征集】　接受袁运甫捐赠作品5件、浙江省考古所拨交的瓷器标本3件。收购大清康熙年制万寿赋笔筒1件,据本院专家研究,该器物为康熙郎窑制品,其上所书赋文,为所藏康熙青花万寿字大尊成功烧制而作,有助于研究康熙郎窑瓷器。　　(段颖)

【文物科技保护】 完成各类展览、原状陈列的展品及库房文物的修复。全年修复文物 261 件,制作囊匣 108 件。开展白蚁、普通虫害防治和纺织品保护工作,进行乾隆花园保护工程环境研究、文物保护及展览环境的研究、故宫墙体青砖泛霜的研究、石质文物的保护工作及红外光谱仪应用,利用 X 射线装置对文物进行无损检测和国家文物局古陶瓷重点科研工作。 (段颖)

【安全保卫】 用科学技术改善安防设施,安防改造工程完成合同总量的 75%。至 12 月,防盗系统全部竣工,投入使用。推进安防系统智能化研究和一体化改造工作。开展防火,消除火灾隐患。通过开展安全检查、安全周活动,全院定期专项巡查,彩钢房拆除,清剿火患行动,雷击引发火灾消防演习、志愿消防队员业务技能培训、全院电器防火安全检测等活动,提高安全防范和应急能力。 (段颖)

【开放管理】 全年组织封门演习 29 次,提高现场综合管理能力和应对突发事件能力。制定完善接待预案,克服观众流量增大、极端天气等不利因素,完成暑期、十一黄金周等节假日接待工作。国庆期间,午门、端门高峰时期增开售票窗口至 34 个,强化一线值守力量,加强人流疏导,保证单日接待 18.2 万余人的客流高峰。 (段颖)

【陈列展览】 在院内举办"故宫藏明清花鸟画展""古物撷英——故宫博物院藏捐献陶瓷精品展""故宫藏历代书画展"等展览。赴国内博物馆展览 13 个。引进"湖南醴陵釉下五彩瓷珍品展""浙江原始青瓷及德清火烧山等原始青瓷窑址考古成果汇报展"等 6 个展览。举办和参加涉外展览 9 项,如赴日本"地上的天宫展",赴科隆东亚艺术博物馆"金昭玉粹:清代宫廷生活艺术展"。赴日本"国宝观澜——故宫博物院文物精华展"有 25.8 万观众参观。日本天皇夫妇,前首相鸠山由纪夫、福田康夫和森喜朗等众多政要、学者、文化界知名人士参观。党和国家领导人对展览给予高度评价并做出重要批示。 (段颖)

【宣教与公众服务】 举办"龙年话龙——第七届故宫知识课堂",接待 342 个家庭,100 多名山区学生。"5·18"博物馆日举办"从'功能城市'到'文化城市'"讲座。"6·09"中国文化遗产日,召开院领导与志愿者座谈会。举办动手教育活动及暑期"科学·艺术"教育活动。与东城区政府合办"故宫讲坛",端门观众服务中心于暑期启动。召开故宫文化产品研发工作座谈会。共研发上市各类故宫特色新商品 340 多款,进行网购形式宣传和促销。 (段颖)

【志愿者工作】 年内,志愿者为游客免费讲解 2 万余人次,接待来院宾客讲解 19 场,太和门咨询岗服务游客 1.8 万人次。对志愿者利用讲座、场馆参观和外出考察进行专项培训。 (段颖)

【信息化建设】 重点项目方面,端门数字博物馆概念设计方案形成;与首都机场合作的"文化国门—故宫印象"展厅对外开放,参观达 6740 人次。启动信息化规划编制工作,由北京工业大学承担编制工作。故宫官方网站全年访问量 187.33 万人次,获文化部政府网站群绩效评估年度最佳奖,文化专题栏目获年度政府网站信息公开精品栏目奖。推进传统文化数字化展示,完成"梵华楼古建测量及虚拟漫游"360 全景浏览项目和《龙孩儿守故宫》第三集、第四集动画片的制作。《故宫雕塑》在中国立体(3D)影视作品奖评选中获电视专题类优秀奖。虚拟现实演播厅接待 278 场 6118 人次。 (段颖)

【出版工作】 年内出版书籍 170 种,其中新书 125 种、重印书 45 种、重印率达到 26.5%。增补 5 种图书选题被列入"十二五"国家重点图书出版规划项目。《故宫博物院藏中国古代窑址标本》《钦定武英殿聚珍版书》项目获年度国家出版基金资助。《明代宫廷建筑大事史料长编·洪武建文朝卷》图书获年度国家古籍整理出版资金资助。《故宫出版与学术数据库》项目获文资办文化产业发展专项资金资助。20 种图书入选《2012 年中小学图书馆(室)推荐书目》。《国家艺术·十二美人》获上海市新闻出版局年度中国最美的书称号。故宫出版社取得文化部颁发的书画专业类别社会艺术水平考级资格证书。 (段颖)

【对外交流】 与印尼国家博物馆、澳大利亚维多利亚州国家美术馆、美国波士顿美术馆、美国皮博迪·埃塞克斯博物馆签署合作意向书,与英国大英博物馆续签《故宫博物院与大英博物馆谅解备忘录》。年内首次举办驻华使节进故宫活动。 (段颖)

故宫博物院负责人

故宫博物院党委书记、院长 单霁翔

医药卫生·体育

卫 生

【概况】 东城区卫生局(简称区卫生局)是区政府职能部门,负责全区卫生事业管理工作。有医疗机构540个,其中营利性机构203个、非营利机构314个;卫生技术人员2.37万人,其中执业(助理)医师8993人、注册护士9228人;床位1.04万张。平均每千常住人口拥有卫生技术人员26.12人,执业(助理)医师9.9人、注册护士10.16人、床位11.5张。全年出生8655人,出生率8.97‰;死亡6499人,死亡率6.74‰。人口期望寿命85.16岁,其中男性83.31岁、女性87.06岁。死因顺位前10位为:恶性肿瘤、心脏病、脑血管病、呼吸系统疾病、消化系统疾病、内分泌、营养和代谢的其他疾病、损伤和中毒外部原因、神经系统疾病、泌尿生殖系统疾病传染病。全区无甲类传染病发生。报告乙类传染病11种1779例、发病率为187.08/10万。发病居前三位的为痢疾、肺结核和梅毒,占甲乙类发病总数的82.69%。区卫生系统有单位40个,编制7657人,其中行政机构3个,公务员编制276人、实有244人;医疗机构单位10个,事业编制4967人、实有3863人;公共卫生与基层医疗卫生事业单位16个,事业编制2152人、实有1402人;其他事业单位11个,事业编制262人、实有170人。

年内,深化医药卫生体制改革,总结国家中医药发展综合改革试验区建设成果,健全公共卫生和基本医疗服务体系,科学、合理布局医疗卫生设施,缓解百姓看病压力。北京市鼓楼中医医院京城名医馆正式开馆,建国门医院、区妇幼保健院完成基本建设;提高基层医疗卫生服务水平,加强社区中医药特色服务,实现中医药特色服务全覆盖。完成7个社区卫生服务站标准化建设,中医药特色健康管理社区89个,家庭医生式服务签约率达到全区人口30%以上,培养家庭保健员1.5万人。确保不发生重大食源性、生活饮用水中毒事件,确保不发生重大传染性疾患暴发与流行,甲乙类法定传染病发病率控制在400/10万以下。全年收入25.04亿元,支出25.21亿元。本年收入中财政补助投入7.81亿元,其中离退休经费投入3.07亿元、卫生事业投入4.74亿元。

单位地址:东城区东四十条83号

联系电话:64040302　邮政编码:100007　(曹赫隽)

【国家中医药改革试验区建设】 3月17日,在国子监彝伦堂著名中医专家王永炎院士和中药专家金世元先生联合举行收徒仪式。5月11~13日,举办第五届北京中医药文化宣传周暨第四届地坛中医药健康文化节,37家权威医疗机构114名中医、中西医结合专家为市民提供专业义诊咨询6500余人次。8场健康科普讲座,接待游人5.6万余人次。5月12日,京城名医馆新馆落成,建筑面积6000余平方米,卫生部副部长、国家中医药管理局局长王国强赞誉北京胡同有名医。5月13日,在国子监举办中医药文化论坛,工程院士、著名作家、哲学家、史学家、国医大师发表演讲。启动国家公益性行业科研专项中医药防治慢病社区管理模式的研究项目,获专项资金816万元。召开国家中医药发展综合改革试验区项目评审、培训及专题会,6家单位7项课题获批,下拨科研经费111.8万元。建立中医药特色健康管理社区89个。召开中医药养生保健服务机构负责人培训会,与石家庄市卫生局、河南省劳动就业指导中心、九龙堂国际医学保健研究院签署培训互认协议书。12月21日,召开贯彻落实"十八大"精神,推进国家中医药发展综合改革试验区建设可持续发展大会。(曹赫隽)

【中医管理】 9月24~25日,鼓楼中医医院通过二级甲等中医医院评审。11月23日,北京中医药大学与和平里医院举行共建教学医院协议书签字仪式,在和平里医院举行全国名老中医孙光荣教授学术经验传承工作室和和平里医院老中医工作室揭牌仪式。11月29日,召开北京市基层中医药服务能力提升工程启动大会暨签约仪式,副区长颜华代表区政府与副市长丁向阳签署《基层中医药服务能力提升工程目标承诺书》。(曹赫隽)

【社区卫生】 年内,正式运行5个社区卫生服务中心,56个社区卫生服务站,社区卫生服务人员1186人。164支家庭医生式服务团队签约管理居民14.01万户34.76万人,其中重点人群16.29万人。建立居民个人电子健康档案90.17万份。完善5个功能社区医务室与社区卫生服务机构的联系沟通机制。为1814名60岁以上无社会养老保障的老年人进行免费体检。规范管理高血压患者6.03万人、糖尿病患者2.48万人。开展慢病防治、预防保健、传染病防治、残疾人康复、中医养生等健康教育活动1554次,社区居民7.87万人次参加,开展中医体质测评4.1万人。体育馆路社区、龙潭社区、天坛社区卫生服务中心分别获市示范社区卫生服务中心称号。(曹赫隽)

【疾病控制】 加强重点传染病防控,规范处置各种传染病疫情。开展对外来务工人员免费接种流脑和麻疹疫苗,完成60岁以上老年人及中小学生流感疫苗免费接种。开展高危人群干预。做好结核病人的报告、转诊及追踪,确保结核防治全面达标。 (曹赫隽)

【慢性疾病防治】 对社区重点人群实施动态监测与管理、慢性病患者分级分层规范化管理,制定高血压、糖尿病患者中医健康管理规范。被国家中医药管理局确定为国家中医药慢性病管理试点组长单位。开展市级慢性病综合防控示范区创建工作,完成医改重大公共卫生服务项目社区脑卒中高危人群规范化管理与防控年度工作。尝试性开展高血压患者自我管理小组和糖尿病同伴教育工作,探索社区慢性病综合防治适宜技术。逐步建立并完善慢性病及其行为危险因素监测体系并形成常态监测模式,在完成北京市成人慢性病相关行为危险因素监测工作基础上,开展全区第五次社区诊断工作。 (曹赫隽)

【精神卫生】 全区有精神病人5682人。对重性精神疾病患者统一登记建档,贫困精神病人免费用药3049人次,投入经费28万元。家庭护理教育2143人次。开展康复活动27次。开展以精神健康伴老龄、安乐幸福享晚年为主题的精神卫生日宣传活动,普及重视老年人心理健康,提高精神疾病预防知识知晓率。 (曹赫隽)

【学校卫生】 全区监测点学校学生体检1.3万人,贫血患病率0.58%;视力不良69.03%,其中小学生46.95%、中学生80.90%;龋齿患病率18.43%,其中小学生7.94%、中学生24.07%;营养不良17.65%,其中小学生14.99%、中学生19.07%;肥胖率21.13%,其中小学生21.17%、中学生21.11%。开展多样宣传教育及干预活动。对学生视力不良现状,开展记录我的爱眼日记、视力分级警示等活动、乐敦护眼工程及中小学校教室照明灯改造监测工作。对营养不良、超重和肥胖儿,开展学校营养餐调查、示范食堂创建工作及推广快乐十分钟等活动。对龋齿患病,召开“9·20爱牙日”宣传教育活动启动会,指导各学校,开展护齿防龋健康教育。开展学校控烟、健康教育和健康促进、急救知识培训,传染病管理调查和学生伤害现状调查,教学环境检测等工作。 (曹赫隽)

【计划免疫】 基础免疫规划疫苗接种率100%。规范化门诊验收、取消纸质卡验收工作,对9479名外来儿童进行强化查漏补种调查,未发现漏管儿童。完成773个单位外来务工人员流脑A+C疫苗9889针次、麻疹9808针次的接种;完成免费流感疫苗接种10.42万人,其中在校学生5.2万人、60岁以上京籍老人2.56万人。对辖区免疫门诊、医疗机构、产科、学校、托幼园所督导221次。 (曹赫隽)

【公共卫生监测与评价】 完成公共场所检测982家,检测样品2.42万件、合格率98.46%。二次供水检测400家,检测样品925件,合格921件、合格率99.57%。食品卫生委托检测183户次,检测样品1237件,合格1202件、合格率97.17%。全区有职业病危害因素单位49家,监督检查覆盖率100%。对辖区90家单位进行个人剂量检测978人次,未发现超剂量照射。 (曹赫隽)

【健康教育】 组织健康大课堂823场,受众6.55万人次。发放健康宣传品54.78万份。开展社区、学校、医院、行业等全方位健康促进工作。举办群星荟萃健康巡礼暨群星健康指引知识大赛、全民健康生活方式行动演讲比赛、健康膳食知识与技能大赛和烟草危害图形说系列展板巡展活动。开展中医课件征集工作,收到214份课件,评选出49份优秀课件供社区使用。中粮集团有限公司、区政府员工餐厅被授予北京市健康食堂称号,24家机构通过市级全民健康生活方式行动示范验收,3家幼儿园通过区级健康促进幼儿园的验收考评,202户家庭获区健康家庭称号。 (曹赫隽)

【卫生监督】 全区有餐饮服务单位5192个,监督检查1.28万户次;二次供水682个,监督检查1387户次;公共场所2195个,监督检查2906户次;中小学校118所,教学环境监督监测63所,学校传染病卫生监督151户次;放射卫生单位106个,职业卫生技术服务机构2户,监督检查119户次。完成各项行政许可审批5229件。完成餐饮单位量化分级管理评定、大型商场、超市、沐浴场所量化分级管理覆盖率达100%;开展打击非法添加和滥用食品添加剂等专项整治8次;完成游泳场馆百日专项整治、地下空间公共场所监督检查等专项工作;对100户宾馆饭店、商场、写字楼集中空调通风系统进行专项检查。8月至12月,与区综治办、发改委,公安、药监、工商分局等部门联合开展打击非法行医专项治理行动,食品、公共场所、校园环境、灾后防疫、饮用水专项行动整治。开展医疗卫生专项检查,全区有各级各类医疗卫生机构525个,传染病监督检查830户次,对肠道门诊、发热门诊监督检查84户次。开展医疗卫生机构监督655户次,母婴保健技术服务机构监督27户次,血液管理监督采血车7辆,临床用血机构14家。与公安等各部门联合打击非法行医16次,出动人员96人次,取缔无证行医16户。年内未发生非法行医致人死亡案件。全年承担大型活动公共卫生保障任务29次,其中驻会保障4次、巡回保障25次;接到投诉举报1032件,其中食品卫生78.59%、医疗服务11.43%、公共场所6.98%、生活饮用水2.81%。投诉举报处理、回复、满意率均100%。全年培训卫生监督员17次1300人次。(曹赫隽)

【爱国卫生】 对传染病疫源地消毒29起、面积14万平方米,空气消毒41万立方米,消毒效果采样1979件合格率99.75%。完成蟑、鼠、蚊、蝇等病媒生物密度监测。开展控烟宣传工作及戒烟干预技巧研究培训。 (曹赫隽)

【妇幼保健】 启动东城区预防艾滋病、梅毒和乙肝母婴传播工作实施方案。为每个乙肝表面抗原阳性孕产妇所生新生儿均提供免费注射100IU乙肝免疫球蛋白。启动东城区促进自然分娩、保障母婴安康项目,开展自然分娩体验营的活动。管理孕产妇8560人,产后访视8284人、访视率96.83%。抢救危重孕产妇192例,孕产妇无死亡。新生儿疾病免费筛查和0~6岁儿童免费体检4.4万人,儿童保健覆盖率95%。5岁以下儿童死亡率5‰以下,婴儿死亡率3.58‰。对辖区44家托幼园所卫生保健进行统一管理。完成11家计划生育技术服务机构的行政服务许可和110人次计划生育技术服务的审批项目,计划生育技术服务单位管理率100%。全年计划生育手术2.09万例。适龄妇女宫颈癌筛查16.02万人、乳腺癌筛查8.86万人,确诊宫颈癌8人、宫颈癌前病变35人、乳腺癌33人、乳腺癌前病变6人,为732人免费发放叶酸,婚前医学检查率6.42%,婚前卫生指导率100%。(曹赫隽)

【医疗工作】 全年门诊2058.32万人次,急诊101.38万人次,留观19.65万人次,危重症抢救(门诊、病房)2.63万人次,入院29.37万人次,出院29.35万人次;病床使用率85.62%,死亡率1.05%,住院手术17.08万例。开展医院管理年、医疗质量万里行、优化医疗服务流程,6家二级综合医院5月31日全部接入北京市预约挂号统一平台,提供网上预约服务。开展抗菌药物临床应用专项整治。与9家二级医院签订《抗菌药物临床应用专项整治活动责任书》,对抗菌药物应用重点环节开展督查,边整边改。对17家医疗机构的过期麻醉、一类精神药品进行现场监督销毁。辖区二级医院开展优质护理服务病房24个。开展护理员持证上岗培训工作,免费为辖区各医院培训护理员。7家二级医院分别对平谷区、昌平区14家卫生院对口支农。完成对内蒙古乌兰察布市集宁区的对口支援工作。全年审核采购医疗设备20余件1300余万元,核销设备147件165万元。(曹赫隽)

【血液管理】 全年自愿无偿献血10.57万人次,其中单位团体无偿献血3346人次,超额10%完成任务。设固定街头采血点7个,临时采血点1个,献血10.23万人次。7月18日,举办东城区临床用血管理工作培训班,驻区各级各类医疗机构负责人60余人参加。对各医疗机构安全、合理有效用血进行监督检查,规范辖区各临床用血医疗机构执业行为,依法加强临床用血监督管理。全年辖区医疗机构临床用血5.58万单位。(曹赫隽)

【医学教育】 全年有371项区级继续医学教育项目通过评审,举办全部继教项目3265场、培训41.65万人次,其中举办区级继续医学教育项目1532场,二级及以下医疗机构76名学员报名参加规范化培训。选派17人参加市卫生局区县级医院专业骨干培训,选送2名社区技术骨干参加北京市专业岗位骨干培训,选送5名二级医院急诊骨干医师参加中法急救培训中心高级模拟人专项培训。54名社区卫生服务人员通过北京市社区岗位培训考试取得合格证。(曹赫隽)

【科研工作】 全年获批市、区级科研课题22项,获资助28.5万元,即:隆福医院获批立项为年度首都卫生发展科研专项项目,区第一人民医院、和平里医院、鼓楼中医医院等4个项目获批立项为年度北京市中医药科技发展资金项目,普仁、鼓楼中医医院等2个项目获批立项为北京市金桥工程种子资金项目,第六医院等6家单位15个项目获批立项为年度东城区科技计划项目。组织第六医院等3家单位申报首发基金(中医药)项目7项、鼓楼中医医院申报中医外治法专项项目及年度国家中医药管理局中医学术流派传承工作室建设项目各1项。区疾控中心、鼓楼中医医院、第六医院及和平里医院5个科研项目分获2009—2011年度北京市东城区科学技术奖一、二、三等奖。全年局属各单位发表论文291余篇。(曹赫隽)

【基本建设】 年内,有6个建设项目,竣工项目4个即:第一妇幼保健院、东花市社区卫生服务中心、鼓楼中医医院改造、普仁医院医技综合楼新建。(曹赫隽)

药品监督管理

【概况】 北京市药品监督管理局东城分局(简称市药监局东城分局),是北京市药品监督管理局设在东城区负责本行政区域内药品、医疗器械、保健食品、化妆品监督管理工作的派出机构。下设东城区药品稽查办公室和东城区药品检验所。主要职责为对辖区药品、医疗器械、保健食品、化妆品生产和经营企业的产品质量进行监管,负责区域内有关药品、医疗器械、保健食品、化妆品的法律法规及规章的宣传、贯彻、实施,药品、医疗器械、保健食品、化妆品生产、经营企业的日常监管,药品市场的监督管理及处方药、非处方药管理办法的具体实施,医疗机构制剂的初审和精神药品、放射性药品、毒性药品、麻醉药品及特种药械的监督管理。药品、医疗器械不良反应的监测、上报,药品、医疗器械产品广告的监督管理工作。机构设置8个,即办公室、监察科、法规科、药品安全监管与注册核查科、特药科、医疗器械监管科、保健食品化妆品监管科、市场监管科。药监东城分局有公务员37人,药品稽查办公室有公务员19人,药品检验所有事业编制14人。

年内,行政执法受理案件259件,包括市局交办61件,举报60件,协查53件,移送26件,监督检查发现44件,检验机构检验发现15件,其中涉及药品132件,医疗器械60件,化妆品14件,保健食品53件。立案40件,处罚38件,结案率

95%,案件办结率96.2%,罚没金额132万元,没收违法所得31.79万元,罚款金额100万元,没收物品折合人民币14.78万元。移送公安机关2件。完成药品监督性抽验550批次,不合格1件,抽验合格率99.8%;完成医疗器械抽验45件,未收到不合格报告;完成保健食品抽验45批次,抽验合格率100%;完成化妆品抽验任务79批次,不合格1件,抽验合格率98.73%。行政许可及服务类事项全年办结716件,其中行政许可事项705件、服务事项11项。接待咨询2864人次,制证716件,送达716次。核发《医疗器械经营企业许可证》68件,变更《医疗器械经营企业许可证》126件,换发《医疗器械经营企业许可证》36件,即时办理企业52件,行政许可总数282件。迁出5家,主动注销16家,公告注销33家。

单位地址:东城区东四北大街什锦花园胡同7号

联系电话:64029590　邮政编码:100007　　(刘艳)

【**工作培训会**】 1月10日,与区公安分局联合召开年度首次打黑除害联席会议。会议回顾上年行刑衔接工作,总结涉药刑事案件侦办经验和不足,部署一季度联合执法工作。一线执法人员进行沟通交流,完善两部门联动机制,为行刑衔接工作奠定基础。药监稽查办,分局预审、法制处,经侦支队等涉药刑事案件一线侦办人员参加。5月29日,在培新宾馆举行年度辖区药品安全员首期培训会。会上通报东城区一季度药品安全形势、立案查处情况及"三品一械"违法违规常见案件。介绍如何鉴别真伪山东东阿阿胶知识,天坛社区卫生服务中心介绍如何合理使用抗菌药物。17个街道200余名药品安全员参加。9月6日,东城药监、卫生局联合召开民社办医疗机构"十八大"药品安全保障部署工作会。全区一级以下医院、门诊部、诊所、美容院120余家医疗机构负责人参加,发放宣传海报200余份　　(刘艳)

【**药品知识主题宣传**】 3月15日,在东四北大街开展"科学用药　健康生活"宣传活动。以现场咨询、面对面服务方式,向群众讲解安全用药、真假药识别、正规购药途径及虚假广告的危害,设立真假中药饮片药品鉴别台、咨询台、公布24小时举报、投诉电话等。到场群众学到中药饮片简便鉴别方法。活动发放宣传资料1000余份,接受群众咨询300次。　　(刘艳)

【**领导调研**】 3月22日,区纪委书记夏树军一行到药监东城分局调研廉政风险信息化工作。分局局长汇报分局人员、职责、监管企业及开发运用的"一网、二库、三平台、四体系",并现场演示网上审批系统、特药预警系统、风险诚信体系。10月31日,颜华率区政府相关部门到北京医保全新大药房有限责任公司安定门店对药监分局保障工作和企业实施情况进行现场督察,分局现场汇报迎检安保工作,该店负责人汇报医保全新"三品一械"销售安全应急预案和相关措施,区领导检查处方、非处方药,饮片、医疗器械、保健品、化妆品等柜组后,对药监分局安保工作及企业落实情况表示满意。同日,市药监局副局长王福义一行8人组成督导组对东城分局落实"十八大"药械市场安全保障工作进行督查。听取药监东城分局关于"十八大"药械市场安全保障工作实施、风险排查情况,市场巡查中纠正、排除安全隐患情况的汇报,查阅相关文件和记录。实地检查2家药械经营企业。督导组肯定东城区药械经营企业经营合法合规。　　(刘艳)

【**调查处罚假药案件**】 3月,北京市东四中医医院擅自从安国药材市场购进非法中药饮片,不能提供购进票据、供货单位资质和检验报告,对该单位处以非法购进药品货值金额5倍罚款,没收违法所得的行政处罚。罚没人民币70万元。健安医院非法生产使用假药案,移送至北京市公安局东城分局立案侦查。　　(刘艳)

【**专项检查**】 4月10日,召开辖区经营装饰性彩色平光隐形眼镜专项检查工作会,企业负责人50余人参加。传达国家局关于装饰性彩色平光隐形眼镜按医疗器械管理公告,布置专项检查工作,辅导实施《医疗器械经营企业检查标准》要点。现场检查经营隐形眼镜及护理液企业29家,其中连锁企业总部、单体店企业检查覆盖率100%。检查小商品市场4家,出动68人次,对涉嫌无证经营的1家企业移交稽查部门立案查处。与当当网市场负责人诫勉谈话1次。对擅自变更注册地且无法联系的4家单位,纳入失踪企业档案,进入公告注销程序。　　(刘艳)

【**东城区医药行业协会成立**】 5月30日在和平宾馆举行。市药监局副局长袁林、副区长颜华、市医药行业协会会长冯国安及区民政局、检察院、公安、国税、地税、工商、卫生、质监等相关委办局领导参加,全区医药系统162名会员单位代表出席,中国中药协会亲临致贺。　　(刘艳)

【**安保专项检查**】 9月5日、12日、19日,参加全市"利剑行动"、"迅雷行动"、"平安行动"3项应急演练。分局分派15个检查小组,出动执法人员87人次、执法车辆15车次,对辖区3家药品生产企业,6家药械经营企业及6家宾馆、饭店进行检查。9月11日、13日,联合卫生局开展对民营医疗机构的药械质量安全专项检查,出动6个检查组192人次、执法车辆48车次,检查48家重点民社办医疗机构,现场发现问题主要集中在有购销票据、购进验收记录、供应商资质和药品储存环境不符合要求等问题。对存在问题单位要求现场整改和限期整改。5月、10月至11月,对辖区批发市场经营特殊用途化妆品情况开展2次专项检查。将化妆品批发企业定为监管重点企业,将特殊用途化妆品、进口产品定为重点监管产品,对化妆品批发市场针对性监督检查99户次,发现违法违规问题移交稽查5户。年内,在打击利用互联网非法收售药品行动中,检查药店194家次、医疗机构179家次、其他单位249家次,出动人员1569人次。在全国药品生产流通领域整治行动中,出动执法人员120余人次,立案4起,对相关企业下达警告、责令限期改正11起,没收违法销售药品和违法所得1.7万余元,罚款6万余元。在打击农村市场假劣药品行动中,查处未经批准生产假药9万盒、粒,货值百万余元。在保健食品、化妆品违法添加使用禁限用物质整治中，出动执法人员130余人次，对4家批发个体户进行整改，对2家个体工商户实施行政处罚，责令下架停售违规化妆品60种800瓶。（刘艳）

【全国科普日宣传活动】 9月15～16日，参加全国科普日首都群众性系列活动，即东城区食品与健康主题宣传活动。主场活动设在南馆公园内。分局以展板展示、假冒伪劣保健食品展示、宣传材料发放、中药饮片鉴别讲解等方式向群众进行宣传。展示展板10块，发放宣传材料5000份，接待群众咨询700人次。（刘艳）

【中药饮片抽验专项行动】 10月24～26日，开展中药饮片专项整治抽验行动。被抽验单位中药饮片生产企业和使用外埠购进中药饮片的医疗机构，范围猪苓等市场上易掺假、造假的28个饮片品种。检查医疗机构5家，抽验6批次。（刘艳）

【整治非法收售药品行为】 开展医院周边非法收售药品行为综合整治，组织执法人员70人次，车辆20台次持续对在北京、同仁及天坛医院周边开展打击非法收售药品行为专项行动，检查医院周边无证售药、非法渠道购进药品行为。对旅游景点、所在社区街道内、农贸市场、早晚市场进行突击检查70余人次，巡查街道、市场20处次，对1家非法渠道购进药品注射用A型肉毒毒素医疗美容诊所、2家无证经营医疗器械个体工商户进行行政处罚，查处1起非法经营不符合法定要求的产品案件，罚款7万余元。（刘艳）

【百千万工程建设】 年内，推进"百千万工程"建设。创建药品安全示范街道3个，申报质量管理示范企业34家，聘任药品安全员544名。药品安全员分布在辖区17个街道、187个社区、589个社会管理网格。对药品安全员进行2期培训，讲解安全用药知识、如何发现药品安全违法违规行为和重大隐患。通过安全员线索，查处2起重大案件，罚68万余元，公安刑事拘留11人。（刘艳）

体　育

【概况】 东城区体育局(简称区体育局)，是区政府主管辖区体育工作的行政职能部门。机构设置7个，即行政办公室、党委办公室(监察科)、群众体育科、体育法制科、青少年体育科、体育产业发展科、人事财审科。有下属事业单位15家，其中全额拨款单位5家，即社会体育管理一中心、社会体育管理二中心、第一体育运动学校、第二体育运动学校、青少年业余体校。差额拨款单位3家，即天坛体育活动中心、游泳运动中心、网球运动中心。自收自支单位7家，即东单体育中心、地坛体育中心、地坛体育馆、体育服务中心、后勤服务中心、体育培训中心、体育科学研究所。有公务员编制33人，在编正式职工283人。

年内，培训社会体育指导员500余人。区体育局社会体育管理二中心被国家体育总局确定为国家级国民体质测定与运动健身指导站试点单位。获国家级表彰4项：全民健身活动优秀组织奖、全国推广健身气功先进单位、全民健身活动先进单位、全国业余训练先进单位。

单位地址：东城区和平里中街18号
联系电话：64261982　邮政编码：100013（贾明艳）

【全民健身活动】 3月21日，在东四街道奥林匹克社区公园举行第四届全国体育进社区东城分会场健身项目交流展示活动，市体育局领导刘宝锁、李丽莉，首都精神文明办副主任卜秀均，区领导宋甘澍、许汇出席开幕式，部分省、市主要负责人及区相关单位领导、嘉宾、演员300余人参加。4月14日，在青年湖公园举行"区长杯"长跑比赛，50个社区300人参加环湖健步行活动，来自驻区单位70支代表队近300名运动员参加长跑比赛。区领导蔡福全、许汇参加。4月26日，在奥林匹克森林公园举办处级以上干部健身系列活动启动仪式暨第一届健步行比赛，区有关领导出席开幕式并参加健步行比赛。全区98个单位600余名处级以上领导参加。6月19日，在地坛体育馆举行第六届"和谐杯"乒乓球决赛，市体育局副局长王艳霞，区领导冯熙、许汇，第28、29届奥运会女子举重冠军刘春红参加开幕式，17个街道50支代表队250名运动员参赛。7月3日，在地坛体育馆举行全民健身万里行全国首发暨东城区全民健身月启动仪式，国家体育总局及区有关领导出席开幕式，32家成员单位负责人、2000名演员与观众参加，涂晓东代表活动主办方与区领导许汇签署全民健身万里行战略合作协议。8月31日，在地坛体育馆举行东城区第九套广播体操比赛，全区各机关、企、事业单位和部队46支代表队，1000余名健身爱好者参加比赛。市体育局副局长王艳霞及区全民健身工作委员会、32家体协单位负责人出席开幕式。9月12日，在地坛体育馆举行全国百城健身气功交流展示活动，国家体育总局健身气功管理中心培训活动部副部长王毅、市防范办副巡视员徐国金、区委常委宋甘澍、副区长许汇出席开幕式，千余名健身气功爱好者参加活动。年内，"快乐周末"全民健身系列比赛活动在区属10个场馆分13个项目展开，10万人次参加。全民健身月、"和谐杯"乒乓球比赛活动30余万人次参加。（贾明艳）

【创全民健身示范城区】 5月8日，全民健身示范城市（区）试点工作第二次会议在东城区开幕，国家体育总局副局长冯建中、群体司司长盛志国、市政府副秘书长侯玉兰出席，全国20个全民健身示范城市（区）试点单位的主管领导及全民健身专家100余人参加会议，副区长许汇介绍东城区创建全民健身示范城市（区）工作情况。12月21日，北京市全民健身示范城区试点工作交流会在东城区召开，16个区县体育局负责人参加。年内，在全区187个社区开展星级社会体育指导员评选工作，培训500余名二、三级社会体育指导员。开展晨晚练辅导站及健身团队到街道登记、注册工作，对全区符合标准的415个晨晚练健身站点、健身团队配发广场机。完成93个市级体育生活化社区的创建达标工作，其中40个"奥林匹克·体育生活化社区"创建工作。编发东城区全民健身简讯87期、东城区全民健身报27期，编印发放《东城区全民健身工作经验汇编》举办《健康东城　运动瞬间》为主题的全民健身摄影比赛。 （贾明艳）

【体质测定活动】 6月10日，在地坛体育馆举办东城区首届"体质测试日"活动，为100余人进行体质测试，并进行体质趣味项目活动。年内，为近4000人进行体质测定和运动能力评定，体质测试合格率为89%。为参加锻炼人群定期进行体质测试，建立体质健康档案。为2所体校足球、篮球、柔道等运动项目近300名运动员进行骨龄判读、形态、机能、素质、体能指标的数据采集和评定。 （贾明艳）

【国际国内赛事】 7月13日，在地坛体育馆举行全国拔河新星系列赛北京站暨北京市首届拔河比赛，是北京市第一次承办国家级现代竞技拔河专业赛事，也是北京市第一次举办群众性竞技拔河比赛，市体育局副局长李丽莉、市直机关工委副书记王玉忠、区委常委宋甘澍出席开幕式。9月22～23日，在地坛体育馆举办第二届中国北京国际体育舞蹈公开赛，副市长刘敬民、中国奥委会副主席胡家燕、世界体育舞蹈联合会主席卡洛斯·费雷泰格、市体育局副局长李丽莉、区领导牛青山、宋甘澍、毛炯及相关国家驻华使节、体育舞蹈联合会官员和部分国家体育舞蹈协会主席出席开幕式，41个国家300余对选手参赛，中央电视台及20余个省、市级电视台对赛事进行专题报道。10月9日，环北京职业公路自行车赛第一赛段比赛在天安门广场发车，宋甘澍带领东城区选派的34名优秀工作者参加。 （贾明艳）

【体育设施对外开放】 年内，实现65%的学校及具备条件的社会单位对外开放体育文化设施，其中开放学校67所、社会单位43家。为全民健身工程的13个项目，6个承办场馆统一购买公众责任保险。完成63套全民健身工程更新工作。 （贾明艳）

【曹缘等9名东城输送运动员奥运会获奖】 在第30届伦敦夏季奥林匹克运动会中东城区培养输送的运动员曹缘和队友获跳水项目男子双人10米跳台金牌，张楠与队友获羽毛球混合双打金牌，陈颖获射击项目女子25米运动手枪银牌，何可欣获女子体操高低杠银牌并与队友获女子体操团体第四名，刘京与队友获游泳女子4×200米自由泳接力第六名。 （贾明艳）

【青少年体育】 全年审批二、三级运动员186名。举办14项东城区阳光体育赛事。承办6项北京市青少年锦标赛及5项北京市业余体校锦标赛。督办传统校组队参加12项市级传统校赛事。抓好43所体育项目传统校、32家青少年体育俱乐部日常管理工作，重点落实4家新申报俱乐部注册工作。景山学校、灯市口小学获年度北京市三大球项目开展先进单位称号。史家青少年俱乐部获2011—2012年度北京市先进俱乐部称号。青少年业余体校获年度全国业余训练先进单位称号。

（贾明艳）

社 会 生 活

民 政

【概况】 东城区民政局(简称区民政局)是区政府管理有关社会行政事务的职能部门,负责社会救助与福利、基层民主政治建设、服务军队和国防建设、专项社会行政事务管理等方面工作。内设15个行政科室。

年内,落实"大民政"建设任务,保障改善民生,落实低收入家庭救助政策,社会救助逐渐向边缘群体倾斜;以创建"六型社区"为抓手,完成第八届社区居委会选举,完善和理顺社区组织关系,形成多部门参与、自负其责、齐抓共建的社区建设格局;畅通社会组织登记管理绿色通道,实施社区社会组织孵化培育工程,社会组织服务管理创新逐步推进;狠抓"九养"政策的落实,建立综合性区级居家养老服务中心,社会福利逐步向适度普惠并轨。救助流浪乞讨人员907人次,救助未成年人86人、精神病人40人,医疗救治144人,提供受助人员返乡车票167人次,跨省接送21人,处理网格案卷3640件。新批准孤儿4人,向29名社会散居孤儿和视同孤儿的事实上无人抚养儿童发放基本生活费53.57万元。电脑福利彩票销售2.21亿元,即开型福利彩票销售5058.48万元,总销售额2.7亿元。调整部分社区由205个减少为187个。区民政局被评为北京市民政工作绩效管理考评优秀单位。区连续第六次被评为全国双拥模范城。

单位地址:东城区幸福大街32号

联系电话:84012469　邮政编码:100061　(董蕾)

【社会救助】 1月1日,城市低保标准从家庭月人均500元上调为520元。截至12月,有低保对象及生活困难补助人员9445户1.67万人,支出救助资金9516.81万元。1月至12月新增低保及生活困难补助对象500户779人。有6515户8049人享受粮油帮困补贴,发放补贴金390.96万元。低保、低收入以及资助参保人员享受医疗救助人员2250人次,支出救助资金474.37万元。282人办理临时救助,发放救助资金92.76万元。享受供暖救助4747户,支出救助资金299.6万元。享受高等教育新生入学救助201人,支出教育救助资金89.3万元。(董蕾)

【社区居委会换届】 2月至6月,第八届社区居委会换届。177个参选社区登记选民49.66万人,选举产生新一届居民代表1.03万人,28个社区同意流动人口参加选举,登记流动人口选民847人,3个社区采取全民选举方式,65个社区采取户代表选举方式,直选、户选比例38.4%。选举产生新一届社区居委会成员1329人,其中主任177人、副主任323人、委员829人。参选率95%,其中16个社区参选率100%。

(董蕾)

【扶贫济困活动】 全年接收捐款约607.43万元,接收捐赠物资近8.97万件,价值88.57万余元;利用12.3万元扶贫捐款,救助25户困难家庭。4.11万名党员、9109名群众参加共产党员献爱心活动,接收捐款169.57万元。区慈善协会召开第三届会员代表大会,选举产生新一届协会领导。春节期间,联合区人力资源和社会保障局、区残联、区红十字会等9个职能部门和17个街道办事处,对低保对象、优抚对象、劳动模范、失业人员等23类2.57万人和10家节假日坚守一线企业职工走访慰问,支出慰问金939.44万元。(董蕾)

【发放慈善爱心卡】 开展凝聚爱心,情暖京城慈善爱心卡发放活动,100户特困群众享受慈善关怀,每户每年获得价值1000元慈善爱心购物卡。开展爱心无界,情暖百家走访慰问活动,8个街道13户因大病致贫家庭送救助款15万元。940名低保老人符合慈善医疗卡项目救助标准。给予低保、低收入家庭中2010、2011届在校大学生,每人1000元救助,253名学生符合救助标准,救助金25.3万元。(董蕾)

【社区建设】 成立区"六型社区"建设领导小组,制定《东城区创建"六型"社区推进和谐社区建设实施方案》,明确相关委办局职责任务。成立干净社区、规范社区、服务社区、安全社区、健康社区、文化社区等6个专项工作组。建立"六型社区"创建工作联席会议制度和目标责任、考核协调、定期通报、群众监督等工作机制,37个申报社区通过验收,命名市级"六型示范社区"。(董蕾)

【居家养老服务】 建立区级居家养老管理服务中心1个,街道级居家养老管理服务中心7个(交道口、东直门、朝阳门、建国门、东花市、体育馆路、永定门外街道);社区级居家养老管理服务中心1个(龙潭街道光明社区)。向3.21万名80周岁以上老年人和特殊老年人发放居家养老(助残)服务券3676.39万元。签约居家养老服务商512家,其中养老(助残)餐桌273个、非餐饮类服务商239家、托老(残)所190

家。发放“小帮手”电子服务器1367部，安装紧急医疗救助呼叫器760部。推选市级孝星501名，评选区级孝星499人。（董蕾）

【养老服务机构建设】 区运营养老机构11家（区级养老院2家、街道级3家、社会力量办6家），床位数1363张。北苑区级养老院开业。社会办养老机构区康泰老年公寓4月底对外接收老人，新增床位278张。组织养老护理员参加职业技能竞赛，养老护理员持证上岗率从38.7%提高至65.22%。动员养老机构参加综合责任保险，区养老机构参保率90%，投保床位数596张。申请财政补贴7.63万元。（董蕾）

【殡葬管理】 开展清明节殡葬执法宣传活动、殡葬服务窗口单位政风行风民主评议活动、公益性公墓管理专项整治行动。清明节期间，联合执法组执法检查区11家医院太平间，抽查丧葬用品销售网点。审批符合无丧葬补助居民丧葬补贴待遇人员646人，发放丧葬补贴323万元。（董蕾）

【地方退休人员管理】 年内，3次调整、规范、增加地方退休人员退休待遇，为1000余名地退人员增发补贴800余万元。为95名地退人员补发一次性死亡抚恤金300余万元。春节前夕，为建国前老工人、劳模、高级专家及特困人员送慰问金2.07万元，发放地退老人节日慰问品。五一为7名劳动模范送去每人300元慰问金。中秋、国庆两节发放地退老人节日慰问品。为老人送寿桃服务959人次，服务金额9.59万元。（董蕾）

【福利企业审核】 年内，审核18家福利企业，有3家不符合福利企业资格。15家福利企业职工576人，其中残疾职工240人。福利企业销售及营业收入2.25亿余元，利税总额1352.67万元，应上缴税款984.94万元，应退增值税627.98万元。审核福利企业残疾人就业岗位补贴、企业超比例安置补贴109.30万元。核发精神残疾职工安置补贴13万元。“两节”期间筹集资金10万余元，开展福利企业残疾职工送温暖活动。（董蕾）

【双拥活动】 春节、八一建军节，区领导走访慰问驻区部队官兵。召开区、街各级军政座谈15次，赠送驻区部队和优抚对象慰问金、慰问品500余万元；调整《东城区双拥工作领导小组成员名单》；制定《2012年东城区双拥工作要点》和《东城区双拥工作四年规划（2012—2015）》。开展义务植树、便民服务、军地单身青年交友联谊会、“双拥杯”保龄球比赛等活动。杨柳荫等区领导35人参加三军仪仗队“军事日”活动。办理驻区部队干部子女入学60人，开展随军家属专场招聘会，举办军地两用人才中式厨师培训班，为基层连队培训64名等级厨师。（董蕾）

【优抚安置工作】 全区有残疾军人821人，烈属518人，享受定期抚恤补助因公牺牲军人遗属7人，病故军人遗属47人，老复员军人27人，参战退役人员10人，义务兵258人，优抚对象1688人。112名享受定期抚恤补助优抚对象免费参加医疗保险，报销医疗费用1116.40万元。办理一次性抚恤金89人，发放抚恤金2101.60万元。为23名残疾军人和伤残工作人员办理鉴定及换证工作。完成年满60岁农村籍老复员军人、未享受过待遇的老烈士子女身份认定和补助发放工作，完成烈士纪念物修缮工作。接收退役士兵246人，其中，退役义务兵209人，士官37人，全部得到妥善安置，选择自主就业和自谋职业140人，政府安排94人，复工复学10人，移交2人。印发《退役士兵职业教育和技能培训有关政策问答》。组织自主就业退役士兵，参加北京信息职业技术学院等10所高等院校的学历教育，委托区职业技术学校等4家培训机构开设软件测试等20余项职业技能短期培训班，区财政支出培训经费5.6万余元。发放自主就业退役士兵补助金400余万元。20余家用工单位举办专场招聘15场，完成安置任务。（董蕾）

【军队离退休干部管理】 接收安置军队离退休干部130人。完成1705名军休干部定期增资15.30万元.落实61名53年师职军休干部生活补贴41.46万元。完成军休职工工资归并工作。办理27名军休干部抚恤手续。（董蕾）

【社会组织管理与服务】 全区有社会组织548家，其中社会团体194家，民办非企业单位354家。完成行政许可89项，其中社会团体成立和筹备成立4项，变更登记8项，注销登记10项，分支机构成立登记7项，分支机构变更登记9项，民办非企业单位成立登记13项，变更登记35项，注销3项。社区参与行动服务中心等支持型社会组织承接建国门等8个街道16个社区公益服务项目，投入资金50余万元，引入第三方评估机构，全程跟踪、监督和考评16个项目。开展传统手工艺培训等公益服务活动。举办书画、摄影等活动100余期，受益人群5400余人次。（董蕾）

【保护见义勇为人员权益】 全区有见义勇为人员109人，其中办理转入转出60人（次）。8月，开展见义勇为法规进社区宣传周活动17场（次）。完成1名“法前”见义勇为人员残疾评定工作。走访慰问见义勇为人员活动20人（次），春节期间发放23万余元慰问金、慰问品。发放特困救助金6.9万元。（董蕾）

【婚姻登记管理】 办理结婚登记1.47万对，办理离婚登记3246对，办理补领婚姻证件2033件，出具无婚姻登记记录证明2500件。12月12日高峰登记日当天，办理结婚登记685对。（董蕾）

居民生活

【居民收入】 2012年居民人均总收入为43293元,比上年增加4577元,同比增长11.8%。人均可支配收入为38559元,比上年增加3934元,同比增长11.4%。人均借贷收入27832元,比上年增加1725元,同比增长6.6%。在人均总收入中,工资性收入27552元,占人均总收入的63.6%,比上年增加2813元,同比增长11.4%;经营净收入1038元,占人均总收入的2.4%,比上年增加291元,同比增长39.0%;财产性收入827元,占人均总收入的1.9%,比上年增加227元,同比增长37.9%;转移性收入13876元,占人均总收入的32.1%,比上年增加1245元,同比增长9.9%。 (任羽利)

【居民支出】 2012年居民人均总支出32301元,比上年增加2619元,同比增长8.8%。人均借贷支出38824元,比上年增加3727元,同比增长10.6%。在人均总支出中,消费性支出为25887元,占人均总支出的80.1%,比上年增加2074元,同比增长8.7%;购房与建房支出51元,占人均总支出的0.2%,比上年减少135元,同比下降72.5%;转移性支出2011元,占人均总支出的6.2%,比上年减少166元,同比下降7.6%;社会保障支出4240元,占人均总支出的13.1%,比上年增加799元,同比增长23.2%;财产性支出111元,占人均总支出的0.3%,比上年增加47元,同比增长72.5%。 (任羽利)

【食品支出】 居民家庭人均购买食品支出8891元,比上年增加1123元,同比增长14.5%,高于人均消费支出增幅5.8个百分点。其中:购买粮油类支出858元,同比增长3.5%;肉禽蛋水产品类支出1819元,同比增长13.2%;蔬菜类支出628元,同比增长7.1%;调味品类支出146元,同比增长6.5%;糖烟酒饮料类支出1054元,同比增长19.2%;干鲜瓜果类支出868元,同比增长13.9%;糕点、奶及奶制品类支出842元,同比增长19.6%;其他食品支出114元,同比增长32.8%;饮食服务支出2563元,同比增长17.9%。本年恩格尔系数34.3%,与上年相比上升1.7个百分点。 (任羽利)

【衣着支出】 居民家庭人均购买衣着支出2702元,比上年增加402元,同比增长17.5%。其中:购买服装类支出1889元,同比增长14.6%,人均购买服装11件;鞋类支出667元,同比增长23.6%,人均购鞋3双。其他衣着用品、衣着材料和支付衣着加工服务费共计支出146元,同比增长29.4%。 (任羽利)

【家庭设备用品及服务支出】 居民人均家庭设备用品及服务支出为1669元,比上年减少77元,同比下降4.4%。其中:人均购买耐用消费品支出为685元,比上年下降129元,同比下降15.9%;床上用品支出145元,同比增长7.5%;家庭日用杂品支出691元,同比增长8.1%;家庭服务支出102元,同比下降2.2%。 (任羽利)

【医疗保健支出】 居民家庭人均用于医疗保健方面的支出为1722元,比上年下降8元,同比下降0.5%。其中:购买药品支出760元,同比下降6.5%;滋补保健品支出373元,同比增长15.6%;医疗费支出516元,同比增长4.9%;购买医疗、保健器具和其他医疗保健支出共73元,同比下降28.6%。 (任羽利)

【交通和通信支出】 居民家庭人均用于交通和通信方面的支出为3648元,比上年增加110元,同比增长3.1%。其中:交通类支出(包括购置家庭交通工具、购买车辆用燃料及零配件、交通工具服务支出和交通费)共2299元,同比下降2.3%。其中,购置家庭交通工具支出707元,同比下降32.0%;支付交通费575元,同比增长13.9%。通信类支出(包括购置通信工具和支付通信服务费用)共1349元,同比增长13.8%。其中购置通信工具支出358元,同比增长32.9%;通信服务费用支出991元,同比增长8.2%。 (任羽利)

【教育文化娱乐服务支出】 居民家庭人均用于教育和文化娱乐方面的支出为4002元,比上年增加453元,同比增长12.8%。其中:用于购置文化娱乐用品的支出为994元,比上年减少195元,同比下降16.4%;用于文化娱乐服务方面的支出为1898元,比上年增加537元,同比增长39.5%;支付各种教育费用1111元,比上年增加111元,同比增长11.1%。 (任羽利)

【居住支出】 居民家庭人均居住支出为1916元,比上年减少194元,同比下降9.2%。其中:住房支出(包括:房租、住房装潢、维修用建筑材料等用于住房的直接支出,不包括购房支出)799元,比上年减少251元,同比下降23.9%;水电燃料及其他支出1034元,比上年增加55元,同比增长5.6%;居住服务费支出(包括:物业管理费、住房维修服务费等用于住房的服务费用)82元,比上年增加2元,同比增长2.1%。 (任羽利)

【居民能源与水的消耗支出】 居民家庭人均用水支出为132元,比上年增加11元。人均用电支出为588元,比上年增加

32 元。人均罐装液化石油气消费支出为 33 元,比上年减少 3 元。人均管道天然气消费支出为 160 元,比上年增加 22 元。人均煤炭消费支出为 16 元,比上年减少 3 元。（任羽利）

【居民储蓄】 居民家庭人均存入储蓄款为 38092 元,比上年增加 3965 元,同比增长 11.6%;人均提取储蓄存款 27769 元,比上年增加 1990 元,同比增长 7.7%;存款比取款多 10323 元。2012 年居民人均储蓄性保险支出 361 元,购买有价证券 13 元,归还住房贷款 125 元。（任羽利）

【主要耐用消费品拥有量】 2012 年每百户居民平均购买大件生活消费品的数量为:洗衣机 7 台,电冰箱 6 台,空调器 5 台,淋浴热水器 5 台,彩色电视机 9 台,计算机(整机)12 台,摄像机 2 架,照相机 5 架。2012 年,每百户居民主要大件生活消费品拥有量为:家用汽车 30 辆,洗衣机 104 台,电冰箱 105 台,微波炉 92 台,空调器 181 台,淋浴热水器 93 台,彩色电视机 151 台,计算机 123 台,组合音响 26 套,钢琴 5 架,摄像机 30 架,照相机 105 架,各种健身器材 6 套,固定电话 96 部,移动电话 235 部。（任羽利）

计 划 生 育

【概况】 东城区人口和计划生育委员会(简称区人口计生委)是区政府的工作部门,负责全区人口和计划生育工作。区计划生育协会(简称区计生协)是协助政府动员群众参与人口和计划生育工作的社会团体。设办公室、宣传教育科、综合业务科、流动人口服务管理科、调研协调科。公务员编制 22 人,事业编制 15 人,工勤人员 1 人。下设计划生育协会、生殖健康技术指导中心、计划生育药具管理站(事业编制 15 人)。

年内,完成区长与市长签订的人口和计划生育目标管理责任书各项指标。截至年底,统计出生上报 8237 人,计划内出生 8130 人,计划生育率 98.7%,完成市政府下达各项指标。完成区法制办依法行政检查验收工作。印发《北京市东城区人口和计划委员会关于印发＜关于全面推进诚信计生工作实施方案＞的通知》,制作 5000 份宣传纪念品及流动人口计划生育政策和知识宣传的台历、环保手包,发放到流动育龄群众手中。落实八项便民措施,根据《国家人口计生委＜关于方便群众办证的通知＞的实施办法》,方便群众办理计划生育事项。区人口计生委举办街道业务工作培训班,解释和培训《实施办法》。举办 0 ~3 岁早期教育会员制实验班,办班费用由政府支付。成立"人工流产关爱中心"。印发《东城区人口和计划生育法制工作基层基础资料规范化管理条目》。

单位地址:东城区美术馆后街 12 号

联系电话:64072574　邮政编码:100010　（王承岩）

【刘志慰问特困工作者代表】 1 月 20 日,市人口和计划生育委员会主任刘志一行慰问工作在人口计生一线、身患重大疾病的特困工作者代表,并颁发慰问金。刘志询问基层计生工作实际情况和面临问题后,肯定区计划生育网格化工作、"0 ~3 岁早期教育宝贝计划工程"、流动人口管理与服务工作等。要求人口计生工作要改变传统工作内容与工作方式,体现关爱与关怀,注入新活力与新内涵。（王承岩）

【人口发展论坛】 2 月 16 日,新东城首届人口发展论坛——历史文化名城保护与中心城区人口疏解举行。中国人民大学社会与人口学院院长主持会议,北京大学城市与环境学院城市与区域规划系主任点评。颜华致辞,介绍了区域人口发展工作概况。徐捷作"创新服务管理体制机制　构建大人口工作格局"主题报告,指出合理调控首都人口规模必须立足于"大人口"理念,创新首都人口服务管理体制机制,构建大人口工作格局,"抓住一条主线,抓好两个统筹,坚持三个原则,构建四级管理体系"。颜华作"保护历史文化名城　积极探索人口疏解"的主题演讲,分析历史文化名城保护和人口疏解工作重要性与意义,指出疏解人口是区保护历史文化名城的必由之路,并提出中心城区人口疏解工作思路。区危改办、规划分局、统计局、人口计生委结合行政职能与工作实际,在论坛上发表调研成果,集中展示行政区划调整后,东城区在人口规模调控、历史文化名城保护、中心城区人口疏解和城市功能转移、社会服务管理创新等领域的工作成果。会上还观看专题短片《全面统筹　创新管理　持续发展——构建东城区统筹解决人口问题工作新格局》,市人口计生委党组副书记、副主任徐捷,副区长颜华参加,市人口计生委相关领导,各区县人口计生委主任和区职能部门及街道办事处领导出席会议。（王承岩）

【聘任病残儿医学鉴定专家】 6 月 6 日,召开计划生育病残儿医学鉴定专家聘任会。32 名病残儿医学鉴定专家来自北京市妇产医院、首都儿研所、同仁医院、协和医院、北京医院、军区总医院、安贞医院、和平里医院、隆福医院。鉴定专家组材料预审专家对鉴定程序、鉴定责任等现场培训。区人口计生委主任向到会专家颁发聘书。会上,播放《阳光计生　精彩东城》纪录片。2008 ~ 2011 年区完成病残儿鉴定病例 50 例。（王承岩）

【计生工作培训】 6 月 19 日,召开街道干部法制培训会。系统培训基层日常工作中常见问题，病残儿鉴定工作、社会抚养费征收、现行生育政策及利益导向工作，提升基层计生人员的执法水平。7月2～6日，区人口计生委在区党校举办东城区社区流动人口计划生育业务培训。187个社区居委会和服务站负责计生工作人员，364人参加培训并考试。7月13日，召开社区卫生计划生育"生命蓝岛"工作培训会。区人口计生委、区计生中心、区药具管理站、区社卫中心、社区卫生服务中心负责人、"生命蓝岛"医务人员和街道计生办科长30余人参会。7月23～27日，进行北京市全员户籍人口信息系统培训，17个街道187个社区计生工作人员参加。采取分街道培训方式，分为讲解、案例练习、问题答疑3个步骤，解决社区计生干部在录入中遇到问题。9月27日召开药具基础知识培训会，国家计划生育研究所研究员，讲解紧急避孕及口服避孕药对经期调节作用等知识，并现场答疑。17个街道计生科长、药具干部及部分社区药具干部参加培训。

（王承岩）

【免费孕前健康体检】　6月至11月，免费为区510对育龄夫妇进行孕前筛查体检。免费孕前优生健康体检。包括项目宣传教育、健康体检、风险评估、咨询指导、孕情监测和跟踪随访等19项内容的系列服务，为准备怀孕家庭优生优育提供安全保障。（王承岩）

【世界人口日活动】　7月10日，举办"幸福家庭·和谐人口"主题文艺汇演，迎接第23个"7.11"世界人口日。歌舞、相声、小品等10余个节目，诠释"家庭幸福·和谐人口"的价值理念，传播科学、文明、进步婚育观念和家庭伦理。北京市人口计生委副主任彭彧华等与区人口计生系统干部、各界群众代表500余人观看演出。（王承岩）

【基本公共服务均等化座谈会】　7月19日，综治办、公安局、教委、卫生局、人保局、房管局、工商局、财政局、司法局等9个职能部门主管领导参加。研讨创新流动人口服务管理体制、推进流动人口计划生育基本公共服务均等化等方面认为：(1)加强流动人口计划生育基本公共服务均等化的领导。(2)建立健全流动人口工作统筹管理、综合决策机制。(3)建立"以房管人、以不动管流动"的工作机制。(4)保证流动人口计划生育基本公共服务经费投入。(5)加强考核评估。

（王承岩）

【紧急避孕救助试点项目】　7月26日，启动紧急避孕救助试点项目，服务对象为辖区该试点项目内有紧急避孕需求的人群，服务内容主要包括区人口计生委、各街道计生办和社区居委会在辖区内开展紧急避孕免费救助服务的宣传，提高育龄群众知晓率。社区人口和家庭健康服务中心计生咨询服务室，专业医务人员提供免费紧急避孕知识咨询、服用的具体指导和免费紧急避孕药品发放。（王承岩）

【流动人口计生服务管理双向协作】　9月3日，召开与浙江台州流动人口计划生育服务管理双向协作座谈会，双方介绍流动人口计划生育服务管理基本情况，交流双向管理信息沟通、属地计划生育政策、流动人口孕检工作、流动人口协会建设等流动人口服务管理方面情况。在加强双向联系、完善流动人口计划生育两地互动群众受惠区域协作机制，做好流动人口计划生育协作管理工作，采集流动人口信息和重点人群服务管理结合，建立和完善协作制度等方面达成一致意见，并签订双向协作协议书。（王承岩）

【英国救助儿童会考察早教工作】　9月6日，英国救助儿童会中国项目经理等6人考察0～3岁婴幼儿早期教育工作，参观区0～3岁市级早教示范基地。（王承岩）

【领导调研】　9月17日，市人口计生委党组成员、纪检组组长刘晓军等6人到体育馆路街道检查评估"阳光计生行动"暨全员人口信息管理系统效能监察工作。观看短片《阳光计生　精彩东城》。刘晓军提出建议：一是转变工作理念、创新工作机制、深化体系建设。二是东城区首创网格化管理模式，区、街人口计生部门在人口计生网格化管理模式基础上，深化、推进"阳光网格"建设，实现精细化管理、人性化服务、规范化运行、信息化支撑网格化社会服务管理目标。三是重点推进群众评议制，通过座谈会、问卷等形式，及时了解群众对人口计生工作满意度。四是以双百评选工作为契机，树立典型、推广经验，推进人口计生系统行风建设。检查组一行参观体育馆路街道一站式服务大厅、红桥市场流动人口图书角，并考察龙潭街道光明社区居委会人口计生工作。11月15日，颜华调研体育馆路社区卫生服务中心"生命蓝岛"。社区卫生服务中心"生命蓝岛"承担健康教育、生殖保健、优生优育的咨询指导，免费避孕药具发放和咨询指导，所辖社区卫生服务站工作指导、妇幼保健相关诊疗服务等工作。区人口计生委主任介绍工作情况，颜华肯定计卫联手资源整合的工作方法，希望利用社区资源，利用区信息化建设优势，切实实现为居民提供全方位生殖保健服务的目标。（王承岩）

【婴幼儿早期教育成果展】　9月24日，区首届幸福家庭日"0～3岁婴幼儿早期教育成果展"举办。颜华出席，区教委、卫生局、妇联及17个街道计生干部等60余人到会，10余家新闻媒体采访报导。编写的"0～3岁婴幼儿早期教育"系列丛书《家长指导手册》和《精编育儿200问》免费发放区0～3岁婴幼儿家庭。颜华提出要求：区人口计生委要发挥统筹、规划，组织、管理、协调和监督职能。区教委、区卫生局负责医教整合研究，为社区早教基地提供师资和教育服务保障。区妇联、各街道办事处要发挥自身优势，协调组织婴幼儿家长定期参加早期基地活动。各部门强化职责，明确分工，逐步形成和完善资源整合，互动联动，优势互补，共用共享的一体化管理运作模式。（王承岩）

【免费孕前优生项目督导会】　9月28日召开。传达市人口计生委国家免费孕前优生项目工作督导会议精神，解读《北京市人口计生委关于转发国家人口计生委评选全国计划生育优质服务先进单位的通知》。区人口计生委有关科室人

员、17个街道主管主任和计生科长、区妇幼保健院院长和主管院长等参加。 (王承岩)

【男性健康日讲座】 "10.28男性健康日",组织17个街道进行关爱男性健康,促进家庭和谐的男性健康讲座进机关系列活动。鼓楼中医院男科主任医生,从中医角度详细系统讲解男性在日常工作、生活中生理和心理上容易出现的问题,并提出建议。并为听讲人员答疑解惑。 (王承岩)

【温州市计生委到区考察】 11月16日,温州市人口计生委主任等7人到建国门街道考察人口计生社会管理创新、城市社区人口计生服务管理等,市人口计生委办公室主任陪同。区计生委主任介绍东城区计划生育工作,结合区在北京核心功能区中的文物保护与人口疏解的重要作用,依托网格,借助物流,构建药具发放新模式等开展一系列特色服务工作。建国门街道介绍人口计生工作与城市网格化管理相结合经验。考察团就计划生育工作前景等与区有关部门进行交流探讨。交流会后考察团参观建国门街道大雅宝社区。 (王承岩)

【人口和计生领导小组会议】 11日召开。颜华解读《"十二五"时期东城区统筹解决人口问题的工作意见》,成员单位代表作经验交流,牛青山、颜华与成员单位签订责任书。牛青山提出要求。市人口计生委主任刘志参加。 (王承岩)

【推广计生药具发放机】 17个街道政务大厅、医院、社区卫生服务中心及部分社区卫生服务站、药店、职介、市场等55家公共单位,安装身份证式计划生育药具免费发放机。市民只需用第二代身份证便能领取适合自身需要的免费计生药具。该发放机还有单独的触摸式显示屏,能够显示优生优育、避孕节育、生殖健康与保健、技术服务与指导等计生相关知识,指导群众掌握有关避孕节育和生殖健康与保健知识。 (王承岩)

【信息网络平台升级】 年内,区计划生育药具管理与发放服务平台升级工作安装调试完成,系统6月初正式使用。6月15日,召开计划生育药具管理与发放服务平台操作系统培训会,17个街道药具干部及部分社区药具干部参加培训。

(王承岩)

【家书系情思表彰活动】 新春举办家书系情思表彰,并启动"走中轴路 传计生情"主题活动。鼓励支持参与人口和计划生育工作的来京工作者及慰问两节期间留京不能返乡的来京工作者。与会人员观看多媒体电影《未来北京》,参观北京规划馆、永外街道政务大厅、区生育文化园及国家大剧院。市区计生委领导及17个街道流动人口代表100余人出席活动。 (王承岩)

【家书征集活动】 在初、高中流动人口学生中开展"一封家书"作品征集活动,征集"一封家书"1万封。精选100篇家书汇编成册,两节期间送给流动人员。

(王承岩)

老 龄 工 作

【概况】 东城区老龄工作委员会办公室(简称区老龄办),承担协调、推动老龄事业发展规划落实和维护老年人合法权益的保障工作,指导、监督和检查区老龄工作,贯彻执行市政府和市业务主管机构关于老龄工作的各项政策规定。属副处级全额拨款事业单位。工资待遇和干部管理在职期间按照国家公务员制度的有关规定执行。编制为6人(含工勤事业编制1人)。

年内,按照《东城区"十二五"时期老龄事业发展规划》要求及区政府折子工程第127项任务,继续落实"九养"政策,建立区级居家养老服务中心。维护、实现、解决与老年人密切相关的民生问题。至年底,全区有60周岁及以上户籍老年人23万人,占总人口的23.9%。其中,80岁及以上高龄老年人5.5万人,占老年人口的23.9%。百岁老人64人,其中女性48人,年龄最长者107岁。纯老年人家庭人口2.31万人。推选市级"孝星"501人,表彰区级"孝星"499人。

单位地址:东城区幸福大街32号
单位电话:64035912 邮政编码:100061 (伊蓁蓁)

【福利服务设施】 区有养老服务机构11家,其中政府办5家,民办6家,床位数1363张。老年病医院1个,床位380张。老年活动站(中心、室)190个,13.42万人次参加各类活动。 (伊蓁蓁)

【居家养老(助残)服务】 社区卫生服务机构、心理健康服务站、志愿者组织、社区服务站、温馨家园覆盖社区。整合资源建立居家养老管理服务中心9个,其中,区级居家养老管理服务中心1个;街道级7个;社区级1个。向3.21万80周岁以上老年人和特殊老年人发放居家养老(助残)服务券3676.39万元;签约居家养老服务商512家,其中养老(助残)餐桌273个、非餐饮类服务商239家。建立托老(残)所190家,发放"小帮手"电子服务器1367部,安装紧急医疗救助呼叫器760部。 (伊蓁蓁)

【老年人优待工作】 落实老年人优待政策,提供免费、优惠服务项目。区有A级景区11家,无障碍设施齐全,门区轮椅可供残疾人、老年人免费使用。为65岁以上老年人办理优待卡9627张;为3809名90岁以上老年人发放高龄津贴448.81万元;百岁医疗补助政策扩大至95岁,为345名95岁以上老人报销补助医疗90余万元;为近2000名无社会保障老年人免费体检。（伊蓁蓁）

【老年人协会换届】 下发《关于做好老年人协会换届改选工作的通知》,指导街道、社区按照《老年人协会章程》换届改选。和平里、交道口、北新桥、建国门4个已经成立的街道老年人协会完成换届工作;崇文门外、东花市和体育馆路3个街道新成立街道老年人协会。街道老年人协会已有7家。同时,173个社区级老年人协会完成换届工作。（伊蓁蓁）

【走访慰问】 两节期间,走访慰问高龄特困老人205人、百岁老人57人,慰问金15.95万元。区委、区政府领导走访慰问景山街道、东直门街道和朝阳门街道3户困难群众。（伊蓁蓁）

【老年文体公益活动】 “长寿杯”中国象棋赛暨围棋赛是区重阳节敬老月重要活动,已办27年。围棋赛代表队16支,老年棋手百余名,参赛年龄最高的86岁。老年人“秋实杯”门球比赛,35支球队参加比赛。“迎重阳”送书活动,为敬老院50名老人送书上门。宣传孝道文化,开展经典文化讲座4场,老年摄影爱好者讲座2场。此外,各街道采取秋游赏景、老年趣味运动会、“夕阳无限好,妙手绘和谐”书法摄影展示、“九九重阳唱亲情联欢会”等形式,为老服务更富有孝文化色彩。（伊蓁蓁）

【老年维权】 区有老年法律援助工作站1个,老年维权协调组织174个。年接待来信来访7869人次,司法局办理老年人法律援助案件19件。区老年法律援助中心依法为老年人提供法律援助和免费咨询服务。成立区级老年消费指导中心,开展老年消费常识讲座,查处老年消费侵权案件。区老年人消费维权指导中心在龙潭街道绿景苑社区、东直门街道清水苑社区、崇文门外街道崇西社区建立老年人消费维权指导站3个。在东直门街道胡家园社区开办法律维权、为老服务等系列活动。法律咨询台为40余名老年人答疑解惑。（伊蓁蓁）

【老年教育】 老年大学开办41个教学班,在校学员2879人次,结业10个班,结业学员381人次。暑假和寒假前学校组织2次8个结业班班展。（伊蓁蓁）

【百岁老人】

2012年东城区100周岁老年人情况表

序号	姓名	性别	年龄（岁）	街道
1	陈苜莉	女	103	交道口街道
2	孟　如	女	103	交道口街道
3	黄梅卿	女	100	交道口街道
4	郑文秀	女	100	交道口街道
5	关志和	男	100	交道口街道
6	师永兰	女	100	交道口街道
7	赵秀英	女	105	北新桥街道
8	尹士奎	男	103	北新桥街道
9	郭云芳	女	101	北新桥街道
10	訾安春	男	101	北新桥街道
11	谷清娥	女	100	北新桥街道
12	高文荣	女	100	北新桥街道
13	陈封氏	女	100	北新桥街道
14	赵泽梅	女	101	东华门街道
15	贾立敏	女	101	东华门街道
16	董秀荣	女	101	东华门街道
17	周景兰	女	102	东四街道
18	韩　芹	女	102	东四街道
19	李桂英	女	100	东四街道
20	方玉英	女	104	景山街道
21	马殷氏	女	102	景山街道
22	闵文庆	男	102	景山街道
23	刘长信	男	100	景山街道
24	齐岳	男	100	景山街道
25	丛培玉	女	100	景山街道
26	刘桂华	女	104	东直门街道
27	李　忠	男	104	东直门街道
28	刘桂亭	女	102	东直门街道
29	连素云	女	102	东直门街道
30	周有光	男	106	朝阳门街道
31	杨公素	男	102	安定门街道
32	刘致广	男	100	安定门街道
33	白玉玺	女	100	安定门街道
34	李秀贞	女	102	和平里街道
35	张应洁	男	101	和平里街道
36	范桂荣	女	100	和平里街道
37	李茂青	男	100	和平里街道
38	张春英	女	100	和平里街道
39	齐民	女	105	建国门街道

续表

序号	姓名	性别	年龄（岁）	街道
40	尤淑芬	女	103	建国门街道
41	张玉梅	女	100	建国门街道
42	孙桂荣	女	100	建国门街道
43	刘淑敏	女	100	前门街道
44	陈逸飞	女	101	前门街道
45	何秀女	女	101	前门街道
46	李春华	女	100	前门街道
47	张书林	男	102	崇外街道
48	郭玉贞	女	100	崇外街道
49	孙采苹	女	101	崇外街道
50	武从贵	女	101	东花市街道
51	张士英	女	100	龙潭街道
52	李增平	女	100	龙潭街道

续表

序号	姓名	性别	年龄（岁）	街道
53	杨明洁	女	100	龙潭街道
54	彭芳珍	女	101	体育馆街道
55	傅漪泉	男	107	天坛街道
56	赵李氏	女	103	天坛街道
57	姜爱英	女	100	天坛街道
58	袁淑华	女	100	天坛街道
59	胡月芹	女	100	天坛街道
60	胡秀贞	女	103	永外街道
61	宋明珍	女	101	永外街道
62	郑浩然	男	101	永外街道
63	王慧如	女	101	永外街道
64	马亚卿	男	100	永外街道

（伊蓁蓁）

残疾人事业

【概况】 东城区残疾人联合会(简称区残联)，是残疾人自身代表组织、社会福利团体和事业管理机构融为一体的综合性人民团体。履行“代表、服务、管理”三种职能:代表残疾人共同利益,维护残疾人合法权益;团结教育残疾人,为残疾人服务;履行法律赋予的职责,承办区政府委托的任务,管理和发展残疾人事业。内设办公室、组联就业部、康复宣文部,辖4个全额拨款事业单位,即区残疾人就业服务中心、区残疾人服务一中心、区残疾人服务二中心、区残疾人职业康复中心。

年内,举办生命阳光残疾人康复服务进社区巡回展系列活动。区优秀残疾人代表、首届残疾人攀岩世锦赛冠军夏伯渝,在安踏2011cctv体坛风云人物年度评选中获残疾人体育精神奖。在意大利攀岩世锦赛夏伯渝获双腿截肢项目男子组难度赛和速度赛两项冠军。区287名残疾人参加北京市第六届残疾人职业技能竞赛和第三届技能大赛,获5个第一、2个第二、3个第三、4个第四、2个第五、团体总分第三名和最佳组织奖。2人代表北京市参加中残联岗位精英职业技能竞赛,获创新作品奖和优秀作品奖。区推荐一次性便盆和轮椅与拐杖完美交会对接2个创意发明在庆祝全国肢残人活动日暨第二届金点子评奖颁奖活动中获金点子奖。区残联被中国残联评为年度“两刊”宣传工作先进单位。全年办证残疾人近3.24万人。接待来访、来信、来电227人次,接案答复率100%。

单位地址:东城区夕照寺街绿景苑小区4号楼
联系电话:010－67075423 邮政编码:100061 （李大名）

【残疾人新春联欢会】 1月12日在区文化馆举行。会上为世界冠军“神射手”林海燕等6位“励志之星”颁发荣誉证书,为3家爱心助残单位颁发奖牌。中国残联办公厅主任马志强、市残联党组书记马大军、区领导宋甘澍等与300余名残疾人及亲属共庆佳节。 （李大名）

【工作会议】 2月15日,区残联第一届主席团第二次全体会议暨年度东城区政府残工委会议召开。审议通过区残联主席团主席、副主席和委员名单、审议并通过《科学谋划求发展,创新特色促跨越,构筑东城区残疾人事业发展新格局》工作报告。副区长、区残联主席团主席汤钦飞出席并讲话。

（李大名）

【残疾儿童辅助器具入户评估】 3月,对16岁以下持证残疾儿童221人入户调查。4月,成立辅助器具评估专家组,入户评估残疾儿童辅助器具,为残疾儿童挑选适合的辅助器具。

（李大名）

【爱耳日活动】 3月2日,区残联举办以“减少噪声保护听力”为主题的第十三次全国“爱耳日”宣传教育活动。爱心单位为60余名残疾人免费义诊服务，发放诊疗优惠卡。

（李大名）

【领导调研】 3月13日，区委常委宋甘澍到区残联调研网格化社会服务管理创新体系中，建设残疾人社会保障与服务信息平台工作。3月15日、8月17日，市残联副理事长吕争鸣到区调研残疾人体育健身进家庭工作。6月30日、7月2日，市委常委梁伟和副市长丁向阳到市党代会东城区残疾人作品展示区参观指导。8月16日，中国残联副主席吕世明到区残疾人职康中心、辅助器具资源中心考察新型残疾人电动车开发项目。（李大名）

【助残活动】 4月13日，国家审计署社保司副司长李冬生一行6人到区残疾人职业康复中心与区残联共同开展“携手献爱心　温暖一家亲”主题助残活动。与残疾人交流并赠送图书，观摩残疾人生活技能培训演示，与学员制作软陶工艺品、包饺子，分享技能培训的成果。（李大名）

【承办轮椅大步走活动】 4月17日，在鸟巢承办年度北京舞动轮椅快乐生活健身康复“轮椅大步走”活动启动仪式，200余名残疾人驱动轮椅进行百米行进、场地技巧赛和轮椅器具展示体验等活动。（李大名）

【文化助残公益行动】 5月18日，在区文化馆风尚剧场举行“彩虹东城”文化助残公益行动启动仪式。区文化馆、区图书馆分别向残疾人代表捐赠1000张南锣鼓巷戏剧节演出门票和3000册书刊杂志，北京周末相声俱乐部进行专场公益演出。公益行动由观戏剧、曲艺、电影，残健融合艺术展，文娱健身进基层，加强公共文化场所无障碍服务，扶持残疾人从事文化产业5大类15项内容组成。（李大名）

【生命阳光巡回展】 5月22日至6月5日，举办第五届生命阳光残疾人康复服务进社区巡回展系列活动，真正将康复服务落实到社区，延伸到家庭，服务到个人。（李大名）

【康复培训学校揭牌】 6月11日，区残疾人家庭康复培训学校成立揭牌仪式。学校为社区医生、社工、康复服务管理人员、志愿者、残疾人及亲属、老年人及家属提供家庭康复服务。中国残联肢残协会副主席王建军参加仪式。（李大名）

【居家康复服务试点】 7月至9月，对全区350名重度残疾人开展居家康复服务试点工作，实施各类服务2700多人次。

（李大名）

【残疾人素质教育大讲堂】 10月9日，市文联、区残联与区图书馆共同举办年度残疾人素质教育大讲堂暨北京市文联大讲堂走进东城活动。北京民间文艺家协会民俗委员会副主任、民俗专家王作楫主讲老北京的民俗及礼仪。

（李大名）

【职业康复项目展示】 11月1日，绽放自强风采东城区第一届残疾人职业康复劳动项目技能展示活动，在区培智中心学校举行。2007年创建残疾人职业康复站并设立劳动项目以来，形成区、街、社区三级职业康复服务网络体系。有区级职业康复中心1个，基层职业康复站26个，其中街道级17个、社区级6个、教育机构2个、民办1个。开发劳动项目14大类25种，外加工项目10余种。在北京旅游产品设计大赛上，东城职业康复项目选送的软陶兔爷挂件荣获北京旅游产品设计大赛铜奖；软陶龙娃送宝、机绣京剧脸谱、软陶服饰分获优秀奖，并进入“北京礼物”名录。（李大名）

【建立残疾人免费上网点】 12月3日，国际残疾人日在建国门街道温馨家园举行北京市实施残疾人免费上网服务暨东城区阳光爱心八进门助残活动启动仪式。东城区作为全市试点，率先建设起23个免费上网点，为残疾人就近就便提供网络信息服务。（李大名）

【就业服务】 举办平面设计、西点制作、摄影等培训150期，开展职业技能培训950人次。举办专场招聘6场，安置就业319人。残保金审核3.71万家社会单位，核定金额2.06亿元。在当当网创建残疾人大学生实习基地，京东网专场招聘会为30名残疾人提供就业岗位，推广淘宝网店创业孵化、社区锁具修理等特色就业项目。（李大名）

【社会保障与救助】 发放生活补助4931人，1053.10万元；个体就业保险补贴2529人，1528.70万元；居家服务券3851人，445.61万元。为区持证残疾人办理人身意外伤害保险约3.24万人，免费发放节能灯3.95万个。走访残疾人家庭1950户，发放慰问款94.77万元；为40名困难残疾人发放临时救助金7.5万元。特大暴雨灾害后，排查残疾人受灾情况，为4户家庭发放8000元临时救助金。

（李大名）

【无障碍建设】 承办全市一季度无障碍推动日活动，宣传残疾人专用车辆免费停车举措。配合区城管委和规划，实施16个老旧小区无障碍设施改造工程。完成584户肢体残疾人家庭无障碍改造和291户聋人家庭可视门铃配装任务。

（李大名）

街　道

东华门街道

【概况】 东华门街道办事处是区政府派出机构。位于首都中心街区,东起崇文门内大街、东单北大街、东四南大街,南邻前门东大街、崇文门西大街,西至天安门广场西侧、中山公园西缘、故宫西墙、景山前街东段,北靠五四大街、东四西大街。面积5.35平方千米,有大街巷22条、胡同68条。设社区居委会12个,户籍人口2.26万户7.6万人,流动人口2.3万人,汉族占95%,回、蒙古、满等少数民族占5%。有中央、市、区属单位200余个,商业4853个,有中、小学9所,幼儿园3所。办事处机构设置23个,有公务员编制94人,事业单位5个、编制46人。

年内,围绕建设和谐东华首善街区的目标,深化网格化社会服务管理,提升地区内的社会稳定、经济发展、民生改善和文明指数。5月23日,开通"这里是东华"新浪政务微博,报道街道工作资讯。全年实现税收2.97亿元,引进企业28户,注册金额2亿余元。获2010—2012年度北京市安全生产工作先进单位、北京市规范化人民调解委员会、北京市计划生育红旗先进单位,多福巷社区残疾人温馨家园获全国残疾人文化示范点等荣誉。

单位地址:东城区东安门大街55号

联系电话:65130245　邮政编码:100006　（李建萍）

【感动东华人物评选】 1月16日,在北京饭店举办第一届"感动东华"人物表彰大会,授予5名个人和3个集体"感动东华"人物称号,5名个人均在平凡岗位中传递爱心做出贡献,3个集体是参加爱心互助、捐资助学等活动的民政部基层政权和社区建设司、最高人民检察院计划财务装备局团支部、武警十四支队卫生队。表彰会上播放短片、现场访谈、互动交流、歌舞表演等形式,展现模范人物的感人事迹和高尚品德。全国政协常委何丕洁,最高人民检察院检察委员会专职委员杨振江,最高人民法院副院长苏泽林,民政部副部长姜力,驻地中央、部队医院、市区属300多家单位500多人参加。区领导杨柳荫、徐鸿达等为"感动东华"人物颁奖。

（李建萍）

【社区换届工作】 2月至4月,开展社区党委换届选举工作。选举坚持公平、公正的原则。街道党工委下设12个社区党委,37个社区党支部,党员1966人。12个社区除南池子社区外,社区党委书记和居委会主任均由1人担任。选举以无记名投票方式,差额选举产生新一届社区党委班子成员。12个社区,除灯市口社区采取深度公推直选外,11个社区均采用公推直选的选举方式。12个社区党员人数均超过百名,符合配备专职党务工作者的条件,其中5个社区配备专职党务工作者。选出社区党组织委员59名,平均年龄49.9岁,比上届平均年龄下降2岁。12个社区党委班子中均配备1名45岁以下委员。通过换届,社区党组织班子得到优化和充实。3月,拨专项经费80万元,在12个社区开展第八届社区居委会选举工作。在选举工作中抽调27名机关干部担任选举办公室和各社区指导员工作。选举工作中各社区组织开展多样形式、内容丰富、贴近居民、贴近实际的宣传活动,召开居民代表会、居民小组会、入户走访等形式,做到家喻户晓。12个社区选举中有4个社区采取户代表直接选举方式,8个社区采取居民小组代表选举方式,登记选民23242人,划分居民小组204个,推选居民小组长204人,选举产生第八届社区居民代表490人,提名确定正式候选人99人。其中4个直选社区登记选民3071人,实际投票2902人,参选率94.5%;8个非直选社区选举居民代表326人,实际投票297人,参选率91.1%。有88人经过居民投票,当选为新一届社区居委会成员,其中主任12人、副主任23人、委员53人,本科42人、大专28人、高中(含中专)18人,持资格证书人员17人、离退休人员15人,平均年龄41.65岁,党员(包括预备党员)28人,社区党委书记和居委会主任由1人担任达91.7%。完成25名社区专职工作者招录工作,进行岗前培训。3月分配到12个社区。

（李建萍）

【党建工作】 3月,开展以弘扬北京精神,传承雷锋旗帜,志愿服务社会为主题学雷锋活动,命名一批学雷锋教育实践基地,树立一批学雷锋示范点。5月,利用公德论坛、道德讲堂和市民学校等载体,宣传北京精神,宣传地区先进事迹。建立网络文明传播志愿者队伍,发挥微博、博客、网站等新兴媒介的作用。9月,举办同心绣党旗活动,开辟和谐东华"十八大"专栏。成立街道党建协调委员会,推行商务楼宇"五站合一"工作模式,完成对地区非公企业摸底调查工作,发展一批非公党员。年内,社区34个网格党支部、10个非公党支部完成支部换届工作。在分类定级工作中,机关8个党支部、社区12个党委、10个非公企业党支部评为"好"。组织工作满意度达90分,比去年提高10.75分。　（李建萍）

【城市管理和建设】　3月,对灯市口西街、五四大街、骑河楼大街开展重点整治,统一牌匾,拆除不合格牌匾标识、不规范窗贴和违法建筑。对北池子头条,骑河楼南巷等4条胡同墙面喷刷更新。7月,自筹资金对东厂、金鱼胡同2栋旧楼进行整修,修复楼梯栏杆扶手,粉刷楼内污损墙面,更换加固破旧门窗。在"7·21"特大暴雨中,及时转移安置居民13户38人,处理积水院落7处,修缮漏雨房屋60处75间,剪修危险树木9处,辖区内无房屋倒塌和人员伤亡情况。7月至12月,对东厂社、黄图岗、韶九、王府井、多福巷、正义路7个社区3459户居民进行煤改电改造,实际改造2814户,安装电表3072块。年内,新增5个垃圾分类小区,在46个小区和单位开展厨余垃圾分类。配合第28个义务植树日活动,开展建绿色北京爱绿色家园为主题的全民义务植树日宣传活动,在普度寺周边和西堂子胡同开展见缝插绿工程,南池子社区成为北京市花园式社区。开展消防车道、商市场、出租房、校园及周边、建筑施工现场等专项整治,联合执法检查26次,督促整改火灾隐患或违法行为1200余处。　（李建萍）

【领导调研】　5月22日,公安部消防局副局长陈飞到街道消防警务工作站调研。重点对街道网格化消防安全管理工作、消防监督员"五到位"工作法开展情况进行详细了解。街道工委、武警消防总队、东城消防第一支队相关领导陪同调研。8月11日,市委书记郭金龙、代市长王安顺到南池子社区调研老旧小区改造工作,通过实地察看、与住户交谈,深入研究老旧小区改造工作。区领导杨柳荫、牛青山等有关人员参加。10月18日。市委政法委常务副书记李伟带领市"十八大"安保专项行动督查组,到"十八大"代表驻地北京饭店周边对安保工作、环境秩序治理和社会面防控工作情况进行督查。11月9日,全国总工会副主席、书记处书记张鸣起一行到东华门街道总工会调研工会法律服务及参与社会管理工作。并参观街道工会服务站,街道总工会主席就地区工会工作开展及服务站建设情况作详实的汇报,得到全总领导的认可。鼓励街道工会更加扎实的推进,建好职工之家。11月26日,区委常委宋甘澍到韶九社区调研弹性工作制,对韶九社区阳台菜园、老年饭桌等便民举措进行调研。　（李建萍）

【计划生育】　年内,与120家单位签订《人口计划生育目标管理责任书》,办理一孩生育服务证927例、二胎生育服务证82例、独生子女父母光荣证343例,发放独生子女父母奖励5.43万元、一次性奖励1.73万元,发放独生子女伤残失独家庭特别扶助145例。开展免费孕前优生健康检查,为外地户籍育龄人口办理相关证明提供服务指导。开展优生优育进单位、进社区活动。　（李建萍）

【社区建设与服务】　健全"六型"社区创建组织机构,请民政部有关领导和专家学者指导召开创建研讨会。南池子、韶九、正义路成为第一批市级"六型"社区备选单位。"96156"服务热线接转服务单700余件,为居民进行家居维修2000余件次。推进一刻钟服务圈建设,设立灯市口西街社区蔬菜直供点。在8个社区为居民解决400余个停车位置,在韶九胡同、锡拉胡同实施单停单行,缓解停车难问题。协调灯市口小学、一六六中学等向社区开放内部文体设施,解决周边居民活动场地紧张问题。出资30余万元为辖区居住平房冬季没有洗澡条件的60岁以上老人、低保户、残疾人2200人购买洗澡票,解决洗澡难问题。对地区非户籍人口开展社区是我家活动,吸收其参与社区建设。全年开展12次法律服务大讲堂活动,进行劳动保障、计生、传染病防控宣传培训。提供就业岗位8450个,困难救助40人次,化解各类矛盾纠纷20起。北池子小学、校尉小学全年吸收流动人口子女入学139人。　（李建萍）

【社会治安综合治理】　"十八大"期间,12个社区5000余人次参与173个邻里守望岗巡逻值班,2.4万余人次在代表驻地周边巡逻执勤,3.5万人次参与社会面防控,形成专业力量和民兵、联防、社区治安志愿者24小时无缝衔接的安保格局和全方位、全覆盖的防控网络。加大对长安街沿线、故宫神武门、校园医院周边等重要场所巡查执法力度,查处无照经营8400余起,清理店外经营2600余处。多福巷、韶九、黄图岗、东厂4个社区是H2号地、口腔医院、黄图岗危改二期3号地3片拆迁滞留区。为保障拆迁滞留区居民日常生活与安全,街道协调相关部门,维修32号院供电隐患,更换空气开关25个、钢索配护套线25米,增加电缆90米,更换配电盘5套,拆除导线100米。制作安装户外10个干包式电力电缆。平整5号院院内路面50平方米,翻修公共厕所,解决居民房屋漏雨、下水道堵塞、墙体坍塌、电线短路等生活问题。　（李建萍）

【社会保障】　年内,登记失业人员就业率77.1%,城镇登记失业率0.38%,获充分就业街道称号。推进东方广场劳动用工规范一条街工程建设,举行一条街工程启动仪式,30余家企业参加政策培训。开展劳动监察,走访辖区企业900余家,涉及农民工3000余人,追讨拖欠工资、加班工资、经济补偿金81.5万元。接受劳动政策咨询880余人次,处理劳动争议举报案件37件结案率100%。发放医疗救助金15万元,为符合救助条件的60岁以上低保老人12人申请助老慈善救助金6000余元。为低保低收入家庭大学生10人申请教育救助金3万元。为95户低保及低收入家庭申办爱心卡。办理城乡居民养老保险151人、居民医疗保险1000余人。发放居家养老(助残)券140万元,为老人和残疾人提供服务万余次。为80岁以上老人发放居家养老服务券6323人次,审批办理90岁以上老人高龄津贴3287人次4万元,办理95岁以上老人医疗保险补助10人次5.3万元。为69位老人安装"一按灵"。全年培训残疾人112人次,为31名重度残疾人提供扶植就业。年内,发放保障房审核表681份,受理保障房申请212份,其中廉租房23份、经适房31份、限价房138份、公租房20份。上报区审核中心审核卷220件,退件率0.5%。签订廉租房合同199份,其中新签63份、续签136份。停发合同22户。办理经适房、限价房取得资格后同步转为公租房的97份。复查126户轮候家庭的资产、收入情况。完成

区保障房审核中心628件返还卷整理登记工作。　（李建萍）

【群团工作】　街道总工会为700余家企业建立工会经费税务代收账目，为近5000名职工办理京卡，落实工资集体协商制度。团工委举办纪念中国共产主义青年团建团90周年系列活动，推进非公有制经济组织和社会组织团组织成立工作。妇联指导开展社区妇联组织换届，组织妇女儿童开展知识讲座、参观教育、手工制作活动，重点关注中老年妇女生活。工商联分会以成立党支部为契机，加强工作，引导企业落实社会责任，切实为企业解决难题。侨联完成换届工作。　（李建萍）

【信访工作】　综合服务大厅每天安排处级领导4人接待群众来访，全年接待464批次。通过处级领导大接访、包社区、下社区协调化解信访问题21项。形成每日信访工作摘要132份。周调度、月研究重点难点信访13项，化解2项。“十八”大期间，矛盾纠纷排查专项工作7次，实施动态排查1次，共排查重点人100余人次，重点问题20余件次，第一时间发现和处置非正常上访苗头8件18人次，到市区劝返信访人9件36人次。政务大厅接待群众7600余人次，办理服务4061人次。　（李建萍）

【“6S”社区工作】　“6S”是指凡东华门街道辖区居民，只要人户一致都能享受6项亲情服务，即新婚送祝福、满月送生肖、生病送关怀、困难送温暖、生日送寿面、亡故送挽联。“6S”工作法是一项增强社区凝聚力的工程。在原法定工作时间的基础上灵活调整工作时间，考虑居民群众实际需求，提供全方位、多层次、长时空的服务体系，每日工作时间8:00－21:30。年内，开展“6S”活动受益居民7923人、金额7.35万元。　（李建萍）

景山街道

【概况】　景山街道办事处是区政府派出机构。位于东城区西部，东起东四北大街，与东四街道办事处相连，南至东四西大街、五四大街、景山前街，与东华门街道办事处为邻，西邻景山东街、景山后街、地安门内大街东侧，与西城区什刹海街道办事处毗连，北靠地安门东大街、张自忠路，与交道口街道办事处为界。南北长1024米，东西宽1702米，面积1.64平方平米，有大街5条，胡同84条。设社区居委会8个，户籍人口1.63万户4.21万人，常住人口1.1万户3.26万人，流动人口5200户1.1万人。辖区内有中央单位91个，市属单位67个，区属单位67个，非公有制企业611个。有大学、中学各1所，小学4所，幼儿园3所，医院2所，影剧院3座，银行、储蓄所4所。办事处机构设置23个，即工委部门6个、办事处部门12个、群工团4个、武装部1个。有公务员编制85人、工勤9人，事业单位4个、编制33人。

年内，完成“十八大”安保维稳，文明城区验收，全国卫生城区迎检，社区“两委”换届选举，人大代表补选，“7·21”防汛抢险，非文保区煤改电等工作。

单位地址：东城区美术馆东街1号

联系电话：64041147　邮政编码：100010　（齐欣）

【党建工作】　元旦、春节期间，组织辖区1066名党员开展党心连民心、亲情进万家活动，走访慰问困难群众1511次，慰问品71.71万元。为群众办实事892件。工商联联合党委开展“百户家庭送温暖”活动，与10户困难家庭结对子，捐款、捐物4900元。开展“共产党员献爱心”活动，809名党员254名群众参与，捐款3.49万元。开展七一服务日活动及医疗咨询、维修家电、理发、磨刀等生活服务，受益群众200余名。开展“党员作风建设年”等工作。10月12～16日，组织机关全体党员干部观看历史文献纪录片《信仰——我们的故事》。10月16～29日，景山之声百姓宣讲团被确定为北京市百姓宣讲团第二分团成员，分别到区检察院，交道口、东直门、东四、崇外、龙潭、永外街道进行7场次宣讲。钟鼓、魏家2个社区党员电教播放点被评为东城区党员电教示范点，东华服装有限公司东华联合党支部、汪芝麻社区党委、钟鼓社区党委被评为东城区创先争优先进基层党组织。　（齐欣）

【社会治安综合治理】　春节期间，出动机关干部270人次，社区主任427人次，各类协管员200人次，社区治安积极分子3240余人次参与禁限放值守。预防煤气中毒工作中，发放宣传材料和宣传品1300余份，走访社区居民5400人，下户检查流动人口2100户、出租房屋300户，签订安全责任告知书700份，签订煤火隐患整改通知书50份。完成西片社区10个监控探头安装任务，提高社区人防、物防和技防水平。“十八大”期间，8个社区29个网格内设置治安守望岗点位148个，每个点位同一时间有2个红袖标上岗执勤，包社区处级领导带领120余人到网格开展联合执法25次，出动执法力量320余人次，执法车辆145台次。全年可防性案件发案12起，无重大影响案件发生。核查流动人口1.88万人，出租房屋883户。新增流动人口1286人，出租房屋76户。更新流动人口1.66万人，出租房屋806户。核销流动人口466人，出租房屋1户。迁移流动人口388人。　（齐欣）

【群众文化生活】　2月3日，在黄化门社区开展二十四节气之“立春”民俗宣传活动，40余名居民参加。活动中民俗老师讲解“立春”相关历史故事和民俗知识,社区卫生站医生讲授立春养生保健知识,进行咬春活动,6名居民制作各种春饼,大家现场品尝。4月17日,在天坛体育场举办第十五届体育伴我健康行综合运动会,8个社区3000名居民参加,地区体协单位、各文化团队、各社区居委会组成43个方阵进场展示,街道精品文化团队演唱景山街道街歌“托起明天的太阳”,演员曹灿等朗诵大型诗歌《辉煌的体育魅力》,观看22支队伍广播操表演及800名运动员表演大型团体操《魅力北京》,开展26大项、50小项运动会比赛项目。5月31日,举办第二十六届文化艺术节暨文化景山欢乐新社区文艺汇演。区领导邵鹏及区房管局、文委、第一图书馆馆和文化馆、社区服务中心负责人,地区人大代表、8个社区和地区所属单位、各文化团体等单位领导出席。表彰景山地区第二十六届文化艺术节优秀组织单位,为15家获得优秀组织奖的单位颁发证书,辖区400余名观众观看演出。6月15日,开展庆端午·斗百草民俗活动。进行花草成语、歌词、诗句接龙,景声朗诵团老师讲解端午节传说、典故等民俗知识,50余名居民现场介绍自家养的中医药植物,现场制作夏季防病避瘟的中医药香囊。6月28日,在后街美术馆陆续举办健康景山精彩瞬间摄影展,126名居民参与,126张作品多角度、多侧面展示景山地区群众体育运动。7月18日,举行第九届全民健身体育节启动仪式暨在职健康健步行活动。辖区20余家单位400名居民参加,8个社区进行健身项目展示。在体协单位中举办4次冠名比赛,推动在职健康锻炼的发展。8月7日,举行体育生活化街道授牌仪式,同时举行全民健身万里行走进社区活动。年内,街道被命名为东城区奥林匹克·体育生活化街道。8月2日,在皇城遗址公园举办庆八一科普消夏纳凉晚会,1000人参加。用歌声、舞蹈、时装表演、诗歌朗诵等形式问候军人。9月24日,在办事处礼堂举办军民鱼水情文艺演出,来自武警六支队,部队大院的战士和8个社区100名居民参加。10月22日,在东宫电影院举行情浓意笃深似海,金婚岁月奏华章重阳庆典活动,副区长宋甘澍及区文明办、老干部局、文委等负责人出席,地区99对金婚老人参加。街道为老人送上金婚贺礼。11月5日,在办事处礼堂举办百姓书画现场笔会等活动,40余名居民参加。12月26日,在东城区第一文化馆举办幸福之声新年音乐会,新年音乐会是街道的品牌,用文艺汇演形式对工作在基层文化战线上的朋友辛勤劳动表示慰问与感谢,区领导、辖区单位、社区居民、文化团队、文化志愿者500人参加。 (齐欣)

【领导调研】 2月7日,区领导杨柳荫、夏树军、朴学东与鲁能集团总经理徐鹏、副总经理孙瑜、北京鲁能置业有限公司副总经理齐向春共同研讨红墙饭店建设项目。4月18日,区领导常卫调研网格化社会服务管理创新工作,实地察看钟鼓社区新办公场所和街道社会服务管理分中心。5月9日,朴学东召开玉河南区拆迁遗留问题协调会,讨论玉河南区征而未拆地区定位、危旧房屋修缮、配套设施建设、管理权限转移等事宜。5月23日,市长郭金龙、副市长夏占义、市政府秘书长孙康林,区领导杨柳荫、牛青山、朴学东、毛炯、王中华检查防汛准备工作,在南吉祥胡同13号院,察看民居大修工程进展情况,询问维修期间居民转移安置情况。 (齐欣)

【社区建设与服务】 5月,完成第八届社区居委会换届选举,社区居民参选率达98.7%。8个社区选举产生主任8名、副主任8名、委员44名,大专以上学历54名,研究生学历3名,持证上岗47名,平均年龄37岁,党员16名、团员2名、群众42名。选举产生社区居民会议常务会主任8名,副主任16名,委员96名,年龄最大81岁、最小43岁,平均年龄61.7岁,党员76名。9月,魏家幼儿园与北京市第一幼儿园托管合作正式开园。启动汪芝麻社区“一刻钟便民服务商圈”示范社区建设,举办4次便民市场大联盟活动。10月18日,在黄化门街8号举行景山街道便民生活服务中心揭牌仪式,便民生活服务中心设有综合维修、服装裁剪、家政服务、便民小帮手、盲人按摩等服务项目。 (齐欣)

【城市管理】 年内,拆除胡同内小煤棚17处60余平米,拆除私装地锁88个。投资300万元,整治亮果厂等11条胡同环境。铺种草坪700平方米,新开绿地6块,种植各种花卉、乔木等8000余株,新增绿化面积150平方米。生活垃圾无害化处理率100%。查处无照经营76起、罚款7450元,摆摊设点6起、罚款3500元,擅自张贴小广告4起、罚款1200元,乱堆物料2起、罚款2000元,运输车辆泄露遗撒案件1起、罚款2万元。检查门前三包3500次。没收擅自张贴宣传品1.02万张,停机37部。年内,完成非文保区2700户居民“煤改电”工作,在狭窄胡同、院落安装改造简易消防水喉36个。 (齐欣)

【经济工作】 召开地区经济形势分析会4次、专题分析会1次,引进印花税638万元,1月至10月完成区级财政收入2.06亿元,同比增加1844.3万元,增长11%。建立由街道主要领导定点联系企业走访制度,走访企业22户。组建地区经济工作领导小组,确立工作例会、督查督办、考核评比等五项具体机制,出台街道促进税源建设鼓励措施,建立地区经济发展基础数据库,加强与各街道学习交流。帮助鲁能红墙酒店改扩建项目调查了解项目周边情况和企业合作意向,为隆福寺商业街改扩建项目正式启动做好外围先期铺垫。为东宫隆福剧场、后街美术馆、尚8艺术8、中外首工美术馆等地区特色文化创意企业提供服务。12月,编印出版《东城区景山地区投资指南》。 (齐欣)

【社会保障】 年内,发放城市低保金430余万元。为2903人次办理城镇居民医疗保险,新发补发社会保障卡2072张,各类医疗报销129.80万元。医疗救助104人24.41万元,临时救助6人2.26万元,为学生24人办理助学款6.15万元。办理老年证132张,“小帮手服务器”160个,老年优待卡289张。办理高龄老人津贴55人次21.7万元,为95岁以上老人12人申请报销医疗费2.45万元。办理新增居家养老(助残)服务补贴券123人,发放养老券115.11万元。为53户60岁以上空巢老年人安装一按灵。规范整理2085户家庭档案。新签、续签廉租房租房合同324次,办理公租房意向登记177

件,对112户已经入住一年的廉租家庭进行资格复核工作。为残疾人92人办理残疾证,为残疾人26人办理个体就业社会保险补贴,为1429人次残疾人发放个体就业社会保险补贴71.2万元。为残疾人22人办理养老助残券,为2043人次发放养老助残券20.43万元。为残疾人7人办理生活困难补助,为2963人次发放残疾人生活困难补助48.07万元。为持证残疾人1562人免费发放节能灯,为残疾人7人免费发放辅助器具,对30户家庭进行无障碍改造,为25户听力残疾安装可视门铃,入户指导残疾人康复训练60人次,免费发放康复辅具20套。为地区残疾人建立康复服务档案1025份。

（齐欣）

【劳动就业】 年内,新增登记失业人员872人、登记失业人员就业839人,新增"4050"人员524人、就业463人,低保人员就业18人,残疾人就业11人,社区安置就业困难人员496人,失业人员再就业率73.53%。失业人员办理灵活就业427人。开展日常监察和劳动专项监察270余次,查用人单位630户(次),涉及劳动者7302人(次)。受理劳资纠纷案件2起,涉及劳动者2人金额7266元,结案率100%。监督企业为农民工1600人,按时足额发放工资711.5万元。对79家用人单位用工情况进行重新登记检查,对25家重点监控单位多次检查,涉及农民工1203人。发放维权手册1200份,接待来人来电217次。建立景山大社区基础管理网格29个、劳动科监察网格1个、社区网格的"三级"网格管理体系8个,建立542个用人单位基本信息数据库,实现用人单位"用工人数、签订合同、工资支付、参保情况"的"四清"。

（齐欣）

【特色社区】 黄化门社区,举办第五届社区体育节,开展乒乓球友谊赛、文体团队负责人郊游登山活动、纪念体育生活化全市推广六周年健步行、团队风采展示等活动,直接参与居民1000人次。钟鼓社区"家和万事兴"群众调解之家现有调解志愿者67人,通过"民声日、倾诉热线、和议会"3种主要工作模式,为居民排忧解难,实现小事不出网格,大事不出社区。制定《钟鼓社区出租房主自管小组章程》,将自制的风斗、宣传材料、避孕工具等送到流动人员手中,与出租房主签订"五不租"治安责任书。年内,对腊库胡同20号、钟鼓胡同39号和横栅栏胡同8号进行达标评定和挂牌仪式。汪芝麻社区利用"幸福生活大讲坛",向社区居民传授生活健康知识。隆福寺社区"和谐庭院自管会"将自管联合会融入到4个网格中,形成办事处督导员→网格管理员→网格助理员→管片主任→自管会分会长→楼门院长的工作机制,成为社区的特色精品民间组织。魏家社区开展亲情服务活动7次,为居民1800余人提供便民服务,发放宣传材料2000份,出宣传板报30块,为居民100余人、敬老院15名老人理发。

（齐欣）

【群团工作】 接待和走访选民1000余人,听取选民意见300余条,撰写属于区属管辖建议34件、人大政协议案建议,提案办理满意率100%。将统战人士1168人分入25个网格,构建区、街、社区、工作网格"四级服务管理"平台。完成侨联换届选举工作。全总工会数据库预置企业建会率达到96%,会员入会率达到95%以上。组建共青团终端枢纽性组织,成立清青学子,社区青年汇。推进妇女之家创建工作。完成年度兵役登记、征兵工作、搞好军事训练、民兵整组和国防宣传教育活动。

（齐欣）

【社会服务管理创新】 完成街道分中心升级改造工作,实现"三级平台、四级管理"实体运转。处理民情日志3.2万件,事件台账2.2万件,业务流程1963件,收集社情民意信息682条。接收、派遣普通案卷5859件,A类案卷187件。12345非紧急救助平台共处理回复案卷254件,超期未处理案件0件。报送《景山街道社会服务管理社区例会通报》23期、《社会服务管理创新典型案例》46篇、《网格化社会服务管理工作信息》8篇、《网格化社会服务管理周报》52篇,收集媒体报导资料4篇。召开社会服务社区管理例会21次,召开网格助理员培训例会5次,编写会议纪要5篇。

（齐欣）

【计划生育】 办理生育第一个子女《生育服务证》322件、《北京市独生子女父母光荣证》146件、新生儿入户444件,为存档人员转档盖章651人次。发放独生子女父母奖励费5.78万元,发放独生子女父母年老时一次性奖励137人13.7万元,独生子女意外伤残死亡,对其父母年老时一次性经济帮助4例2万元,新申请独生子女伤残(死亡)特别扶助金6人。为流出人员办理《流动人口婚育证明》3件、生育第二个子女审批手续31件,报销低保人员和流动人口计划生育手术费2人、奖励费640元。

（齐欣）

【信访工作】 年内,社会矛盾多元调解专项组开展矛盾排查7次,各级调解委员会受理各类纠纷1187件、调解1162件,成功率98%。接待来访群众87批99人,区信转10封,区长信箱16封,市长信箱18封,自接访132件。领导阅信率、回复率100%。举办法制讲座118场,发放宣传品54.3万份,提供各类法律服务470余次。

（齐欣）

交道口街道

【概况】 交道口街道办事处是区政府派出机构。位于东城区西北部,东起东四北大街,南起地安门东大街与张自忠路相连,西至地安门外大街,北至鼓楼东大街、交道口东大街。面积1.47平方千米,有大街5条、胡同42条。设社区居委会7个,户籍人口1.95万户5.44万人,流动人口1.52万人。有少数民族满、回、蒙等20个。辖区有中央、市、区属单位180家,商业企业526家。大学1所,中、小学校5所,幼儿园2所。国家级文物保护单位4个,市级文物保护单位14个,区级文物保护单位11个。辖区内除交东小区外均属北京市40片历史文化风貌保护街区之列。地铁六、八号线及13、60、104、107、118、612、758等公交车途经辖区。办事处机构设置23个,其中工委6个,办事处12个,群团4个和武装部1个。有公务员编制86人、工勤7人,事业单位5个、编制31人。

年内,以区、街发展规划为指引,统筹规划、抓落实,确保街道各项中心工作开展。完成办事处内部机制改革,对干部特点开展分类培训,举办各类培训4次。完成7名正科、4名副科级干部竞争上岗和16名科级非领导职务干部选拔工作。全年交流干部13名,选送19名干部参加区有关部门培训。开展工会经费(筹备金)税务代收工作,推动地区非公企业建会。开展纪念建团九十周年系列活动,在"两新"组织中新建团支部7个。完成社区妇联换届选举工作、冬季征兵任务。拓展税源建设,成立街道企业"集中办公区",引进企业3家。年初街道社会服务管理综合指挥分中心投入使用。全年新生儿473人,计划生育率98.3%。全年财政收入7687万元。

单位地址:东城区雨儿胡同乙15号

联系电话:64033210 邮政编码:100009 (英瑞鹏)

【友好交流】 2月2日,德国总理默克尔一行50人到南锣鼓巷参观考察,重点观看前鼓楼苑七号秦唐府酒店,了解北京传统四合院建筑、胡同风貌。2月22日,上海市黄浦区党政代表团参观考察南锣鼓巷,听取办事处主要负责人汇报南锣鼓巷改造工程及文化历史传承的发展,观看朴道草堂书吧、创可贴8工作室、秦唐府四合院酒店等文化创意产业企业,就文化产业的发展、历史风貌保护等问题进行交流。3月13日,安徽省合肥市商务委主任一行参观南锣鼓巷朴道草堂书吧、红宝鼎餐吧等文化创意产业店铺。3月22日,市委副书记王安顺,市政协秘书长阎仲秋,市旅游委主任鲁勇等领导到玉河、南锣鼓巷地区调研旅游产业发展情况,区领导牛青山、徐鸿达、陈之常陪同。3月23日,重庆市渝中区政府考察团到南锣鼓巷参观考察红宝鼎创意餐吧、秦唐府四合院酒店等特色商业店铺,听取社区商业发展情况及街道办事处特色街区建设情况介绍,就风貌保护、商业布局、业态调整等问题进行交流。3月27日,市知识产权局局长汪洪一行到南锣鼓巷调研,观看创意100+、创可贴8等创意文化店铺知识产权保护和专利维权情况。3月29日,拉萨市城关区委副书记郅海杰带拉萨市党政代表团一行观看菊儿社区的社会管理与公众参与成果,参观南锣鼓巷特色商业街区,与街道领导就街区商业建设及社区管理等问题进行交流座谈。 (英瑞鹏)

【领导调研】 5月3日,市领导刘淇、王安顺、吉林、李士祥、苟仲文、陈刚等到地铁8号线南锣鼓巷站施工现场,调研城市轨道交通建设情况。重点查看地铁8号线南锣鼓巷站"地下四层、单柱双跨侧式"的施工特点和项目进展情况。5月13日,副市长鲁炜到雨儿胡同参加齐白石故居揭幕仪式,副区长朴学东、宣传部长金晖参加。5月23日,市领导郭金龙、夏占义、孙康林等到地铁8号线南锣鼓巷站施工现场,察看防汛准备工作,听取京轨建设总经理丁树奎随行汇报。6月13日,副市长陈刚一行到南锣鼓巷8号线地铁施工工地,检查工地文明施工工作,牛青山、朴学东等领导及相关部门负责人陪同。6月27日,市领导陈平、葛剑平、张玉平、孔繁峙,参观玉河遗址博物馆,视察东不压桥、万宁桥整修情况,沿途考察玉河古道并听取杨柳荫、牛青山等随行汇报,区有关部门负责人陪同。8月7日,清华大学经济管理学院组织河南省文化旅游业重点企业负责人、各省辖市发改委和财政局服务业分管领导、文化发展改革事业管委会负责人、省直相关部门服务业分管领导一行150人,参观考察南锣鼓巷。8月8日,举办"和谐南锣"开放空间讨论活动,区领导宋甘澍、汤钦飞参加。10月12日,区领导朴学东查看南锣鼓巷社区服务用房(含地下车库)项目搬迁工作,召开南锣鼓巷社区服务用房现场工作会。会议就项目施工手续等问题进行研究和讨论。10月30日,区纪委书记夏树军一行到街道调研党风廉政建设工作,肯定街道党风廉政建设工作,对下一步工作提出要求。11月13日,新疆和田住建局代表团到交道口街道参观考察。11月14日,区领导王中华带队到街道调研城市管理及环境秩序整治工作。办事处负责人从街道总体概况、城市管理和环境整治、工作设想及工作难点4个方面进行汇报。区城管监督中心、城管大队、交通支队、城管委分别从各自职能范围研讨交道口地区城市管理及环境秩序整治工作。王中华肯定交道口街道城市管理及环境秩序整治工作,就下一步工作提出工作要求。11月16日,国际友好城市—加拿大新西敏市政府代表团一行到南锣鼓巷参观考察。由新西敏市政府议员比尔·哈珀先生带队的代表团一行重点查看秦唐府四合院酒店、万庆当铺、南锣鼓巷主街水准点等具有

中国特色的文化景观。（英瑞鹏）

【城市建设】　开展首都城市环境建设百日集中整治行动，完成国庆及“十八大”期间景观布置。加强绿化美化和牌匾整治活动，完成帽儿、沙井、细管3条胡同精品胡同建设工程。完成全国卫生区复查迎检工作。加大网格化信息平台各项城市管理案件处理力度，全年案件办结率99.9%。应对“7·21”特大暴雨自然灾害，实现平稳安全度汛。开展人防工程及地下空间隐患排查，及时消除安全隐患。对南锣鼓巷和鼓楼东大街等重点区域开展专项执法整治活动。完成2064户居民煤改电数据上报及审查工作，发放补助199.84万元。7月前，完成煤改电工作入户宣传、动员、摸底工作。至12月4日，安装234块电表，销售电暖气708台，安装墙箱25个，柱式变压器3个。（英瑞鹏）

【安全教育】　建立、完善辖区餐饮行业燃气使用台账。通过排查，使用燃气餐饮企业为126家，排查出隐患43处，协调相关职能部门进行整改。9月11日，召开社区安全主任会，部署开展餐饮企业燃气安全隐患大排查工作，督促、检查、宣传前期排查出的隐患问题，确保燃气使用安全。开展预防煤气中毒组织力量全面开展入户宣传检查，排查辖区使用煤火取暖229户，签订责任书229份，排查隐患7处完成整改。（英瑞鹏）

【南锣鼓巷胡同节】　9月26日在风尚剧场开幕。区领导宋甘澍、汤钦飞出席观看表演并与区人大、政协代表各2名为胡同节揭幕。部分委办局、17个街道领导及居民代表200人参加。（英瑞鹏）

【党建工作】　按照党组织引领、政府支持、多方共建、居民参与模式，建立以南锣鼓巷地区联合党委为核心，菊儿、南锣鼓巷、鼓楼苑、福祥4个社区党委和南锣鼓巷商会党支部，中央戏剧学院及北京东方嘉诚文化产业发展有限公司党支部等驻地单位和企业党组织为参与主体的“1+5+X”组织体系。举办“和谐南锣”开放空间讨论活动，制定出台《南锣公约》，召开南锣鼓巷地区联合党委第一次会议，研究制定联合党委主要职责及成员单位党组织工作职责，部署《南锣公约》相关工作。举办建党91周年大会，表彰先进基层党组织4个、优秀共产党员53人、优秀党建创新项目2个。交东社区组织“党旗飘扬在社区、党员奉献在社区——志愿者为党旗增辉”演讲活动；大兴、府学、菊儿社区依托拉拉手网格文明劝导队、邻里互助网格志愿者服务队、老街坊邻里互助合作社等团队开展多项服务活动；南锣社区开展学习雷锋事迹，弘扬志愿精神活动；福祥社区开展北京精神知识问答、歌颂祖国诗歌朗诵会等活动。党员1021人次参加。（英瑞鹏）

【老干部工作】　落实老干部两项待遇。举办报告会、骨干辅导班、读书会、座谈会，发放知识答卷、送学上门和网上互动活动，组织离退休干部参加学习、听报告12次。10月，组织离退休老干部到京郊北宫森林公园考察。做好离退休老干部“两节”、七一期间走访慰问，全年走访45人次，慰问住院老同志9人次。落实易地干部“两费”问题，发函催交公务费12余次，解决“两费”8人次，易地干部3人办理医保卡及上报医保表工作。走访社区老干部121人次，开展活动21次。（英瑞鹏）

【风貌保护】　启动东棉花胡同23号院微循环置换工作，与11户居民签订房屋置换协议。完成“胡同—四合院身份证”工程，对辖区内街巷胡同、三级以上文物保护单位、挂牌保护院落及其他历史文化遗产制作安装中英文标识牌。完成南锣鼓巷历史文化街区3D电子沙盘及历史遗迹虚拟复原项目一期工程。（英瑞鹏）

【南锣鼓巷文化休闲街建设】　举办南锣鼓巷胡同节，承办第三届南锣鼓巷戏剧节。开展南锣鼓巷知识产权保护示范街区创建活动，建立南锣鼓巷12330（知识产权保护）工作站。采取政府购买服务的方式聘请胡同讲解员，提升街巷宣传。全年接待市、区及全国参观考察团124批次。（英瑞鹏）

【城市管理】　年内，查处各类违法违章行为700余起，其中查处无照经营200余起，暂扣各类小商品3000余件，暂扣蔬菜、水果500余斤，规范店外经营160处，查处违法建设百起，拆除违法建设5处，查处违规户外广告牌匾40余处，规范门前三包396家。受理各类举报2000余起，处理群众来信60余封。清理垃圾渣土61车。接待群众来访、来电70余起，罚款3.66万元。安装牌匾38块，拆除广告牌匾50余处、违章广告20处、商户乱设灯箱12处，粉刷墙面5处，透窗广告120处。全年开展除四害24次，发放各类药品、器械4000余份，清除蚊蝇孳生地126处。开展月末城市清洁日活动。（英瑞鹏）

【社区建设】　选拔能力水平高、工作业务强、群众基础好的社区工作者管理服务站。经笔试、面试、民主测评竞聘，4名社区工作者竞争上岗。加强社会队伍的建设和管理，3月、8月分两批招录社区工作者38名，充实社区队伍。组织多种形式培训，提高社区工作者业务水平、能力素质，组织参加社会工作师考试和再教育培训，提高社区工作者持证上岗比例，推进社区工作者职业化、专业化进程。（英瑞鹏）

【文化生活】　举办四合院里闹花灯、惊蛰锣鼓节、七夕乞巧节等特色民俗文化活动，多家新闻媒体报道。开展群众性体育工作，举办街道运动会、广播操比赛等活动。开办社区大讲堂和市民学校，街道与大兴社区创办的甲骨文讲座活动、与五中联合举办的媒介素养教育进社区活动分获市、区级优秀品牌。（英瑞鹏）

【社会保障】　为辖区老人1459人办理居家养老服务补贴，发放居家养老服务券5883人次178.68万元，为90岁以上老年人290人办理并发放高龄老人津贴，为95岁以上老人20

人发放高龄老人医疗补助,为65岁老年人600人办理老年人优待证,为60岁老年人400人办理老年证。节假日走访辖区内全部百岁老人及高龄特困老年人,为42户80岁以上的空巢老人家庭联系安装"一按灵"紧急医疗救援呼叫器。组织参观北京世界公园等大型活动,各社区老协组织形式多样的老年人文化体育活动。建全长效协议机制,推广志愿助老模式。完善社区助老爱心卡制度,社区志愿者与生活困难或不能自理的空巢老人一对一签订助老爱心协议,结成长期固定的帮扶对子。助老志愿者每周探视帮扶对象,提供义务服务。升级改造"温馨家园",从原来300平方米达680余平方米,布局合理,功能齐全,服务完善。加强居家康复管理,完善康复服务体系,借助地域优势,挖掘职康项目,规范健康发展,推广居家健身项目。全年为225名残疾人机动轮椅车主发放燃油补贴5.9万元,为113人办理残疾人证,为51户肢体残疾人家庭完成无障碍设施改造项目。两节走访慰问特困重残60人、送慰问金3.5万元,完成城乡养老保险审核工作。5月,组织残疾人参加交道口街道运动会。对辖区低保户476户883人发放低保金,332户413人发放粮油补贴。办理医疗救助89户、临时救助5户、大学新生救助8人,办理冬季燃煤自采暖补贴126户。募集善款和衣被,募集善款3.46万元、棉毛衣被3000余件。(英瑞鹏)

【劳动监察】 落实《劳动合同法》,对餐饮、娱乐、宾馆等单位,开展日常巡查和节日期间加班工资支付的专项执法检查,检查210家单位,涉及职工800人,补签劳动合同60份,对两家用人单位超时加班进行处罚3.4万元,发放宣传材料500余份,提供咨询100人次。对农民工工资支付情况、节日期间加班工资进行专项检查,检查工地5处,餐饮、宾馆服务业10家,涉及农民工500余人,未发现集体拖欠工资情况。申报、通过10户退休知青返京申请。(英瑞鹏)

【信访调解】 开展矛盾纠纷排查36次,调解纠纷763件、成功754件、成功率97%。出具调解协议书12份,涉及金额30万元。化解各类矛盾,确保地区社会稳定。完成"亿霖木业"案善后清退工作。推进信访代理制,开展信访源头预防和超前排查化解力度,化解信访积案6件,解决地铁8号线施工扰民问题。全年司法所及各社区开展各类法制宣传教育活动70余场次,发放宣传材料3万余份,受众群众达5000余人次。全年办理各种社会服务事项6017件、调解居民矛盾纠纷128件,报送民情日志5.37万条。(英瑞鹏)

【便民服务圈】 年内,7个社区实现社区超市(便利店)、美容美发、菜店、洗染、再生资源、餐饮店和代收代缴等主要商业服务的全覆盖,使社区居民在步行一刻钟范围内,享受到方便社区便利服务。7个社区均已达标,奖励2.1万元。(英瑞鹏)

安定门街道

【概况】 安定门街道办事处是区政府派出机构。位于东城区西北部,东起雍和宫大街、南至鼓楼东大街、西起旧鼓楼大街、北至北二环,处在古都风貌保护区和故宫缓冲区内。面积1.76平方千米,有大街3条,胡同69条。设社区居委会9个,户籍人口2.29万户5.54万人,其中常住人口4.58万人、流动人口9560人。有29个民族,汉族占92%。驻地有中央单位10个,市属以上单位23个,区属单位27个,企业500余家,其中70%以上属于规模以下民营企业。辖区有国家级文物保护单位3个,即:北京鼓楼、钟楼,国子监,北京孔庙。市级文物保护单位5个,区级文物保护单位2个,历史遗存32处。有中小学、幼儿园15所,驻区部队空军后勤部机关、北京卫戍区四团。安定门地区地域狭小,人口密度大,老旧平房占85%,呈现"三多、三少、一突出"的特点,即:贫困残疾人多、生活稳定的少,住房条件紧张的多、居住宽松的少,无业失业的多、就业机会少,其中贫困残疾人及重病低保人员就医问题突出。有低保人员1608人、居全区第二位,残疾人2075人、居全区第一位。办事处机构设置23个。有公务员编制87人、实有88人,事业编制34人。

年内,以党建为核心,以城市管理创新为重点,以民生事业为根本,以社区建设为基础,加强五道营特色街区建设,全市首个胡同停车试点项目车辇店胡同立体停车设施正式落成,为周边居民提供193个停车泊位,缓解周边胡同"停车难"问题,钟鼓楼广场恢复整治项目。全年新引进重点企业53家,其中注册资金5000万元以上10家,1000万元以上21家,500万元以上6家。完成区级税收8697.70万元,同比增长19.5%。

单位地址:东城区安定门内大街方家胡同19号

联系电话:64066979 邮政编码:100007 (杨沁诗)

【戒毒工作】 2月,与天堂河劳教所戒毒康复中心签订合作共建协议,康复中心有民警2人,进驻向日葵社区工作站,成立戒毒康复辅导站,做好地区吸毒人员戒毒康复工作。向日葵工作站签定社区督导协议34人,帮助3人入住戒毒康复中心,为康复人员做尿检100余次,电话访350次、走访面谈150次,开展各类禁毒宣传活动13次,召开联席会4次,发放宣传材料2000份,受益人群3000余人。全年帮助5名康复

人员办理低保手续,为5人推荐就业。（杨沁诗）

【领导调研】 4月12日,全国人大常委会副委员长韩启德带领全国人大常委会文物保护法执法检查组,检查孔庙、国子监博物馆文物保护和文物单位腾退、修缮后合理利用的情况。市人大常委会副主任吴世雄、市政府副秘书长张玉萍、市政府办公厅副主任吴大仓及市、区领导孔繁峙、牛青山、冯熙、金晖等陪同。5月3日,市委书记刘淇到地铁8号线鼓楼大街站施工现场调研,察看2号换乘厅明挖施工作业情况和地下三层岛式车站土建工程、设备安装作业进展,了解鼓楼大街站总体建设情况和通车运营计划等。市领导王安顺、吉林及区领导杨柳荫、牛青山陪同。7月4日,北京市副市长苟仲文率市、区有关领导到车辇店胡同,实地视察车辇店立体停车场运行情况,召开本市居住区机动车停车设施建设工作现场会。提出解决停车的问题,既是治理环境,又是疏堵交通,要求城六区及相关委办局要多方参与、多措并举,齐心协力搞好停车工作,解决交通和环境问题。（杨沁诗）

【第三届孔庙国子监国学文化节】 9月9～28日在孔庙大成殿前开幕。市、区有关领导出席文化节开幕式。文化节以"国学圣地　德化天下"为主题,共分树·国学品牌、秉·国学传承、兴·国学经济、感·国学体验四大篇章12项活动,包括文化节开幕式暨教师节拜师仪式、第二届国子监儒商文化论坛、国学文化体验游、国术健身项目展演、国学教育成果展示、孔庙国子监御制匾额精品展、明清进士书画展、国学圣地赏国艺—楠木古典家具精品艺术展、72贤人瓷板画落成启动仪式、国学精品书目展销季、国子监大讲堂之道德讲堂、祭孔大典等。文化节首次开通官方微博,对各项活动进行实时报道。（杨沁诗）

【五道营特色街区建设】 制定五道营街区发展规划,提出文化生态展示区、国际休闲体验区的街区发展定位和国际化创意生活街区的总体商业定位。制定三期建设项目,实施一期工程。制定《五道营胡同街区风貌品质提升项目工作方案》《五道营胡同街区风貌品质提升项目工程任务分解表》。五道营胡同街区风貌品质提升工程被纳入区名城委年度重点项目,区政府专题会通过实施方案,12个项目资金投入1768万元。（杨沁诗）

【城市管理和建设】 年内,对车辇店胡同内牌匾、改造升级20处院落门头。粉刷墙面8580平方米、油饰门楼1200余平米,更换广告牌匾50处、雨搭90处。重新铺设沥青路面400余米,道路两侧安装路缘石1000余米。完成永康胡同18号院小区内道路改造铺设及楼面粉饰。完成邮电部宿舍、东公街64号院改造。清理整顿安内大街、五道营等重点街巷违法违规行为,清理地桩地锁267把,没收小广告7815张。开展夏季街面环境秩序管控,对无照经营黑车、黑摩进行专项整治。开展护蕊工程、双护工程、双车整治、建筑垃圾百日行动专项整治,对辖区内2所医院、15所中小学及幼儿园周边环境秩序集中整治,查处无照经营100起、规范门前三包单位2308次、查处小广告窝点4个、清理小广告9368张。清理违规户外广告牌匾127块,拆除违法建设283.5平米。开展义务植树节宣传活动,发放宣传材料1000份。补栽树木200棵、花卉500棵。完成200余棵古树普查工作。普查人防工事67处。开展清洁城市高潮日活动6次。开展北锣鼓巷、宝钞胡同单行单停试点工作,制定方案、召开调度会,下发单行单停停车证114张。做好地铁8号线盾构施工下穿平房区扰民和民扰工作。（杨沁诗）

【社会治安综合治理】 年内,投入资金百万元建设地区监控系统、群防群治装备。落实网格化社会面防控。召开5次动员会部署工作。各社区对治安志愿者进行业务培训。制定"十八大"安保工作方案,建立各类群防群治力量实名制工作台账和点位图,部署、调整地区守望岗150个,增设保安20人。"十八大"期间启动等级防控16次,发动公安民警400人次、干部567人次,治安志愿者1.58万人次,民兵、巡防队员560人次,单位内保及行业志愿者2736人次,其他力量1440人次,实现地区安全稳定目标。完成春节、"两会"、国庆重大节日社会面稳控工作。（杨沁诗）

【党建工作】 9个社区党委全部以"公推直选"的方式完成换届选举工作,班子年龄结构和知识结构更加合理。落实非公党建提升工程,建立完整非公有制企业党建台账,新组建北京中建华通等10个非公企业党支部。开展党组织分类定级工作,31个党组织中25个党组织被评定为"好"和"较好"等级。完善"580我帮您"党建服务品牌。在辖区内组织党员观看直播、宣讲会、座谈会等,宣传学习党的"十八大"精神。以雷锋精神永驻人间为主题开展特色志愿服务。与共建单位对安内大街进行环境综合整治。组织园区青年开展学雷锋志愿活动。以我们的节日为主题开展传统文化进社区活动。（杨沁诗）

【社会保障】 年内,为一老一小新参保人员发放社保卡555张、二次申请领卡392张、挂失补发514张、卡服务网点业务1899人次。办理报销城镇居民门诊及大额医药费527人次140.21万元,退休人员门诊及大额医药费报销398人次154.27万元。为辖区8268户次低保家庭发放低保金739.2万元,帮困金27.62万元,过节费107.38万元,煤火费4.2万元,医疗救助金73.56万元。新批低保18户,停发低保61户,变更低保1810户次。办理老年人优待证407个、居家养老服务券196人。接待保障性住房申请2000人次、受理338户,组织22户家庭参加廉租房实物配租选房。完成登记失业人员就业率82.43%,城镇登记失业人员失业率控制在0.49%。登记失业人员就业1048人,就业困难人员就业620人,就业困难人员就业率为80.83%。推荐396名失业人员参加免费技能培训,其中职业技能培训成功362人次。开发社区就业岗位2291个。安置失业人员1239人,空岗信息采集4107个,职业指导3749人次,职业介绍推荐成功就业376人。帮扶3户零就业家庭重新就业。（杨沁诗）

【经济工作】 制定五道营街区发展规划,提出“文化生态展示区、国际休闲体验区”的街区发展定位和“国际化创意生活街区”的总体商业定位,实施一期工程。成立项目工程专项工作小组,坚持调度会制度,工程被纳入区名城委年度重点项目,区政府专题会通过实施方案,12个项目资金投入达1768万元。策划、选定北锣鼓巷街区发展,进行专项研究。制定北锣鼓巷胡同街区历史文化名城保护建设方案,与北京东方嘉诚文化产业发展有限公司共同对北锣鼓巷街区进行市场调研等。利用雍和科技园区的区位优势,与园区管委会、产促局等配合,加强优惠政策宣讲,开展招大选强工作。（杨沁诗）

【社区建设与服务】 完成第八届社区居委会换届选举工作,实现党组织、居委会、服务站交叉任职。9个社区实现“一肩挑”。推行一刻钟社区服务圈,建立老年饭桌等。社区服务站为居民办理即办事项20.68万件,涉及居民服务36类102项。成立治安巡逻、文化娱乐、助老敬老等社区志愿服务队116个,全年新招募志愿者838人,开展各种便民志愿服务300余次,居民5000人次受益。（杨沁诗）

【群团工作】 坚持党建带工建、团建、妇建,非公企业建会工作平稳推进。加强社区青年汇建设,在16家非公企业建立团组织。完成街道第八届妇联换届工作,开展妇女维权活动。抓好民兵整组和冬季征兵工作,完成“十八大”期间民兵守桥等任务。做好侨务、对台及工商联各项社会领域统战工作,推进统战工作网格化进程,完成侨联换届工作。经民主选举,完成区十五届人大代表补选工作。（杨沁诗）

北新桥街道

【概况】 北新桥街道办事处是区政府派出机构。位于东城区东北部,东起东二环路,南至平安大街,西起东四北大街、雍和宫大街,北至北二环路。面积2.62平方千米,有主要大街5条、胡同84条。设社区居委会12个,户籍人口2.88万户7.76万人,流动人口2.07万人,外籍人口727人,归国华侨130人。有中央单位82个、市属74个、区属67个,私民营企业3536个,商务楼宇15座。有中、小学和幼儿园8所,医院3所,社区卫生站4个。辖区有著名的商业特色餐饮街—“簋街”,雍和宫(全国第一批重点文物保护单位)、柏林寺、北新仓、通教寺等重点文物保护单位,北京市第一座以中水造景的生态水景园—南馆公园,稻香村、吴裕泰等中华老字号知名企业,中石油、中青旅、北京移动等大型企业总部。办事处机构设置22个,其中工委6个、办事处12个、群团组织4个。有工作人员169人,其中公务员125人、事业编制36人、工勤8人。事业单位5个。

年内,坚持科学发展,走差异化、特色化、精细化发展之路。完成全年各项工作任务。1月至10月,实现区级税收2.96亿元,同比增长4.6%,引入52家税源企业。

单位地址:东城区东直门内北小街草园胡同6号

联系电话:64043994　邮政编码:100007（刘振宏）

【领导视察调研】 1月23日,市领导吉林到雍和宫检查安全保障工作,实地检查雍和宫内部敬香礼佛活动、内外安保措施。2月7日,团市委副书记常宇到海巢·HOT社区青年汇,就青年汇创建模式、共青团参与加强和创新社会管理新要求及青年汇开展情况,进行专题调研。指出:要有良好的新东城面貌,必须注重青年群体,加强青年教育,解决青年实际问题,维护青年利益。3月20日,市人大副主任梁伟到九道湾社区调研党委换届选举工作。4月12日,中央党校厅局级干部进修班领导到雍和宫考察文化建设,实地考察藏传佛教寺院设施及藏传佛教文化保护情况。（刘振宏）

【文化服务】 年内,举办元宵灯会、地区运动会、文化艺术节、科普展示、健康大课堂等有街道特色文化活动20场。辖区单位、社区居民参加。扶持北新桥开心艺术团和民安民乐队、北新仓指南针合唱团等12个社区文化团队发展,建立端午文化节、海运仓历史文化节、“和谐杯”乒乓球比赛等一批群众性文化活动品牌,形成一街道一品牌、一社区一特色文化活动新格局。（刘振宏）

【社区建设】 6月,辖区16个社区调整合并为12个社区。社区两委换届直选比例提高到35%,完成两委换届选举工作。民安、九道湾、小菊社区成为市级“六型”试点示范社区。民安数字文化社区建设成为全区示范工程。修改完善社区居民常务会等工作制度,开展特色公益服务活动,好邻居信息服务网、商居自管会、胡同议事会等自我服务、自我管理的社区品牌,形成社区党建、社区自治、社区服务三位一体工作格局。扩大青龙、藏经馆、前永康社区办公服务用房,添置办公设备。（刘振宏）

【海巢HOT·社区青年汇成立】 “海巢HOT”社区青年汇主要有东直门医院的青年医务工作者、中石油和北京移动等白领青年、簋街餐饮服务业从业青年及居住在附近社区青年。联系的青年社会组织有心手相牵志愿服务队、惠泽仁心理工作室、绿手套户外探索俱乐部等。海巢HOT·社区青年汇每周举办健康宣教、医疗问题咨询。定期开展义诊、公益剧场、戏剧沙龙、交友联谊等活动。注册会员813名,

全年举办各类主题活动90场，参加活动的青年近4000人。（刘振宏）

【簋街美食特色街区】　举办簋街国际美食旅游文化节，建立簋街美食文化展示、体验区，结合周边国学、中医、京味文化、文化创意等产业资源，重点建设8个特色旅游产品。开展簋街特色商业消费周活动，商家24小时不打烊，借势皇城文化国际美食节，96家餐饮商户推出各店名菜，汇集京、川、鲁、粤、湘、东北、清真等多种菜系，以麻辣龙虾、香辣蟹、麻辣烫为主要特色，推出的水煮鱼、麻辣兔、鸭脖子、烤鱼等菜肴引领京城餐饮时尚。全年营业额约2.1亿元，纳税额1350万元。消费周接待食客13万人次，同比上升20%。簋街获年度旅游美食特色街区称号。（刘振宏）

【网格化管理】　年内，招聘一批网格助理员。开展网格管理员、网格督导员、网格党支部书记培训会。有网格39个，为每名网格员配备PDA移动智能终端设备，网格员日常走访使用PDA对发生的事件进行照相、录像、录音的记录。通过GPS、3G网络快速定位及时上报网格事件1307件。全年业务流程上报事件1214件，其中流动人口模块360件、矫正帮教模块594件、矛盾调解模块260件。事件台账上报654件，民情日志上报8.55万件。（刘振宏）

【区域经济】　开展招大选强、引企促税工作，引入37家税源企业。成立由政府部门和22家重点企业组成的经济发展联盟。推动文化创意产业，东雍创业谷、人民美术文化园、圣唐古驿文化园等胡同文化创意产业园区发展，文化创意产业成为街道经济新增长点。完成2次楼宇经济兑现落实工作，召开经济政策兑现培训会，落实产业政策。开展楼宇资源普查、经济动态监测、中小企业融资需求调研。对青龙、嘉润、海运仓大厦等3个企业集中办公区加强服务管理，区域经济持续发展。1月至9月，完成财政收入2.55亿元，比上一年增长3.3%。（刘振宏）

【城市建设管理】　完成东内大街景观改造、崇雍大街1700米彩灯街景装饰，东直门南、北小街、东直门大街及主要路口悬挂灯笼及中国结400套。对草园、九道湾、炮局3条胡同绿化改造，栽种各类植被3000株。对民安、海运仓小区内11片2900平方米绿地绿化补植，栽种黄杨球45株、月季1200株、黄杨5000株、玉簪2500株、丹麦草900平方米。改造北新仓胡同内700平方米绿地。重新制作绿地围栏、花池、建设引水设施，栽种黄杨、玉簪、攀爬月季等各种植被5000株。对大菊、石雀、青龙胡同沿线整修、粉刷，开展破损门窗、广告牌匾更新改造工作。完成墙面整修刷漆6000平方米，门窗、护栏、檐头油漆760平方米，广告牌90平方米，整修台阶、雨搭子、地面着补300平方米。整治青龙胡同西口啤酒占道、圈养家禽、废品回收等现象，拆除违法建设80平方米，清理大件废弃物8车、渣土20车。4条胡同实行机动车单行单停，设立自行车接驳点13个，新增小区停车位66个。完成煤改电，安装电表450块，铺设外线电缆1.48万米、户线9500米，外墙保温4000平方米，销售蓄能式电暖器2400台。完成炮局头条28、30号，北官厅2、3号楼等8栋562户老旧楼房节能改造保温工程。（刘振宏）

【社会治安综合治理】　开展十大专项行动，排查挂账各类社会矛盾纠纷204起、重点人13人、安全隐患817处、重点地区2处。化解各类社会矛盾纠纷198起，转化各类重点人7人，整改安全隐患800处。健全完善社会治安防控体系，设立251个1级、174个2级守望岗点位，组织机关干部、社区工作者、积极分子和社会力量参加社会面防控工作，建立社区综治工作百分制考核机制，高发案社区视频监控率70%以上，平安社区建设标准达到80%以上。加强各类重点人稳控，加大流动人口服务管理，落实管控措施，维护社会安全稳定。开展工资支付等5次专项大检查，检查用工单位和施工工地1052家，涉及劳动者1.2万人，处理劳动纠纷24起。确保在华普花园实施规范劳动用工一条街工程，保护681名员工和55家用人单位合法权益。对辖区用工单位逐户宣讲劳动政策，发放致用人单位一封信及劳动政策法规材料80余份。走访单位50余家涉及员工600人。（刘振宏）

【社会保障】　全年登记失业人员失业率为0.99%，登记失业人员就业率为67%，就业总人数1470人。空岗采集7420人，培训703人，灵活就业新增586人。发放低保金1257万元、粮油帮困款48万元、低保家庭过节费187.4万元、冬季取暖费39.6万元，地区2291名低保困难群众基本生活得到保障。加大社会救助力度，发放助学、助医、扶贫等款项75.7万元，垫付住院押金27.7万元，办理慈善医疗卡、爱心卡253张，实现社会救助无盲点。受理4种政策性保障用房891户，完成14户家庭限价商品住房、22户家庭廉租实物住房选房工作。（刘振宏）

【计划生育】　年内，办理一孩生育服务证662个，二孩生育服务证54个，新生儿入户登记805个。发放叶酸384盒、《育儿百科》629本。办理独生子女父母光荣证273个，独生子女费登记72人，存档育龄人员登记1198人，流动人口婚育证明10人，流动人口生育服务联系单55人，独生子女年老时一次性经济奖励247人，独生子女家庭一次性经济帮助4人，违法生育处罚7例，征收社会抚养费116.68万元。完成222个独生子女家庭特别扶助申请、登记及年审审核工作。落实独生子女父母各项奖励政策。（刘振宏）

【信访工作】　全年接待群众信访635批641人次，同比下降39.99%，受理群众诉求107件次，社区代理87件，街道代理20件。处理上级转办领导批转8件、上级信访部门转办和领导批示18件，6件重点疑难信访由区级领导代理解决，信访办结率94.25%，全年未发生非正常集体访、未形成新的重大重复上访户。（刘振宏）

【党建工作】　年内，完成“十八大”和市第十一次党代会代表推荐提名工作。九道湾、前永康、北官厅3个社区被评为五星级社区党组织。增强365阳光驿站品牌特色,创新党建工作,培育心里话说出来议事会、民族团结向阳大院等品牌。接收和新建建设综合勘察研究设计院、全国华联商厦、中文在线等单位的党组织,组织覆盖率提升20%。完善党建网络平台,举办社区党委书记、非公企业党组织负责人、入党积极分子培训班,加强党员教育培训和服务管理工作。

(刘振宏)

【群团工作】 全年,新建工会67家、新增会员919人,企业工会组建率和职工入会率达90%以上。为100余家建会企业购置图书,完成463家建会单位信息采集,为1.08万名会员4600名职工办理"京·卡"互助服务卡。新建非公团支部12家,完成12个社区团支部书记培训。完成28家"两新"组织建团工作,为718名团员重新找到团组织。开展五四青年月,"70、80我们的回忆我们的爱"系列活动,与16家辖区单位建立地区青年就业创业见习基地。选举新一届社区妇联执委108人、社区妇联主席12人。举办三八专场讲座,为女职工和妇女家庭提供法律咨询、心理疏导、婚姻家庭调节、邻里纠纷调解等维权服务。与巧娘工作室联合举办丝网花制作、串珠、剪纸等手工制作技能培训51次2000人次参加。走访慰问困难妇女37人、两癌筛查11人、单亲困难家庭16户。

(刘振宏)

东四街道

【概况】 东四街道办事处是区政府派出机构。位于东城区东中部,东起东二环路西侧,南至朝内大街北侧,西起东四北大街,北至平安大街东四十条。面积1.53平方千米,有大街4条、胡同31条。设社区居委会8个,户籍人口1.75万户4.51万人。办事处机构设置23个,即工委办公室、人大街道工委办公室、组织人事部、宣传部、社会治安综合治理办公室、纪律检查工作委员会(监察科),办事处办公室、城市综合管理科、社区建设工作办公室、经济发展科、财政科、民政科、住房保障科、劳动和社会保障科、文教卫体科、人口和计划生育办公室、公共安全管理办公室、信访科、总工会、团工委、妇联、残联、武装部。有公务员81人、工勤6人,事业编制35人。

年内,完成全国文明城区和全国卫生城市迎复检、"十八大"安保、社区两委换届选举等工作。改进工作作风,开展大走访活动。各社区建立、完善居民会议常务会制度,创新社会服务和社会管理,化解社会矛盾和不稳定因素,维护地区稳定。全年新闻报道445篇,其中平面媒体116篇、网络媒体305篇、广播电视报道24条。发行《东四奥林匹克社区》报46期46万份。

单位地址:东城区东四五条170号

联系电话:64044922 邮政编码:100010

(喻巍)

【区域经济】 1月10日,举办东四区域促进经济发展新春联谊活动。9月19日,举办月满东四,星耀东城——东四金秋名企联谊主题活动,中国电信北京分公司、新保利房地产、首汽租赁等30余家企业参加。完成东城区统计基础工作标准化试点工作和《基本单位名录库实施网格化管理的探索》课题研究。完成统计年报单位194家,收审843张统计报表;完成定报17种,收审报表1092张。

(喻巍)

【文体活动】 2月6日,在北京军区总医院举行"龙腾虎跃满园春"元宵节灯展活动,社区居民2600余人赏灯猜谜。3月21日,举办第四届全国体育进社区优秀健身项目进社区交流活动暨东四奥林匹克社区科学健身推进项目启动仪式,国家体育总局、首都精神文明办、市体育局等有关领导,上海、天津、山东、广东、江苏等8个城市嘉宾300人参加。活动中,成立东四街道奥林匹克·体育生活化社区"一家一"首席社区科学健身指导员队伍。3月31日,在东四奥林匹克社区公园举行清明节主题活动。5月至6月,北京南新仓·东四街道第六届文化节主题活动在南新仓商务休闲街区举办。5月至9月,社区大舞台演出20场。6月,东四街道经北京市文联认定为全市首批"京剧启蒙 国粹传承"实验基地。9月7日,在东四奥林匹克社区公园举行传承民族民俗八子体育运动展东四全民健身风采主题活动。9月22日,在地坛体育场举办首届东四奥林匹克社区体育文化节暨第六届东四奥林匹克运动会,区有关领导冯熙、徐鸿达、常卫、宋甘澍、王佩立、许汇、汤钦飞等出席,社区和驻街单位参赛队伍61支运动员1100人,社区居民、企业职工3000余人参加。全年东四奥林匹克社区体育文化中心接待境内外参观18次359人次。举办东四奥林匹克社区大讲堂12场。东四红枫叶艺术团在北京市广场舞蹈和秧歌比赛中获第二名,在市文化局举办的迎"十八大"庆七一北京新秧歌社区群众舞蹈比赛中获第一名。

(喻巍)

【对外交流活动】 5月24日,瑞士联邦体育学院院长、国际体育科学与体育教育理事会第一副主席瓦尔特·孟基森教授应邀在东四奥林匹克社区大讲堂作《时代变迁中的奥林匹克运动会》主题演讲,并接受东四奥林匹克社区荣誉居民证书。6月13日,布隆迪共和国总统夫人一行7人参观东四奥林匹克社区体育文化中心,全国妇联国际部部长邹晓巧,市妇联主席赵津芳、副主席周志军及区领导吴松元陪同参观。10月25日,欧非地区华人参政访华团一行28人参观东四奥林匹克社区体育文化中心。10月25日，在东四奥林匹克社区公园与首都文明办、市市政市容委、东城区政府联合主办“做文明有礼的北京人·周四垃圾减量日”暨《北京市生活垃圾管理条例》宣传活动。11月27日，福建省福州市鼓楼区区委书记、区长杭东率党政代表团到东四街道考察网格化社会服务管理创新工作，区领导常卫陪同。

（喻巍）

【城市建设与管理】 年内，完成绿植补种230平方米，增种法国梧桐35株。完成平房煤改电清洁能源991户补助审核发放工作，补助金额75万余元，新增煤改电用户326户，安装558块电表。配合完成8座楼宇节能改造、8栋老旧楼改造前鉴定。汛期重点检查平房区房屋8400间11.13万平方米，向480户私房产权人（单位自管房）发放房屋隐患通知书，处置险情90余起，安置受灾群众8户20人。“7·21”特大暴雨期间，启动应急预案，处理险情39起。完成仓南胡同9000平方米路面柏油和两侧步道渗水砖更新铺装，完成3座楼宇、1座亭子夜景照明工程。完成东四五条和罗家大院两条胡同车辆单侧停车和平安发展大厦错时停车试点工作。完成公共租赁自行车停放点3处。完成36家单位无线电设备和地下管网使用普查及168家餐饮单位的废弃油脂核实工作。制止查处违法违规行为800余起，清运大件废弃物、建筑垃圾300余车次。完成东四二条、三条、五条胡同6户院落门口坡道改造并安装扶手护栏。（喻巍）

【社区建设】 年内，将原有8个社区调整为二条、六条、七条、八条、总院、豆瓣、南门仓7个社区。公开招考社区工作者23人。为居民办理社区安全、社区环境、社区就业救助等实事436件，完成为民办实事折子工程11件。3月至5月，二条、七条、总院、豆瓣社区采取居民代表选举方式，六条、八条、南门仓社区采取户代表选举方式，分别选出第八届社区居委会、常务会成员，登记选民1.97万人。7月，组织社区工作者在北京市民政学院培训，内容为形势分析、工作实务、工作技能等。

（喻巍）

【网格化管理】 全年7个社区25个网格中有20个网格实现零发案。社会服务管理信息监控系统上报民情16.48万件，事件1.29万件，流动人口业务事件1379件，矫正帮教业务事件1116件，矛盾调解业务事件423件。启动治安等级防控26次，发动专业力量和群众力量9.6万人次。首都治安志愿者网站在册总人数3000人，年内新增1632人。完成统计、住房保障、统战、妇女工作基础数据进网格、工作力量进网格和社会服务进网格工作。7月，启动访千家万户、听居民心声、解百姓需求社区大走访工作。7月至10月，实际走访1.59万户，解决问题221件，移交相关责任部门123件，制定措施逐步解决73件。

（喻巍）

【维稳工作】 年内，受理信访447件1091人次，处理突发事件、化解重大矛盾纠纷21起，处理重复市、区越级群体访21件。调解各类纠纷350件，成功解决342件，成功率97.7%。加大安全隐患排查整治力度，出动检查400人次，检查单位1200个次，发现、整改隐患120个。处理劳动用工投诉举报案件16件涉案金额4.5万余元。处理工地群体事件5起涉案金额100余万元，涉及工人120余名。成功仲裁调解案件2件。

（喻巍）

【群团工作】 年内，新增建立工会法人单位组织99家会员717人，建会率和会员信息采集分别达到71%和85%，至年末，地区建会企业979家，其中法人单位577家、会员8195人。完成社区、楼宇联合工会换届选举，社区工会主席均由社区党委书记或专职副书记兼任。完成7个社区、3个楼宇和1个行业集体合同签订工作，有960家签订区域性集体合同、女职工特殊权益集体合同和区域性工资集体协议。三项集体合同，签订率98%以上，覆盖职工8901人，完成2家百人企业和10家25人以上企业单独签订工作，企业履约率达100%，职工满意率达90以上。为168家企业办理工会经费结算卡，为53家企业报销工会经费13.9万余元。为141名企业工会主席和工会干部办理女职工特殊险和意外伤害险，为291家单位3939名职工办理京卡。举办2场女性健康知识讲座、2场就业招聘会、2场青年联谊会、建立单身青年QQ群，开展读书点亮人生——让工作快乐起来读书征文交流会、建立4个职工流动书屋、举办调酒师和客房服务员技能竞赛71人参加，20人晋级北京市第三届职业技能竞赛复赛，取得相应职业证书，东四街道获东城赛区优秀组织奖。举办五月鲜花职工会演、商务楼宇女职工趣味活动、幸福东城精彩瞬间职工摄影展、健步行、第九套广播操小教员培训、瑜伽培训班等。召开地区东四街道总工会第一届职代会3次，表彰17家2011—2012年度东四地区特色职工之家，举办基层工会经费收支管理培训班，创办东四街道工会工作信息专刊。

（喻巍）

【党建工作】 开展党心连民心，亲情进万家和双百工程活动，走访慰问生活困难群众600余人，生活困难党员、老党员和老干部100余人，100名机关干部走访慰问社区100户特困家庭发放慰问款18万余元。组织辖区党员学习“十八大”精神20次。完成社区党委换届选举工作和出席市第十一次党代会代表选举工作。全年组织34名入党积极分子参加培训，发展党员8名。新建非公企业党支部15个。6月26日，举办建党91周年暨创先争优表彰大会，15个基层党组织获东四街道2010—2012年创先争优先进基层党组织称号、40名党员获“东四街道2010—2012年创先争优优秀共产党员”称号。

（喻巍）

【社会保障】 年内，失业人员就业790人，困难人员就业516人，社区岗位安置就业困难562人，失业人员自主创业130人，推荐失业人员就业成功275人。为退休人员报销医药费409万余元。9月，在东四九条小学举行第七届残疾人运动会，300余名运动员参加。定期组织职业康复站智力残疾人到区特殊教育学校进行基本能力、测试用具、职业人格、职业适应、职业技能等方面综合能力评估，帮助提高社会参与能力。全年发放残疾人无业重残补助276人次14.35万元,发放特困残疾人补助2232人次22.32万元,办理保险补贴1980人次100万余元。为残疾军人、退伍军人、见义勇为人员和优抚对象发放各项补贴、节日慰问金69.29万元。全年经济适用住房受理969户、上报区968户、市备案通过793户,限价商品住房受理892户、上报区888户、市备案通过832户,廉租住房受理510户、上报区499户、市备案通过累计468户,公共租赁住房受理29户、上报区27户,市备案通过24户。新签廉租房租金补贴合同60户,续签204户。

(喻巍)

【计划生育】　开展下社区、送温暖活动,走访慰问"亲情牵手"家庭7户,独生子女特困家庭2户,独生子女困难家庭24户。全年计划生育率达到97.5%。为118名流动人口中的已婚育龄妇女进行免费孕检。

(喻巍)

【社区服务中心】　为居家养老(助残)服务对象提供家政、送餐、理发、换煤气、疏通管道、陪送看病、陪送散步、陪聊读报、修水管、修家电等各项服务3.65万人次。"96156"受理居民无偿服务300余次。图书馆接待读者7983人、阅览人数8150人。免费播放电影49场。

(喻巍)

朝阳门街道

【概况】　朝阳门街道办事处是区政府派出机构。位于东城区东中部,东起朝阳门南大街与朝阳区朝外街道为邻,南至干面胡同、禄米仓胡同与建国门街道毗连,西起东四南大街与东华门街道接壤,北靠朝阳门内大街与东四街道相邻。面积1.24平方千米,有主要大街4条,胡同23条。设社区居委会9个,下设161个居民小组。有户籍人口4.1万人,民族中汉族占91.26%,有回、满、蒙古、朝鲜等20个少数民族占8.74%。辖区内有朝阳门银河SOHO、三友商场等100个商业网点。中共中央对外宣传办公室、中央机构编制委员会办公室等中央单位、北京市新闻出版局等市属单位、大专院校1所,北京二中、史家小学等中小学校6所。办事处机构设置25个,其中党工委科室13个、办事处科室12个。有公务员编制86人,工勤编制2人。事业单位4个、编制38人。

年内,落实"十八大"、市第十一次党代会和区"两会"精神,立足建设国际化、现代化新东城的总体目标,按照街道工委提出的"五个三"的工作方针和科学发展、稳中求进、高端标准、新的作为的要求,促进地区经济各项事业发展。辖区内有全国重点文物保护单位孚王府,市级文保单位7处,即:东四清真寺、大慈延福宫建筑遗存、内务部街11号、礼士胡同129号,史家胡同51号、53号、55号四合院;区文物保护单位桂公府、正白旗觉罗学建筑遗存、莲园、朝内大街81号建筑、头条203号建筑群、朝阳门南小街439号建筑。北京市历史文化保护区有东四南。全年财政收入5988万元,至11月底,地区纳税企业1301户,完成区级财政收入2.62亿元,比上年同期增长11.7%。

单位地址:东城区朝阳门内南小街西水井胡同3号

联系电话:65129256　邮政编码100010

(李磊)

【党建工作】　开展创先争优和基层党组织建设年活动,制定《朝阳门街道关于深化创先争优活动开展基层组织建设年工作的实施方案》《朝阳门街道基层党组织整改提高晋位升级工作实施方案》,实现先进基层党组织上档次、一般基层党组织上水平、后进基层党组织上台阶的"三上"工作目标。健全社会领域党建工作管理体制,推进"两新"党组织规范化建设和党建工作全覆盖,实施基层党建工作特色品牌创新工程,鸿安大厦"五站合一"楼宇党建工作模式的3个基层党建工作品牌参加市、区党建创新品牌评比。推荐、评选先进基层党组织和优秀共产党员,编辑《群众心目中的好党员》一书,制作党建工作宣传片。加强社区党委建设,9个社区党委全部以公推直选方式完成换届选举工作,班子年龄、知识结构和整体素质明显提高,推进网格党建工作,制定《朝阳门街道进一步推进网格党建工作的措施》,采取以会代训方式,对网格党组织负责人和党务工作者进行培训,召开网格党建工作会,发挥网格党组织示范引领、组织协调、服务党员、联系群众的作用。

(赵小娜)

【队伍建设】　委托区人才服务中心开展街道科级领导职务竞争上岗和非领导职务民主推荐工作。全年提拔、交流正、副科级37人,占干部比例50%以上,在机关干部和社区工作者中开展查思想、查作风、查工作三查活动,开展党心连民心、亲情进万家、听民意、访民情、解民难等活动,完善"1699"工作模式,完成全国文明城区指数测评工作。开展全国道德模范、感动东城人物、好邻居、好居民、身边好人等评选活动及绿色出行、文明交通从我做起等文明行业创建活动,切实转变工作态度,不断改进工作作风。

(赵小娜)

【党风廉政建设】　开展行政效能监察工作,加大对重点工作、中心任务的督查力度,对社区两委换届、街道科级干部选拔任用、社工招录、住房保障等工作实行全程监督,规范对街道中小工程项目的管理,开展2009—2012年社区资金管理使用情况和半年额外资金使用情况自查、抽查,推进廉政风险防范管理试点工作,制定《开展深化廉政风险防控管理试点工作实施方案》,完成工委办事处集体决策事项、处科两级岗位涉权事项、现行工作流程图的梳理和职位说明书、权利运行流程图再造的审核归纳工作，开展廉政教育课堂、社区廉政书画展等主题宣传教育活动。（赵小娜）

【统战工作】 利用网格化社会服务管理创新模式开展社会领域统战工作，加强社区统战工作力量。统战工作例会，每月由各社区轮流组织召开，促进各社区的观摩学习。开展统战先进工作评比活动，制定《朝阳门街道统战工作先进社区考核办法》。组织慰问地区统战人士和困难对象，全年走访慰问欧阳山尊遗属等名人和生活困难等统战人士76户，送去慰问金和慰问品6万余元。统战活动促进街道与统战人士间的交流联系。做好工商联分会活动和换届准备工作，开展分会活动。6月，组织召开协调劳动关系三方工作会。7月29～31日，组织20余名会员企业负责人赴山西五台山等地参观考察。坚持开展会员企业联谊会制度，由会员企业轮流承办，搭建企业间沟通交流平台。开展朝阳门街道归侨侨眷俱乐部特色活动，组织参加区台办社区书记培训班。（赵小娜）

【群众文化活动】 扶持华风合唱团、海燕口琴乐团、老北京叫卖班等地区精品文化团队发展，年内，开展新春音乐会、社区民俗文化庙会、和谐邻里文化节等一系列街道文化品牌活动。街道邻里节活动被评为东城区思想政治工作优秀品牌活动。推进一刻钟文化圈、体育生活化社区建设，举办地区运动会、和谐杯乒乓球比赛等活动。开展我在朝阳门快乐成长系列青少年活动，组织各类培训、知识讲座和文艺展演活动，丰富地区居民群众文化生活。街道共享工程被国家文化部、财政部评为首批全国文化信息资源共享工程公共电子阅览室试点。（赵小娜）

【社区建设】 开展社区届终考核，完成社区两委换届选举工作，史家社区被评为全国社区睦邻文化建设工程示范社区，并被推荐为市级规范化社区。新鲜、朝内头条社区获北京市全民健康生活方式示范社区称号。深化社区一委三会一站、多元参与共建的社区治理模式，在史家、内务社区成立居民胡同环境维护自管会。全年投入90余万元，对礼士、朝内头条、史家社区办公用房和新鲜社区居民活动场所进行维修。（赵小娜）

【城市管理】 开展网格化社会服务管理创新工作，配置网格人员力量，加大培训、考核力度，实施治安志愿者星级管理。在国家卫生城区复检中，集中整治地区“五小”门店和朝内菜市场，抓门前三包责任落实。配置综合执法组力量，完善执法制度，工作考评机制，完成重大活动及节假日地区环境保障任务。开展地区早餐车、广告牌匾等专项整治工作。全年检查地区重点单位、地下空间、人员密集场所等2000余次，实施行政处罚30余万元。做好防汛抢险、扫雪铲冰，完善工作方案和应急预案，果断处置“7·21”特大暴雨险情，实现汛期无事故。（赵小娜）

【城市建设】 年内，推进地区“煤改电”、老旧小区改造工程，解决历史遗留问题，将地铁五号线拆迁区2300余户纳入煤改电范围，完成辖区墙地箱、箱变、开闭器安装和地区1栋老楼抗震节能加固工程。翻修地铁五号线拆迁区沿线5处危房，对区域内262户339间房屋进行修缮，完成史家、内务胡同整体景观提升改造工程，对胡同进行路面翻修、环境综合整治、车辆单停单行和绿化美化4项改造，铺筑沥青路面1.10万平米、透水步道砖5000平方米，施划临时停车位127个，更换商户牌匾32块，粉刷墙面门窗8540平方米，摆放花箱260个，栽种花卉100平方米。成立史家居民停车自治会和内务环境维护自管会。开展花园式街道创建活动，落实见缝插绿工作计划，提高街道绿化美化水平。（赵小娜）

【社会治安综合治理】 在“十八大”、“两会”、重要节日期间，发动各类安保力量，加大社会面防控，完成地区安保维稳工作。开展安全生产年（月）活动、打击非法生产经营行动、百日安全生产专项整治行动、有限空间作业安全治理、隐患自查排查整改和用气用火用电专项检查，加大安全生产宣传教育力度，对地区安全隐患进行专项排查整改，更新、配齐消防设施。开展食品安全检查、食品安全进校园活动。做好烟花爆竹安全管理和春节“禁限放”工作，实现春节期间火情零指标。（赵小娜）

【社会保障】 年内，帮助困难人员实现就业658人次，为失业人员提供职业指导1779人次，向地区低保对象及生活困难人员发放低保金及各项救助资金500余万元，发放粮油帮困款18余万元。开展住房保障登记工作，受理保障性住房申请210户，市备案通过205户，完成廉租房租金补贴合同新签46户。在瀚海科技大厦举办劳动用工规范一条街活动，处理劳动纠纷举报21件。走访慰问残疾人家庭157户、发放慰问金3.86万元，发放残疾人生活补助41万元，无障碍设施进家庭改造27人次。慰问地区伤残军人、烈属、现役军人家属92人，发放义务兵优待金和残疾军人抚恤金77万元。（赵小娜）

【双拥工作】 走访慰问北京军区联勤部第一干休所，国管局、卢森堡大使馆等驻地警卫官兵和地区伤残军人、烈属、现役军人家属、在乡复员军人。组织驻区部队官兵召开庆八一军政座谈会和军民鱼水情，和谐一家亲军民联欢会。实现定期抚恤优抚对象医疗保障全覆盖，发放义务兵优待金47.6万元、残疾军人抚恤金29.3万元。落实两个待遇，调整军工人员工资待遇，开展秋游和外出疗养。（赵小娜）

【计划生育】 年内，召开计划生育工作会，与32家单位、10个综合治理部门签订《2012年度计划生育目标管理责任书》。召开计划生育协会第五次会员代表大会，选举第六届计划生育理事会名誉会长、会长、副会长及理事。开展阳光维权服务，设立计划生育政务、社区服务项目公开栏，接受群众监督。建立健全计生信访信息反馈、追踪调查、信访处理制度，全年接待来电来访980人次，妥善处理信访事件9

件。开展“生育关怀行动”、“我爱我家”家庭文化节、知识讲座等活动。利用辖区优质教育资源,开展社区早教亲子活动。　　（赵小娜）

【信访工作】　落实处级领导干部包网格、包信访、包困难群众工作责任制和社区工作日制度。全年开展矛盾纠纷排查6次,接待群众信访276件次,其中来访204批次、来信72件、办理率100%。接办市、区非紧急救助事项158件,全部按时办理进行回复。　　（赵小娜）

【领导调研】　11月1日,杨柳荫等区领导考察朝阳门银河SOHO项目。听取建设单位关于项目建设特点及开发情况汇报后,实地考察银河SOHO项目外围及峡谷区水景、地下停车场、塔四中庭商业、高层环廊及屋面情况。杨柳荫肯定银河SOHO项目先进的设计理念和建筑品质,表示区委、区政府将为驻区企业发展提供服务,希望SOHO中国有限公司做好招商引企工作,结合东城区产业发展规划和东二环交通商务区产业发展定位,吸引更多优质资源落户,实现企业发展与地区发展共赢。区发改委、住建委、产促局、规划分局、东二环建管办、街道主要负责人陪同。12月8日,市委书记郭金龙一行到史家社区调研。听取史家胡同历史文化资源和胡同整体景观提升工程、单侧停车、垃圾分类处理、居民自治管理等汇报,实地查看史家胡同博物馆建设情况。在社区居委会,郭金龙与社区工作者们进行交谈,现场观看网格操作演示,查看社区温馨家园、社区纪委等设施建设和工作情况。在会议室参加正在召开的史家社区环境秩序居民自管会座谈,听取居民代表和社区党员关于社区文化建设、基层党建、纪委工作、煤改电工程及居民自治等方面意见和建议。郭金龙高度评价史家社区党建工作。表示史家社区发挥基层党组织作用和广大党员模范带头作用,看到解决老旧小区、文保区发展这一重大课题的精神动脉,为进一步美化环境、实现北京今后更好的发展提供动力。希望基层党员干部、地区居民群众发扬觉悟高、有干劲儿、能干事儿这一北京人的精气神儿,努力把老城区科学发展和精细化管理的大文章做好,创造更多更优秀的经验。　　（赵小娜）

【特色工作】　联合北京博雅方略旅游景观规划设计院编制《史家胡同旅游文化发展规划》,科学谋划文化精品胡同建设开发方案。与英国查尔斯王子基金会合作,在史家胡同24号院建设史家胡同博物馆,还原史家胡同人文历史变迁、呈现胡同丰厚人文资源、搭建居民文化活动平台,立足传承保护,合理改造开发,探索中心城区历史文化保护新模式。博物馆已进入内装布展筹备阶段。　　（赵小娜）

建国门街道

【概况】　建国门街道办事处是区政府派出机构。位于东城区中部,东起二环路,南至崇文门东大街,西起崇文门内大街,北至禄米仓、干面胡同。面积2.66平方千米,东西最大距离1498千米、南北1750千米,有大街8条,胡同72个。设社居委会区7个,户籍人口2.47万户5.87万人,常住人口3.42万人,流动人口1.39万人。汉族5.63万人占96.5%,回、满、蒙古等少数民族0.24万人占3.5%。有中央单位222个、市属89个、区属50个,商业网点42个、饮食服务网点8个。中、小学6所,高中1所。办事处机构设置23个,有公务员编制103人、工勤编制7人。事业编制46人。

年内,以科学发展观为统领,创新社会管理、提升公共服务,求真务实、惠及民生,累计提供虚拟注册企业105家,资本金4.7亿元。完成占地1600平米的建国门社区博物馆暨民防宣教中心建设,建国门健身乐园升级改造,开展鞭打春牛、彩虹文化节、万步健走等文化体育活动,完成全国文明城区复检、两会、“十八大”安保任务。获年度全国百家示范街道工会,全国残疾人体育示范单位称号。

单位地址:东城区赵堂子胡同16号

联系电话:65126891　邮政编码:100005　　（毛一帆）

【领导调研】　1月17日,市委书记刘淇率队到赵堂子胡同西口山西省天镇县蔬菜直营店考察。实地查看直营店粮食、蔬菜、食用油销售情况,询问蔬菜价格、供应、流通环节和菜价政府补贴落实情况并与居民交流。市长郭金龙、副市长苟仲文、程红、市政府秘书长孙康林一同考察。1月20日,文化部部长蔡武率队到智化寺检查文物消防和安防工作,慰问节日期间坚守岗位的职工。　　（毛一帆）

【群众文化生活】　2月4日,在丽晶酒店广场举行建国门街道第六届立春日鞭打春牛民俗活动。6月3日,在二十四中学体育场举办全民健身万步健走活动启动仪式,辖区24个单位、7个社区200名居民参加为期3个月的活动。9月24日,在地坛体育中心举办地区第八届运动会,辖区单位、街道总工会、残联、工商联分会49支运动代表队参加入场式,5个不同组别800名运动员参加44项比赛。将彩虹确定为街道标志性文化符号,开展彩虹文化节,举办主题展览、夏日文化广场、文化团队展演、文艺汇演等活动。出版北京市第一本街道层面的区域志《建国门地区史话》,对地区沿革、名人故地、商街习俗进行梳理。　　（毛一帆）

【党建工作】 2月17日,与怀柔区桥梓镇上王峪村签订未来三年城乡统筹,文明先行的共建协议。6月,建国门街道党建微博群上线,7个社区党委及非公经济党委注册开通人民网微博账号,发布基层党组织和党员的廉政寄语。9月机关干部下社区挂职锻炼,为每个社区选派2名街道干部,分别担任社区党委书记、居委会主任助理。成立华夏银行物业管理处、残疾人联合会、老年协会、梓峰大厦物业管理处党支部,发展党员15名,其中机关党员3名、社区党员3名、非公党员9名,18名预备党员按期转正,39人提交入党申请。制定《建国门街道2012年纪检监察工作要点》,成立建国门街道深化廉政风险防控管理工作领导小组,街道党政一把手与副职,副职与主管科室负责人,签订党风廉政建设责任书45份。强化街道领导班子和领导干部一岗双责意识。梳理编制《建国门街道廉政风险重点防控项目库》《2012年防控重点项目表》,梳理街道领导班子集体决策事项50项,处级领导涉权事项180余项,26个职能科室156个岗位职责涉权事项330余项。 (毛一帆)

【群团工作】 两节期间,开展以建设温暖之家 共享美好生活为主题走访慰问活动,慰问单亲困难母亲14人、纯老年家庭困难妇女23人、边缘贫困妇女4人,两癌筛查2人。3月5日,在文体中心多功能厅,举办纪念三八国际妇女节102周年庆祝活动、开展文明家庭创建活动,评选街道好邻居14户、和谐家庭14户,社区级好邻居7户、和谐家庭7户。4月1日,组织50人成立街道护绿服务队,与刘淇等领导共同参加在大风车广场绿地举办弘扬生态文明共建绿色东城首都义务植树活动。4月13日,工会与三菱商事(中国)商业有限公司资方举行《工资专项合同》签字仪式,三菱公司是北京市第一家500强企业签订工资专项协议的外资企业。4月,成立舞蹈培训班,为辖区各单位职工进行舞蹈培训。三八妇女节、母亲节举办关爱女性健康系列讲座,社区和楼宇职工300人参加。开展中式烹调师职业技能竞赛(初赛),中粮西蜀豆花庄、东方、乐之山、亚运村4家店38名职工参加。8月11日、17日,在地坛体育馆、二十四中学分别举办和谐工作 快乐生活建国门街道总工会第一届企业职工羽毛球比赛和第一届社区职工趣味运动会。成立第一太平戴维斯物业、华夏银行物业、天津天狮集团有限公司等22家非公企业团组织和1家社会团体团支部。寒暑假期间,组建2支实践寻访队伍参观新文化运动纪念馆、蔡元培故居、文天祥祠、老舍故居等地。组织中小学生开展星光自护培训系列活动,直接培训星光自护小卫士250名,500名小学生通过广播参加培训。组织地区青少年参加普法小当家法制宣传文化作品征集等活动。 (毛一帆)

【人口与计划生育】 7月启动诚信计生工作,由街道诚信计生小组与辖区2950户小组成员家庭签订《社区户籍人口(流动人口)诚信计生双向承诺书》。完成街道计生协会第五届理事会选举工作。与42家驻地中央、市属、区属单位中央、市、区属单位及11家综合部门签订《建国门街道人口与计划生育管理责任书》。成立首家街道级家和社区早教指导中心,请"早教"机构专家在街道社区服务中心举办早教亲子课堂活动。 (毛一帆)

【城市管理】 年内,推进东单北大街、崇内大街环境整治。治理无照经营,打造崇雍大街一流城市管理水平。设立商铺导向牌、公共广告栏,开展户外牌匾、小广告、非法早餐车专项整治。查处取缔无照经营行为1120起罚款9400元,没收三轮车164辆、水果620公斤。没收并移交区扫黄办非法出版物380册、光盘194张。罚款黑摩的2000元,没收黑摩的4辆。拆除地锁182个。清除渣土378车1134吨、大件废弃物451车。立案调查违法建设21起。 (毛一帆)

【城市建设】 整治苏州、小雅宝、赵堂子等胡同,粉刷墙体1.3万平方米,修整路面5000平方米,修整门头、台阶100处,新建改建花坛10个、花插30个,清理渣土垃圾50吨。对西总布建晋旅馆北侧、东堂子胡同53号、二十四中学北门、禄米仓胡同71号、小羊宜宾2号楼进行花卉点缀。对妇联博物馆南侧、国家大剧院第二办公区及路南侧、外交部街东口、世界知识出版社南侧、新闻出版署北侧铁艺围栏进行垂直绿化。在西总布、新开路、外交部街、东堂子、东总布、赵堂子等胡同口,外交部街33号院,建内16－22号楼,禄米仓73号楼,雅安国际公寓小区门口摆放花堆。新增绿地面积300平方米,改造绿地2000平方米,垂直绿化100延米,绿化点缀300延米,摆放种植花卉、绿植1.6万余盆、株。投入70余万元,对占地1593平方米建国门健身乐园绿地升级改造。施工工地完成6家13.86万平方米工程。早期人防工事回填9处2300平方米,巡查4000平米,人防地下室巡查16处。处理网格保洁案卷700件,更换保洁人力三轮车53辆、新增电动垃圾运输车2辆,更换垃圾桶200个。处理网格环境案卷8130件,其中大件废弃物3931件451车次、渣土3253件378车次1124吨、小广告946件。协助各社区清理大件及渣土81车次,清理小广告9.8万余张。 (毛一帆)

【综合整治】 成立地区预防煤气中毒工作协调小组。与取暖户、出租房主、企事业单位负责人签订《安全责任书》和《预防煤气中毒检查表》1615份,安装一氧化碳报警器829户,举办预防煤气中毒宣传活动8次,发放预防煤气中毒宣传手册、预防煤气中毒珍爱生命健康宣传材料5000份,制作展板6块、横幅22条,受咨询人数3000人。为辖区35户优抚对象和143户低保户免费安装报警器,检修灭火器1696个、新增灭火器268个。排查整改生产安全和食品安全隐患1219起,与地区四小(指小餐饮、小旅馆、小商店、小加工)单位签订《安全生产责任书》768份。排查管控各类重点人75人,查处无照游商87起。治安拘留各类扰序人员175人,破获治安刑事案件161件。解决流动人口和出租房屋问题60余件,其中化解矛盾纠纷22件、信访办转交接待5件、出租房扰民7件,回复率100%。为流动人口办理暂住证563人。成立"十八大"安保专项行动小组,制定专项行动工作方案,发挥群防群治力量,加强治安、信访、环境工作力度。会议期间,组成一支30人应急小分队,出动群防群治力量3.27万人次。 (毛一帆)

【社会保障】 全年安排再就业基金210万元,发放小额贷款15万元,登记失业人员就业873人,就业率92.16%;登记困难失业人员就业578人,就业率89.78%;推荐就业28人。社区安置就业困难人员492人,绿色就业18人。空岗采集3002个,职业指导1567人次,技能培训280人,实现创业30人,带动就业138人。认定零就业家庭3户,全部安置脱零。登记各种保障性住房370余户,发放经济适用房核定表52户、限价房核定表203户、廉租房核定表53户、公租房核定表59户。受理经适房46户、限价房163户、廉租房54户、公租房35户,经适房备案通过49户、限价房174户、廉租房39户、公租房36户,廉租房续签、新签合同202户,实物配租入住满一年复审125户。（毛一帆）

【社区建设与服务】 完成第八届社区居委会换届选举工作。选举产生居民代表413人,党员比率44%;选出居委会成员63人,平均年龄44岁,其中连选连任47人,党代会代表3人,人大代表1人。完成占地1600平方米建国门.社区博物馆暨民防宣教中心建设。博物馆分8个展区、16个展项,10多种展示1000件展品。宣教中心采取主题式展示,包括民防、防震减灾、自然灾害防护课堂、交通安全、消防安全、食品安全等21个主题。规范社区档案整理、归档保管,梳理《信息公开事项目录》等,绘制《便民服务事项流程图》,编制《建国门街道社区工作制度汇编》《建国门街道社区服务站工作手册》《社区工作实务》3本社区工作者培训教材。培育大雅宝社区绿色捡拾队,赵家楼社区帮困助残便民服务队,牵手俱乐部,大羊宜宾35号院自管会4个精品和优秀社区社会组织.,采取一圈多社区服务模式,完成金宝街北、西总布一刻钟服务圈建设工作。完成金宝街北、大雅宝社区服务站新标识系统建立。（毛一帆）

【信访工作】 全年受理群众来访230批次360人次,其中集体访13批次132人次。处级领导干部参加接待68人次,接访44批91人次,其中集体访11批次113人次。受理联名信2件15人次;信访代理21件次。开展矛盾纠纷预测排查17次,排查出矛盾纠纷35件,化解集体访苗头问题35件。向区信访办上报各类信息48件,受理回复区转件和市长信箱件144件。办理区联席会议办公室转来交办件2件,实现无重大上访户、无重大群体性信访事件、无到敏感地区非正常上访事件。（毛一帆）

东直门街道

【概况】 东直门街道办事处是区政府派出机构。位于东城区东部偏北、东二环路以东,东起春秀路、工体西路与朝阳区三里屯街道相接,南至潘家坡胡同、吉市口八条北侧与朝阳区朝外街道交界,西起东二环路与东四、北新桥街道相邻,北以香河园北街、柳芳南里与朝阳区左家庄街道、和平街街道相接。面积2.2平方千米,有大街5条、胡同20条。设社区居委会10个,常住人口2.63万户4.9万人,流动人口4036户1.9万人。少数民族28个2207人,其中以回族、满族和蒙古族为主。有中央单位11个、市属单位12个、区属单位49个。办事处机构设置23个,即:工委6个,工委办公室、人大街道工委办公室、组织人事部、宣传部、社会治安综合治理办公室、纪律检查工作委员会;办事处12个,办公室、城市综合管理科、社区建设工作办公室、经济发展科、财政科、民政科、住房保障科、劳动和社会保障科、文教卫体科、人口和计划生育办公室、公共安全管理办公室、信访科;群团机构4个,总工会、团工委、妇联、残联,武装部1个。有公务员84人、工勤6人,事业单位41人。

年内,以践行科学发展观、建设现代东直门为主题,抓基础、抓队伍,创特色、创和谐,完成目标责任制工作任务、“十八大”安保工作、全国卫生城区、文明城区迎检工作。建立网络文明志愿者队伍,传播网络文明,发转评博客230篇,微博1071篇。两次接待全国文明办主任培训班近500人次到东直门交通枢纽观摩文明乘车引导工作,地区5个公交站台被评为市级自觉排队示范站台。建成东城区首家中小企业公共服务平台,全年新引进税源企业47家,代收代缴房产税998万元。

单位地址:东城区新中街66号
联系电话:65920199 邮政编码:100027 （熊婧宇）

【群众文化生活】 1月19日,在工人体育馆举办文化年启动仪式。文化部办公厅副主任张建康、中国移动北京公司党委书记田利民、北京市职工体育服务中心主任原浩、中国杂技团有限公司总经理张红,区领导冯熙、常卫、金晖、朴学东、赵中原、蔡福全、王兆康、汤钦飞、邵鹏、罗强等及区各委办局、街道、单位、学校、部队负责人86人参加。参加演出200余人,其中专业演员黄鹤翔、林萍等,辖区单位、街道文化志愿者表演合唱、舞蹈。社区居民、驻区单位的老干部、学校师生、武警部队官兵、媒体记者、演职人员3300人。推进东直门街道文化年建设,启动百姓大舞台暨群众文化展演季活动,全年组织百姓大舞台专场演出15场。春节、清明、端午等传统节日,举办外来人口过大年、文明祥和过端午、庆中秋·迎国庆等系列主题活动。举办东直门地区第七届全民健身运动会暨东直门第一届体育文化节。年内，办理非京籍在京务工人员子女入学证明98人次，组织辖区适龄妇女进行两癌筛查338人次，举办红十字救护培训202人次，完成5个中医药示范社区验收工作。（熊婧宇）

【城市建设和管理】 年内，对新中街、工体、胡家园社区的6个平房区11个变压器箱体摆放点进行核实和安装，改造完成860户。完成察慈、香北、清水苑小区环境改造工程和胡家园、东外大街北社区4栋楼房的节能保温工程。开展花园式社区、花园式单位创建活动，完成清水苑社区、海晟花园二期迎首都绿化委员会检查验收工作。10月，与市、区有关部门完成新中西里社区抗震加固工程。（熊婧宇）

【社会治安综合治理】 街道与10个社区签订维护东直门安全稳定责任书，降低可防性案件发案率。实行专群结合，完成节日、敏感时期地区安保任务。开展"和风"行动，司法所调解社区各类矛盾纠纷854件，成功率100%。实施早餐车专项整治行动，对辖区内31个非法早餐摊点摸排取缔。根治新中西里19号楼多年未解决的非法经营、挤占公共通道问题及新中街四条店外经营破坏绿地问题。组织辖区联合开展生产安全隐患排查执法检查4次，排查整治各类事故隐患17处。全年协同公安、交通、工商等部门开展专项检查活动93次，处理各类网格案件550件，处理城管"96310"举报案件600余件，处理综合执法督导案件30余件。（熊婧宇）

【经济工作】 年内，成立经济发展科和区域经济工作领导小组，加强经济服务职能。采取"政府引导、企业主体、市场运作、社会参与"形式，引导北京嘉润创业商务有限公司搭建中小企业服务平台，为驻区中小微企业提供信息、技术、人才、融资、法律、政策申报等多项服务，扶持中小微企业发展。走访重点企业，通过工商年检、税务协调、党建和工会活动等为企业提供服务，上门服务引进个人出租房房产税709万元，协助区行政服务中心为地区52家企业兑现区优惠产业政策，为26家企业协调解决办公场地。加强招商引资力度，落实税源挽留工作机制，通过提供注册地址、宣传区产业政策等挽留税源企业5家，组织召开地区60余家新办企业工作会，全年引进税源企业47家。财政收入达2.28亿元，比上一年增长11.8%。（熊婧宇）

【社会保障】 辖区内开办2家农超对接天镇直营菜店，建立8家规范化再生资源回收站点，服务项目18类136项。街道养老管理服务中心被市批准为街道级养老管理服务中心示范点，"96156"社区信息服务平台接单2482个，完成率98.15%，回访率100%。全年救助低保户447户866人，发放低保金44.3万元。社会捐助活动募捐资金3.30万元。受理保障性住房申请266户，其中获市备案资格119户。对辖区25家企业规范劳动用工制度，受理投诉举报案件2起，调解劳动纠纷7起，时效内结案率达100%。解决农民工群体性、突发性讨薪事件9起、讨薪70余万元。城镇登记失业人员实现就业730人，城镇失业率控制在0.65%。落实保障和改善残疾人各项政策，做好康复和辅助器具服务工作，完成东外大街36号楼、5户残疾人家庭无障碍改造。（熊婧宇）

【党建工作】 开展各类学习活动21次，通过学习型党组织建设考核评价指标体系验收。成立街道百姓宣讲团，围绕党在我心中等主题，到机关、社区、非公企业、共建农村等举办宣讲活动30余场，受众达千余人次。街道百姓宣讲团和宣讲员分别获东城区"十佳"百姓宣讲团和"十佳"百姓宣讲员称号。组织开展"非公党建沙龙"，党史知识竞赛、外出学习考察等活动，与10个社区党委书记签订社区党风廉政建设工作责任书。完成社区党务公开、居务公开触摸屏系统研制及试运行工作，设置一级目录5个，二级目录23个，三级目录48个。完成廉政风险防控管理试点工作，梳理涉权事项541项、集体决策事项16大项，编制职权运行流程图174项及职位说明书127份。（熊婧宇）

【社区建设与服务】 做好"六型社区"示范单位创建工作，完成市、区信用协会对清水苑、东外大街社区两轮评估工作。继续深化社区自治"6631"工程，与北京青年政治学院及北京社会管理学院合作，加大对社区民间组织的培育引导力度。社区社会组织及其会员在全国文明指数测评、国家卫生区复审等多项中心工作中发挥积极作用。采取直接、间接选举等方式选举产生新一届社区居委会成员，社区居民群众参选率达94.37%，社区党组织换届选举全部采取公推直选模式进行，党员知晓率和参与率均为100%。完成第八届社区居委会换届选举工作，培训新一届社区居委会班子。辖区内组建10大类76支社区志愿者队伍，提高社区公益服务水平。全年招录社区工作者40名。（熊婧宇）

【社会服务管理】 将社会服务管理信息平台与机关OA办公系统对接，实现信息资源整合。打造政民互动交流平台，引导居民参与社会服务管理，开通街道"服务零距离、幸福每一天"政民互动交流网站及"幸福东直门"官方微博和论坛，6月初上线试运行，访问量9500人次，发布微博50余条。向地区居民宣传街道"零距离服务"特服号（65955678），方便居民群众反映各类问题和需求，接听电话1800余个，反映问题350件，受理解决345件。各网格通过信息平台上报民情日志4.62万条，事件台账1.81万件，受理各类事件7763件，办结率达100%。网格及时发现化解各类矛盾纠纷681个。新建社区户外全彩电子信息大屏1块。中央社会管理创新调研组、中央综治办、"十八大"期间中外记者团先后到街道视察调研，河北、上海等10余个省、市及区县222批4148人次先后到街道参观。全国政法委书记培训班、全市街道工委书记、办事处主任集中培训班都到街道进行现场教学。中央电视台、北京电视台以及《前线》杂志等媒体刊物进行相关报道。（熊婧宇）

【信访工作】 全年开展矛盾纠纷排查工作5次，排查各类矛盾72件，化解60件，稳控12件。受理来信来访164件211

人次,办结163件,办结率99.4%。通过信访渠道为群众办实事101件。区级及以上信访量处于全区最低位水平。

(熊婧宇)

【群团建设】 全年新建工会91家,新入会员1068人。全面落实《东城区总工会深入推进"工资集体协商三年行动"实施方案》。帮扶困难职工、下岗失业人员,开展职工互助保障工作,参加互助保障活动会员1444人次。完成社区妇联组织换届工作,非公企业建团66家。5月2~14日,各社区组织妇联换届选举工作。选出社区妇联执委90人、妇联主席10人全部进入社区两委班子,平均年龄39岁,全部为大专以上学历。推进国防教育进网格工作。做好新兵、义务兵家属优抚工作,完成民兵整组、点验、民兵分队训练和征兵等工作。在人大代表协调下,解决东直门大街社区居民买菜难的问题,改善社区生活环境。

(熊婧宇)

【人口与计划生育】 制定东直门街道人口与计划生育工作综合治理职责考评细则,落实奖惩措施。全年办理独生子女证192个,一胎生育服务证579个,随父入户手续155人,二胎手续41人。新生儿上报408人,发放一次性奖励费105人,102个家庭参加计生保险,参保金额4860元。

(熊婧宇)

和平里街道

【概况】 和平里街道办事处是区政府派出机构。位于东城区最北端,东起东土城路西侧、远东仪表公司和国家林业局东墙与朝阳区和平街街道为邻,南至北护城河与安定门街道、北新桥街道毗连,西起人定湖北巷、旧鼓楼外大街与西城区德胜街道接壤,北至黄寺大街、柳荫公园北墙、北京天坛地毯(集团)总公司院北墙、青年沟路与朝阳区安贞街道、和平街街道相邻。整个辖区呈"凸"字形。辖区东西最大距离3782米,南北最大距离2635米,面积6.4平方千米,有大街18条,胡同12条,地下通道9处,过过街天桥9座。设社区居委会20个,划分78个网格。常住人口4.02万户11.21万人,流动人口2.05万人,少数民族32个5454人。辖区有国家人力资源和社会保障部、国家林业局、国家安全生产监督管理局等单位,商业、金融、服务业等3818个,其中中央单位337个、市属191个、区属158个,商业、金融、服务业等3132户。办事处机构设置25个,即工委办公室、人大街道工委办公室、组织人事部、宣传部、精神文明建设办公室(挂靠宣传部)、社会治安综合治理办公室、610办公室(挂靠社会治安综合治理办公室)、纪律检查工作委员会、办公室、城市综合管理科、社区建设工作办公室、经济发展科、财政科、民政科、住房保障科、劳动和社会保障科、文教卫体科、人口和计划生育办公室、公共安全管理办公室、信访科、总工会、团工委、妇联、残联、人民武装部。事业单位4个,即社会保障事务所、社区服务中心、环卫所、社会服务管理分中心办公室。有公务员编制103人,工勤编制9人,事业编制50人。

年内,加强工委督查和行政效能监察,实施和平里商务新区规划,推进社会服务管理创新,改善辖区环境品质,提高城市管理水平,保障和改善民生,救助各类困难群体,推进社区规模调整和"两委"换届,推进"六型"社区建设,加强党的基层组织建设,推动党建工作全覆盖。将26个社区合并为20个社区,即:交通社区、林调社区、民旺社区、和平里社区、和平里二区社区、和平里七区社区、化工社区、兴化社区、小黄庄社区、安贞苑社区、地坛社区、东河沿社区、西河沿社区、青年湖社区、安德路社区、安德里社区、人定湖社区、总政社区、黄寺社区、新建路社区。

单位地址:东城区和平里6区5号楼-1

联系电话:84221886　邮政编码100013

(张文才)

【社区换届】 3月至4月,社区党组织换届,东河沿社区为采用深度公推直选模式进行换届选举试点社区。5月5~22日,第八届社区居委会换届选举,7个社区采用直选(18岁以上的居民或户代表),13个社区采用居民代表选举。社区"两委"换届选举后,出现两明显下降,即:班子成员结构明显优化,文化程度和综合素质明显提升。成员平均年龄46.2岁,居委会班子成员平均年龄45.4岁。社区党组织大专以上学历49人,其中5名硕士,居委会班子大专以上学历比上届增加15.8%。

(张文才)

【社区文化体育】 4月18日,在地坛体育中心举行和平里街道第十八届地区运动会。驻地单位、社区居民组成72支代表队,1600名参赛者角逐24个大项57个小项比赛。6月3~5日,在一七一中学举办街道单位体协和社区第六届"和谐杯"乒乓球比赛。国家林业局、国家人力资源和社会保障部、工人日报社、66381部队、公安十二总队等20家体协、楼宇单位及20个社区近300名乒乓球爱好者参加男子青年组、中年组和女子组的比赛。工人日报社代表队代表东城区参加北京市"和谐杯"总决赛。6月21日,在地坛公园八区文化广场举办以和平夏至,天长地久为主题的第四届和平夏至文化活动。8月22日,在东城区群众文化展演季期间,举行以共驻共建展风采　魅力绽放和平里为主题的和平里街道科普之夏辖区单位文艺调演。12月11日,在办事处礼堂举行特色文化社区文艺节目展演暨创建特色文化社区表彰会,东河沿、总政等8个社区和20名文化志愿者受到表彰。

(张文才)

【城市管理】 4月至9月，完成国家卫生区复审工作。5月12日，启动上龙西里29、30号楼抗震加固试点工程，抽调25名工作人员入户宣传与拆除违章工作。6月29日，和平里商务新区物业联盟成立。大会通过《和平里商务新区物业联盟章程》。9月25日，启动青年湖、地坛社区12栋老旧楼房抗震加固工程。对民旺、东河沿、新建路、安德路、安德里、兴化、青年湖、七区等8个社区448户平房进行煤改电。9月至10月，外线施工单位实施外电源线路改造，内线施工单位主要对煤改电住户进行外墙保温施工。年内，安装箱变7台、地箱38台、墙箱76台，安装户表641块，审批电暖气985台，为煤改电居民安装防寒保温板。12月26日，全部完成老旧楼房抗震加固工程。（张文才）

【党建工作】 4月27日，在办事处召开和平里街道第三次归侨、侨眷代表大会暨街道侨联换届选举大会。选举产生和平里街道侨联第三届委员会。5月中旬，组建和平之星百姓宣讲团，参加东城区“双十佳”评选活动，获东城区“双十佳”百姓宣讲团称号。8月7日，举办和平里街道道德讲堂宣讲活动。8月29日，接受中央文明办对全国城市文明程度指数测评，新建路、东河沿社区16户家庭接受问卷调查。9月18日，和平里北街被首都文明委命名为首都文明示范街。11月28日，中共东城区工商联和平里分会党总支委员会成立。党组织建设覆盖到工商联和平里分会的78个会员企业。依托区工商联和平里分会、商务楼宇党建工作站、社区党组织，通过单独建、联合建、派驻指导员等方式，至年末，非公企业党组织覆盖提升20%。全年上报经验类、动态类、舆情类信息330余条，刊载157篇。创新社区网格化统战工作，依托社区网格力量，实现对20个社区78个网格统战工作动态化管理。（张文才）

【群团工作】 5月4日，团工委在柳荫公园举行植树护绿，低碳生活伴我行活动暨纪念建团90周年系列活动启动仪式。5月9日，为非公企业无限极北京分公司建立团支部。6月22日，街道总工会与1266家企业签订《和平里街道地域性集体合同》和《和平里街道区域性女职工特殊权益专项集体合同》。7月，兴化社区青年汇被团市委命名为北京市示范社区青年汇。妇联在建设妇女之家时，建立环球贸易中心等6个妇女工作站，覆盖27座楼宇。工作站开展政策咨询、法律援助、就业培训、调解纠纷、心理疏导等活动，为企业女员工解决各类问题200余件。武装部完成民兵应急分队、专业技术分队、对口专业分队等15个编制任务，对472名基干民兵进行编组，接受上级军事机关对民兵的检验。经初审、体检、政审等环节，14名青年入伍，完成年度冬季征兵任务。（张文才）

【领导调研】 6月7日，高考第一天，郭金龙到和平里中街北京宏志中学，从信息化建设、服务保障等方面检查高考准备工作。8月15日，杨柳荫到和平里商务新区调研规划建设实施情况，肯定和平里商务新区规划及建设实施工作，提出要以项目突破抓规划落实，要加大城市精细化管理，要着重做好辖区维稳工作，要加快传统服务业升级，深化“1510生活服务圈”等要求。并到驻地单位国家民委三社，就辖区民族工作等内容与民族出版社领导进行交流。8月15日，牛青山一行调研地区文化产业发展。到和平里东街强佑大厦，重点了解入驻企业若水彤云影视文化传媒有限公司的发展。该公司6月迁入，是一个集电影、电视、话剧等业务于一身的新兴综合性文化平台，发展迅速。区领导参观公司办公环境，听取负责人对公司发展历程、取得成绩及企业愿景介绍，了解企业发展中遇到的问题并提出要求。8月30日，副市长陈刚到上龙西里小区，进行老旧小区综合整治工作调研。查看小区29、30号楼抗震加固和节能综合改造工作。两楼建于1978年，住72户，改造后两楼增加面积821平方米，抗震加固采用现浇外套钢筋混凝土结构，改善原来不满足8度丙类抗震设防要求的现状。调研时市领导与小区居民、施工方、社区工作者进行详尽交谈。（张文才）

【经济工作】 年内，每季度召开和平里商务新区重点项目推进会，梳理、沟通，推动商务新区项目进展。建立互动互利高效便捷的首席联络员制度和领导班子成员分片包户的重点企业定期走访制度，解决企业发展中瓶颈问题。建立“动态管理，实时更新”的楼宇企业监测台账。6月29日，在环球贸易中心召开和平里商务新区物业联盟成立大会，37个楼宇物业负责人参加。10月24日，召开首届和平里商务新区企业家联谊会暨成立大会，增进了解，互利共赢。11月，与行政服务中心完成辖区62家企业产业政策奖励兑现工作。年末，引进文化创意类和商务服务类为主的企业83家，其中注资1000万以上企业16家，新增注册资本金6.16亿元，清理落后产能企业8家。（陈珊）

【社会服务管理创新】 7月1日，和平里街道社会服务管理分中心正式运行。设置一办四组，即社会服务管理创新办公室，社会服务组、社会治安防控组、矛盾纠纷排查调解组、社会管理综合执法组。设立分中心指挥平台、城市管理平台、公共安全平台、应急值守平台、社会服务平台等5个工作平台，实现资源有效整合。为社区网格助理员统一编印《访民情、听民意、解民难网格助理员工作手册》。（张文才）

【社区建设】 8月14日，在20个社区推广居民议事厅、居民代表进网格、网格议事会社区建设创新工作经验。9月11日，召开创建“六型”社区推进和谐社区建设工作部署会。东河沿、林调、兴化等4个社区为创建“六型”试点社区。10月24日，召开社区工作者之家成立暨社区社会组织风采展暨经验交流会，区委常委宋甘澍到会并讲话。11月，和平里街道申报市级“六型”试点社区是：东河沿、兴化、林调、小黄庄社区接受两轮专业测评后，成为市级“六型”社区示范点。（张文才）

【社区服务】 在兴化、地坛、青年湖、安德里4个社区建立“1510”生活服务圈网格化管理试点，加大日常监管力度。试点后，在其他社区推进社区服务网格化管理。扩展社区服务项目,办事处与北京歌华有线电视网络公司合作,开发和平里“1510”生活服务数字交互平台项目(亦称智慧“1510”生活服务圈),使辖区内高清交互用户打开电视机,就能看到“1510”生活服务圈的相关内容,同时享受街道提供的文化服务、体育健身服务及社区周边餐饮、医疗、娱乐等各类生活服务便民信息,将社区服务延伸到居民家中。该平台于10月25日在安德里、青年湖、兴化、地坛4个社区试播。与181便民菜篮子项目合作,与“1510”生活服务圈实现有效衔接与互补。（张文才）

【信访工作】　9月,街道召开社区信访代理工作推进会,20个社区建立信访代理站,信访工作纳入社区网格,形成集预防、排查、调解、处置于一体的“一站式”信访代理服务机制,各社区以代理站为平台,发挥社区网格作用,开展矛盾排查化解工作。全年排查矛盾纠纷4次13件,化解13件。受理群众来信来电来访135件,其中来信109件、来访18批139人、街道代理8件。处理突发事件3起,领导协调处理重大信访问题9件,处级领导代理的历史遗留信访问题6件、已解决2件。（张文才）

【社会治安综合治理】　年内,对20个社区制定社会面群防群治工作实行“一图一表一方案”。在重大活动或事件中启动二级和超常规一级社会面防控预案,治保积极分子、治安志愿者、流管员、协管员、保安等群防群治力量3万余人次参与守望岗值班巡逻,确保228个点位定人、定岗、定时。对20个社区51名重点人重新进行核查,对124名吸毒人员进行登记,5名吸毒脱失人员全部建立联系;完成153个社区探头的维护。建立三级管理、四级联动特色机制,即:街道管委会、社区公共安全工作站和社会化网格安全管理小组,街道统一指挥、社区监管、社会化网格落实和安全信息员反馈信息。建立20个宣传橱窗。发放2000张承诺卡,签名率100%,在社区及各楼宇电梯张贴2000余张家庭拒绝邪教为主题的海报。（张文才）

【社会保障】　全年办理低保申请25户38人,停发54户84人停发金额3.2万元.至年末,实有低保452户726人,发放低保金425.5万元。办理医疗救助82人次金额22.2万元。城镇登记失业人员1302人就业,就业困难人员770人就业,推荐就业人数472人,实现创业526人,带动就业286人,社区岗位安置就业困难人员932人,创建充分就业社区15个。对231名优抚人员、烈军属、复员退伍及伤残军人发放慰问金和生活补助23.18万元。对低保特困人员、两劳解释人员等进行临时救助,医疗救助37人次8.34万元。开展扶贫、助残、助医、助学等活动,辖区单位、居民捐款10.25万元。全年接受保障性住房申请479份,其中经济适用房39份、限价商品房374份、廉租房29份、公租房37份。限价商品房摇号选房4批92户,廉租实物配租复审57户,廉租房摇号选房,3批入住7户,廉租房违规核查约谈7户,复核廉租补贴家庭167户。10月,万龙洲饮食有限责任公司向街道办事处定向捐赠20万元,设立万龙洲专项救助基金,用于教育救助和临时救助。（张文才）

【人口与计划生育】　年内,有户籍育龄人口4.04万人,其中集体户口4362人。全年新生儿984人,违反计划生育政策出生17人,地区计划生育率为98.27%。为1456人办理生育第一个子女《生育服务证》,为438人办理《独生子女父母光荣证》,为87人申报再生育第二个子女《生育服务证》手续,为428人办理随父入户,为198人发放独生子女父母年老时一次性奖励,为229户及新增17户独生子女伤残和死亡的特别扶助家庭进行年审和申报。处理违反计划生育政策生育行为案件20起。（张文才）

前门街道

【概况】　前门街道办事处是区政府派出机构。位于天安门广场东南部,东起祈年大街与崇文门外街道相邻,南至两广大街与天坛街道接壤,西起前门大街与西城区大栅栏街道相邻,北至前门东大街与东华门街道毗连。面积1.09平方千米。设社区居委会9个,有户籍人口9378户2.26万人。办事处机构设置25个,其中工委11个、办事处14个。有公务员编制77人,事业编制35人,工勤8人。

年内,以科学发展观为指导,以构建平安前门、和谐前门、魅力前门为目标,践行北京精神,加强党的建设,维护地区稳定,强化精神文明建设、城市管理与公共服务,成功抗击“7·21”特大暴雨自然灾害,完成“十八大”地区安保维稳任务,做好社区两委班子换届选举工作,通过文明城区复检,全面推动各项事业发展。年初成立经济发展科。建立地区经济发展“三库一账”(驻街企业数据库、异地纳税企业数据库、重点企业数据库和企业走访详情台账)。利用街道现有资源,启动集中办公区招商引税工作。按照一岗双责的要求,重新修订完善并逐级签订《前门街道党风廉政责任书》。利用《廉政中国》《是与非》等廉政影像、廉政书刊等载体,加强党员干部廉政意识方面的教育。建立机关干部五项学习制度(每人一个政治理论学习笔记本、每年阅读一本好书、撰写一篇体会文章、党支部每季度组织一次学习、每年举办一次学习研讨活动)。“7·21”特大暴雨后启动汛期应急预案,修缮受损房屋,为居民8户28人提供临时安置住所。坚持党政一把手接访制度和处级领导干部代理制度,全年接待群众来访126批174人次,接待群体访4批次55人次,办理网上信访62件。

单位地址:东城区西打磨厂街62号
联系电话:67015051　邮政编码:100051　（张晗）

【**群众文化生活**】　春节前夕,举办前门地区新春系列活动启动仪式暨新春团拜会,60余家驻街单位代表、社区居民400人参加。优化、整合京韵前门艺术团,有艺术团体7支演员150余人。6月,举办京韵前门文化艺术展演季文化系列活动,举办曲艺专场演出、健身秧歌培训班、京剧巡演、百姓民乐同乐会等形式文化交流。组织与北京规划展览馆、中国铁路博物馆、电力展厅科普社区对接活动,开展3D数字电影播放、科普知识进校园、低碳科普绘画比赛等系列科普活动15场,辖区中小学生、青少年、辖区居民、机关干部200余人参加。与北京电力展厅共同举办庆六一科普亲子活动,20个家庭参加。开展好邻居杯棋牌大赛,社区居民40余人参加比赛。举办京韵前门民俗趣味运动会,社区居民代表100余人参加。对地区居民进行应急救护知识培训,地区红十字会员、社区工作者及社区居民112人参加培训并通过考核,取得初级急救员外伤资格证。　（张晗）

【**社会保障**】　春节前,慰问地区高龄特困老人及低保困难家庭代表,送去慰问金及慰问品每户2400元。两节期间,为低保对象发放慰问金65.49万元。申报医疗救助61人,发放救助金25.9万。对患癌症等9种特种重大疾病困难群众开通绿色通道,加快审批程序,按月结算医疗救助资金,缓解就医压力。4月,开展送温暖　献爱心活动,900余人参加捐赠、捐款3.6万元。申报爱心家园救助家庭9户,发放救助物品3700余元。发放居家养老券55.9万元,兑换201万元。发放高龄津贴11.6万元。慰问优抚对象58人,送去慰问金、慰问品4万余元。为地退人员28人补发工资7万余元。为军退人员7人补发工资3万余元。落实残疾人辅助器具服务政策,为残疾人免费发放、维修辅具100余件。为残疾人42人开展居家康复训练、心理康复训练及体育健身进家庭活动。对残疾人46人进行就业培训。完成低保残疾人子女3人助学补助初审工作。为7户有需求的残疾人家庭实施无障碍改造。对就业年龄段内残疾人579人进行就业信息调查及参保落实情况筛查。接待残疾人来信来访50余次,解决诉求40余件。建立助残志愿者队伍。开展博爱在京城地区红十字募捐工作及“7·21”特大暴雨灾害募捐,捐款5.2万元。与团中央联合开展送温暖活动,慰问地区困难家庭40户,送去慰问品1.5万元。　（张晗）

【**党建工作**】　3月7~29日,完成社区党组织换届选举工作。新一届社区党组织平均年龄50.3岁,大专以上学历14人、本科学历6人、研究生1人。4个社区党组织均配专职副书记1人,平均年龄37岁。大专以上学历。举办为期1个月的干部教育培训班。机关、社区干部166人参加,安排14课时,设置我国周边安全形势分析、新闻写作、社区党建的理论与实务、廉政教育等22门课程,学员到课率77.9%。　（张晗）

【**群团工作**】　3月至4月,开展地区民兵组织整顿工作。地区有民兵组织4个、民兵连1个、军械维修分队1个、应急班1个,民兵165人,其中普通民兵34人、基干民兵131人。4月,举办传承布艺手工贴画,彰显前门魅力手工贴画装扮家居主题创意活动,收到手工布艺贴画、手工编织的椅垫、十字绣等20余件作品,100余人参加活动。5月,开展增强家庭教育观念　构建家庭和美关系家庭教育讲座,请中国社会科学院人文社会科学工作者、中国家庭婚姻研究会理事与居民现场互动,解答问题,社区居民150余人参加。8月,开展低碳出行　幸福家庭胡同健步走活动,居民100余人参加。建立工会组织5家,发展会员46人。充实完善民主管理、集体合同工作台账,新签和续签集体合同10份,独立签订集体合同6份,覆盖职工316人,区域性集体合同4份,覆盖企业58家、职工425人,企业覆盖率96.9%。推进民主管理和厂务公开,建立职代会制度2家、职工大会制度8家、区域性职代会4个,覆盖企业58家。开展劳动政策宣传培训及法律志愿服务20余次。举办知法、懂法、守法—法制宣传入网格进企业主题活动,现场发放宣传册、页500余份。　（张晗）

【**社区建设与服务**】　5月,开展社区居委会换届选举工作。选出社区居委会成员23人,其中党员7人、大专以上学历19人,45周岁及以下18人,产生常务会成员37人,主任3人、副主任6人、委员28人。3个参选社区居民代表参选率均达到97%以上,前东社区户代表参选率高达99%。　（张晗）

【**领导调研**】　8月2日,区长牛青山到前门地区考察防汛工作。实地查看前门小学应急避难场所,并到草厂八条8号危房居民家中看望慰问,询问居民生活和受损房屋修复加固情况。8月10日,市领导郭金龙到草厂三条胡同31号,通过实地察看、与住户交谈,与有关部门领导研究老旧小区改造工作。市领导王安顺一同调研。　（张晗）

【**人口与计划生育**】　9月7日,成立前门街道家和社区早教指导中心,请北京大地实验幼儿园教师为地区幼儿及家长开办育儿讲堂,开展亲子互动等活动。全年举办亲子活动4次,100余个家庭参加。建立流动人口计划生育图书角,开展生殖健康进机关、进社区、进单位讲座3次180人参加。发放《育儿百科》168本、叶酸片534瓶,填写孕前筛查卡157份、健康教育168人次,提供免费孕前优生健康检查25对。人口计生纪念日举办幸福家庭,电力科普、快乐六一在社区　和谐家园共筑建、诚信计生主题宣传等活动50余个家庭100余人参加。与辖区育龄群众签订计划生育双向承诺书,计划生育率达99.4%。　（张晗）

【**城市管理**】　加大对建设工地管理,定期检查工地除尘降噪工作,对暴露无主渣土及时清运。对拆迁区内断墙、危房进行补修、清理,拆除违法建设230平方米。补修破损路面、修复塌陷地面210平米。清理无照废品收购点,建立西河沿废品回收站。加大网格化城市管理,与专业部门签订渣土清运、基础设施维护协议。定期组织各社区和辖区单位开展城市清洁日活动。加大对饭店、宾馆、超市、机关单位、医院五类单位检查,协调食品安全委员会开展5次行动。对地区内单位食堂、餐馆、工地临时饭堂餐厨垃圾统一规范管理。整治绿地1815平方米,补种黄杨2000棵。汛期前伐除危险树木7棵,摘帽27棵。清理清运生活垃圾2000余吨,处理网格中心案件90余件、督办单30余件,报送信息70余条。重新制定《保洁员日常保洁工作及管理的实施方案》《保洁员考核办法》。 (张晗)

【社会治安综合治理】 开展矛盾纠纷排查化解工作。按照早发现、早预警、早处置工作原则,坚持关口前移、源头治理,协调相关职能部门,在"两节"、"两会"期间,开展拉网式矛盾纠纷排查化解工作,开展矛盾排查11次,调解纠纷367件,成功357件,成功率97.3%。10次参加北京电视台第三调解室现场调解,解答法律咨询200余人次。采取网格助理员入户走访、电话联系等方式,掌握思想动态,了解生活需求,在政策范围内,提供帮助。动员各类群防群治力量1981人,确保地区社会面安全稳定。制定《前门街道社会服务管理综合指挥体系运行规范》《网格助理员工作规范》《网格助理员日常管理办法》《网格助理员考核奖励办法》等规范性文件。以网格为单位,健全街道、社区社会面防控守望岗一图一表一方案,辖区设群防群治守望岗63个,逐点、逐人、逐事明确防控标准。组织辖区76家企事业单位负责人参加区安监局组织的教育培训。开展温暖行动、安全生产月等专项活动,设宣传站10次,发放各类宣传材料5万余份,受教育6000余人。全年出动执法队员7564次,执法车辆3265车次,查处无照经营2654起,规范门前三包单位1800次,查处露天烧烤46起,规范户外广告、条幅98处,检查霓虹灯断亮42起,查处散发张贴小广告行为57起,没收小广告8800张,检查违法运营246起,结办网格614条。对学校、医院入口50米范围内进行专项治理。出动执法人员1852人次,执法车辆762车次,查处无照经营389起,规范门前三包142起,收缴非法小广告800余张。流动人口和出租房屋管理有序,发放宣传材料2000余份,解答相关问题70余个,受教育群众400余人。 (张晗)

【保障房办理】 年内,发放经济适用房核定表18份、受理6户,通过市备案10户。发放廉租房核定表24份、受理18户,通过市备案19户,已签定廉租合同15户,按时享受租金补贴。发放限价商品房核定表54份、受理29户,通过市备案26户。发放公共租赁房核定表11份、受理4户,通过市备案6户。廉租房年审122户、续期121户,通过复审取消廉租房租金补贴1户。接待政策咨询1800余人次。发放宣传材料2000余份。组织3户廉租住房、1户限价商品住房家庭选房。利用网络平台,建立前门街道住房保障科微博,做好在线解答。全年利用飞信发布通知及信息300余条,QQ在线解答问题100余件。 (张晗)

【劳动保障】 全年巡查单位150户,涉及劳动者4041人。到工地、社区开展专题法制宣传3次500余人参加。成立街道劳动用工规范一条街工作协调领导小组,制定《2012年劳动用工规范一条街实施方案》,印制、发放劳动用工规范一条街单位用工情况调查表,建立"一条街"单位台账。年末,"一条街"有15家商户,其中国有控股3家、个人独资12家,涉及职工589人。签订劳动合同587人,参加社会保险284人。受理聚集讨薪事件5起,依法为农民工追讨工资610余万元272人。推进"两网化"工作,采集企业信息205户4665人。办理灵活就业650人。"4050"人员办理自谋职业(自主创业)61人。失业人员从事公益性就业岗位40人。城镇登记失业率指标控制在1.5%以内。组织20余家单位举办招聘会,提供厨师、服务员、收银员等120个岗位,发放宣传材料200余份,失业人员150余人参加,20人与用人单位签订用工意向合同。"一老一小"参保人员报销医药费101人次54余万元。无业居民参加医疗保险205人,报销医药费15人次14万余元。 (张晗)

【经济工作】 建立地区经济发展"三库一账",即驻街企业、异地纳税企业、重点企业数据库,企业走访详情台账。建立地区经济合作组织,包括"一牌一线一网一对接,两活动、两制度、两服务",为驻街企业提供基本服务。为驻街企业提供法律咨询服务和贴身系统的财务税务咨询服务。定期组织会员开展地区经济发展环境优化主题活动。建立企业集中办公区招商引税。至年底,52家企业入驻办公区,内资注册资本金超6000万元,外资折合人民币600万元。全年街道实现税收同比增长11%。 (张晗)

崇文门外街道

【概况】 崇文门外街道办事处是区政府派出机构。位于东城区中南部，东起南、北花市大街与东花市街道为邻，南至两广路（珠市口东大街、广渠门内大街）与天坛、体育馆路街道毗连，西起北官园、戴家胡同与前门街道接壤，北至崇文门东、西大街与建国门、东华门街道相邻。面积1.12平方千米，东西最大距离1.2千米，南北0.88千米，有大街15条。设社区居委会12个，户籍人口1.99万户4.87万人，其中常住人口1.47万户3.61万人、流动人口5169户1.26万人。有中央单位20个、市属单位28个、区属单位61个。辖区内有非物质文化遗产项目9项，其中市级3项、区级6项。有新世界百货、国瑞购物中心、搜秀商城等大型购物、休闲、娱乐中心。办事处机构设置25个，其中工委8个、办事处12个、群团机构4个、武装部1个。有工作人员125人，其中公务员编制77人、事业编制40人、工勤8人。

年内，完成社区两委换届、全国文明城区和卫生城区复检、党的"十八大"服务保障、祈年大街西侧搬迁、"7·21"特大自然灾害的防灾减灾等各项工作及任务。召开崇外地区经济工作会，研讨在新的区街财政管理体制下，辖区经济如何实现可持续发展。召开"十八大"安保专题会议，制定三方案（工作方案、督查方案、应急处置方案）和五制度（例会会商制度、信息报送制度、组织联络制度、督导检查制度、考核评比制度）。召开崇外街道信访代理工作会，重新制定街道信访代理工作方案，落实处级领导代理制度，重点协调解决信访重点、难点问题。每月与区信访办、房管局、国瑞地产、新世界地产等单位召开拆迁遗留问题协调会，协调解决拆迁遗留问题。开展矛盾纠纷排查化解工作，坚持四个不间断（动态排查不间断，矛盾化解不间断，协同跟进不间断，狠抓落实不间断）。做到横到边、纵到底，不留死角。落实四访制度（固定接访、预约接访、带案下访、联合会访）。

单位地址：西花市南里东区14号

联系电话：67013683　邮政编码：100062　　（杨强）

【社会治安综合治理】 1月，落实基层组织消防工作责任制，成立第三级防火安全委员会办公室，建立消防工作站，制定《街道消防工作站规范》。5月至6月，梳理录入辖区公共安全监管业务系统3217家企业信息。"十八大"前，走访排查崇文门加油站、崇西煤气站等22家使用、经营危险货物单位，发放宣传材料7000余份。8月，综合整治工作领导小组，联合检查验收40家重点地下空间。开展护航联合、打非治违等系列专项行动，检查企业685家，排查安全隐患476次，督促整改467次、出动执法人员6131人次、执法车辆2068车次，对崇外大街、地铁站C出口进行整治，查处无照经营1516起、非法运营139起，规范店外经营421起、规范广告牌匾249块，没收盗版光盘243张，罚款1.89万元。"十八大"期间，发动社区治安志愿者1120人，社会力量1680人，民兵30人参与群防群治工作。悬挂灯笼1380个、灯具580套、灯串11万平方米，摆放花坛10处、花盆9.55万个、花堆1个。

（杨强）

【社区文化】 1月17日，召开非物质文化遗产座谈会，回顾上年非遗工作，展望和布置本年工作，各项目传承人对非遗工作开展中出现的问题及下步工作进行交流。区文化委、非遗保护中心相关领导、崇外街道文化中心、崇外街道非遗项目传承人代表等30余人参加。2月10日，在新怡社区活动中心举办以践行北京精神，弘扬东城文化，宣传三会精神为主题的第四届原创文艺作品汇演，各社区选送11个合唱、舞蹈、小品及语言类形式多样的居民自创自演节目。3月6日，与崇文图书馆举办北京胡同文化公益讲座，介绍北京胡同文化的背景、历史、传承与发展。居民40余人参加。4月20日，举办文化志愿者纪念《延安文艺座谈会上的讲话》百姓大讲堂活动，请东城区崇文图书馆老师为社区居民主讲《延安文艺座谈会上的讲话》及图书馆的历史，进行讲座知识问答竞赛，居民60余人参加。5月23日，举办崇外街道科技周启动仪式暨中医药健康进社区活动，请中医专家为社区居民讲解中医药知识和夏季慢性病治疗保健方法，开展中医药知识问答竞赛和义诊，居民80余人参加。6月27日，在广渠门中学报告厅举办"五月的鲜花"文艺汇演暨东城区群众文化展演季活动首场汇报演出，崇外街道艺术团表演原创快板、舞蹈和大合唱等11个节目。启动第八届全民终身学习周，举办远离毒品、预防艾滋等各类宣传活动及讲座，受教育人数达750余人次。组织参加居民书画作品展及东城区第八届棋类比赛，选手8人参加象棋比赛，其中4人获奖。崇外街道获年度区全民终身学习活动周优秀组织奖。9月11日，在新景南区健身广场举办"一街一品"品牌活动即崇外街道第三届社区健身操舞大赛，比赛项目是国家体育总局推广的第九套广播体操，12个社区代表队队员200人参加。10月，街道艺术团代表参加舞动社区—第五届全国社区建设舞蹈汇演，《玉树的春天》获老年组金奖，30个来自全国各单位的代表队参加。　　（杨强）

【花市元宵灯会】 2月3~7日，举办以爱国创新展风采包容厚德促和谐为主题的第十二届元宵灯会。500余盏由社区居民、驻街单位等共同制作的花灯一起亮相。来自美联社、路透社、俄新社、日本东京广播公司等19家境外媒体25名记者采访，外交部网站就灯会做出详细说明。左海星、朴学东、宋甘澍、蔡福全、邵鹏等区领导及相关委办局、驻街单位、新闻媒体等社会各界应邀参加。花市元宵灯会有300年历史，入

选北京市级非物质文化遗产保护名录,是崇外地区重要的民俗文化品牌。（杨强）

【经济工作】 3月,召开年度商务楼宇经济工作会。6月1日,建立出租房屋税款代征点,代征税款6.2万元。完成区重点课题—《崇外商圈发展潜力研究》和第三次全国经济普查组织结构专项试点工作。实现桔子水晶酒店股权转让,税收近300万美元。崇外商圈购物季实现销售额近亿元,同比增长15%,客流量比平日增长18%。兴隆国际招商引资,提供"一站式"服务,签约7家、合同数量9份,承租面积1.65万平米,占可出租面积3.8万平米的42%。纳税企业1792户,注册资本500万以上的企业169户,其中新增纳税企业237户,注册资金500万以上的企业17户。都市馨园创业孵化园注册企业总数227家,年纳税总额212万元。清理异地纳税企业15家,新引进企业45家。至11月底,874户税源企业总纳税1.42亿元,剔除"营改增"后同比增长20%。（杨强）

【城市建设】 4月1日,开展以全民参与共建共享为主题的全民义务植树活动,发放绿化环保围裙、购物袋300个,宣传材料500份,补种灌木800株。全年改造市重点达标西花市大街,拆除违章广告113块、改造牌匾15块,维护绿化989平方米,垂直绿化819平方米,改造面积286平方米,新增大型灌木151株、时令花卉4000余株,安装花拍70件、围树花架48个,增加树池17座、节点花盘1座。更换新景小区2个出入口和3个消防通道铁质大门。打造东后河沿亮点工程,修复破损路面2000平方米,新增绿地500平方米,安放花箱20个,拆除地锁35个。落实崇东、崇西、新景西区等3个市级老旧小区改造项目,修复社区破损路面2000米,绿地养护、补栽补种9200平方米,修复崇西破损花池墙面及公共设施500延米。重新核定12个正式早餐车网点,整治非法经营摊位。组织居民参加年度北京最美街巷评选活动。开展节水宣传,为居民发放农夫山泉1.5L天然饮用水,免费更换节水龙头,悬挂横幅26条,发放宣传册1000本、节水环保袋等2000个。走访7个施工工地,全部签订《施工零噪音保证书》。（杨强）

【城市管理】 4月13日,开展春暖行动宣传活动,发放《劳动合同》宣传页、《中华人民共和国劳动合同法实施条例》等400份,开展劳动检查,涉及49个单位1886名职工,日常巡查138个单位涉及5865名职工。开展东打磨厂规范一条街、新怡商务楼"回头看"活动,规范23家企业的劳动用工,补签25份职工劳动合同,同时签订率、社会保险参统率、按时支付职工工资、企业建立各种规章制度、持证上岗率均100%。处理信访举报、集体讨薪等案件22起,涉及209万元。7月21日,汛期调拨沙袋80余、水泵3部对崇东社区华堂物业进行抢险,出动防汛值班、应急抢险人员2500人次,接到房屋险情10起,处理施工工地险情1起,处理胡同路面塌陷1起,伐除危树3棵,修缮房屋180余间,未发生塌屋伤人事件。6月底,在北羊市口街新增路侧停车位30个。协调大龙建设集团,开放内部停车场,增加有效车位20个。8月,新增国瑞城西、中区、东3个区等垃圾分类试点小区,制作、安装垃圾分类宣传栏92个,新确定垃圾分类指导员52人,安放分类垃圾桶120组。9月底通过国家卫生城区复审工作。祈西搬迁195户,41户签署安置协议。祈西一号地搬迁12户,占标段的44%。（杨强）

【社区建设与服务】 4月至6月,确定选民15160人,划分居民小组288个。7个社区采取居民代表方式选举,参选居民代表616人。5个社区采取户代表方式选举,确定户代表2793人,户代表比例由第七届的17%提高到42%。5月26日,完成社区换届选举大会,12个社区居委会投票率95%。完成社区"两委"班子换届选举,推选出社区"两委"班子154人。崇东、新怡社区通过市级"六型社区"试点验收。12个社区办公用房、服务用房均达到350平方米以上。培训社区工作者的管理人201人。新怡社区服务中心、国瑞城社区服务中心承办各种活动100余次,服务居民1万余人次,北京电视台等多家媒体进行专题报道。扶持82家社会组织、35个文艺社团发展,投入120余万元,开展公益事业活动和购买公益性服务。（杨强）

【党建工作】 组建崇外街道党在我心中百姓宣讲团,开展宣讲活动4次400人参加。8月,完成全国文明城区复检工作。借助"十、百、千"主题实践活动,指导12个社区党组织、20个非公企业党组织、6个机关党组织、1444名党员,提高党建工作水平,完成党组织换届工作。建立社会领域党组织23个,其中非公经济企业17个、集体所有制企业2个、商务楼宇4个,现代远程教育顺利进社区。清理确认工委、办事处集体决策事项34项,处、科级涉权事项563项,绘制权力运行流程图354个,制作岗位说明书39个。（杨强）

【群团工作】 开展纪念三八妇女节102周年主题系列活动30场,走访慰问特困妇女33人慰问金1.71万元,贫困学生13人,慰问金1.06万元。推选新一届社区妇联执委74人,妇联主席12人,妇联副主席3人。8月6～20日,组织参加区好邻居评比工作,居民11人被评为第六届东城区好邻居。组织人大代表、政协委员活动3次。新成立17家非公团组织,建立崇外第一家社区青年汇"乐博悦坊　社区青年汇"。新增工会组织19个,新增法人单位92个,新采集会员2887人。办理工会法人手续510个、一户手续130个、京卡3032张,会员办卡率达100%。662个企业成立工会组织,全国非公企业法人数据库建会率74%,职工入会率82%。推进网格化统战工作,建立统战人士信息库。（杨强）

【社会保障】 9月12日,举办关注民生　促进就业　共创和谐新崇外用人单位现场招聘会,提供岗位200个,35人达成就业意向。完成保障性住房申请初审工作,846户取得市级备案资格。公租房轮候登记家庭167户,222户居民获得满意住房。全年256户364人参加阳光低保,为7户低收入家庭办理救助项目,办理、核实低保89次,接待咨询270次。办理户籍一胎《生育服务证》393个，出生新生儿347人，计划生育率99.14%，发放独生子女费补助金20万元。困难群众14人享受临时救助帮扶，为低保家庭困难学生9人发放助学金9000元，为肢体残疾人117人发放残疾人机动摩托车燃油补贴7.60万元，为听力残疾人11人免费安装可视门铃，兑换居家养老券304.4万元，发放高龄津贴18.4万元，办理老年优待卡(证)708个。（杨强）

【信访工作】 创新崇外街道商业服务管理信息系统平台，投入200万元改造升级集"96156"便民服务热线、视频会议、城管监督、社会服务管理等为一体的多功能分中心大厅建设，实现基础建设规范化、系统运行常态化。全年接待来电来访639人次，受理各类信访代理、反映诉求、政策咨询394件，完成382件，结案率97%，其中处级领导接访324人次，党政一把手接访197人次。（杨强）

东花市街道

【概况】 东花市街道办事处是区政府派出机构。位于东城区东南部，东起朝阳区双井街道，南与龙潭、体育馆路街道毗邻，西至崇文门街道，北与建国门街道相邻。面积2.05平方千米，设社区居委会8个，户籍人口1.5万户5万人，流动人口2万人。交通主干道有东花市大街，南、北花市大街，白桥大街，广渠门内、外大街，崇文门东大街7条大街，东二环主路穿辖区而过。有中央、市属单位28家，区属单位63家，中学3所、小学6所、幼儿园3所，医院2家及甘肃省、黄山市2家驻京办事处。有国家级文物保护单位城东南角楼，市级文物保护单位袁崇焕祠、隆安寺等。办事处机构设置23个，其中党工委6个、办事处12个、群团机构4个、人民武装部1个。有公务员编制88人、实有82人，事业编制43人、实有32人，工勤人员5人。

年内，深入推进网格化社会服务管理创新工作，运用网格化社会服务管理体系，推进街道各项事业发展，完成各项工作任务。街道总工会获市级维权先进单位称号，市第三届职业技能大赛东城赛区组委会优秀组织奖。全年引进企业68家，注册资本达3.04亿元。

单位地址：东花市北里西区3号楼

联系电话：67188640　邮政编码：100062（刘歌）

【社会治安综合治理】 春节期间，烟花爆竹管理工作实现辖区无火灾、无火情、无人员伤亡"三零"指标。开展禁毒、防煤气中毒、消防、交通、安全生产等宣传教育25场次，发放横幅72条、展板200块、宣传画800余套。妥善处置本家润园小区物业交接问题，确保在物业交接过程中居民情绪稳定、小区安全有序、交接平稳顺利。"十八大"召开期间，投入3万余人次参与社会面防控工作，每天发动各类安保力量1800人次，其中公安警力70人次、专职巡防队员400人次、治安志愿者800余人次，其他各类防控力量660余人次。成立街道安全生产委员会、防火委员会、食品安全委员会成员，制定各项公共安全专项行动工作方案并抓好落实。工委书记与8个社区书记、社区与辖区单位分别签订安全生产责任书。全年组织安全生产宣传活动8次，印发各类宣传材料8000份，制作横幅120条，受教育人数达2万余人次。完成辖区"四小"单位台账核查，组织相关科室进行50次公共安全大检查，发现并整改事故隐患300余起。对辖区58家餐饮企业、25家食堂、10余家食品加工和代加工企业进行日常监督。（刘歌）

【友好交流】 2月29日，贵阳市人民政府副市长朱桂云带领贵阳市人民政府考察团到东花市街道调研。4月7日，沈阳市市委书记一行在区领导宋甘澍等陪同下到南里社区调研社区网格化管理模式。7月16日，贵州省贵阳市全民国防教育办公室一行11人到东花市街道学习、交流国防教育工作。10月10日，朝阳区南磨房乡乡政府及辖区社区居委会主任50余人到东花市南里参观调研。10月30日，济南市委统战部一行12人在区委统战部有关领导陪同下到东花市街道调研网格化统战工作。12月28日，河南省郑州市金水区金八路街道考察团到东花市街道社会服务管理分中心参观了解网格化社会服务管理创新工作。（刘歌）

【领导调研】 4月10日，全国妇联党组书记宋秀岩率中央调研组一行20人，到广渠门中学调研青少年思想政治工作情况。5月8日，北京市发改委副主任赵磊一行到东花市街道，就东花市街道社区基本公共服务均等化建设工作进行专题调研。5月10日，区领导杨柳荫、朴学东考察忠实里地区城中村现状。6月16日，区长牛青山等与有关部门负责人到东花市街道广外南五巷视察环境整治工作。11月5日，市总工会经审委主任贾炯协到东花市街道调研工会网格化创新工作，区总工会主席张晓林及有关负责人参加。（刘歌）

【党建工作】 5月4日，北京亚欧经贸集团有限公司举行党支部成立揭牌仪式。由街道、社区6人组成东花市街道宣讲团，开展市第十一次党代会精神宣讲、党在百姓心中宣讲报告会10场1500余人参加。9月26日，东花市街道政务微博和花市枣苑社区政务微博正式开通运营，是东城区政务微博群第一批上线单位。开展党心连民心，亲情进万家和共产党员献爱心活动,走访慰问党员群众1336人,发放慰问金、慰问品4.08万元,捐款4.67万元。社区“两委”换届,按照四大阶段、23个步骤,通过公推直选模式完成社区党组织换届选举。签订《党风廉政建设责任书》112份。完善党务公开目录54项。规范行政权力运行,梳理街道涉权事项943条,绘制工作流程图943张,编制职位说明书101份。完成社区“两委一站”涉权事项目录74条,绘制工作流程图74张。规范政务公开目录92项,社区政务公开68项,开展民主评议基层站所工作。 (刘歌)

【社区建设与服务】 在8个社区制作社区社会服务管理工作站门楣和网格工作室牌匾、公示社区工作站组成人员及相关制度。完成第八届社区居委会换届选举工作,8个社区划分296个居民小组,推选居民小组长296人,选举居民代表588人,8个社区建立社区居民会议常务会机制。组织新一届社区工作者培训,选拔骨干社工50人参加市区级各类培训。南里、枣苑社区分别以99.36和99.08分通过“六型社区”创建工作最终评估。对5个社区办公用电进行商改民,改造后电费支出节省61%~67%。完成南里社区配置社区车棚钥匙挂锁、南里文化墙建设等5项社区基础设施改造,开展枣苑社区酸枣树文化节、广北社区新春联欢会等23项社区活动,投入社区公益金17.4万。为高龄老人举办提高睡眠质量、享受健康人生知识讲座。请东城区法院法官到街道就养老问题提供法律咨询服务。新增北里西区便民菜站1处。组织辖区居民开展燃气安全讲座。重阳节举办养生讲座和老年人棋类比赛等。完成26个网格“人、地、事、物、组织”基础信息更新录入。 (刘歌)

【“7·21”特大暴雨抢险】 7月21日,北京发生特大暴雨,广渠门铁路桥下积水倒灌,东花市南里东区13、15号楼地下室进水,过水面积达1万平方米。小区内供水、供冷、供电等设备被淹,涉及居民2950户8800余人,南里地下市场、配电室、农商行损失巨大,各级政府有关部门做好应急抢险.保障物资供应、疏散人群工作,投入资金624.96万元。抢险救灾出动工程抢险车6台、消防车4台,应急供电车3台、应急供水车4台,120急救车1台,抽水泵30台,机动抢险队员600人次,机关、社区干部,党员志愿者2800人次,部队官兵400人次。 (刘歌)

【城市管理】 年内,开展老旧小区集中清理活动14次,发动社区志愿者2100余人次,清除卫生死角57处,清理堆物堆料120余处、垃圾147车。对四害易发场所开展专项治理,发放除四害药物,对辖区内92家餐馆饭店、旅店、超市、农贸市场、食品加工场所开展病媒生物消杀,开展集中灭蚁活动,入户消杀1.10万户。检查禁烟工作12次,免费发放禁烟标识牌、桌牌300余个。创建东花市南里首都绿化美化花园式社区。开展东花市大街立体绿化建设,改造提升花池100平方米,摆放防腐木花箱80个、草本花卉10万株。组织辖区2000人参加首都义务植树活动,栽植乔木150棵、抚育树木200棵。建设屋顶绿化1500平方米。实施东花市大街东段、东花市东街等6项环境整治工程,改造地面500平方米、改造绿地600平方米,安装护栏、晾衣杆、自行车棚等20处,清理堆物堆料100车。完成1项防洪隐患排除工程,翻新改造3处主要积水点、坍塌下水管道。 (刘歌)

【社会保障】 组织小型招聘会8场,失业人员实现就业761人,为2367人提供就业服务。一对一个性化指导717人,就业成功58人,全年实现创业77人,带动就业161人,辖区登记失业率为1.25%,登记失业人员就业率为75.35%。组织健康讲座2场社区居民400余人参加。办理退休人员社保卡服务745件。为退休人员报销医疗费110余万元。完成辖区各类退休,退养,福利养老金人员认证9000余人。为失业人员60人办理退休手续。受理、发放社会保障卡2271张。报销医疗费89万元。为872人办理社会保险补贴业务。全年服务对象达万余人。完成106户保障性住房申请、受理、初审工作,其中廉租房6户、经济适用房24户、限价房53户、公租房23户。完成经转限6户。审核84户廉租实物配租家庭,办理下一年续租手续。发放租房补贴71万元。组织限价房摇号1次,完成208户公租房摇号、审核88户公租房家庭收入情况,13户公租房家庭得到选房资格。 (刘歌)

【劳动监察】 检查用人单位182次,涉及劳动者4796人次。检查在建工地20次,涉及劳动者954人次。妥善处理19起劳动纠纷投诉、举报立案案件,调解2起劳动纠纷案件,涉及劳动者27人,为劳动者讨回工资3.74万元、劳动合同2份、解除劳动关系证明1份。开展宣传活动4次,接待政策咨询600人次,发放各类材料600份。确定南小市口街为劳动用工规范一条街示范区域,涉及用人单位21家,劳动者508人。经查示范区中有1家用人单位与劳动者10人补签劳动合同,1家为劳动者5人办理社会保险补缴金额4783元。完成辖区用人单位基础信息采集609条。为知青5人办理知青病、困退回城返京手续。 (刘歌)

【民政工作】 全年为1433名老人发放居家养老服务券148.76万元。办理65岁以上老年人优待卡97个,新办老年证64个。为131名90岁以上及百岁老人发放高龄津贴12.01万元。为6名95岁以上老年人发放医疗补助3.02万元。在册低保户392户593人,发放低保金和粮油帮困款451.1万元,办理医疗救助22.81万元,临时救助2.72万元。为34名军工、地退人员发放退休费103.04万元,补发生活补贴32.23万元。为3名无人照料身患重病特困人员办理托养手续。开展送温暖、献爱心捐赠活动,收到捐款3.48万元。面向20户体育健身、20户居家康复、22户无障碍残疾人三项进家庭服务。做好北京市第六届残疾人职业技能竞赛赛前选手选拔工作,28名选手参与动画、编织、计算机操作等12个项目比赛,其中12名选手入选复赛、8名选手进入决赛、获广告设计第一名、水彩获第二名、盲人按摩第三名。 (刘歌)

【群团工作】 新建团组织24家,成立2处社区青年汇,举办

8场自护讲座，青少年200余人参加。组织青年社团风采展示节、青年寻访红色遗迹，联合普仁医院团委举行学雷锋义诊、龙潭庙会志愿服务等活动，地区青年1000人。完成基干民兵248人编制任务，青年5人入伍。出台工会网格管理实施方案，通过构建网格化服务管理体系，推进基层工会组织进网格，丰富工会活动内容。快板《北京精神》获“五月的鲜花”群众性歌咏活动语言类一等奖。开展“两节”走访慰问活动、践行北京精神　展示巾帼风采　建设和谐花市主题庆三八系列活动。开展包容塑造品质，厚德铸就和谐为主题的第六届好邻居、好邻居标兵评选活动。（刘歌）

【人口与计划生育】　接待政策法规咨询7530人次，孕情普查4100余人，签订流动人口3种责任书322份，新增夭折、伤残独生子女家庭特别扶助8人，计划生育家庭意外伤害保险188份，生殖健康知识讲座4次200余人参加。与辖区单位、社区签订责任书37份、指导书8份。完成东花市地区计划生育协会换届。承办东城区南片人口文化文艺展演。获北京市年度人口和计划生育先进集体。（刘歌）

【信访工作】　全年接待来访（不含市、区接访）303件次、415人次，涉及问题114件，协调化解106，化解率92%。办理各类来信466件，其中市长信箱36件、区长信箱16件、非紧急救助290件、市信访综合办公系统119件、市区转信5件。建立信访重点人处级领导代理制，主抓历史遗留信访问题。（刘歌）

龙潭街道

【概况】　龙潭街道办事处是区政府派出机构。位于东城区东南部，东起护城河西岸、隔河与朝阳区相望，南至左安门护城河与朝阳区、丰台区接壤，西起幸福大街、京广铁路与体育馆路街道相连，北至广渠门内大街与东花市街道分界。面积3.06平方千米，有广渠门内大街（东段）、幸福大街、光明路、夕照寺街、左安门内大街等主要大街，光明、广渠门2座立交桥，京广铁路线1.5公里。设社区居委会11个，户籍人口2.11万户5.54万人，常住人口6.22万人，流动人口1.15万人，少数民族2789人。中央、市、区及无主管单位1880个。辖区内有龙潭公园、原北京游乐园、北京教学植物园，袁督师庙、夕照寺等文物保护单位。办事处机构设置23个，有公务员编制90人、工勤编制3人，事业单位6个、编制56人。

年内，完成社区两委换届、全国城市文明程度指数测评、国家卫生区复审、防汛抗灾、涉日维稳、“十八大”服务保障等工作。新建街道综合服务大厅，推行一个大厅办公、一站式服务、一条龙办理服务模式。改造街道社会服务管理分中心，实现城市管理和社会管理两网融合，整合慧民服务、应急指挥、视频监控等多项功能，构筑社会服务管理工作新格局。实践“大社区”理念，社区由15个调整为11个。接待受理群众来信、来访、来电、网上办件1275件，实现重大上访事件零发生。做好“十八大”安全保障工作，组织动员群防群治力量3.7万人次。获第三批全国社区教育示范街道、北京市三八红旗集体、北京市学习型社区先进街道等荣誉。

单位地址：东城区广渠门南水关胡同甲7号院

联系电话：67120375　邮政编码：100061　（牛晶晶）

【社会保障】　元旦、春节期间，发放低保、低收入老年人、地退、优抚对象家庭慰问金38.3万元。成立街道困难群体应急救助专项资金，建立低保对象动态管理机制，发放低保金246.5万元，各类专项救助金56.4万元。年内，办理老年优待证337个，老年优待卡457个，发放居家养老服务券23581人次，发放金额233.2万元。召开新春、八一军政座谈会。获北京市双拥模范街道办事处称号。加强“劳动用工规范一条街”建设，规范42个单位，书面审查26个单位，合同签订率100%。实施5项专项执法检查，巡查单位164家，处理劳动投诉举报案件15起、涉及职工16人金额4.83万元，结案率100%。处理农民工群体突发事件9起，依法追讨农民工工资166.5万元。受理廉租房、经济适用房、限价房和公租房等各类保障性住房217户，获市备案资格209户。完成公租房轮候登记622户，廉租房租金补贴年审约200户，2次廉租房实物配租选房，14户家庭选到房源。提前完成再就业各项指标，零就业家庭保持动态为“零”。实行工资集体协商，举办15场律师服务活动，解决劳动争议案件13起，追回欠款7.69万元，150名失业人员再就业，上报8名职工互助保险理赔金3.61万元。开展“三个一”就业援助活动，筛查隐性就业人员，帮助正规就业。召开龙潭街道残联第六届主席团二次会议暨年度残疾人工作会议，残疾人专职委员6人参加北京市就业指导员培训，取得就业指导员资格证书。（牛晶晶）

【领导调研】　1月21日，副市长程红到街道开展加强和创新社会管理，推进工商职能与社区对接主题调研。2月7日，市审计局副局长徐涓、市社会办副主任王智玲实地检查验收左安浦园社区2009年社区用房规范化建设项目，副区长汤钦飞及有关部门负责人陪同。5月9日，市委常委、市教工委书记赵凤桐到光明小学、汇文中学调研中小学改扩建及新建情况，区领导宋甘澍、汤钦飞等陪同。5月28日，区委书记杨柳荫到光明小学调研校园安全工程。9月18日，市人口计生委党组成员、纪检组长刘晓军到光明社区检查指导阳光计生工作。10月3日，市委副书记、代市长王安顺调研检查农超对接菜篮子工程工作情况，实地查看辖区山西天镇蔬菜直营

店,杨柳荫等区领导陪同。　(牛晶晶)

【社区建设】　2月,调整社区规模由原15个社区调整为11个。2月至6月,开展社区两委换届选举工作,选出新任社区党组织委员59人,社区居委会委员89人,实现社区党组织书记、居委会主任"一肩挑",换届后社区干部队伍呈现年龄降低、学历升高、素质增强特点。推进六型社区建设,为新家园社区购买70平方米办公用房,重新规划光明社区和龙潭北里社区活动用房。为光明、夕照寺社区安装全新服务站标识系统。开展睦邻服务管理协会、社区月悦谈、绿色生活秀等公益性项目209项。　(牛晶晶)

【群团工作】　3月,工会、团委、妇联联合举办爱在龙潭,缘定今生交友活动,帮助适龄未婚女青年解决婚恋问题,龙潭地区单身青年50余人参加。开展包容塑造品质、厚德铸就和谐三八妇女节主题活动。4月至5月,完成11个社区妇联换届选举工作。5月,举办青春无限好,奉献在龙潭主题诗会、青年论坛,组织地区青年参观戒毒所。6月开展大手拉小手,我们共成长六一国际儿童节主题活动。全年47家企业新建工会、新增会员1510人。开展职工文体活动、技能大赛和创新工作室。新建新社会组织1个,新经济组织团组织22家。建立百工坊和左安漪园书香青年汇;组织"青春榜样在东城"寻访活动,带领地区青年参观到袁崇焕祠、时传祥纪念馆。　(牛晶晶)

【群众文化生活】　5月,在天坛体育场举办以践行北京精神,倡导全民健身,建设和谐龙潭为主题的龙潭街道首届综合运动会,45家单位职工、中小学校师生、北空部队官兵及11个社区居民2000人参加。年内,举办迎新春文艺汇演、群众文化展演季暨社区文化节等活动,开展爱国歌曲大家唱、我们的节日、'绿色出行达人'推荐、身边的好人推荐等主题活动,组织元宵灯会、清明网络寄哀思、中秋民俗文化、传承民间手工技艺、法律讲座、消防演习等活动。辖区各单位、社区居民参加。被评为北京市学习型社区先进街道和第三批全国社区教育示范街道。　(牛晶晶)

【经济工作】　全年组织工商、税务、楼宇物业等单位召开经济工作会16次,解决疑难问题100余项,发挥楼宇监测系统作用。实施领导干部走访联系重点企业工作机制,在楼宇工作站开展政策宣传、年检验照、党组织建设等服务,为企业服务200余次。推进集中办公区建设,年内,2个集中办公区入驻企业145家,引进注册资金3000万元以上的企业7家,产生税收企业100家;在北京银行广渠门支行建立印花税代征点。　(牛晶晶)

【社会治安综合治理】　完善网格化社会面防控体系,完成"两节"、"两会"等重大活动和重要敏感时期的安保维稳任务,春节期间地区未发生火灾。发生火情1起,同比下降75%。推进可防性案件压发案工作和老旧小区物技防建设,对消防、食品、安全生产等进行排查整治,开展各类安全检查19次1526个单位。全年未发生重大安全事故。接待受理群众来信、来访、来电、网上办件1275件,调处矛盾纠纷,加强对重点人员管控,实现重大上访事件零发生。完成亿霖木业案件善后清退、涉日维稳等工作。　(牛晶晶)

【城市建设与管理】　完成国家卫生区复审工作,做好"7·21"特大暴雨灾后工作,确保汛期安全。排查辖区危树,集中处理隐患树木289棵,协调实施光明22楼污水管线改造和火桥里5号楼排水管线改造工程,配合区房管部门做好53栋楼房建筑节能改造工作。完成华城南侧胡同、板厂南里小区、龙潭北里三、四条、幸福巷道路铺装和绿化升级改造,实施夕照寺大街道路两侧道路铺装、火桥北里小区4、5号楼和3号楼西侧停车场改造、北京电信工程局北侧绿化升级改造、光明西街垃圾桶遮挡棚建设等工程。全年投入100万元,铺装道路和绿化升级改造面积1.21万平方米。加大执法力量投入,对各类乱点进行挂账整治,开展综合执法专项行动200余次。　(牛晶晶)

【计划生育】　办理一胎生育服务证535例,二胎生育服务证43例,办理计划生育家庭意外伤害保险1292份。为7人办理出险理赔手续,理赔金额7959.41元。成立龙潭街道家和社区早教指导中心,开展早教亲子活动10余次,发放早教指导报千余份。建立"生命蓝岛"服务阵地,地区计划生育率达到99.4%。　(牛晶晶)

体育馆路街道

【概况】　体育馆路街道办事处是区政府派出机构。位于东城区东南部,东起幸福大街、幸福东街和京广铁路,南至玉蜓桥、京广铁路与丰台区接壤,西起磁器口大街、天坛路、天坛东路与天坛街道为临,北至广渠门内大街。面积1.84平方千米,有街巷58条。设社区居委会10个,户籍人口4.58万人,流动人口1.06万人。辖区内有国家体育总局、中国棋院、红桥市场、天宝润德会展中心、天坛饭店等重点单位,有中、小、幼儿园5所,特殊教育学校1所,医院3所,社区卫生服务中心1个,社区卫生服务站2个。有南岗子天主教堂,法华寺2个区级文物保护单位。办事处机构设置18个。有公务员编制87人,实有80人。事业单位5个,编制37人,实有30人。

年内,完成全国卫生城区复审迎检、社区"两委"换届、全国城市文明程度指数测评、"7·21"特大暴雨灾害处置、"十八大"安保等工作。财政收入5484.07万元。街道总工会被评为全国工会职工法律援助维权服务示范单位,长青园社区被评为全国妇联基层组织建设示范社区。街道被评为市人口和计划生育工作红旗单位等。

单位地址:东城区体育馆西路1号

联系电话:67199622　邮政编码:100061　（王宪）

【社区建设与服务】　3月22日,完成社区党委换届选举。4月底,完成第八届社区居委会换届选举工作,社区工作者68人当选居委会班子成员。完成新一届社区居委会主任培训、社区工作者项目化专题培训。在东四块玉南街4号院建立便民服务菜站。实行公益金项目化管理,立项200件,使用经费94万元,项目惠及2万人。东玉北街社区、国家体育总局社区被评为北京市"六型社区"。　（王宪）

【群团工作】　全年核查建会单位信息1407家。法律服务活动参与职工1000人次。发放困难职工慰问款35万元。组织志愿服务7次,素质教育工程培训800人。建立非公企业职工流动书屋4家。16家非公企业和1个新社会组织建团。4月至6月,开展系列活动庆祝建团90周年,200名团员青年志愿服务500名社区群众及农民工子女。联合国家体育总局训练局开展友谊篮球赛。鹰岛大厦外语部落社区青年汇被评为市级社区青年汇。完成第八届社区妇联换届选举工作。召开地区妇联执委会。走访慰问52名贫困妇女,发慰问金3.05万元。红十字会走访慰问困难群众75户,发放救助物资3.15万元。组织初级急救员培训2次153名。　（王宪）

【群众文化生活】　5月13~19日,举办第三届社区体育文化节开幕式文艺演出、健身趣味运动会、环湖接力赛、北京市第五届"德福缘"杯社区围棋邀请赛等文体活动,辖区单位、社区居民近2万人参加。组织迎新春文艺演出和夏日文化广场社区对抗赛活动,第一届"社区好声音"大型赛事。举办"银龄俱乐部"相亲交友活动2次。成立全国首个智力运动科普工作室,主办第二届东西城围棋赛友谊赛,组织"国弈进校园、进部队、进社区"活动。送电影进社区、工地、校园、军营64场。完成街道文化分中心(法华南里3号楼地下室)装修改造工程。成立东城区南片首家社区心理健康服务站。长青园社区通过健康生活方式活动示范社区验收。组织中医专家六进社区、进部队、进企业义诊咨询近5000人参加。国家级非遗大师费保龄获"工艺美术终身成就奖"。双玉南社区居民吴浮山获年度全国敬亲孝老之星。街道文化志愿者分队获年度首都社区志愿服务组织之星。法华南里社区被评为北京市残疾人体育健身示范点。　（王宪）

【城市管理】　年内,开展法南社区义务植树日活动暨"共建林"揭牌仪式,完成崇外大街、幸福大街、文章胡同2000平方米围墙修补粉饰;崇外大街、五环广场、龙潭西里、体育馆路绿化改造;安装墙面宣传栏135个。申报龙潭西里6、8号楼为首都环境优美居住小区。修剪危树346棵,抢伐险树84棵,清理干枝死叉50车。网格工作按期结案4497件,网格评价A类。开展月末清洁日活动12次,完成体委12号院和13号院、鸿运花园小区、天坛公馆小区垃圾分类工作。作为全区建筑垃圾运输管理工作典型,推广经验做法。查处无照经营620起,处理"门前三包"、霓虹灯等市容环境类案件255起;查处店外经营、堆物堆料等违章占道类案件206起,"黑"三轮、"黑"摩的等非法运营12起;施工现场管理72起,环境保护35起,处理非法小广告65起,没收小广告2.1万张,督促拆除违规广告牌匾87块,清理条幅146条。体育馆路大街被评为首都文明示范街。制定防汛工作方案、防汛抢险工作预案、安全迎汛责任制,成立70人专业抢险队伍。完成崇外6号地街巷道路铺装2100平方米,确定汛期重点巡查院39个、容易积水院35个,落实2处受灾群众疏散点。成功应对"7·10"、"7·21"特大暴雨考验,重点危房户转移动员93户,实现"不塌房、不伤人"。7月,排查房屋6641户,协调76户公房危房户与房管所签订《危旧公房维修转移协议》。　（王宪）

【计划生育】　完成各类计划生育行政审批625件。发放独生子女父母奖励费23万元。成立家和社区早教指导中心,与崇文幼儿园共同开展定向早教项目,开办6期婴幼儿家庭早教亲子活动。9月,建立"心灵家园",服务特扶家庭。召开地区计生协会第五次会员代表大会,选举出第五届理事会、监事会成员。　（王宪）

【社会治安综合治理】　全年投入27万元为居民免费发放安装风斗和一氧化碳报警器,购置200支灭火器。新增注册治安志愿者1420人。投入130万元建成街道社会服务管理分中心,10月人员到位。投入3万元为社区安装教育宣传橱窗。开展全地区全行业安全大宣传活动11次,联合企业举办消防及安全生产演练、宣传活动。做好烟花爆竹销售点、禁放点、燃放点审查、设置工作。综合整治106处地下空间及人防工程,完成35处挂账重点单位整治任务。开展非法违法生产经营建设整治工作,依法查封取缔幸福东街8号院非法印刷场所。　（王宪）

【党建工作】　全年,发展党员12人。召开纪念建党91周年表彰大会。组建德惠楼宇党支部,覆盖企业93家。走访慰问老干部60人次、困难党员300人次,发放慰问品、慰问金8.50万元。设立长青养老院为学雷锋教育实践基地。签订街道党风廉政建设责任书38份、社区126份。完成党务公开工作集中自查,街道建立有关党务公开工作规章制度15项,社区40项。加强基层站所工作评议整改工作。办理政风行风热线11件,办理回复信访举报信件5件。重新摸排完善统战人员台账。11家工商联会员企业捐款3.25万元,帮助困

难家庭100户。10月30日,地区唯一一名黄埔老人及凤山病故。（王宪）

【残联工作】　全年征缴残保金675万元。为22户残疾人家庭无障碍改造,为33户听力残疾人安装彩色可视门铃,为223人发放机动轮椅车燃油补贴,为盲人6人开展定向行走培训,为10户重残家庭赠送体育健身大礼包,为残疾人155人发放握力器等小型健身用品。举办“辅助器具进社区”巡回展和辅助器具发放会。8次邀请北师大心理学专家开展心理拓展活动。就业培训基地开展业务知识培训5次84人。11月,开展残疾人就业状况调查,组织职业技能培训30人次,举办招聘会2次。（王宪）

【经济工作】　引进新税源企业39家,完成区级税收18万元。设立北京银行天坛支行印花税代售点,引进印花税223万元。调查各类门店、经营场所320户,引进房产税8万元。完成街道经济工作宣传手册编写、印刷排版工作。普查商务楼宇闲置资源12座,汇集企业基本信息422家。（王宪）

【社会保障】　年内,开发就业岗位2986个,安置失业人员1086人,再就业率达到76.37%,失业率控制在1.5%。组织321人参加再就业培训,348人实现灵活就业。报销医药费110万元,发放社保卡2008张。申请小额担保贷款15万元。慰问特困退休人员78人,办理异地认证外埠退休人员48人。开展劳动保障监察工作,日常巡查单位130家,对春节前农民工工资支付等问题专项检查5次,检查单位54家,处理工资纠纷4起,涉及金额5.55万元。发放低保金742.3万元,春节慰问金101.2万元。创建街道500平方米养老管理服务中心。受理审核保障性住房申请家庭572份,签订廉租补贴合同180份,完成20余户家庭信息确认,派发选房通知书,组织居民参加廉租房选房1次,限价房选房2次,公租房摇号认购登记1次。协调解决4名刑满释放人员住房困难问题。（王宪）

【信访代理工作】　全年接待群众来访160批次、233人次,处理群众来信48件,街道代理解决疑难复杂问题48件,社区代理解决群众身边小事378件,处理市非紧急救助服务案情245件。（王宪）

天坛街道

【概况】　天坛街道办事处是区政府派出机构。位于东城区西南部,东起磁器口大街、天坛东路,南至永定门东街,西起前门大街(南段)、天桥南大街、永定门内大街,北至珠市口东大街。面积4.03平方千米,有街巷70条,其中主要大街7条即:天坛北路、祈年路、大都市街、前门大街(南段)、天桥大街、永定门内大街、永定门东街。设社区居委会16个,户籍人口1.96万户5.58万人,常住人口1.81万户5.13万人,流动人口2044户9145人。以汉族为主,有回、满、蒙古、朝鲜等32个民族。辖区有中央单位20个、市属39个、区属140个,大型商业有北京世纪天鼎商品交易市场、北京中和珍贝科技有限公司、北京便宜坊烤鸭集团有限公司、北京中欣安泰投资有限公司、北京市千叶世纪珠宝首饰有限公司、金霖酒店等。有中、小、幼儿园10所。有世界文化遗产天坛公园,市级文物保护单位金台书院、正阳桥疏渠记碑,区级文物保护单位药王庙及清末传奇人物大刀王武的顺源镖局旧址、老字号元隆顾绣绸缎行,新中国依靠自己力量筹建的第一座大型自然历史博物馆—北京自然博物馆及中华民族艺术珍品博物馆、中华民族艺术珍品流通中心。办事处机构设置23个,其中党工委6个、办事处12个、群团机构4个、人民武装部1个。有公务员编制96人、实有90人,事业编制44人、实有31,工勤人员8人,临时工16人。

年内,确保“十八大”期间安全稳定,把握科学发展和和谐稳定两大主题,完成社区两委班子换届选举、第九届金鱼池社区节、环境综合整治、防汛等工作。深化信访代理制,处理群众来信、来访305件,按期结案率保持在100%,初访中重复访控制在5%以内。全年财政总收入7322.67万元。获北京市劳动用工规范一条街先进单位、北京市双百对接活动组织优秀街道、北京市09－11年体育工作先进单位、北京市计划生育先进集体、首都文明街道等称号。

单位地址:东城区西草市街74号

联系电话:67021429　邮政编码:100050　（孙怡）

【党建工作】　1月至4月,与北京日报报业集团读者俱乐部、《新东城报》联合举办“和老舍先生说说心里话”作品征集活动。2月至4月,在金鱼池中区社区活动中心建立老舍纪念馆金鱼池分馆。为老舍先生制作半身铜像,立于金鱼池中区社区活动中心。年内,树立和推荐先进典型人物152人。推荐身边雷锋团队1个,推荐道德领域突出问题专项教育和治理活动先进典型诚信经营企业1家。印制《东城区人大天坛街道工作委员会职责制度汇编》,组织代表开展选民接待和集中走访选民活动。召开选民小组会28次,到会选民500余人。入户走访3次走访选民10人,提出问题32条,整理代表建议24条,上报市4条、区14条、街道自行解决6条,办结案率100%。（孙怡）

【第九届金鱼池社区节】　4月18日，在金鱼池中区社区开幕。区长牛青山和舒乙先生共同为老舍先生铜像揭幕。市文物局局长孔繁峙，区领导徐鸿达、金晖、朴学东、毛炯、蔡福全、汤钦飞，老舍先生之女舒济女士，人艺剧院副院长崔宁、《龙须沟》剧组演员及区有关部门和近千名居民共同参加。社区节以“文化金鱼池，幸福新社区”为主题，体现为“四个一、一个实”，即一尊老舍先生铜像、一座老舍纪念馆金鱼池分馆、一本《和老舍先生说说心里话》的书和一场开幕式文艺演出。“一个实”即为民办实事——安装单元门禁、修整小区绿地。（孙怡）

【群团工作】　制定《天坛街道社区妇联换届选举方案》，成立换届选举工作指导小组，完成妇联换届工作。首都医科大学附属北京口腔医院正畸科党支部，被市妇联评为首都巾帼志愿服务优秀团队。4月26日，成立“聚合力”青年社，被授予东城区青少年社团之家首批会员单位，北京日报、政务手机报等媒体进行报道。8月，社工1人作为优秀社团代表被推选为东城区唯一社区团代表参加市团代会。开展蓝天关爱行动，推进金台书院小学关爱农民工子女志愿服务行动，开展爱心助教、感悟城市、红色教育等20个帮扶项目。开展国防教育进学校、进社区、进企业活动44次，新增加兵民183人，新增加民兵应急连2个排，对地区适龄青年200余人进行兵役登记，完成登记率80%以上。年内，新建工会单位31家、会员276人。完成工资集体合同备案覆盖企业174个、职工2661人。（孙怡）

【社会保障】　4月至10月，18家单位开展劳动用工规范一条街工作，按月支付职工工资100%。与区人力社保局监察大队，处理地铁7号线和北京住总第六建筑工程公司群体突发事件，涉及农民工121人，现场协商追讨工资153万余元。年内，完成城镇登记失业人员就业1492人，困难人员就业853人，社区岗位安置困难就业625人，推荐成功就业352人。城镇登记失业人员就业率为75.62%，失业率控制在1.8%。提供就业指导3479人。为地区797户低保家庭提高保障金待遇。全年发放低保帮困金739.75万元。开展孝星评选表彰活动，43人获市级孝星荣誉。落实居家养老政策，为80岁以上老人1800人发放居家养老服务券221.42万元。全年受理居民廉租住房申请43份，审核通过39户。受理限价商品住房申请111份，审核通过82户。受理经济适用房申请46份，审核通过39户。受理公共租赁住房申请435户，审核通过433户。审批发放残疾人城镇个体就业社会保险补贴23.61万元、发放助残服务券44.33万元，申请扶贫助学款6.70万元，为地区残疾人家庭配装可视闪光门铃和进行无障碍改造。（孙怡）

【领导调研】　5月29日，副区长王中华对天坛地区自然博物馆周边城市环境建设进行调研，在实地考察市政建设、园林绿化、停车设施等状况后，召开专题工作会议。要求街道在制定环境建设方案时考虑周边居民、社会单位等各方面的实际需求；在建设具体实施过程中要采取分段改造、逐步实施的方式；各有关部门要加强与社会单位、地区百姓的沟通，确保城市环境得到有效改善。（孙怡）

【群众文化生活】　组织街道文化志愿者创作声乐套曲《天坛组歌》及京剧唱段《情系龙须沟》。数字图书馆落成并投入使用。5月至11月，针对不同年龄、不同职业人群开展急救自救培训5场，新增113人取得初级急救员资格证书。7月31日，天坛地区体育工作委员会正式成立并召开第一次全体会议，聘请街道首席体育指导员，确定下阶段街道全民健身工作发展方向。8月，组织开展科普之夏系列活动，建立永内大街社区科普图书驿站。8月29日，举办“一街一品”群众体育团队展演活动，16个社区、8家驻街单位260人参与演出。（孙怡）

【人口与计划生育】　7月至8月，签订诚信计生双向承诺书，成立诚信小组343个，与6743户户籍育龄家庭签订户籍诚信计生承诺书，与1199户流动育龄家庭签订流动诚信计生承诺书。9月12日，家和社区早教指导中心揭牌，开展第一期活动，18个2~3岁幼儿及家长参加活动。早教中心达到“三有”标准，即有一只经过专业培训的早教师资队伍，有一套符合家庭需求的早教材料，有一处经过认证的社区早教基地。10月11日，地区计划生育协会第六次会员代表大会和六届一次理事会召开，完成天坛地区第六次会员代表大会和六届一次理事会会长、副会长、理事和监事长选举工作。（孙怡）

【社会治安综合治理】　7月至8月，与区工商、城管、卫生、公安等部门联合对天坛南里25家黑作坊进行执法检查，限期整改，25家黑作坊全部自行关闭。开展公共安全隐患排查整治专项行动，与16个社区分别签订《消防工作责任书》《社区可燃物清理告知书》，与92家辖区重点单位签订《天坛街道党的“十八大”公共安全责任书》。防火安全委员会与辖区34家水电气热、易燃易爆重点单位签订《消防安全责任承诺书》。8月15日，召开地区“十八大”安保，十大专项行动动员部署培训会。制定具体工作方案，建立信息报送制度和应急处置机制，确保“十八大”期间地区稳定。（孙怡）

【社区建设与服务】　培训新招录65名社区工作者，全面推进社区服务站标准化建设和“六型”社区创建工作。金鱼池中区、西区，东里南区3个社区通过北京信用协会两次“六型”社区指标评估。8月，通过北京市社区工作者统一考试新招社区工作者正式入职，分配到社区服务站开始工作。（孙怡）

【特色活动】　9月至10月，开展特色街巷胡同、特色楼门阳台建设及评选活动。社区居民及驻街单位参与，对社区内的堆物堆料、卫生死角进行全面清理。各社区利用各自优势开展特色建设活动。东晓市社区以特色院落为主题打造温馨特色一条街，东里北社区营造立体式美化楼门文化。10月16日，召开总结表彰大会。（孙怡）

【城市管理与建设】 开展无证无照经营专项整治行动,查处各类非法经营900余起,无照经营8000余件。对东市场地区违法建设进行大规模整治,拆除违章建筑200间2000平方米。治理非法小广告,出动1800余人次,查处非法散发小广告行为2500余起,查扣、清理非法小广告3万余张。完成"7·21"特大暴雨防汛抢险任务,连续36小时抢险中,出动应急抢险队员260余人次,处理险情45起。汛期投入应急抢险人员830余人次,转移受灾群众6户20人,维修辖区受灾房屋700余间。开展金鱼池东、中、西区绿化改造,金鱼池中街环境整治,东市场社区、西园子街违建拆除,西草市街地锁整治,绿地护栏安装及道路改造等一系列重点环境建设,对金鱼池中街道路两侧新增座椅、西草市东街84号院下水改造等一系列小型惠民工程,投入资金211.1万元。　(孙怡)

【西草市试行花箱地锁】 年内,为解决环境美化和停车难问题,在西草市社区首创移动花圃停车模式,在改善私装地锁、胡同内渣土垃圾扰民的同时,对胡同边有停车需求的居民在社区登记后,便可拿到移动花箱的钥匙。不停车,将花箱推回地锁位置,上锁便可锁住车位。以移动花箱代替地锁的停车模式在西草市地区试点,受到居民好评。　(孙怡)

永定门外街道

【概况】 永定门外街道办事处是区政府派出机构。位于东城区西南部,东起蒲黄榆,南至木樨园及南三环路一线,西起北京南站,北至永定门城楼跨南二环滨河路。面积3.33平方千米,有主要大街11条、胡同街巷208条、过境公交线30余条。设社区居委会20个,物业小区37个,户籍人口3.18万户,常住人口9.18万人。辖区内有法人单位1510家。办事处机构设置24个。有公务员编制103人、工勤3人,事业单位5个、事业编制38人。

年内,实施"十二五"发展规划,推进社会管理服务创新,改善地区民生、提升城市管理水平、促进社会和谐稳定,实现区级收入2.24万元,比上年增加5664万元,同比增长33.89%。

单位地址:东城区安乐林路85号

联系电话:67221207　邮政邮编:100075　(曹永芳)

【城市管理】 制定《永外地区胡同单行停车试点管理方案》。将杨家园路南段和景泰西里1号路作为单停单行试点道路。国家卫生区复审期间,开展城市清洁日活动10次,发动居民5.1万余人次,发放宣传品3万余份,悬挂宣传横幅80余条,清理街巷680条次,清理卫生死角124处,清扫集贸市场28个次,清理堆物堆料2500余吨。十一及"十八大"期间,摆放鲜花13万余株,设置景观12处。铺装道路3742.8平方米,加装雨污水管线80米,新建排雨口14个,清理无照游商1685起、黑摩的156辆,拆除私装地锁274个,拆除桃园、杨家园社区铁路沿线违章建筑65处1300平方米,杨家园社区铁路沿线违章建筑43处860平方米,景泰西里西区违章建筑12处200平方米,净化地区百姓的生活环境。　(曹永芳)

【社会保障】 年内,办理老年证4200个、65岁老年优待卡2538个,接收失业人员档案1524份,安置失业人员2006人,登记失业率2.09%。出台街道促进失业人员就业补贴办法,采集空岗信息4195条,举办失业人员招聘会7场,提供就业岗位283个,职业指导4121人次,办理、换发就业失业登记证2107人,办理灵活就业及自主创业916人,带动就业839人,建立充分就业社区15个。搭建网格监控网和网络管理平台,录入单位424家,完成日常巡查及专项检查500次、书面审查50家。处理群体性讨薪突发事件3起,追回153名农民工工资70万余元。全年新批低保54户78人,发放低保金1000万余元。新办残疾证158人补办残疾证71人,开出重残证明49份。安装可视门铃27户,统计发放燃油补助565人14.85万元,无障碍入户勘查61户、为残疾人免费发放节能灯4237个。受理廉租房、经适房、限价房、公租房申请352户,续签廉租房家庭租金补贴322户、新签56户,对三房轮候申请登记公租房的300余户家庭进行筛查,修正完善原有数据45户,剔除超标家庭38户。　(曹永芳)

【社区建设】 举办街道文艺汇演、社区健身操舞大赛等活动。开展的北京新市民大课堂获市级优秀学习品牌,培育永定情怀文化品牌,举办地区迎"十八大"红歌会、军地双拥文艺演出、第四届永定情怀文化艺术节、永外地区第一届全民健身运动会。举办健康讲座15次。全年为500余名社区居民免费抽血检查血糖、血脂。制作"一社区一特色创建测评指标表",为社区创建工作打分。永铁苑、安乐林、革新西里社区,申报首批市级"六型社区"完成创建工作。　(曹永芳)

【社会治安综合治理】 年内,开展街乡查百家、安全生产月、打非治违、"十八大"护航行动等专项活动,检查社会单位430余次,提出整改建议76条,整改完成率100%。建立食品安全管理网络,督促驻街企业安全隐患自查自报,全年上报率平均达到96%。开展消防安全培训15次,对辖区3048户燃煤取暖户开展入户检查,与取暖户签订安全责任书3048份,签订率100%。　(曹永芳)

【党建工作】 制定《永外街道工委、办事处关于贯彻落实党风廉政建设责任制的实施办法》(试行),逐级签订党风廉政建设责任书。印制《永外街道制度汇编》,全面梳理涉及14个科室、部门91项工作制度。分级清理职责范围内涉权事项229项,制定有针对性、可操作性的工作流程220个,重新梳理职位说明书129个,提出“1+X”党建工作模式,开通永外街道红色微博,创办永外红色大讲堂,深化区域化党建格局。完成社区党组织换届选举,18个社区党委实行“公推直选”选出新一届社区党委班子成员,永铁苑社区作为深度公推直选试点社区,受到媒体及社区党员、群众关注及好评。

(曹永芳)

【计划生育】 辖区有育龄妇女1.94万人,流动已婚育龄妇女1582人,核查流动人口1970人次,持证1792人,持证率达91%,验证率达96%。年内为职介、人才存档人员婚育情况审核2042人次,办理生育服务证596人,办理婚嫁随父入户226人、市区内随父入户161人,办理《独生子女父母光荣证》322人,流出人员婚育证明3人,发放叶酸972瓶、《育儿百科》114本。

(曹永芳)

【群团工作】 年内,建立工会组织29家、发展会员618人,完成456家企业集体合同签订工作,完善工会服务站建设。做好两新组织、商务楼宇妇女工作站建设,完成两新组织建团工作任务,社区青年汇工作。

(曹永芳)

【信访工作】 接待群众来访146起,办结市长信箱37件、市综合信箱28件,区长信箱37件,办结区非应急转办单628件。开展法制宣传教育活动90余次,举办法制讲座20余场。接待社区居民法律咨询430人次,开展矛盾大排查5次,梳理重点矛盾事项32项,重点人员28名。成功调解民间纠纷294起,新接收社区矫正对象20人、期满解除矫正22人,无脱管、漏管和重新犯罪。

(曹永芳)

东城区街道工委及办事处负责人

东华门街道工委书记	袁燕生
办事处主任	陈本宇
景山街道工委书记	赵明杰(3月免)
	王　森(3月任)
办事处主任	冯建国
交道口街道工委书记	严　岩(女)
办事处主任	张恩东(7月免)
	关　波(满族,7月任)
安定门街道工委书记	张长有(1月免)
	石　勇(1月任)
办事处主任	石　勇(1月免)
	刘俊彩(女,1月任)
北新桥街道工委书记	武建军
办事处主任	张　伟
东四街道工委书记	赵凌云(女)
办事处主任	王　磊(回族)
朝阳门街道工委书记	周　彤
办事处主任	陈志坚
建国门街道工委书记	王　红(女,1月免)
	高　琦(回族,1月任)
办事处主任	高　琦(回族,1月免)
	李卫华(1月任)
东直门街道工委书记	汤钦飞(1月免)
	肖　刚(1月任)
办事处主任	肖　刚(1月免)
	吴志辉(1月任)
和平里街道工委书记	王小英
办事处主任	王品军(回族)
前门街道工委书记	隗冬燕(女)
办事处主任	张　玮
崇文门外街道工委书记	白京涛
办事处主任	马振星
东花市街道工委书记	李评修(女)
办事处主任	许利平(1月免)
	曹永军(1月任)
龙潭街道工委书记	杜　娟(女)
办事处主任	郑青云(1月任)
体育馆路街道工委书记	毕博闻(满族)
办事处主任	王　森(3月免)
	朱　捷(3月任)
天坛街道工委书记	郝　斌
办事处主任	赵秋洁(女,满族)
永定门外街道工委书记	韩焕岭
办事处主任	李光升(7月免)
	陈卫兵(7月任)

人　　物

全国(含系统)先进集体及先进个人

先进集体

全国创先争优活动先进县(市、区、旗)党委

北京市东城区委

中宣部理论宣讲先进集体

北京市东城区委宣传部

全国军民共建社会主义精神文明先进单位

北京市东城区交道口街道府学社区

北京武警总队六支队

全国文明单位

北京市东城区地方税务局

全国未成年人思想道德建设先进单位

北京市东城区文明办

全国青年文明号

北京市东城区地方税务局第三税务所

全国三八红旗集体

北京市广渠门中学

全国宗教工作先进集体

北京市东城区民宗侨办公室

全国信访工作先进集体

北京市东城区信访办公室

全国检察工作先进单位

北京市东城区检察院

全国中华老字号传承创新先进单位

北京市珐琅厂有限责任公司

全国贸促工作先进单位

中国国际贸易促进会东城区支会

全国住房和城乡建设系统先进单位

北京市东城区住建委

全国商业街先进单位

北京市东城区前门大街管委会

全国知识产权人才工作先进集体

北京市东城区知识产权局

全国全民健身活动先进集体

北京市东城区地坛体育馆

全国业余训练先进单位

北京市东城区青少年业余体校

全国爱国卫生先进集体

北京市东城区城市综合管理委员会

国家卫生区

北京市东城区

全国“两刊”宣传工作先进单位

北京市东城区残联

先进个人

民革全国社会服务工作先进个人

罗　侃

民革全国祖统工作先进个人

王晓丹

致公党社会服务工作先进个人

李廷赞　马晓意

九三学社学习实践社会主义核心价值体系优秀社员

朱建平

全国五一劳动奖章获得者

李金善　李学玲

全国三八红旗手

杨景怡

全国妇女创先争优先进个人

杨景怡　范　莉

全国建筑工程质量监督先进个人

甘绍鹏

全国知识产权执法保护先进个人

孙占军

全国节能先进个人

陈秀莉

北京市(含系统)先进集体及先进个人

先进集体

北京市创先争优先进基层党组织

东城区北新桥街道工委

北京市大成律师事务所党委

北京市第五中学党总支

东城区龙谭街道光明社区党委

东城区永定门外街道离退休干部党支部

东城区建国门街道离退休党支部

首都文明单位标兵

东城区残联

东城区城管大队

东城区城市管理监督中心

东城区地方税务局

东城区行政服务中心

首都文明示范街

东城区体育馆路大街

首都文明单位

东城区妇女联合会

共青团东城区委员会

东城区科协

东城区东单体育中心

东城区地坛体育馆

东城区第一体育学校

东城区体育服务中心

东城区天坛体育中心

东城区卫生局

东城区环卫二中心

东城区城市综合管理委员会

北京市国土局东城分局

东城区审计局

东城区东花市街道

东城区东四街道二条社区

东城区东四街道六条社区

东城区东四街道七条社区

东城区东四街道八条社区

东城区交道口街道菊儿社区

东城区交道口街道南锣社区

东城区交道口街道

北京市社会服务工作先进集体

九三学社东城区委

北京市社会系统优秀基层党组织

东城区和平里街道和平里社区党委

东城区龙潭街道左安浦园社区党委

北京市光华长安大厦党支部

北京鸿安国际商务大厦党支部

安利(中国)日用品有限公司北京分公司党委

北京市长安责任保险股份有限公司党委

北京市天同律师事务所党支部

北京市区情民意信息工作先进单位

民革东城区委

北京市工人先锋号集体

东城区体育馆路街道住房保障科

北京华信石油集团有限公司管理中心执行部

北京站派出所

北京同仁堂国药有限公司(安牛)班

东城区园林绿化中心绿化一队

东城区房地一中心建国门分中心一段

首都劳动奖状(单位)

东城区地方税务局

北京同仁堂丰台中医诊部

北京市维权先进单位

东城区东花市街道总工会

环境国际旅行社有限公司

北京市厂务公开民主管理先进单位

环境国际旅行社有限公司

北京市五四红旗团工委

东城区区直机关团工委

东城区北新桥街道团工委

东城区园林绿化局团总支

北京市共青团信息工作先进单位

共青团东城区委员会

北京市“三八”红旗集体

东城区人民法院民五庭

北京东方奥天丰谷旅馆

便宜坊集团壹条龙清真餐饮有限公司锦芳小吃店

北京市东城区龙潭街道

东城区机关事务管理服务中心财务科

东城区光明幼儿园

东城区府学胡同小学

东城区卫生局第一幼儿园

东城区普仁医院手术麻醉科

东城区建国门街道金宝街商务楼宇服务站

北京智博宝通传媒文化发展有限公司

东城区环卫二中心一所前门班

北京市文联系统信息工作先进单位

东城区文联

北京市侨务工作先进单位

东城区民宗侨办公室

北京市抗击“7·21”灾害先进集体

东城区城市综合管理委员会

北京市档案工作先进单位

东城区住建委

东城区档案局(馆)

北京市区县机关档案工作市级优秀单位

市档案局

区人大档案室

北京市创先争优先进离退休干部党支部

区人大常委会老干部党支部

北京市地方志系统先进集体

东城区地方志编纂委员会办公室

北京市信息工作先进集体

东城区审计局

北京市安全生产先进单位

东城区东华门街道

东城区崇文门外街道

北京市政法系统五好党支部

北京市天安门地区公安分局巡警一中队

党支部
东城公安分局看守所党支部
北京市政法系统先锋号
北京市天安门地区公安分局巡警一中队党支部
北京市政法系统信访工作先进集体
东城区检察院
北京市司法系统先进集体
东城区北新桥司法所
北京市公安系统先进党支部
天安门地区公安分局巡警三中队党支部
天安门地区公安分局机动大队党支部
天安门地区公安分局巡警四中队党支部
北京站派出所党支部
东城公安分局天坛派出所党支部
东城公安分局科技信息通讯处党支部
东城公安分局第一预审大队党支部
北京市公安系统安保工作先进集体
东城公安分局内保支队
东城公安分局安保办公室临时党支部
东城公安分局巡警支队步巡一队党支部
东城公安分局警务指挥处党支部
东城公安分局天坛派出所
东城公安分局和平里派出所
东城公安分局刑侦支队行动队
东城公安分局治安支队处置大队处突三队
东城公安分局前门大街派出所
北京市人口基础信息调查先进集体
东城公安分局体育馆路派出所
北京市公安系统驻区工作先进集体
东城公安分局东花市派出所
北京市人口服务管理体系建设先进单位
东城公安分局
北京市防控建设工作先进集体
东城公安分局马志强车组
首都国家安全工作先进集体
北京市王府井地区建设管理办公室
北京市检察系统先进集体
东城区检察院反贪污贿赂局
东城区检察院检察技术处
东城区检察院院办公室
东城区检察院公诉一处
东城区检察院侦查监督处
东城区检察院职务犯罪预防处
东城区检察院院法律政策研究室
北京市检察机关践行核心价值观先进集体
东城区检察院反贪污贿赂局
北京市人民防空工作先进单位
东城区东花市街道
东城区民防局
北京市交通安全工作先进单位
中国人民财产保险公司东城支公司
东城区人民检察院
北京市劳动用工规范一条街工作先进单位
东城区东华门街道
东城区东四街道
东城区景山街道
东城区天坛街道
北京市消防工作先进单位
东城区东单体育中心
东城区房管一中心交易服务中心
北京市质监系统先进集体
东城区特种设备检测所
北京市住户调查先进集体
东城区体育馆路街道统计所
东城区朝阳门街道统计所
东城区东四街道统计所
北京市审计系统信息工作先进单位
东城区审计局
中国工商银行北京市分行个人金融先进网点
王府井支行
华润大厦网点支行
中国工商银行北京市分行劳动竞赛先进集体
王府井支行
新东安网点支行
北京市安全生产管理先进单位
东城区住建委
东城区崇外街道
北京市住房保障工作先进单位
东城区住建委
北京市结构长城杯银质奖
北京东兴建设有限公司
北京市国土资源系统先进基层党组织
北京市国土局东城分局党总支
北京市环境建设先进单位
东城区城市综合管理委员会
东城区东花市街道花市北里西区社区
首都城市环境建设信息工作先进单位
东城区城市综合管理委员会
北京市爱国卫生先进集体
东城区龙潭街道办事处
东城区东花市街道办事处
东城区和平里街道办事处
东城区东四街道办事处
北京市春运工作先进集体
北京站管理处
北京市城管系统先进集体
东城区城管大队前门分队
东城区东直门分队
东城区城管大队
首都全民义务植树先进单位
东城区人民政府建国门街道绿化委员会办公室
东城区人民政府永定门外街道绿化委员会办公室
共青团北京市东城区委员会
中国人民解放军北京市东城区人民武装部政工科
首都绿化美化先进单位
东城区人民政府北新桥街道办事处
东城区人民政府安定门街道办事处
东城区人民政府东直门街道办事处
东城区人民政府东花市街道办事处
东城区城市综合管理委员会
东城区建国门街道
首都绿化美化花园式社区
东城区东直门街道清水苑社区
东城区景山街道皇城根北街社区
东城区东华门街道南池子社区
东城区东花市街道东花市南里社区
东城区永定门外街道永建里社区
首都绿化美化花园式单位
海晟国际公寓
励骏酒店
北京第一师范学校附属小学
北京市实施全民科学素质行动纲要先进单位
东城区科协
北京市旅游组织服务工作先进集体
东城区王府井地区建设管理办公室

北京市科普行动计划先进单位

东城区东花市街道枣苑社区

东城区东花市街道

东城区天坛街道

北京市无偿献血先进单位

东城区卫生局

北京市住总第六建设开发公司

东城区东四街道

东城区建国门街道

北京市全民健身先进单位

东城区北新侨街道

东城区东四街道

东城区天坛街道

北京市群众体育先进集体

东城区体育馆路街道办事处

东城区天坛街道办事处

东城区龙潭街道办事处

东城区北新桥街道办事处

东城区东四街道办事处

北京市民政系统先进集体

东城区永外街道民政科

北京市先进社区居委会

东城区东四街道六条社区

东城区天坛街道天坛东里南区社区

东城区安定门街道国旺社区

东城区建国门街道外交部街社区

东城区建国门街道大雅宝社区

北京市计划生育先进单位

东城区东华门街道

东城区北新桥街道

东城区东华门街道

东城区体育馆路街道

东城区交道口街道

东城区东四街道

东城区天坛街道

东城区永定门外街道

东城区建国门街道

北京市动物卫生监督工作先进单位

东城区卫生局动物卫生监督所

北京市动物卫生监督技术应用先进单位

东城区动物卫生监督所

北京市动物卫生监督执法先进单位

东城区动物卫生监督所

先进个人

北京市创先争优优秀离退休干部党员

包 平

北京市创先争优优秀共产党员

刘立新 石利颖 韩广义

杨景怡 谢 亮 李青云

申 芳

北京市学雷锋先进个人标兵

胡雅丽

北京市社会建设信息工作先进个人

曹俊仙

民革市委参政议政先进个人

董 骛 岳秉飞 杨闳文

李祥臣

北京市九三学社社会服务工作先进个人

卢明英 任 蕾 孙建新

严 俊 李 玮 杨崇学

海国林

首都劳动奖章获得者

辛艳荣 杨 可 杨景怡

乐勇可

北京市构建和谐劳动关系先进个人

陈 宇

北京市青年五四奖章获得者

任素永

北京市共青团先进团干部

颜 峰 崔南翔

北京市青年岗位能手

蒋大伟 姬广胜

北京市优秀团员

阚静雅

北京市文联系统信息工作先进个人

刘 菁

北京市“三八”红旗奖章获得者

朱宏新 董永格 郭 琛

杨 可 黄亚兰 张玉玲

牛建春 李淑霞 杨景怡

戴晓萱 李梦莉 张丽萍

马月云 刘 东 李艳华

沈 蔷 郑宝玲 王景芝

刘 娜 刘兰荣 翟明翯

任继霞

北京市妇女儿童工作先进个人

刘清华

北京市法制工作先进个人

赵 娟

北京市抗击“7·21”灾害先进个人

闫 涛

北京市烟花爆竹安全管理先进个人

吴向前 刘建彤

北京市档案系统先进个人

胡家文 晏春辉 韩 萌

庞文杰 吴改莲 田亚新

胡异峰

北京市地方志系统先进个人

彭积冬 焦利亭 刘 婷

裴连邦 郝洪春

北京市安保工作先进个人

李永敏 付 强 何其伟

王志毅 雷 兵 王春生

问 闻 于连和 李长满

王晓予 王子文 陈建齐

张 毅 刘树格

北京市清理整治网络黑市工作先进个人

张 硕

北京市人口基础信息大调查先进个人

尹小龙 赵明帅 张 戬

梁文娇 段建堂 赵 亮

李京明 张 巍 胡振鹏

北京市公安局竞争选拔工作先进个人

史书林 耿雅泉 鲜于英明

邵海红 宋 军 姚芦会

逯 崇 袁 菁 李振斌

北京市公安局驻区民警先进个人

王依军 韩伟洪

北京市公安局优秀共产党员

高 洁 李 健 王 功

辛艳荣 成 军 张雪松

北京市公安局优秀支部书记

谷红波

北京市公安局先进复转军人

王培勋 吉 喆 吴 涛

胡建新 乔 健 宋传雷

首都政治中心区防控建设工作先进个人

阎雅莉 付 强 单 飞

北京市人口服务管理工作先进个人

张学成 宋 阳

首都公安情报信息工作先进个人

邢　磊　薛晶欣　王　洋
李　婷　钱　凯

北京市公安局扎根社区二十年以上荣誉奖章获得者

司增利　李京明　刘殿杰
石勋民　华　英　刘　江
王建旺　纪雄飞　李可平
段建堂　陈元石　周　杰
孙桂安　谷光明　王建国
王　琪　马文华　郇秀林
罗家翔　王勇进　李春华
张有志　宋　彪　王　伟
郭希广　施发全

北京市公安局"爱民模范"

王　川　赵明帅　许　东
高　洁

北京市检察系统先进个人

王连生　李　燕　佟　捷
孙玉明　赵志国　杨振东
高　锋　李宝江　高紫光
刘　政　宁晓颖　段　勇

北京市政法系统优秀共产党员

丛　健　韩广义　谷红波
富　艳　张　建

北京市政法系统信访工作先进个人

宋志虹　马　乐　王　捷

北京市消防工作先进个人

杨金戈　张克诚　侯光炜
秦　玲　马　旭　扈建华

北京市民兵预备役工作先进个人

郭玉英

北京市人民防空工作先进个人

孙长江

北京市地震局政务信息工作先进个人

靳继君

北京市住户调查先进个人

王瑞芝　陈建军　杜伟伟

北京市质监工作先进个人

周小虹　王　翠　王　璐

北京市旅游组织接待服务工作先进个人

李　军　韩斯斯

中国工商银行北京市分行劳动竞赛先进个人

何　燕　李重衣　郝鹏举
王　军　洪　烽　宋玉红

中国工商银行北京市分行先进客户经理

王　军　李利丽

中国工商银行北京市分行先进岗位标兵

宋玉红　邓思思　尹　征

北京市住建委系统规范化建设先进个人

迟建平

北京市建筑业人员管理先进个人

王守月　赵琳艳

北京市轨道建设先进个人

袁　培

北京市国土系统优秀共产党员

王渭明　韦先波　庞秀华
张国会　于　华　闫德林
腾文鹏

北京市国土系统信访工作先进个人

刘　岩　雷　雪

北京市春运工作先进个人

芦永良　贡东旺　李　楠
邢建国　王德芳　张顺成

北京市春运信息工作先进个人

陆　江　乔　丽

北京市爱国卫生先进个人

张　玲　田　阔　马　灵
刘　歌　常　颖

北京市环境秩序整治工作先进个人

王伟东　周皓宇　李长伟
王　寅　曹永军　闫　涛
杨　华　杨光凤　石庆贺
孙番斌　贾　磊　田　宇
朱秀文　吴建新　殷明震

北京市城管系统先进个人

杨景怡

首都绿化美化先进个人

丰胜明　钱永飞　向　峰
佟种钧　张红英　孙宏伟
高保军　李素华　赵济桢
康鸿楠　杜　平　齐玉冰
周洪彦　田　宇　白万隆
刘　平　丛克飞　王全禄
陈晓梅　褚玉红　张爱清
张　敬　张　波

北京市最佳导游员

王　雷　王志杰

北京市科学技术工作先进个人

孙连海

北京市随军家属就业服务工作先进个人

郑芳瑞

北京市无偿献血先进个人

李　悦　魏进华　张　波
梁兆玲　戴忠华

北京市计划生育工作先进个人

柏　雪　纪筱彬　白　颖

北京市群众体育工作先进个人

毕博闻　崔淑云　李维红
高春侠　王　楠

北京市民政工作先进个人

蒋利霞

北京先进居委会主任

南静明　李雪琴　罗淑云

北京市残疾人状况监测工作先进个人

李大名

逝 世 人 物

魏仲安　原东城区政协主席，男，汉族，1936年4月出生，北京市昌平县人，因病于2012年8月17日逝世，1956年3月参加工作，1954年11月加入中国共产党。历任北京东四永安堂学徒、东单东城区委干部、东城区房管局副书记、副局长，东城区建委副主任，东城区区委常委、区政府办公室主任，东城区政府副区长，东城区政协主席等职。

崔向阳　原东城区政协副主席，男，汉族，1929年12月出生，辽宁省建平县人，因病于2012年1月11日逝世，1947年6月参加革命工作，1948年4月加入中国共产党。历任北京市团委干事、干部，东城区委党校副校长、东城区委常委、宣传部长，东城区政协副主席等职。

统 计 资 料

表 1 -1 东城区国民经济主要指标

指 标	单 位	2012 年	2011 年	增长速度%
一、地区生产总值	万元	14501308	13397237	8.2
按隶属关系分组				
中央单位合计	万元	5877762	4785742	22.8
市属单位合计	万元	1895216	1645740	15.2
区属单位合计	万元	653163	634842	2.9
按行业分组				
第二产业	万元	616364	579349	6.4
工 业	万元	312005	284070	9.8
建筑业	万元	304359	295279	3.1
第三产业	万元	13884944	12817888	8.3
交通运输、仓储和邮政业	万元	316024	266884	18.4
信息传输、计算机服务和软件业	万元	1597001	1647919	-3.1
批发和零售贸易业	万元	2126853	1879919	13.1
住宿和餐饮业	万元	543337	515159	5.5
金融业	万元	2797875	2450485	14.2
房地产业	万元	785829	798029	-1.5
租赁和商务服务业	万元	1751367	1604209	9.2
科学研究、技术服务和地质勘察业	万元	1402504	1353973	3.6
水利、环境和公共设施管理业	万元	54445	55085	-1.2
居民服务和其他服务业	万元	81145	70063	15.8
教 育	万元	334091	297155	12.4
卫生、社会保障和社会福利业	万元	532531	451975	17.8
文化、体育和娱乐业	万元	573701	528644	8.5
公共管理和社会组织	万元	988241	898389	10.0
二、优势产业增加值				
文化创意产业	万元	1753113	1622879	8.0
商业服务业	万元	2670190	2395078	11.5
三、支柱产业增加值				
金融业	万元	2797875	2450485	14.2
商务服务业	万元	1721334	1569220	9.7
信息服务业	万元	1870079	1927664	-3.0
旅游业	万元	349171	337556	3.4
四、从业人员情况				
从业人员平均人数	人	613689	573951	6.9
从业人员期末人数	人	614751	583026	5.4
在岗职工平均工资	元	103657	93600	10.7
五、消费品市场情况				
社会消费品零售额	万元	7946396	6912796	15.0
商品交易市场总数	个	38	38	0
综合市场	个	22	22	0

表1-2　　东城区国民经济主要指标

指　　标	单 位	2012年	2011年	增长速度%
专业市场	个	16	16	0
商品交易市场成交额	万元	490558	452108	8.5
综合市场	万元	24716	24126	2.4
专业市场	万元	465842	427982	8.8
六、固定资产投资				
全社会固定资产投资总额	万元	1825458	1752414	4.2
#城镇固定资产投资	万元	1198901	1122680	6.8
房地产开发	万元	626557	629734	-0.5
七、居民生活				
人均可支配收入	元	38559	34626	11.4
人均消费性支出	元	25887	23813	8.7
恩格尔系数	%	34.3	32.6	1.7个百分点
八、外经、外贸				
实际利用外资额	亿美元	6.4	5.5	15.6
九、财政				
地方公共财政预算收入	万元	1348382	1222920	10.3
#区级各项税收	万元	1305872	1189491	9.8
地方公共财政预算支出	万元	1546975	1358744	13.9
十、限额以上企业经营情况				
企业营业收入	万元	145835584	117460291	24.2
#中央单位	万元	97587061	81729132	19.4
市属单位	万元	6693554	7105752	-5.8
区属单位	万元	2388628	772495	209.2
企业利润总额	万元	54988642	37624445	46.2
#中央单位	万元	50514415	39588410	27.6
市属单位	万元	515980	40975	1159.3
区属单位	万元	-106610	28358	-476.0
企业应缴税金总额	万元	4669131	4396271	6.2
#中央单位	万元	1965662	1465553	34.1
市属单位	万元	537914	510744	5.3
区属单位	万元	52460	36734	42.8
十一、规模以上工业				
规模以上工业总产值(现价)	万元	1091799	1065346	2.5
主营业务收入	万元	1262511	1229381	2.7
利润总额	万元	136845	1200222	14.0
应缴税金	万元	79700	73046	9.1
#应交增值税	万元	49690	45434	9.4
主营业务税金及附加	万元	8171	65828	24.1
应交所得税	万元	21839	21030	3.8
十二、具有资质的建筑业				
具有资质的建筑业企业总产值	万元	4458638	4317116	3.3
主营业务收入	万元	6007709	5105737	17.7
利润总额	万元	197573	218281	-9.5
应缴税金	万元	236010	158091	49.3
#应交增值税	万元	51509	3880	1227.6
主营业务税金及附加	万元	149778	130309	14.9
应交所得税	万元	34723	23901	45.3

表1-3 东城区国民经济主要指标

指　　标	单　位	2012年	2011年	增长速度%
十三、限额以上信息传输、软件和信息技术服务业				
主营业务收入	万元	3588980	3255763	10.2
利润总额	万元	718057	734199	-2.2
应缴税金	万元	294083	284283	3.4
#应交增值税	万元	14837	10423	42.3
主营业务税金及附加	万元	101042	95775	5.5
应交所得税	万元	178205	178085	0.1
十四、限额以上批发和零售业				
主营业务收入	万元	55048805	44343747	24.1
利润总额	万元	1082636	1693373	-36.1
应缴税金	万元	790017	1301366	-39.3
#应交增值税	万元	466435	933408	-50.0
主营业务税金及附加	万元	90919	87291	4.2
应交所得税	万元	232663	280667	-17.1
十五、限额以上住宿和餐饮业				
主营业务收入	万元	2248443	2005919	12.1
利润总额	万元	85366	81995	4.1
应缴税金	万元	164567	144597	13.8
#应交增值税	万元	1738	1578	10.1
主营业务税金及附加	万元	124486	108999	14.2
应交所得税	万元	38343	34021	12.7
十六、金融业				
主营业务收入	万元	54427345	34356710	58.4
利润总额	万元	47511133	29921355	58.8
应缴税金	万元	1734495	1266617	36.9
#主营业务税金及附加	万元	310749	15153	1950.8
应交所得税	万元	1423460	1251464	13.7
十七、限额以上房地产业				
主营业务收入	万元	3949324	2380756	65.9
利润总额	万元	960556	319393	200.7
应缴税金	万元	816443	313686	160.3
#应交增值税	万元	294	453	-35.0
主营业务税金及附加	万元	567887	217147	161.5
应交所得税	万元	248261	96086	158.4
十八、限额以上租赁和商务服务业				
主营业务收入	万元	9562551	14538007	-34.2
利润总额	万元	3751321	4022812	-6.7
应缴税金	万元	326287	431632	-24.4
#应交增值税	万元	55765	45126	23.6
主营业务税金及附加	万元	136173	244811	-44.4
应交所得税	万元	134348	141695	-5.2

注:1、GDP为市局、总队反馈初步核实数据,最终数据以普查公报为准,增速为现价增速。
2、从2012年起行业分类按《2011年国民经济行业分类标准》划分,为数据可比调整2011年同期数据。

表2 全社会固定资产投资额

单位：万元

项 目	2012年	2011年
总 计	1825458	1752414
按隶属关系分		
中 央	177193	354436
市 属	359344	220619
区 属	1288921	1177359
按建设种类分		
城镇固定资产投资	1198901	1122680
房地产开发	626557	629734
按经济类型分		
国有经济	584787	629598
外商及港澳台投资经济	198491	409430
其他经济	1042180	713386

注：固定资产投资统计口径为"项目建设地"原则。

表3 规模以上工业企业生产情况

项 目	工业总产值(当年价格)(万元)	工业销售产值(当年价格)(万元)
总 计	1087426	1058112
按登记注册类型分	——	——
内资	681704	651185
国有	63644	63007
有限责任公司	344075	326115
国有独资公司	53819	53216
其他有限责任公司	290255	272899
股份有限公司	242819	229649
私营	31166	32415
港澳台商投资	68690	69937
与港澳台商合资经营	68690	69937
外商投资	337032	336989
中外合资经营	257745	253226
外资企业	79287	83763
按行业类别分	——	——
石油和天然气开采业	43816	43213
农副食品加工业	32912	33219
酒、饮料和精制茶制造业	5305	5075
纺织业	1175	1410
纺织服装、服饰业	36362	37698
皮革、毛皮、羽毛及其制品和制鞋业	2271	2316
家具制造业	55182	53196
印刷业和记录媒介的复制	2085	2085
文教、工美、体育和娱乐用品制造业	221155	206243
化学原料和化学制品制造业	542	570
医药制造业	198797	186056
金属制品业	60371	60371
通用设备制造业	3517	3268
专用设备制造业	23767	23767
计算机、通信和其他电子设备制造业	155241	155241
仪器仪表制造业	234588	234602
其他制造业	5705	5146
电力、热力生产和供应业	4637	4637

表 4　　具有资质等级的建筑业企业生产情况

项　　目	建筑业总产值(万元)	#装修装饰产值(万元)	企业数(个)
总　计	4458638	556615	167
按登记注册类型分			
内资	4227758	431605	154
国有	133592	11131	5
集体	15181	601	7
股份合作	1580	1497	2
有限责任公司	3897289	330384	74
股份有限公司	6838	6838	1
私营企业	173278	81153	65
港澳台商投资	195196	97958	8
与港澳台商合资经营	20977	20977	4
港澳台商独资	174219	76981	4
外商投资	35684	27053	5
中外合资经营	24863	24863	3
外资企业	10821	2190	2
按隶属关系分			
中央	2970212	135506	24
市	644493	117937	17
区(县)	23317	17910	5
其他	820616	285263	121
按行业类别分			
房屋建筑业	1495069	301020	26
土木工程建筑业	2207444	1628	27
建筑安装业	502330	4384	41
建筑装饰和其他建筑业	253795	249583	73

表 5　　旅游业综合情况

项　目	单位数(个)		接待总人数(万人)		营业收入(万元)		从业人员(人)	
	2012 年	增长速度%	2012 年	增长速度%	2012 年	增长速度%	2012 年	增长速度%
合　计	814	1.5	7488	0.2	5823088	13.2	51315	13.4
住宿业	583	-0.3	720	0.9	830261	5.6	33097	8.7
旅游区点	36	0.0	6635	0.3	265748	9.3	9651	25.8
旅行社	195	7.7	133	-4.9	1735270	22.5	8567	19.8
旅游餐饮					567529	15.0		
旅游商业					2078309	10.7		
旅游交通					345971	5.5		

表 6　　社会消费品零售额

单位:万元

项　　目	2012 年
总　计	7946396
限额以上单位零售额	7494568
餐饮业	597433
批发业	1834740
零售业	4828260
住宿业	234135
限额以下单位及个体零售额	289930
商品交易市场零售额	161898

表7 限额以上批发零售企业商品分类销售情况(按类值分)

单位:万元

项目	商品销售总额
总计	71228082
粮油、食品、饮料、烟酒类	10866859
粮油、食品类	8957461
其中:粮油类	4814178
肉禽蛋类类值合计	49383
水产品类	19799
蔬菜类	11604
干鲜果品类	17376
饮料类	174505
烟酒类	1734893
其中:酒类	1468601
服装、鞋帽、针纺织品类	1652199
服装类	1100800
鞋帽类	290864
针纺织品类	260535
化妆品类	286563
金银珠宝类	3129683
其中:黄金及饰品、铂金饰品类	201443
日用品类	1086156
其中:洗涤用品类类值合计	125500
儿童玩具类	38056
五金、电料类	74092
体育、娱乐用品类	2892249
书报杂志类	537386
电子出版物及音像制品类	14135
家用电器和音像器材类	499586
中西药品类	4587471
其中:西药类	3829425
中草药及中成药类	642903
文化办公用品类	1369201
家具类	55812
通讯器材类	4992095
煤炭及制品类	15184582
木材及制品类	181936
石油及制品类	7866224
化工材料及制品类	5942144
其中:化肥类	402046
金属材料类	3435209
建筑及装潢材料类	65508
机电产品及设备类	2793718
其中:农机类	1694
汽车类	809751
其中:汽车配件类	52593
种子饲料类	76703
棉麻类	743238
其他类	2085586

表8　城镇居民家庭年人均收入

项　　目	2012 年	2011 年
一、期初手存现金	848.57	792.83
二、可支配收入	38559.42	34625.66
三、家庭总收入	43293.23	38716.23
(一)工资性收入	27552.00	24739.01
工资及补贴收入	27183.81	24251.22
其他劳动收入	368.19	487.80
(二)经营净收入	1038.49	747.00
(三)财产性收入	827.04	599.87
(四)转移性收入	13875.70	12630.35
#养老金或离退休金	13356.69	11666.39
赡养收入	47.58	92.36
捐赠收入	140.14	302.07
四、出售财物收入	6.86	20.03
五、借贷收入	27831.54	26106.75
#提取储蓄存款	27769.11	25779.32

表9　城镇居民家庭每百户主要耐用消费品拥有量

项　　目	单　位	2012 年	2011 年
摩 托 车	辆	2.64	1.97
助 力 车	辆	15.20	11.40
家用汽车	辆	29.96	26.10
洗 衣 机	台	103.74	101.32
电 冰 箱	台	105.07	103.73
彩色电视机	台	151.32	146.71
计 算 机	台	123.13	109.65
组合音响	套	26.21	21.93
摄 像 机	架	30.40	25.00
照 相 机	架	105.07	95.61
钢　　琴	架	5.07	5.48
其它中高档乐器	件	6.61	4.82
微 波 炉	台	92.29	90.13
空 调 器	台	180.84	172.81
淋浴热水器	台	92.95	91.23
消毒碗柜	台	8.59	7.46
健身器材	套	6.17	5.48
固定电话	部	96.26	95.61
移动电话	部	235.24	219.74

表 10－1 **常住人口百岁表**

年龄	总人数	男	女	年龄	总人数	男	女
合计	625933	308602	317331	50 岁	14409	7284	7125
0 岁	5295	2711	2584	51 岁	10310	5196	5114
1 岁	5213	2728	2485	52 岁	12226	6171	6055
2 岁	4305	2273	2032	53 岁	11623	5884	5739
3 岁	4883	2459	2424	54 岁	13092	6496	6596
4 岁	4606	2326	2280	55 岁	14357	7062	7295
5 岁	4680	2412	2268	56 岁	12688	6280	6408
6 岁	3499	1819	1680	57 岁	12462	6067	6395
7 岁	3091	1595	1496	58 岁	12759	6183	6576
8 岁	3495	1801	1694	59 岁	11338	5528	5810
9 岁	1889	965	924	60 岁	10415	5130	5285
10 岁	3418	1754	1664	61 岁	9605	4705	4900
11 岁	3011	1502	1509	62 岁	8432	4271	4161
12 岁	3575	1884	1691	63 岁	7322	3695	3627
13 岁	3358	1714	1644	64 岁	5964	3004	2960
14 岁	3147	1610	1537	65 岁	5713	2858	2855
15 岁	3741	1972	1769	66 岁	5277	2609	2668
16 岁	3524	1760	1764	67 岁	4607	2246	2361
17 岁	3726	1872	1854	68 岁	3914	1951	1963
18 岁	3855	2009	1846	69 岁	3649	1787	1862
19 岁	4031	1979	2052	70 岁	4056	1958	2098
20 岁	4977	2460	2517	71 岁	4069	1877	2192
21 岁	3927	1961	1966	72 岁	4332	1948	2384
22 岁	6603	3299	3304	73 岁	4507	1900	2607
23 岁	7407	3720	3687	74 岁	4694	1962	2732
24 岁	8869	4475	4394	75 岁	5020	2145	2875
25 岁	10082	4892	5190	76 岁	4888	2164	2724
26 岁	9863	4797	5066	77 岁	4971	2133	2838
27 岁	10738	5282	5456	78 岁	4723	2121	2602
28 岁	11742	5840	5902	79 岁	4570	2115	2455
29 岁	13474	6767	6707	80 岁	4110	1931	2179
30 岁	14755	7377	7378	81 岁	3627	1701	1926
31 岁	12634	6360	6274	82 岁	3536	1633	1903
32 岁	11023	5566	5457	83 岁	3313	1488	1825
33 岁	9723	4967	4756	84 岁	2963	1391	1572
34 岁	9806	4901	4905	85 岁	2390	1037	1353
35 岁	7907	3946	3961	86 岁	2199	1013	1186
36 岁	7119	3584	3535	87 岁	1929	872	1057
37 岁	6892	3393	3499	88 岁	1707	770	937
38 岁	7172	3604	3568	89 岁	1464	655	809
39 岁	8568	4236	4332	90 岁	1227	546	681
40 岁	8894	4415	4479	91 岁	1043	477	566
41 岁	8749	4392	4357	92 岁	857	400	457
42 岁	9116	4557	4559	93 岁	640	273	367
43 岁	9326	4573	4753	94 岁	598	265	333
44 岁	10356	5049	5307	95 岁	464	211	253
45 岁	6797	3252	3545	96 岁	327	142	185
46 岁	7043	3497	3546	97 岁	281	117	164
47 岁	8008	4027	3981	98 岁	239	105	134
48 岁	11305	5649	5656	99 岁	179	75	104
49 岁	17007	8556	8451	100 岁以上	624	231	393

备注:表 10－1 系原东城区

表 10－2

常住人口百岁表

年龄	总人数	男	女	年龄	总人数	男	女
合计	341855	170241	171614	50 岁	8546	4534	4012
0 岁	3238	1691	1547	51 岁	6300	3209	3091
1 岁	2886	1510	1376	52 岁	7896	4043	3853
2 岁	2230	1117	1113	53 岁	7822	4035	3787
3 岁	2491	1303	1188	54 岁	8127	4209	3918
4 岁	2369	1204	1165	55 岁	8793	4331	4462
5 岁	2368	1206	1162	56 岁	7879	3986	3893
6 岁	1588	841	747	57 岁	7481	3781	3700
7 岁	1449	724	725	58 岁	7317	3622	3695
8 岁	1529	773	756	59 岁	6911	3464	3447
9 岁	767	387	380	60 岁	6332	3046	3286
10 岁	1442	738	704	61 岁	5854	2948	2906
11 岁	1267	680	587	62 岁	5168	2664	2504
12 岁	1542	762	780	63 岁	4235	2218	2017
13 岁	1488	775	713	64 岁	3235	1703	1532
14 岁	1380	684	696	65 岁	2955	1561	1394
15 岁	1725	878	847	66 岁	2796	1434	1362
16 岁	1717	844	873	67 岁	2549	1268	1281
17 岁	1896	971	925	68 岁	2073	1062	1011
18 岁	2097	1055	1042	69 岁	1909	946	963
19 岁	2167	1063	1104	70 岁	2097	953	1144
20 岁	2642	1334	1308	71 岁	2137	999	1138
21 岁	2000	1002	998	72 岁	2255	990	1265
22 岁	3580	1791	1789	73 岁	2480	967	1513
23 岁	3980	2041	1939	74 岁	2727	1024	1703
24 岁	4784	2453	2331	75 岁	2958	1207	1751
25 岁	5038	2562	2476	76 岁	3051	1332	1719
26 岁	4581	2299	2282	77 岁	3266	1419	1847
27 岁	4949	2462	2487	78 岁	3106	1418	1688
28 岁	5639	2800	2839	79 岁	3060	1418	1642
29 岁	6383	3252	3131	80 岁	2677	1187	1490
30 岁	7518	3680	3838	81 岁	2163	1049	1114
31 岁	6321	3134	3187	82 岁	2352	1049	1303
32 岁	5771	2865	2906	83 岁	2051	964	1087
33 岁	4655	2334	2321	84 岁	1874	880	994
34 岁	4574	2301	2273	85 岁	1586	744	842
35 岁	3788	1913	1875	86 岁	1393	679	714
36 岁	3282	1685	1597	87 岁	1262	613	649
37 岁	3076	1550	1526	88 岁	1067	508	559
38 岁	3149	1576	1573	89 岁	959	487	472
39 岁	3849	1938	1911	90 岁	793	360	433
40 岁	4050	2068	1982	91 岁	578	250	328
41 岁	3987	1989	1998	92 岁	498	222	276
42 岁	4174	2116	2058	93 岁	399	204	195
43 岁	4645	2242	2403	94 岁	323	145	178
44 岁	5171	2571	2600	95 岁	293	142	151
45 岁	3507	1765	1742	96 岁	238	113	125
46 岁	3911	1974	1937	97 岁	192	98	94
47 岁	4947	2511	2436	98 岁	161	78	83
48 岁	6717	3470	3247	99 岁	114	53	61
49 岁	10925	5604	5321	100 岁以上	338	137	201

备注:表 10－2 系原崇文区

表 11 －1　常住人口变动情况统计表

项目			上月末实有	增加								
				计	市外迁入	出生	市内移动			本管界转化	其他
							区	县	本区、县他所		
非农业	户数		217367	2993	278	38	1802	24	548		303
非农业	人数	计	623116	24416	4604	6185	10876	95	2637		19
		男	307222	12142	2255	3160	5384	33	1301		9
		女	315894	12274	2349	3025	5402	62	1336		10
农业	户数										
农业	人数	计									
		男									
		女									

项目			减少								本月增减比较	本月末实有
			计	迁往市外	死亡	市内移动			本管界转化	其他		
						区	县	本区、县他所				
非农业	户数		2977	32	275	2066	6	392		206	16	217383
非农业	人数	计	21599	746	2291	15853	63	2636	1	9	2817	625933
		男	10762	368	1198	7856	35	1301		4	1380	308602
		女	10837	378	1093	7997	28	1335	1	5	1437	317331
农业	户数											
农业	人数	计										
		男										
		女										

备注:表 11 －1 系原东城区

表 11－2 常住人口变动情况统计表

项目			上月末实有	增加							
				计	市外迁入	出生	市内移动			本管界转化	其他
							区	县	本区、县他所		
非农业	户数		126381	2647	95	3	1994	15	298		242
非农业	人数	计	338085	11956	1063	3651	6222	64	935		21
非农业	人数	男	168476	5836	485	1900	2967	24	448		12
非农业	人数	女	169609	6120	578	1751	3255	40	487		9
农业	户数		12								
农业	人数	计	21								
农业	人数	男	11								
农业	人数	女	10								

项目			减少								本月增减比较	本月末实有
			计	迁往市外	死亡	市内移动			本管界转化	其他		
						区	县	本区、县他所				
非农业	户数		1856	7	207	1328	2	221		91	791	127172
非农业	人数	计	8206	169	1393	5674	23	935		12	3750	341835
非农业	人数	男	4081	112	735	2765	13	448		8	1755	170231
非农业	人数	女	4125	57	658	2909	10	487		4	1995	171604
农业	户数		1		1						－1	11
农业	人数	计	1		1						－1	20
农业	人数	男	1		1						－1	10
农业	人数	女										10

备注:表 11－2 系原崇文区

主要统计指标解释

一、地区生产总值 是一个地区所有常住单位在一定时期内生产活动的最终成果。从价值形态看，是所有常住单位在一定时期内所生产的全部货物和服务价值超过同期投入的全部非固定资产货物和服务价值的差额，即所有常住单位的增加值之和。

二、规模以上工业企业 指年主营业务收入2000万元及以上的工业法人单位。

三、有资质等级的建筑业企业 指具有建筑业施工总承包、专业承包、劳务分包资质的建筑业法人单位。

四、固定资产投资额 是以货币形式表现的、在报告期内建造和购置固定资产的价值量以及与此有关的费用的总和。它是反映固定资产投资规模、结构和发展的综合性指标，又是观察工程进度和考核投资效果的重要依据。固定资产投资额按性质分：(1)房地产开发业投资额；(2)城镇固定资产投资额。

五、城镇固定资产投资 是指城镇各种登记注册类型的企业、事业、行政单位及个体户进行的计划总投资在500万元及以上的建设项目投资。

六、房地产开发投资 是指房地产开发企业在建的房屋建设工程和正在开发的土地开发工程所完成的投资。

七、社会消费品零售额 指各种经济类型的批发零售业、餐饮业和其他行业对城乡居民、社会集团的消费品零售额的总和。这个指标反映通过各种渠道向居民和社会集团供应的生活消费品总量，是研究人民生活水平、社会购买力、货币流通等问题的重要指标。

八、实际利用外资 指利用外资协议(合同)的实际执行金额。包括现汇，实物和双方同意计价投资的劳务，技术等无形资本。

九、居民人均可支配收入 指调查户可用于最终消费支出和其他非义务性支出以及储蓄的总和，即居民家庭可以用来自由支配的收入。它是家庭总收入扣除交纳的个人所得税、个人交纳的社会保障费以及调查户的记账补贴后的收入。计算公式为：

可支配收入=家庭总收入-交纳个人所得税-个人交纳的社会保障支出-记账补贴

十、工资性收入 指就业人员通过各种途径得到的全部劳动报酬，包括所从事主要职业的工资以及从事第二职业、其他兼职和零星劳动得到的其他劳动收入。

十一、居民人均消费性支出 指调查户用于本家庭日常生活的全部支出，包括食品、衣着、居住、家庭设备用品及服务、医疗保健、交通和通信、教育文化娱乐服务、其他商品和服务八大类等。包括用于赠送的商品或服务。

十二、耐用消费品 指价值比较高、消费期较长的家用电器和家庭设备。

十三、期末从业人员 指在本单位工作并取得劳动报酬或收入的期末实有人员数。期末从业人员包括在各单位工作的外方人员和港澳台方人员、兼职人员、再就业的离退休人员、借用的外单位人员和第二职业者。但不包括离开本单位仍保留劳动关系的职工。

十四、在岗职工平均工资 指企业、事业、机关单位的职工在一定时期内平均每人所得的货币工资额。它表明一定时期职工工资收入的高低程度，是反映职工工资水平的主要指标。

计算公式：职工平均工资=报告期实际支付的全部职工工资总额/报告期全部职工平均人数

十五、现价工业总产值 指采用报告期内不含增值税(销项税)的产品实际销售价格计算的，工业企业在报告期内生产的工业最终产品和提供工业劳务活动的总价值量。

十六、现价工业销售产值 指采用报告期内不含增值税(销项税)的产品实际销售价格计算的，工业企业在本年内销售的本企业生产的工业产品或提供工业性劳务价值的总价值量。

十七、建筑业总产值 是以货币表现的建筑业企业在一定时期内生产的建筑产品和服务的总和。它包括建筑工程产值、设备安装工程产值、其他产值三部分内容。

十八、主营业务收入 指企业经营主要业务所取得的收入总额。此项目应根据会计的“主营业务收入”、“商品销售收入”等科目的本期累计发生额填列。执行2006年《企业会计准则》的企业，如果未设置该科目，则以营业收入发生额代替填列。

十九、利润总额 指企业在生产经营过程中各种收入扣除各种耗费后的盈余，反映企业在报告期内实现的亏盈总额，包括营业利润、补贴收入、投资净收益和营业外收支净额。根据会计“利润表”中的对应指标的本期累计数填列。

二十、营业利润 指企业从事生产经营活动所取得的利润，即主营业务收入减主营业务成本和主营业务税金及附加，加上其他业务利润，减去营业费用、管理费用、财务费用后的金额。本指标根据会计“利润表”中对应指标填列。执行2006年《企业会计准则》的企业，同样根据会计“利润表”中对应指标直接填列。

二十一、应交所得税 指企业按税法规定，应从生产经营等活动的所得中缴纳的税金。

二十二、商品销售总额 指对本企业以外的单位和个人出售的商品金额(包括售给本单位消费用的商品，含增值税)。本指标反映批发和零售业在国内市场上销售商品以及出口商品的总量。

附　　录

中共北京市东城区委主要文件目录

中共北京市东城区委主要文件

东发〔2012〕1 号	中共东城区委关于印发《中国共产党北京市东城区第十一届委员会全委会工作规则》《中国共产党北京市东城区第十一届委员会常委会工作规则》的通知
东发〔2012〕2 号	中共东城区委关于印发《区委常委会 2012 年工作要点》的通知
东发〔2012〕3 号	中共东城区委关于东城区出席北京市第十一次党代表大会代表选举工作的通知
东发〔2012〕4 号	中共东城区委东城区人民政府关于深化廉政风险防控管理工作的实施意见
东发〔2012〕5 号	中共东城区委关于印发《东城区舆情信息汇集分析联席会议制度(试行)》的通知
东发〔2012〕6 号	中共东城区委印发《关于坚持“文化强区”战略加快“首都文化中心区”建设的实施意见》的通知
东发〔2012〕7 号	中共东城区委东城区人民政府关于印发《东城区城市管理监察大队统一管理体制工作实施意见》的通知
东发〔2012〕8 号	中共东城区委关于进一步加强和改进新形势下党史工作的实施意见
东发〔2012〕9 号	中共东城区委关于加强新形势下党外代表人士队伍建设的实施意见
东发〔2012〕10 号	中共东城区委关于加强和改进互联网宣传管理工作的意见
东发〔2012〕11 号	中共东城区委印发《关于加强对处级党政正职领导干部监督管理的暂行规定》的通知
东发〔2012〕12 号	中共东城区委关于开展社区党的建设“三级联创”活动的实施意见

中共北京市东城区委办公室主要文件

东办发〔2012〕1 号	中共东城区委办公室东城区人民政府办公室印发《关于切实加强春节期间烟花爆竹安全管控工作组织领导的意见》的通知
东办发〔2012〕2 号	中共东城区委办公室东城区人民政府办公室关于印发《东城区区级领导联系街道制度(试行)》的通知
东办发〔2012〕3 号	中共东城区委办公室关于印发《区十五届人大一次会议代表建议、区政协十三届一次会议民主党派(团体)和委员提案办理工作目标责任制(折子工程)》的通知
东办发〔2012〕4 号	中共东城区委办公室东城区人民政府办公室印发《东城区关于加强和改进社区居民委员会建设工作的实施意见》的通知
东办发〔2012〕5 号	中共东城区委办公室印发《关于落实区委常委会会议回避制度的工作办法(试行)》的通知
东办发〔2012〕6 号	中共东城区委办公室关于印发《区委 2012 年工作目标责任制(折子工程)》的通知
东办发〔2012〕7 号	中共东城区委办公室关于印发《区委常委会 2012 年议题计划》及《区委常委会 2012 年议题计划任务分解表》的通知
东办发〔2012〕8 号	中共东城区委办公室关于调整部分区领导与党外代表人士交朋友的通知
东办发〔2012〕9 号	中共东城区委办公室东城区人民政府办公室关于印发《深化领导干部接访积极推动积案化解全面提升矛盾纠纷排查化解工作水平的工作意见》的通知
东办发〔2012〕10 号	中共东城区委办公室东城区人民政府办公室关于印发《2012 年东城区贯彻落实党风廉政建设责任制推进惩治和预防腐败体系建设主要任务分工》的通知

东办发〔2012〕11 号　中共东城区委办公室东城区人民政府办公室关于印发《北京市东城区“十二五”时期保密事业发展规划》的通知

东办发〔2012〕12 号　中共东城区委办公室关于东城区党员领导干部违纪违法案件查办工作联席会更名为东城区反腐败协调小组的通知

东办发〔2012〕13 号　中共东城区委办公室东城区人民政府办公室关于东城区贯彻执行《北京市重大决策社会稳定风险评估实施细则(试行)》的实施意见

东办发〔2012〕14 号　中共东城区委办公室东城区人民政府办公室关于印发《东城区党委系统信息化建设规划(2012—2015 年)》的通知

东办发〔2012〕15 号　中共东城区委办公室东城区人民政府办公室关于成立东城区“7・21”特大自然灾害善后维稳工作领导小组的通知

东办发〔2012〕16 号　中共东城区委办公室东城区人民政府办公室关于学习贯彻北京市 2012 年上半年经济形势分析会精神的通知

东办发〔2012〕17 号　中共东城区委办公室转发《区委组织部关于在抢险救灾和善后工作中加强对全区各级领导班子和领导干部考核的通知》的通知

东办发〔2012〕18 号　中共东城区委办公室东城区人民政府办公室印发《关于开展十八大安保“十大专项行动”的工作方案》的通知

东办发〔2012〕19 号　中共东城区委办公室东城区人民政府办公室关于继续坚持领导联系学校制度的通知

东办发〔2012〕20 号　中共东城区委办公室东城区人民政府办公室关于转发《区纪委、区委组织部、区编办、区监察局、区财政局、区人力社保局关于加强纪检监察组织设置和实行派驻统一管理的意见》的通知

东办发〔2012〕21 号　中共东城区委办公室关于做好 2013 年度《人民日报》、《求是》和《北京日报》、《前线》等党报党刊征订工作的通知

东办发〔2012〕22 号　中共东城区委办公室关于转发《中共东城区委宣传部关于开展领导干部“行动学习走基层”活动方案》的通知

北京市东城区人民政府主要文件目录

北京市东城区人民政府主要文件

东政发〔2012〕1 号　北京市东城区人民政府关于朴学东等十一名同志任免职的通知

东政发〔2012〕2 号　北京市东城区人民政府关于杨春发等二十一名同志任免职的通知

东政发〔2012〕3 号　北京市东城区人民政府关于公布行政规范性文件清理结果的决定

东政发〔2012〕4 号　北京市东城区人民政府批转区人口计生委关于 2012 年人口和计划生育工作要点的通知

东政发〔2012〕5 号　北京市东城区人民政府关于印发 2012 年区政府折子工程的通知

东政发〔2012〕6 号　北京市东城区人民政府关于郑青云等十四名同志任免职的通知

东政发〔2012〕7 号　北京市东城区人民政府关于调整部分社区的通知

东政发〔2012〕8 号　北京市东城区人民政府关于张和平等八名同志任免职的通知

东政发〔2012〕9 号　北京市东城区人民政府关于郭京明等十名同志任免职的通知

东政发〔2012〕10 号　北京市东城区人民政府关于刘顺利等四名同志任免职的通知

东政发〔2012〕11 号　北京市东城区人民政府北京市质量技术监督局关于印发东城区电梯运行安全监测信息平台物联网应用示范工程工作方案的通知

东政发〔2012〕12 号　北京市东城区人民政府关于印发东城区 2012 年迎接“国家卫生区”复审工作方案的通知

东政发〔2012〕13 号　北京市东城区人民政府关于印发北京市东城区科技计划项目管理暂行办法的通知

东政发〔2012〕14 号　北京市东城区人民政府关于印发北京市东城区科学技术奖励办法的通知

东政发〔2012〕15 号　北京市东城区人民政府关于北京金龙大厦有限公司矿区范围的公告

东政发〔2012〕16 号	北京市东城区人民政府关于印发东城区创建慢性疾病综合防控示范区工作方案的通知
东政发〔2012〕17 号	北京市东城区人民政府关于周宝明同志免职的通知
东政发〔2012〕18 号	北京市东城区人民政府关于李学会同志免职的通知
东政发〔2012〕19 号	北京市东城区人民政府关于李长华等二十一名同志任免职的通知
东政发〔2012〕20 号	北京市东城区人民政府关于印发推进再生资源回收体系建设实施意见的通知
东政发〔2012〕21 号	北京市东城区人民政府关于王蕾妍等十五名同志任免职的通知
东政发〔2012〕22 号	北京市东城区人民政府关于刘悦等四名同志任免职的通知
东政发〔2012〕23 号	北京市东城区人民政府关于田建军等十二名同志任免职的通知
东政发〔2012〕24 号	北京市东城区人民政府关于《钟鼓楼广场恢复整治项目房屋征收补偿方案》征求公众意见的通知
东政发〔2012〕25 号	北京市东城区人民政府关于张淑玲等两名同志任免职的通知
东政发〔2012〕26 号	北京市东城区人民政府关于印发东城区贯彻落实北京市“十二五”节能减排全民行动计划实施方案的通知
东政发〔2012〕27 号	北京市东城区人民政府关于开展国土资源节约集约模范区创建活动的通知
东政发〔2012〕28 号	北京市东城区人民政府关于印发东城区开展国土资源节约集约模范区创建活动实施方案的通知
东政发〔2012〕29 号	北京市东城区人民政府关于印发东城区开展国土资源节约集约模范区创建活动宣传方案的通知
东政发〔2012〕30 号	北京市东城区人民政府关于印发东城区国土资源节约集约模范区创建活动宣传工作计划的通知
东政发〔2012〕31 号	北京市东城区人民政府关于印发东城区国土资源节约集约利用考核办法(试行)的通知
东政发〔2012〕32 号	北京市东城区人民政府关于促进国土资源节约集约利用的通知
东政发〔2012〕33 号	北京市东城区人民政府关于进一步做好防震减灾工作的意见
东政发〔2012〕34 号	北京市东城区人民政府关于 2012 年冬季征兵工作的通知
东政发〔2012〕35 号	北京市东城区人民政府关于印发北京市东城区政府投资建设项目代建制管理(试行)的通知
东政发〔2012〕36 号	北京市东城区人民政府关于《钟鼓楼广场恢复整治项目房屋征收补偿方案》征求公众意见及修改情况的通告
东政发〔2012〕37 号	北京市东城区人民政府关于落实市政府加强食品安全工作有关文件的意见
东政发〔2012〕38 号	北京市东城区人民政府关于陈建国等二十一名同志任免职的通知
东政发〔2012〕39 号	北京市东城区人民政府关于印发东城区居住区机动车停车位建设工作实施方案的通知
东政发〔2012〕40 号	北京市东城区人民政府关于钟鼓楼广场恢复整治项目范围内房屋征收的通告
东政发〔2012〕41 号	北京市东城区人民政府关于 2009—2011 年度东城区科学技术奖励的决定
东政发〔2012〕42 号	北京市东城区人民政府关于印发东城区空气重污染日应急工作方案的通知
东政发〔2012〕43 号	北京市东城区人民政府关于印发推进东城区规划落实意见的通知

北京市东城区人民政府办公室主要文件

东政办发〔2012〕1 号	北京市东城区人民政府办公室转发烟花办关于东城区 2012 年烟花爆竹安全管理工作实施方案的通知
东政办发〔2012〕2 号	北京市东城区人民政府办公室关于进一步加强本区行政调解工作实施意见的通知
东政办发〔2012〕3 号	北京市东城区人民政府办公室关于成立北京市东城区人民政府行政调解工作指导委员会的通知
东政办发〔2012〕4 号	北京市东城区人民政府办公室关于印发东城区 2012 年在直接关系群众生活方面拟办的重要实事的通知
东政办发〔2012〕5 号	北京市东城区人民政府办公室转发区民政局关于做好 2012 年全区社区居民委员会换届选举工作意见的通知
东政办发〔2012〕6 号	北京市东城区人民政府办公室转发东城区双护工程领导小组办公室关于双护工程专项行动方案的通知
东政办发〔2012〕7 号	北京市东城区人民政府办公室关于重申印章使用管理的通知

东政办发〔2012〕8 号　北京市东城区人民政府办公室关于成立东城区学前教育工作领导小组的通知
东政办发〔2012〕9 号　北京市东城区人民政府办公室关于印发 2012 年人大代表议案建议和政协提案办理工作目标管理责任制(折子工程)的通知
东政办发〔2012〕10 号　北京市东城区人民政府办公室关于印发 2012 年区政府常务会和专题会议题安排的通知
东政办发〔2012〕11 号　北京市东城区人民政府办公室关于设立新一届行政复议委员会的通知
东政办发〔2012〕12 号　北京市东城区人民政府办公室关于聘请新一届行政执法特邀监督员的通知
东政办发〔2012〕13 号　北京市东城区人民政府办公室转发区卫生局关于第五届北京中医药文化宣传周暨第四届地坛中医药健康文化节活动方案的通知
东政办发〔2012〕14 号　北京市东城区人民政府办公室转发区政务公开领导小组办公室关于东城区开展依托电子政务平台加强政务公开和政务服务全国试点工作实施方案的通知
东政办发〔2012〕15 号　北京市东城区人民政府办公室关于成立东城区低碳城区建设和节能工作领导小组的通知
东政办发〔2012〕16 号　北京市东城区人民政府办公室关于调整东城区交通工作领导小组成员名单的通知
东政办发〔2012〕17 号　北京市东城区人民政府办公室关于印发东城区 2012 年缓解交通拥堵工作方案的通知
东政办发〔2012〕18 号　北京市东城区人民政府办公室关于印发东城区政府投资小型工程管理暂行规定(试行)的通知
东政办发〔2012〕19 号　北京市东城区人民政府办公室关于印发东城区政府投资小型工程承包商名册库管理实施办法(试行)的通知
东政办发〔2012〕20 号　北京市东城区人民政府办公室关于印发东城区“安全生产打非治违”专项活动实施方案的通知
东政办发〔2012〕21 号　北京市东城区人民政府办公室关于成立东城区药品安全工作领导小组的通知
东政办发〔2012〕22 号　北京市东城区人民政府办公室关于调整东城区药品安全百千万工程建设领导小组成员名单的通知
东政办发〔2012〕23 号　北京市东城区人民政府办公室转发区防火安全委员会关于党的十八大社会面火灾防控工作方案的通知
东政办发〔2012〕24 号　北京市东城区人民政府办公室关于调整东城区社会管理综合执法委员会组成的通知
东政办发〔2012〕25 号　北京市东城区人民政府办公室关于成立东城区“7.21”特大自然灾害善后工作领导小组的通知
东政办发〔2012〕26 号　北京市东城区人民政府办公室北京市东城区监察局关于东城区灾情统计上报情况的通报
东政办发〔2012〕27 号　北京市东城区人民政府办公室关于东城区 2011 年预算执行和其他财政收支审计结果的通报
东政办发〔2012〕28 号　北京市东城区人民政府办公室转发区档案局关于北京市东城区档案馆收集档案范围规定的通知
东政办发〔2012〕29 号　北京市东城区人民政府办公室关于印发东城区主动公开政府信息纸质文体移送管理办法的通知
东政办发〔2012〕30 号　北京市东城区人民政府办公室关于开展年度人口抽样调查工作的通知
东政办发〔2012〕31 号　北京市东城区人民政府办公室关于印发东城区无障碍环境建设工作领导小组的通知
东政办发〔2012〕32 号　北京市东城区人民政府办公室转发东城公安分局关于东城区 2012 至 2012 年度预防煤气中毒工作方案的通知
东政办发〔2012〕33 号　北京市东城区人民政府办公室关于成立北京市东城区国土资源节约集约模范区创建活动领导小组的通知
东政办发〔2012〕34 号　北京市东城区人民政府办公室关于印发推进商标战略实施示范区建设工作意见的通知
东政办发〔2012〕35 号　北京市东城区人民政府办公室转发区烟花办关于东城区 2013 年烟花爆竹安全管理工作实施方案的通知

学校及幼儿园(所)

幼儿园(所)

校　名	地　址	电　话
北京市第一幼儿园	东四北大街汪芝麻胡同19号	64041825
北京市第一幼儿园附属实验园	青年沟路小黄庄7号楼	84275712
北京市第一幼儿园海晟分园	东直门外十字坡东小街1号	84532164
北京市第二幼儿园	北新桥三条38号	64035990
北京市第三幼儿园	中山公园内	66025200
北京市第五幼儿园	夕照寺街3号	67123410
北京市第五幼儿园分园	法华南里33楼	67161804
北京市第七幼儿园	宝钞胡同23号	64045040
东城区东四五条幼儿园	东四五条41号	64040197
东城区东华门幼儿园	北河沿大街149号	65254467
东城区分司厅幼儿园	分司厅胡同57号	64046854
东城区新中街幼儿园	东直门外胡家园小区24号楼	64602141
东城区华丰幼儿园	和平里六区21楼	84220194
东城区大方家回民幼儿园	朝内南小街后芳嘉园3号楼	65223556
东城区东棉花胡同幼儿园	东棉花胡同20号	64075246
东城区第二幼儿园	广渠门内大街31号	67116076
东城区崇文第三幼儿园	幸福北里甲12号	67115628
东城区光明幼儿园	光明楼甲25号	67116906
东城区崇文回民幼儿园	东花市北里东区12号楼	67192709
东城区安乐幼儿园	永外杨家园路10号	67212868
东城区永东幼儿园	永内东街中里23号	67025321
东城区永定门幼儿园	永外车站路12号	83107043
东城区崇文幼儿园	法华南里甲14楼	67155731
东城区前门幼儿园	东花市北里西区9号	67115191
北京市第一幼儿园魏家分园	魏家胡同19号	64040406
东城区安定门大经厂幼儿园	大经厂胡同55号	64045445
东城区红湖幼儿园	龙潭北里三条三号	67151869
东城区西草市幼儿园	西草市东街60号	67022454
商务部幼儿园	台基厂三条2号	65247694
财政部幼儿园	西扬威胡同12号	64040708
中国民用航空局机关幼儿园	地安门拐棒胡同2号	64005028
国家林业局幼儿园	和平里七区21号楼	64212759
国家安全生产监督管理总局机关服务中心幼儿园	和平里九区甲3号	64279017
中国人民解放军总政治部幼儿园	安德里北街21号	66792164
中国人民解放军空军后勤部蓝天幼儿园	北锣鼓巷99号	64012330
北京军区空军育翔幼儿园	板厂南里11号	66911719
中共北京市委机关幼儿园	光明路1号	67147356
北京鸿运达物业管理有限责任公司第一幼儿园	旧鼓楼外大街62号	62360237
东城区卫生局第一幼儿园	锡拉胡同19号	65251975
东城区卫生局第三幼儿园	和平里民旺园甲7号	64212216

北京市艾毅幼儿园	东湖别墅D座102	84511381
东城区世纪贝贝自然教育艺术幼儿园	青年湖西里4号院甲1号	84122026
北京市大地实验幼儿园	东花市北里西区9号	67115191

小　学

校　名	地　址	电　话
东城区和平里第一小学	和平里中街甲21号	84216218
东城区和平里第二小学	和平里民旺南胡同20号	64211804
东城区和平里第三小学	和平里兴化路9号	84279923
东城区和平里第四小学	和平里交林夹道	64211026
东城区和平里第九小学	和平里七区20号楼	64213889
东城区安外三条小学	安外上龙北巷3号	84132605
东城区青年湖小学	安外安德里北街20号	84126076
东城区师范学校附属小学	安定门外东河沿乙7号	64263926
东城区地坛小学	和平里九区甲2号	64254434
东城区分司厅小学	鼓楼东大街小经厂2号	64041261
东城区北锣鼓巷小学	安定门内千福巷5号	64040770
东城区方家胡同小学	方家胡同17号	64014841
东城区黑芝麻胡同小学	黑芝麻胡同11号	64045815
东城区府学胡同小学	府学胡同65号	64045995
东城区帽儿胡同小学	帽儿胡同17号	64067114
东城区东四十四条小学	东四十四条100号	64031726
东城区史家小学分校	北门仓胡同1号	84070081
东城区北新桥小学	东直门北大街乙2号	64649199
东城区雍和宫小学	藏经馆胡同27号	64045703
东城区曙光小学	东直门外铜厂子胡同8号	64169554
东城区西中街小学	东直门外十字坡东里10号	64172386
中央工艺美院附中艺美小学	东外胡家园小区20号	64677028
东城区东四七条小学	东四七条31号	64043873
东城区东四九条小学	东四九条67号	64043778
东城区回民小学	朝内大街124号	65225008
东城区美术馆后街小学	美术馆后街57号	64043310
东城区什锦花园小学	美术馆后街48号	64042123
东城区东高房小学	沙滩北街东高房胡同13号	64032310
东城区织染局小学	水簸箕胡同甲5号	64032065
东城区校尉胡同小学	校尉胡同8号	65252652
东城区灯市口小学	灯市口北巷14号	65250582
东城区北池子小学	北池子大街46号	65251287
东城区东交民巷小学	台基厂大街14号	85113399
东城区春江小学	南水关胡同60号	65252712
东城区新鲜胡同小学	新鲜胡同36号	65279841
东城区史家胡同小学	朝阳门内北小街南弓匠营2号	64065588
东城区西总布小学	西总布胡同19号	65231053
东城区新开路东总布小学	新开路胡同55号	65251340
东城区遂安伯小学	金宝街65号	65252953
北京市汇文第一小学	丁香胡同7号	65241994

东城区特殊教育学校	安外小黄庄路一区 16 号楼	84276190
东城区前门小学	西河沿甲 211 号	67016684
东城区忠实里小学	广渠门外忠实里南街乙 58 号	67783273
北京市崇文小学	花市枣苑小区 12 号	67177019
东城区回民实验小学	东花市大街 99 号	67122965
东城区花市小学	东花市北里西区 1 号	67182946
东城区新景小学	西花市南里西区 7 号楼	87186763
东城区板厂小学	板厂南里 7 号	67121969
北京光明小学	光明路甲 12 号	67123839
东城区培新小学	幸福巷 4 号	67111890
东城区永生小学	永生巷 6 号旁门	67120198
东城区体育馆路小学	法华南里 21 号	67122559
东城区精忠街小学	精忠街 11 号	67021505
东城区金台书院小学	东晓市街 203 号	67011700
东城区天坛东里小学	天坛东里内 8 号	67057864
东城区天坛南里小学	天坛南里西区 16 号	67001473
东城区景泰小学	永定门外杨家园路 10 号	67212156
北京第一师范学校附属小学	永定门外桃杨路 7 号	87921075
东城区革新里小学	永定门外管村 5 号	67222093
东城区宝华里小学	永定门外沙子口路 63 号	87298912
东城区定安里小学	定安里 26 号	67212203
东城区新怡小学	新怡家园 9 号	67086196
东城区培智中心学校	体育馆西路 23 号	67020405

中　　学

校　名	地　址	电　话
北京市第一中学	宝钞胡同甲 12 号	64043280
北京市第二中学	内务部街 15 号	65255945
北京市第二中学分校	南竹杆胡同 81 号	65279032
北京市第五中学	细管胡同 13 号	64068564
北京市第五中学分校	鼓楼东大街 152 号	64039651
北京市第十一中学	金鱼池西街 1 号	67025095
北京市第十一中学分校	天坛南里 14 号	67024119
北京市第二十一中学	交道口北三条 57 号	64043394
北京市第二十二中学	交道口东大街 77 号	64042225
北京市第二十四中学	外交部街 31 号	85111090
北京市第二十五中学	灯市口大街 55 号	65257525
北京市第二十七中学	东华门大街智德前巷 11 号	65255586
北京市第五十中学	夕照寺街 13 号	67173905
北京市第五十中学分校	永定门外安乐林路 14 号	87264492
北京市第五十四中学	和平里六区 9 号	84221682
北京市第五十五中学	新中街 12 号	64164252
北京市第六十五中学	北河沿大街 115 号	65251745
北京市第九十六中学	崇文门西小街 3 号	65114904
北京市第一零九中学	幸福大街 43 号	67121405
北京市第一一四中学	永定门外西革新里 114 号	67271674

北京市第一一五中学	天坛东路 13 号	67018618
北京市第一二五中学	后沟胡同乙 2 号	65246227
北京市第一四二中学	和平里中街 43 号	64219035
北京市第一六五中学	育群胡同 45 号	64004843
北京市第一六六中学	灯市口同福夹道 3 号	65255651
北京市第一七一中学	和平里北街 8 号	64212702
北京市第一七七中学	安定门外青年湖南街 23 号	84121145
北京市国子监中学	国子监街 26 号	64041183
中央工艺美术学院附属中学	东直门外小街甲 27 号	64686672
北京市东直门中学	东直门内北顺城街 2 号	64014988
北京市和平北路学校(一贯制)	安外大街 168 号	64200141
北京市前门外国语学校	前门东大街甲 14 号	67024402
北京市崇文门中学	东花市北里西区 5 号	67182515
北京市文汇中学	忠实里东区 9 号楼	87757385
北京汇文中学	培新街 6 号	67117375
北京市广渠门中学	白桥大街甲 1 号	67126226
北京市龙潭中学	板厂南里 3 号	67147725
北京景山学校	灯市口大街 53 号	65252555
北京市东城区工读学校	顺义后沙峪古城村裕民大街 11 号	80484523
北京市翔宇中学	东直门北大街甲 2 号	84111886
北京阳光情中学	开发区天宝北街甲 2 号	67895748
北京经济技术开发区实验学校	开发区天宝北街甲 2 号	67895748

职　业　高　中

校　名	地　址	电　话
北京市东城区古城职业高中	顺义后沙峪古城村裕民大街 11 号	80484523
北京国际职业教育学校	南河沿大街 19 号	65253392
北京市国际美术学校	东直门外小街甲 27 号	64686672
北京市育人中等职业学校	黄化门街 5 号	84242284
中央音乐学院鼎石实验学校		
北京百年农工子弟职业学校	大方家胡同芳嘉园 8 号	64790701
北京市第一七九中学	左安蒲园 4 号	67125384
北京现代职业学校	永定门东街 7 号	67014116
北京市卫生学校	天坛南里 12 号	67026904

高　等　院　校

校　名	地　址	电　话
中国协和医科大学	东单三条 9 号	65295962
中央戏剧学院	东棉花胡同 39 号	64043885
首都医科大学中医药学院	东四十条 27 号	64045305
北京联合大学师范学院	安定门外外馆斜街 5 号	64211158
北京市财贸管理干部学院	东四礼士胡同 41 号	65592215
北京市东城区职工业余大学	朝阳门外潘家坡 1 号	65520824
北京广播电视大学东城分校	朝阳门外潘家坡 1 号	65520824

北京玄宇艺术研修学院	黄化门街5号	64014405
北京市东城区职工大学	板厂南里5号	67153071
北京广播电视大学崇文分校	板厂南里5号	67153071

医 疗 机 构

单位名称	地　址	电　话
卫生部北京医院	东单大华路1号	85132114
中国医学科学院北京协和医院	帅府园1号	69155810
首都医科大学附属北京同仁医院	东交民巷1号	58269911
首都医科大学附属北京天坛医院	天坛西里6号	67096611
首都医科大学附属北京口腔医院	天坛西里4号	57099114
首都医科大学附属北京妇产医院	姚家园路251号	52276666
首都医科大学附属北京中医医院	美术馆后街23号	52176700
北京中医药大学东直门医院	海运仓5号	84013212
北京市疾病预防控制中心	和平里中街16号	64407014
北京市第六医院	交道口北二条31.36号	64035566
北京市普仁医院	崇文门外大街100号	67117711
北京市和平里医院	和平里北街18号	64215431
北京市隆福医院(北京市东城区老年病医院)	美术馆东街18号	64040695
北京市鼓楼中医医院	豆腐池胡同13号	64044445
东城区第一人民医院	永外大街130号	67212233
东城区第一妇幼保健院	交道口南大街136号	64040066
东城区第二妇幼保健院	法华南里25号楼	67122966
东城区精神卫生保健院	东直门外察慈小区7号	64681578
东城区朝阳门医院	东四南大街灯草胡同31号	65138019
东城区建国门医院	后赵家楼胡同9号	65256218
东城区东外医院	东直门外察慈小区7号楼	64681578
东城区口腔医院	交道口东大街4－28号	64043465
崇文口腔医院	东花市北里西区24号楼	67120052
北京市东四中医医院	东四六条甲62号　朝内大街97号	84049919
东城区老年康复护理院	东四6条甲62号	64018363
东城区北新桥社区服务中心	东直门内大街184号	64040500
东城区结核病防治所	和平里北街18号	64298123
东城区皮肤性病防治所	东直门内大街184号	64010046
东城区急救站	安内中绦胡同甲2号	64035289
东城区疾病预防控制中心	北兵马司胡同5号	64040807
东城区疾病预防控制南部分中心	西晓市街16号	67021006
东城区卫生局卫生监督所	安内大街永恒胡同甲6号	64047699
东城区卫生教育中心	和平里民旺园甲7号	64215178
东城卫生防病咨询服务站	西晓市街16号	65114353
崇文健康教育所	西晓市街16号	67027548
东城区卫生学校	天坛南里12号	67023904
东城区卫生科技开发中心	东晓市街109号	67061605

社区卫生服务机构

名　称	地　址	电　话
东城区社区卫生服务中心	朝阳门内大街 192－1 号	65125503
东城区朝阳门社区卫生服务中心	东四南大街灯草胡同 31 号	65138019
东城区东花市社区卫生服务中心	广渠家园 13 号楼	67118044
东城区龙潭社区卫生服务中心	光明 25 楼	67111096
东城区体育馆路社区卫生服务中心	驹章胡同 43 号	67120019
东城区天坛社区卫生服务中心	粉厂胡同 57 号	67074337
东城区永定门外社区卫生服务中心	蒲黄榆二里 2 号院	67020979
东华门街道多福巷社区卫生服务站	东四南大街报房胡同 45 号	65127470
东华门街道韶九社区卫生服务站	韶九胡同 22 号	65240100
东华门街道台基厂社区卫生服务站	台基厂大街台基厂二条 3 号	65126450
东华门街道东华门社区卫生服务站	南河沿大街磁器库南巷 1 号	65597833
东华门街道甘雨社区卫生服务站	西堂子胡同 15 号	65240060
朝阳门街道朝内头条社区卫生服务站	朝内大街 203 号	64015610
朝阳门街道大方家社区卫生服务站	小牌坊胡同 30 号	85111691
朝阳门街道内务社区卫生服务站	内务部 73 号	65136054
安定门街道安定门社区卫生服务站	豆腐池胡同 13 号	64007169
安定门街道五道营社区卫生服务站	安定门内大街永康胡同 9 号	64012290
安定门街道花园社区卫生服务站	安定门内花园东巷 25 号	64013430
北新桥街道北新桥社区卫生服务站	东直门大街 184 号	64053216
北新桥街道民安社区卫生服务站	民安 14 号楼	84078626
北新桥街道十三条社区卫生服务站	东四十三条 32 号	64053927
北新桥街道海运仓社区卫生服务站	海运仓小区南颂年 3 号楼	84073206
北新桥街道青龙社区卫生服务站	东直门北小街青龙胡同甲 1 号	64027190
东四街道东四社区卫生服务站	东四北大街东四六条甲 62 号	64017470
东四街道南门仓社区卫生服务站	朝阳门北小街南门仓 4 号楼	84068240
东四街道东四三条社区卫生服务站	东四三条 45 号	64006790
东直门街道东直门社区卫生服务站	东直门外察慈小区 7 号楼	64610470
东直门街道清水苑社区卫生服务站	清水苑小区 4 号－2－107	64611494
东直门街道十字坡社区卫生服务站	东直门外十字坡西里 10 号楼北	64161320
东直门街道王家园社区卫生服务站	新中街西街 12 号	65519556
东直门街道新中街社区卫生服务站	新中街四条乙 20 号	64165425
建国门街道苏州社区卫生服务站	崇文门内大街苏州胡同 120 号	65124640
建国门街道外交部街社区卫生服务站	东单北大街东堂子胡同 24 号	65281974
交道口街道交东社区卫生服务站	土儿胡同 10 号楼	84046916
交道口街道圆恩寺社区卫生服务站	前圆恩寺胡同 28 号	64072317
和平里街道和平里社区卫生服务站	和平里北街 18 号西门	64215168
和平里街道和平里中街社区卫生服务站	和平里六区六号一层	84220399
和平里街道交通社区卫生服务站	交林夹道甲 2 号	64213430
和平里街道青年湖社区卫生服务站	青年湖东里 9 号楼北	84112543
和平里街道安德里社区卫生服务站	安德里北街 21 号	84127060
和平里街道小黄庄社区卫生服务站	小黄庄前街 2 院 3 楼	84282143
和平里街道安德路社区卫生服务站	安外青年路南街 11 号	84130209

和平里街道东河沿社区卫生服务站	东河沿甲7号	64205058
景山街道魏家社区卫生服务站	魏家胡同55号	84032330
景山街道宽街社区卫生服务站	美术馆后街12号	64006540
前门街道前门社区卫生服务站	草厂六条4号	67073468
龙潭街道幸福家园社区卫生服务站	幸福家园19号楼1101、1102号	67111096
龙潭街道左安门社区卫生服务站	左安浦园1号楼旁平房	87198967
龙潭街道龙潭北里社区卫生服务站	夕照寺街35、37号	67183342
崇文门外街道都市馨园社区卫生服务站	兴隆都市馨园13号楼	67021437
崇文门外街道新景家园社区卫生服务站	西花市大街62、64号	87186099
体育馆路街道长青园社区卫生服务站	长青园16号楼迤南2-2-1	67120567
体育馆路街道法华寺社区卫生服务站	体育馆西路1号	67133157
天坛街道天坛东里社区卫生服务站	天坛东里中区12楼西门旁	67010624
天坛街道金鱼池社区卫生服务站	金鱼池小区西区13楼1单元	67023088
天坛街道天坛南里社区卫生服务站	永内东街西里11号	67073468
东花市街道铁辘轳把社区卫生服务站	东花市大街33号	67120077
东花市街道忠实里社区卫生服务站	忠实里西区7号楼1层106号	67118044
东花市街道东花市南里社区卫生服务站	东花市南里东区13号楼	87103147
永定门外街道富莱茵社区卫生服务站	沙子口路72号富莱茵小区9-1-101	87817703
永定门外街道景泰西里社区卫生服务站	景泰西里西区8号楼底商	67222060
永定门外街道东革新里社区卫生服务站	东革新里40号	87265202
永定门外街道望坛社区卫生服务站	永定门外桃杨路二条2号	51335257

东城公安分局派出所

名　称	地　址	电　话
东城区东四派出所	东四四条77号	84081552
东城区东直门派出所	新中街9号	84081554
东城区安外大街派出所	地坛西门外	64213026
东城区建国门派出所	金宝街69号	84081550
东城区安定门派出所	豆腐池胡同11号	84081156
东城区朝阳门派出所	朝阳门南小街121号	84081551
东城区北新桥派出所	西羊管胡同10号	84081553
东城区东交民巷派出所	东交民巷甲9号	65129302
东城区东华门派出所	锡拉胡同8号	84081559
东城区和平里派出所	和平里中街六区5号	84081555
东城区交道口派出所	板厂胡同7号	84081557
东城区景山派出所	什锦花园33号	84081558
东城区北京站派出所	盔甲厂胡同4号	65132281
东城区王府井大街派出所	菜厂胡同5号	84081561
东城区东方广场派出所	王府井大街218-1号	85118110
东城区隆福寺派出所	隆福广场B座2层	84081560
东城区东花市派出所	东花市北里西区2号楼	67189133
东城区前门派出所	草厂九条8号	67022491
东城区天坛派出所	珠市口东大街甲18号	67022125
东城区龙潭派出所	光明西街3号	67116335
东城区前门大街派出所	长巷二条1号	67021005

东城区永外派出所	永外大街 88 号	67211189
东城区体育馆路派出所	西厅胡同 43 号	67122619
东城区天坛公园派出所	天坛西里甲 1 号	67021104
东城区崇文门派出所	国瑞城中区 9 号楼	67112012

驻区公证处

名　称	地　址	电　话
东方公证处	安定门外大街 168 号	84217035
信德公证处	珠市口东大街 3 号四层	67124408

驻区律师事务所

名　称	地　址	电　话
北京市安律律师事务所	东皇城根南街 84 号	65140912
北京市翱翔律师事务所	朝内大街 188 号鸿安国际商务大厦 A 座 601 室	65170813
北京市奥东律师事务所	安定门东大街 28 号雍和大厦东楼 B 座	64097155
北京市秉源律师事务所	安德里北街甲 17 号	84124573
北京市博人律师事务所	北三环东路 36 号环球贸易中心 B 座 1205 室	58256761
北京市博圣律师事务所	安外大街 11 号华府景园 C 座 403	84122481
北京市采信律师事务所	王府井大街 99 号 A512	65267550
北京市创世律师事务所	新中街 68 号聚龙花园 8 号楼 804	65510006
北京市大成律师事务所	东直门内南大街 3 号国华投资大厦	58137799
北京市大正－国都律师事务所	东直门外大街 48 号东方银座 B 座 6G	62272573
北京市德克律师事务所	东交民巷 28 号红都商务会馆 A 座 401	65140217
北京市地平天成律师事务所	和平里东街 18 号林 11 楼首层 4 门	64200855
北京市鼎昊律师事务所	朝阳门内南小街 6 号楼 302	65281828
北京市鼎尚律师事务所	建国门北大街 5 号 11 层 1126	65170355
北京市东方公益律师事务所	沙滩北街 15 号社科院法学所院内	84035495
北京市东方恒信律师事务所	朝内大街 188 号鸿安国际商务大厦	65181255
北京市东方昆仑（北京）律师事务所	东四十条甲 22 号	64096552
北京市东卫律师事务所	朝阳门北大街 8 号富华大厦 D3B	65542826
北京市铎声律师事务所	府学胡同甲 1 号 4009 室	64016667
北京市法准律师事务所	东直门南大街 9 号华普花园 D 座 602	84094244
北京市方略律师事务所	鼓楼外大街 45 号工人出版社 8 层	82081700
北京市孚晟律师事务所	东长安街 1 号东方广场东一办公楼 9 层 04－05A	85189170
北京市富睿康道律师事务所	王府井大街 99 号世纪大厦 A702 室	65280089
北京市冠腾律师事务所	朝阳门内大街 298 号 622	58121022
广东安华理达北京分所律师事务所	东长安街 1 号东方广场西三办公楼 707	85151326
广东圣天平北京分所律师事务所	国华投资大厦 311	58199538
北京市贵银律师事务所	东直门那大街 9 号华普花园 B 座 2401	84094464
北京市国宏律师事务所	东长安街 1 号东方经贸城西－807 室	85189889
北京市国乐律师事务所	建国门赵堂子胡同 2 号楼 205、206 室	63519781
北京市国理律师事务所	沙滩北街 15 号法学研究所南楼二层	64069888
北京市海维律师事务所	东四十条甲 22 号南新仓商务大厦 A 座 603	51665728

北京市韩慧律师事务所	聚拢花园7号楼三层B16	
北京市汉坤律师事务所	东长安街东方广场C1座9层906	85255500
北京市航舵律师事务所	建国门内大街七号光华长安大厦2座1118	65185680/1
北京市昊方律师事务所	朝阳门南小街22号楼5单元204	85870325
北京市恒方永圆律师事务所	东长安街6号137、141	51019879
北京市恒盈律师事务所	崇文门西大街9号北京紫金宾馆2A房间	65265707
北京市衡蓝律师事务所	海运仓一号国际大厦一层919－A	84646488
北京市泓清律师事务所	东方银座A座17D	81396266
北京市华澳律师事务所	东中街29号29－2南写字楼五层504	64152296
北京市华龙律师事务所	府学胡同甲一号4001	64046956
北京市汇佳律师事务所	雍和大厦C座7层709	64097966
北京市嘉宋律师事务所	建国门内大街金成建国5号827室	51296373
北京市鉴杜律师事务所	崇文门西大街7号	65125885
北京市金德律师事务所	东直门南大街14号保利大厦写字楼12层B座	65512727
北京市金开律师事务所	朝阳门北大街8号富华大厦D座14层G室	65542868
北京市金颐律师事务所	东直门内草园胡同35号	65127681
北京市京博律师事务所	东直门外大街48号东方银座C座15H	51600627
北京市京昌律师事务所	交道口北2条20号	64047987
北京市京德律师事务所	安定门东大街28号雍和大厦A座808	64097493
北京市京工律师事务所	安定门外大街189号天鸿宝景1508	64401097
北京市久瑞律师事务所	安定门东大街28号立骏(雍和)大厦1号楼12层03号	84195380
北京市居庸律师事务所	东直门内海运仓1号海运仓国际大厦522室	51239363
北京市君合律师事务所	建国门北大街8号华润大厦20层	85191300
北京市君致律师事务所	朝阳门北大街乙12号天晨大厦909	65518581
北京市凯锐律师事务所	朝内大街190号建地写字楼4层	65140734
北京市宽信律师事务所	建国门南大街乙1号金龙温泉公寓1110房间	65594012
北京市旷博律师事务所	朝内北小街二号凯龙大厦503、205－206室	84045112
北京市立方律师事务所	东四十条甲22号南新仓国际大厦A1105	64096099
北京市立天律师事务所	东直门南大街9号华普花园A－201	84094991
北京市联法律师事务所	建内大街18号恒基中心一座22层	65180808
北京市六合金证律师事务所	安定门东大街28号	64097055
北京市陆通联合律师事务所	东中街58号美惠大厦D座2层	65544518
北京市马林江律师事务所	恒基中心一座1705	85910091
北京市普贤律师事务所	建国门内大街18号恒基中心办二517	65176246
北京市润禾律师事务所	建国门内大街8号中粮广场B座1001室	65546660
上海江三角北京分所律师事务所	东直门外大街48号东方银座大厦c栋23－H	84476762
上海锦天城律师事务所	东四十条甲22号南新仓国际商务大厦B820	51690115
北京市尚公律师事务所	长安俱乐部三层	65288888
北京市尚荣信律师事务所	安定门东大街28号雍和大厦F座802A座	84195130
北京市北京市盛法律师事务所	海运仓国际大厦一层5－012室	85809826
北京市世嘉律师事务所	朝阳门北大街8号富华大厦D座14A	65543621－27
北京市四方律师事务所	王府井大街277号好友世界商场写字楼2406	65230114
北京市孙中伟律师事务所	王府井大街277号2503室	65221448
北京市天济律师事务所	朝阳门外大街8号富华大厦A座11层J室	65546647
北京市天澜律师事务所	东水井胡同5号楼A801	58643259
北京市天伦怡达律师事务所	王府井大街172号丹耀大厦712	65590128

北京市天睿律师事务所	朝阳门北大街17号人保大厦6层	58151199
北京市天同律师事务所	东交民巷28号红都商务会馆B座3层	51669666
北京市天宇律师事务所	东交民巷27号旁门	65241973
北京市天咨律师事务所	东直门外小街甲2号正东国际大厦A座25I	84479588
北京市万企律师事务所	安定路20号1号楼303	68711130
北京市维诗律师事务所	建国门内大街7号光华长安大厦1009号	65101010
北京市沃尔森律师事务所	东直门外大街46号天恒大厦608A	84608473
北京市玺恒律师事务所	前门东大街3号首都大酒店303、304、305	84478165
北京市新能源律师事务所	首都大酒店415	68928883
北京市信利律师事务所	建内大街18号恒基中心一座609－611	65186980
北京市颐合律师事务所	建内大街7号光华长安大厦2座1910	65178866
北京市亿嘉律师事务所	建国门内大街19号	85112986
北京市易理律师事务所	东城区东中街58号美惠大厦D－1403	65545498
北京市毅弘律师事务所	建国门内贡院6号E座7层	65186611
北京市寅嘉律师事务所	东直门门南大街9号华普花园C902	84094429
北京市雍鼎律师事务所	永和家园8号楼301室	51026267
北京市雍泽律师事务所	雍合家园5号楼703	51026630
北京市永邦律师事务所	东中街58号美惠大厦C－602	65546677
北京市永凯律师事务所	交道口东大街4号楼2层211	64062264
北京市元昊律师事务所	朝内大街188号鸿安国际商务大厦B座1202	65235981
北京市远望律师事务所	朝内大街75号院8号楼7－101	84031646
北京市展达律师事务所	东中街9号东环广场B座写字楼5层5Q	64156655
北京市正义律师事务所	东交民巷29号	65247544
北京市志德律师事务所	和平里兴化路甲9号	84095359
北京市中地律师事务所	分司厅17号院3－5－001号	84091288
北京市中广承平律师事务所	新中街3号东外公馆一栋605	51662369
北京市中鸿律师事务所	东长安街10号长安大厦之综合大厦704室	65251878
北京市中京律师事务所	东中街58号美惠大厦A座1201、1204室	65543496
北京市中凯律师事务所	安德路甲61号红都商务会馆6层B1－616	64522110
北京市中鹏律师事务所	朝阳门北大街8号富华大厦D座18层	65544858
北京市中瑞律师事务所	北三环东路36号环贸中心B栋1805室	58257666
北京市中天智通律师事务所	新中街68号聚龙花园7号楼4N	65526880
北京市中闻律师事务所	东直门外大街46号天恒大厦A座8层	84608688
北京市中誉威圣律师事务所	建内大街7号光华长安大厦1座818	65171299
北京市众贺律师事务所	交道口北头条5号	84019684
北京市众一律师事务所	东四十条甲22号南新仓国际大厦A座502	64096085/86
北京市重华律师事务所	张自忠路3号	85868086
北京市纵横律师事务所	东长安街12号纺织工业局347、345	85229377
北京市立圣律师事务所	长阳门外北大街6号首创大厦1203A	85283200
北京市资略律师事务所	北三环东路环球贸易大厦A2107	58257456
北京市健强律师事务所	朝阳门东水井胡同11号A308	13801390261
北京市王海平律师事务所	王府井大街2号华侨大厦3层303A室	13910006958
北京市甲子律师事务所	东四十条富华大厦D座8E	65547796
北京市星林律师事务所	东长安街10号长安大厦七层709室	57160178
北京市渡象律师事务所	雍和大厦D座1201	84195448
北京市营天律师事务所	东郊民巷28号红都写字楼A506室	65135039

上海九州丰泽律师事务所	东长安街1号东方广场经贸城E1803	85183285
北京市魏启学律师事务所	北三环东路36号环球贸易中心C栋16层	58256366
北京市朗新律师事务所	东中街29号东环广场B座写字楼5层5G	64181023
广东广大北京分所律师事务所	东长安街1号东方广场C1座601室	85870068
北京市慎默律师事务所	东长安街33号北京饭店C座2209室	85009211
北京市永勤律师事务所	新中街3号东外公馆一栋605	51316040
北京市高思律师事务所	东方广场经贸城东三办公楼1003室	85181133
北京市曹圣明律师事务所	安外东后巷28号商务部研究院1－423室	67589792
北京市观道律师事务所	东方银座D座19D	84549481
北京市乾理律师事务所	东长安街33号北京饭店6050	65232365
广东唯杰律师事务所	安定门外大街189号宝景大厦1804	64401431
北京市金沃律师事务所	朝阳门北大街8号富华大厦D座9层B－C	65545039
北京市恒都律师事务所	东直门南大街9号华普花园C座2206	84098069
北京市君永律师事务所	安定门外大街2号安贞大厦1101室	64482400
北京市施融律师事务所	鼓楼外大街56号教师大厦809	84129410
北京市安衡律师事务所	天坛东路72号万福大厦	67185418
北京市百度律师事务所	龙潭路甲3号翔龙大厦C23室	67158618
北京市包诚律师事务所	左安溪园2号楼5单元1703号	67180166
北京市包律师律师事务所	东花市北里西区24号楼宝润苑C座1212号	67186046
北京市博颢律师事务所	光明路11号天玉大厦608室	51902336
北京市博仁律师事务所	天坛东里5号	51023325
北京市长歌律师事务所	领行国际1号楼2单元708室	67118247
北京市达奥律师事务所	广渠门南小街领行国际3号楼1单元23层2301	67156446
北京市德律珩律师事务所	左安门内大街左安漪园1号楼5单元	87197602
北京市德政律师事务所	光明路11号天玉大厦605室	51902058
北京市鼎基律师事务所	广渠门南小街领行国际1号楼2单元2201室	51289289
北京市董人友律师事务所	忠实里西区5号楼803室	87749023
北京市逢时律师事务所	龙潭路乙3号伟图大厦507室	67110422
广东德法理律师事务所	崇外大街新怡家园甲3号六层610室	67091903
北京市国晟律师事务所	夕照寺16号院(华城)2号楼2单元302号	87184008
北京市国泰世良律师事务所	广渠门南小街领行国际1号楼2单元701－702室	67111263
北京市翰佳律师事务所	广渠门南水关甲7号华威国际公寓1302室	67151166
北京市昊凯律师事务所	北京新世界中心写字楼B座1109－1112室	67085553
北京市浩都律师事务所	崇外大街3号新世界中心公寓1019室	67084599
北京市浩林律师事务所	夕照寺街14号富瑞苑公寓5号楼10－A	67104976
北京市泓天律师事务所	广渠门北里36号院3－1－302	51231620
北京市泓韵律师事务所	广渠门内大街16号中国环境新闻出版大厦	67112939
北京市金博大律师事务所	西花市南里东区2号楼底商7－11单元15号	87189569
北京市金韬律师事务所	兴隆都市馨园9号楼2－241号	87643731
北京市京一律师事务所	天坛东里乙48号北京爱华宾馆6002室	84477697
北京市雷盾城律师事务所	东花市北里西区宝润苑A－403	59105858
北京市李雅琼律师事务所	永定门外大街86号4号楼418号	13671171218
北京市刘安元律师事务所	东花市大街花市枣苑3号楼2004室	13366336678
北京市刘松涛律师事务所	广渠门内大街80号通正国际大厦912室	51696633
北京市普诚律师事务所	东兴隆街58号513室	67091471
北京市秦华律师事务所	崇外大街5号新世界太华公寓B座515室	67081171

北京市勤道律师事务所	广渠门内白桥大街22号北京市工商联大厦	67186802
北京市沁润源律师事务所	忠实里南街甲6号楼远洋德邑A座909号	87758360
北京市融商律师事务所	光明东路1号办公楼A座5层	67080211－0217
北京市融泰律师事务所	崇外大街甲3号写字楼6层623、625室	67083356
北京市时信律师事务所	广渠门内大街80号通正国际大厦1016室	51655033
北京市双利律师事务所	广渠门内大街16号环境新闻出版大楼10层	67167813
北京市泰明律师事务所	广渠门内大街36号幸福家园1－5－1402号	67126363
北京市同一源律师事务所	广渠门内大街80号通正国际大厦10层	67060988
北京市现代律师事务所	东打磨厂街7号宝鼎中心B座1001室	67083101
北京市欣然律师事务所	东兴隆街56号北京商界A723	67016878
北京市泽和律师事务所	东花市南里富贵园1区9号7－901室	67166713
北京市志元律师事务所	东打磨厂街7号宝鼎中心B座545室	87555029
北京市中北律师事务所	前门东大街4号楼6门101、102、103号	65288769
北京市中通策成律师事务所	绿景馨园13号楼605－609号	67192880
北京市中政律师事务所	幸福大街甲39号德惠写字楼B座111室	67146613
北京市力盾律师事务所	前门东大街华丰宾馆	65662629
北京市宝鼎律师事务所	王府井大街201号凯旋国际酒店7118	59458911
北京市贝朗律师事务所	前门东大街3号首都大酒店写字楼5层	65120341
北京市致新律师事务所	前门东大街5号华风宾馆一层	65251733
北京市法度律师事务所	东单大华路甲2号海诚商务会馆608	65593630
北京市万悦律师事务所	交道口北二条20号	64069655
北京市誉明律师事务所	东直门外大街乙36号海晟国际公寓26号1座1603室	15901161941
北京市天用律师事务所	北三环东路37号	84109598
北京市兆实律师事务所	安定门外东河沿乙9号	13701075618

东城区司法所

名称	地址	电话
和平里司法所	和平里6区5号	84226030
安定门司法所	方家胡同19号	64067183
交道口司法所	雨儿胡同乙15号	64029694
景山司法所	美术馆东街1号	84017954
东华门司法所	东安门大街55号王府世纪5层	65248621
东直门司法所	新中街一条67号	64165479
北新桥司法所	民安街14号楼3层	64034116
东四司法所	东四六条17号	64001548
朝阳门司法所	西水井3号114室	65125881
建国门司法所	朝内南小街18号楼	65142699
前门司法所	前门东小街甲2号	67016543
崇外司法所	西花市南里东区14号楼	67010401
东花市司法所	东花市北里中区甲25号楼301室	67188642
天坛司法所	西草市东街66号	67025835
体育馆路司法所	体育馆西路1号321室	67199645
龙潭司法所	龙潭社区服务中心	67166372
永外司法所	永外安乐林路85号	67227507

文物保护单位

全国重点文物保护单位

名　称	时　代	地　址	公布年份
正阳门及箭楼	明、清	天安门广场南侧	1988
北京城东南角楼	明	崇文门东大街9号	1982
北京大学红楼	民初	五四大街29号	1961
天安门	明	天安门广场	1961
人民英雄纪念碑	1958年	天安门广场内	1961
故宫	明、清	景山前街4号	1961
天坛	明	永定门内大街路东	1961
智化寺	明	禄米仓胡同5号	1961
国子监	明	国子监街15号	1961
北京孔庙	元、明、清	国子监街13号	1988
雍和宫	清	雍和宫大街12号	1961
皇史宬	明、清	南池子大街136号	1982
古观象台	明	东裱褙胡同2号	1982
太庙	明、清	东城区东长安街	1988
社稷坛	明、清	东城区西长安街	1988
崇礼住宅	清	东四六条63、65号	1988
北京鼓、钟楼	明、清	钟楼湾临字9号	1996
可园	清	帽儿胡同9号、11号	2001
孚王府	清	朝阳门内大街137号	2001
柏林寺	元、清	戏楼胡同1号	2006
地坛	明、清	安定门外大街	2006
京师大学堂分科大学旧址	清	安德里北街21号	2006
清陆军部和海军部旧址	清	张自忠路3号	2006
孙中山行馆	民国	张自忠路23号	2006
协和医学院旧址	清、民国	帅府园胡同1号	2006
亚斯立堂	清	后沟胡同丁2号	2006
袁崇焕墓和祠	清初	东花市斜街52号、左安门内龙潭路8号	2006
东交民巷建筑群	近代	东交民巷地区	2001
包括:(1)奥匈使馆旧址	1910年	台基厂头条3号	
(2)比利时使馆旧址	1910年	崇文门西大街9号	
(3)东方汇理银行	1917年	东交民巷34号	
(4)法国使馆旧址	1910年	东交民巷15号	
(5)花旗银行旧址	1914年	东交民巷36号	
(6)日本公使馆旧址	1886年	东交民巷21、23号	
(7)日本使馆旧址	1909年	正义路2号	
(8)意大利使馆旧址	1910年	台基厂大街1号	
(9)英国使馆旧址	1910年	东长安街14号	
(10)正金银行旧址	1910年	正义路甲4号	
(11)法国兵营	清	台基厂三条3号	
(12)国际俱乐部	1912年	台基厂大街8号	
(13)淳亲王府	清	东长安街14号	

北京市文物保护单位

名　称	时　代	地　址	公布年份
毛主席纪念堂	1977 年	天安门广场	1979
毛主席故居	民国	吉安所左巷 8 号	1979
文天祥祠	明	府学胡同 63 号	1979
东四清真寺	明	东四南大街 13 号	1984
普度寺大殿	清	普庆前巷 35 号	1984
嵩祝寺及智珠寺	清	嵩祝院北巷 4 号 6 号、嵩祝院 23 号	1984
宣仁庙	清	北池子大街 2 号	1984
凝和庙	清	北池子大街 46 号	1984
和敬公主府	清	张自忠路 7 号	1984
于谦祠	明、清	西裱褙胡同 23 号	1984
老舍故居	现代	丰富胡同 19 号	1984
茅盾故居	现代	后圆恩寺胡同 13 号	1984
旧宅院(婉容故居)	清	帽儿胡同 35 号、37 号	1984
礼士胡同 129 号四合院	清	礼士胡同 129 号	1984
内务部街 11 号四合院	清	内务部街 11 号	1984
圆恩寺后街 7、9 号四合院	民国	后圆恩寺胡同 7 号、9 号	1984
国祥胡同 2 号四合院	清	国祥胡同甲 2 号	1984
方家胡同 13、15 号四合院	清	方家胡同 13 号、15 号	1984
府学胡同 36 号四合院	清	府学胡同 36 号、交道口南大街 136 号	1984
国子监街	元、明、清	国子监街	1984
明北京城城墙遗迹	明	崇文门东	1984
南新仓	明、清	东四十条 22 号	1984
北新仓	明、清	北新仓胡同甲 16 号	1984
禄米仓	明、清	禄米仓胡同 71 号、73 号	1984
原中法大学	民国	东皇城根北街甲 20 号	1984
中华圣经会旧址	民国	东单北大街 21 号	1984
顺天府学	明、清	府学胡同 65 号	1984
京师大学堂建筑遗存	清、民国	沙滩后街 55 号、59 号	1984
福建汀州会馆北馆	始建于明	前门长巷二条 48 号	1984
阳平会馆戏楼	始建于元	前门小江胡同 34、36 号	1984
新革路 20 号四合院	民国初年	崇外新革路 20 号	1984
隆安寺	建于 1454 年	白桥南里 3 号	1984
金台书院	建于 1750 年	天坛东晓市 203 号	1984
正阳桥疏渠记方碑	建于 1797 年	天桥红庙街 78 号	1984
燕墩	始建于元代	永定门外大街 31 号	1984
大慈延福宫建筑遗存	明	朝内大街 203 号	1990
西堂子胡同 25 – 37 号四合院	清	西堂子胡同 25 – 37 号	1990
东堂	清	王府井大街 74 号	1990
北京大学地质馆旧址	1934 年	沙滩北街 15 号	1990
北京饭店初期建筑	1917 年	东长安街 33 号	1990
军调部 1946 年中共代表团驻地	民国	南河沿大街 1 号	1995
孑民堂	1947 年	北河沿大街甲 83 号	1995

法国邮政局旧址	1910年	东交民巷19号	1995
圣弥厄尔教堂	1904年	东交民巷甲13号	1995
美国使馆旧址	1903年	前门东大街23号	1995
荷兰使馆旧址	1909年	前门东大街11号	1995
帽儿胡同5号四合院	清	帽儿胡同5号	2001
美术馆东街25号四合院	清	美术馆东街25号	2001
棉花胡同15号原拱门砖雕	民国	东棉花胡同15号	2001
前鼓楼苑胡同7、9号四合院	清	前鼓楼苑胡同7号、9号	2001
鼓楼东大街255号四合院	民国	鼓楼东大街255号	2001
宁郡王府	清	北极阁三条71号、新开路胡同94号	2001
陈独秀旧居	民国	箭杆胡同20号	2001
京奉铁路正阳门东车站旧址	1906年	前门大街北端东侧	2001
僧王府	清	板厂胡同30号、32号、34号 炒豆胡同77号	2003
黑芝麻胡同13号四合院	清	黑芝麻胡同13号	2003
绮园花园	清	秦老胡同35号	2003
沙井胡同15号四合院	清	沙井胡同15号	2003
前永康胡同四合院	清	前永康胡同7号、9号	2003
皇城墙遗址	明、清	天安门东侧、景山东街等	2003
原麦加利银行	清末	东交民巷39号	2003
总理各国事务衙门建筑遗存	清	东堂子胡同49号	2003
恒亲王府	清	朝阳门内大街55号院内	2003
协和医院宿舍群	清	外交部街59号、北极阁三条26号	2003
北京大学女生宿舍	1935年	沙滩北街乙2号	2003
花市火神庙	建于1568年	崇外西花市113号	2003
东皇城根南街32号宅院	清	东皇城根南街32号宅	2011
大清邮政总局旧址	清	小报房胡同7号	2011
史家胡同51、53、55号宅院	清、民国	史家胡同51、53、55号	2011
顺天府大堂	明	东公街9号	2011
魏家胡同18号宅院	民国	魏家胡同18号	2011
全聚德烤鸭店门面	民国	前门大街30号	2011
北平电话北局旧址	民国	东皇城根大街14号	2011
欧美同学会	清	南河沿大街111号	2011
蔡元培故居	民国	东堂子胡同75号	2011
北总布胡同2号宅院	民国	总布胡同2号	2011
清末自来水厂旧址	清	东直门外香河园3号	2011
袁崇焕庙	1917年	左安门内龙潭路8号	1984

东城区文物保护单位

名　称	时　代	地　址	公布年份
杨昌济旧居	民国	豆腐池胡同15号	1984
通教寺	明、清	针线胡同19号	1984
惠王府	清	富强胡同3号	1984
吉安所	清	吉安所右巷8号	1984
朱启钤旧宅	清	赵堂子胡同3号	1984

段祺瑞宅	民国	仓南胡同5号	1984
东兴隆街52号四合院	清	东兴隆街52号	1984
花市清真寺	明	西花市30号	1984
夕照寺	清	夕照寺中街13号	1984
田汉故居	民国	细管胡同9号	1986
欧阳予倩故居	民国	张自忠路5号	1986
北沟沿胡同23号宅院	清	北沟沿胡同23号	1986
僧格林沁祠堂	清	地安门东大街47号	1986
东直门外清真寺	(1988年移建于此)	东直门外察慈小区6号	1986
当铺旧址	清	门楼胡同3号、5号	1986
黄米胡同四合院	清	黄米胡同5号、7号、9号	1986
旧宅院	清	菊儿胡同3号、5号寿比胡同6号	1986
桂公府	清	芳嘉园胡同11号、新鲜胡同40号	1986
雨儿胡同四合院	清	雨儿胡同13号	1986
板厂胡同四合院	清	板厂胡同27号	1986
东四六条四合院	清	东四六条55号	1986
东四四条四合院	清	东四四条5号	1986
东四五条四合院	清	东四五条55号	1986
东四八条四合院	清	东四八条71号	1986
富强胡同四合院	清	富强胡同6号甲6号、23号	1986
什锦花园四合院	清	什锦花园胡同19号	1986
东总布胡同旧宅院	清	东总布胡同53号	1986
法华寺碑	明	多福巷胡同44号	1986
傅恒征多川碑	清	沙滩北街15号,北京石刻艺术博物馆	1986
慧仙女校碑	清	南吉祥胡同21号,现存北京石刻艺术博物馆	1986
文昌庙碑	清	帽儿胡同21号院内	1986
皇帝敕谕碑	明	帽儿胡同21号院内	1986
慧照寺碑	明	东四十三条19号	1986
宝和店碑	明	灯市口北巷7号,现存北京石刻艺术博物馆	1986
皇帝敕谕碑	明	柏树胡同21号,现存钟鼓楼文物保管所	1986
法华寺	明	法华寺街65、67号	1989
安乐禅林	明	安乐林路63号、琉璃井8号	1989
药王庙	1627年	天坛东晓市101号	1989
天主教堂	1910年	永生巷6号	1989
三一八烈士纪念碑	1926年	龙潭培新街6号	1989
奋章胡同四合院	1928年	奋章胡同53号	1989
玉河遗址	元、明、清	东不压桥胡同南口至帽儿胡同西口	2009
东安门遗址	明	东安门大街西口	2009
贝子宏昕府	清	大取灯胡同9号	2009
承恩公志钧府	清	大佛寺东街2、4、6号	2009
正白旗觉罗学建筑遗存	清	新鲜胡同36号	2009
镶黄旗官学建筑遗存	清	后圆恩寺胡同甲20号	2009
莲园	清	红岩胡同19号及新鲜18号	2009
宏恩观	元、明、清	豆腐池胡同21、23号及张旺胡同2、4号	2009
翠花胡同27号四合院	民国	翠花胡同27号	2009
朝阳门内大街头条203号近代建筑	民国	朝阳门内大街头条203号	2009

朝阳门内南小街头条439号近代建筑	民国	朝阳门内南小街头条439号	2009
朝阳门内大街81号近代建筑	民国	朝阳门内大街81号	2009
贝满女中建筑遗存	清	灯市口大街55号	2009
同福夹道4号近代建筑	民国	同福夹道4号	2009
东堂子胡同4、6号近代建筑	民国	东堂子胡同4、6号	2009
原北京大学图书馆	民国	北河沿大街甲83号	2009
菊儿胡同7号近代建筑	民国	菊儿胡同7号	2009

(东城区文化委员会提供)

北京市历史文化保护区

一、景山前街

该保护区位于故宫紫禁城筒子河与皇家园林景山之间,全长740米。明清时,景山与故宫之间建有北上门、北上东门、北上西门。1931年各门拆除辟路,划分三段:中为景山前街,东为景山东前街,西为三座门大街,1965年统一定名为景山前街。

二、景山后街

该保护区位于景山公园北侧,东起景山东街,西至景山西街,中与地安门内大街相连,全长482米。元代为大都御苑;明清为皇城。临街南侧古建筑是清乾隆年间所建寿皇殿,为清代皇家供奉先祖神像之所。街北东、西两侧建国后建设的办公楼,屋顶采用中国传统建筑坡屋顶形式,立面为传统建筑形式的装饰,与南侧景山相互呼应、衬托,形成对景,是保持古都历史风貌的范例。

三、景山东街

该保护区位于景山公园东侧,全长546米。街旁明代曾设有司礼监、都知监、印绶监等衙署。因西邻景山,清末称景山东大街,1956年定现名。街两侧绿树成荫。街东有清光绪二十四年(1898年)开办的中国第一所大学——京师大学堂。吉安所左巷8号是毛泽东1918年在北京时住过的地方。

四、五四大街

该保护区东起东四西大街,西至景山前街,全长740米。1965年曾定名汉花园大街,后改五四大街至今。街北侧为北京大学“红楼”。1919年5月4日的游行队伍,即从“红楼”北边的广场集合出发,1947年被命名为“民主广场”。陈独秀、李大钊、鲁迅、蔡元培、胡适等革命先辈和文化巨匠曾在此任教。共产党北京小组诞生于此。“红楼”内现保存李大钊工作室。“红楼”在中国近代史上具有重要的地位和作用。街东段北侧的中国美术馆是二十世纪五十年代著名的大型文化设施。现在“红楼”为新文化运动纪念馆。

五、南池子　六、东华门

该保护区位于北京皇城内,故宫东南侧,北起东华门大街,南至长安街,西临筒子河、劳动人民文化宫、东接东黄城根南街,总用地面积34.5公顷。该地区处于喧闹的王府井商业街与森严僻静的故宫城墙之间,独特的城市环境造成地段内具有传统风貌的居住街区的独特建筑环境。

七、北池子

该保护区紧邻紫禁城东侧,规划范围东以东黄城根南街为界,西以筒子河为界,北至五四大街,南邻东华门大街,东与东黄城根北街相连,总用地面积39.22公顷。该地区传统居住区的特色构成故宫一侧较为幽静的居住环境,其灰色宁静的形式更有益衬托、表现宫城的宏伟气度。就北京旧城整体而言,其低矮、平缓、匀质的建筑格局也是风貌构成的重要组成部分。

八、东交民巷

该保护区位于天安门东侧,东接崇文门内大街,南临前门东大街,西至天安门广场东侧,北面东长安街,总用地面积62.84公顷。该地区建筑多为西式风格。现以机关办公为主,兼有办公与居住的混合使用形态,在整体上保持了历史文化街区原有的异域风貌特色,在老城区的传统建筑文化基调中独显特质。

九、东四三至八条

该保护区位于朝阳门内大街以北、东四十条以南、东四北大街以东、朝阳门北小街以西。包括整个头条至九条广大地区,总用地面积65.70公顷。该地区是典型传统的四合院落为主的居住性成片街区,从“一进院”到“四进院”都有留存,风貌与质量相当完好是展示传统四合院的极佳场所。

十、雍和宫-国子监

该保护区位于旧城东北部,西至安定门内大街、北至北二环、东至东直门北小街西侧的育树胡同、炮局头条、后永康北条、东城煤炭一厂和华侨饭店用地东边界、南至北新桥三条、方家胡同,总占地面积约74公顷。该地区是北京旧城内重要寺庙建筑和重要文物集中的街区,包括国子监、孔庙、国子监街、雍和宫、柏林寺等。

十一、南锣鼓巷

该保护区位于北京北中轴东侧，四至为地安门外大街、平安大街、地安门东大街、鼓楼东大街，总用地面积83.80公顷，该地区是北京最老的街区之一。与元大都同期建成，现仍保持了传统的胡同结构和大量的传统四合院，是目前北京旧城保存最完整、四合院最集中的地区。

十二、北锣鼓巷

该保护区南至鼓楼东大街，北至车辇店、净土胡同，西至什刹海保护区东界，东至安定门内大街，总面积约45.27公顷。该地区与什刹海、南锣鼓巷、国子监等3个历史文化保护区相邻，是皇城的重要背景，也是保护旧城整体风貌和沿中轴线对称格局不可缺少的地段。

十三、张自忠路北

该保护区南至张自忠路，北至香饵胡同，东至东四北大街、西至交道口南大街，总面积约为42.11公顷。该街区集中了和敬公主府、段祺瑞执政府旧址、孙中山逝世纪念地、欧阳予倩故居等多家文物保护单位。

十四、张自忠路南

该保护区南至钱粮胡同，北至张自忠路，东至东四北大街，西至美术馆后街，总用地面积约为62.81公顷。该区域处于皇城与东四三条至八条保护区之间，现有胡同格局完整，有马辉堂花园等文物保护单位。

十五、新太仓

该保护区南至东四十条，北至东直门内大街，东至东直门内南小街，西至东四北大街，总用地面积约为56.88公顷。该区域现有胡同格局完整，有梁启超旧居、当铺遗址区级文物保护单位。

十六、东四南

该保护区南至干面胡同，北至前炒面胡同，东至朝内南小街，西至东四南大街，总面积约为34.32公顷。该区域是以典型传统四合院落为主的居住性成片街区，风貌与质量相当完好，是展示传统四合院的极佳场所。现有礼士胡同129号院；内务部街11号院；史家胡同51、53、55号四合院等文物保护单位。

十七、皇城

是北京旧城整体保护的重点区域，包括景山地区、北池子、南池子。内含紫禁城、太庙、社稷坛、北海、中南海及14片第一批历史文化保护区，占地面积约6.8平方公里。

十八、鲜鱼口

该保护区西至前门大街，北至经西打磨厂、长巷四条路东至西兴隆街，东至草场十条，南至薛家湾胡同、北芦草园胡同、青云胡同、得丰东巷、得丰西巷、小席胡同、大席胡同。规划用地36.245公顷，净用地面积32.47公顷，现状总建筑面积26.5万平方米（不含私搭乱建的建筑），规划总建筑面积为44.5万平方米。鲜鱼口地区主要是以居住功能为主的街区，居住用地面积26.81公顷，占整个保护区的73.96%。

十九、什刹海（钟鼓楼属此片，东城占半片）

该保护区位于北京旧城中轴线北部，属东城区的部分四至为草厂胡同一线以西、旧鼓楼大街以东、鼓楼东大街以北、北二环以南，总占地面积26.96公顷。

非 物 质 文 化 遗 产

国家级非物质文化遗产名录

（共27项）

名　称	类　别	名　称	类　别
便宜坊焖炉烤鸭技艺	传统技艺	北京料器	传统技艺
全聚德挂炉烤鸭技艺	传统技艺	东来顺涮羊肉制作技艺	传统技艺
景泰蓝制作技艺	传统技艺	盛锡福皮帽制作技艺	传统技艺
雕漆技艺	传统技艺	金漆镶嵌	髹饰技艺
都一处烧麦制作技艺	传统技艺	象牙雕刻	传统美术
月盛斋酱（烧）牛（羊）肉制作技艺	传统技艺	北京玉雕	传统美术
京作硬木家具制作技艺（龙顺成）	传统技艺	北京绢花	传统美术

剧装戏具制作技艺	传统美术	青铜器修复及复制技艺	传统技艺
北京宫灯	传统美术	中国传统书画装裱修复技术	传统技艺
围棋	传统体育、游艺与杂技	葡萄常料器	传统技艺
象棋	传统体育、游艺与杂技	吴裕泰茉莉花茶制作技艺	传统技艺
同仁堂中医药文化	传统医药	风筝制作技艺(北京风筝制作技艺)	传统美术
智化寺京音乐	传统音乐	天坛传说	民间文学
古书画临摹复制技艺	传统技艺		

市级非物质文化遗产名录

(共52项其中国家级27项)

名 称	类 别	名 称	类 别
壹条龙清真涮肉制作技艺	传统技艺	北京绒花(绒鸟)	传统美术
厨子舍清真菜民间宴席制作技艺	传统技艺	北京刻瓷	传统美术
北京花丝镶嵌制作技艺	传统技艺	北京扎彩子	传统美术
北京豆汁制作技艺(锦馨)	传统技艺	京派内画鼻烟壶	传统美术
绒布唐工艺	传统技艺	毛猴制作技艺	传统美术
红都中山装制作技艺	传统技艺	意拳	传统体育、游艺与杂技
京式旗袍制作技艺	传统技艺	北京杠箱	传统舞蹈
北京蒙镶	传统技艺	天坛神乐署中和韶乐	传统音乐
王氏装裱技艺	传统技艺	老北京叫卖	传统音乐
泥人张彩塑(北京支)	传统美术	前门的传说	民间文学
北京补花	传统美术	花市元宵灯会	民俗
北京绢人	传统美术	数来宝	曲艺
北京木雕小器作	传统美术		

区级非物质文化遗产名录

(共118项其中国家级27项市级52项)

名 称	类 别	名 称	类 别
天兴居炒肝制作技艺	传统技艺	金糕张金糕制作技艺	传统技艺
正阳楼螃蟹宴	传统技艺	白魁烧羊肉制作技艺	传统技艺
中国结技艺	传统技艺	面人曹面人制作技艺	传统技艺
样式雷烫样技艺	传统技艺	面人汤面人制作技艺	传统技艺
蒙镶制作技艺	传统技艺	风车制作技艺	传统技艺
天字号首饰套件制作技艺	传统技艺	万隆合青铜器制作技艺	传统技艺
毛绣制作技艺	传统技艺	压金银丝嵌宝技艺	传统技艺
锦芳元宵制作技艺	传统技艺	庆林春茉莉小叶花茶制作技艺	传统技艺
老正兴寿桃制作技艺	传统技艺	都一处马莲肉制作技艺	传统技艺
都一处炸三角制作技艺	传统技艺	京绣(于美英)	传统美术
全聚德全鸭席制作技艺	传统技艺	北京骨刻	传统美术
北京金鱼培育技艺	传统技艺	北京剪纸(徐阳)	传统美术
北京金漆镶嵌髹饰技艺	传统技艺	北京真丝手绘	传统美术
西德顺爆肚王爆肚制作技	传统技艺	北京火绘葫芦	传统美术

北京传统风筝(王迺新)	传统美术	同聚公乐云车老会	传统舞蹈
北京面人(彭小平)	传统美术	花棍舞词	传统舞蹈
北京传统风筝(张世德)	传统美术	北京娟人	传统美术
北京面人(张俊显)	传统美术	群英同乐小车圣会	传统舞蹈
北京纸扎花灯	传统美术	掌礼司太狮老会	传统舞蹈
北京彩蛋	传统美术	南庆仁堂中药制济方法	传统医药
金马派风筝	传统美术	千芝堂中药炮制技术	传统医药
京绣制作技艺	传统美术	长春堂闻药	传统医药
内画鼻烟壶作技艺	传统美术	崇文门的传说	民间文学
竹刻	传统美术	北京的传说	民间文学
人物剪纸(张秀兰)	传统美术	藏头诗	民间文学
琢玉(印章)	传统美术	鞭打春牛	民俗
京绣制作技艺	传统美术	家训格言	民俗
京绣	传统美术	来今雨轩红楼饮食文化	民俗
常氏中幡圣会	传统体育、游艺杂与技	普天同乐开路圣会	民俗
众友同心中幡圣会	传统体育、游艺与杂技	雍和宫密宗金刚驱魔神舞	民俗
白猿通背拳	传统体育、游艺与杂技	前门上元灯会	民俗
宋氏形意拳	传统体育、游艺与杂技	拉洋片	曲艺
老北京冰嬉	传统体育、游艺与杂技	牛骨数来宝	曲艺

非物质文化遗产代表性传承人名单

国家级非物质文化遗产代表性传承人名单

(共28人)

姓　名	类　　别	公布时间
孙森	象牙雕刻	2007
王树文	象牙雕刻	2007
钱美华(已故)	景泰蓝制作技艺	2007
张同禄	景泰蓝制作技艺	2007
文乾刚	雕漆技艺	2007
卢广荣	同仁堂中医药文化	2007
金霭英	同仁堂中医药文化	2007
关庆维	同仁堂中医药文化	2007
田瑞华	同仁堂中医药文化	2007
张本兴(已故)	智化寺京音乐	2008
宋世义	玉雕(北京玉雕)	2009
金铁铃	北京绢花	2009
邢兰香	料器(北京料器)	2009
种桂友	家具制作技艺(京作硬木家具制作技艺)	2009
孙颖	剧装戏剧制作技艺	2009
白永明	烤鸭技艺(便宜坊焖炉烤鸭技艺)	2009

满运来	牛羊肉烹制技艺(月盛斋酱烧牛羊肉制作技艺)	2009
李金善	盛锡福皮帽制作技艺	2009
柴慈继	象牙雕刻	2008
钟连盛	景泰蓝制作技艺	2008
费保龄	北京扎燕风筝制作技艺	2008
胡庆学	智化寺京音乐	2008
李博生	北京玉雕	2009
柳朝国	北京玉雕	2009
李春珂	象牙雕刻	2009
殷秀云	雕漆技艺	2009
柏德元	金漆镶嵌髹饰技艺	2009
孙丹威	吴裕泰茉莉花茶窨制工艺	2010

市级非物质文化遗产代表性传承人名单

(共53人其中国家级28人)

姓　名	类　　别	公布时间
马元良	北京宫灯	2008
张　鋁	泥人张彩塑(北京支)	2008
崔　洁	北京补花	2008
常　弘	北京葡萄常	2008
郭石林	北京玉雕	2008
舍增泰	厨子舍清真菜民间宴席制作技艺	2008
程淑美	北京花丝镶嵌制作技艺	2008
唐玉婕	绒布唐工艺	2008
万　紫	金漆镶嵌髹饰技艺	2008
马启斌	盛锡服皮帽制作技艺	2008
阎瑞环	红都中山装制作技艺	2008
黄荣贵	北京杠箱	2009
赵树昌	北京宫灯	2009
张志平	北京玉雕	2009
戴嘉林	景泰蓝制作技艺	2009
米振雄	景泰蓝制作技艺	2009
舍源泰	厨子舍清真菜民间宴席制作技艺	2009
李　侃	京式旗袍传统制作技艺	2009
陈立新	东来顺涮羊肉制作技艺	2009
赵小刚	同仁堂中医药文化	2009
姚承光	意拳	2010
滑树林	北京绢人	2010
茅子芳	北京刻瓷	2010
李连贵	北京扎彩子	2010
吴中凤	北京蒙镶	2010

区级非物质文化遗产代表性传承人名单

（共126人其中国家级28人市级53人）

姓　名	类　别	公布时间
孙忠喜	群英同乐小车圣会	2010
陈起环	拉洋片	2010
时贵新	牛骨数来宝	2010
黄　勇	众友同心中幡圣会	2010
王玉书	白猿通背拳	2010
田秋生	老北京冰嬉	2010
刘建华	象牙雕刻	2010
栾燕军	象牙雕刻	2010
员向阳	北京玉雕	2010
姜文斌	北京玉雕	2010
蔚长海	北京玉雕	2010
杨连根	北京玉雕	2010
滑树玲	北京绢人	2010
崔　欣	北京绢人制作技艺	2010
杨利平	北京扎燕风筝制作技艺	2010
张宏岳	泥人张彩塑（北京支）	2010
崔比德	北京补花	2010
徐汶静	北京绢花	2010
郭燕青	北京宫灯	2010
翟玉良	北京宫灯	2010
石金栓	京绣	2010
蔡志伟	北京绒花（绒鸟）	2010
王华安	北京骨雕	2010
徐　阳	北京剪纸（徐阳）	2010
续　清	北京真丝手绘	2010
季　顺	北京火绘葫芦	2010
王迺新	北京传统风筝（王迺新）	2010
彭小平	北京面人（彭小平）	2010
张世德	北京传统风筝（张世德）	2010
张俊显	北京面人（张俊显）	2010
邱志刚	北京纸扎花灯	2010
刘锦茹	北京彩蛋	2010
耿鸿国	北京木雕小器作	2010
马慕良	北京木雕小器作	2010
杨宝忠	琢玉（印章）	2010
张秀兰	人物剪纸（张秀兰）	2010
于美英	京绣（于美英）	2010
边溪良	竹刻	2010
萧掌华	毛猴制作技艺	2010
高东升	京派内画鼻烟壶	2010
郑旭晔	内画鼻烟壶	2010

吕铁智	金·马派风筝	2010
邱贻生	毛猴制作技艺	2010
吴华侠	都一处烧麦制作技艺	2010
安全来	月盛斋酱(烧)牛(羊)肉制作技艺	2010
刘更生	京作硬木家具制作技艺	2010
张　颜	剧装戏具制作技艺	2010
刘　宇	北京料器	2010
刘　星	北京料器	2010
耿英建	景泰蓝制作技艺	2010
李　静	景泰蓝制作技艺	2010
李佩卿	景泰蓝制作技艺	2010
陈继凯	景泰蓝制作技艺	2010
衣福成	景泰蓝制作技艺	2010
李志刚	雕漆技艺	2010
赵占强	中国结技艺	2010
于正勋	样式雷烫样技艺	2010
张景民	蒙镶制作技艺	2010
马秀峰	天字号首饰套件制作技艺	2010
萧掌柜	毛绣制作技艺	2010
赵洪泉	庆林春茉莉小叶花茶制作技艺	2010
潘德珠	压金银丝嵌宝技艺	2010
孟宪忠	万隆合青铜器制作技艺	2010
王国华	风车制作技艺	2010
汤　岭	面人汤面人制作技艺	2010
刘荫茹	面人曹面人制作技艺	2010
杨广佳	白魁烧羊肉制作技艺	2010
王　欣	西德顺爆肚王爆肚制作技艺	2010
王　旭	王氏装裱技艺	2010
殷顺海	同仁堂中医药文化	2010
陆建国	同仁堂中医药文化	2010
梅　群	同仁堂中医药文化	2010
范永利	普天同乐开路圣会	2010

东城区街道社区居委会

东华门街道

居委会名称	管辖户数	主　任	联系电话	办公地址	邮　编
银　闸	1500	熊　英	65260109	北河沿大街141号	100009
东　厂	1722	郑雅丽	65277860	东厂北巷甲4号－1	100006
多福巷	3094	孙长江	65250793	多福巷甲22号	100010
智　德	2002	李勤英	65288454	北池子大街60号	100006
黄图岗	1389	谢德龙	65256682	东厂胡同乙14号楼1－111	100006
灯市口	1166	周彦茹	85114338	灯市口大街14号楼后平房	100006
韶　九	1095	吴祥明	65252874	锡拉胡同21号	100006

甘　雨	1212	朱玉杰	65251579	甘雨胡同2号	100006
南池子	2871	宫肇美	65288447	缎库胡同18号	100006
王府井	2659	叶建华	65237989	煤渣胡同11号	100005
正义路	2039	张健玲	65251105	东交民巷32号	100006
台基厂	1875	郭晓彤	85112056	台基厂二条3号	100005

景山街道

居委会名称	管辖户数	主　任	联系电话	办公地址	邮　编
隆福寺	2704	王永红	84014007	崔府夹道5号	100010
魏　家	2833	秦　来	84018582	什锦花园15号	100007
汪芝麻	1634	金　颖	84017307	南剪子巷40号	100007
皇城根北街	2710	司淑敏	84018656	东黄城根北街20号	100010
吉　祥	1030	虞　宏	84017693	西吉祥胡同2号	100009
钟　鼓	2080	刘美英	84018563	嵩祝寺41号	100009
黄化门	2336	高建荣	84017928	黄化门街8号	100009
景山东街	2513	贾　伟	84018627	沙滩后街47号	100009

交道口街道

居委会名称	管辖户数	主　任	联系电话	办公地址	邮　编
交　东	3411	杨春茹	15701002843	交东大街6号楼5号	100007
大　兴	2666	李京兰	64079116	北吉祥胡同13号	100007
府　学	3096	陶　聪	64070445	中剪子巷17号	100007
菊　儿	2536	李　媛	64009703	菊儿胡同21号	100009
南锣鼓巷	3199	王凌翰	64045811	前圆恩寺胡同28号	100009
鼓楼苑	3667	孟立新	64017698	前鼓楼苑胡同10号	100009
福　祥	3269	李　娜	64043395	福祥胡同11号	100009

安定门街道

居委会名称	管辖户数	主　任	联系电话	办公地址	邮　编
交北头条	2273	张燕华	64068329	交北头条76号	100007
国子监	2360	南静明	64068513	官书院胡同40号	100007
五道营	2694	赵金颖	64068350	永康胡同5号院	100007
花　园	2932	刘爱国	64067702	谢家胡同40号	100009
分司厅	2539	王玉莲	64067692	小经厂胡同8号	100009
北锣鼓巷	1616	刘　佳	64067517	北锣鼓巷5号旁门	100009
宝钞南	2411	刘新民	64066617	琉璃寺8号	100009
钟楼湾	2928	尤秀荣	64067668	草厂北巷51号	100009
国　旺	2520	张明生	64067076	国祥胡同13号	100009

北新桥街道

居委会名称	管辖户数	主　任	联系电话	办公地址	邮　编
北官厅	2439	李桂珍	84064928	北小街8号院3号楼一层	100007
民　安	3523	吴治民	64027404	民安14号楼附属	100007
北新仓	2536	胡进贤	84072141	东直门内大街10号楼三层	100007
海运仓	3068	佟爱香	84073272	南颂年3号楼	100007
门　楼	2978	王静松	64027400	东四十三条32号	100007
十三条	2196	王荣华	64027569	东四十四条7号	100007
小　菊	2596	刘素欣	64020638	大菊胡同16号	100007
九道湾	2231	王淑梅	64029776	九道湾西巷1号	100007
草　园	2609	段红霞	64066547	雍和宫大街165号	100007
前永康	2644	张志华	64040317	北新胡同三巷3号	100007
青　龙	3088	王学义	64000858	青龙胡同3号	100007
藏经馆	2041	陈　燕	64004112	戏楼胡同一巷25号	100007

东　四　街　道

居委会名称	管辖户数	主　任	联系电话	办公地址	邮　编
东四二条	3205	罗淑云	64059534	东四北大街460号	100010
东四六条	3578	毛利伟	64003490	东四六条45号	100007
东四七条	2087	刘桂芬	84043699	东四北大街303号	100007
东四八条	1151	刘志颖	64024538	东四八条139号	100007
总　院	1996	郎海鹏	64043799	朝内北小街2号	100700
南门仓	1971	韩宝利	84045399	罗家大院1号二层	100010
豆　瓣	3460	吕　军	84045893	豆瓣1号楼西侧	100010

朝阳门街道

居委会名称	管辖户数	主　任	联系电话	办公地址	邮　编
史　家	1432	纪秀慧	65285569	史家胡同21号	100010
内　务	1595	曹　荣	65257583	内务部街73号	100010
演　乐	2126	乔艳萍	65234043	演乐胡同59号	100010
礼　士	1059	赵博言	65287374	礼士胡同121号	100010
朝　西	1635	宴焕静	65122956	前拐棒胡同17号	100010
新　鲜	2932	王学军	65254679	新鲜胡同63号	100010
大方家	2106	于春明	65232084	小牌坊胡同甲48号	100010
竹　杆	2686	郑红强	65275801	西水井胡同6号	100010
朝内头条	2401	任美华	64040087	朝内大街97号	100010

建国门街道

居委会名称	管辖户数	主　任	联系电话	办公地址	邮　编
金宝街北	5213	李全红	65224493	禄米仓胡同 42 号楼	100010
大雅宝	2550	李　颖	65134594	朝阳门南小街 18－29 号	100005
赵家楼	3282	曲　丽	85115993	东总布胡同 38 号	100005
站　东	2623	汤秀丽	65126997	柳罐胡同甲 2 号	100005
苏　州	4078	郭　华	65138239	苏州胡同 79 号	100005
西总布	3656	马红兵	65253781	西总布胡同 19 号	100005
外交部街	3272	高晓霞	65255724	外交部街甲 20 号	100005

东直门街道

居委会名称	管辖户数	主　任	联系电话	办公地址	邮　编
工人体育馆	2803	王小娟	65523201	新中西街 12 楼 1 单元	100027
新中西里	1406	姜春燕	64165148	新中西里 10 楼 B 座 2 层	100027
东　环	2822	石　威	64166798	东直门南大街甲 2 号楼	100027
十字坡	1648	康意民	64167798	新中街 5 号	100027
新中街	2270	王瑞新	64165396	新中街 4 条乙 20 号	100027
东外大街	5354	韩秀花	64170442	春秀路 17 号楼东侧平房	100027
胡家园	3196	王　华	64675276	东外小街 10 号	100027
东外大街北	2838	关丽清	64673320	察慈小区 8 号楼一层	100027
清水苑	1418	宋淑贤	64653698	东直门北大街甲 6 号院	100027
香河园北里	2522	焦　燕	64616394	东外香河园北里华夏出版	100028

和平里街道

居委会名称	管辖户数	主　任	联系电话	办公地址	邮　编
交　通	629	李　薇	64292535	和平里东街 10 号院	100013
林　调	947	杨青华	64289228	和平里东街 12 号平房	100013
民　旺	3648	谢凤华	84214137	和平里东街 11 号院	100013
和平里	3299	王静艳	84214298	和平里中街 7 号楼	100013
和平里二区	1978	李素清	84221986	和平里中街 3 号楼 1 号	100013
和平里七区	2331	张军红	64228347	和平里七区 3 号楼	100013
化　工	673	鞠苏华	64291097	兴化东里 23 号楼地下	100013
兴　化	2715	邓海红	64289631	兴化西里 8 号楼前平房	100013
小黄庄	2412	赵跃桀	84275652	小黄庄一区 13 号楼东侧	100013
安贞苑	826	张明花	64441201	安定路 20 号院北五楼	100029
地　坛	1842	沈　清	64226182	地坛北里 9 号楼 1 层	100013
东河沿	1597	张桂苓	64255840	安外东河沿乙 6 号楼	100011
西河沿	1839	张　莉	84116346	安外西河沿 18 号楼	100011
青年湖	3095	邓益民	84114484	安外上龙西里 29 号楼平房	100011
安德路	808	张玉兰	84133562	安德路 47 号院 5 号楼	100011
安德里	2165	宋国华	84110223	安外六铺炕甲 7 号	100011

人定湖	557	陈　雨	62013450	安德里北街甲25号院	100011
总　政	2284	任　霞	66794475	安德里北街21号	100011
黄　寺	755	程显东	66740640	黄寺大街甲一号4-3-1	100011
新建路	1742	郑成富	84112941	安外大街3号院	100011

前门街道

居委会名称	管辖户数	主　任	联系电话	办公地址	邮　编
前门东大街	1168	董毓红	67013876	东大街甲12楼	100051
草厂东	1578	李文生	67018442	薛家湾胡同27号	100051
草厂西	1488	张丽鑫	67026674	草厂十条35号	100051
大　江	816	景月宏	67011810	北芦草园81号	100051
冰窖厂	571	景月宏	67011810	北芦草园81号	100051
鲜鱼口	794	景月宏	67011810	北芦草园81号	100051
青　云	1153	景月宏	67011810	北芦草园81号	100051
打磨厂第一	1288	景月宏	67011810	北芦草园81号	100051
打磨厂第二	522	景月宏	67011810	北芦草园81号	100051

崇文门外街道

居委会名称	管辖户数	主　任	联系电话	办公地址	邮　编
大　桥	1230	樊明峰	67062438	北京汇606	100062
兴隆都市馨园	2748	刘　燕	67050080	都市馨园白依庵	100062
崇文门西大街	1050	李影丽	65594948	崇西4-9-102	100051
新怡家园	1510	刘　婧	67010793	新怡家园-1-1-67	100062
新世界家园	2603	刘嘉琪	67092050	新世界家园会所	100062
崇文门东大街	1632	付丽丽	67176503	崇东大街12—2	100062
国瑞城西区	3002	刘金杰	67168950	国中3号楼一层	100062
国瑞城中区	1772	贾艳华	67188748	国中1号楼3单元	100062
国瑞城东区	1093	张福英	67169260	国东1号楼3单元	100062
西花市南里西区	2614	孙　哲	87186871	西花市大街102号	100062
西花市南里东区	2516	冯永刚	87186861	西花市大街30号	100062
西花市南里南区	3270	兰凌燕	67152721	新景西区10号楼一层	100062

东花市街道

居委会名称	管辖户数	主　任	联系电话	办公地址	邮　编
东花市北里东区	3381	马　林	67126046	东花市北里东区13号楼	100062
东花市北里西区	2128	李淑红	67126901	东花市大街61号楼	100062
花市枣苑	2608	刘志琴	67163745	东花市枣苑10号楼	100062
东花市南里	4783	杨立新	67132160	东花市南里三区1号楼	100062
东花市南里东区	4776	张欣惠	87135158	白桥大街12号楼	100062
广渠门北里	2857	刘京华	67155386	广渠门大街7号院	100062
忠实里	5378	佘　红	67785089	忠实里西区7号楼	100022
广渠门外南里	4054	耿立新	67750681	广渠家园11-2	100021

龙潭街道

居委会名称	管辖户数	主　任	联系电话	办公地址	邮　编
左安浦园	2619	王艳平	87197554	左安门内大街 73－1	100061
左安漪园	1722	刘　娜	87196358	左安漪园 3 号楼 1 单元	100061
龙潭北里	2116	李永红	67118537	龙潭北里 5 条 4 楼西侧	100061
板厂南里	1200	孙来喜	67169188	板厂南里 6 号楼东侧	100061
光　明	1935	邢东伶	67176270	光明 13 楼北侧	100061
华　城	1980	郝丽霞	87185281	华城社区 3－6－B2	100061
绿景苑	2022	刘淑云	87190302	绿景馨园 11－2 单元地下室	100061
夕照寺	1862	程秋菊	67113495	领行国际 3 号楼 1－7	100061
安化楼	3254	朱兴海	67171326	培新街 9 号院保利蔷薇 1 号楼 1 单元	100061
新家园	2684	张书恒	67171327	幸福家园 21 楼 1 层	100061
幸　福	2100	洪　印	67112844	幸福北里 12 楼 1 层 5 号	100061

体育馆路街道

居委会名称	管辖户数	主　任	联系电话	办公地址	邮　编
西　利	1070	李广华	67143019	西厅胡同 47 号	100061
西　唐	2306	杜进萍	67111265	西唐街 37 号	100061
葱　店	2821	田立萍	67112483	葱店西街 111 号	100061
东　厅	2800	刚亚杰	67121608	延庆街 5 号	100062
国家体育总局	1534	闫丽娜	67114632	体育馆路 13 号院内	100061
法华南里	2359	陈淑凤	67126846	法华南里甲 8 楼	100061
南岗子	1804	王世杰	67113397	南岗子街 58 号	100061
双玉南街	1113	肖祥健	67127173	东四块玉南街甲 11 楼	100061
东玉北街	1463	毛沪花	67121091	双玉中街 2 号楼 1 层	100061
长青园	1537	孙树梅	67129646	长青园 3 号楼 1 门 101 号	100061

天坛街道

居委会名称	管辖户数	主　任	联系电话	办公地址	邮　编
西草市	1571	赵伯良	67018582	西草市街 52 号	100050
红庙街	2035	周雅楠	67010148	山涧口一巷 32 号	100050
东半壁街	1840	刘长娟	67011720	大市胡同	100050
金鱼池西	1516	边春燕	67014028	金鱼池西区 1 号楼	100050
金鱼池中	1562	宋莉筠	67023463	金鱼池中区底商 22 楼 2 单元 101 室	100050
金鱼池东	1075	张　军	67014178	金鱼池东区 11 号楼 1 单元 001、002、003	100050
东晓市	2050	杨志娟	67014035	西园子一巷 7 号	100050
西园子	1734	黄海霞	67015471	西园子一巷 7 号	100050
东里北	1563	李雪琴	67022681	天坛东里中区 1 号楼旁	100050
东里南	1507	何洪伟	52172030	天坛东里南区 4 号楼北侧	100050
永内东街东里	1539	马英乾	52171697	永内东街东里 6 号楼北侧	100050

永内东街中里	1541	王国庆	52171598	永内东街中里7号楼西侧	100050
永内东街西里	1503	黄　刚	67012478	永内东街西里5号西侧	100050
永内大街	1538	王瑞珍	67024191	天坛南里西区20号楼南侧	100050
东市场	815	黄秋霞	67027563	东市场7巷1号	100050
西里北	2161	左　铭	67016113	天坛复康南里	100050

永定门外街道

居委会名称	管辖户数	主　任	联系电话	办公地址	邮　编
彭　庄	871	夏素明	51332951	车站路12号南面	100069
松林里	1087	郑　毅	87923706	中海紫御小区1号楼	100077
永建里	725	胡志竹	87923881	中海紫御小区8号楼	100077
永铁苑	1227	刘秀敏	51332982	永铁苑7号楼	100077
西革新里	1496	侯广库	51333031	西革新里108号院2号楼	100077
革新里	1347	郑晓丽	51333053	东革40号院内	100077
革新西里	959	玉　军	51333061	西革新里124号院	100077
管　村	1219	单秀玲	51333091	建予园3号楼底商	100077
桃　园	1180	叶淑荣	51233087	桃园南街10号院	100075
民主北街	2639	王宗生	51076550	民主北街97号	100075
桃杨路	1891	刘桂珍	52172716	桃杨路2条2号	100075
杨家园	1745	玉　艳	52172736	琉璃井东街2-6门101	100075
李　村	2273	吴　晶	52172772	李村东里7号楼3门	100075
琉璃井	1908	张亚芬	51076552	琉璃井南里61号	100075
天天家园	1167	陈玉兰	51076556	天天家园小区1号楼	100075
安乐林	1563	韩　艳	52172796	景泰西里西区8号楼	100075
富莱茵	1986	张慧敏	51076631	富莱茵13号楼109号	100075
景　泰	1437	客丽萍	52172786	景东小区5-6-001	100075
宝华里	3079	杨桂英	51076635	宝华里44号旁门	100076
定安里	2036	刘贵亭	52172791	定安里6号楼前	100075

内容索引

说明

- 本索引为主题索引，又称内容分析索引，主题词（标目）以《北京东城年鉴》（2013年卷）正文出现的专业名词、名词词组、机构名、地名为主。
- 综述、大事记、专文、特载、统计资料、人物、附录等类目内容不在索引范围内。
- 本索引按汉语拼音音序排列，首字相同时，则以第二字排序，依此类推。以数字、字母、符号开始的主题词，排在最前。
- 本索引的文字部分为标目，标目之后的数字表示所在页码范围（地址项）。

符号

A

B

C

G

H

K

L

R

S

T

W

X

Y

Z